Managerial Accounting Cases
in Manufacturing
Information and Communication Industry

工业和信息通信业
管理会计案例集

（2020）

杨晓娟◎主　编
朱永利　邢天添◎副主编

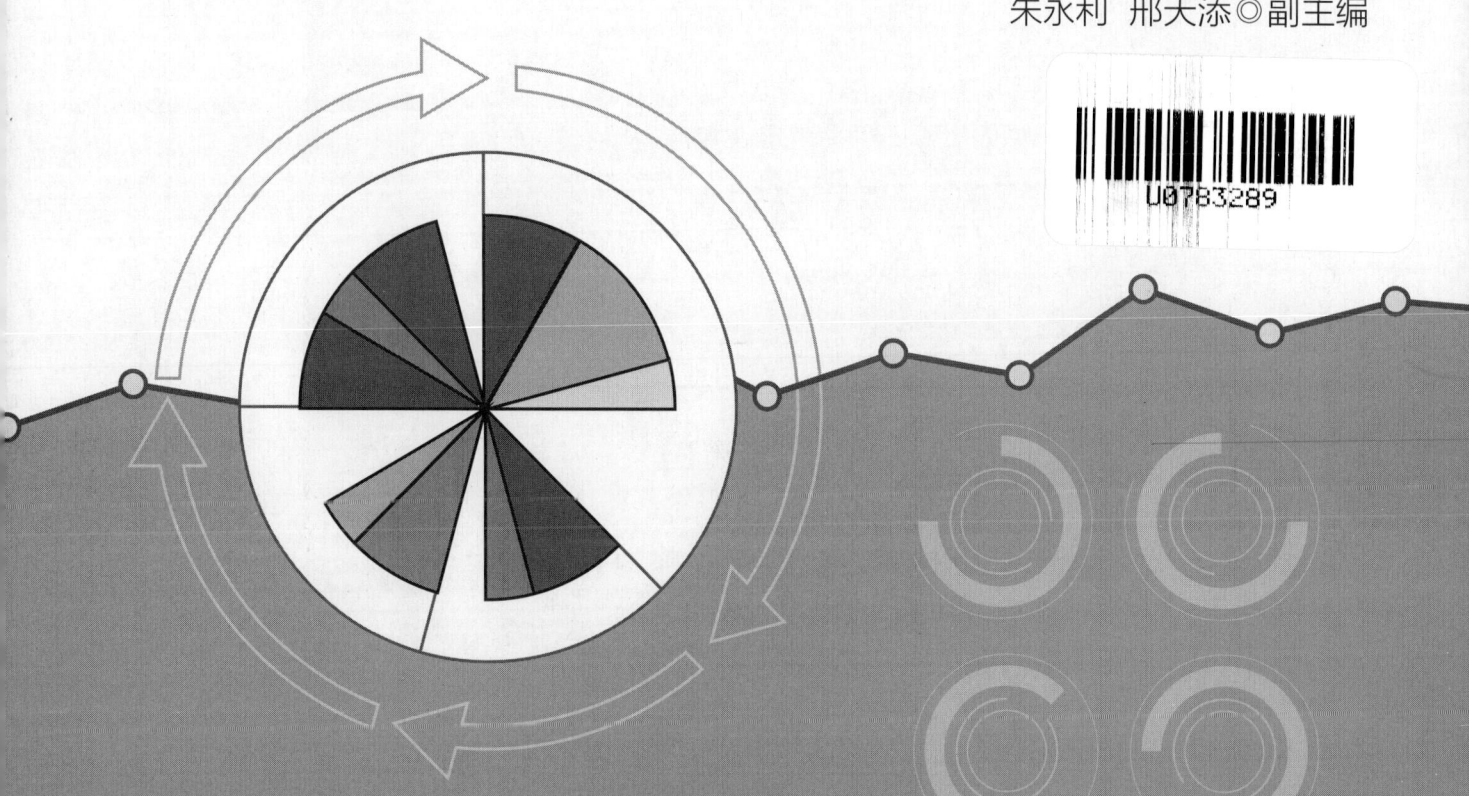

人民邮电出版社
北京

图书在版编目（C I P）数据

工业和信息通信业管理会计案例集. 2020 / 杨晓娟
主编. -- 北京：人民邮电出版社，2021.3
ISBN 978-7-115-55468-0

Ⅰ. ①工… Ⅱ. ①杨… Ⅲ. ①工业会计－管理会计－
案例－汇编－2020②邮电业－管理会计－案例－汇编－
2020 Ⅳ. ①F234.3

中国版本图书馆CIP数据核字(2020)第243907号

内 容 提 要

　　本书共收录了 26 个管理会计案例，主要介绍企业管理会计实践经验。所选案例涵盖装备、原材料、消费品、电子和其他相关领域。此外，本书还按照财政部管理会计指引体系中管理会计应用工具所属领域进行了划分，包括预算管理、成本管理、营运管理、绩效管理、风险管理、管理会计信息化六大类。与《工业和信息通信业管理会计案例集（2018）》《工业和信息通信业管理会计案例集（2019）》相比，本案例集呈现案例体系化、内容丰富化、企业多样化等特征，充分体现了前期推广应用工作的成效以及工信领域企业对于管理会计的重视。本案例集兼顾传统工具和创新工具的运用，更加强调管理会计与信息技术的融合发展，对智慧财务建设和企业数字化转型具有较强的借鉴意义。

　　本书可作为管理会计理论研究者、企业管理者以及从事企业实务的会计师的参考书，也可作为会计学、财务管理等专业本科生和研究生的教材。

◆ 主　　编　杨晓娟
　　副 主 编　朱永利　邢天添
　　责任编辑　刘向荣
　　责任印制　李 东　胡 南

◆ 人民邮电出版社出版发行　　北京市丰台区成寿寺路 11 号
　　邮编　100164　电子邮件　315@ptpress.com.cn
　　网址　https://www.ptpress.com.cn
　　大厂回族自治县聚鑫印刷有限责任公司印刷

◆ 开本：880×1230　1/16
　　印张：22.75　　　　　　　　　　2021 年 3 月第 1 版
　　字数：675 千字　　　　　　　2021 年 3 月河北第 1 次印刷

定价：99.80 元

读者服务热线：(010)81055256　印装质量热线：(010)81055316
反盗版热线：(010)81055315
广告经营许可证：京东市监广登字 20170147 号

编 委 会

学术委员会

（按拼音排序）

编辑委员会

建设现代化经济体系，是党中央从党和国家事业全局出发，着眼于实现"两个一百年"奋斗目标、顺应中国特色社会主义进入新时代的新要求做出的重大战略决策，是促进我国产业迈向全球价值链中高端，提升国际竞争力的必由之路。为助力现代化经济体系建设，推动实体经济高质量发展，降低运行成本，提高经济效益，2014年以来财政部陆续出台了管理会计体系建设的指导意见和管理会计基本指引，全面部署管理会计体系的建设和推广应用工作。

工业和信息化部高度重视管理会计推广应用工作，紧密围绕供给侧结构性改革和工业经济高质量发展，聚焦制造强国和网络强国战略，积极推动工信领域管理会计体系建设，着力培养管理会计应用理念，提高应用能力和应用水平，在典型案例经验分享、业财融合人才培养、管理会计信息化等方面进行了诸多有益的探索，取得了显著成效。2018年和2019年，工业和信息化部工业文化发展中心组织企业和专家对工信领域管理会计的实践经验进行了总结提炼，连续出版了《工业和信息通信业管理会计案例集（2018）》和《工业和信息通信业管理会计案例集（2019）》，得到了政府、企业、高校等社会各界的广泛好评。如今，在有关各方的共同努力下，《工业和信息通信业管理会计案例集（2020）》也如期出版。

在2018年和2019年两年的案例工作基础上，2020年案例工作呈现更加突出的特点。一是案例涉及的专业领域更加多元，除了传统的成本、预算、信息化等领域，很多企业在项目管理和风险管理等领域也运用了多种管理会计工具，并能总结升华成方法和理念，更加易于发挥示范效应和带动效应。二是案例企业的覆盖范围更加广泛，今年的案例企业中有很大一部分是民营企业、中小企业，打破了以往央企、大型集团企业较多的局面，充分体现了工信领域企业对于管理会计的重视和前期推广应用工作的成效。三是社会各界对管理会计案例工作更加支持，2019年12月召开了工业和信息通信业管理会计推广应用联盟成立大会，来自地方工信主管部门、企业、高校、各类社会团体的300余位代表出席大会，对工业和信息通信业管理会计案例工作表达了一致认可，在今年的案例征集、评审等方面给予了大力支持，管理会计工作的影响范围不断扩大。

但与此同时，案例集出版过程中也有诸多困难。一是案例征集难度仍然较高，虽然社会各界对案例工作给予了大力支持，但受到时间、重视程度和内容提炼等因素影响，很多企业的实践经验难以有效总结升华成为案例。二是新冠肺炎疫情对2020年案例工作产生了较大影响，安排交流评审工作被迫改为线上进行，一定程度上降低了案例工作的效率和效果。新冠肺炎疫情基本平稳后，企业又忙于复工复产，难以投入人员和精力对案例进行精雕细琢。特别是湖北地区的企业，很多不得不主动退出了案例集的评选。

2020年是全面建成小康社会，实现第一个百年奋斗目标的决胜之年，突如其来的新冠肺炎疫情对我国经济发展和社会运行造成了显著影响，生存成了很多企业面临的最大问题。在以习近平同志为核心的党中央坚强领导下，经过全国广大人民群众艰苦卓绝的努力并付出牺牲，新冠肺炎疫情防控取得重大战略成果，我国经济表现出坚强韧性和巨大潜能。面对新形势、新要求，工业和信息通信业管理会计案例工作既面临新的机遇也迎来了新的挑战。

推进工业和信息通信业管理会计推广应用，是顺应新时代发展形势和发展要求的一项战略性、系统性和基础性工程；是做好"六稳"工作，落实"六保"任务，建设现代化经济体系的重要内容；是增强发展动力，维护和用好我国发展重要战略机遇期的具体举措。案例工作需要群策群力、广泛参与，希望社会各界积极加入，为助力实体经济高质量发展和制造强国、网络强国战略建设聚智聚力、贡献力量。

新冠肺炎疫情大背景下，工业和信息化部工业文化发展中心克服诸多困难与不便，勤耕不辍，使《工业和信息通信业管理会计案例集（2020）》（以下简称"2020版案例集"）正式与读者见面，可赞可贺！

2020版案例集由成本、预算、运营、绩效、信息化和风险等6个领域26个案例组成。从中不难发现，"业财融合"依然是亮点，反映了过去一年我国工信企业管理会计应用的重要成果和我国管理会计发展的方向。

本人曾为2019版案例集作序祝贺，强调"业财融合"。过去一年半的时间，"业财融合"研究与实务的发展以"铺天盖地，势不可挡"来形容似不过分。2019年5月3日在中国学术文献网络出版总库检索"业财融合"，得到论文672篇，其中最早的一篇是《关于业务与财务融合的预算管理模式研究》（广东电网公司苏林峰，《会计之友》2012年第12期），2020年11月1日检索到论文2 699篇，增长了约3.02倍。令人可惜的是，学者型作者和A类期刊都很少。2019年5月3日在百度网页检索"业财融合"，获得720 000条信息，主要内容是概念介绍、会议报道和经验总结；2020年11月1日检索结果为3 130 000条，增长了3.25倍。

随着研究和应用的发展，我们对"业财融合"的认知也在不断深化。管理会计是创造组织价值的管控信息系统，而"业财融合"则是管理会计落地实施中最简明、最有效、最可操作的路径。过去我们曾将"业财融合""技财融合""人财融合"三个概念平行使用，现在看来并不严谨，因为"技财融合"与"人财融合"包括在"业财融合"之中。因此，本人主张，在"业财融合"基本意义不变的情况下，在内容上界定为"链财融合""技财融合"和"人财融合"更为准确。

"链财融合"中的"链"指作业链、供应链、价值链、流程、工艺、运营过程等；"财"就是组织价值，一方面是财务价值，另一方面是作为财务价值动因的非财务价值。

有学者说，从复式记账出现起到现在的几百年间，会计什么时候没有"业财融合"。会计记录经济业务或会计事项（Transactions）就是铁证！

为了回应这种观点，在此引入三个概念：业务结构，数据结构，组织结构。它们是会计赖以运行的基础。

先说财务会计。它所依据的业务结构，按传统语言来说就是生产、运营或流程（如采掘、制造、商业、服务、政府等）；用时尚语言来说就是一个主体范围内的作业链、供应链或价值链；它的数据结构就是双重分类结构，用复式记账方法刻画资源价值在作业链、供应链或价值链的每个节点上的存量和流量，进而汇总为主体在特定期间的存量和流量，然后由三张报表表达出来，作为外部利益相关者评价该主体盈利能力、偿债能力和投资潜力的依据。

再说管理会计。第一，管理会计是以财务会计的业务结构和数据结构为基础的，但不受主体假设的约束，管理会计中所谓的财务价值，就是利润表中的利润。这正是管理会计为什么还被称为会计的客观依据，但我们对其既不能夸大，又不能贬低。夸大了，管理会计被混同为财务会计；贬低了，管理会计又被混同为管理。第二，管理会计增加了组织结构，而组织结构并非"画框图""搭积木"，它的每个节点（或构成单位）都与作业链、供应链或价值链上的一个节点或几个节点相对应或重叠，都是权力、责任、激励和信息之综合，刻画出组织价值如何创造，从而在财务会计数据结构基础上生发出新的数据结构，在财务会计逻辑上生发出管理会计，以满足组织的高管、各级经理和普通员工创造组织价值的需要。

总之，将组织结构与财务会计生发出来的数据结构与业务结构结合起来，才是管理会计的"业（链）财融合"，才能与财务会计相互区别，才能由计算价值转型为创造价值。

"技财融合"，是将组织价值创造与技术的研发和采纳，技术更新与改造等联系起来。有人说，科学把金钱变成知识，技术把知识变成金钱。如此看来，科技领域也弥漫着商业气息！在技术创新的三大定律中，摩尔定律是说相对成本，梅特卡夫定律是说企业价值，而达维多定律则是说销售收入。技术是当前和未来组织价值创造和社会财富增长的新动能，而通过降低成本来创造组织价值则是"飞机中的战斗机"。其实，现在比英特尔芯片成本降低更为迅猛的是基因组测序成本。有资料显示，2001 年单位基因组测序成本为 1 亿美元，到 2019 年美国 Illumina 公司将此成本降低到 1 000 美元（即 19 年间降低了 99.99%），而我国华大基因公司更为亮眼，2018 年就将基因组测序成本降低到 600 美元以下。

在我国，像华大基因公司这样通过技术的创新和升级换代而降低成本、创造价值、取得竞争优势的企业还不够多，但已经展示了我国企业用技术驱动价值创造的可行性和现实性。

实现"技财融合"有两条相互依存的路径可循：经济和技术。经济路径就是管理会计。在这方面可以借鉴日本丰田公司目标成本管控的经验，也可借鉴德国 GPK（弹性边际成本法）以及美国的 BPI/R（业务流程改进或再造）和 BSC（平衡记分卡）等方法。

"人财融合"，是指将组织成员（高管、各级经理和普通员工）的行为与财务数据和非财务数据结合起来，从财务及其相关非财务数据中挖掘组织成员的行为模式。哲学中有所谓的"万物皆数"，在商业领域中则有"行为创造数据，数据驱动行为"的说法。行为和数据难分难解，甚至形成闭路循环。从现实上看，"人财融合"的前提是将管理会计的财务数据与非财务数据作为业绩指标与组织成员的奖惩挂钩，从而使业绩指标成为组织成员达成个人目的的工具。因为在这种情况下，考核什么业绩指标，作为被考核者的组织成员就关注什么，就为什么而努力；不考核的，他们不但不关注、不为之努力，而且很有可能为了完成考核的业绩指标而以恶化或者牺牲不考核的业绩指标为代价。

对于主管会计和负责绩效评价的组织高管（CEO、CFO 等）来说，达成"人财融合"的目标：第一，要具有人文社科特别是行为科学的知识储备；第二，要"由技入道"，深入理解管理会计数据、业绩指标所内含的行为取向（如 EVA 作为业绩指标意味着鼓励投资、扩展企业，而 ROI 则可抑制投资、企业收缩）；第三，要能通过调节管理会计数据、业绩指标，将被考核者调节到实现组织战略目标上来（如企业在收缩期间使用 EVA 或者在扩张期间使用 ROI，都不恰当，必须调整）。

前面将"业财融合"分为"链财融合""技财融合"和"人财融合"进行讨论，后面还将从整体上进一步讨论"业财融合"。

之所以讨论，是因为我们有了财政部的管理会计基本指引和应用指引作为依据，有了 IMA 管理会计公告作为参考，还有海量的案例作为标杆，但企业反而不知道如何应用管理会计，如何实现"业财融合"！

其实，指引或公告都是一般性的，"放之四海而皆准"的原则和条文，并不能直接落地实施，需要中间转换环节；案例是个性化的，是"私家菜"，也不能直接照搬，需要类化。此类问题的解决方案就是要与行业特征和企业具体情况有机结合。唯有如此，才能将指引或公告这些"干巴巴的原则和条文"变成"活生生的行动";才能将各个鲜活案例的精髓提炼出来,移植到其他企业生根开花。例如绩效评价,对于制药企业新药研发,不仅考核 EVA、ROI,更重要的是考核现金投入、成功率、研发时长和资本成本;而对于电影院重点考核的是上座率、单座成本与收入,诸如此类,说的是行业特征。又如在新冠肺炎疫情期间,电影院上座率低可能是问题,这时要加大上座率业绩指标的权重,增加多种渠道推广营销的指标。至于案例,邯钢经验最有名。但邯钢是钢铁企业,其"倒算法"不但是目标成本等于销售收入减去可接受利润,而且还有从轧钢到矿石采购按工艺的"倒算法",只要钢铁成本不达标准,免除所有奖金,即所谓"成本否决"。这样观察邯钢经验,非钢铁企业是无从学起的。但是,如果说,邯钢经验是摆脱市场和内部管控危机的经验;是一种将成本指标与奖惩资源挂钩的激励制度,而且奖惩资源就是员工们通过降低成本而新增的价值的一部分;是树立关键指标的绝对权威;等等。这样观察邯钢经验,其不但有了可学性,而且博大精深。

工业和信息通信业是我国经济发展的支柱产业,信息产业以传统工业为基础,传统工业又因信息产业带来的"智能化"变革更上一个台阶,这两个领域是当前我国管理会计应用最为成熟的产业之一。从"业财融合"的角度对工业和信息通信业管理会计优秀实践进行总结、升华和推广,对于我国管理会计体系建设和企业高质量发展意义重大。特别是在当前的形势下,企业发展更加离不开管理会计的深度布局,真正将管理会计建设成贯彻企业战略、实现经营目标和促进积极企业文化形成的强有力的工具,在国内大循环带动国际国内双循环发展的大好形势下,管理会计的深度应用也许真的能够帮助企业闯出一条发展之路。

2020 版案例集不但涵盖了大部分管理会计应用领域,而且广泛吸纳了中小企业和民营企业实践管理会计的优秀成果,在此我特此向企业 CEO、CFO 及其他高管,向高校工商和财经类老师们推荐,作为教学参考、研究素材和学习标杆。

清华大学教授、博士生导师

2020 年 11 月

王立彦序

工业和信息通信业，是大国经济的最主要产业领域。与此关联，基于产业领域运营实践的管理会计理念、工具和应用体系，都是管理知识的重要源泉。

2019 年 12 月举办的"工业和信息通信业管理会计推广应用联盟"成立大会，为始于 2017 年、进入第三个年头的《工业和信息通信业管理会计案例集（2020）》汇集出版，吹响了启动号。

尽管有 2018 年、2019 年两年案例编辑出版的经验，但新冠肺炎疫情还是为 2020 年案例集出版带来了特别的困难：疫情严重地区（如湖北）的企业，不得不改变参加计划，更多的讨论、交流、评审，不得不改为在线上进行，这在一定程度上降低和减弱了工作效率和效果。

但是也应该看到，在大家齐心协力的努力下，2020 年案例汇集集中的 26 个案例，也呈现新特点：涉及专业领域，在传统的成本、预算、信息化等领域外，增加了项目管理、风险管理等领域对多种管理会计工具运用的总结；案例企业的覆盖范围也从以央企、大型集团企业为主，延伸至民营企业、中小企业，显示了工信领域企业对于管理会计的重视程度和前期推广应用工作的成效。

在全面抗击和战胜新冠肺炎疫情的进程中，"管理会计助力抗击疫情"成为重要话题。或者说，管理会计工具、方法的应用，在 2020 年迎来了特殊历史时机以及创新机遇。

就管理会计体系本身谈创新，是一个有必要提出并重视的新话题。当前以信息技术应用、互联网环境为突出标志的新经济生态，叠加新冠肺炎疫情的全球性蔓延，引致经济运行受阻、全球化理念被怀疑、国际交流渠道收窄、熟悉的营商环境和经营规则受到挑战等，面对单边主义、民粹主义和经济全球化出现逆流的局面，这样的经济社会状况可能成为新常态，我们的企业不得不考虑重塑流程，改变商业模式，走向多元化经营。于是，管理会计创新也在或被动、或主动地得到重视。

管理会计应用分为战术和战略两个方面。战术性应用主要包括为降本、减费、增收的各种测算分析和管理控制工具，在企业管理实战中大范围应用。战略性应用也日渐增多，包括控制和规划方面的成本动因解析、目标成本管理、共享中心助力管理控制精准化等。

对于管理会计在新冠肺炎疫情期间的应用及作用，以及推动管理会计体系创新，专业机构和学术单位正在开展调查，希望通过系统的调查研究和总结，为管理会计的未来描绘新的全景图。以往人们所认识的传统管理会计体系的整体结构，必将被重新考量。毫无疑问，管理会计效能的发挥空间一定会更大，因为人们体会到了管理会计的积极作用。共享中心、财务人工智能、管理会计报告，应该是管理会计效能发挥的几个重要方面。

管理会计创新，就是要从会计领域拓展到管理领域，从管理者的角度去提供具备决策有用性的信息。

只有增进了管理会计信息的决策有用性，管理会计转型才有现实意义。这就要求企业对于管理会计转型有充分的认识，给予全面的支持，以便能够更好地利用管理会计信息支持企业决策、提升企业会计数据资源的配置效率与效益，帮助企业提高管理精细化水平。

全球抗击新冠肺炎疫情尚在进行中，微观运营层面实践显示，管理会计对企业的生存、风险控制、蜕变升级发展，正在发挥着显著的积极作用。

新十年，何惧开端不利？同心协力，必披荆斩棘前行！

北京大学 教授

2020 年 11 月

谢志华序

　　为了更好地实现我国经济高质量发展，构建国内国际双循环相互促进的新发展格局，工业和信息化部在全国大力推进和推广管理会计。在各类企业轰轰烈烈的管理会计实践的基础上，通过反复锤炼的理论总结，在 2018 年和 2019 年两年管理会计案例结集出版的基础上，2020 年的案例也汇集成册，展现在大家的眼前。

　　2020 年出版的案例集在以前的基础上，在理论上和实践上都实现了新的跨越。首先，本案例集的被征集主体涉及不同区域的企业，涉及更多行业的企业，涉及不同所有制性质的企业，涉及不同规模的企业，涉及处于不同发展阶段的企业，涉及企业集团和子企业。案例集的覆盖面是前所未有的，这更加凸显了管理会计应用范围的不断拓展，表征了管理会计在企业发展中发挥着越来越重要的作用。其次，本案例集的征集内容除了以往的成本、责任会计、业绩考核与评价、预算管理、信息共享、业财融合等，也进一步扩展到项目价值管理和风险管理等领域，管理会计应用的内容也得到了进一步的拓宽。这无不表明管理会计应用的领域越来越宽阔，管理会计应用的前景更加灿烂。最后，本案例集征集的案例所产生的经济效益更加巨大，社会影响力不断提高。这表明管理会计的伟大实践不仅具有理论价值，更具有经济和社会价值，也正是这种经济和社会价值，使得管理会计的理论和实践有了真正的现实意义。

　　更值得说明的是，在本次管理会计案例征集和出版过程中，社会各界对管理会计案例工作的热情和坚定支持得到了充分展示，这是管理会计工作取得很大成效的坚实基础。工业和信息化部作为政府机构不遗余力地领导了管理会计的理论研究和实践活动；企业界特别是各类企业的领导层亲力亲为带领企业进行了卓有成效的管理会计实验实践的各类活动；学术界殚精竭虑，进行管理会计实践，探索管理会计的新理论、新方法。管理会计的理论研究和实践活动在中国能够风起云涌，要归功于各界有识之士的共同意志、集体行动。

　　可以期待的是，有 2018 年和 2019 年的案例集作为基础，2020 年的案例集出版，不但会为中国的管理会计的理论研究和伟大实践提供有益的指导，而且也预示着在进一步的管理会计实践的基础上，理论层次更高、体系性更强、指导性更强的管理会计案例，将如日出东方，冉冉升起。

北京工商大学 教授

2020 年 11 月

又一批案例材料摆到了桌面，阅读之后有三点感想。

感想之一，管理会计应用案例正在从形式走向实质。案例写作确实有规范化的要求，但这只是形式。一个好的管理会计应用案例，应该像当年的邯钢经验那样，是企业行之有效的方法、制度和流程。管理会计是什么？是在企业运营管理实践中对价值的发现、确认、计算、计划、分析、评价、控制的过程，是企业价值创造活动的重要部分。不是为了应付上级布置的任务，为了得到上级的好评，而是为了通过对本企业案例的总结分析和对《管理会计应用指引》的学习，深化对本企业实务的认识，深化对管理会计方法逻辑的理解，提高案例总结者分析和解决问题的能力，提高本企业的价值创造能力，增强企业在市场竞争中立于不败之地的信心。这就是总结企业案例、推广管理会计应用的初心。案例总结是否规范、是否能够获得宣传出版，结果并不重要，重要的是对企业自身案例总结和学习的过程。孙子曰："知彼知己，百战不殆"，对案例的总结分析过程，应该是一个"知彼知己"的过程。

感想之二，管理会计应用案例正在从阳春白雪走向下里巴人。一切把管理会计神圣化的行为都是背离管理会计应用初衷的。曾有一位民营企业的老板对我说，我们公司不搞管理会计，学不来。我问他，贵公司的财会人员除了定期编制对外会计报表就没有其他工作了吗？他说不可能。我说这就对了，财会人员除了从事与向外部提供会计报表相关的工作，其他的工作几乎都属于管理会计或财务管理。凡是财会人员直接向经理提交的报告或应经理的要求而报告企业现有的支付能力如何、企业止损的业务量是多少、歇业之后能够坚持多长时间等，都属于管理会计。只要企业有经营就有管理会计。不同的是，有人用而不知，跟着感觉走，处于认识的感性阶段；有人知而用之，能够主动计算分析，处于认识的理性阶段。所以这次遴选的案例有中小企业和民营企业，是在情理之中的。实际上，中国一些优秀的民营企业，对管理会计的应用甚至到了出神入化的程度，只是缺乏总结和提炼。

感想之三，管理会计应用就像中医治病，既要重视缓解当前症状，又要注重扶正祛邪、固本培元。开药方讲究君臣佐使、辨证施治，不能单一地使用一味药。尽管学者们希望看到某种具体的管理会计方法的应用案例，这样用于教学会很方便，但是各企业总结的案例却多是综合性的，并不突出某一种方法的特效，这就是实际。任何的结果，都是多因所致。多因多果，错综复杂，很难找到"放之四海而皆准"的一种方法。这也许就是管理会计的魅力，讲究组合配伍，综合施治，对症下药，一个企业一种用法。

是为序。

首都经济贸易大学 教授

2020 年 11 月于北京市丰台区花乡

刘俊勇序

很高兴看到经过严格筛选的 26 个管理会计案例集结出版，这也是我连续三年参加工业和信息化部（以下简称"工信部"）的案例征集活动，第三次为案例集写序言。与前两年不同的是，因为受新冠肺炎疫情影响，无法到案例企业实地进行现场交流。

首先，介绍一下在过去一年对案例的使用情况。（1）本科层次，在我院 2018 级两个管理会计专业方向班继续使用 2018 年和 2019 年的管理会计案例。团队共创的行动学习研讨方法在 2019 年案例集中有具体介绍，今年继续保持。（2）研究生层次，为我院 2019 级 MPAcc 非全日制班继续选择与课程大纲相对应的案例使用。由于有 100 名学生，每人负责分析一个案例，过去两年的案例只有 68 个，所以我又从其他案例集中选择了 32 个案例。但是，通过比较，发现工信部案例集质量确实比较高，尤其适合具有工作经验的学员使用。

其次，为了提高案例学习效果，更好地在 5G 时代传播这些优秀的案例，我又启动了"中财好声音"评选活动，本科生和研究生分别制作了不超过 10 分钟的案例分析音频和视频，对传统的 PPT 和 Word 格式案例分析进行了完善，更便于传播。学生们在消化吸收的基础上，又进行了深加工和艺术创造，效果特别好。我将部分音视频案例反馈给案例企业时，得到了管理者的一致好评。对于优秀的音、视频案例，我也将其加入我和团队成员在中国大学 MOOC 开设的《管理会计》以及中华会计网校"掌上高校"平台开设的"成本管理会计"课程，受到学员好评，甚至还有企业组织员工系统学习这些课程。

再次，为了满足课程思政要求，在专业课中讲好中国故事，我又将这些案例进行改造，植入我和团队编写的《管理会计（第 3 版）》《管理会计》《成本和管理会计》。通过这些教材，让读者能够基于中国企事业单位案例系统学习管理会计理论知识。

最后，对今年拟出版的 26 个案例谈谈看法。在本次案例的编写过程中继承了前两年案例编写的优良传统，案例企业的编写质量更高了。同时，对管理会计探讨的范围在扩大，尤其是和数字化、智能化结合的案例在增加，除了财务共享，还有数据仓库、人工智能、智慧财务等主题。从企业产权性质看，既有国有企业的案例，又有来自民营企业的案例，这将对不同的企业均有所启发。从选题来看，与前两年相比，除了业财融合、本量利、项目管理、预算管理、成本管理，还有阿米巴、共赢增值表等创新实践。

总之，本系列案例集的出版，是对当前国内管理会计实践的最新总结，发挥了风向标的作用。对于相关单位开展管理会计活动提供了有益的借鉴，进一步丰富了中国特色管理会计理论体系的实践基础。

中央财经大学会计学院党委书记、教授、博士生导师

中国管理会计研究与发展中心执行主任

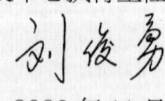

2020 年 11 月

温素彬序

新时代，新挑战，新机遇，谋管理创新，集典型案例；

践发展，践融合，践转型，夯会计实践，重示范推广。

为助力现代化经济体系建设，推动经济高质量发展，财政部于2014年10月颁布了《关于全面推进管理会计体系建设的指导意见》（财会〔2014〕27号），之后又陆续颁布了《管理会计基本指引》（财会〔2016〕10号）和一系列应用指引（财会〔2017〕24号、财会〔2018〕22号、财会〔2018〕38号）。在财政部的全面部署和指导下，在理论界和实务界的积极响应下，我国管理会计进入了一个新的战略发展时期。

工业和信息化部（以下简称"工信部"）高度重视管理会计的推广应用工作，支持建立产学研联盟，自从2016年"工业和信息通信业管理会计推广应用联盟"发起以来，联盟在工信部的领导下，在工业文化发展中心的组织下，紧密围绕供给侧结构性改革和经济高质量发展，积极推动工信领域管理会计体系建设，着力提高行业管理会计应用能力和应用水平，在典型案例推广、业财融合人才培养、管理会计应用水平评价、管理会计信息化建设等方面取得了一系列显著成果。特别是，一大批企业和高校专家对工信领域管理会计的先进实践进行了深入调研和总结提炼，连续出版了《工业和信息通信业管理会计案例集（2018）》和《工业和信息通信业管理会计案例集（2019）》，得到了广泛好评。我作为"工业和信息通信业管理会计推广应用联盟"的最初提议者，全程深度参与其中，切身感受了工信部对管理会计推广应用工作的高度重视。如今，《工业和信息通信业管理会计案例集（2020）》也如期出版。

管理会计不仅是一系列的方法和工具，还是一个贯通全价值网的体系，该体系包括目标体系、基础体系、应用领域、工具体系、报告体系、系统平台等有机组织部分。智能时代，在信息技术赋能下，智能管理会计体系将逐步建立起来，它必将成为企业管理的核心组成部分。

《工业和信息通信业管理会计案例集》一直坚持"问题导向、成果导向、应用导向、建设导向"，整体上具有"创新性、本土化、真实性、应用性、示范性"的特征。与2018年和2019年的案例相比，2020年的案例在以下方面具有更加明显的特征：第一，管理智能化。本案例集的大多数案例呈现管理会计向智能化转型的趋势，特别是在大数据应用、业财融合与共享服务、数据仓库、商务智能等方面尤为突出。第二，领域多元化。本案例集中的案例涉及的领域除了传统的预算、成本、信息化等，还涉及项目管理、风险管理、管理会计报告等专门领域。第三，架构体系化。本案例集的多数案例不仅注重管理会计工具的应用，还更加注重管理会计体系的建设。第四，企业多元化。本案例集的案例企业有很大一部分是民营企业和中小企业，改变了以往以央企和大型企业为主的局面。

本案例集凝结了诸多专家学者和工作人员的辛劳。在此，向案例企业及作者、专家学者、工信部工业文化发展中心的工作人员表示由衷的敬意！以案促管，以案促学，以案促研，以案促新，以案提质，我坚信案例集的连续出版必将对管理会计的研究和实践应用产生重要的作用，也希望这项工作能够不断进行下去。

南京审计大学 教授

2020 年 11 月

田高良序

当今世界正面临百年未有之大变局，中国正处在两个一百年历史的交汇点上，党的第十九届五中全会审议通过《中共中央关于制定国民经济和社会发展第十四个五年规划和二〇三五年远景目标的建议》，展望了 2035 年基本实现社会主义现代化的远景目标，做出了"十四五"期间我国经济社会发展的系统谋划和战略部署，擘画了加快构建以国内大循环为主体，国内国际双循环相互促进的新发展格局。同时，大数据、人工智能、移动互联网、云计算、区块链、物联网、5G 等新一代信息技术的蓬勃发展，对全球经济发展、社会进步、人民生活带来重大而深远的影响，产品会被场景替代，行业将被生态覆盖，工业互联网将成为驱动经济发展的新引擎。财务云、电子发票等新技术也为会计理论与实务带来了前所未有的挑战。因此，我们必须把握好数智时代的发展机遇，充分吸收新技术赋予的新能量，及时实现财务转型，由高速度扩张向高质量发展转变，由管控型财务向赋能型财务转变，由业财分离向业财融合转型，由流程驱动向数据驱动转变，由守护价值向创造价值转变。

纵览欧美等发达国家的企业，会计人员中从事管理会计工作的人员比例远远高于从事财务会计工作的人员比例，如美国具有一定规模的企业中从事管理会计工作的人员数量占据了企业会计人员总数的 90% 以上。目前，我国现有 2 100 万名会计人员，但从事管理会计工作的人员占比还与发达国家存在较大差距，企业会计人员职能转型是大势所趋。如果将企业财务分为战略财务、业务财务、共享财务三个部分，那么数智时代战略财务与共享财务需要的会计人员各占 10%，剩余 80% 的会计人员将转向业务财务，从事管理会计工作。所以，强化管理会计迫在眉睫。

近几年来，工业和信息化部（以下简称"工信部"）高度重视管理会计推广应用工作，连续出版了《工业和信息通信业管理会计案例集（2018）》和《工业和信息通信业管理会计案例集（2019）》，得到了社会各界的广泛好评。今年，工信部克服新冠肺炎疫情的重大影响，如期出版《工业和信息通信业管理会计案例集（2020）》，我认真拜读了案例集的目录和案例摘要汇总及部分案例，受益匪浅。本案例集具有如下特点。一是覆盖面广。本案例集共 26 篇案例，涵盖装备、原材料、消费品、电子和其他类型的企业，具有广泛的应用参考价值。二是鲜活生动。案例集中的案例全部来自一线企业的真实案例，让人有身临其境之感。例如，中车南京浦镇车辆有限公司在中车集团"6621"运营管理理念指引下，综合运用全面预算管理、项目管理以及关键绩效等管理会计工具方法，探索实践了"6621"运营管理模式下的业财融合；徐州徐工液压件有限公司在结合徐工集团的"315"方法论的基础上，创新变革全面预算管理，实现指标的落地和业务的分层次承接，围绕九大业务循环，根据九大资产结构，采用关键成功因素法的管理模式，进行预算管理的全价值链覆盖。三是创新性强。案例集中不乏令人眼前一亮的创新案例，如海尔物联网转型的驱动工具——第四张报表——共赢增值表，成为衡量数字经济时代企业价值的新标尺，具有理论前瞻性与普适性，为企业向生态型转型提供了可参考的范例。又如，重庆宗申动力机械股份有限公司"数据仓库、商务智能和管理会计模型的结合与实践"案例，以搭建数据仓库、实施商务智能的方式，实现跨系统快速取数，层层下钻的数据追踪，自定义财务合并规则，一键输出披露报表，多维度创建资金、预算、投融资、发展能力管理等各类分析模型，为企业各层级管理者、不同业务需求提供统一、共享、快速、标准的数据来源，发挥管理会计在企业战略发展的决策支持作用，经营管理的风险管控作用，真正实现管理会计创造企业价值的功能。总之，本案例集选题新颖，内容丰富，借鉴性强，对推动企业管理会计的健康发展大有裨益。

数字经济越发展，管理会计越重要。近两年来，随着中台的迅猛发展，企业数字化转型进入全面推广阶段，管理会计迎来了发展的重要契机和重大转折。管理会计将向中台化、大数据化、实时化、场景化、智能化、移动化和可视化等方面发展，希望"产学研政"各方通力合作，持续推出管理会计系列精品案例，为中国管理会计发展做出贡献。

西安交通大学管理学院副院长 教授

冯耀良

2020 年 11 月

装备

原材料

消费品

电子

其他

索引

后记

装备

案例一 "6621"运营管理模式下的业财融合实践

中车南京浦镇车辆有限公司

【摘要】当前，我国轨道交通装备制造业正从制造大国向制造强国方向迈进。在国家高质量发展理念引领下，企业也从追求资产规模转向注重提升企业效益，迫切需要夯实内部管理基础，提高管理效率，提升经济效益。作为中车集团下属子公司之一的中车南京浦镇车辆有限公司（以下简称"浦镇公司"），十分重视发挥业财融合对提升公司效益的作用，积极按照中车集团的战略要求，不断探索业财融合的实现途径。在中车集团"6621"运营管理理念指引下，浦镇公司综合运用全面预算管理、项目管理以及关键绩效等管理会计工具方法，探索实践了"6621"运营管理模式下的业财融合。主要是以"项目"为载体，按照项目生命周期阶段，从财务预算、成本、资金、税务及财务分析等方面实现对采购、生产、市场及信息等业务部门的支持与协作；借助ERP系统，实现MES系统、人力资源管理系统等的互联互通，信息共享。实践证明，该模式可以实现物流、信息流及价值流相统一的运营管控；可以保障项目执行进度，达成项目预算指标，提高项目贡献率；有助于锻炼和培养一支财务和业务相融合的人才队伍，促进财务人员在观念上、行动上实现转型升级；最终促进企业优化内部管理，提高运营效率，增加经济效益，提升发展质量，增强国际竞争力。

【关键词】业财融合；项目管理；制造业；管理会计

一、浦镇公司基本情况介绍

中车南京浦镇车辆有限公司（以下简称"浦镇公司"）始建于1908年，坐落于历史文化名城南京，是国务院国有资产监督管理委员会（以下简称"国资委"）管理的中车集团旗下的一级子公司，是专业从事铁路客车、城市轨道交通车辆及动车组等轨道交通装备研发与制造的国家大型骨干企业，是中国铁路空调双层客车研制基地和中国城市轨道交通车辆生产定点企业，是我国铁路客车、动车组和城市轨道交通装备专业化研制企业，是系统集成供应商及城市轨道交通运行方案解决者。

浦镇公司现拥有位于南京、杭州等地的12家控股子公司、7大产业基地，现有注册资本216 791万元，员工7 000余人，2019年实现营业收入154亿元。

在市场方面，浦镇公司生产的城市轨道车辆遍布上海、南京、苏州、杭州、无锡、深圳、东莞、香港等地区；在国外先后获得印度、新加坡、阿根廷、尼日利亚、肯尼亚等国家和地区的市场订单，实现了"产品+技术+服务"的海外输出。

在技术方面，浦镇公司拥有强大的研发平台和雄厚的制造实力，掌握动车组、城市轨道车辆、现代有轨电车、跨座式单轨、APM、空铁列车制造和无人驾驶、智能制造、智能物流等核心技术。具有完整的产业链，包括不锈钢、铝合金以及碳钢结构的A型和B型地铁列车、现代有轨电车、140km/h至200km/h的CRH6

作者：孙李静、郑早颖、周建华、付昕刚

案例指导与点评专家：温素彬（南京审计大学）

型城际动车组、160km/h 动力集中电动车组、250km/h "复兴号" 标准动车组、空轨列车、25 型铁路客车、特种车辆以及各种类型的转向架及各个速度等级制动机等产品。

在管理方面，浦镇公司不断追求卓越，应用了以节拍式拉动、看板式管理、流水化作业和标准化工位为核心的精益生产模式，全面改善了生产和经营管理，大幅提升了生产效率和经营品质，获得了全国精益管理大奖。

在信息技术方面，浦镇公司应用了企业资源计划（Enterprise Resources Planning，ERP）、办公自动化（Office Automation，OA）、生产管理信息系统以及产品信息系统（Product Data Management，PDM），信息化程度在业内处于领先水平。

近年来，浦镇公司通过核心技术不断开放式创新，企业制造实力全面提升，已成为中国轨道交通装备制造业的骨干企业和现代城市轨道交通装备的龙头企业。

浦镇公司的组织机构主要包括一个管理本部，三个中心及 12 家子公司。管理本部下设总经理办公室、规划发展部、运营管理部、财务部、人力资源部等职能部门；三个中心主要是技术中心、营销中心和制造中心；其中技术中心设有科技管理部、总体研发部及转向架设计部等部门；营销中心主要包括城轨事业部、国铁事业部、国际事业部及服务事业部；制造中心主要包括技术工程部、制造管理部等与生产联系较多的部门以及客修制造部及各生产车间等。浦镇公司组织结构如图 1-1 所示。

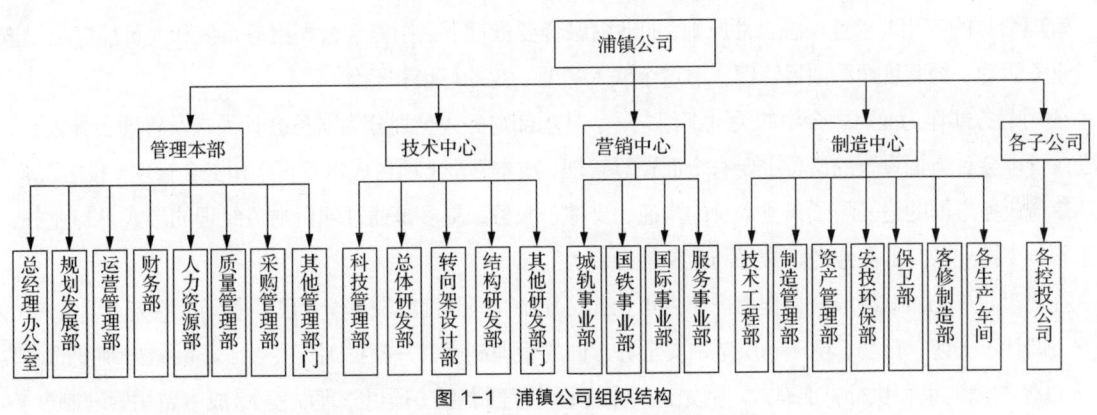

图 1-1　浦镇公司组织结构

二、浦镇公司实施管理会计的内外部需求

（一）企业及员工面临着转型发展要求

目前，我国深化供给侧结构性改革，积极推进智能制造，促进信息化与工业化深度融合，这给轨道交通装备制造业转型提供了良好契机；大数据、商业智能、移动互联网、云计算等信息技术革新以及财政部管理会计的推广应用，对企业和财务人员的转型也提出了要求；目前制造企业正努力向智能制造和数字化方向转变，财务人员也正朝财政部管理会计指引的方向和路径前行。

（二）降本节支增效以及高质量发展成为企业的方向

在国家高质量发展要求下，国资委对企业提出了降本增效、两金压降，降杠杆、减负债以及提升企业发展质量等一系列要求；此外，中车集团对其子公司的经营指标管理重点及业绩评价方式也发生了改变，由原来重视收入和利润指标转向关注资产使用效率、资产收益情况指标以及提升企业价值方面。为适应这一考核方式和考核重点的转变，浦镇公司经营管理体制和管理水平还需要不断改进，经营效率和效益指标还需要不断提高，迫切需要一些管理方法和工具的应用以对目前状况进行改观。

（三）公司管理效率及管理方法需要提档升级

当前国际经济发展环境多变，国内铁路投资政策趋于保守，国内客车业务受铁路总公司客车采购计划的影响，销售收入大幅下降，长期来看，虽有增长，但是过程将放缓；从营业能力来看，浦镇公司营业利润率仍偏低，盈利能力需要进一步提高。

此外，浦镇公司也面临着财务人员价值创造能力发挥不充分等问题，还不能完全适应公司快速发展的要求，参与公司国际化经营的能力还需要不断提高。

在这种背景下，浦镇公司迫切需要寻找一条合适的路径来强化公司内部管理，加快推进财务人员与业务人员的融合，促进公司转型升级，提升公司的效率和效益，促进公司高质量发展，提高国际竞争力和国际影响力。

作为有利于提高公司价值、有利于公司做优做强、有利于平衡好投资者与客户关系的管理会计以及其业财融合方式，恰恰符合这些要求。

因此，在这种背景下，浦镇公司选择应用管理会计成了必然。

三、浦镇公司推进业财融合的环境基础

（一）人员设置及制度建设奠定了业财融合的管理基础

管理会计的应用要求遵循融合性原则，而业财融合要推行下去则需要公司财务系统和人员能够尽早嵌入公司业务活动、经营管理和项目管理，而这个嵌入需要一定的环境和载体。

公司财务部作为业财融合中的关键部门之一，其本部财务人员划分为财务会计人员及管理会计人员，现阶段在管理会计方面设置的岗位主要有全面预算管理、成本管理（项目成本管理）和资金管理（投融资管理）等。参与业务方面的途径除了岗位本身的沟通、支撑、服务，更多是通过项目财务经理的形式参与业务、了解业务、支撑业务与服务业务，做好与业务的融合。

在制度设置方面，浦镇公司作为一家百年企业，各项管理制度比较健全，已建立涵盖规划、运营、人力、财务、设计、工艺、市场、生产、质量、安全等方面的管理制度，并根据国资委要求不断做好制度的"废改立"，以使制度约束和执行更加有效。例如，《全面预算管理制度》《项目管理制度》《成本费用管理制度》《经济责任制考核管理制度》等制度为公司业财融合的推行提供了制度保障。

（二）全面预算管理夯实了业财融合的实施基础

浦镇公司推行全面预算管理已有多年，实行年度全面预算与月度滚动预算相结合的双轮预算管理机制。

在全面预算管理的工作方法和机制下，浦镇公司将战略与年度经营计划目标进行有机衔接，并通过对部门组织绩效和员工个人绩效的考核来推动集团战略目标的实现；过程中实时地监控、分析和修正调整。在推进全面预算管理体系过程中，浦镇公司逐步实现了财务与运营、人力、投资以及科技等专业部门的协同，推进了预算、成本、资金、财税与业务的融合，为财务融入业务夯实了基础。

（三）完善的 ERP 系统为业财融合提供了信息技术保障

浦镇公司于 2003 年实施应用了用友 NC 系统。该系统涵盖了客户化、供应链、人力资源、财务会计、资金管理、资产管理等模块以及 UFO 报表系统，通过业务部门工艺路线维护、制订备料计划（Bill of Materials，BOM）以及存货收发存管理，再加上对人力工时和动力费等基础信息的维护，实现了成本数字化和报表自动化。

此外，随着工业化与信息化的推进，ERP 系统还与制造执行系统（Manufacturing Execution System，MES）进行互通，实现了生产过程、进度的实时监控以及物流与信息流的同步。在此过程中，业财部门的联动也对业财融合的推进起到了积极的促进作用。

（四）精益管理理念的推行促进业财融合逐步加强

浦镇公司自 2008 年开始推行精益生产，10 余年精益理念的实践应用使公司逐步形成了"基于精益流水线工位制节拍式生产模式"，实现了生产现场物料自动化、准时化配送；并从精益生产转向精益管理，注重发挥精益生产中七大任务的相互支撑作用，推动管理部室的同心圆作战，在确保生产任务兑现、经营指标完成以及产品质量提升的同时，使得业务与财务的相互支持与配合也进一步得到强化。

（五）"6621"运营协同模式为业财融合指明了方向

围绕中车集团发展战略，中车集团及其子公司也积极运用精益思想，注重对业务过程进行价值流分析，积极识别和消除业务过程中的不增值活动，促进公司关注增值活动，控制非增值活动，努力提升集团整体价值。在此过程中，采取以产品和项目为载体，将产品和项目实现过程的业务活动进行分解，划分为核心过程、支持过程与管理过程，并逐步梳理形成了"6"个管理平台，"6"条管理线、"2"条模拟线和"1"条工位制节拍化流水生产线，"6621"运营协同模式由此产生。

其中 6 个平台是指市场管理、人力管理、安全管理、资产管理、售后管理和信息化管理平台；6 条管理线是指设计流水线、工艺流水线、采购物流流水线、质量管理流水线、成本流水线和生产流水线；2 条模拟线分别指模拟生产线和模拟配送线；1 条工位制节拍化流水生产线是指 1 条生产流水线。

"6621"运营协同模式促进了对现有分散、相互割裂的职能管理的系统集成和改善提升，为业财融合的推行指明了方向。

四、浦镇公司现有业财融合存在的不足

（一）业财融合切入点较分散，缺少业财融合的系统性支撑

前期浦镇公司全面预算管理和精益管理方法的应用，虽然逐步推进了财务与运营、人力、投资、科技专业部门的协同，以及预算、成本、资金、财税与业务的融合，但预算管理中也存在一些不足：一是预算多是由财务部门牵头组织编制及过程管理的，业务部门或人员参与深度不够；二是预算执行与反馈的结果多是财务数据的增减及升降分析，缺少业务基础的动因分析，导致公司难以通过预算分析来调整业务、改善管理；三是在精益管理过程中，虽然要求精益七大任务相结合，但财务人员参与业务的不多，或为间断性参与，没有形成固定的制度，也不够系统，财务部门服务支撑其他几大任务的能力需要提高。

（二）业务财务存在较多痛点，对企业价值提升的协同作用发挥不充分

业务的多样性和复杂性使得业务部门有时在业务前端急于处理业务时不会考虑对后端财务的影响。例如，在合同签订时，他们通常不会考虑合同中货物交付方式对后期财务部门的影响，也不会考虑因生产应急而采取的各种非常规领料方式对财务后期核算的影响。此外，还有一些业务部门因对财务办法和制度不熟悉而未按要求和制度流程办理，进而带来其他一些后续潜在风险，使得财务人员不得不在后端想办法加以解决。

此外，业务部门习惯从部门职责及承担经济责任指标的角度出发，侧重关注如生产任务、销售收入、研发经费等指标的完成，而对完成部门指标所需的成本费用及可能存在的风险则关注较少；而财务部门比较关注降本增效和风险管理等情况；因此双方容易出现协同性差的情况，从而影响公司整体效益的提升。

（三）现有人员架构存在弊端，财务对业务的实时控制不足

当前浦镇公司设置了管理会计相关岗位，但相对财务核算人员数量来看，管理会计人员仍然需要补充，会计人员架构也需要调整。目前在浦镇公司的会计人员中，有些能够参与如投标、合同评审、投融资评价、采购招标、生产管理、销售回款等管理环节，但还不够系统，人员也不固定；此外，目前财务多通过财务报

表提供信息，也有如《月度成本分析报告》《经营指标完成情况报告》以及《预算完成情况报告》等管理会计报告，但反映的信息常常是事后信息，还没有做到对业务进行实时的报告、控制与分析。

（四）实时反映业务与业务联动的信息化能力还需提高

当前浦镇公司有较多信息系统，如 ERP 系统、质量管理系统、生产管理系统、资产管理系统、科研管理系统以及人力资源管理系统等，从系统协同情况来看，目前业财系统之间仍存在一些信息壁垒，如从财务数据不能在系统中追溯到业务数据，财务信息和业务信息无法实时交互，以及无法顺畅地在部门与部门之间流动、共享等，存在信息孤岛现象。这导致业务部门数据与财务部门数据存在列示及统计口径上的差异，给数据的综合分析应用及数据价值的体现带来了一定的影响。

针对上述这些不足，浦镇公司迫切需要找到合适的载体及方法来推动业财融合不断深入与强化。

五、"6621"运营管理模式下业财融合的内涵及可行性

业财融合要想深入高效的推行，势必要找到一个合适的载体及方式，要多体现业务的流程和环节，少用财务专业的语言及规则，努力做到业财部门能够围绕一条主线、朝着共同的目标、在完成一项项任务的过程中自然而然的不断高效融合。

（一）"6621"运营管理模式下业财融合的内涵

"6621"运营管理模式，是中车集团及子公司在 10 余年精益管理思想推行的基础上总结而来的一种适用于集团经营管理的行之有效的管理模式，而浦镇公司便是最早推行这一模式的子公司之一。

在"6621"运营管理模式的指引下，浦镇公司以"项目"为主线，以"项目执行阶段"为切入点，探索实现"基于'6621'运营管理模式下业财融合的模式"。

具体来讲，就是在各业务职能的基础上，按照项目阶段，结合财务管理要求，采用以项目管理为主线，以成本管理线为牵引，制定项目全生命周期的管理策略，实现财务预算、成本、资金、税务、分析等职能与技术、采购、生产、质量以及市场、人力、资产、安技、信息化等业务在项目管理各阶段的相互融合，在助力项目完成既定目标的同时，使财务与业务在公司业务经营与运营管理方面全面、深入融合，促进公司实现价值最大化目标。"6621"运营管理模式下的业财融合如图 1-2 所示。

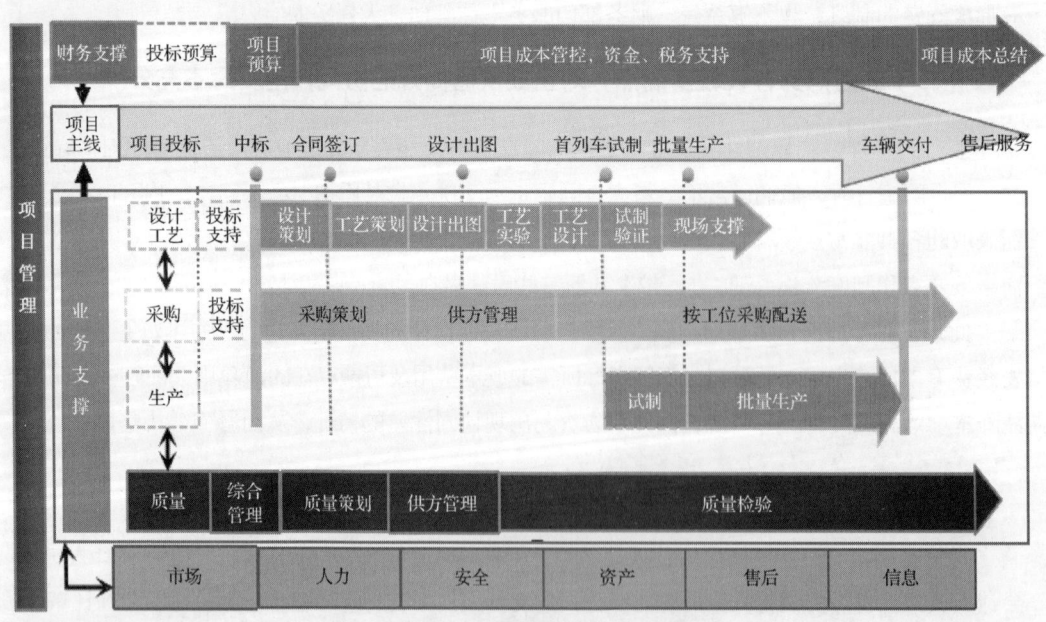

图 1-2 "6621"运营管理模式下的业财融合

业财融合过程中需要关注的控制项点如表 1-1 所示。

表 1-1   "6621"运营管理模式下的业财融合控制项点

业财部门	控制项点
营销中心	报价管理、投标预算、售后服务等
技术中心、技术工程部	模块化设计、工艺路线、工艺 BOM 等
采购管理部	集中采购、招标过程、采购价格等
制造管理部	生产作业过程、现场管理、配送管理、仓储管理（WMS）、供应商存货管理（VMI）等
质量管理部	不良成本管理等
人力资源部	工时定额、人员定额、员工薪酬等
资产管理部	工装设备管理、动能管理等
安技环保部	环境保护、事故控制等
信息化部	生产系统、质量系统、人力资源系统、ERP 系统、资产管理系统等
财务部	全面预算、项目预算、成本管理、资金支持、税务管理、财务报表、资信证明、投标保函等

业财融合过程中，成本管理线贯穿项目全过程，通过对成本经营实态的正确把握和展示以及对成本管理机制的维持、改善，实现对项目的成本全过程管控，促进项目目标收益的达成。在具体项目中，公司按阶段收集及整理成本信息，对在产品、工艺和供应链中出现的可能导致成本异常事项提前发现并进行预警。

（二）"6621"运营管理模式下业财融合的可行性

1. 项目管理中跨部门组织的设置有利于推进业财融合

业财融合作为一种管理活动，需要在组织架构及相关制度上有所支撑。而项目管理作为一种成熟的管理模式，通过改变原有职能结构，将传统职能部门制管理向矩阵结构转变，实现职能边界的突破和跨部门的融合。项目化管理过程中，其项目团队成员的角色也从职能管理转变为利用专业知识进行相互支持的团队合作，进而促进企业各部门之间融合，确保项目顺利实施。此外，从事项目管理的项目组及其成员通常在整个项目周期内也维持不变。

项目管理中，公司根据需要组建来自不同业务部门及财务部门的跨职能团队，并明确项目组、项目经理以及项目各成员的职责；财务人员也从始至终参与到项目中，进而促进项目成本的控制评价及人才的综合培养。

从多数企业应用效果来看，项目管理能够帮助企业优化组织资源，管理和平衡项目制约因素，合理应对风险，确保企业在适当的时间交付正确的产品，达成业务收益目标，实现全过程、全要素管理，提高客户满意度，提高项目人员的综合能力，促进资源利用效率的最大化，促进组织价值创造和效益提升。

2. 公司产品生产周期及生产特点适宜选用项目管理模式

生产组织模式没有绝对的好与坏，只有适合与不适合之分，但无论采用何种生产组织模式，一定要能够支撑业务的有效开展，保证生产的进度与质量管理要求。随着行业竞争的加剧以及业主要求的进一步提高，尤其在加快产业转型升级的大背景下，浦镇公司也面临着成本持续上涨，利润率提高越来越困难的外境。

此外，随着国内外轨道交通的发展，浦镇公司先后在国内外获得了一定的市场订单，通常国内与国际生产订单特点不太一样，国内产品任务批次少，数量多；国际产品任务批次多，但批量略小。特别是城轨车辆，其整车制造处于一个定制式、个性化需求的市场环境，并且由于车辆系统内部以及车辆与外部使用环境有较多的接口，使得车辆在设计、试制、调试直至质保服务等过程中的管理工作显得面宽线长。

在这种情况下，浦镇公司逐步以项目为基本单位来细化内部管理，提高运营效率。一般制造型企业多采用矩阵型组织结构，该结构是在职能型结构的基础上与项目型结构相综合的一种模式。该项目组织结构有利于项目范围从一个部门跨到另一个部门，有利于进行整体综合管理。

浦镇公司生产任务多，多个项目并存；产品生产周期也长，项目过程管理显得十分重要。因此，如何在企业中同时管理、协调多个任务，做好各项目的生产计划、控制、执行，以及收尾等工作，使所有项目的综合执行效果达到最优，成为企业迫切需要思考的问题。要以有效的管理方式控制好质量、成本和交货期，提高对客户需求的响应速度，迫切需要实行项目化管理。

3. 贯穿项目始终的财务管理有助于财务与业务的融合

财务管理涉及战略、预算、成本、营运、投融资、绩效、风险管理等领域，辐射单位管理活动的方方面面。项目管理中财务管理是重要的组成部分，财务控制贯穿于项目的整个生命周期。公司在执行过程中努力寻求成本、进度和绩效之间的平衡，包括对项目资金进行管控，确保项目所需资金及时到位，以及进行成本控制，尽可能降低成本，提升项目经济效益，促进公司整体利润指标的实现。

综上所述，"6621"运营管理模式下的业财融合基于项目管理模式的成熟性，满足公司现有生产及管理体制，且与财务管理能够实现系统性交集，有利于业财融合的推进及深入，因此，浦镇公司决定推行"6621"运营管理模式下的业财融合。

六、"6621"运营管理模式下业财融合的保障措施

（一）增强财务人员融入业务的主动性和能力素质，提供管理保障

财务人员参与业财融合的主动性以及能力素质是业财融合能否在选定模式下有效推动与成功运行的重要保障。浦镇公司要求财务人员要朝着"懂业务、会技术、强沟通"的方向主动参与到业财融合中来，积极推动业财融合的发展。

一是财务人员要在掌握会计准则等财务专业知识、专业技能的基础上，进一步增强对信息数据的收集、加工和洞察能力，提高数据敏感度，发现有价值的信息，为各种决策及时提供有效信息。

二是提高财务人员支撑业务能力，加大对业务人员财务知识的培训，普及财务办法及制度要求，积极回应各种质疑，不断提高沟通能力，缩短财务问题处理及反馈时间，多为业务提供决策建议，从业务端降低财务风险。

三是借助项目载体，增强业财融合实践。通过对不同项目配备不同的项目财务经理，使项目财务经理参与项目全生命周期管理，努力培养和锻炼财务人员熟悉企业全业务流程。

四是采用财务项目经理轮换机制，培养财务人员适应国内外不同项目管理的要求；定期选拔财务人员到业务部门进行相关锻炼，多渠道培养财务人员，提高财务人员的综合能力。

（二）加强公司信息化融合建设，提供技术保障

信息化是打通业务部门信息孤岛的助推器，也是业财融合的难点。目前浦镇公司各信息系统较多，彼此之间尚未打通，数据孤立，口径不同，共享不足，在整体信息化上还需完善与优化。浦镇公司通过建立业财信息传递的桥梁，对业务流程和管理过程进行优化，使信息孤岛逐渐被信息共享所代替，促进了业务与财务的深度融合。

一是以 ERP 系统及 PDM 系统为信息化主线，将质量信息管理系统及人力资源管理系统等综合应用，消除信息孤岛，实现基于公司管理主流程的业务流和信息流的高度集成。

二是紧跟智能化步伐，运用 MES 系统优化制造过程和物流模块的执行管控，实现智能制造的进阶型提升。在智能制造系统中，通过整合库存管理、采购管理、完善异常管理等信息平台，对生产制造过程的工时、产量、质量、设备及物流情况进行详细分析和管理，实现信息化管控；通过物联网技术、智能工具建设等，搭建智能化制造系统，助推生产作业少人化，生产管理智能化。

三是变制度管理驱动为信息系统管理拉动，使信息数据在设计、工艺、生产、质量、采购物流、成本管理及其他管理平台上有效传递，最大限度地实现信息资源的共享，减少业务部门与财务部门因数据口径不一致而引发的矛盾，提高管理效率。

七、"6621"运营管理模式下业财融合的具体做法

在"6621"运营管理模式的指引下,浦镇公司采取以项目为载体,将财务与业务合理贯彻于项目各执行阶段,促进业务与财务的实时融合,深入融合。按照轨道交通产品具体作业内容,通过对项目执行过程进行梳理、提炼、写实,形成了项目管理的四个主要阶段,分别是项目准备、项目启动与计划、项目执行与控制以及项目结束四个阶段,每个阶段还有再次细分的具体阶段,轨道交通产品周期与项目执行阶段划分如图 1-3 所示。

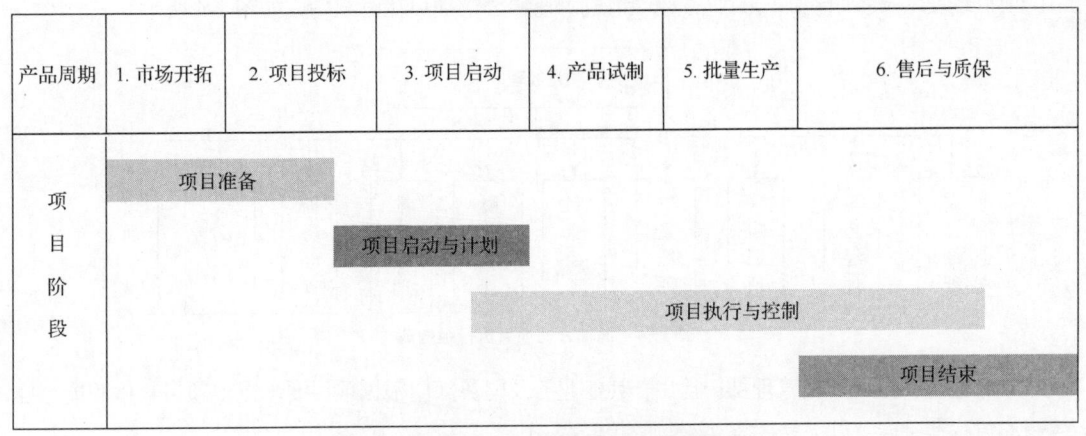

图 1-3　轨道交通产品周期与项目执行阶段划分

现以印度诺伊达项目为例,介绍各阶段业财融合的具体内容。

印度诺伊达项目是中车集团贯彻国家"走出去"战略,积极开拓国际市场业务,与德里地铁有限公司合作的地铁项目,项目内容为制造 19 列 76 辆准轨不锈钢地铁车辆,总的项目设计、生产和交付周期约为 24 个月,从 2016 年 2 月开始至 2018 年 1 月结束,由浦镇公司负责执行。

(一)项目准备阶段——业财配合做好项目投标及合同谈判等工作

项目准备阶段,主要包括市场开拓,项目投标、中标,合同谈判,合同签订等具体工作。项目准备阶段业财融合的工作内容如表 1-2 所示。

表 1-2　　　　　　　　　　　　　　项目准备阶段业财融合的工作内容

业财类别	部门名称	业财融合工作内容	
		市场开拓阶段	项目投标及谈判阶段
业务部门	营销中心	根据公司经营目标和战略方向,了解客户需求,分析竞争对手态势,确定参与的目标市场,牵头制定相应市场策略,组织成立投标工作组	与客户对接,获取客户招投标信息和各类业务需求,制定投标策略,组织策划各部门开展投标准备、投标(包含标书编制和预算测算)和合同谈判等工作
	技术中心		参与客户技术交流,参与标书编写,支撑投标及合同谈判
	采购管理部		编制投标预算中的采购成本
财务部门	财务部		提供招投标所需资料,一是提供所需财务信息,如财务报表、资信证明、投标保函(根据项目需求)等资料;二是根据标准产品成本,结合客户需求提出项目成本建议,参与投标成本预算编制以及提示项目成本风险和项目成本控制要点等

（二）项目启动与计划阶段

1. 项目启动——成立业财部门均参与的跨部门职能的项目组

浦镇公司多个项目并存，采用项目经理负责制，一个项目经理通常负责一个项目。公司将费用、责任、资源给项目经理，由项目经理进行项目实施控制。

在项目组织模式上，浦镇公司实行基于职能部门管理、将职能型组织结构与项目型组织结构进行混合的"平衡矩阵组织项目管理模式"，并根据项目需要成立项目领导组、项目协调组及项目执行组。项目领导组一般由总经理及各分管副总经理组成；项目协调组一般由分管项目的副总经理及各职能部门负责人组成；项目执行组由项目经理以及各职能部门的业务经理组成。浦镇公司项目执行组构成如图 1-4 所示。

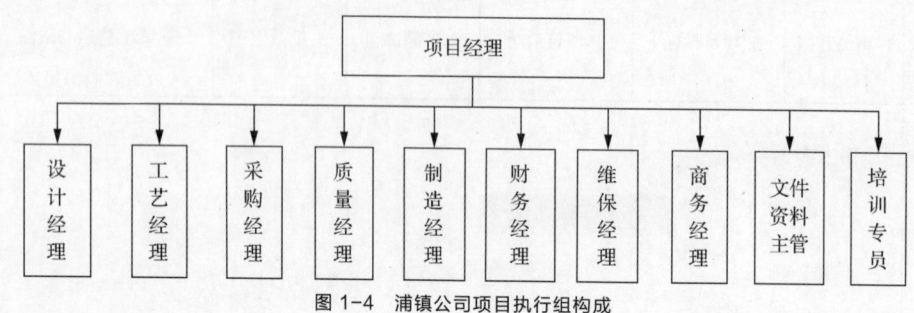

图 1-4　浦镇公司项目执行组构成

其中项目经理人选由项目管理部门提出，其他业务及财务部门根据项目要求提出项目具体职能经理，经人力资源部审核通过后，以人员任命文件的形式发布。

经任命后的项目经理和职能经理，作为项目执行过程中的项目组织者和接口人员，负责组织项目执行工作，参加项目执行中的各类接口会议。项目经理具有唯一性，在项目执行过程中一经任命，除特殊原因，原则上不进行调整，当出现特殊情况需要暂时委托他人代为处理（或参加）项目接口等事项时，应经过审批，出具正式委托文件。

以诺伊达项目为例，浦镇公司在收到印度诺伊达的授标函后召开项目启动会，成立了由市场、采购、设计、人力、财务、生产等部门人员组成的项目执行组，任命项目经理及各职能经理，负责组织协调项目过程中的业务与财务事宜，项目执行组定期召开会议，并形成纪要，督促做好跟踪落实工作。诺伊达项目启动会议纪要如图 1-5 所示。

中国中车 CRRC	会议纪要	页码：共4页　第1页
		部门：国际市场部
编号：NRS1-001	项目名称　印度 Noida 地铁项目	版本：

标　题	印度 Noida 地铁项目启动会		
时　间	2016 年 2 月 17 日	地　点	新大楼 201 会议室
主　送	人力资源部，财务部，审计和法律事务部，动车设计部、转向架设计部、技术信息部，试验检测中心，城轨项目部，城轨技术部，城轨质量部，城轨采购部，安技部		

图 1-5　诺伊达项目启动会议纪要

2. 项目计划阶段——业财联动做好项目预算及计划

项目启动后，项目执行组完成公司各项资源评估，应用预算管理理念制定项目预算，用预算目标指导项目执行。

公司按照项目预计合同收入，采用目标成本管理模式，分项确定采购成本、人员费用控制目标及管理要求，形成项目执行预算，编制项目里程碑计划、项目管理计划以及项目生产预排产计划；将项目预算分解到项目执行各阶段和重要节点，发至各参与部门。

项目计划阶段，业财融合工作内容如表1-3所示。

表1-3　　　　　　　　　　　　项目策划阶段，业财融合工作内容

业财类别	部门名称	工作内容
业务部门	人力资源部	项目人力资源策划
	质量管理部	质量全面策划管理方案
	技术中心	制订项目设计计划
	技术工程部	完成工艺流程规划，并将设计策划、工艺策划书给财务； 开展相应的技术试验，向财务输出为减少批量不良品率而进行的成本控制措施； 以工序为单位制定工艺定额BOM，维护ERP信息，为采购配套工作提供依据
	采购管理部	开展采购策划工作
财务部门	财务部	根据设计工艺部、采购管理部等提供的材料市场价格、工艺试验项目，物料定额及制造费用等信息，对标准产品、项目定位和客户需求，评审项目执行预算编制合理性，提出成本评审建议，形成项目成本控制要点和项目成本控制策略

以印度诺伊达项目为例编制的项目执行预算如表1-4所示。

表1-4　　　　　　　　　　　　诺伊达项目执行预算汇总表-V_0（节选）

项目名称：印度诺伊达项目　　　　　　　　　　　车辆数：76辆　　　日期：2016-07-13

序号	名称	归口部门	总价预算（不含税）
1	材料采购成本		
1.1	不锈钢车体		
1.2	车钩		
1.3	贯通道		
1.4	转向架		
1.5	牵引、辅助和网络		
1.6	真空断路器		
1.7	制动		
1.8	客室内装		
1.9	铝蜂窝地板（含橡胶座）		
1.10	地板布		
1.11	客室玻璃		
1.12	司机室面罩与内装	城轨采购部	
1.13	空调		
1.14	客室和司机室照明		
1.15	客室车门		
1.16	紧急逃生门		
1.17	PIS		
1.18	烟火报警装置		
1.19	蓄电池（含箱体）		
1.20	受电弓		
1.21	无线下载系统		
1.22	单点维护功能		
2	其他费用		
2.2	备件和工具费用		
2.3	出口车辆运输费	国际市场部	
2.4	售后服务费	国际市场部	
2.5	保险费	国际市场部	
2.6	金融机构手续费	财务部	
2.7	风险费	城轨项目部	

（三）项目执行与控制阶段——协调做好项目成本、质量、进度管理等工作

这个阶段是项目管理过程中尤为重要、关键的阶段，其主要工作环节有项目试制及批量生产等。在此过程中，项目执行组主要是控制好生产进度和交付进度，严控项目成本采购价格，控制好人员用工成本及其他费用，具体各职能经理分别协助项目经理开展好各项工作。项目执行与控制阶段业财融合工作内容如表 1-5 所示。

表 1-5　　项目执行与控制阶段业财融合工作内容

业财类别	部门名称	工作内容
业务部门	技术中心	做好生产过程中的技术支撑，及时协助处理因设计问题等引起的生产异常
	技术工程部	做好生产过程中的技术支撑，及时协助处理因工艺问题等引起的生产异常
	质量管理部	开展质量检验，进行过程质量管控，及时将质量损失信息传递给财务
	采购管理部	组织采购招标，控制采购成本，维护好 ERP 系统采购管理工作
	人力资源部	协调各生产相关车间做好项目工时录入以及进行绩效评价与人员能力提高工作
	资产管理部	做好项目资产资源配置
	安技环保部	做好项目安全及环保管理支持
财务部门	财务部	1. 建立从投标预算到项目过程管控、项目成本总结改善的项目成本管理流程框架，实施项目全过程成本管理 2. 利用预算管理系统，加强预算编制科学性，按项目预算抓好项目执行过程中的成本管理，开展预算指标的动态管理和评价 3. 以材料成本为重点，分析材料成本在项目执行各阶段的构成要素，建立标准管理流程，构建项目全过程成本对标分析机制。对在项目试制阶段、批量生产阶段，项目成本兑现情况做梳理总结，分析其中存在的异常成本和不足，并向工艺、设计、采购、人力、资产等部门反馈并提出建议 4. 建立完善项目成本内部绩效考核管理办法及评价标准，建立与项目执行全过程各成本与进度、质量相挂钩的绩效管理体系 5. 在其他财务支持方面做好支撑与服务

以诺伊达项目为例，主要工作如下。

（1）做好项目收付款过程中的风险提示工作。如诺伊达项目涉及国内收款及国外收款，币种有人民币和卢比，收付款内容比较复杂，财务部门及时通过通知对此事宜予以专门提示，从业务端规避相关风险，图 1-6 所示为诺伊达项目财务相关提示。

中国中车 CRRC 中车南京浦镇车辆有限公司

关于印度诺伊达项目财务相关事宜

财务部(2016)字第 13 号

图 1-6　诺伊达项目财务相关提示

（2）合理进行资金管理，做好项目收付款工作，为项目各阶段合理配置资金资源。例如，在诺伊达项目执行过程中，浦镇公司为该项目申请了出口成套设备专项贷款资金，并做好资金专项使用过程管理工作。图 1-7 所示为诺伊达专项贷款资金使用规定。

中国中车 CRRC 中车南京浦镇车辆有限公司

关于下达诺伊达项目专项贷款资金使用规定的通知

财务部(2017)字第 11 号

诺伊达项目组并公司相关业务部门：

为给诺伊达项目顺利执行提供充足的资金保障，公司向进出口银行申请了出口成套设备专项贷款。按照银行贷款专款专用原则及

图 1-7　诺伊达专项贷款资金使用规定

（3）积极做好项目的税务筹划及国际项目保税工作，降低项目税负成本，助力项目收益提升。例如，诺伊达项目涉税复杂，财务人员及时对诺伊达项目的保税工作进行了相关提示，图 1-8 所示为诺伊达项目保税规定。财务人员专门下发了境外机构所得税抵扣风险的提示函，进一步提醒业务部门降低项目执行中的涉税风险。图 1-9 所示为诺伊达境外所得税抵扣提示。

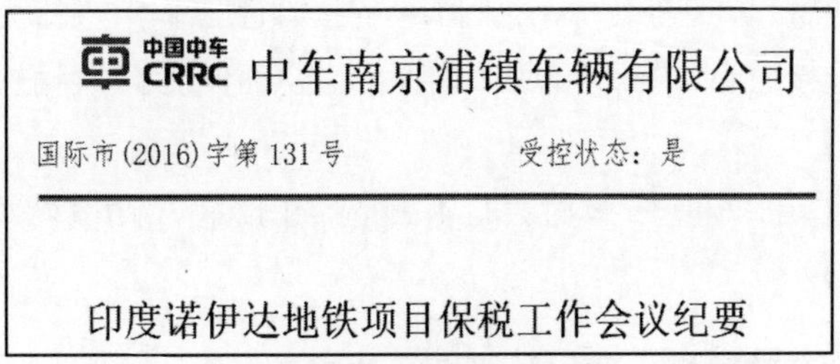

中国中车 CRRC 中车南京浦镇车辆有限公司

国际市(2016)字第 131 号　　　　　受控状态：是

印度诺伊达地铁项目保税工作会议纪要

图 1-8　诺伊达项目保税规定

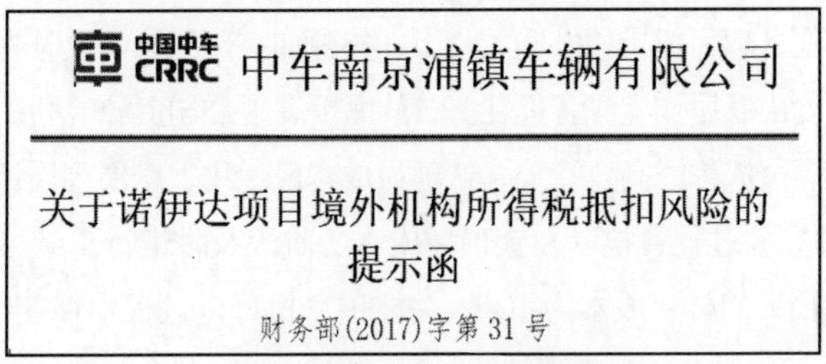

中国中车 CRRC 中车南京浦镇车辆有限公司

关于诺伊达项目境外机构所得税抵扣风险的提示函

财务部(2017)字第 31 号

图 1-9　诺伊达境外所得税抵扣提示

（四）项目结束阶段——进行项目执行评价

在试制结束和项目正式结束后，项目执行组组织业财部门对项目全过程进行总结。项目结束阶段业财融合工作内容如表 1-6 所示。

表 1-6　　　　　　　　　　　　　　　项目结束阶段业财融合工作内容

业财类别	部门名称	项目结束业财融合工作内容
业务部门	技术中心	关注设计缺陷所造成的损失，注重从质量稳定性、可制造性、成本等角度进行分析，以便今后优化产品设计
	技术工程部	根据售后及市场部门搜集用户的意见，进一步完善相应的工艺技术方案
	质量管理部	对项目实施过程中出现的问题进行梳理，做好改进工作，保证质量提升
	采购管理部	做好组织项目收尾物料处理和电子仓库关闭工作
财务部门	财务部	审视项目整体财务指标兑现情况，按照项目实际贡献完成情况与项目预算指标进行比较，总结分析项目中出现的异常成本，评价项目收益情况，向相应部门提出建议

在项目执行过程中，项目执行组根据确定的项目 KPI 指标，将项目计划执行进度情况及项目贡献实现情况与项目执行组成员的绩效进行挂钩，将评价结果应用到项目每个成员的绩效考核中，并在项目结束后再进行最终兑现，以促进业务人员与财务人员不断强化执行过程的沟通协调，推进项目顺利执行，完成项目预算指标。

例如，诺伊达项目在业务部门和财务部门的积极配合下，实现了预期的控制目标，交付工作也得以顺利进行，得到了印度客户的肯定。

八、"6621"运营管理模式下业财融合的实施效果

（一）生产计划按时完成，项目交付工作优质完成

生产进度是项目执行中十分重要的一环。浦镇公司从满足客户需求的角度出发，统筹策划、通盘管理所有项目订单，按产品特点、目标市场等维度对比、分析和控制项目执行情况。在项目执行过程中，通过项目

计划管理，做好项目所需人力资源、财力资源、制造资源和供应链资源的协调安排，利用项目里程碑计划、项目管理计划、项目预排产计划、试制生产计划、批量生产计划、物流配送计划等合理组织生产，并通过MES实现生产现场实时、动态管控，确保了国内外项目能够按用户要求的时间完成。

此外，基于"6621"运营管理模式的业财融合，实现了设计、工艺、采购、生产、质量、成本、市场、人力资源、安全、资产、售后、信息等各单元之间清晰的接口管理流程，建立了标准化、节点化的输入输出管理内容，形成了无缝连接的协同作战和供应伙伴关系，从而保证了项目能够安全、高效、经济的得到执行。

目前公司老厂区铁路客车日产量已经从过去的4辆提高到12辆，新厂区城轨列车日产量已经从过去的2辆提高到6辆。

（二）项目成本得到有效管控，项目预算指标达成

在项目经理的统领下，在各项目成员的共同配合下，资源拥有部门能够及时为项目提供资源保障，各部门也积极从项目的整体情况角度出发协作完成各项任务，从而提高了公司资源的利用率，使得公司能够有针对性地实现对质量、成本、计划等全流程的高效管控，使项目成本最优化，以便高质量完成项目预算既定指标。

财务部门也能从投标预算到过程管控以及在项目成本各阶段及时进行总结与改善，做好项目全过程成本管理；并以项目成本中占比较大的材料成本为重点，关注项目执行全过程中存在的异常和不足，及时向工艺、设计、采购、人力、资产等部门反馈并提出建议。

此外，项目执行组也建立完善项目成本内部绩效考核管理办法及评价标准，建立了与项目执行全过程各成本与进度、质量相挂钩的绩效管理体系，确保了项目预算指标的达成。

2019年，在各项目组的共同努力下，公司各项目综合毛利率达到了18%，实现了既定的控制目标。

（三）制造过程得到管控，产品质量不断提高

生产任务不但要完成，还要高质量完成。浦镇公司通过整理既往项目资料，梳理项目管理过程，归纳管理作业内容和时间节点，与市场、设计工艺、采购工艺等各接口单位多次研讨确认，形成质量管理主线。在项目正式实施前，制订全面策划质量管理方案，包括质量体系内部审核策划、质量控制计划策划以及质量检验计划策划；在批量生产阶段，积极做好现场支撑工作，积极开展质量检验，抓好过程质量管控，对采购物料进行检查，并注意收集质量异常信息，及时协调解决；持续开展对标对规和专项整治工作，实现质量损失率同比下降和实物质量不断提高。

2019年公司产品质量合格率达98%，未发生C类及以上事故和批量质量事故，提高了用户的满意度。

（四）信息壁垒逐步消失，项目进程信息实现实时反馈

目前公司通过统筹规划、系统搭建信息化平台，有效推进了各系统的互通功能。一是依托ERP系统，以客户订单和生产计划为依据，构建了MES，并与ERP做好对接。实现了物料清单、库存量、工艺路线等基础数据的自动生成，确保了项目按生产计划顺利进行。对于一些生产异常也可以借助系统及时发送给相关人员及领导，使问题处理进度实时显示，直至问题关闭，从而加快了异常问题处理速度，促进了生产任务完成；二是将生产与质量系统、财务与业务系统，自动化与信息化系统等也进行融合，实现了管理流程的规范化和财务数据的自动化，提高了核算的合规性、准确性，及时性，降低了财务风险，实现了物流、资金流、信息流的三流合一，对公司管理效益的提升起也起到了推动作用。

（五）项目成员得到锻炼，业财融合成效显著

项目既定目标的设定，使得项目经理为了高效达成该目标努力将项目中人员的才能发挥到极致。在项目

实施过程中，每个项目人员都积极发挥自己的才能，朝着共同的目标相互配合，相互扶持，在项目推行的过程中业财人员的综合能力也得到了锻炼与提升。一方面项目中的业务人员能够在财务人员的参与及建议下了解财务规定，及时规避项目风险；另一方面财务人员也利用项目管理这个载体熟悉和了解了生产、质量、采购等各方面的信息及问题，增强了业务辨别能力和协作能力。尤其是项目财务经理的设定与培养，让更多的财务人员全程参与项目，全面贴近业务，清晰了解业务运作过程，拥有全局视野，使业财融合效果更佳。

（六）公司内部管理得到改善，发展速度加快

浦镇公司以项目管理为载体的业财融合模式，采用平衡矩阵项目管理组织模式，成立了业务部门与财务部门均参与的项目组，打破了内部边界，打通了管理上下层级，使财务部门与业务部门能够渗透到公司项目全过程中，增强了业财融合的系统性和有效性。

在整个项目周期过程中，各参与部门也对其他部门的职责与工作模式有了更深的理解，共同围绕项目目标及时协调处理项目进度、成本、质量方面的矛盾，降低了沟通成本，强化了企业内部管理，提高了管理效率。项目管理模式下，财务人员也可以深入业务前端、预判业务风险，在全面预算管理思想的指引下，积极参与并做好项目预算的制定与管控工作，做好各项成本费用及其他各项指标的过程管控，助力项目经济效益最大化，保证了公司的良性发展。因为每个项目的良性管理，切实促进了公司利益的最大化。

2019年，浦镇公司实现营业收入154亿元，归母净利润7.5亿元，净资产收益率达18%，优质完成年度生产经营目标和中车集团所下达的资产经营责任制指标。

九、推行"6621"运营管理模式下业财融合的启示

业务牵引财务，财务支撑业务。在信息化、智能化的时代，现有财务的基础核算工作将逐渐弱化、边缘化，财务不再是"管理""控制"业务，更多是"服务、沟通和协同"，未来财务部门只有积极加强与业务部门的融合，成为业务和商业的伙伴，才能发挥出在价值方面的创造能力。

（一）思想意识及目标的统一是推行业财融合的前提

业财融合的推进要以明确的目标和统一的思想意识为前提。若思想意识不统一，目标不明确，则业财融合很难推行或很难有效推行。推行业财融合，首先公司高管要认知统一，要对实行业财融合的意愿与内在需求达成统一，公司上下也要能认识到业财融合的必要性及重要性，营造业财融合的文化氛围。此外要围绕价值最大化目标开展各项工作。公司业务人员和财务人员应树立以企业价值最大化为目标的核心思想，顾全大局，从思想上提升与业务融合的主动性，在工作中以此为目标，提高工作效率。

（二）设置合理的组织机构和流程制度为业财融合提供保障

企业管理是产供销、人财物的结合，高效的组织机构与管理体系是企业经济管理目标实现的重要保障。各公司要根据各自的特点和规模确定是采取建立财务共享模式的业财融合还是在现有组织模式下采取打破内部边界，打通管理上下层级，实现跨职能部门作业的项目管理模式的业财融合。即便在项目管理模式下，也要根据实际情况，决定选择职能式、项目式或矩阵式管理模式，其中矩阵式又分为弱矩阵、平衡矩、强矩阵，每个模式都有其优缺点，各公司选择适合的就好。

（三）不断优化和完善信息技术为业财融合提供有效支撑

财务部门是各项数据的汇集部门，从业务端到财务数据的收集和处理需要有一定的信息系统支撑。公司在信息化建设过程中要以业务为导向，以业务驱动为原则，打破系统壁垒，建立统一标准、信息源可追溯、

材料全程可跟踪、可及时反馈成果的信息系统，促进业财融合的实现。一是对公司信息系统建设进行整体系统策划，以 ERP、MES 为信息化主线，与质量信息管理系统、人力资源管理系统等系统进行互联互通，综合应用，逐步消除信息孤岛，形成财务管理、质量管理、人力资源管理等方面全面覆盖的信息管理平台，使公司的业务循环、信息循环和管理循环融为一体。财务部门作为集中各类信息的部门，要在与业务部门工作融合的基础上，利用信息系统从财务数字中提炼需要的各种有效信息，为公司的生产经营决策服务，充分利用项目财务经理（PFC）发挥财务部门在资源、信息和管控方面的效用，助推管理会计的发展。

（四）明确业财融合的核心，积极推动业务人员和财务人员通力协作

当前，企业价值创造与提升成为业务部门与财务部门的共同目标，这就要求现有的财务职能从基础的核算向促进企业价值提升转变。业财融合要求财务人员不能就数字说数字，要积极转变工作方式，努力拓展财务工作的广度和深度，透过数字看到背后的东西，要进入流程、进入业务部门，了解业务部门，抓住业务部门的关键需求，协助业务部门解决遇到的财务问题，努力做好业务部门的拍档和决策层的参谋。

在信息化技术应用下，业务、资金和信息流等数据源头统一，高度共享；要在公司价值最大化目标下，共同参与解决公司经营管理中的现实问题。财务人员应多换位思考，多发扬合作精神，主动参与企业经营管理活动，注重用数据分析说话，帮助管理层更加科学地看待问题、分析问题，并提出改善建议，体现财务部门的价值创造能力。

（五）夯实业财融合的基础，努力减少业务痛点

业务部门与财务部门的职能分工，使得业财"语言"不通，增加了业务与财务深度融合的难度。为了打破这一界限，推进业财融合进程，公司应积极要求财务人员做好相关财税制度和政策宣传培训工作，让各部门能够理解和支持财务部门的工作；在日常工作中，财务人员要能够将业务可能存在的风险及问题说清楚，对于可以承担的风险或可以规避的问题，要能帮助业务部门找到解决的方法；此外，业务部门也要在了解业务运行的关键控制点和关键风险点后，积极进行财务知识的学习和交流，及时协助财务部门分析问题，共同找到合适的解决方案，减少业财融合痛点，推动业财融合发展，切实促进公司正常运转和各项风险可控。

（六）抓住业财融合的关键，选择恰当的融合模式和载体

业财融合有很多模式和载体，有的采取基于全面预算的业财融合模式，有的采取基于精益成本管理的业财融合模式，也有的采取基于 ERP 管理模式下的业财融合模式或各种模式的综合应用等。每个模式都有其特点和适合的企业，企业一定要根据自己的经营模式及产品特点选择合适的模式，选择后也可根据自己的企业发展及时进行优化及完善。

浦镇公司作为轨道交通行业的大型制造企业，依托中车集团"6621"运营管理理念，结合自身管理模式和产品特点，积极推进"6621"运营管理模式下的业财融合，选择了基于项目管理的业财融合模式，并将全面预算管理、项目管理等管理工具加以综合应用，并通过 KPI 指标进行控制，重点抓好项目预算、成本管理及项目考核等环节，从而保障了项目执行进度，促进了项目目标的达成和公司各项目标的实现；形成了公司物流、信息流与价值流相统一的运营管控平台；锻炼和培养了一支财务和业务相融合的人才队伍，促进了企业运营效率的提高，增加了企业收益，增强了国际竞争力。总体来看该模式是适合企业的内部需求，切实有效的融合模式。

需要说明的是，作为国家制造业典范的轨道交通装备制造业，业务流程复杂，在智能制造时代，其业财融合模式的成功实践可以为其他企业提供借鉴和参考。后期我们也将根据公司发展要求不断进行行业财融合的深化与完善，以便更好地促进国内企业综合能力的提高。

企业自评

为了适应国家高质量发展、国资委降本、节支、增效及企业转型发展需要，提高企业价值及增强国际竞争力，浦镇公司在中车集团"6621"运营管理理念指引下，积极开展业财融合实践。通过综合运用全面预算管理、项目管理以及关键绩效等管理会计工具方法，探索实践了"6621"运营管理模式下的业财融合。

本案例中，浦镇公司认真选取业财融合的载体和方式，创新提出了以"项目"为载体，按照项目生命周期，实现了财务部门与业务部门的相互融合。实践证明，浦镇公司的业财融合，实现了业务与财务的相互支持与积极协作，实现了各管理系统的互联互通，信息共享；保障了项目执行进度，达成了项目预算指标，提高了项目贡献率；锻炼和培养了一支财务和业务相融合的人才队伍，促使财务人员在观念上、行动上实现转型升级；最终促进公司内部管理优化，运营效率提高和经济效益增加，有助于公司提高发展质量，增强国际竞争力。

希望浦镇公司"6621"运营管理模式下的业财融合的成功实践，可以为轨道交通装备制造的其他企业提供借鉴和参考。

 专家点评

在中国轨道交通装备制造业转型升级及高质量发展要求下，面对中国高铁"走出去"战略，中车集团及其子公司迫切需要提高企业价值，增强国际竞争力。"6621"运营管理理念是中车集团及其子公司在10余年精益管理思想推行的基础上总结出来的一种适用于集团经营管理的行之有效的管理模式。在中车集团"6621"管理理念的指引下，浦镇公司积极推行管理会计应用，探索实践了基于"6621"运营管理模式的业财融合。

在业财融合推行过程中，该公司坚持以公司价值最大化目标为导向，牢牢把握业财融合载体和方式这一核心问题，并依据公司管理基础及产品特点，创新提出了依托项目管理载体，围绕项目生命周期进行业务与财务充分融合的方式。实践证明，该模式可以实现浦镇公司在生产管理、质量管理和项目成本管控方面的目标，促进改善内部管理，提高营业利润率、发展质量和增强国际竞争力。

从该公司业财融合的成功实践可知：观念转变是先决；合理的组织机构和流程制度可以为业财融合提供保障；优化和完善信息技术可以为业财融合提供有效支撑；挖掘和减少业务痛点，业务人员和财务人员的通力协作，选择适当的模式等，在推行业财融合过程中也是十分重要的。

因此，其他一些拟推行业财融合的企业，可以从该案例中得到一些启发，并结合各自企业的实际情况进行优化和改善，进而促进企业价值的提高和竞争力的增强。

案例二 大型车企转型升级下"极致"思维在成本管理活动中的运用与实践

北京汽车股份有限公司

【摘要】近年来，汽车新技术快速发展，汽车行业竞争日益激烈，尤其是自主品牌市场竞争更是呈白热化态势。目前，中国乘用车市场已从高速增长期进入稳定增长期，低增长甚至是零增长、负增长已逐渐常态化，这无疑对汽车企业的成本管理能力提出了更严苛的要求。面临这种严峻形势，北京汽车股份有限公司通过创新成本管理体系，充分利用管理会计工具与信息化系统，构建全员成本文化，快速提高企业成本管理水平，助力公司转型升级，逐步形成成本领先优势，提高盈利能力。

极致思维就是把产品、服务和用户体验做到极致，超出预期。为了贯彻落实北汽集团"高新特"发展战略，提高发展质量，北京汽车股份有限公司提出"极致"成本管理理念。"极致"成本是指运用极致思维开展成本管理活动。本案例通过剖析北京汽车股份有限公司开展系列"极致"成本管理活动的内涵、方法论及实践特点，重点阐述新形势下以追求成本极致为目标，通过科学的方法整合资源、推动成本优化和改善、提高企业盈利能力的"极致"思维在成本管理活动中的系列运用及实践。

【关键词】极致成本；思维创新；协同作战；目标落地

一、企业简介

北京汽车股份有限公司（以下简称"北京汽车"）成立于 2010 年 9 月，是北汽集团乘用车整车资源聚合和业务发展的平台，是北京市政府重点支持发展的企业，品牌涵盖合资豪华乘用车、合资豪华商务用车、合资中高端乘用车以及自主品牌乘用车，也是中国纯电动乘用车业务的佼佼者。2014 年 12 月 19 日，北京汽车完成首次公开发行 H 股并在香港联交所主板挂牌上市（H 股股票简称：北京汽车；H 股股票代号：1958）。

2018 年，北汽集团在世界 500 强企业中排名第 129 位。北京汽车实现总销量为 141 万辆，营业额为 1 519 亿元，同比上升 13%；净利润为 143 亿元，同比上升 30%。

二、实施背景

目前，中国汽车市场进入寒冬时代，将进入洗牌期。在新形势下，弱小的企业与资本将无法支撑汽车产业强大的投入，小规模品牌加剧分化，大批弱势车企将出局，未来只有 2～3 家车企能够在竞争中存活下来。众多车企包括北京汽车在内，销量持续低于盈亏平衡点，经营和发展面临着诸多严峻的挑战，如何摆脱亏损成为接下来的课题。为此，以极致思维实施"极致"成本管理活动以转变经营及成本管理模式对北京汽车提高核心竞争力及经营业绩具有重要的意义。

（一）企业生存发展保障

北京汽车转型初期，由于消费升级、市场波动较大，使盈利提升变得十分困难，尤其整体产业布局已经

作者：陈宏良、李德仁、孙锟、雷德智、关旭

完成，总体产能远远大于销售需求，供应链能力偏弱，成本、费用居高不下，降本压力巨大，投入产出效率较低，性价比优势不足。面对如此复杂的局面，北京汽车应积极应对，开展"极致"成本管理，加强资源整合、政策集成，坚持效益优先、创新转型，提高北京汽车品牌竞争力，做到高质量和品牌向上发展，促进北京汽车战略转型。

（二）全面成本管理体系建设的需要

北京汽车为了优化成本投入、改善成本结构、规避成本风险，以过程和控制方法为基础，建立涵盖准备阶段、采购阶段、生产阶段、销售及售后阶段、管理以及全员经营环节的"C+12 模块"全面成本管理体系（Baic Total Cost Management，BTCM）。全面成本管理体系能够为成本管理提供方法、依据，完善成本控制相关流程、制度，弥补管理短板，填充管理漏洞，降低管理成本；同时它还能规范成本管理过程和行为，实现各环节工作的清晰化和具体化，消除管理的随意性和盲目性，降低错误发生可能性。而战略导向型"极致"成本管理思维贯穿全面成本管理体系建设全过程，对北京汽车全面成本管理体系成功建设至关重要，有利于促进北京汽车产品和品牌的高质量发展。

三、以"极致"思维开展成本管理活动的内涵

为贯彻落实北汽集团"高新特"战略发展要求，围绕北京汽车"聚焦两端、提升三力、奋力拼搏、以变求强"的经营方针，从产品成本优化及改善等维度进行研讨及论证，把产品成本做到极致不仅是财务人员的需求，更是全体员工的需求，也是集团经营的需要。为此，北京汽车提出"极致"成本管理理念，在推进极致成本过程中成立成本管理委员会，并组建极致成本专项行动办公室，推进成本管理改善及降本任务达成，迅速提高成本体系能力，打开管理新局面。

北京汽车从目标设定和监控、项目管理体系、能力建设、流程制度、成本文化五个方面，全面梳理成本管控过程中存在的问题，提出"精准目标、精准设计、精心管理"的"极致"成本管控思路。以"打造成本产品、一次设计成功、全员全程全力"为目标，从产出线、技术线、资源线角度，提出 13 项极致成本管理子任务。在研发阶段，以市场为导向，围绕产品的整个研发流程，开展目标成本管理活动，确保产品的盈利能力；在量产阶段，围绕"供产销"的作业链，根据不同成本特点分别进行有针对性的成本管控。其中，在生产环节实施精益化作业成本管理，在采购环节借助产品成本管理（Product Cost Management，PCM）成本分析模型，实施探底式商务谈判、技术降本及管理成本优化。

北京汽车通过运用极致思维开展系列成本管理活动，聚合成本资源，加强协作支持，旨在建立全员、全生命周期、全价值链、全成本要素的具有北京汽车特色的极致成本管控体系，促进北京汽车成本管理向战略构建、价值链分析、作业成本管理、业务和流程再设计进行转型，全面践行北京汽车"工匠精神"，驱动"人人成为经营者"，实现产品目标成本的精准极致设定，提高成本精细化管理水平及产品盈利能力，推动企业成本竞争力的提高，打造高水平、创新型、具有北京汽车特色的成本品牌，实现成本管理领先。同时，在股份公司范围内，推行公司全员经营文化，加强成本文化建设，引导全员形成成本意识，提高成本管理品牌影响力，以文化助力股份公司转型，推动北京汽车效益增长。

四、以"极致"思维开展成本管理活动的主要做法

（一）构建"经营者式目标成本管理"体系，确保实现产品极致成本目标

为规范和加强新车型目标成本管理，明确新车型目标成本管理流程，北京汽车构建以市场需求和企业利润规划为导向的"经营者式目标成本管理"体系，将成本管理前置到产品预研环节，强化过程监控，确保在

研产品成本目标的实现，旨在打造具有成本优势的成功产品。

1. 丰富目标成本管理工具，提高产品盈利性

产品在研发阶段的成本为总成本的 70%～80%，在研成本管理尤为重要。经过近十年的积累，北京汽车已基本完成目标成本管控体系的构建，成本核算及管控工具也初具规模。如何通过进一步创新来提高自主品牌在研产品目标成本管控能力，提高产品盈利性，增强市场竞争力，实现自主品牌的全面突破，成为亟待解决的重点问题。北京汽车从平台开发和产品开发两条线出发，开展边际收益分析，对不同性质的零部件开展差异化成本管理，既保证目标成本指标任务的达成，又确保产品的竞争力，充分丰富了产品开发各阶段的成本管理工具，提高了产品盈利性。图 2-1 所示为产品开发各阶段成本管理工具。

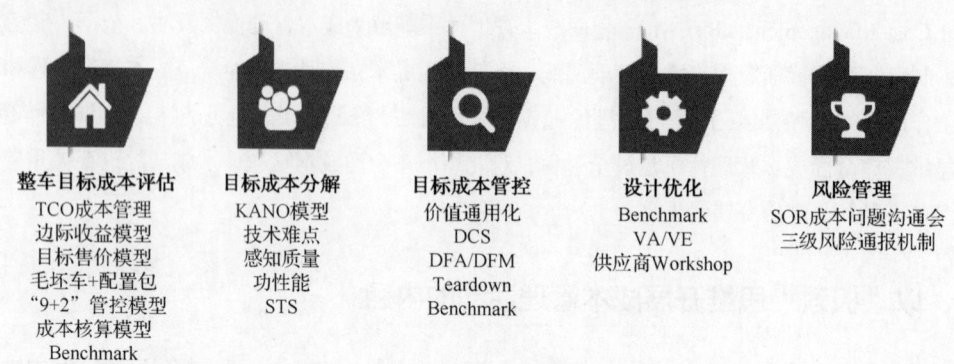

图 2-1　产品开发各阶段成本管理工具

2. 依据开发进度，制定全流程目标成本管控策略

北京汽车在研产品目标成本管控策略的内容如图 2-2 所示，围绕北京汽车新产品开发流程（Baic Vehicle Development Process，BVDP），按照阀点实施"Q-C-D"管控。阀点是开发进度的里程碑（Gate），全流程从 G8 到 G1 共 8 个阀点，预研规划阶段定义其为 PreG8。Q 阀为质量门，C 阀为成本门（含预算），D 阀为进度门，按照顺序 Q 阀和 C 阀评审通过后才能 D 阀，质量目标和成本目标引导着开发进度任务的达成，这也体现了在整个研发过程中，质量和成本的重要性。

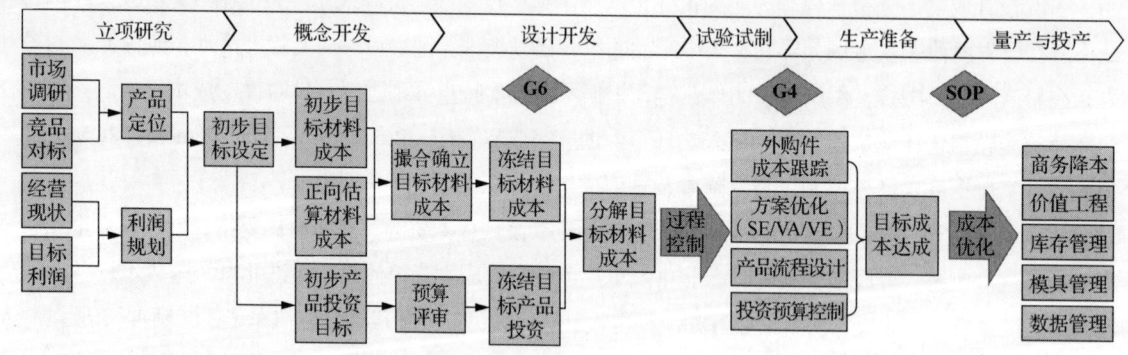

图 2-2　北京汽车在研产品目标成本管控策略的内容

3. 上下结合、刚柔并济，确立产品目标材料成本

目标材料成本是指为达到整车目标效益所允许的最大材料成本，包含目标材料成本和产品投资目标。北京汽车目标材料成本主要分为三个层级，包括整车级目标材料成本（区分动力与非动力）、各专业级目标材料成本、各成本要素零件级目标材料成本。主要包含"9+2"成本要素，"9"即成本"9"要素，是指设计成本（出厂价格）、包装费、运费、模块装配费、工装模具摊销费、技术开发摊销费、设计变更、单独支付工装模具费、单独支付技术开发费；"2"即成本"2"要素，是指计划外变更（换发、配置调整、转产、商品性能提升等）、自制转外协（车身件、模块装配）所引起零部件的成本及投资费用变化。产品投资指公司实施的以形成无形资产或固定资产为目标的一次性投入，是按照总体规划或设计进行的，以各个单项为主体进行开发设计生产导入所构成的总和，包括研发、采购、生技、质量等投资对象。

目标成本的确立不是哪一个部门的专项工作,需要公司各成本单元共同参与,价值链上下游各环节开展协作与相互支持,形成大成本管理团队文化与默契。

首先,财经部门根据公司收益目标,结合车型定位、技术路线、生产布局等,确定初始目标材料成本和产品投资总规模。采购部门联合研究院,按照"9+2"成本要素进行整车材料目标成本的分解,各成本要素责任单位进行各要素零件级材料成本的正向估算,最终确定整车级正向估算材料成本。然后商品部门按照投资类型进行产品投资总规模分解,组织研发、采购、生技和质量部门编制投资专项预算,确定整车投资预算明细。最后,根据业务部门提报的正向估算材料成本和投资预算,财经部门撮合确立目标成本,通过组织成本专题会议,协同各相关成本部门共同研讨论证整车目标成本,出具阶梯式目标成本及经济性敏感测算报告,结合专家评审意见报委员会审批,目标成本确立流程如图2-3所示。随着前期研发活动的进行,商品轮廓和定位逐步清晰,开发方案和技术方案逐步明确。在G6阀数据冻结后,目标成本随之冻结,目标成本一经确定批准,不得随意变更。"刚柔并济"的目标成本模式,满足了前期开发需求,同时后期目标成本的刚性保障了产品上市后的盈利能力。

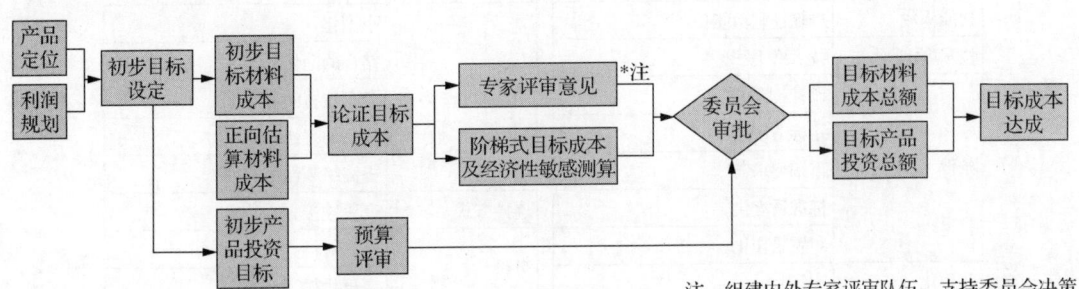

注:组建内外专家评审队伍,支持委员会决策

图2-3 目标成本确立流程

4. 明确分解思路及原则,层层分解产品目标成本

目标成本确立后,采购项目部和设计成本工程部牵头组织各成本要素零部件级目标成本分解,并制定各成本要素目标成本达成方案,推进各要素目标成本达成。

整车设计目标成本分解遵循以下三个思路:以产品定位为主导,明确产品亮点,进行成本倾斜,确保新车型量产成本符合产品定位;以竞品为标杆,以内外部对标数据为参照,完成专业级、零件级目标成本分解;以正向测算为基准,借助成本模型正向测算零部件级目标成本。

在将专业级目标成本分解至零部件级时,要综合考虑各方面因素。公司为保持产品竞争力,识别零部件开发重点和难点,从成本目标分配结构角度适当对重难点零部件倾斜;以成本正向核算为基础,在分解过程中考虑技术难点、量产供货风险等要素,必要时协调功能性、感知质量等指标,确保项目质量、成本、进度指标的最优化,零部件级成本指标分解原则如图2-4所示。成本控制人员组织各专业人员梳理重点、难点及亮点零部件,严格控制零件数量及价值占比,"充分利用每一分钱";同时,各专业人员积极开展成本优化工作,储备成本提案,借助技术方案评审列举尽可能多的系统级技术方案(3个以上)。

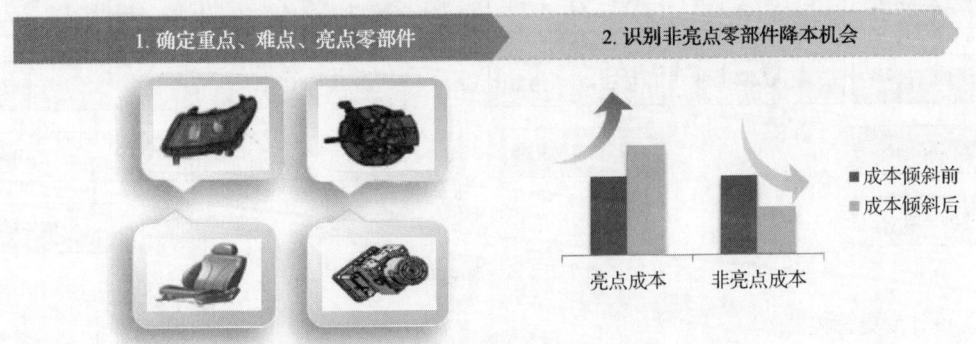

图2-4 零部件级成本指标分解原则

5．进行精益化设计，强化过程管控

北京汽车目标成本过程管控主要包括零部件的目标成本管控、设计成本优化管控及设计变更管控。

（1）零部件的目标成本管控

零部件的目标成本制定后，为切实贯彻落实面向成本设计的理念，从设计源头严格控制零部件设计成本，公司项目组签发《××项目××专业零部件级目标通知单》，以全面推进产品工程师成本责任制。产品工程师按照该通知单的成本目标进行零部件技术方案的开发，以不同类型的黑、灰、白匣子件匹配开发方式。零部件初版技术方案确定后，产品工程师对照零部件技术方案 Check List 进行检查，对零部件的功能构成、技术/原理、条件、共用化、标准化、结构、连接方式、材料、工艺等可优化性进行确认，对具有优化空间的零部件技术方案进行进一步的成本优化，开展面向成本的设计开发工作。在产品工程师根据精益化设计原则完成零部件面向成本的设计概念表（DCS）编制后，成本团队组织开展面向成本的 DCS 评审，在设计开发初期平衡成本、性能、质量等指标，确保方案最优。图 2-5 所示为零部件技术方案 Check List。

项目	具体内容
功能构成	排除过剩功能
技术/原理	技术/原理 变更
条件	设计/试验标准
	指标适度化
	市场要求
	标准适度化
	布置最佳化
共用化	部件共用化&标准化
标准化	

项目	具体内容
结构	小型化
	结构的简化
	分割位置的最佳化
	提高加工性
	提高组装性
连接方式	变更连接方式
材料	减少材料
	变更材料
工艺	变更工艺

图 2-5　零部件技术方案 Check List

（2）设计成本优化管控

当项目正式启动后，公司由于边际贡献目标要求、对某些零部件的技术能力限制及日趋激烈的市场竞争等因素，需要通过不断的成本优化来保证整车目标成本的达成。

成本持续优化以零部件结构优化、供应商平台化、材料通用化以及对标拆解分析为基本手段，总结归纳出零部件结构平台化、一级供应商平台化、零部件材料通用化、竞品拆解对标等多项成本优化方法。同时，提出感知价值（Perception Value Assessment，PVA）分析、设计成本分析 2 项成本优化创新手段，分别以减少无客户感知或客户感知度低的零部件/功能、零部件设计成本正向分析为原则，提出配置优化、成本对标等成本优化方法。总体来说，设计成本优化方法如图 2-6 所示。

设计成本优化方法

结构优化	供应商平台化	材料通用化	对标拆解分析	PVA分析	设计成本分析
零部件结构平台化	一级供应商平台化	零部件材料通用化	竞品拆解对标	配置优化	设计成本正向分析
黑盒子零部件拆解	二级供应商优化	原材料供应商通用化		性能/NVH梳理	成本对标
供应商workshop		钢厂切换与拓展		法规项梳理	产品组对标
头脑风暴					现场审核

图 2-6　设计成本优化方法

（3）设计变更管控

产品开发过程经常伴随着设计变更，导致产品成本上涨。企业应制定严格的设计变更调整审批流程，以保证目标成本的实现，大额的设计变更或者商品性能提升必须由研发部门提供技术方案评审、成本分析及改善方案，由财务部门进行经济性测算，结合专家评审意见报委员会审批，按审批结果执行。目标成本调整流程如图2-7所示。

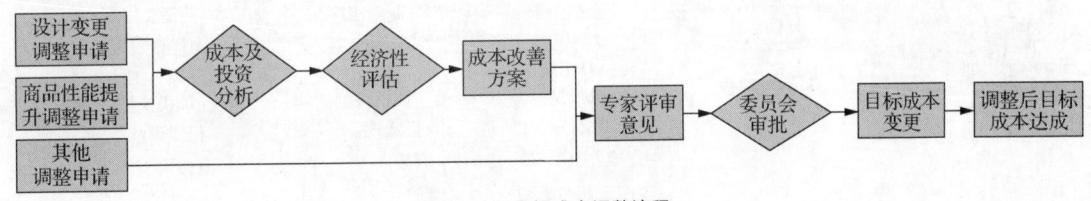

图 2-7　目标成本调整流程

6. 搭建产品成本管理系统

（1）产品成本管理系统工作模式

产品成本管理（Product Cost Management，PCM）技术依托信息化的手段，帮助企业实现统一的成本管理模式、标准化的成本计算方法和跨职能的成本协同管理。大量的研究表明，在整个生命周期中，产品70%的成本是在产品设计的初期阶段确定的，PCM技术可以使设计人员在产品设计的初期阶段就能够考虑到产品的设计、分析、制造、装配等问题，从而将产品在后续阶段可能会出现的问题消灭在萌芽状态。PCM系统提供了较为详细的产品设计初期阶段所需的成本估算信息，包括材料、制造成本数据库，行业标准的运算方法等，使成本管理变得更加透明和有效。北京汽车PCM系统工作模式如图2-8所示。

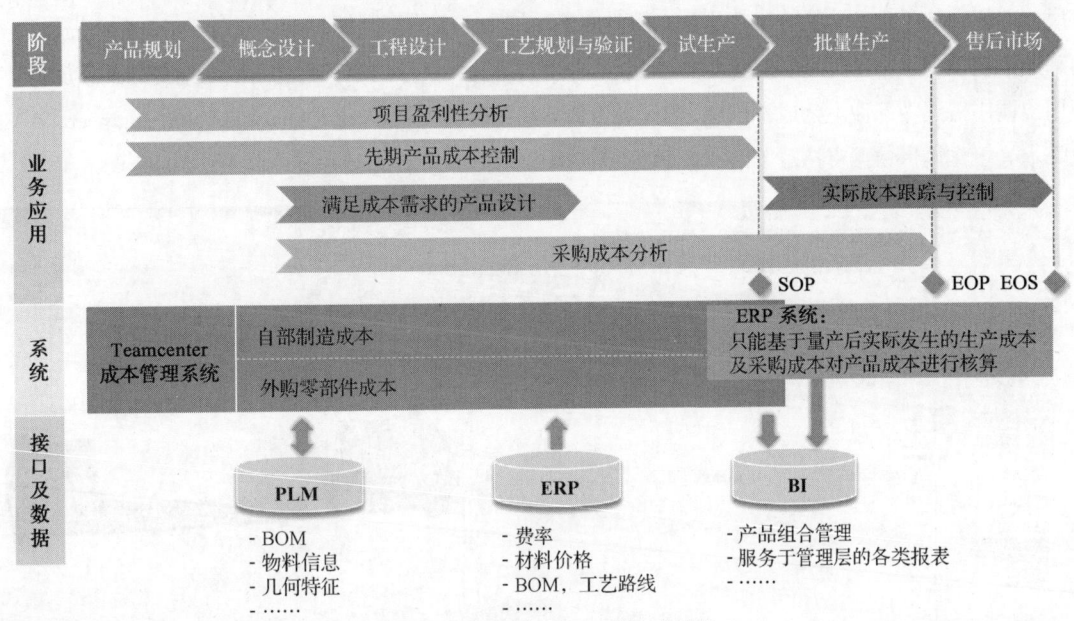

图 2-8　北京汽车 PCM 系统工作模式

（2）通过零部件采购成本分析，优化产品成本

北京汽车通过运用PCM系统，建立了标准化的成本核算流程。对于零部件的采购成本分析，PCM系统采用的是自下而上的成本估算法，根据零部件的实际生产工艺流程，在系统中建立成本模型，全面地反映产品制造中的全部成本要素（机器设备、人工、工装模具、刀具、加工参数、报废率等），使得分析结果更为真实可靠，可清晰展示生产要素变化带来的成本变化。同时综合考虑管理费用、固定摊销、利润、包装运费等，得到完整的采购价格分析，PCM系统成本分析内容如图2-9所示。而且PCM系统通过与产品数据管理（Product Data Management，PDM）系统实现集成，可从PDM系统中获得估算成本的初始化数据，包括产品的配置BOM、图号、三维数模，进而分析得到产品的尺寸、特征、重量等，使成本分析更加精确，减少由于手工测量和输入带来的误差。北京汽车通过运用PCM成本分析结果，增加了采购降本手段，加速了年度降本工作的完成。

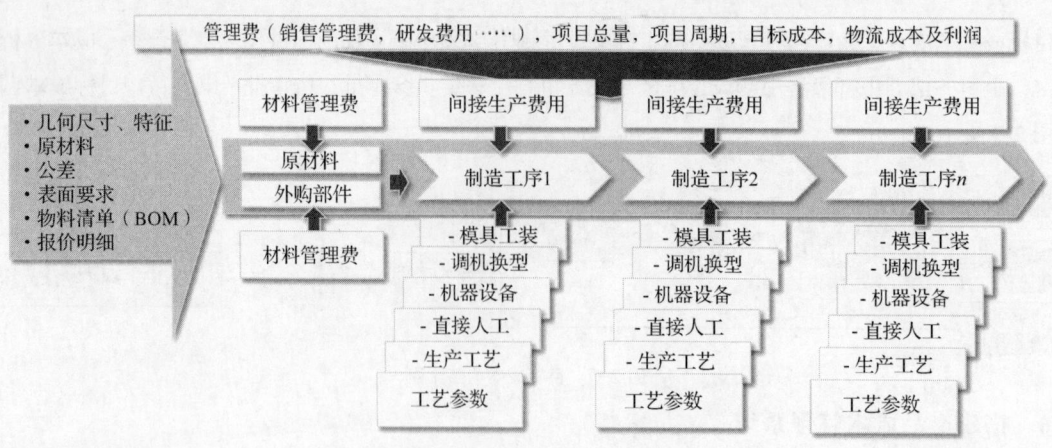

图 2-9　PCM 系统成本分析内容

（3）建立精准、灵活的成本分析模型

北京汽车运用 PCM 系统，可根据原材料、加工工艺、工序、特性建立成本模型，合理分析计算产品成本。例如，通过对注塑模具结构的准确描述（腔数、热流道、料杆重量等）准确分析单件料重，结合原材料成本数据库关联原材料价格，计算原材料成本。对于采购总成件的成本分析，可以通过加入子件（Sub Parts）的方式，以采购价或标准分析价格作为物料成本进行分析。PCM 系统按照生产零部件实际的加工工艺、工序建立工艺成本模型，通过系统自带的加工工时计算功能（Cycle Time Calculator），根据零部件材料特性、几何尺寸特征、加工设备性能等参数测算出相对应工序的加工、成型周期时间。同时 PCM 系统提供种类丰富的基础工艺模型库，包含大量机器设备、辅机、人工、工装夹具等内容，通过简单的拖曳方式添加到计算，方便用户调用搭建零部件工艺成本模型，为开展价值分析与价值工程（Value Analysis Value Engineer，VAVE）、极致降本等工作提供数据支持。零部件在 PCM 系统中进行成本分析的过程展示如图 2-10 所示。

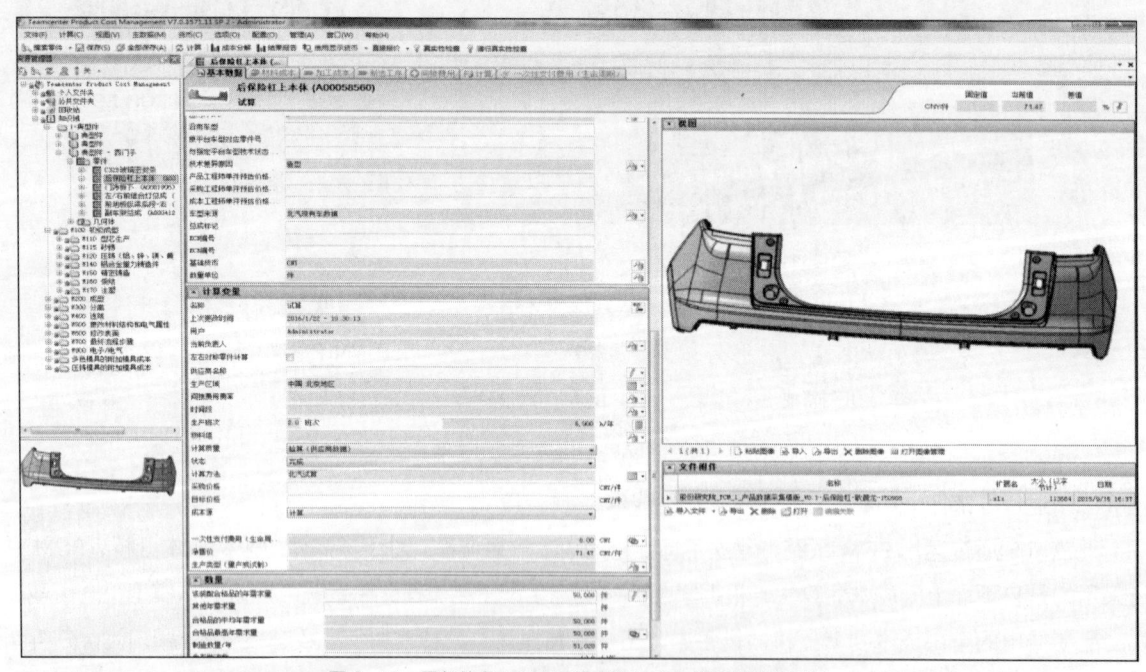

图 2-10　零部件在 PCM 系统中进行成本分析的过程展示

在北京汽车运用 PCM 系统之前，大量整车成本数据管理需要用 Excel 完成，并通过邮件传递。当整车工艺设计物料清单（EBOM）发生变化时，要反复对比、修改数据，效率低下且易出错，直接影响整车成本分析。运用 PCM 系统后，PCM 系统将 EBOM 数据上传至系统中，在平台上完成整车目标成本的分解和下发，在产品成本分析完成后北京汽车可以实时地掌握整车成本情况，整车成本在 PCM 系统中的管理流程如图 2-11 所示。PCM 系统的运用不仅减少了 Excel 的使用，提高了工作效率和准确度，而且将原本分散的整车数据在平台上实现了集成化管理。项目管理者可以快速了解自己管理的项目中各专业的成本占比，也可以通过报表了解其他项目的情况，对优化成本有着显著作用。同时，系统自带的红、黄、绿标记功能，可以帮助项目管理者了解成本进度状态。

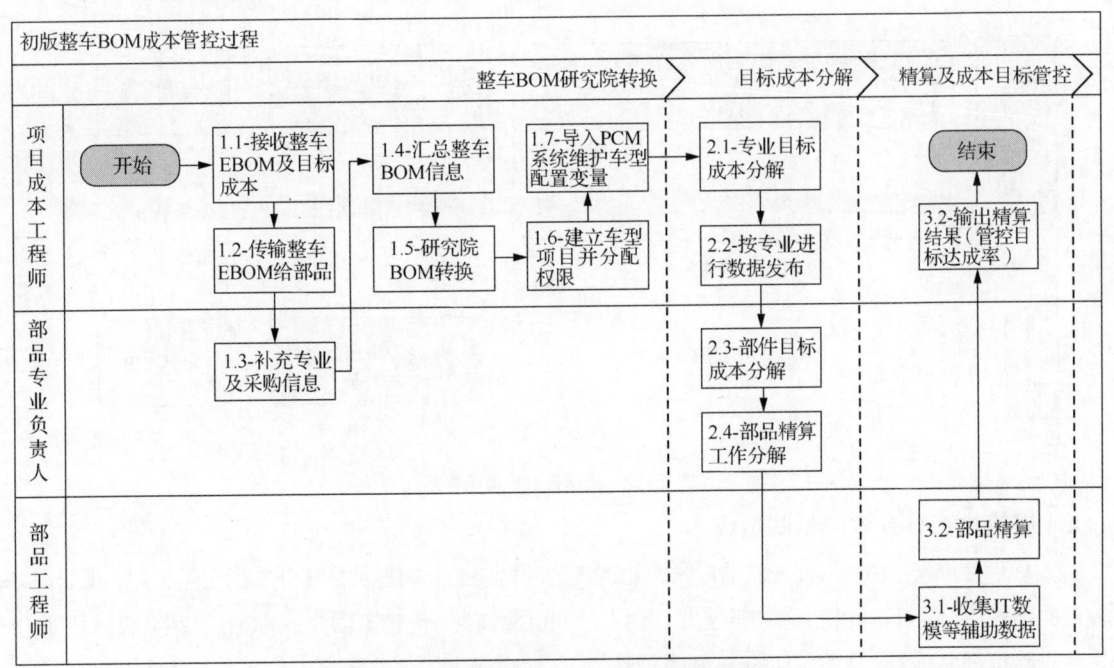

图 2-11　整车成本在 PCM 系统中的管理流程

（二）以作业成本法原理为基础，开展精益成本管理

精益成本管理是以客户价值增值为导向，融合全价值链精益技术，把精益思想与成本管理相结合而形成的新成本管理理念。北京汽车在生产环节开展精益生产，同时结合作业成本管理，消除生产浪费，提高生产效率和一次合格率。在作业成本管理模式下，通过作业对资源消耗的成本动因进行分析，识别有效作业和无效作业、增值作业和非增值作业，通过经营体承包制的方式将作业资源分包给班组，设立激励原则，鼓励技术创新和作业优化，积极推动作业人员对作业成本的优化和降本措施的挖掘，对于可推广的案例加大激励力度，形成精益成本管理的氛围。

1. 搭建工艺及零部件成本模型

强大的成本管控体系和成本精算能力支撑着成本管控工作的有效运行。而成本核算模型的建设就是北京汽车成本精算能力的"核心筒"。为此，北京汽车以作业成本法（ABC）为基础，以成本构成项为主线，针对零部件生产过程中的制造装配工艺，搭建相应模型，将原材料、外协件、制造费用、人工费用按照基准单价和消耗定额代入计算。

工艺及零部件成本核算模型可在项目开发初期模拟不同技术状态下的零部件成本，为项目经济性测算提供依据，便于项目决策。依据测算结果，工程师可开展面向成本的设计，确保整车成本受控。同时，还可以在标杆分析（Benchmarking）活动中将技术状态的差异、结构设计的差异、造型特征的差异数字化、成本化，更加直观地为精益设计工作的开展提供支持。

工艺类成本核算模型搭建的起点是对零部件成型工艺的分析，根据理论成型原理结合实际工业化产线装备和加工质量要求还原零部件制造过程，对加工工艺工序、加工设备、工艺参数、材料与能源消耗、人力投入以及加工周期进行分析，构建以成本构成项为框架、以生产制造为主线的工艺类成本模型。

零部件类成本模型主要是针对以装配为主或使用专用设备才能成型的零部件或总成而搭建的，使成本核算工作更加规范化、精细化，大幅度提高工作效率，提高成本核算精度。

截至目前，北京汽车已基本完成常用工艺及零部件的成本核算模型的构建，成本模型价值示意图如图 2-12 所示。随着智能网联化和新技术的不断发展，北京汽车将持续构建和完善成本模型，提高零部件成本核实的效率及精准度。

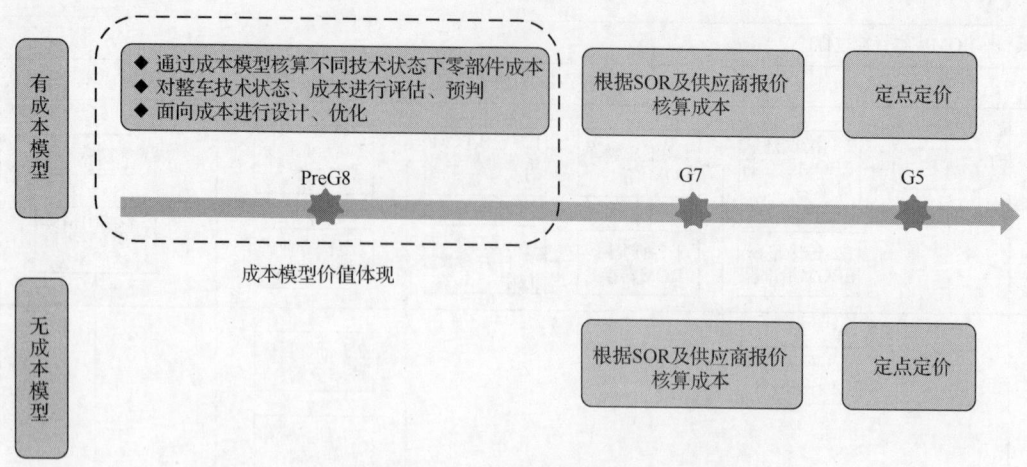

图 2-12　成本模型价值示意图

2．规模生产，有效降低制造成本

为实现供应商端"极致"降低制造成本，北京汽车动力总成公司尝试开展外部通用化工作，即针对功能性较低的结构件，尽量将其集中在有同类零部件在产的供应商处，无论紧固件、毛坯件，甚至表面处理工序，都按此思路推进。通过对具备条件的 53 种零部件的供应商资源整合，全年紧固件品类整体降本 5%，毛坯件品类整体降本 4%，降本成果显著。

3．搭建并持续完善成本数据库

成本数据库是成本模型可以发挥作用的重要生产资料。成本数据的积累和更新是成本核算准确性的重要保障。北京汽车通过供应商现场成本审核、供应商报价单收集、资讯公司原材料价格信息等渠道，完成成本数据沉淀整理。目前完善了 153 种原材料，288 类设备，32 个省（自治区、直辖市）电费、工业水费、人工费等成本核算数据信息。

（三）开展 VAVE，推进极致降本

1．进行量产车型 VAVE 极致降本，助推提质增效

成本改善过程贯穿在研阶段和量产阶段，主要以商务手段和价值工程为主。商务手段降本指通过采购价格"回头看"，加强对零部件采购成本数据的精细化分析，对供应商利润进行摸底，收集整理并重新审视零部件供应商报价单，整理供应商报价信息，进行零部件全要素成本习性分析，区分固定费用与变动费用，分析摊销和联动情况，确定定价合理性，挖掘降本空间。图 2-13 所示为 VAVE 零部件全要素成本习性分析示意图。

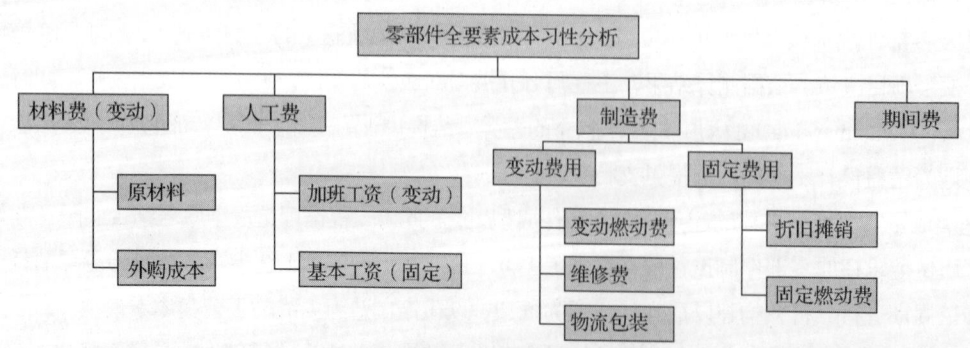

图 2-13　VAVE 零部件全要素成本习性分析示意图

VAVE 降本指通过加强价值工程思维建设与价值引导，深入开展精益对标工作，强化与供应商的技术交

流，鼓励供应商提报 VAVE 提案等方式，搭建标杆车型 BOM，实现新技术、新资源及收益共享，挖掘降本提案及精益设计亮点，识别降本点，推进极致降本工作。

北京汽车量产车型 VAVE 极致降本是在极致成本办公室的领导下，由研究院成本优化团队（Cost Optimization Team，COT）部制定年度 VAVE 降本指标，并协同研究院、采购中心、动力总成公司、销售公司、生技中心、质量中心、运营中心等相关业务单位，紧密结合对标拆解、组织供应商研讨、征集精益设计方案、VAVE 降本提案横展等活动在各自专业领域开展降本点挖掘分析，积极协作推进降本提案落地，助推提质增效。

2. 搭建 VAVE 电子信息化平台

北京汽车 VAVE 电子信息化平台（数据库）（见图 2-14）是针对量产车型 VAVE 降本提案开发推进、计划管控的重要信息化手段。平台工程变更要求（Engineering Change Request）、工程变更公告（Engineering Change Notic）、工程签约（Engineering Sign Off）、生产件批准程序（Production Part Approval Process）、采购商务环节、断点切换环节等降本提案开发过程中的主要节点工作实现线上管理推进，依据降本提案快速流程统一制订开发计划，在各节点实施责任人制，当前节点后流程完成，平台将自动提醒下一节点责任人开展相关工作，而相关业务单位可基于平台实时查看相关降本提案的开发计划及进度，大幅度提高了管理效率。

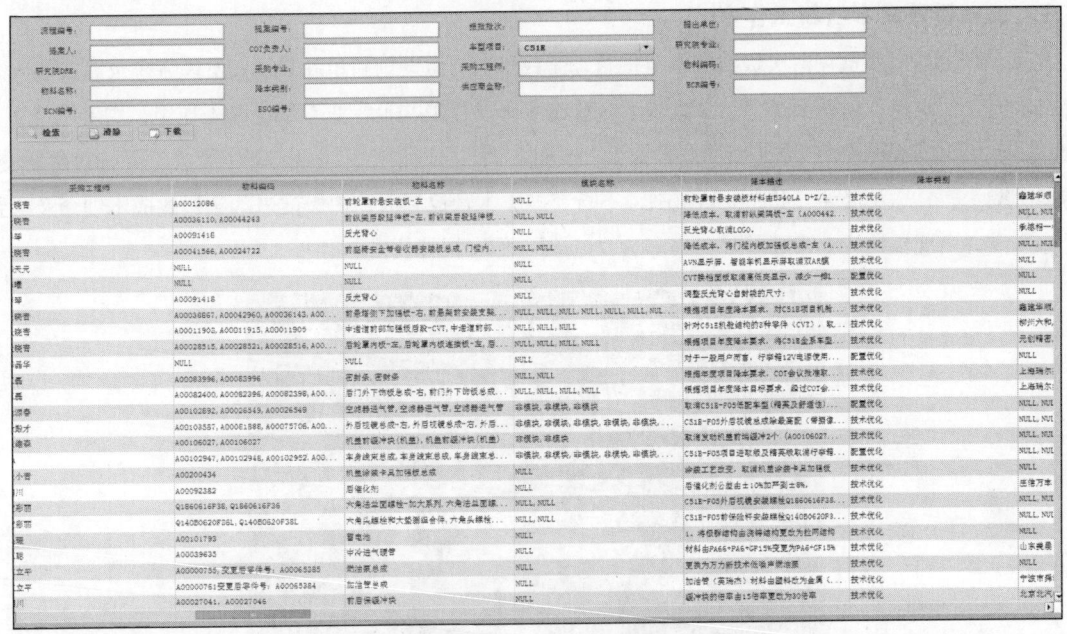

图 2-14　北京汽车 VAVE 电子信息化平台（数据库）

目前通过信息化平台管控的降本提案涉及 6 个车型项目，平台已导入历史降本提案数据 400 余个，这些降本提案数据全员可查阅，可供在研车型降本借鉴。

北京汽车基于 BOM 系统搭建的 VAVE 电子信息化平台，实现了对 VAVE 降本提案工作的开发推进及历史提案数据库的智能化管理，提高了降本提案推进工作效率，规范了推进流程，实现了推进提案的集中管理和各业务单位之间数据实时共享，对各业务单位工作进行有效串联，提高了联动性，有效缩短了降本提案开发周期。

3. 搭建 VAVE 降本提案报告系统审批流程

VAVE 降本提案上会报告评审前需经过项目组、专业部门、项目主管副院长签批确认，评审后 COT 部根据评审结果对报告进行会签，VAVE 降本提案上会报告 OA 审批流程如图 2-15 所示。原 VAVE 降本提案上会报告签批模式为纸版线下签批，周期较长。2018 年调整为 OA 线上会签，提高了会签效率，加快了降本提案实施进度。截至目前，北京汽车利用该流程审批各项目降本提案 330 余个。

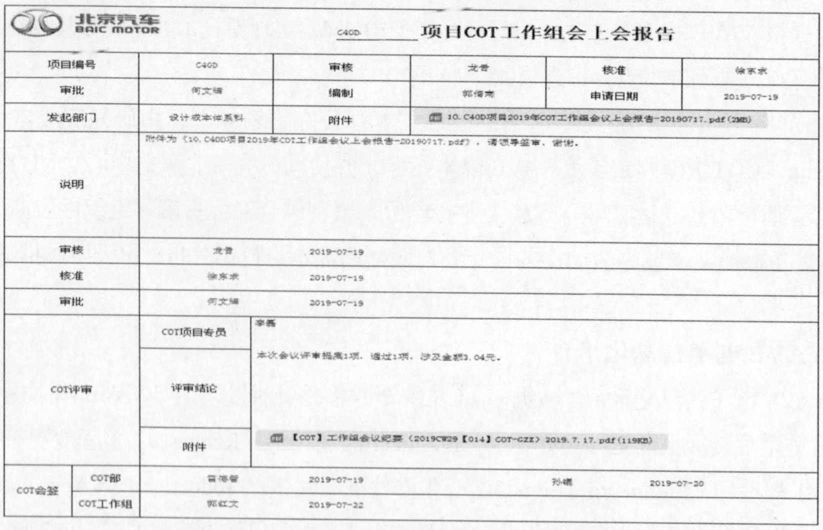

北京汽车 BAIC MOTOR　C40D 项目COT工作组会上会报告

项目编号	C40D	审核	龙普	核准	徐东京
审批	何文娟	编制	郭倩南	申请日期	2019-07-19
发起部门	设计成本体系科	附件	10. C40D项目2019年COT工作组会议上会报告-20190717. pdf (2MB)		
说明	附件为《10. C40D项目2019年COT工作组会议上会报告-20190717. pdf》，请领导签审，谢谢。				
审核	龙普	2019-07-19			
核准	徐东京	2019-07-19			
审批	何文娟	2019-07-19			
COT评审	COT项目专员	李磊			
	评审结论	本次会议评审提案1项，通过1项，涉及金额3.04元。			
	附件	【COT】工作组会议纪要（2019CW29【014】COT-CZZ）2019. 7. 17. pdf (119KB)			
COT会签	COT部	雷德智	2019-07-19	孙峰	2019-07-20
	COT工作组	郭红文	2019-07-22		

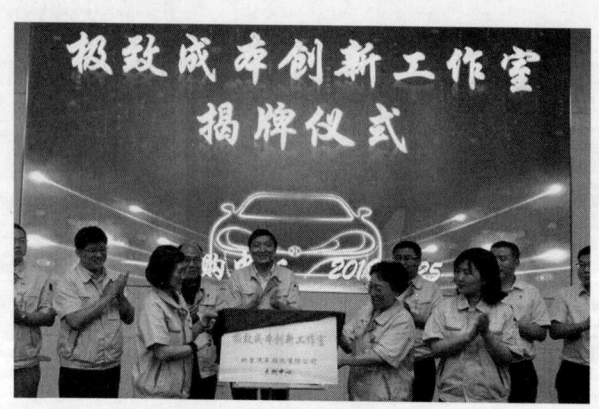

图 2-15　VAVE 降本提案上会报告 OA 审批流程

（四）追求降本极致，推进专项成本优化

1. 成立极致成本创新工作室

北京汽车为进一步贯彻落实极致成本专项行动工作部署，激发创新革新热情，发挥劳模及高技能人才引领作用，成立极致成本创新工作室，并组建了极致成本研发、采购等专业专项行动工作组，主要围绕重点、难点问题，开展技术攻关、技术革新、技术交流、技能培训、管理创新和发明创造等活动，并通过经验交流、优秀案例展示、分享及培训，形成创新氛围，不断突破成本管控局限，积极推进落实极致成本理念及极致成本目标达成，实现极致成本管理。图 2-16 所示为创新工作室揭牌仪式。

图 2-16　创新工作室揭牌仪式

2. 推进重点项目××车型极致成本改善

研究院 COT 部作为北京汽车极致成本创新工作室的成员单位，统筹负责重点项目××车型极致成本改善及推进工作，协同采购中心、动力总成公司、销售公司、研究院项目组，通过商务降本、配置优化、价值工程优化等方式，改善产品定位及进行成本优化，确保达成年度极致目标，推出年度款车型，在提高销量的同时确保公司收益。

（1）通过开展竞品对标分析，对低客户（Perception Value Assessment）感知及便利配置进行优化；通过对零件拆解分析，挖掘 VAVE 降本提案；在整体商务降本指标的基础上，提高采购中心、动力总成公司的××车型商务降本指标。图 2-17 所示为××车型极致成本指标。

（2）针对配置优化、价值工程、商务降本三个业务板块的降本指标设定，经过与业务单位沟通，研究院 COT 部制定了指标达成计划具体的工作开展日程并持续推进，加强对降本过程的监督及管控。图 2-18 所示为××车型极致成本推进计划。

（单位：元/台）

区分	极致总指标	二季度（0%）				三季度（33%）				四季度（67%）			
		4月	5月	6月		7月	8月	9月		10月	11月	12月	
整体合计	-7 182	-	-	-	-	-760	-1 211	-556	-2 527	-3 223	-400	-1 436	-5 059
配置优化	-3 493	-	-	-	-		-719	0	-719	-2 774	-		-2 774
价值工程	-297	-	-	-	-		-92	-156	-248	-49	-		-49
商务降本	-3 392	-	-	-	-	-760	-400	-400	-1 560	-400	-400	-1 032	-1 832

图 2-17　×× 车型极致成本指标

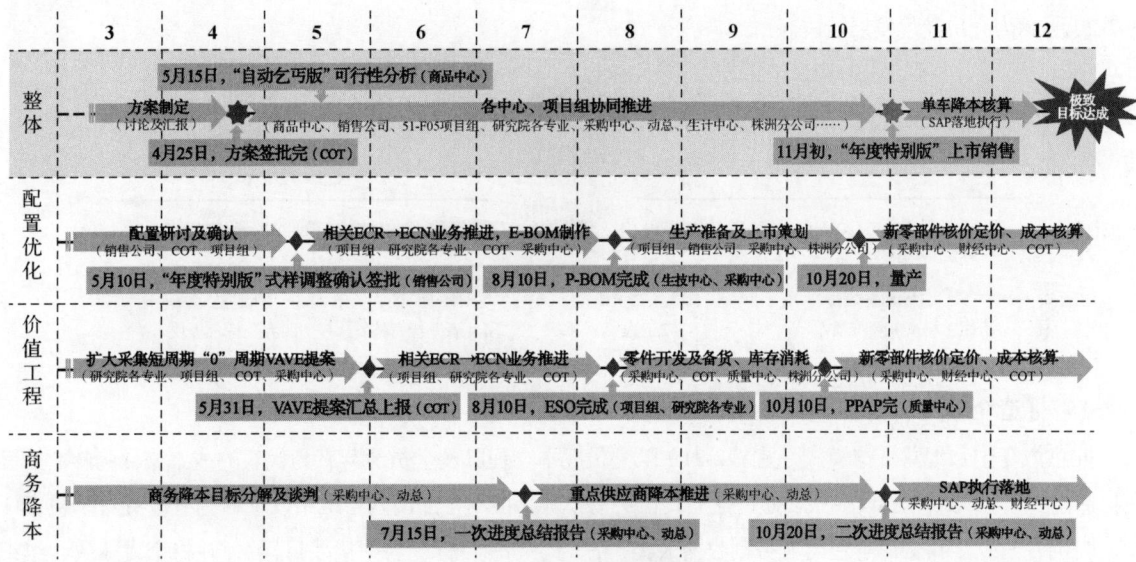

图 2-18　×× 车型极致成本推进计划

3. 推进内外饰产品开发极致成本

内外饰产品开发极致成本工作内容（见图 2-19），由北京汽车内外饰部结合商品性、造型、感知、功能、性能、质量等专项整体平衡，深度挖掘，全面开展极致成本推进工作；截至目前，已实施方案共计节约开发成本约 1 056 万元，零部件成本降为约 763 元/台。

内外饰部主动参与成本管理，全面系统开展极致成本的做法是专业极致成本推进的典范，是极致成本管理的样板。北京汽车通过对内外饰部极致成本降本案例的一系列宣传及推广等活动带动了研究院各专业部结合专业特点形成各自极致成本方案策略并推进落地，取得了以点带面的效果，促进了研发工程师思维方式的转变，使成本文化在工程师心中落地开花，激活了工程师的"成本思维"，确保产品极致成本目标的实现。

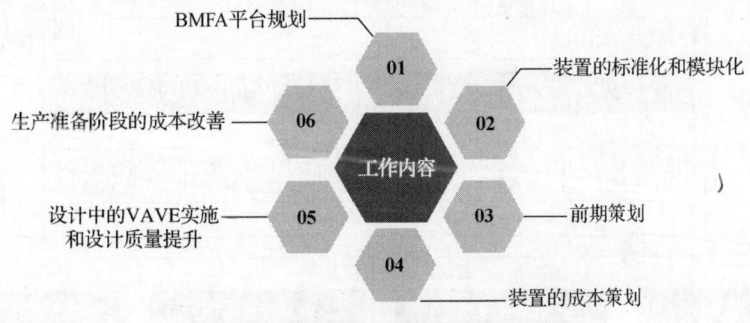

图 2-19　内外饰产品开发极致成本工作内容

（五）推行公司全员经营文化，加强成本文化建设

1. 全员经营项目管理发展阶段

北京汽车全员经营项目管理根据公司的年度经营方针以及经营环境，主要经历了以下四个阶段：第一个阶段是理念导入阶段，推行的工作重点是以班组（科室）为单位提报并落实降本增效案例，初步导入降本增效理念，让各层级员工了解相关概念，统一全员成本意识。第二个阶段是深化落地阶段，是全员经营全面推广实施的重要节点，以推进"152"工程为主，建立提质增效案例效益评价体系，将项目收益与绩效以及公司业绩挂钩，实现结果控制。第三个阶段是精益推广阶段，通过试点"奋斗者"经营体管控体系，建立"重点经营"+"自主承包"项目全过程评价管理体系，进一步完善了结果控制，驱动"人人成为经营者"。第四个阶段是进入 2019 年后持续深化完善阶段，此时相关全员经营项目管理相关制度体系已逐渐成熟，北京汽车通过不断优化与完善项目收益相关的管理控制体系，升级"资源承包+业务创收"经营体承包管理体系，同时建立内外部有偿服务机制，充分调动员工积极性，提高全员参与成本管理能力，实现"人人都是经营者"。图 2-20 所示为全员经营发展阶段。

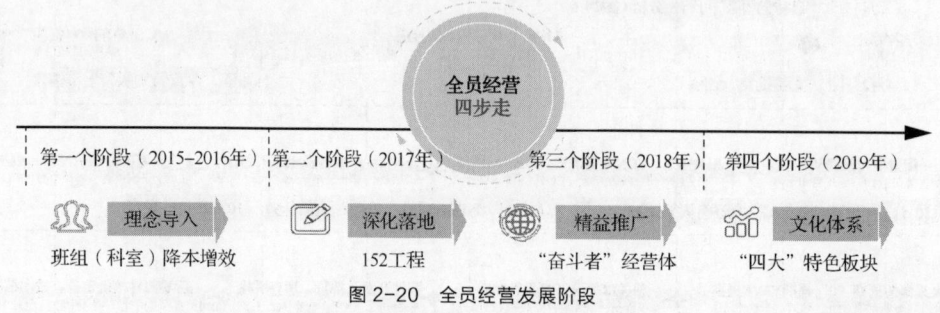

图 2-20　全员经营发展阶段

2. 打造全员经营管控模式，确保全员参与

北京汽车全员经营管控模式（见图 2-21）以全员成本管理以及全员经营者为代表的成本文化为核心，旨在打造全员参与的成本管理模式。通过建立责任经营模式，推动各部门内各班组以项目为维度签订承包责任状，明确各月及全年资源承包与业务创收两大类指标的"确保目标"与"挑战目标"，并将个人绩效、组织绩效与承包项目收益挂钩。在此基础上，建立了配套的项目跟踪管理机制，包括期初的年度部署、项目启动、日常管控及评价体系四个环节。同时，为了进一步激发广大员工的"经营者"思维，北京汽车引入了市场化的经营体机制，即将各个承包单位视作市场化主体，计算承包收益，并根据承包收益进行绩效考核及激励。其中承包收益主要包含四个部分，分别为降本收益（成本降低）、内外部损失减少、业务创收以及内部资源优化与挖潜（如管理提升等）。

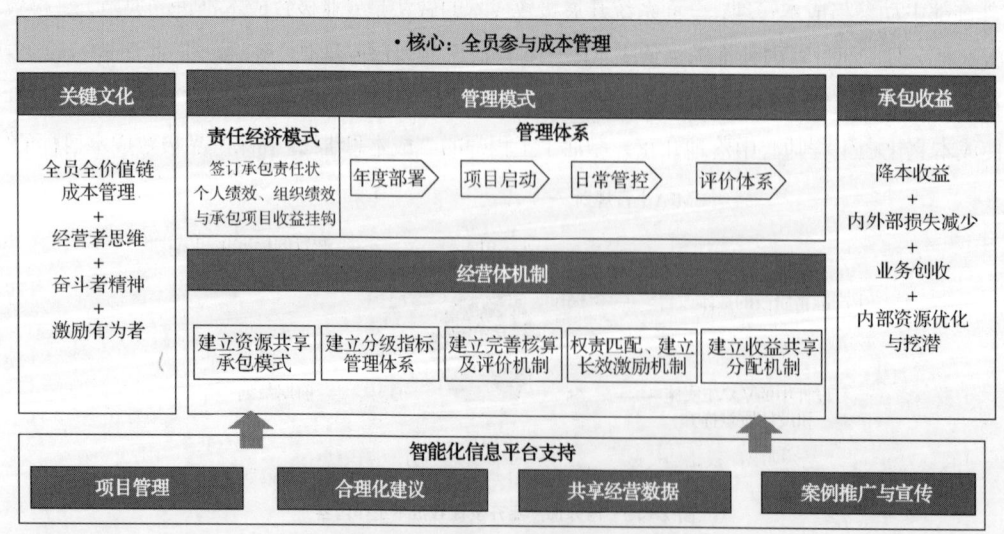

图 2-21　北京汽车全员经营管控模式

3. 加强引导及宣传，营造全员经营文化

在文化引导方面，北京汽车依托海报、OA平台、分享会、内部刊物等渠道，积极宣传降本增效先进事迹，树立降本增效标杆人物，大力推广极致成本理念和成果。通过精益设计大赛和成本培训季海报宣传，引导工程师关注产品的精益设计和总成本的降低。依托OA平台学习园地板块，推出降本增效周刊，宣传降本增效典型案例，推广降本增效成功经验。组织成本理论及经验分享会，通过精益设计大赛案例分享会，讲述精益设计案例在构思、设计、验证等各个环节的创意和思路。

4. 加强成本文化推广，充分发挥供应商作用

企业降本增效，需要的是协同、融合和平衡的高手。单点突破的降本增效虽然能取得一定成绩，但是要取得最大效益，就必须实现全价值链的降本增效，打通研发—供应商—生产—销售—售后各阶段业务流程，实现各环节的高效协同。

与供应商的合作关系管理，最能反映采购组织的战术目标。北京汽车在大力推行"极致成本"的背景下，为实现极致成本目标，必须深入思考如何优化与供应商的战术关系。在不牺牲零部件品质的前提下，突破性地通过在关键零部件上引入相对低成本的供应商，最大化供应链竞争性，推动材料成本优化。

除积极落实"极致成本"要求，全力实现材料成本优化，北京汽车还担负起向供应商做好"极致成本"文化推广的宣传、培育责任。借助供应商专题会、产品技术交流会等契机，北京汽车采购部门向供应商充分说明"极致成本"的内涵与外延，鼓励供应商发挥主观能动性，从产品平台、工艺过程、内部物流，甚至工位器具的布置等方面积极开展成本优化活动，全年由供应商提案且体现在材料成本的节减金额约600元/台。更重要的是，"极致成本"文化推广所促进的全供应链成本优化活动，为北京汽车自主的永续发展提供了不竭动力。

（六）制定并完善"极致"降本激励政策，促进提质增效

1. 制定全价值链"极致"降本激励方案，激励奋斗者

在当前形势下，提高经济效益，实现高质量发展是北京汽车的首要目标。为此，北京汽车以重点工作为导向，以效益性及以人为本为基本原则，设定了"极致"成本指标。为了鼓励极致降本目标快速达成，保证公司经营目标，北京汽车从极致降本工作、提质增效项目、成本文化建设等方面制定涵盖开发、采购、生产、销售及售后、运营管理等环节的全价值链的极致成本行动激励方案，依托科学奖励制度，充分发挥激励效能作用，激励奋斗者，提高员工整体素质，调动职工投身提质增效工作的积极性，主动投入提质增效工作，通过每位员工在企业工作绩效方面的改进来提高企业的整体效益。图2-22所示为"极致"降本激励方案推进阶段目标。

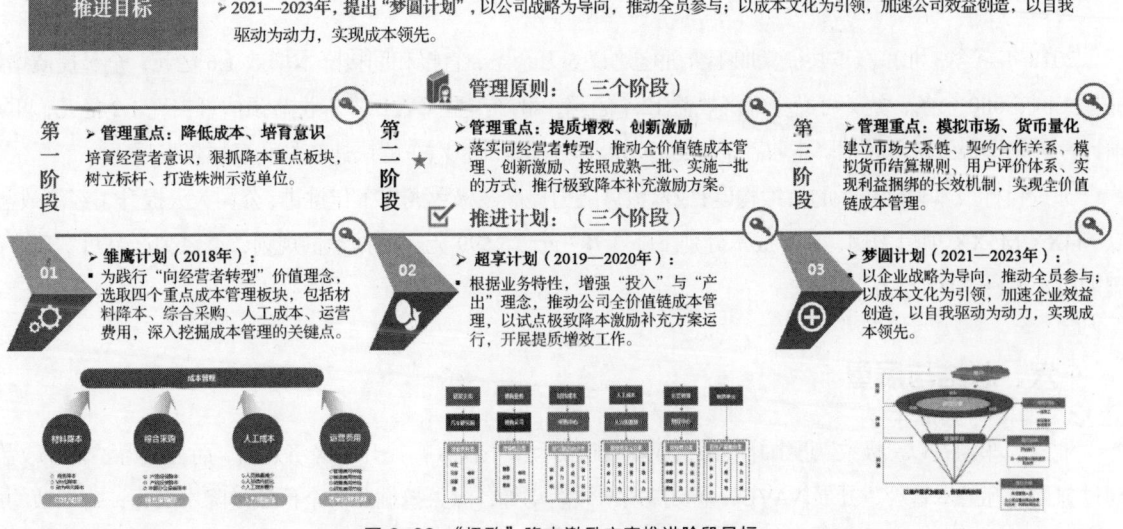

图2-22 "极致"降本激励方案推进阶段目标

2. 加强宣传和表彰，驱动"人人都是经营者"

为了加大全员参与力度，使全体员工广泛地参与并认真落实提质增效工作，促进员工价值的体现和工作能力的提高，同时，更好地达到提质增效目的，北京汽车通过加强激励及降本增效的事前宣传力度，并做好事后先进表彰工作，让每位员工充分认识到公司面临的形势和困难，全面认识降本增效工作是公司与个人双赢的事情。通过强化宣传和表彰工作，将员工的个人追求和公司的发展结合起来，如此不但促进了公司效益的提高，而且有利于发展公司文化建设，使企业员工产生归属感、积极性和创造性，实现公司的持续、健康发展，最大限度地达到降本增效目的。

五、实施效果

（一）管理效果

1. 转变了经营理念，有效促进公司发展

北京汽车成本管理理念从"降成本"控制阶段到以极致思维开展成本活动、在全公司范围内开展全员提质增效活动，发生了质的改变。通过实施全价值链极致成本活动，开展全员参与的提质增效活动，成功调动了全员参与成本管理的积极性，形成了全员参与的成本管理文化，实现从"被动降本"到"主动降本"，全员经营意识大幅提升。所有经营单位、全体员工都能为公司创造价值，是阿米巴经营模式"人人都是经营者"的充分体现，有效提高了产品盈利能力，有利于公司向上发展。

2. 提高全价值链成本管理能力

为有效提升自主品牌经济效益，北京汽车在推动成本优化工作过程中，以极致的目标、极致的方法策划，在产品全价值链各阶段及各环节，建立了一套科学、实际、操作性强的管理流程，出台各项作业指导书、标准化管控表单，对产品的设计、开发进度、工艺验证、质量及市场要素进行全面规范，形成"人人都是经营者"的创业氛围，实现了"流程标准化、职责清晰化、过程可控化、信息可视化、管理精细化"的成本优化业务链，提高了北京汽车在成本控制方面的规范性和标准化程度，提高了全价值链成本管理能力。

3. 培养一批高素质成本管理人才

北京汽车在完成理念导入后，制定了"十三五"能力建设规划，制定了一套系统的能力提高标准化培训体系。对于应届毕业生和有经验的工程师制订不同的培养计划，使业务能力提高体系化。同时，通过开展VAVE、搭建成本模型等，打造了一支成本核算精细化、知识掌握专业化的成本正向核算队伍，为后续研发项目成本管控工作的有效开展提供了重要保障。

（二）经济效益

2018年至今，北京汽车共征集职工合理化建议5万余条，直接和间接降本增效1.6亿元；全员提质增效提报案例5 000余条，统计可产生经济效益12.4亿元，量产车型VAVE降本收益预估可实现1.2亿元；重点项目××车型极致成本预估降本收益为0.5亿元，有效助推北京汽车的快速转型和高质量发展。

通过目标成本管理体系的持续构建、成本核算能力提高及极致成本工作推进，公司大大提升了经济效益。以M4XX/M5XX项目为例，单车成本分别下降3 787元、6 599元，根据销量规划，全系列产品可实现生命周期成本节俭3亿元。

六、总结与展望

北京汽车通过以"极致"思维开展系列成本管理活动，不仅大幅提升了经济效益，而且获得了管理效益。通过强化目标成本管理，开展VAVE、全员提质增效活动等，深入挖掘业务全价值链降本潜力，每年节约成本数亿元，大大提升了公司的经济效益。

同时，公司管理者的重视和支持为"极致"成本各项活动顺利开展及实施提供了有力保障，大幅提高了北京汽车成本管控能力，充分实现了向管理要效益。"极致成本"行动为北京汽车"一把手工程"，为了确保推进顺利、上下一心，北京汽车在推进过程中成立成本管理委员会，并组建极致成本专项行动办公室，通过全面调动企业内部资源，全面推进面向成本的设计开发工作，实现企业成本管控体系的顶层架构设计，提高了管理效率。

在成本文化方面，北京汽车由总部财务部门负责组织各单位自主改善，并建立完善激励体系，快速推动极致成本文化迅速传播。同时，通过开展对标激发工程师"成本思维"，贯彻"精准目标、精益设计、精心管理"的工作理念，并将对标成果在精益设计理念与采购、质量、生计、运营和销售等领域共享，促进成本文化的放射式传播，打造全员成本理念经营生态，助推股份公司成本管理能力提高。

正如北京汽车陈宏良总裁所言，"成本管理是一门艺术，一切要以客户为中心、用经营者思维去行动，精益成本管理只有进行时，没有完成时。"未来，北京汽车将继续按照极致思维，以"品牌焕新，三力进阶，改革破局"经营方针为引领，制定重点项目极致成本专项、压降非刚性费用，推进达成极致成本目标，逐步建立极致成本管理体系，用全价值链的"最优成本"为好产品、好价格服务。

 企业自评

为了应对汽车行业严峻的形势和挑战，贯彻落实北汽集团高质量发展要求，北京汽车以追求"成本极致"为目标，从产品目标成本管理、精准设计、精益管理、成本文化建设等方面出发，聚合成本资源，横向调动各业务部门，纵向拉动上下游业务链，以极致思维、极致方法开展系列成本管理活动。同时，在公司范围内推行全员经营文化，通过宣传及引导加强成本文化建设，并建立激励机制，引导全员形成成本意识，实现了成本管理理念从"被动降本控制"到"人人主动开展极致成本管理活动"质的改变。

北京汽车以"极致"思维开展系列成本管理活动的做法，创新经营及成本管理理念，促进北京汽车成本管理向战略构建、价值链分析、作业成本管理、业务和流程再设计进行转型，有效推动了成本优化和改善，创造了很好的经济效益，大幅提高了盈利能力，并且覆盖了制造企业产品的全生命周期、全价值链环节，涉及全员及全成本要素，内容全面，为大型制造企业成本管理提供了宝贵的经验，具有较强的通用性。

 **专家点评**

成本管理是企业管理的"牛鼻子"。企业能否盈利，能否在市场竞争中立于不败之地，成本管理水平起着关键作用。

北京汽车在汽车行业竞争日益激烈的形势下，创新成本管理体系，提出了"极致"成本管理理念。为了打造全员参与的成本管理模式，确保实现产品"极致"成本目标，北京汽车从目标设定和监控、项目管理体系、能力建设、流程制度、成本文化五个方面，全面梳理了成本管控过程中存在的问题，提出了"精准目标、精准设计、精心管理"的"极致"成本管控思路，构建了"经营者式目标成本管理"体系，搭建了产品成本管理（PCM）系统，设计了工艺及零部件成本模型，建立了成本信息数据库、VAVE电子信息化平台和降本提案报告系统审批流程，成立了"极致"成本创新工作室，显著提高了公司经济效益，其经验值得同类制造企业学习和借鉴。建议北京汽车充分利用智能财务技术，继续提高企业成本管理水平和全价值链成本管理能力，助力北京汽车快速转型，实现高质量发展。

参考文献

[1] 胡适，蔡厚清. 精益生产成本管理模式在我国汽车企业的运用及优化. 科技进步与对策，2010（16）.

[2] 李莉. 目标作业成本管理模式的运用探析. 会计之友，2012（5）.

[3] 刘琳. 目标成本管理在汽车企业中的应用. 汽车工业研究，2009（7）.

[4] 门素梅，宋慧. 目标成本管理浅析. 中国高新技术企业，2010（12）.

[5] 陈红霞. 作业成本在企业的应用. 管理天地. 2005（7）.

[6] 吴文学. 管理会计那点事儿. 北京：清华大学出版社，2017.

[7] 李践. 砍掉成本：企业家的 12 把财务砍刀. 北京：机械工业出版社，2009.

[8] 杜晓荣，张颖，陆庆春. 成本控制与管理. 北京：清华大学出版社，2018.

案例三　推进基于量本利分析法的管理会计在船舶造修企业的应用与实践

中国船舶集团有限公司

【摘要】 在当前全球船海市场复苏乏力、成本刚性上涨的背景下，船舶工业企业的成本控制水平会直接影响企业的核心竞争力。如何进一步做好成本管理，提高企业效益效率，是船舶工业企业普遍存在的难题。2018年以来，中国船舶工业集团有限公司（以下简称"中船集团"）在财务管理方面积极落实财政部《关于印发〈管理会计基本指引〉的通知》（财会〔2016〕10号）以及《管理会计应用指引》系列文件精神，大力推进成本管理由财务会计向管理会计的实践。针对船舶工业行业单一产品成本规模大、门类繁杂等特点，中船集团通过统一企业成本性态统计口径，优化完善产品成本数据库，建立企业接单模型等措施，推动企业成本管理与全面预算管理的结合，从而进一步聚焦成本管控重点，制定各类具体成本项目的管控措施方案，强化实施"成本工程"，充分挖掘企业内部潜力。推进基于量本利分析法的管理会计的应用与实践，提高了企业的成本管理能力，解决了企业成本管理要求落地难的问题，助力集团公司实现了整体效益、效率的快速提高，时隔七年重返中央企业年度经营业绩考核A级阵营。

【关键词】 量本利分析法；成本管理；船舶造修企业

一、中船集团基本介绍

（一）企业概况

中国船舶工业集团有限公司组建于1999年7月1日，是在原中国船舶工业总公司所属部分企事业单位基础上组建的由中央管理的特大型国有企业。截至2018年年末，中船集团拥有资产总额3 013.7亿元，累计完工销售各类船舶及海工产品近两千艘（座）。从业人员13.56万人，年造船产能约为1 600万载重吨；集团及下属全资控股法人单位302家，主要分布在北京、以上海为中心的长三角地区和以广州为中心的珠三角地区，在美国、俄罗斯、德国、瑞士、新加坡等12个国家和地区设有驻外机构和企业。其中，拥有年收入40亿元以上的中大型造船厂6家，包括创立于1865年洋务运动时期的江南造船集团和生产效率、管理水平各项指标始终领先行业的外高桥造船等。

（二）主营业务

中船集团在业务上形成了海洋防务装备产业、船舶海工装备产业、海洋科技创新应用产业和船舶海工服务业四大主业的产业格局。

在海洋防务装备产业方面，中船集团肩负着为海军现代化建设提供装备和全生命期服务保障的政治责任和核心使命，研制的产品涵盖水面主战舰艇、潜艇、两栖战舰艇、水雷战舰艇、海战场综合保障舰船、海警舰船、航天测量船、火箭运输船、电子武器系统、舰船动力/机电装备、核心电子设备等，形成了水面水下并

作者：李朝坤、李海涛、罗海明

进，大中小型号齐全，以服务海军为主，兼顾为陆军、空军、火箭军、战略支援部队和海警提供装备和技术支持的军工科研生产体系。

在船舶海工装备产业方面，中船集团能够建造符合世界任何一家船级社规范、满足国际通用技术标准和安全公约要求、适航于世界任一海区的集装箱船、散货船、油船、液化天然气船、客滚船等各类型现代船舶和自升式钻井平台、半潜式钻井平台、钻井船等海洋工程装备，业务涵盖船舶、海洋工程装备的研发、设计、制造、配套、修理等全产业链。

在海洋科技创新应用产业方面，中船集团形成以风电装备等为代表的能源装备，以垃圾焚烧、污水处理、土壤修复等为代表的环保装备，以海洋探测为代表的电子信息装备和以钢结构、盾构机等为代表的基础设施建设装备。

在船舶海工服务业方面，中船集团围绕服务和支撑防务产业、船海产业和应用产业发展，形成了物流贸易、金融服务、融资租赁、工程服务、咨询服务等服务业并行发展的局面。

（三）行业地位

成立 20 多年，中船集团已经发展成为我国船舶工业的领航者，是中国第一大、世界第二大造船集团。2018 年，中船集团新接造船订单 913.6 万载重吨，造船完工 896.7 万载重吨，手持造船订单 2 476.6 万载重吨，分别占全球份额的 11.9%、11.3%和 9.6%，造船三大指标均仅次于韩国现代重工集团，位居全球第二；实现营业收入 1 144.1 亿元，高于韩国现代重工集团。表 3-1 所示为 2018 年造船主要指标对标表。

表 3-1　　　　　　　　　　　　2018 年造船主要指标对标表

指标	单位	中船集团	国内对标		国际对标	
			中船重工	扬子江船业	现代重工	大宇造船
新接订单量	万载重吨	913.6	401	402.8	1 554.4	791.9
新船完工量	万载重吨	896.7	613	505.5	1 139.9	516.4
手持订单量	万载重吨	2 476.6	1 613.1	1 135.6	3 311.9	1 483.1
营业收入	亿元	1 144.1	3 050.3	232.4	790.1	580.8

二、中船集团管理会计应用的现实背景

（一）全球船海市场复苏乏力

2008 年以来，全球经济回升缓慢，航运市场持续低迷，造船市场复苏乏力，同时，船海企业间的竞争形势极其严峻，成本管控能力在一定程度上已经成为造船企业的核心竞争力，成本控制关乎企业的生死存亡。

1. 航运市场持续低迷

作为衡量国际海运市场行情的权威指数，波罗的海干散货运价指数由 2007 年最高的 7071 点（见图 3-1），下降到 2017 年的 1000 点左右，指数缩水 80%。2018 年平均值与 20 年前的 1999 年水平相当，且从目前趋势分析，航运市场并无好转迹象。

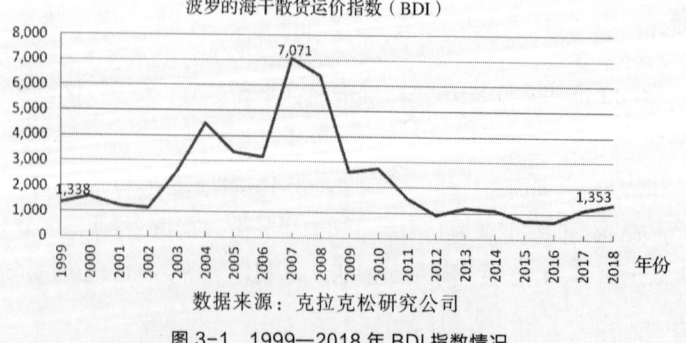

数据来源：克拉克松研究公司

图 3-1　1999—2018 年 BDI 指数情况

2. 新船订单严重不足

2008 年以前，全球年度新船订单金额稳步上升，2007 年达到最高的 2 627 亿美元（见图 3-2），随后新船订单金额骤减，2009 年降至 417 亿美元，2010—2013 年订单量虽有所增加，但总体维持历史较低水平，2009—2018 年平均订单仅为 873 亿美元，2018 年订单金额较 2007 年缩水 70%。

图 3-2　1999—2019 年全球新船订单量情况

3. 新船价格屡创新低

近十年，在市场需求不足，造船企业竞争激烈的大背景下，全球新船成交价格持续处于历史较低水平，2018 年全球新船价格指数为 130（见图 3-3），与 2003 年相当，较 2007 年下降 30%，造船企业面临量价齐跌的艰难局面，造成企业盈利的来源主要依靠成本的管控，造船企业的竞争更多表现为成本管控能力的竞争。

图 3-3　1999—2019 年全球新船价格指数情况

（二）造船成本持续上升

材料、设备采购成本和人工成本是造船企业成本的重要组成部分，约占企业收入的 85%。从船用钢板价格看，2018 年 5 月全国 20mm 船板平均价格为 4 400 元/吨（见图 3-4），较 2015 年 12 月平均价格上涨 2 175 元/吨，增长 97.8%。按一艘 VLCC 超大型油轮空船重量 4.6 万吨测算，钢板价格每上涨 100 元/吨，该船采购成本将增加 460 万元。从人工成本看，改革开放以来，中国经济增速持续领跑全球各大经济体，同时，国内人工成本亦快速增长，以上海某造船企业为例，2009 年该企业平均人工成本仅为 9.0 万元/年，当年利润总额为 3.1 亿元；2018 年平均人工成本为 23.5 万元/年，当年利润总额为-1.2 亿元，平均人工成本十年间增长了近 2.6 倍，盈利水平也急转直下。

（三）财务会计成本管理价值创造能力较弱

财务会计是指按照法定的会计准则，提供和产生财务报告的过程，是对企业已发生的生产经营活动做出客观的评价和反映，其职能侧重于为企业投资者、债权人、税务机关、证券监管机构等提供财务报表。由于财务会计必须遵守政府部门或行业制定的会计法规、会计准则、会计制度等，因此其在对内部改善企业管理，创造企业价值，提高企业效率方面的能力受到一定的限制。例如，在中船集团以往的经营管理中，财务会计的统计、核算主要是为外部提供经营结果的信息，无法向中船集团管理者提供企业盈亏平衡点要求的收入和订单盈利决策依据，企业在经营接单时，常常迫于市场竞争压力而盲目压价，结果承接了大量低盈利甚至亏损的订单；同时，在企业成本管理过程中，由于单个船海产品结构复杂，零件数量高达十万个至千万个，成本门类繁多，财务会计对此无法形成针对性、操作性强的成本管控方案，在提高企业效益方面的作用较小。图 3-4 所示为全国近五年 20mm 船板月度平均价格情况。

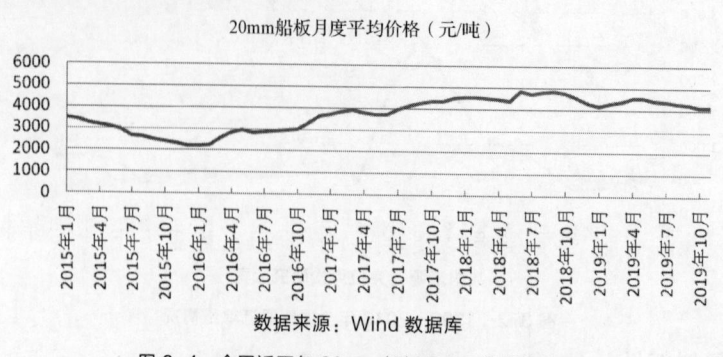

数据来源：Wind 数据库

图 3-4　全国近五年 20mm 船板月度平均价格情况

三、中船集团管理会计应用的基础条件

（一）成本管理组织结构

中船集团成本管理重点聚焦工业企业，组织结构坚持集团总部（母公司）战略中心的职能定位，对防务产业及船海产业实施战略运营型管控的集团管控模式。由集团总部（财务金融部归口管理）负责制定成本管理制度、核算办法、考核政策和下达预算指标，推进成本管理标准化、信息化建设，监督、检查和考核各企业（子公司）成本管理工作。各子公司负责人是本单位成本管理的第一责任人，对成本管理工作负总责，分管生产、经营、技术、采购、财务等业务的企业副职管理者负责具体实施各项工作。在具体管理执行上，设置成本管理归口管理部门（主要是企划部），协同其余各部门负责开展各业务线的成本管理日常工作，落实企业成本管理目标要求。图 3-5 所示为中船集团成本管理组织结构。

（二）成本管理制度体系

自成立以来，中船集团持续推进成本管理制度建立和完善工作，目前形成了以《中国船舶工业集团公司成本管理办法》为总则，以《中国船舶工业集团公司成本费用管控工作指引》《中国船舶工业集团公司成本对标管理操作指引》《中国船舶工业集团有限公司船海企业成本预算控制管理办法（试行）》等为细则的成本管理制度规范。制度明确和规范了成本管理的组织体系、职责分工、管控工作、分析改进及考核奖惩等内容和流程，各企业根据中船集团成本管理办法和指引健全、规范和改进了本单位的成本管理规定，指引和规范企业开展生产经营的直接成本管理工作。由此，中船集团形成了上下联动，涵盖宏观微观，涉及全流程、全要素的成本管理制度体系，为中船集团推进管理会计的应用奠定了良好的制度基础。

（三）成本管控实施体系

中船集团目前初步建立了以提高企业效益效率和市场竞争力为目标，以预算、考核为抓手，范围覆盖全员、全生产过程的成本管控实施体系。

中船集团根据战略发展目标和市场形势，测算和下达企业成本预算指标。各企业根据中船集团总体部署安排，结合本单位实际，负责细化、分解及落实中船集团成本管理要求。企业各部门各司其职，利用采购、领料管理系统和 OA 系统成本数据模块、久其通用数据管理平台等工具，从项目承接前的报价成本测算，到项目承接后的目标成本制定，再到项目执行过程中的成本监测和控制，到最后的实际成本的结算与分析考核，经营、生产、技术、质量、设备动力、供应、劳资、安全管理、规划发展、财务等部门分别对所分管的成本工作和相关指标负责，各指标最终完成情况作为各部门、各岗位绩效考核的依据，最终实现成本管理流程的闭环，这为推进管理会计的应用奠定了成本管理的执行基础。

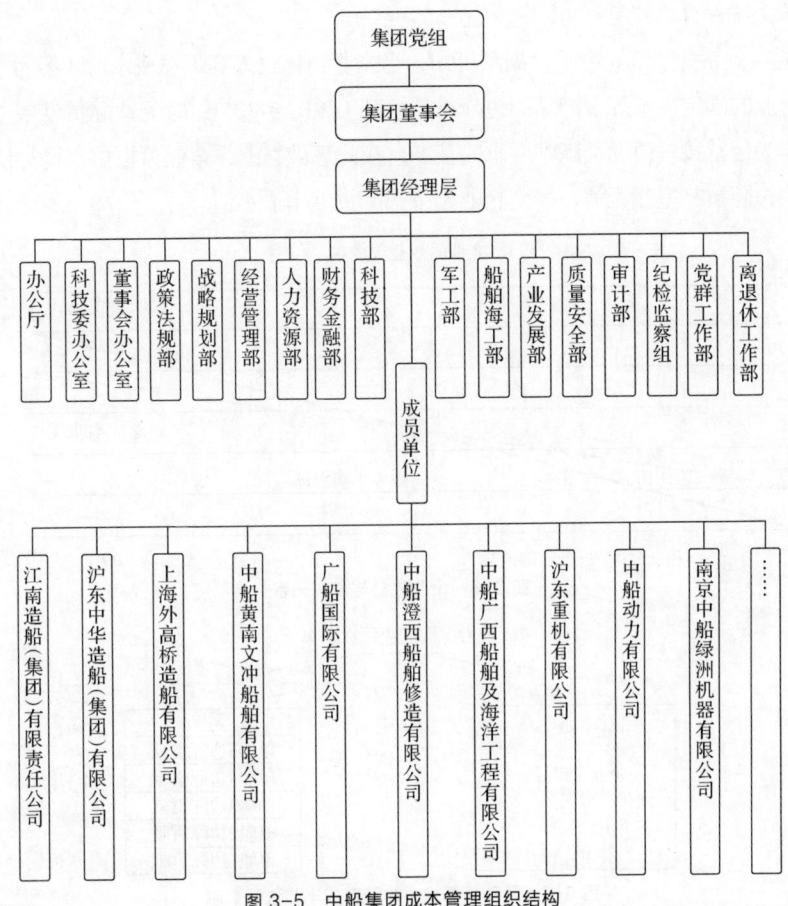

图 3-5　中船集团成本管理组织结构

四、中船集团管理会计的具体应用情况

（一）基本思路

1. 理论概述

我国经济已由高速增长阶段转向高质量发展阶段，2018 年以来，中船集团结合推进落实高质量发展，着力研究推动管理会计方法在成本管理中的应用。量本利分析法是管理会计理论的重要内容，其作用是在将全部成本区分为固定成本和变动成本的成本性态分类基础上，通过分析成本、利润和产品数量三者的关系，掌握盈亏变化的规律，指导企业制定获得最大利润的经营方案和成本管控方案。相比于传统的财务会计方法，推进基于量本利分析法的管理会计在企业成本管理当中的应用，更能满足企业经营预测、决策、评估、分析和成本控制以及提高成本竞争力的需要。

2. 企业利润与边际贡献

某一产品的边际贡献（M_i）是其销售收入（Y_i）扣除变动成本（V_i）后的差额。而在一段时期内，企业的利润（R）来源于当期所有产品销售收入总额（Y）扣除企业生产经营所发生的变动成本（V）和固定成本（F）后剩余的收益，也就是企业当期销售的边际贡献总额（M）消化固定成本总额后的剩余收益。即：

$$企业的利润（R）=销售收入总额（Y）-变动成本（V）-固定成本（F）$$
$$=边际贡献总额（M）-固定成本（F）$$

F 为企业固定成本，R 为企业利润目标（盈亏平衡时 $R=0$），Y 为企业收入目标，σ 为边际贡献率干扰修正值。

3. 企业产品边际贡献率接单模型

为确保在生产经营中获得利润，企业需要根据自身条件，制定订单承接的盈利标准，以决策订单承接与否，从而在经营源头确保订单"有利可图"。

企业效益与成本关系如图 3-6 所示，据图可知，当企业销售收入等于总成本时（盈亏平衡点 P_0），企业实现盈亏平衡，企业的固定成本等于产品的边际贡献总额（见图 3-7）。这时的边际贡献率（m_0，边际贡献与收入的比）即可作为经营接单边际贡献率要求的基准，在此基础之上，企业可根据市场行情、建造风险等因素考虑一定水平的边际贡献率修正值，得到企业接单边际贡献率最小值。

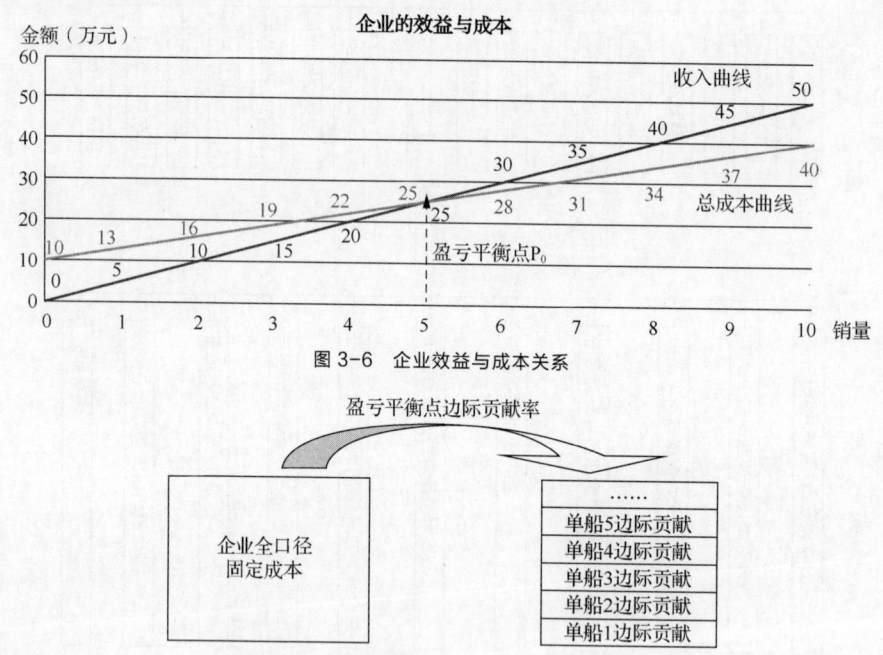

图 3-6　企业效益与成本关系

图 3-7　盈亏平衡点时的固定成本与边际贡献

4. 经营策略

在一段时期内，为保证盈利，企业应从经营接单和成本管控两个方面采用合适的经营策略。

在经营接单方面：一是以边际贡献率 m_0 为最低标准，全力接满收入目标订单。二是在市场竞争激烈、满足边际贡献率要求的订单较少时，应在保证边际贡献率为正的前提下，加大接单力度，扩大生产规模，提高营业收入，实现盈利。

在成本管控方面：由于企业固定成本主要是由中长期战略决策决定的，在短期内总体是平稳的，因此，企业成本管控的短期策略为：加强生产管控，提高生产效率，聚焦压控各类变动成本；中长期策略为：优化产业布局，科学策划资产投资，严控固定成本并持续压控变动成本。

（二）制定成本性态划分标准

中船集团于 2012 年曾探索制定造船固定成本和变动成本划分标准，试行造船企业以订单边际利润率作为接单决策依据。表 3-2 所示为造船企业成本性态分析。2018 年年初以来，中船集团多次组织各船海企业深入研究讨论，基于成本属性，结合行业和自身特点，按照"可比较、可衡量、可评价、直观易懂、简单明了、能说明问题"的原则进一步明确了船海企业成本性态划分标准，并于 2018 年 5 月印发了相关文件，统一各企业成本统计核算口径。

表 3-2　　　　　　　　　　　　　造船企业成本性态分类

（相对）固定成本	变动成本
1. 职工薪酬（全员）；	1. 原材料采购成本：
2. 折旧、摊销及设备使用费；	钢材、管材、油漆等；
3. 动能费用（水、电、气）；	2. 配套设备采购成本：
4. 管理、销售、制造费用（不含薪酬、折旧、摊销、动能、研发费）；	机装设备、船装设备、舾装设备等；
5. 营业税金及附加；	3. 其他变动成本：
6. 财务费用（净额，不含汇兑损益）	外包工费、外设计费、产品佣金及代理费等

企业的职工薪酬，折旧、摊销及设备使用费，全口径的动能费用，日常支出的管理、销售、制造费用，营业税金及附加，借款产生的财务费用等成本，长期来看是相对固定的，主要是由企业的中长期战略决策决定的，因此划分为企业（相对）固定成本。企业的原材料采购成本，配套设备采购成本，外包工费、外设计费等其他变动类成本是每一产品发生的直接短期可控成本，因此划分为企业的变动成本。

（三）建立完善船海产品成本数据库

2018 年 5 月，中船集团在原有基础上，根据以上成本性态分类，设计完善了《中船集团船海产品成本统计表》（见表 3-3），并通过开发专门的数据库软件作为统计工具，建立了涵盖中船集团本年度在手及完工船海产品订单的报价、目标、完工等变动类成本和各企业年度固定成本的数据库系统。2019 年 6 月，为强化成本过程管控和成本对标分析，提高集团成本管控效率，中船集团进一步优化设计船海产品成本数据库结构，按照未开工、在建、完工三类项目的工程状态进行分类，以单个项目作为基础节点，全口径集中统计监控在建及完工船海产品的成本数据，实现了集团船海产品成本的"三表合一"，每季度动态更新，为成本监控、对标分析和接单决策提供了基础支撑。

表 3-3　　　　　　　　　　　中船集团船海产品成本统计表（表样）

序号	项目	报价成本	目标成本	实际成本
一、	变动成本	——	——	——
（一）	原材料	——	——	——
1	钢材			
1.1	普通钢板			
...	......			
2	管材			
3	焊材			
...	......			
	原材料 小计			
（二）	外购配套设备	——	——	——
1	机装设备			
1.1	主推进系统			
...	......			
2	船装设备			
3	电装设备			
...	......			
	外购配套设备 小计			
（三）	其他变动成本			
1	外包工费用			
2	委托外部协作费			
...	......			

序号	项目	报价成本	目标成本	实际成本
	其他变动成本 小计			
	变动成本 合计			
二	销售收入			
三	边际贡献			
四	边际贡献率（%）			
五	财务分摊成本	——	——	——
1	本厂职工薪酬			
2	劳务派遣费用			
...	……			

（四）强化推进实施"成本工程"

2018 年 4 月起，中船集团着手推进预算管理由财务会计向管理会计的转变，实行季度滚动预算工作机制，明确要求各单位要围绕企业销售收入、变动成本和固定成本三个方面开展预算管控及执行情况分析，从而推动了预算管理与成本管理的结合。2018 年第四季度，中船集团采用管理会计方法，引入产品边际贡献概念，全面优化设计了管理会计预算报表，2019 年度企业预算工作按照全新的报表开展，为中船集团强化推进实施"成本工程"奠定了管理基础。表 3-4 所示为中船集团管理会计预算报表（表样）。

表 3-4　　　　　　　　　　　　中船集团管理会计预算报表（表样）

项目	上年预计数	本年预算数	增减率（%）
一、营业总收入			
二、变动成本	——	——	——
（一）原材料			
……			
变动成本小计			
三、边际贡献			
四、边际贡献率（%）			
五、固定成本	——	——	——
（一）职工薪酬			
……			
固定成本小计			
六、营业利润（管理会计口径）			
七、汇兑损失			
八、资产减值损失			
……			
利润总额			

2019 年以来，中船集团为贯彻落实高质量发展战略和年度工作会议精神，通过多次深入调查和研究讨论，采用管理会计方法制定了操作性强、量化、可考核的《中船集团 2019 年"成本工程"推进方案》（以下简称《方案》），实施了全员参与的"成本工程"。《方案》围绕落实高质量发展战略目标，在 2019 年度企业预算基础上，从提高营业收入、严控固定成本、压控变动成本和防范风险这四大方面提出了 28 条具体措施，明确了工作要求和责任分工。中船集团成立了"成本工程"领导小组，并建立了党组成员对口联系成本管控重点单位的工作机制，同时，修改完善了考核管理办法，强化了成本指标考核要求，以确保各项措施落地落实。各企业均按照《方案》要求，完善了组织管理架构，分解了目标责任，细化了措施方案，基本实现了全

员参与、全过程管控的工作要求。例如，在固定成本压控方面，2019 年年初，中船集团从严管控固定资产投资计划，通过严格论证、审批，最终预算批复固定资产投资计划金额较初始申报金额压缩了 23%，同比下降了 11%。在变动成本压控方面，中船集团内某企业深入贯彻落实《方案》各项措施，通过强化大宗资材采购议价能力，严控物资损耗，提高设备资材国产化率，清仓利库等手段，2019 年上半年累计实现物资采购降本 1 168 万元。

五、中船集团推进管理会计应用的成效

自 2018 年年初推进管理会计应用以来，中船集团成本管理组织架构得到了进一步完善，成本管控力度得到了进一步强化；成本数据的分析对经营接单的指导价值得到了提升，成效最终体现为集团效益和盈利能力的不断提高。

（一）理顺管理流程，强化内部成本管控

在推进以管理会计为应用的"成本工程"之前，中船集团所属船厂在成本管理上存在流程衔接不顺畅、责任不明确、组织不完善的问题，市场营销、技术设计、采购、劳务管理、会计核算等各业务线"各算各的账"，无法形成有力的内部成本管控态势。目前，中船集团形成了董事长总抓，总经理、总会计师直接负责的领导架构。充分发挥财务金融部在成本管理上的"特殊"职能，明确了以中船集团财务金融部为归口，规划、经营、人力、科技、船海等多部门协同负责的管理架构。部署形成了各单位以企业一把手为负责人，总会计师为责任人，具体任务落实到部门、岗位、人员的实施架构。形成了集团上下齐抓共管，责任分工明确，考核奖惩分明的成本管控的良好局面。

（二）优化成本分析模式，提升成本数据利用价值

中船集团以往利用财务会计手段对已完工产品进行的成本分析，主要是起到对产品客观发生的成本情况进行评价的作用，对未来经营接单的决策指导作用有限。推动管理会计的应用，一是通过明确统一的成本性态划分标准，完善了成本数据库，实现了对企业和产品成本进行动态的横向、纵向监控和对标分析的管控目标，推进了成本分析由毛利口径向边际贡献口径模式的转变，使得成本分析结论简洁、清晰。二是精简繁杂的成本项目，将产品十万级的零部件成本项目归为 77 项直接变动成本，企业庞大的固定成本构成归为 6 大类，不仅简单明了，而且可管可控，为中船集团成本管控明确了重点，奠定了数据基础。三是对当年完工产品进行边际贡献的对标分析，能够科学考核评价项目的成本管控绩效，落实成本管控奖惩要求。四是推进量本利分析法的应用，企业结合战略要求，根据年度收入和盈利预算目标，可测算后续经营接单的边际贡献（盈利水平）要求，为企业经营接单决策提供了科学依据，充分挖掘了成本数据价值，从而助力企业实现效益目标，落实发展战略。

（三）提高效益效率，增强企业盈利能力

2018 年以来，中船集团大力推动管理会计应用，强力推进以提高企业核心竞争力为根本出发点和落脚点的"成本工程"，企业效益效率实现了快速提高，盈利能力持续增强。2018 年，中船集团重返中央企业年度经营业绩考核 A 级阵营，造船每修正总吨耗用工时同比减少 0.57 小时，当年完工船平均边际贡献率较 2017 年完工船平均边际贡献率提高了 1.31 个百分点，实现利润总额同比增长 40%，迈开了高质量发展的步伐。截至 2019 年第三季度末，中船集团实现利润总额逐月持续增长，同比大幅增长 210%，净利润（含 75% 研发费加回）同比增长 124%，经济增加值同比增加 18 亿元，各主要经济指标均超额完成序时进度目标，全年效益效率和盈利能力都得到了大幅提高。

六、总结与展望

党的十九大提出，要深化国有企业改革，培育具有全球竞争力的世界一流企业。一流管理是世界一流企业的重要标志，推进企业管理现代化建设是包括中船集团在内的国内各大中央企业未来一段时期的重要课题。2018年以来，中船集团积极贯彻落实党中央、国务院决策部署，制定了《中国船舶工业集团有限公司高质量发展战略纲要（2018—2050）》，大力推动"成本工程"，促进管理提升。本案例为中船集团推进落实全面建成世界领先的海洋科技工业集团战略目标的一项具体举措。2019年10月25日，中央组织部、国务院国资委代表中央宣布中国船舶工业集团有限公司、中国船舶重工集团有限公司进行战略性重组，成立中国船舶集团有限公司。作为全球第一大造船集团，其后续将贯彻落实工业和信息化部、财政部、国资委等国家部委有关制造强国的工作部署要求，持续推进现代企业管理体系建设，加快提高企业核心竞争力，为实现国有资本保值增值，落实建设世界一流军队，建设海洋强国等国家战略努力奋进。

 企业自评

做好成本管理，强化成本管控，提高企业效益效率，是船舶制造企业在困境中求生存，在竞争中站稳脚跟，在成长中实现高质量发展的必然要求。

中船集团在强化成本管控工作中，大力推进管理会计工具的应用与实践，充分挖掘其价值创造潜力，不仅能够精准、有效地管控企业的成本费用支出，更能通过分析产品销量、成本和利润三者的关系，掌握盈亏变化的规律，指导企业制定获得最大利润的经营方案，为企业管理决策提供有力支撑，保障企业实现年度的经济效益目标，进而顺利落实中长期的战略发展要求。通过实践，助力中船集团2019年利润总额实现同比增长41%，成本管理能力和效益效率得到显著提高。本案例对包括船舶制造企业在内的装备制造企业在强化成本管控和提高效益效率工作方面具有较强的借鉴意义。

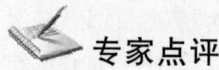 **专家点评**

本案例应用量本利分析法提高成本管理效果具有如下特色。

（1）船舶制造业成本管理应用量本利分析法的效果展现。针对船舶工业行业单一产品成本规模大、门类繁杂等特点，中船集团通过统一的固定成本和变动成本核算标准制定以及成本数据收集，优化完善产品成本数据库，建立企业接单成本分析模型，引导财会人员关注将成本管控从单纯产品制造成本转向产品产供销全过程（包括营销接单业务）成本分析和管理，取得了业务和成本管理融合的良好效果。

（2）推动企业成本管理与全面预算管理的结合。中船集团以成本管控为重点，制定各类具体成本项目的管控措施方案，强化实施"成本工程"，充分挖掘企业内部潜力。在这一过程中应用量本利分析法来维护标准成本和成本目标的科学性，促使成本工程的管理科学化、模型化，增强全面预算管理责任单位和责任人降本增效意识。

（3）在集团战略成本管理中，应用量本利分析法进行顶层的战略成本规划，从提高集团整体效益、效率角度考虑，并落实到前面的业务成本管控和成本工程管理中，其管控效果明显，时隔七年重返中央企业年度经营业绩考核A级阵营。

（4）中船集团将管理会计的量本利分析法应用于成本管理、全面预算管理和成本工程中，在各方面取得明显效果，也积累了一些先进经验，为同类企业提供了良好的应用榜样。中国船舶在管理会计应用上取得可喜的成果，但也需要所有的财务人员在今后的管理会计应用中拓展更多的管理会计方法并与业务管控融合，继续在价值链成本和业务流程成本管控中发挥更大的作用。

参考文献

[1] 赵秦. 管理会计应用指引指导企业成本管理. 经贸实践, 2018（13）.

[2] 刘德峰. 新形势下变动成本法在企业经营管理中应用研究. 现代商业, 2019（14）.

[3] 李海涛. 推进战略成本管理, 助力船企管理提升. 船舶经济贸易, 2018（07）.

[4] 姚晓华, 欧伟辉. 目标成本管理体系在新船重工的实践. 财务与会计, 2018（24）.

[5] 刘晓春. 中型船厂成本管理思考. 江苏船舶, 2018（01）.

[6] 余永禄. 单船目标成本管理工作浅析. 现代经济信息, 2011（03）.

[7] 何洪涛. 修船成本管理方法探析. 山东工业技术, 2015（22）.

案例四　基于业财融合的高铁装备制造行业财务共享转型实践

中车青岛四方机车车辆股份有限公司

【摘要】中车青岛四方机车车辆股份有限公司（以下简称"中车四方"）作为中国轨道交通客运装备龙头企业，在国家高质量发展要求、企业数字化转型和中车"创一流"的背景下，开展了基于业财融合的财务转型实践。中车四方按照"顶层设计、统一规划、分步建设"的策略，以财务共享为突破口，实现了会计核算的流程化、自动化和标准化，并借助财务共享与业务系统关联的大数据，开展了管理会计体系建设，建立了管理会计信息化平台，创新了财务对业务的数字化支撑，使业财融合的深度与广度不断增加，促进了中车四方财务管理的转型与升级，为该公司踏上高质量发展"列车"奠定了坚实的基础。

【关键词】高铁装备；财务转型；业财融合；财务共享；管理会计

一、中车青岛四方机车车辆股份有限公司简介

中车青岛四方机车车辆股份有限公司始建于 1900 年，拥有悠久的历史，是中国中车股份有限公司的核心企业，也是中国高速列车产业化基地、铁路高档客车的主导设计制造企业，国内地铁、轻轨车辆主要生产厂家、国家轨道交通装备产品重要出口基地和国际级高新技术企业，占地总面积 177 万平方米，年营业收入超过 450 亿元。

中车四方在高速动车组、城际动车组、地铁等轨道交通装备的研发制造上处于国际领先地位，我国首列时速 200 千米高速动车组、首列时速 300 千米高速动车组、首列时速 380 千米高速动车组、时速 500 千米高速试验列车、首列时速 160/200 千米城际动车组、首列 600 千米磁悬浮样车均诞生于此。该公司为我国成为世界上高铁商业运营里程最长、速度最快的国家做出了贡献。

中车四方拥有不同速度等级，不同编组形式，不同动力形式的高速动车组、城际动车组系列化产品，包括高速动车组、城际动车组、高档客车、地铁车辆、有轨电车、内燃动车组、单轨车辆、高速磁悬浮八大产品平台，已实现从时速 50 千米到 600 千米速度等级全覆盖。中车四方围绕总部、事业部、制造本部、技术本部四个板块下辖二十八个职能部门、四个制造分厂的组织架构，实施专业垂直管理的运营管理模式，是行业内唯一拥有国家高速动车组总成工程技术研究中心、高速列车系统集成国家工程实验室、国家级技术中心、国家级工业设计中心和博士后科研工作站五个国家级科研创新机构的企业，还有三个海外联合研发中心。

中车四方多年来坚持以国家运输需求为导向，推动产品技术创新，瞄准"高效、安全、绿色、智能"的高端铁路装备顶层发展目标，向谱系化、智能化、高安全性、可靠性及互联互通方向深化发展。尤其是以"复兴号"高铁为代表的铁路客运装备，迈出了从追赶到领跑的关键步伐，寄托了中国人民对美好生活的新向往，承担了我国高端装备产业发展的新使命，也承载了中华民族伟大复兴的中国梦。

作者：戚海峰

二、中车四方实施财务转型的背景

（一）企业"数字化转型"和高质量发展的需要

党的十九大报告提出"加快建设制造强国，加快发展先进制造业，推动互联网、大数据、人工智能和实体经济的深度融合"，当前人类社会正在加速步入数字经济时代，中车四方作为中国轨道交通装备制造行业的领军企业，正在从经营规模快速增长阶段努力向高质量发展阶段迈进，国际化程度不断提高，行业竞争日益激烈。自2011年起，中车四方逐步建立起企业资源计划（Enterprise Resource Planning，ERP）、制造执行系统（Manufacturing Execution System，MES）、产品数据管理（Product Data Management，PDM）、产品运维系统（Maintenance Repair Overhaul，MRO）、质量管理系统（Quality Management System，QMS）五大信息系统，沉淀了海量有价值的数据，但这些零散的数据相互独立，没有被整合，数据的价值没有充分发挥出来，无法驱动企业更好的发展，于是建设数据驱动型企业就成为中车四方"十三五"期间重要的战略目标。企业的数字化运营首先是进行数字化财务建设，作为唯一能够全盘吸取、整合所有数据的部门，以财务为基础，链接上下游、多链条、多业务、多维度是最合适的数字化趋势，也是管理会计体系建设的重要基础，符合中车四方战略转型和高质量发展的要求。

（二）打造"世界一流示范企业"目标的需要

中国中车集团有限公司作为入选国资委十家"世界一流示范企业"中唯一的装备制造企业，提出了要在方方面面成为典范的要求，中车四方作为中国中车集团有限公司的龙头企业，一直承担最大的收入和盈利指标，但财务管理水平距离世界一流仍然有很大的差距，公司在"十三五"期间明确提出了"向管理要效益、向经营要效率"的精益管理发展要求，开始更加注重提质增效、降低运营成本和提高管理效率，也对夯实企业内控水平、提供深入价值链的业务支持、辅助管理层提高决策能力等内部管理，特别是对财务管理工作提出了更高的、更加精细化的要求。

同时，自2011年以来，中车四方从单体规模迅速增加到17家报表合并单位，包括5家海外子公司，各子公司财务管理水平不一，业务处理存在差异，且中车四方对子公司，尤其对海外子公司的财务管理手段不足、深度有限，难以实施有效的财务管控，这就需要中车四方加快建立集团化、标准化、科学化、信息化的现代财务管控体系。

（三）从核算型会计向管理型会计转型的需要

中车四方正处在从传统的核算会计向提供高附加值的管理会计职能转型的过程中，原来的财务人员多聚集在核算、报表等事务性工作上，加上财务数据与业务数据没有充分打通，财务人员对数据背后的问题根源了解不深，不能给业务人员提供充足的财务支撑，导致在管理会计体系建设、会计核算的精细化程度、财务管理的效率和质量、对公司决策支持的力度、业财融合的深度和广度等方面不能适应该公司高速发展和战略支撑的要求，中车四方的财务体系、财务人员如何主动去适应这一变化，就成为一个需要重点解决的问题。

通过多方调研和分析，中车四方决定先以财务共享作为突破口，实施财务转型的第一步，打通业务和财务数据，把财务融进业务，进而从小数据转向大数据，推动财务向数字化、智能化、智慧化转型，把财务管理的触角向前延伸，通过深度的业财一体化，降低公司运营成本，建设全球化、智能化、具有中车四方特色的管理会计体系，满足中车四方高质量发展、管理精益化和持续扩张带来的深层次管理需求，最终提高中车四方的核心竞争力。

三、中车四方财务转型实践的目标

（一）以财务共享为起点，推动财务转型

中车四方选择以财务共享为起点，通过观念、流程、组织、人员、系统的再造，推进财务管理转型，明确财务组织架构与岗位分工，将会计核算、资金收付与财务报告等标准化工作交由财务共享中心统一进行信息化处理，释放的核算资源向业务财务、专业财务和战略财务转型。实现财务会计与管理会计职能分离，逐步实现会计核算自动化和智能化，降低财务运营成本，规避财务风险，提高财务管控能力，同时将财务共享中心打造成财务人员的"黄埔军校"，为该公司各层级财务组织培养精核算、懂业务的财务人才，推动中车四方财务从"价值守护"向"价值创造"转型。

（二）以管理会计为中心，实现财务转型

中车四方在财务共享中心平稳运行后，建立健全业务财务一体化体系，推进业务融入财务、财务指导业务，有效实现业财数据的融合统一，在支撑财务管理转型的同时，重构传统财务管理流程，进一步提高业财数据的质量和处理效率，利用大数据、人工智能等先进技术建设管理会计数字化平台，实现业财数据可视化、资源配置动态化管理，为出具多维度的业务分析报表和经营层管理报告提供依据，增强财务预算管控能力和经营分析能力，为公司的战略决策提供财务支撑。最终实现中车四方的财务体系从注重结果到注重过程、从管控到管控与服务并重、从格式报告到智能决策、从业务监督到战略指引、从业务记录到价值创造的转型。

四、中车四方财务共享建设的主要做法

中车四方的财务共享是通过建立共享的财务平台和组织架构，将该公司分散在各个业务单元的、重复的、易于标准化的财务共性业务集中起来，借助信息化手段实现网上报销、原始单据的影像管理、发票认证、银企直连、管理会计、预算管控、报表分析、电子档案等工作，提供标准化、高效率、高质量的会计服务。同时借助财务共享中心的数据及流程支撑，在纵向上加强对各子公司的财务管控力度，在横向上向各业务系统进行延伸，实现业务、财务、资金、税务的一体化管理，最终为业财深度融合的管理会计体系建设打下坚实的基础。

（一）全面分析公司战略对财务管理的要求，明确财务共享顶层设计

中车四方首先对总部及下属子公司展开充分调研，涵盖了总部、全部国内子公司、美国等部分国外子公司，调研团队以访谈重点人员为主，收集相关资料为辅。总计完成 22 场 178 人次的访谈，访谈对象包括财务总监、总部财务部领导、各财务核算主管和会计人员、子公司财务经理、业务部门主管等。调研主要关注财务核算流程、难点痛点、与财务紧密相关的业务流程和诉求等。针对调研发现的问题，结合公司发展战略，剖析财务共享建设的战略要求，明确了财务共享的顶层设计。

中车四方根据主业稳定、板块清晰、系统统一等特点确定了"统一规划、分期建设、试点先行、有序推广、持续优化"的实施方针，在流程上按照业务优先级和管理紧迫度确定相应的业务范围，以总部为试点，灵活结合多阶段分步实施策略，按业务流程范围从试点到全面逐步推广，稳步推进财务共享中心建设。整体项目分为三个阶段。

第一阶段：费用报销，费用全流程管控。

在业务方面，中车四方统一将差旅费、办公费、运输费、福利费等 45 类费用，及预付款、备用金、主数据维护、还款单等 4 类业务申请在第一阶段实施。

在系统方面，中车四方实现发票单据扫描上传、自动查重、验真和认证，移动审批，凭证自动生成，银

企直连自动支付，并与财务核算、人事、合同、资产、差旅、金税等系统集成，满足业务处理落地的要求。

第二阶段：业务管控，全业务由财务共享中心处理。

第二阶段实施委外、研发、材料、大修、技措等专项费用流程，实现应收应付、固定资产、总账类业务上线，同时在武汉、天津子公司试点上线，应用成熟后在温州、成都、佛山、郑州等子公司顺利推广。

第三阶段：优化、完善财务共享中心表单和流程，实施海外子公司财务共享。

第三阶段以提高报账单据流转速度、提高财务效率、构建管理报表群、提供更方便快捷的数据查询服务为目标，在此基础上新增手机端影像扫描、消息通知、数据查询分析等功能，建立员工信用等级、电子档案、绩效考评、运维支持体系。同时向部分海外子公司推广实施，最终完成财务共享全面上线。

（二）以业财融合为设计思路，完成中车四方全业务流程共享

1. 通过财务共享对业财融合流程进行再造

中车四方基于财务管理数字化、智能化的目标，提高财务核算的标准化与规范化水平，以业财融合为主线，对所有端到端的业务、财务全流程进行调研、梳理和分析，结合管理需求，对每类业务流程从源头开始梳理规划、统一设计，形成了以业财融合为主线的运营管理、费用、资金、应付、税务、资产、资金、总账工资 8 类业务流程（见图 4-1）共 148 个子流程，保证了从业务前端到财务核算的有机统一与融合。例如，海外进口件报销，从进口件合同签订、预付申请、到货、信用证付款、关税电子票获取、进口物料三单匹配一直到清账，业务部门实现了全链条无纸化审批、流转和报销，工作效率提高了 65%。

每一类报销单设计均采取了标准化和结构化的方式，结构化的原因可以生成在财务分析里。通过设计缜密的流程节点，财务管控嵌入到业务流程中，能够大幅降低业务差错，减少人为判断，并对流程中的各个环节施以严密的风险识别、预警和预算管控，在加强业务风险管控的同时，确保数出同源，提高财务和业务的运营效率。纳入财务共享中心的 8 类业务如图 4-1 所示。

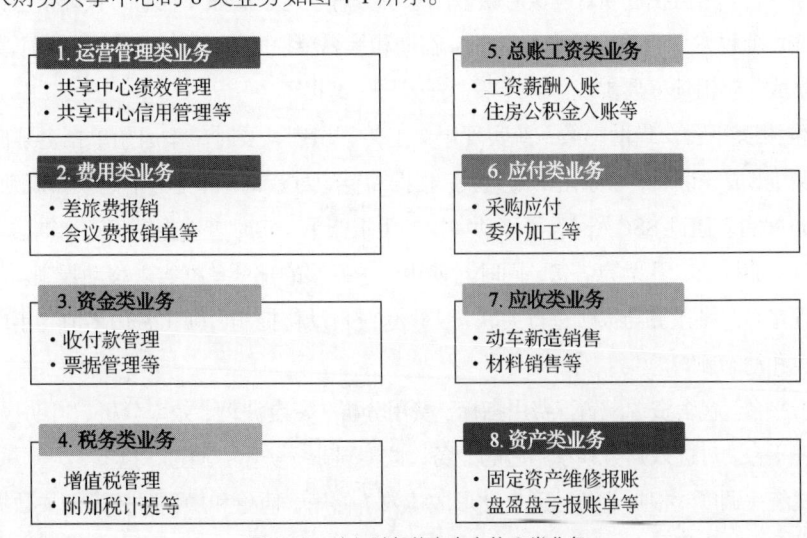

图 4-1 纳入财务共享中心的 8 类业务

2. 通过系统集成实现业财融合的信息化支撑

财务共享中心通过横向打通业务系统与共享平台，明确接口业务范围及系统对接内容、报账单接收业务数据、财务数据可追溯业务来源，同时财务提供数字化服务，对业务进行指导及事中管控，实现全价值链财务管理支持。例如，通过集成企业资产管理（Enterprise Asset Management，EAM），报销时将资产维修计划、维修合同、维修工单、验收单和增值税进项发票进行关联，不仅使维修费报销全程电子化，还可以共享每一项资产的历史维修记录和金额等数据。对于还存在手工管理的前端业务，财务共享中心联合业务部门，推进前端业务的信息化进程，利用后发优势，将业务数据跟财务报销无缝连接，如运输管理、委外管理等。

中车四方财务共享系统架构如图 4-2 所示。

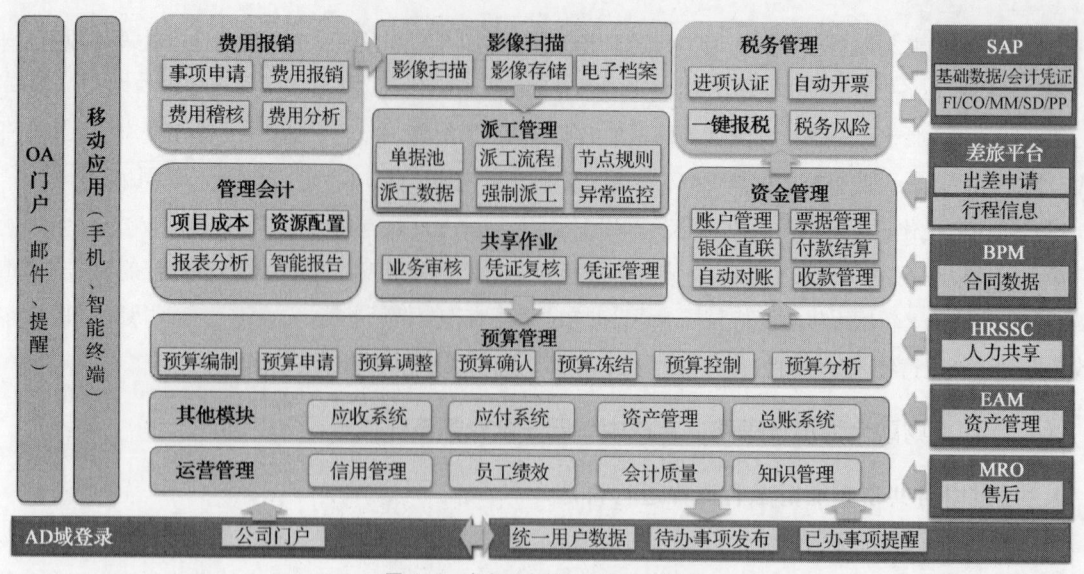

图 4-2 中车四方财务共享系统架构

（1）网上报账平台。网上报账平台是财务共享业务的统一入口，实现业务填报、预算提醒及查询处理。

（2）资金管理平台。通过银企直连，统一进行所有账户的资金收付，按照先核算后结算的业务规则，核算完成后自动结算，每日进行资金平台、银行网银、SAP 系统与财务共享的差异对账。

（3）业务操作平台。财务共享中心稽核人员依托业务操作平台完成业务单据稽核，自动向 SAP 系统生成会计凭证。以供应商采购发票挂账为例，OCR 扫描识别获取全票面信息后，自动推送税务平台进行验真，并传递至 SAP 系统进行三单匹配，过账后自动生成凭证和发票认证，若发票异常，或与订单、合同信息不一致，系统会自动提醒。

（4）税务管理平台。增值税进项管理实时获取国家税务总局电子底账库信息，认证接口传送进项发票勾选信息，自动完成增值税发票查重、验真、认证、临期和黑名单提醒等工作。增值税销项管理实现与 SAP 系统和金税系统集成，对销项发票实现一键开票、打印与一键报税。

（5）电子影像/档案平台。借助影像系统实现影像上传、识别，及时采集原始单据全票面信息，实现原始单据电子化存储。形成凭证后，与原始单据关联，根据需要随时查询电子影像，定期按规则生成电子档案。

（6）手机 App 平台。通过 SSC App，可移动审批各类报账单，实时查看报销状态，推送资金支付、稽核退回、审核提醒、差旅标准、开票等信息，同时对使用电子发票的部分单据实现移动报销。

（7）预算管理平台。将预算与报账进行关联，实现系统自动化控制，强化费用事前与事中控制，对关键指标进行实时监控和动态预警。

（8）报表分析平台。包含资源配置、费用指标、费用分析、资金波动、效率分析、自助报表设计等功能。

（9）运营管理平台。对进入财务共享中心的业务，按不同业务类型，通过"抢单、人工派单、自动派单"三种任务处理模式统一调度。根据业务处理自动形成绩效、信用、质量和操作时效等相关数据看板，为财务共享中心运营提供数字化支撑。

（10）系统集成平台。通过财务共享集成 SAP（ERP 产品）、业务流程管理（Business Process Management，BPM）、人力资源管理（Human Capital Management，HCM）、差旅等系统，实现业务数据实时同步与处理，如同步 SAP 中项目 WBS、成本中心信息，在报账时可以实时调用。

3. 构建完整高效的运营管控体系，提高运营效率与服务质量

成熟高效的运营管控是财务共享中心的核心竞争力，中车四方建立了一套完善的运营管控体系，在财务共享中心运营初期，结合建设模式及业务特点，围绕"满意度、效率、成本、质量"四个方面的成果目标，建立了多维运营管理体系，包括绩效考评、知识管理、培训管理、服务评价、员工信用评价等体系，保障财务共享中心运营。

（1）绩效考评体系。详细设计财务共享中心考核指标及评价规则，包含但不限于单据量、稽核效率、准确率与服务满意度等维度。

（2）知识管理体系。编撰《财务共享知识体系》系列文档，包含业务操作手册、稽核手册、岗位职责、系统管理、档案管理、服务规范等9类知识文档，并定期总结常见问题，整理成册。

（3）培训管理体系。建立公司级、部门级、外部培训机构三级培训体系，开放培训需求渠道，员工根据相应流程反馈培训需求，财务共享中心进行汇总并组织培训，如新员工入职、常见问题总结、财务流程新增及变更内容、新税法规定等的培训。

（4）服务评价体系。包含即时满意度调查及定期调查、临时专项调查三个维度，广泛接受来自各个方面的建议与评价，不断优化共享流程和服务质量。

（5）员工信用评价体系。对员工报销建立三级信用评价加减分体系，不同等级设定不同的审核流程和稽核标准。

（三）进行"四位一体"的财务组织架构变革

中车四方原有的财务架构与职能采取扁平化结构，主要存在以下几个问题：一是基础核算人员占比偏高，中车四方70%的财务资源集中在会计核算业务上，管理分析及决策支持人员多为兼职。二是财务核算职能分散在总部与各子公司，集中程度较低，核算职能存在重叠，规模效应不足。三是财务高附加值职能处于培育中。公司业务的快速发展对管理会计、财务分析、预算管理、资产管理、成本管理等职能提出了更高要求。

中车四方结合集团发展战略，打破传统思维，积极变革，借助财务共享实施契机，打造了"共享财务、业务财务、专业财务、战略财务"四位一体的财务组织架构。其中财务共享中心集中处理会计核算业务，通过核算流程标准化、集中化和自动化处理，提高核算质量与效率，从而使财务资源从基础核算工作中释放出来，投入到更具有价值的战略支持、管理职能中去。业务财务作为业务部门的财务伙伴，主要为项目管理单元和生产制造单元进行项目毛利管控、虚拟利润中心运营、制造工费管控等价值创造类工作。专业财务专职进行体系建设、风险识别、财务分析、资产管理、价格管理、资金筹划等工作。战略财务负责全面预算、会计政策、投融资、税务筹划、外汇等高附加值的财务工作。组织架构确定后，完成各岗位关键绩效指标、人员数量测算、职业发展路径、岗位业务说明书、稽核手册等配套文件，搭建财务共享中心运营管理体系，保证业务及人员稳定过渡，风险可控。

组织变革带来的一系列变化为中车四方财务转型提供了充足的活力，为管理会计人才转型打下了基础，也为财务和业务的融合提供了更大的空间，提高了财务决策的准确性和及时性，这些都潜移默化地为公司经营改善做出了贡献。

五、中车四方业财融合的管理会计体系建设

（一）中车四方管理会计体系建设思路

通过财务共享建设，中车四方基本实现了会计核算的标准化、自动化和精细化，为管理会计奠定了良好的数据基础。但通过财务共享拥有的业务数据并不完整，多维度分析需要的大量数据仍然要从ERP、MES、PDM、MRO、QMS五大信息系统，以及BPM、EAM、HCM等辅助系统中抽取。彼此关联的数据零散分布在各个系统中，缺少一个数据全景视角。中车四方利用财务共享关联各业务系统的优势，建立了"管理会计数字化平台"，充分整合各系统之间的有效数据，逐步搭建并完善有中车四方特色的管理会计体系，使财务管理从预算、核算、决算、分析到考核全过程的闭环管理成为可能。同时推动财务人员转型，优化人员结构，为管理会计建设提供优质人才储备。

中车四方在管理会计体系整体规划和实施过程中，坚定不移地贯彻执行"三步走"策略。

第一步：建立财务共享中心，实现精细化和标准化核算，提高业务和财务的数据质量；

第二步：建立管理会计体系，依托管理会计数字化平台，提高业财融合的深度和广度；

第三步：管理会计体系固化优化后，进一步实现数字财务、智能财务和智慧财务。

中车四方的管理会计体系建设思路主要是"1246"模式，即一个目标，两项职责，四类报表和六大板块，构成以项目管理为主线，以专业管理为支撑的具有中车四方特色的管理会计体系。中车四方"1246"管理会计体系如图4-3所示。

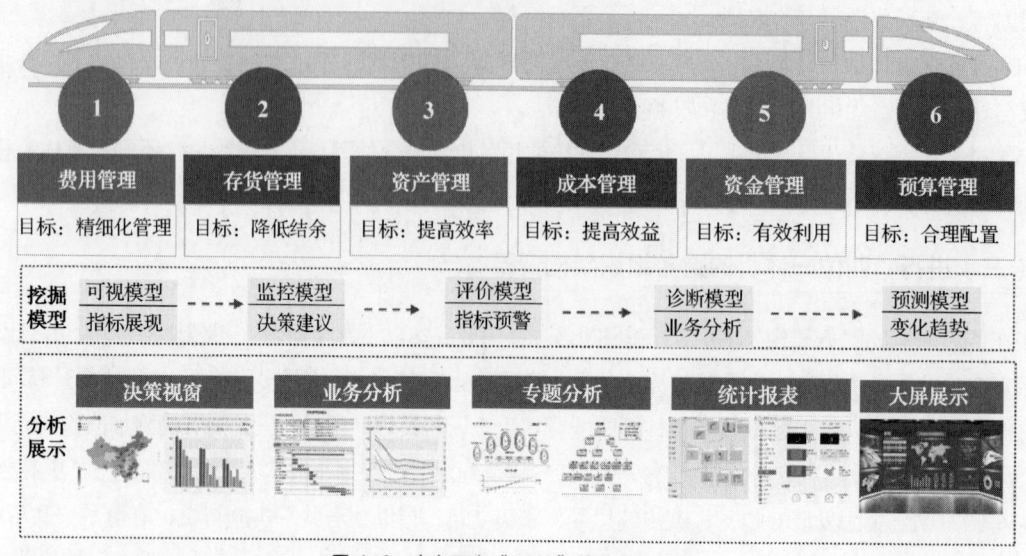

图4-3 中车四方"1246"管理会计体系

一个目标：建立有中车四方特色的管理会计体系，通过"管理会计数字化平台"整合公司内部资源，实现财务转型和业财融合，为公司经营决策提供方向性的建议和数据支撑，持续增强价值创造能力。

两项职责：把管理会计定位于业务部门的财务伙伴。每一个财务人员采取"一人双岗"的岗位职责工作方式，即"岗位职责+业务部门财务专员"，为业务部门提供"业务决策支持+财务专业指导"。业务财务人员需要从深入业务到熟悉业务、从了解需求到解决问题、从数据分析到建立标准、从创建模型到指导管理，从而做到事前参谋、事中控制、事后评价。

四类报表：中车四方管理会计体系分为四类报表群，包括战略管理报表群、决策分析报表群、责任考评报表群和资源配置报表群，四套可视化、立体化、多维度的报表群把海量业务数据整合进管理会计数字化平台，建立财务与业务的数据联动，形成财务管理驾驶舱，为战略决策层、经营管理层、业务控制层提供多维度、全面、真实的管理会计报告。

六大板块：中车四方结合公司经营大数据建设，初期暂时实现费用、存货、资产、成本、资金、预算六大板块业财数据的多维度分析、预测和展示。通过打通各信息化系统，连接业务、财务数据，建立管理分析机制，从业务和财务两个角度分析查找管理薄弱环节，持续推进业务精细化管理，准确合理评价六个板块的投入产出效率，不断优化管理标准，提高管理效能。

（二）中车四方管理会计信息化典型案例分享

在此分享几个较为典型的管理会计和信息化、数字化结合的案例。

1. 专项费用多维度分析平台

中车四方作为典型的装备制造企业，每年发生大量的运输费、仓储费、维修费、技措费、差旅费、科研经费、售后服务等专项费用，年发生额均在亿元以上。海量的业务信息因为与账务处理无关而被忽视或过滤，原有的分析仅能依据ERP系统中的财务数据结合各部门提供的业务数据进行，过程管控不足，分析维度单一，分析结果滞后。新旧管理分析优劣对比如图4-4所示。

原有的管理分析	多维度管理分析

- **数据采集**
  - ✓ 一个信息化系统（SAP）
  - ✓ 仅有财务数据
- **管理分析**
  - ✓ 仅从财务数据角度分析
  - ✓ 分析维度单一
  - ✓ 费用过程问题无法分析

- **数据采集**
  数据采集更全面、准确、及时
  - ✓ 多个信息系统
  - ✓ 可采集业务数据
- **管理分析**
  数据分析更多维、全面、真实
  - ✓ 可从业务、财务两个角度综合分析
  - ✓ 分析维度多样化
  - ✓ 过程管控力度加强

深入挖掘

图 4-4　新旧管理分析优劣对比

中车四方对已有信息化管理的业务数据，如差旅、维修、技措、委外等费用，通过财务共享进行关联整合，及时、准确、全面地采集业务数据，并通过建立多种维度的大数据模型，进行多角度的可视化展示。对没有信息化管理的业务数据，如运输、仓储等费用，在借助财务共享来规范业务数据导入的同时，先易后难地推动 WMS 仓储物流管理系统、自主开发运输提单系统等业务信息系统的实现，从而达到对亿元以上专项费用的全流程数字化管控。对业务数据进行分析提炼后的 360° 展现，将有助于财务人员对业务完整性的深度的认知，也使业务部门的依据更加充分，管理手段更加多样，管理者看得更远。

以差旅管理为例，中车四方实现了从移动审批、预算管控、订票住宿、共享报销、发票认证、支付到分析全流程的数字化管控，不仅提升了员工体验，也为业务部门的差旅出行分析提供了海量数据，按照预先设计好的模型进行可视化展示，促使业务部门进行自主分析和管控。中车四方"差旅业务"数字化流程如图 4-5 所示。

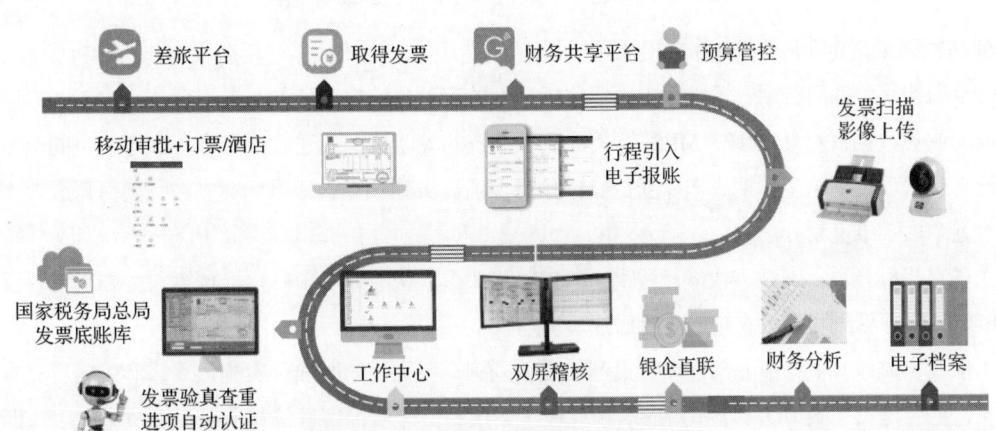

图 4-5　中车四方"差旅业务"数字化流程

中车四方专项费用多维度、可视化分析平台如图 4-6 所示。

中车四方通过对前十大差旅区域的出行方式、航线折扣、酒店住宿、部门人员、超标审批、出差事由、退改签等 10 多个维度的大数据分析，制订了一系列管控措施。例如，北京到青岛等 3 小时左右的通勤行程原则上只能乘坐高铁，乘坐飞机需逐级审批；对出行频率高的航线至少提前三天订票；与主要合作航空公司商谈的折扣在 6 折以下；适当提高住宿标准等措施，得到了业务部门的理解与支持，中车四方 2018 年全年节省 600 万元差旅费预算。

2. 产品全生命周期成本分析平台

中车四方的主要产品为各类轨道交通客运装备，尤其是高铁车辆，一列"复兴号"列车包含 17 万个零部件，在车辆产品渐趋微利的形势下，新造、配件、运用、检修、服务等全价值链相关的全生命周期成本管控成为中车四方盈利的重中之重。经过多年探索，中车四方已经形成自己的成本管控模式，虽然 SAP 系统可以进行成本自动核算和简单的盈利分析，但无法满足公司对全生命周期成本的精细化管控要求，大量数据需从 PDM、SAP、MRO 等相关系统中抽取整合后才能进行人工分析，耗时费力，且 SAP 系统缺乏实时校对的逻辑设置和错误预防功能，对物料 BOM 与定额的准确性缺乏预警提示，导致数据修订不及时，不能快速识别物料差异项，一方面可能造成物料的超实际需求采购，形成多余物料，另一方面可能造成项目台份之间物料成本的波动，影响项目成本分析的准确性。

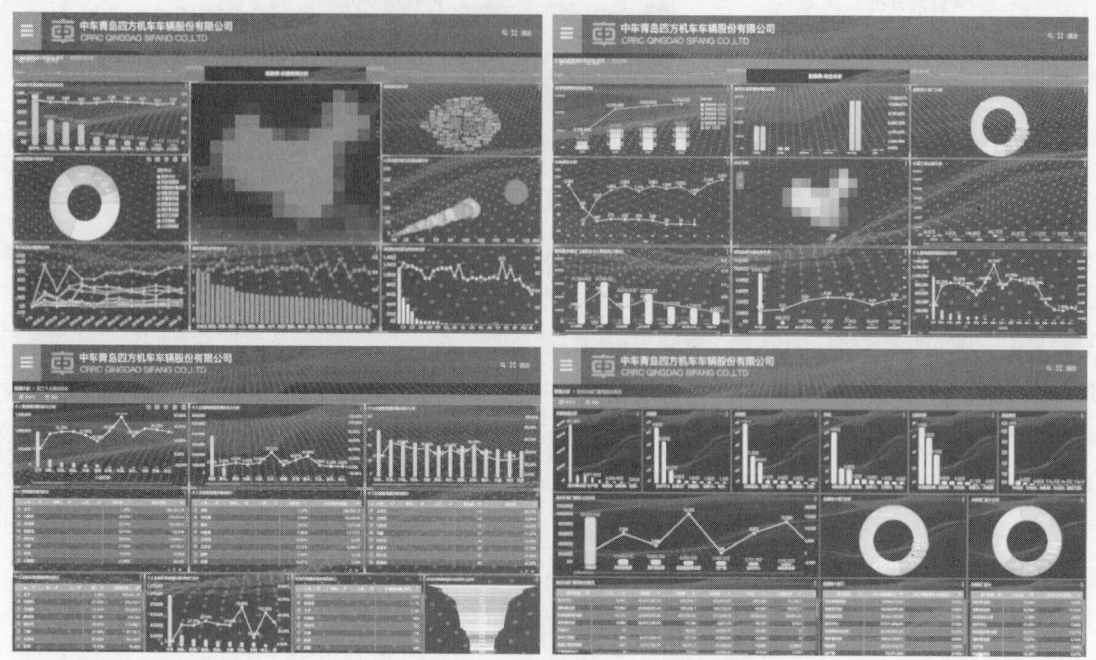

图 4-6　中车四方专项费用多维度、可视化分析平台

一列高铁列车全生命周期成本构成主要包括车辆新造成本和运维成本，新造成本包括物料成本、制造费用、项目专项费用、期间费用，运维成本主要包括后续的配件、检修、延伸服务等费用。中车四方通过财务共享获取的业务数据，整合 ERP、MES 等关键业务系统的关联数据，建立了有中车四方特色的全生命周期成本分析平台。项目全生命周期成本以项目投标预算、项目实施预算、项目标准成本、项目账面成本、项目评价成本五个展示维度划分。

（1）项目投标预算。国铁、检修、城轨、海外事业部在系统中编制项目投标预算，主要是物料预测数量和预测单价，预算精细程度可在项目执行时逐步完善。

（2）项目实施预算。各事业部在项目投产前至首列列车完工，编制项目实施预算，形成项目成本管控的初步标准，主要是第一版 BOM 清单对应的预算成本，系统按照规则每日统计项目预测成本，中车四方根据全年预算目标下达项目毛利率指标，同时设定项目绩效 KPI 目标。

（3）项目标准成本。前 5 列列车完工后，项目成本趋于稳定，财务部门将分析落实项目实际成本，以最终 BOM 清单和价格来制订预测成本，形成项目成本过程管控的最终标准。项目组可据此开展过程管控分析和预算纠偏。

（4）项目账面成本。项目账面成本通过每月成本结算完成后产生，根据物料实际领用数量和实际价格来进行计算。

（5）项目评价成本。项目结束后，该公司财务部门对项目预算执行情况进行分析和评价，出具项目预算分析报告，公司运营管理部门对项目进行总结评价和绩效考评。

除了以上五个维度展示外，全生命周期成本分析平台的重要模块还包括"项目成本对比分析模型"和"预警成本异常分析模型"。

- 项目成本对比分析模型：主要分为"实施预算与标准成本""账面成本与标准成本""实施预算与账面成本""部件成本对比分析""存货暂估账龄分析"等对比分析模型，主要运用大数据方法找出物料成本五个维度间的差异。中车四方"成本对比分析模型"如图4-7所示。

图 4-7 中车四方"成本对比分析模型"

• 预警成本异常分析模型：主要进行材料暂估异常预警、物料异常预警、采购异常预警、多余物料预警、价格异常预警等对成本差异项做出预警，促使业务部门持续改善。

这两类分析模型将项目成本构成按树状结构的方式逐层展开，对项目成本先按事业部、项目、列、辆进行筛选，得出账面成本逐层统计汇总，并对物料成本、大部件成本进行标准成本与账面成本偏差率的指标预警，当指标数量超过预警阈值时，系统会对该指标进行红灯显示预警，使用部门可下钻分析。系统展示更细颗粒度的预警指标显示，帮助业务部门快速定位问题所在，并进行解决和跟踪改进。

中车四方借助全生命周期成本分析平台，能够实时展示项目BOM数和价格信息，跟踪每一个在执行的新造、检修项目的成本进度和发生情况，实现项目实施预算、标准成本、实际成本与项目预测成本对比、数据关联与预警功能。通过设置逻辑关系，由系统自动进行同一项目或不同项目同一零部件的数据对标，对异常数据进行预警，使成本管理工作得以从财务部门延伸到设计部门、采购部门、销售部门和生产制造部门，最终实现了项目成本全生命周期的动态管控。

3．中车四方特色的管理会计报告体系

传统的财务报表编制复杂，仅仅是提供事后反映的信息，令企业决策层、管理层较为难懂且作用不大，不是管理者所需要的预测、决策信息。因此只有把财务信息应用到事前的分析决策中，才能真正发挥财务管理的中心作用。

中车四方根据自身所处的行业、监管要求、管理需要等条件，依托管理会计信息化平台，设计了一套具有中车四方特色的管理会计报告体系（见图4-8），运用财务管理驾驶舱等一系列工具方法，根据财务共享和各业务系统所拥有的信息进行定量定性分析，帮助公司决策层、各级管理层和业务层客观掌握经营管理过程中的相关信息，从而提高管理者预测与决策的科学性。图4-9所示为中车四方财务管理驾驶舱。中车四方管理会计报告体系主要分为以下四个部分。

（1）战略管理报告。包括该公司中长期经营情况分析、年度经营预测、总部及各子公司盈亏平衡点分析等，主要提供面向未来的营运预测分析报告和指导业务开展的实施路径表。

（2）决策分析报告。包括产品盈利能力分析、期间费用管理分析、项目成本管理分析等，主要提供多维度分析报告，多角度多层次了解公司实际经营情况的经营分析报告和专项分析报告，提供业务动态管控数据，

及时查找问题，解决在效益产出方面的问题。

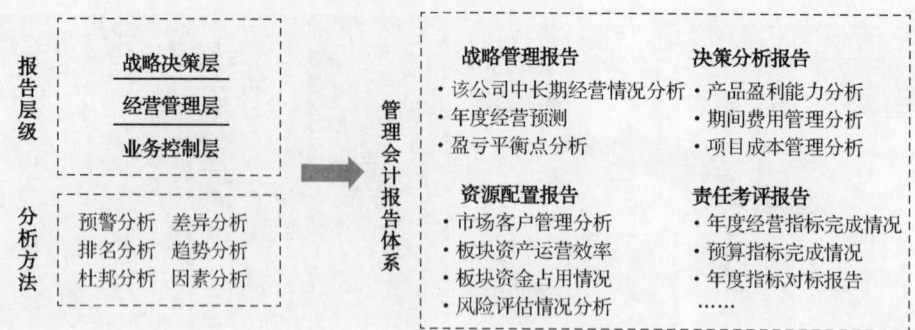

图 4-8　中车四方管理会计报告体系

（3）责任考评报告。包括年度经营指标完成情况、预算指标完成情况、年度指标对标报告等反映上级部门监管需要的指标。

（4）资源配置报告。包括市场客户管理分析、板块资产运营效率、板块资金占用情况、风险评估情况分析等。主要反映该公司国铁、城轨、检修、海外四大板块的市场占有率情况、各业务板块资产的投入产出关系、资产利用情况、板块或者项目盈利水平与资本回报的关系，形成一个全面描述各业务板块资源配置能力的报表体系。可以为管理层分析各板块资源配置情况，促进对有限的、相对稀缺的资源进行科学配置，尽可能用最合理的资源配置，获得最佳的效益。

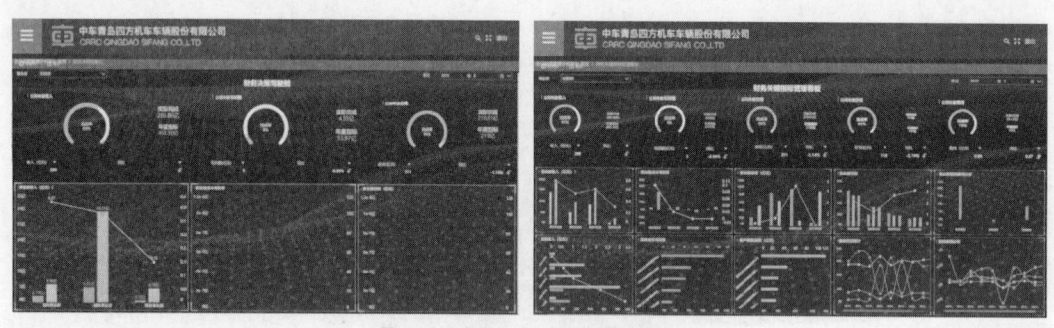

图 4-9　中车四方财务管理驾驶舱

管理会计报告体系的终极目标是为管理者提供有价值、对决策有用的信息，为中车四方构建业务主导型管理模式、转型升级、战略实施等工作提供有力的财务支撑。

六、中车四方财务转型的实施效果

中车四方财务转型实践以业财融合为主线，以财务共享为突破口，以管理会计为推动力，以财务管理数字化、智能化为目标，坚持"三步走"原则，按照"顶层设计、统一规划、分步建设"策略，构建财务共享大数据，推进了中车四方财务管理的转型与升级，较好地支撑了该公司战略发展。2019 年，中车四方在第14 届全国 CFO 大会上获得"中国管理会计创新奖"，财政部对中车四方在财务转型上取得的成果表示肯定。

（一）财务共享改变了传统的财务组织架构，实现了"业务流程效率化、会计处理标准化、会计核算自动化"，提高了财务核算效率和管控质量

中车四方实施财务共享后，建立了"共享财务、业务财务、专业财务、战略财务"四位一体的组织架构，使会计核算的处理逐渐从线下转到线上，借助信息化手段实现会计核算的自动化，在网上报销、发票认证、银企直连、电子档案等方面带来的变革效果显著，从而实现了从业务、税务、资金到财务的整体融合。同时经过对总部和各子公司会计核算标准的统一，将业务规则和会计逻辑固化在系统内，对业务过程设置关键流程监管点进行预警监控，减少人为判断失误，对费用异常情况进行消息预警，将监督关口前移，使各项财务

流程合法合规、口径一致，规避了经营中的财务风险。

财务共享实现了观念、流程、组织、人员、系统的再造，在提高整体核算效率的同时减少了会计核算人员的数量。截至目前，财务共享稽核人数比原有模式下报销人数减少了40%，报销效率比原有模式平均提高了78%，最高达到370%，使财务资源转向附加值更高的财务管理类工作中。

（二）管理会计数字化平台创新了财务对业务的数字化支撑，形成了财务大数据分析能力，为中车四方迈入智能财务奠定了基础

管理会计体系的建立，促使了核算财务向业务财务、战略财务转型，让财务有更多的资源融入业务，不断向业务前端延伸拓展，发挥管理会计职能。管理会计数字化平台以更细的颗粒度统计分析财务指标的相关影响因素，创新财务分析模型，为业务过程管控提供了决策支持，实现业务与财务协调共进，真正凸显了管理会计的价值，让财务不仅是后视镜，还可以是仪表盘和导航仪。同时财务数据的采集向前延伸到业务端，达到业务财务一体化，促进财务从小数据转向大数据，提高了管理效率和质量。

（三）中车四方特色管理会计体系的建立，使业财融合的深度和广度不断加大，价值创造作用持续增强，为该公司高质量发展奠定了基础

管理会计的终极目标是为企业创造价值，中车四方通过建立新型的"1246"管理会计体系，实现了"财务数据业务化、业务数据专业化、分析指标数字化、绩效考核可视化"，该公司各级管理层和业务部门可以及时、准确地看到经分析、筛选的业财融合信息，使数据资产化、价值化，同时业务部门可以及时开展各种业务经营指标分析、对标和预警工作，能够取长补短，问诊把脉及跟踪解决数字背后的经营问题，以及预判甚至前沿规划，在控制风险的同时发现机遇，并匹配更好的决策机制，符合财政部和工信部管理会计建设思路。

中车四方将充分利用云计算、区块链、大数据、人工智能等先进技术，通过深度业财融合，有效整合资源，把数据转化成信息、知识和智慧，进一步完善管理会计体系，最终让财务深入该公司经营的各个环节，从战略、经营、风险等多个角度更好地帮助中车四方坐上高质量发展的"列车"。

七、基于业财融合的财务共享转型实践总结

中车四方近年来通过不断地探索创新，逐步实现了"以财务共享为突破口，以管理会计为中心点"的财务转型，首先，分三个阶段推进财务共享中心建设，打通业务和财务数据，把财务融进业务，从小数据转向大数据，推动财务向数字化、智能化、智慧化转型。其次，实施了"共享财务、业务财务、专业财务和战略财务"四位一体的财务组织架构变革。最后，利用财务共享关联各业务系统的优势，建立了"管理会计数字化财务平台"，充分整合各系统之间的有效数据，逐步搭建并完善以项目管理为主线，以专业管理为支撑的具有中车四方特色的"1246"管理会计体系，使业财融合的深度和广度不断加大，价值创造作用持续增强。尤其是管理会计数字化财务平台，其创新了财务对业务的数字化支撑，形成了财务大数据分析能力，满足了中车四方高质量发展、管理精益化和持续扩张带来的深层次管理需求，最终有效提高了中车四方的核心竞争力。

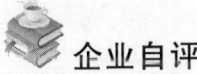

企业自评

为适应企业高质量发展、数字赋能和创新一流的要求，中车四方通过基于业财融合的财务共享转型实践，搭建了完整的财务共享体系，重塑了财务管理架构，创新了业财融合机制，完成了具有中车四方特色的管理会计数字化平台建设，初步实现了从传统会计到数字财务的转型升级，创造了良好的管理效益和经济效益，为同类型的装备制造企业提供了较好的参考价值。

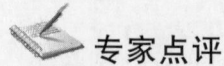 **专家点评**

财务共享不能只满足于实现业务和财务信息的集中处理，更需要将集中的信息加以充分、高效的利用。如何以财务共享为基础推进业财融合，提高管理会计水平，实现会计系统的数字化、智能化转型，是各个企业财务共享建设需要系统、深入研究的重大课题。

中车四方按照"顶层设计、统一规划、分步建设"的策略，首先通过财务共享将该公司分散在各个业务单元的、重复的、易于标准化的财务共性业务集中起来，实现会计核算的流程化、自动化和标准化。在此基础上，打通业务和财务数据，把财务融进业务，在纵向上加强对各子公司的财务管控力度，横向上向各业务系统进行延伸，实现业务、财务、资金、税务的一体化管理，推动财务向数字化、智能化、智慧化转型，成功构建了全球化、智能化、具有中车四方特色的管理会计体系，降低了公司运营成本，促进了中车四方财务管理的转型与升级，为该公司踏上高质量发展"列车"奠定了坚实的基础，具有较高的借鉴和参考价值。

智能财务是财务转型的方向。目前中车四方的财务共享转型所覆盖的费用、存货、资产、成本、资金、预算等重点领域还处于初级阶段，且以企业内部为主。未来应进一步拓展与供应商、客户、战略投资者等的信息共享和智能应用，进一步强化智能供应链管理、智能资源配置与资本运作、智能风险管理等战略管理会计系统的开发应用。

参考文献

[1] 陈虎，孙彦丛. 财务共享服务. 北京：中国财政经济出版社，2014.
[2] 王兴山. 数字化转型中的财务共享. 北京：电子工业出版社，2018.

案例五　航空企业全生命周期的项目价值管理

江西洪都航空工业集团有限责任公司

【摘要】随着世界航空产业的迅猛发展，项目管理系统在航空产业链领域得到深化运用，成为各国航空企业合作的通用平台。为增强企业竞争实力，江西洪都航空工业集团有限责任公司不断探索研究、创新项目管理模式，其业务流程由行政控制型向业务驱动型转变，管控范围由单一价值链向全生命周期转型，管理重心由成本控制向价值创造升级。航空企业全生命周期的项目价值管理就是以客户价值为导向，以企业价值为目标，构建项目全生命周期价值管理模型，将技术与经济深度融合，有组织、系统、全方位地发挥项目全生命周期价值，组建灵活高效、快速响应、持续创新的项目管理团队，完善管理制度，优化管理流程，依托信息化管控平台，运用管理工具，强化业务与财务的一体化管控，寻求项目最佳经济贡献，通过推广项目管理经验，促进企业成功。

【关键词】项目；全生命周期；价值管理

一、江西洪都航空工业集团有限责任公司简介

江西洪都航空工业集团有限责任公司（以下简称"航空工业洪都"）创建于 1951 年，是中国航空工业奠基企业之一，是新中国第一架飞机和第一枚海防导弹的诞生地，拥有 1 个国家级企业技术中心，在 70 年的发展历程中，共研制生产了 4 大系列、10 多项国家重点型号飞机，将 500 多架 K8 型飞机远销亚洲、非洲、南美洲等地区的 10 多个国家，航空工业洪都逐步由仿制活塞式教练机生产商发展为系列化、系统化的飞行训练集成系统供应商，已顺利完成猎鹰高级教练机、C919 大飞机、ARJ21 等军民航科研试飞任务，开辟了一条全新的产业发展道路。

二、航空企业全生命周期项目价值管理的背景

（一）提升项目价值管理能力的需要

从 20 世纪初至今，世界航空产业迅猛发展，涌现出波音鬼怪工厂、洛克希德·马丁臭鼬工厂 等项目管理的杰出代表，创造了令人瞩目的产品，项目管理系统在航空产业链乃至更广阔的领域内得到深化运用，成为各国航空企业合作的通用平台。航空工业洪都制定了"成为国际一流的飞行训练集成系统供应商，成为国内外知名的机身段一级供应商"的发展愿景，与国际市场的交流越来越广泛，在发展过程中，航空工业洪都的多型教练机赢得了国内外客户的认可，获得了可观的市场订单，成为波音、GE 的大客机供应商，但项目管理水平仍与国际先进企业存在一定差距，产品的市场占有率与产能规模不匹配，资源未发挥出最大经济效益。因此，要想跻身于充满机遇和挑战的国际市场中，企业必须建立以市场为导向的价值管理体系，组成敏

作者：饶国辉、祝美霞、刘灵晶、黎仙云、张文帅

捷、精干的管理团队，瞄准全球航空产业市场价值，布局内部价值链，识别经营风险，通过不断迭代优化，帮助企业保持市场竞争力。

（二）适应市场需求转变、创造客户价值的需要

航空制造是耗用巨量资源的产业，每个项目都会面临研发周期长、系统协调难、资源需求大等难题。自20世纪90年代起，各国政府为遏制恶性竞争造成资源过度消耗的趋势，纷纷推行专业化整合，加速航空产业链瘦身，采用转包模式使全球合作者并肩作战，跨行业系统协调，制造出性价比更高的航空产品。2011年，国家推行军品"目标价格"改革，以国际市场同类产品采购成本为标准，打破了原有的"成本加成"定价模式下企业不用考虑成本的局面。航空工业洪都为迎接市场的挑战，谋求长远发展，从优秀迈向卓越，加速了产品升级换代，形成了"一机多型、系列化、谱系化"的产品特点，企业由工业制造向工业服务转型，产业结构深层改造后，企业的价值体系需要重新架构，这就要求项目管理系统以价值为导向，统筹、协调、配置产业链资源，实施设计、制造、销售、售后服务的全生命周期精细化挣值管理，实现功能领先、布局科学、资源配置合理，促进产业链快速发展。

（三）落实企业战略、促进企业发展的需要

航空工业洪都是"厂所合一、机弹一体"的航空企业，"十二五"期间，为实现"军品军贸、非航空民品、转包民机"的"三棱簇"战略，航空工业洪都开展了教练机、通用飞机等20多个项目的研制工作。项目科研生产具有多品种、小批量、作业高度交叉等特点。其需要更多设计、工艺、物流系统的参与和保障，而且，每个项目的客户需求、研制进度都不相同，项目执行难度增大，每个项目都有市场预判、执行周期、资源预测、过程管控等重要环节，项目的成功需要一套科学高效的管理体系指导，以获得客户对产品品质、服务价值的认同，引导消费需求，为企业创造更多潜在的发展机会。这就需要项目管理系统具备出色的价值管理能力，不断创新项目管控模式，策划项目运行、资源统筹、风险防范，全面关注项目的活动过程，多部门、多系统分工协作，建立流程标准、操作规范、管控有力、信息集成的精细化项目管理模型。

三、航空企业全生命周期项目价值管理的内涵和做法

航空企业全生命周期的项目价值管理就是以客户价值为导向，以企业价值为目标，构建项目全生命周期价值管理模型，有组织、系统、全方位地发挥项目价值，组建灵活高效、快速响应、持续创新的项目管理团队，完善管理制度，优化管理流程，依托信息化管控平台，运用管理工具，强化业务与财务的一体化管控，将技术与经济深度融合，寻求项目最佳经济贡献，通过推广项目管理经验，促进企业成功。主要做法如下。

（一）以客户价值和企业战略为导向，建立项目管理体系

1. 构建价值管理模型，指导管理路径

当前，航空工业洪都的产品结构具有"宽谱系、多品种"的鲜明特征，每一个项目都由设计、工艺、财务、质量等众多专业系统团队按照计划有条不紊地为其前行加力。为了促进企业发展战略落地，航空工业洪都构建了全生命周期项目价值管理模型，即用项目团队、一体管理平台、管理机制保障项目管理系统运行，按照项目立项、研发设计、制造加工、销售服务、升级/退出的全生命周期管理阶段，对应实施立项决策、融合经济理念、精益生产、营销策略、下线/转型等管理，精准实施价值管理策略，运用风险控制体系防范运行风险，运用后评价机制促进项目管理能力提高，通过组织系统的强有力执行，聚集储备企业价值。全生命周期项目价值管理模型如图5-1所示。

全生命周期项目价值管理模型中的三大核心内容如下。

项目管理体系。为保障项目实现价值创造，航空工业洪都组建了复合型矩阵管理团队，即在原有设计、工艺、质量三型系统师的基础上，增加了项目会计师系统；运用了业财高度集成的信息系统精细化管理项目全生命周期，通过大数据展示管理成果；选用全面预算、AOS 运营体系、目标成本、IBSC 等主要管理工具，高效实施项目价值管理。

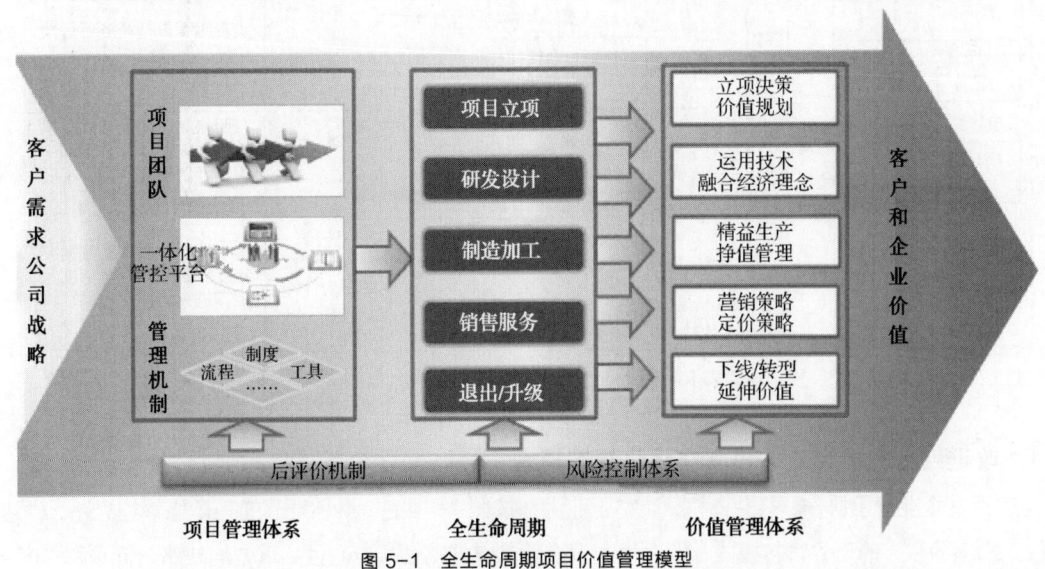

图 5-1　全生命周期项目价值管理模型

项目全生命周期。一型航空产品的成功既饱含了航空工业洪都十几年的心血，也见证了企业的发展兴盛，因此，在产品全生命周期特征下，航空企业的项目全生命周期进一步延伸，在通常的产品生命周期里，增加了立项决策、研发制造等重要生命阶段。结合航空制造企业的特点，本课题将项目全生命周期分为项目立项、研发设计、制造加工、销售服务、升级/退出 5 个阶段。

价值管理体系。价值管理是企业经营活动的重要内容之一，企业通过一系列精心主动的活动，以最低的全生命周期费用达到项目效益最大化的目的。航空工业洪都总结了多年积累的项目全生命周期的价值管理经验，对价值管理行为和方法进行分类，形成了系统、科学、标准化的价值管理体系，同时适应形势变化，不断汲取新理论，持续创新价值管理。

2. 构建组织架构与制度体系，明确职责分工

为了促进技术与经济相结合，自 2007 年起，航空工业洪都对型号项目开始实行设计、工艺、质量、财务等多专业的矩阵管理，积累了丰富的管理实践经验，针对每一个具体型号制定了项目管理办法，明确了项目系统的人员配备、管理层次和任务分工，形成相互协同、密切配合的项目管理系统。项目总设计、工艺、质量师系统由总师、副总师、主管组成；为了强化项目的价值管理，航空工业洪都成立了项目会计师系统，由项目总会计师、项目副总会计师和财务管理主管会计师、价格管理主管会计师、成本核算主管会计师等组成，并且任命项目办主任为副总会计师，即从业务线中选出一名业务主管，该主管既熟悉工艺设计又精通项目管理，具有良好的组织协调能力，全面掌握研制内容，与财务线并肩作战，共同管好项目。项目办公室是项目总师系统与项目会计师系统携手共建的，发挥极其重要的组织协调作用，该公司已建立了一系列的项目管理运行制度，制定了《航空武器装备型号研制管理系统及人员组织管理办法（试行）》《项目会计师系统管理办法》《科研型号管理办法》等。目前，航空工业洪都已按照"项目分类、人员分级"的维度成立了 30 多个项目管理系统，服务于"训效、打击、攻击、民机"多个系列产品。图 5-2 所示为项目管理组织结构图。

项目管理系统按照"兼顾全局、效率优先、适当授权、风险可控"的原则，开展项目全生命周期的价值管理，具体是指分析论证项目价值规划，为项目投资决策提供专业支持；编制经费概算方案，科学合理配置资源，保障项目顺利实施；制定目标成本，实施战略成本管控，提高资源使用效益；满足客户需求，灵活制定销售定价策略；总结评价项目成果，促进管理水平提高。

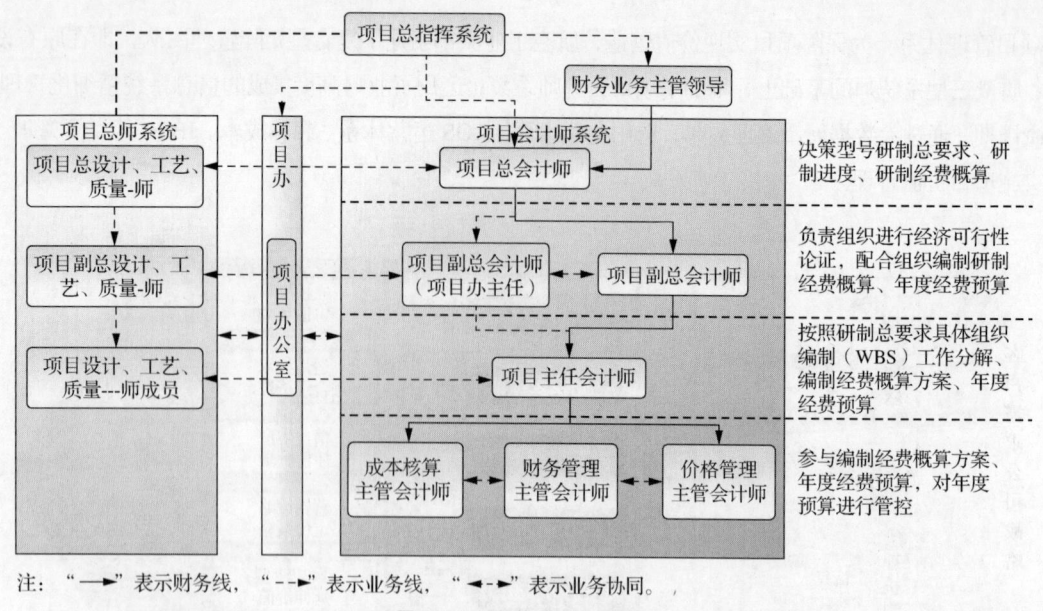

注："——▶"表示财务线，"--▶"表示业务线，"◀-▶"表示业务协同。

图 5-2　项目管理组织结构图

3．改进财务管控模式，建立一体化管控模式

为实现各企业分工协作、共赢商机，航空工业洪都按照"一块想，分头干"的一体化管控思路，构建"六事集权、六事分权"的财务管控模式，即对集团型企业具有战略性、方向性、重要的战略、资本和资产运作、航空产品定价、会计政策、资金集中管理以及财务干部委派人员管理等实行集中管理，对日常性、一般性、个性的自身经营管理实行分层授权管理。在项目全生命周期内，决策阶段事项属于集中管理事项，决策阶段后的工作程序全部被授权给项目管理团队，单项业务审批工作人员由平均 30 人精简到 5 人，项目概算、合同、资金等业务实行集中评审，灵活有效的例会制既保障了项目顺利推进又可及时应对突发问题。"十二五"期间，航空工业洪都通过瘦身健体，成功将子公司引入主产业链中，仅留存 7 家子公司，其中 6 家与主业相关，营业收入实现了翻番增长，且主营业务收入占子公司营业收入的 90%以上。其通过统一调配多级企业资源，有效发挥规模经营效益，带动整个产业链价值提升，为整体良性运作提供可靠保障。

（二）运用信息系统与管理工具，提高项目管理水平

1．依托统一数据平台，建设业务驱动信息化平台

2010 年，航空工业洪都十大信息系统上线，"十三五"期间，工艺 PDM、生产 MES、人力资源 EHR 等业务系统平稳运行。经营计划、设计工艺、采购物流、生产作业数据在一个平台上交互共享，该公司在内部实现业务系统管理流程化（效率）、规范标准化、业务领域网络化、管理理念智能化；在外部通过建立业务报销、网银结算、价值信息等 App，参与全球化竞争，实时进行成本竞争策略分析，集中管理汇集业务流、价值流、资金流数据，形成价值数据处理中心、项目价值管理智能中心，支撑管理决策。运营管控系统管理项目的立项规划；多项目系统管理承接项目计划，将任务内容进行 WBS 分解，落实责任分工，跟踪项目实施进度；生产管控及 MES 制造系统负责产品制造环节的管理，包括生产计划分解、完工进度的监控；全面预算接收多项目管理的分项任务预算，制定资源配置方案，审核下发后形成预算控制单元；网上报销系统负责监控开支情况。各系统数据将最终汇集到统一数据平台，交互共享，将项目管理执行结果全面反馈至运营管控系统，管理者进入"驾驶舱"可全景观看项目进展。2015 年，泰国某产品全生命周期成本标书中要求投标公司提供产品的 RAMS 数据以及相关综合训练系统（ITS）等全息数据，以确立和评估产品的全生命周期成本（LCC），航空工业洪都企业级信息系统的建设为产品报价提供有力支撑，通过参与市场竞争环境，公司逐步融入信息经济潮流。

2. 以全面预算为牵引，全生命周期管控项目经费

"预则立，不预则废"，预算是保障项目实施的管理利器，项目投资决策一旦明确后，预算管理就要贯穿于项目的全生命周期，项目会计师系统要根据批复下达的项目投资决策，分析经营水平、资源现状、技术储备、合作环境以及任务内容等影响因素，测定项目经费总额，并分解到各参与部门；项目会计师系统要根据详细任务计划，合理规划研制周期各年度预算，进一步细化预算颗粒，并在实际实施的各年度按照任务逐一分解成年度预算方案，在该过程中还要依据项目进展情况，修正预算方案，各产业链根据收支的周期，自我调节平衡资源需求，及时筹措资金，保障项目进程。项目办公室要监控预算执行情况，配合主管部门完成对各业务部门的预算执行情况的考核，将存在的重大问题报告项目主管部门和行政总指挥，协同各方对问题进行落实整改，参与控制和考核各单位的预算情况。在近5年的时间里，航空工业洪都通过不断积累管理经验，积极创新思维，使项目会计师系统与业务协同度得到了大幅提高，项目管理水平明显提高，累计获得国家重点型号立项审批12个，争取经费拨款30多亿元，将6个型号生产定型交付客户使用、使20多个科研项目通过审评验收。项目会计师系统经受住了各项检验，已经不再是一个单纯的经费主管团队，而是转型成了一个善于提出解决方案的专家团队。

3. 引入 AOS 运营管理体系，促进精细化管理

自2014年起，航空工业洪都推行航空工业运营管理规范体系（Avic Operation System，AOS）管理。结合企业特点，项目总师系统打造了适合"多品种、小批量"生产方式的站位式装配生产线及脉动式总装生产线，推广 AOS 生产制造流程管理，试行油箱装配等项目成功，明显改善了作业效率；针对生产瓶颈问题开展精益项目工作，应用可视化管理、形迹化管理、分层例会、管理者标准作业等多种工具方法，建立生产现场问题的快速响应机制及快速解决流程；项目会计师系统将财务管理目标、流程、工具、方法形成统一管理标准，梳理制度和流程200多项，将管理过程全部嵌入信息系统；通过持续优化以及管理创新使项目管理向"行为标准化、执行表单化、信息透明化"转变，不断提高管理水平和项目管理效率。

（三）找准市场定位，深化项目决策经济论证

企业在捕捉商机、寻求产品定位时，就开始启动价值规划活动，项目管理系统要收集同类产品经济数据，考虑未来币值趋势，运用科学方法，估算项目的价值愿景，论证项目的经济可行性，帮助企业把握商机，抢占市场。从资源来源分类，航空工业洪都的投资项目主要分为3类：战略型、竞争型、任务型。战略型投资项目是从企业自身发展需要出发，必须通过企业自筹开展的项目；竞争型投资项目是在外部资源不足的情况下，与竞争方共同参与竞争的项目；任务型投资项目是企业接受的必须完成的国家任务或集团公司任务，可能获得全部或部分资源。为获得产业与价值最优组合方案，项目总师系统要研究投资方向与自身产业道路是否相符；项目会计师系统要深论项目的投资效益，从分析对环境、政策、税务、能力等方面的影响入手，给定财务分析的假设条件，运用现金净流量法（NCF）、内含报酬率（IRR）法、投资回报率（ARR）、盈亏平衡点法（BEP）等方法，分析项目投资的资本结构（资源需求）、投资回报、投资回收期（PP）以及企业可能面临的经营压力和风险，为投资决策提供资源支持预测、优先投资的测算方案，决定最终投资项目。"十二五"期间，项目管理系统通力协作，共分析论证了近100个项目（每个项目至少要经过3次专家级评审），科学严谨地为公司价值管理问诊把脉，最终选定30多个实施项目，其中重点项目9个。

（四）融入价值理念开展设计，在源头把控项目成本

设计阶段的价值管理关乎企业生存，产品设计方案将决定产品70%以上的制造成本，因此，项目管理系统必须树立"效费比、限费设计、并行工程"价值理念，从设计源头把控成本。

1. 开展"效费比"量化分析

"效费比"的计算公式为 E（效费比）$=X$（效能）$/F$（费用），效能维度非常宽泛，如作战效能、生命周

期效能、飞训效能等，企业应根据计算结果，选择效益最佳方案。猎鹰高级教练机是目前唯一一款新一代的双发超音速高级教练机，也是唯一一款将超音速状态作为可选项的新一代高级教练机，在设计之初就将高的效费比作为一个既定目标，它的综合训练系统覆盖了基础、高级、战斗入门及伴随训练任务，少量改装后可执行作战任务。用户可根据采购经费条件、使用费用限制和训练升级需求设置自己的系统配置和综合训练系统，找到训练目标、训练能力和训练投资之间的令用户满意的"平衡点"，体现较高的效费比水平。

2．运用"限费设计"理念

运用"限费设计"理念即用目标成本管理体系来约束研发目标成本，开展成本效益分析，充分运用增加零部件的互换性，优选货架产品或完全竞争产品，选择通用类原材料，推广仿真设计，提前做好与工艺的匹配工作，减少生产过程中的设计、工艺更改，以及将限价目标作为设计部门的一项关键类绩效考核指标。项目会计师系统与设计、工艺、制造师系统组成了攻关团队，经过价格调研、工艺试验研究后，采取选用同等性能的替代材料的方式，解决了原型产品所用复合材料成本高昂的问题，航空工业洪都通过此分析，使某型零件单位价格下降近 50%，单个产品节约成本超过 8 万元。

3．推行"并行工程"，提高项目研发效率

航空工业洪都通过不断完善设计工作机制，运用标准化 WBS，使工艺、采购、财务、人力资源等部门主动提前介入设计阶段，做好各项保障性服务，减少设计等待时间，缩短研制周期，加快科研成果产业转化速率。在某型无人机研制过程中，自型号进入工程研制开始，其在专业上采用并行设计，开展了原理设计、试制，对关键部组件及关键技术进行可行性攻关。将工艺设计前伸至产品设计阶段，将产品设计与工艺设计并行，缩短了工艺、工装准备时间。同时，形成设计、工艺、采购、财务跟踪服务生产现场，及时协调和处理问题，有效发挥了协同效应。该无人机是航空工业洪都首个实现的当年设计、当年发图、当年试制的型号。

（五）实行挣值管理，精细化制造成本管控

项目研制成功，将转入批产阶段，项目管理系统需要持续降低单位制造成本。项目管理系统的任务是推进产品的挣值管理（EVM），即运用计划工作量、成本预算和实际成本三个变量，测量项目绩效。航空工业洪都以军品目标价格改革为契机，全面开展猎鹰高级教练机目标成本管理，将新高教目标成本分解为成品和机体两大部分，实施战略成本管控。成品部分已延伸至 65 家配套成品厂，机体部分分解为 8 大部件进行控制，对内部成本从工艺优化、采购管理、精益生产、资本性投入等方面加强控制，目标成本控制贯穿企业整个价值链，管理结果将最终接受审查、考核与评价。

（1）在工艺优化方面，航空工业洪都针对小批生产单机成本与目标成本严重倒挂问题，在 2013 年，航空工业洪都围绕设计、工艺、生产、管理四个维度开展成本优化设计与管控，提出成本优化项目 38 个，节省单机成本约 160 万元，一次性费用近 1 200 万元。

（2）在采购物流管理方面，航空工业洪都建立价格咨询平台，严格按招标、比价程序执行采购，大力推进"阳光采购"，使采购价格公开、透明，开展航空油料、办公计算机、铝材、刀具等 7 类物资集中采购；实行协议采购，建立仓储中心，实行集中下料、物流配送，加快在制品周转，降低库存占用。

（3）在精益生产方面，航空工业洪都充分发挥生产计划与 MES 生产管理信息系统的优势，掌控关键制造进度，制定标准化作业流程，控制生产节奏，准时生产，准时交付；全力推行精益化生产，剖析生产瓶颈问题，平衡工序节拍，调整作业负荷，优化改善生产线平衡率，降低在制品资金占用。

（4）在资本性投入方面，航空工业洪都建立了事前专家评审制度，科学决策，控制固定资产投资规模，杜绝重复建设，建立项目预算控制机制，完善相互约束、相互监督的制衡机制，强化过程监控，推行后评价机制，并对投资效益进行约谈问责，严格控制支出。

（六）探索商业模式创新，差异化定价策略

产品是否成功，必须经过市场考验，用市场占用率、客户满意度、公司品牌项目会计师系统积极研讨价值主张、消费者目标群体、分销渠道、客户关系、价值配置、核心能力、合作伙伴网络、成本结构、收入模型等商业模式元素，探索不同型号/产品采取的差异化商业模式，针对不同的商业模式采取差异化定价方式，通过科学合理的定价策略，适应商业模式创新并最终实现供应商、公司、客户多极共赢。近年来，航空工业洪都销售标的物由销售产品向提供解决方案转变、由销售产品到出租产品转变、由销售整机产品向销售单位小时服务转变；为此，认真分析客户的政治、经济、人文环境、地理环境等因素，统筹考虑公司成本，采取不同的价格策略，为客户提供一揽子价格解决方案。针对训练体系比较完善且对整机价格敏感度高的客户，免费提供飞机，公司按飞行小时价格向客户收取使用费；针对经济紧张但需求强烈的客户，公司提供训练体系建设、培训载体、售后服务等全生命周期服务，设计一揽子周期长、融资方式多样化的价格方案；针对有多产品选择且处于观望状态的客户，免费提供试用品，在获得客户优质评价后，提供服务保障和后期订货配套价格方案实现共赢。

（七）挖掘项目附加值，延伸价值创造能力

产品投入市场后，品牌宣传、营销战术、定价策略、价格博弈、谈判能力、增值服务都能为产品价值添加筹码。航空工业洪都通过监控项目的价值数据，促使饱和产品更新换代、升级，增加生命价值，开拓衰退产品的维护和处置的价值管理，通过增值服务、专业合作、产业移交，进一步增加产品附加值。随着产品的市场需求饱和，维持原有生产线已不能再为企业创造价值，企业必须做出产品下线停产的决定。2000 年以后，航空工业洪都初级六、K8 等二代教练机以及强击机的市场订货量面临着饱和，"十二五"初期，营业收入一度滑入低谷。为此，公司及时做出"退出二代机，发展三代机"的战略调整。对仍有需求的饱和产品，项目总师系统改进改型，继续延长产品的价值贡献期；对无需求的产品，项目会计师系统全面盘点了下线产品的整体生产线的工艺、制造、售后资源后，与项目总师系统谋划全线资源再利用方案。自 2009 年起，航空工业洪都陆续在巴基斯坦、埃及、苏丹建立了三条 K8 飞机修理线，这一售后保障模式得到客户好评，更为航空产品进一步扩大外贸出口提供了借鉴经验；国内的维修业务全面移交给航空工业专业维修厂集中管理，技术储备得到转化运用，产品的价值被进一步细分提炼、持续聚积；积累了丰富经验的项目管理成员们被选拔分配到新项目，投入到新一轮项目管理中去了。

（八）完善项目后评价机制，总结项目管理成果

在项目全生命周期各阶段结束后，项目管理系统要剖析管理成效，客观评价项目全生命周期的价值贡献，总结得失，修正管理缺陷，衍生管理思路，激励项目团队进一步创新，促进产品升级换代。航空工业洪都在项目管理评价中，建立了项目完成率、目标成本可行率、经费执行率、投资收益率等考核指标体系，在项目研制任务结束后，对比分析投入产出比、投资回收周期与收益，量化分析影响因素；在转入批产后，按照型号批次管理归集成本，对比分析成本执行偏差，查找管控盲区，对关键风险点加设预警指标，对效益显著的项目，则推广做法和经验，先后在攻击、无人机、打击领域选取了一个项目试行后评价机制，产生效果后再复制模式，管理经验迅速传播到其他项目，有效激励项目团队参与价值管理，促进管理"升级"，提高后续项目投资效益。航空工业洪都通过在猎鹰高级教练机研制后评价中，根据项目会计师系统对比分析的币值与通货大环境、研发任务与经济责任界定等影响程度，在后续的研制项目过程中，与客户充分沟通，从经济与业务合理性上获取认可，将上述因素纳入后续项目的经费方案，如此企业不再为客户额外增加的研制费用买单。通过有效的过程控制，先后有 5 个项目向客户争取到近 2 亿元的研制补充经费，大幅降低了企业的研发风险。

四、航空企业全生命周期的项目价值管理的实施效果

（一）建立成本控制机制

航空工业洪都建立健全目标成本控制机制，由项目总师系统总负责，成立产品研发中心成本管理小组，层层把关，全程对项目方案预算成本、实际成本进行监督审查。将目标价格层层分解，以分解后的目标价格为指导，确定物资采购与生产制造全过程的目标价格，将目标成本落实到责任单位，把目标成本及相关指标作为执行经济责任制的重要内容，对各部门层层分解费用，使"责、权、利"相结合，以有效地调动全体职工的积极性，使目标成本始终处于有效控制之中。定期召开成本分析会，对重大问题进行专题分析，针对发现的问题，分析原因、研究对策，落实改进措施。另外，建立完整的目标成本考核制度和奖惩措施，包括目标成本实现程度和目标成本控制措施有效性的考评。

（二）猎鹰高级教练机目标成本控制收效显著

猎鹰高级教练机是航空工业洪都参与市场竞争的产品，同时也是首个推行目标成本管理的产品，项目总师系统牵头组织搭建该产品的成本控制模型，组建项目管理团队，建立了项目研制现场指挥系统、工艺师系统、现场质量师系统、现场会计师系统4个子系统。组织设计、工艺、采购、财务、质量等成员127人，修订完善各项制度7项。公司在产品设计方案论证阶段，就全面引入目标成本管理方法来约束产品研发经费支出和研制阶段产品成本，通过技术与经济深度融合，设计部门贯彻落实"限费、并行、效费比"理念，以目标成本控制项目成本，使客户和研制方对项目价格有合理预期，指导并约束研制方的设计试制，为及时跟踪掌握价格状态变化提供依据，保障双方利益。面对研制任务重、工艺复杂、生产资源不足、人工成本逐年上升、材料价格上涨等问题，项目团队并肩作战，开展猎鹰高级教练机的目标成本管理，研制经费开支总额较原型下降了41%，经费使用效益得到显著提高。现将猎鹰高级教练机在制造加工阶段目标成本控制的运用情况进行阐述。

1. 全面分解猎鹰高级教练机单机目标成本

航空工业洪都建立13个专业加工分厂和6个保障单位的二级成本控制责任中心，将工时定额、原材料、人工及费用按照工作任务分解到上述二级成本控制责任中心，结合对应单位的产能，运用全面预算信息管理系统控制各目标成本的执行情况，发现各分厂和保障单位的产能提高区间为12%~18%。

2. 实施成本优化行动方案

项目会计师系统提前筹划，全面掌握产品状态、成品、制造及工艺装备等情况，持续开展目标成本控制行动方案，挖掘项目增值点21个，分别从供应商合同谈判、开展供应商竞争选择替代材料、改进座舱骨架设计、材料代用、控制零件外委加工费、开展票务集中管理、刀量具集中管理、能耗节约等降本增效行动，强化预算控制、提高零件模具材料利用率、设计零件模具提高生产效率、优化发动机安装舱门安装工艺、标准件库房信息化管理、优化某零件工艺、改进某零件工艺加工方法等方面，降低材料采购成本，使单机成本减少300余万元，严控项目成本费用收效显著。

3. 成本优化成效

随着产品加工成熟曲线上升，猎鹰高级教练机的目标成本工时定额下降40%，通过激励和约束机制，生产周转加快，产出效率大幅提升。经过5年磨合，产品由年产12架增至年产60架，产能增长了5倍；猎鹰高级教练机产品目标成本经过5轮修正，经过价格调研、试验研究，选用同等性能的替代材料，材料单价下降50%，单个部件节约材料费4万元，通过数据积累及案例积累，让客户认同产品成本构成，产品市场价格较基础型产品目标定价提高18%，随着猎鹰高级教练机的目标成本模型在企业的深入运用，航空工业洪都获得了明显的经济效益，同时也训练出一个训练有素、具有复合能力的成本管理团队，为未来企业在其他产品价值的全生命周期管理提供了具有完整管理体系的平台。

（三）项目管理系统的价值创造能力显著提高

通过项目全生命周期的价值管理体系的运用，航空工业洪都进一步拓展各业务职能的深度和广度，项目管控范围由型号研制延伸到技改投入、重大经济事项，通过业财融合，实现了周期、空间、职能的跨越，提高了管理人员的业务洞察力，培养了具有精深专业能力的复合型人才队伍，打造了一个高效的、专业的多层次人才体系，每个业务系统都培养出一批出色的项目经理，如项目会计师系统培养出了3名全国领军人才，12名业务领域的项目副总会计师，项目管理团队真正发挥着业务伙伴的作用与价值，成为企业宝贵的人力资源财富，"十二五"期间，航空工业洪都获得国家研制经费投入超过20亿元，较"十一五"期间增加近1倍。针对某型产品已研发出4型迭代产品，研制周期由最初的5年缩短至3年，技术成果快速得到转化运用，2年内创造经济规模超过30亿元，产品价值增值4亿多元，企业经济效益显著提升。

（四）客户与企业的价值实现共赢

航空工业洪都各专业项目管理系统分工协作，克服了研制内容、工程实现复杂度增加，人工成本和材料价格大幅上涨等困难，使某型装备研制经费开支较原型下降了28.5%；运用三代教练机的限价设计，使飞行员培养时间缩短了1～2年，将单架次起落总费用控制在现有三代同型教练机的五分之一，使用寿命却为现有三代战斗机的2倍，使单架飞机在服役期间可节约使用成本2200万元，机体实际成本较目标成本下降近5%，单机购置成本节约100万元，优异的效费比表现得到了国内外客户的认可。至2015年，航空工业洪都累计获得三代机订单突破50架，营业收入突破百亿元大关，利润总额增幅达13%。"十三五"期间，随着部队对猎鹰高级教练机装备需求的增加，客户所需猎鹰高级教练机及拓展延伸产品以倍数增加，航空工业洪都可为国家节省大量的军用装备经费，极大地降低了整个飞行员培养体系的运作成本。

（五）企业的市场竞争力进一步增强

项目管理系统通过参与多个项目的管理实践，已成为一群善于提出解决方案的服务顾问。近5年时间，航空工业洪都通过不断积累管理经验，积极创新管理思维，大幅提高项目会计师系统业务协同能力，项目管理水平有明显提高，累计获得国家重点型号立项审批项目12个，争取经费拨款30多亿元，顺利完成6个型号生产定型、20多个科研项目审计验收；项目会计师系统与项目总师系统密切协作、提前筹划，全面掌握产品状态、成品、制造及工艺装备等情况，充分挖掘项目增值点，使某型产品价格较原型上涨了近20%。猎鹰高级教练机"一机多型"的成功研制，有力催化了国内外市场。"十二五"期间，航空工业洪都产品实现升级换代，新研制产品全面支撑公司战略，产业结构成功转型，企业发展明显加速，核心竞争力得到进一步提高。

五、航空企业全生命周期项目价值管理的实践总结

航空企业全生命周期的项目价值管理通过以客户价值为导向，以企业价值为目标，构建项目全生命周期价值管理模型，将技术与经济深度融合，聚集项目全生命周期价值管理，建立成本控制机制，广泛深度推进目标成本管理运用，既有力地促进了产能提升，还不断降低产品成本，实现同类产品低成本战略，保持市场竞争力。航空工业洪都运用项目全生命周期的价值管理，进一步拓展各业务职能的深度和广度，"十二五"期间获得国家研制经费投入较"十一五"期间增加近1倍，同时某型产品研发研制周期由最初的5年缩短至3年，技术成果快速得到转化运用，企业经济效益显著提升；项目管理系统价值创造能力显著提高，各专业项目管理系统分工协作，克服了研制内容、工程实现复杂度增加、人工成本和材料价格大幅上涨等困难，研制经费开支较原型下降28.5%；采用限价设计，使单架飞机在服役期间机体实际成本较目标成本下降近5%，既提高了飞机的市场竞争力，又可为国家节省大量的军用装备经费，实现了客户与企业价值共赢。

企业自评

　　航空工业洪都通过推行全生命周期的项目价值管理获得了良好的实施效果，对航空工业洪都财务管理起到了联动影响。通过构建价值管理模型、构建组织架构与制度体系，改进财务管控模式建立项目管理体系；依托统一数据平台、全面预算、AOS运营管理体系，提高项目管理水平；开展"效费比"量化分析，运用"限费设计"理念，推行"并行工程"，从源头把控项目成本；同时，精细制造成本管控，指定差异化定价策略，挖掘项目附加值，完善项目后评价机制，从而达到全生命周期完整业务流、资金流的价值管理。

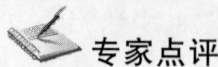 **专家点评**

　　价值管理是企业经营活动的重要内容之一，本案例描述了航空工业洪都抓住"项目"这一基本业务单元，探索全生命周期项目价值管理的创新实践。航空工业洪都以价值为导向，用复合型矩阵项目团队，建设业务驱动信息化的管控平台、管理机制保障项目管理系统运行，按照项目立项、研发设计、制造加工、销售服务、升级/退出的全生命周期管理阶段，通过全面预算、目标成本管理、AOS运营体系、挣值管理等主要管理工具，统筹、协调、配置产业链资源，开展全生命周期精细化挣值管理，高效实施项目价值管理，有效提高了项目管理能力，实现了客户和企业价值共赢，具有较好的启示和示范价值。航空工业洪都未来可以在项目价值创造能力挖掘、价值链延伸等方面进行进一步的探索实践。

案例六 "315"预算管理模式在工程机械核心零部件企业的应用

徐州徐工液压件有限公司

【摘要】近年来，我国装备制造业水平大幅度提高，大型成套装备已基本能够满足国民经济建设的需要，但高端"四基"核心零部件产品却跟不上主机发展的要求。高端主机的迅猛发展与配套"四基"核心零部件产品供不应求的矛盾显著，已成为制约我国重大装备和高端装备发展的瓶颈。

徐州徐工液压件有限公司作为核心零部件企业中的重要一员，结合本公司实际情况，在生产运营过程中不断探索管理层次的提升之法，在结合徐工集团的"315"方法论的基础上，对全面预算管理进行创新性的变革，实现指标的落地和业务的分层次承接，围绕九大业务循环，根据九大资产结构，采用关键成功因素法的管理模式，进行预算管理的全价值链覆盖。"315"全面预算管理模式的落地，不但提高了企业的经营效率，有效减少了不必要的费用支出，而且对强化业财融合、助力战略目标的实现，具有深远意义。

【关键词】全面预算管理；管理会计；关键成功因素

一、企业简介

徐州徐工液压件有限公司（以下简称"徐工液压"），隶属于徐工集团液压事业部，系徐工集团液压事业部旗舰企业。徐工液压成立于 1975 年，是为徐工集团工程机械产品配套高端核心液压元件的企业，收入规模 20 亿元以上，利润总额在 2 亿元左右，在册员工 1 000 人以上。公司在液压产业方面，着重攻关工程机械核心部件技术瓶颈。徐工液压作为国家高新技术企业、江苏省机械行业创新型先进企业，拥有一流的技术研究平台和强大的技术研究团队，建有省级工程研究中心、技术中心、江苏省示范智能车间。同时依托徐工集团工程机械股份有限公司的高端工程机械智能制造国家重点实验室、国家级工业设计中心，研发关键核心部件，解决液压元件方面的技术瓶颈。

公司拥有各类先进加工设备 600 余台，其中国际高精端加工设备 100 余台 ，并拥有现代化的冷拔、电镀、涂装生产线，制造规模、生产能力和技术水平都达到了国内同行业领先水平。其中机械传动式插拔销互锁技术、大长薄壁液压缸体精密冷拔技术、液压缸扛侧载微动稳定性技术等均国际领先。

目前公司拥有有效授权专利 194 项，其中授权发明专利 42 项，同时拥有软件著作权 3 项，获国家重点新产品 1 件、江苏省高新技术产品 50 余件，获省、市、行业以上科技进步奖 50 余项，其中"APV 型工程机械负载敏感多路阀"荣获中国机械工业科技进步奖。先后为世界最大的 1 600 吨全地面起重机、4 000 吨履带起重机、国内最大的 700 吨矿用挖掘机、亚洲最高的 100 米消防车等明星产品配套液压缸，打破多项国外垄断。产品遍及全国，并批量出口到美国、俄罗斯、日本、澳大利亚等二十多个国家和地区，广泛应用于各类工程机械、港口机械、建筑机械、矿山机械、市政工程、船用设备等行业。

作者：吴江龙 、翟吉红
案例指导与点评专家：温素彬（南京审计大学）

公司以"液压系统解决方案价值创造者"的战略定位，用"精细、可靠、先进"的产品定位和"及时、有效、增值"的服务理念实现与用户的合作共赢，努力为世界贡献一个源自中国的液压品牌。

二、高端核心部件是助推自主装备产业崛起的"隐形冠军"

高端核心部件，尤其是液压油缸、液压阀等核心零部件，是助推自主装备产业崛起的"隐形冠军"。

徐工集团在新中国基础零部件极其薄弱的历史背景下，成立于1975年的徐工液压便开始研制高、中压液压缸，液压阀锁、液压马达产品以及军用随车起重机产品，其生产的低速大扭矩液压马达、掩护式液压支架相继获得1978年全国科学大会奖状、1979年煤炭部特等科技成果奖、1983年机械工业部优质产品奖等荣誉；1981年起，先后研制生产了"红七""红六"导弹运输装填车，消防抢救车，雷达车和飞猛90等军用产品，曾获1984年国防科技成果奖，既是航天部各种军用随车起重机的重点生产企业，又是深耕中国液压元件领域的"拓荒者"。

液压缸是工程机械设备最为重要的执行元件。在常人眼中，因为大型风电项目施工场景较为震撼，所以对起重机、装载机、挖掘机等主机车辆概念都很清晰，但主机车辆施工动作的完成，依靠的就是液压缸的作用，这些能提供高品质、高性能油缸产品的核心零部件企业，往往就是决定主机车辆产品力极限的"隐形冠军"。"千吨级四缸同步联动锁止伸缩液压缸"是徐工液压核心零部件招牌式的明星产品，曾被列入国家级新品研发计划，堪称伸缩油缸的战略型产品。该产品涵盖的四缸同步、内置芯管、大长薄壁轻量化等核心技术，无不代表了中国液压缸顶级研发水平。不仅是在国内，即使在国际舞台上，该产品的出现，也能代表亚洲液压元件产品与欧美产品分庭抗礼。2012年上海国际工程机械宝马展上，该产品就震惊了德国技术专家，作为国民经济的物质技术基础，中国大吨位起重设备也真正由"made in china"变为"made by china"。

在四十余年的发展历程中，徐工液压也曾经很弱小，也曾经由于重重困难而只能在很狭窄的范围内开展业务，也曾经是一个缺乏竞争优势的企业……但是，当年名不见经传的小公司，如今却成了中国核心零部件行业的领军公司，一家能够自主设计开发制造多系列、多品种高中压液压油缸、液压阀、成套液压系统等核心产品的公司，这无疑是中国行业史上的一个成功范例。其成功源自对核心零部件领域的执着和探索。

为了在液压领域取得全面突破，2012年徐工集团接连出手，并购了两家欧洲知名液压生产企业——德国FT公司和荷兰AMACA公司，与此同时还斥资3 600万欧元，在德国成立了欧洲研发中心，重点攻克液压阀、泵、马达和智能化控制等核心元件和关键技术。在这种强力布局下，徐工液压在拥有多年技术沉淀、自主研发经验的基础上，走出了一条"全球协同+自主研发"的独特技术发展道路，形成企业产品设计、工艺方面的专有技术特点，可靠性显著提高。借助"全球协同+自主研发"的技术创新体系，目前公司拥有自己的独立设计专利的高端负载敏感阀系列产品，已陆续在挖掘机、起重机、船舶系统中得以应用，经相关科技部门鉴定，性能已达国际先进水平，完全可替代进口产品，而徐工牌液压缸更是获得"中国工业机械优质品牌"称号。

2014年2月，工业和信息化部颁发了《关于加快推进工业强基的指导意见》，以提高我国关键基础材料、核心基础零部件（元器件）、先进基础工艺和产业技术基础的"四基"发展水平，推进我国由工业大国向工业强国转变。"四基"即基础零部件（元器件）、基础材料、基础工艺和产业技术基础的简称。"四基"是装备制造业赖以生存和发展的基础，其水平直接决定着重大装备和主机产品的性能、质量和可靠性。在工程机械行业，基础零部件（元器件）是组成主机不可分拆的基本单元，如液压件、密封件等；徐工液压以产业结构调整和转变发展方式为主线，围绕重大装备和高端装备发展的配套需求，以重点产品突破为主攻方向，加强基础技术研究，加速创新能力建设，着力推进产品质量、可靠性和寿命的升级，加大先进技术推广应用和产业化力度，提高"四基"整体水平和国际竞争力。坚持自主创新，充分发挥技术创新的支撑和引领作用，着力解决影响"四基"核心零部件产品性能、质量和稳定性的关键共性技术问题。

2014 年，徐工液压实施"工程机械核心液压元件技术升级及智能化改造"项目，从"自动化、信息化、智能化、数据化"层面"破题"，大量应用包括数控、机器人、智能化物流系统等在内的自动化、智能化装备对原有生产制造流程进行改造，并通过企业资源计划系统（Enterprise Resource Planning，ERP）和信息化管理软件等信息系统，推进了信息化和流程化的深度融合，也为实现高品质、高附加值和大吨位的"三高一大"产品自主配套提供了通道。徐工液压已获得"智能制造试点示范"和"工业互联网应用试点示范"两项国家级荣誉，成为行业唯一同时获此殊荣的单位。

三、实施"315"预算管理模式的背景

《中共中央 国务院关于全面实施预算绩效管理的意见》（中发〔2018〕34 号），这是党中央、国务院对全面实施预算绩效管理做出的顶层设计和重大部署，在预算管理方式上更加注重结果导向、强调成本效益、硬化责任约束，构建全方位、全过程、全覆盖的预算绩效管理体系。

近年来，徐工液压以全面预算管理为主线，并不断创新，提出适合公司实际状况的基于徐工集团"315"预算管理基础的新模式。在"315"方法论的指导下，采用关键成功因素法，结合九大业务循环和九大资产结构，将战略分解，进行细化管理，解决战略中容易遗漏的问题，通过流程和制度去融合业务，持续提升标准化、规范化、流程化、制度化和信息化五项基础管理。坚持"制度管人、流程管事"，实现"横向集成、纵向管控"，保障企业高效运营。

徐工液压在全面预算管理过程中，主要存在以下问题。

（一）预算与执行脱节，目标分解不科学

徐工液压的预算管理过程通常是根据对内外部市场的预测情况制定总体规划，并根据对各个主机市场的了解情况确定考核指标。分公司和海外公司没有充分参与到计划的制订过程中，难以实现纵向的目标一致性和横向的工作协调性，造成了预算制定与实际执行脱节。

（二）预算执行不严，绩效考核不全面

预算的制定与执行是预算管理的核心程序，两者相辅相成，徐工液压制定的预算较为简单，预算执行过程中出现的问题难以落实到具体责任人，预算的制定与执行变成了不相关的步骤，严重影响了预算管理和执行的效率。

（三）资源配置错位，缺少闭环管理

徐工液压在预算制定过程中虽然有对资源配置的关注，但由于目前的预算管理过程仍处于完善阶段，缺乏经验指导，难免出现过度关注短期资源配置而忽略长期资源配置的现象，影响预算管理的效果。主要表现为：①对市场形势的估计存在偏差，造成生产资源准备不充足，内部工序能力和交付能力不足。②受国家环保政策影响，供应商成本大幅攀升，同时受限于盈利水平，无法提供与供方市场水平匹配的价格，影响其供货积极性。③海外市场收入仅占总体收入的 10%，较年初设定的目标存在较大差距。海外市场人才缺乏，新人能力仍需培养提高；在新业务领域虽有尝试，但进度缓慢。④部分研发项目缓慢，主机信任度低，未有效支撑销售规模和内部市场份额，明星产品收入未能实现预算目标。

四、"315"预算管理模式的内涵

针对当前的预算管理的发展趋势和公司追求高质量发展的需要，徐工液压结合徐工集团的"315"方法论，对全面预算管理进行创新性的管理，在"315"方法论的基础上，实现指标的落地和业务的分层次承接，围绕

九大业务循环，根据九大资产结构，采用关键成功因素法的管理模式，进行预算管理的全价值链覆盖。"315"中的"3"指价值树中的三个平衡，包含目标平衡、专业平衡和分级平衡；"1"指战略时钟1个闭环，体现为基于规划目标、预算编制、执行监控、分析调整、预算考核的闭环管理；"5"指全面预算管理模式有效运行的五项基础，即组织责任、制度流程、统一标准、人员能力、系统集成。图6-1所示为"315"预算管理模式。

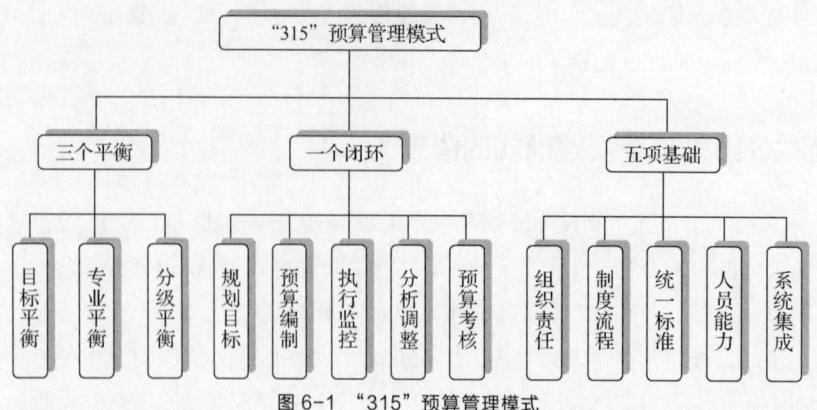

图 6-1 "315"预算管理模式

基于"315"的核心内涵，徐工液压在徐工集团"315"经营魔方的基础上构建了"9+1"正向预算管理模式。通过该创新模式，徐工液压不断瞄准和优化公司经营过程中的各个短板，提高公司对内外部市场环境的快速应变能力，通过落实战略分解目标，实现业务管理与价值管理协同，提高设备、材料、人力等资源的配置和使用效率，提高公司在预算组织、流程制度、指标体系、信息化等方面的一体化程度，实现"纵向贯通、横向协同"，通过对预算内外事项及重大事项的有效界定和监控，控制经营管理风险，建立与主要业务系统、财务系统一体化运作的预算管理信息平台，提高公司整体信息化水平。图 6-2 所示为"9+1"正向预算管理模式。

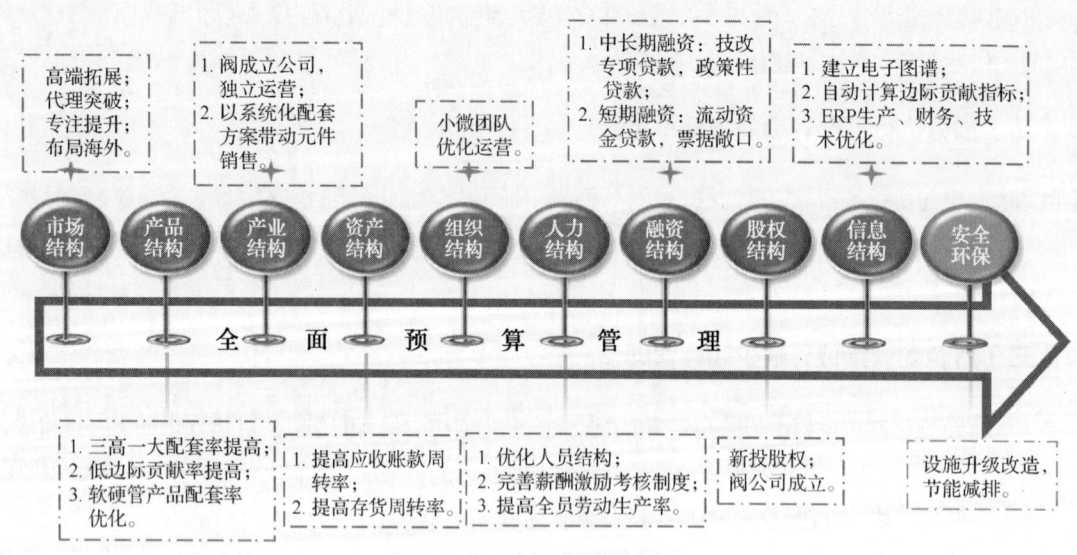

图 6-2 "9+1"正向预算管理模式

"9+1"正向预算管理模式中的"9"是指：市场结构、产品结构、产业结构、资产结构、组织结构、人力结构、融资结构、股权结构、信息结构。

"9+1"正向预算管理模式中的"1"是指安全环保，徐工液压为省级环保重点监控企业，目前，绿色制造是工程机械的主流，打造环保、智能、绿色的工厂，是徐工液压重点投资的方向。

徐工液压充分利用"315"方法论，进行业财融合，在顶层设计上进行定性分类和定量分级，重视全员参与，围绕战略目标和经营目标，各个平台公司提供方法，小微团队执行细节。同时精准资源配置、加强横向协同，扎实落地组织责任、制度流程、统一标准、人员能力、系统集成等五项基础，实现九大结构和九大业务循环模式的有效支撑，真正将业务融合到全面绩效管理中，实现业务流、信息流、数据流、资金流的同频共振，创建正向管理的新模式。

"9+1"正向预算管理模式，是徐工液压在徐工集团"315"经营魔方的绩效评价管理的基础上的又一创新，是用"315"的方式来解决影响关键成功因素的抓手，"9+1"正向预算管理模式以目标管理为起点，以全面预算管理为闭环，进行业财融合的深度开发。

五、"315"预算管理的具体做法

（一）三个平衡与战略资源配置

推行"315"预算管理模式，第一步就是要做好三个平衡与战略资源配置，三个平衡包括目标平衡、专业平衡和分级平衡。三个平衡对应的战略资源配置，如表6-1所示。

表 6-1　　　　　　　　　　　　　三项平衡对应的战略资源配置

平衡	经营理念	关键事项	责任领导	责任部门	责任人
目标平衡	有规模	1. 油缸内部配套再提升，起重机中大吨位提升至85%、旋挖钻机提升至80%，内部主机配套订单按期交付率超过99%	陈××	营销中心	刘×
		2. 油缸外部市场再拓展，力争突破2亿元			
		3. 提高高附加值产品的销售结构，出清无边际贡献产品			
专业平衡	有质量	4. 起重机、挖掘机、装载机、旋挖钻机油缸率先实现目标。三包反馈率≤3 500PPM、平均首次无故障时间分别为：2 000H、2 500H、2 200H、2 000H；安全零部件失效率为"0"	刘××	技术中心	李××
		5. 产品关键技术攻关与产品痼疾解决，保产品六性四用指标领先			王×远
		6. 产品工艺、制造技术攻关与设备智能水平提升，保证关键制造工艺技术行业领先，实现起重机大吨位液压油缸冷拔与电镀工艺技术突破			张××
		7. 内部协同研发，外部联动开发，扩大高附加值产品收入构成			刘×
	有效益	8. 外部资源瓶颈突破及供应链能力建设	陈××	供方发展部	何××
		9. 补齐工序短板，实现中长缸产能及电镀工艺有重大突破，短缸产能快速提升		中长缸分厂 表面处理分厂	周× 张×
		10. 持续深化管理年，控制三项费用的增长，提升边际贡献率，实现降本1*0*万元		财务部	翟××
分级平衡	可持续	11. 做大做强新产业，实现中挖阀小批量产出，阀产品收入力争完成1**0*万元目标	王××	阀事业部	任××
		12. 稳步推进智能制造实施，打好制造水平提升攻坚战	陈×× 刘××	技术中心	杨×× 徐××
		13. 建立"五维联动"干部管理考核评价体系、开展关键岗位"接续计划"培养海外人才	张××	党政工作部 管理部	孙×× 杨×
		14. 提升体系运行有效性，降低企业安全环保职业健康风险	陈××	安全环保部	王××

目标平衡是核心零部件企业战略目标意图的具体体现，公司决策层、经营层、各职能部门等共同确定了预算目标。徐工液压在各部门的相互协调和相互统筹下根据战略目标不断优化预算，科学合理地制定预算目标值，并按计划安排好各项专项预算，分析企业发展短板，确定完成企业战略需要考虑的因素和需要配置的长短期资源，将有限的资源分配到最合适的地方，实现企业价值增值，发挥预算目标的战略引导作用。

专业平衡的重点体现在专业领域的专业性意见、建议和判断，特别是对项目周期和项目各要素的分析、论证和平衡上。以研发预算为例，徐工液压在项目立项后确定需要申报的科研预算，将与每一项科研活动有关的经费归类到项目相关预算中，其中包含人员成本和材料、设备投入成本等。公司技术管理委员会作为研发项目领域的关键平衡机构会针对申报研发项目的技术可行性、创新性、可否规模化、投入产出比等提出专业审批意见，提高研发资源投入的效率和效益。

分级平衡要求预算必须细化到活动中，基于活动进行预算管理，推动达成共识。在活动进行过程中，活动内容、目标收益、审批级别、优先顺序以及时间金额五要素必须包含在内。

（二）围绕战略时钟一个闭环，以关键成功因素为抓手

"315"预算管理模式下的全面预算管理模式强调环环相扣，是"全员、全业务、全过程"的管理活动，从搭建架构表单、确认关键因素、定期分析、公司调度、关键成功因素调整到及时上报集团，形成系统性、科学性、定期性的闭环管控，通过对战略的牵引，目标的分解和平衡以及定量定级，实现顶层战略布局，是一种集一体化、科学化、标准化的现代化管理理念。徐工液压严格按照时间节点推进各项管理工作，通过战略时钟的指针方向实现战略目标、计划预算、执行、分析、考评、调整优化等管理活动闭环化、精准化。徐工液压的关键成功因素闭环管理的具体应用如图6-3所示。

图6-3 徐工液压的关键成功因素闭环管理的具体应用

（三）管控五项体系基础，扎实推进预算管理

（1）组织责任要求徐工液压必须严格按照徐工集团确立的预算管理结构，进行相关的预算责任主体确认和预算管理组织组建。徐工液压根据集团预算管理的相关要求，将公司的经营目标按照"有质量、有效益、有规模、可持续"的经营理念划分出不同的经营重点，最终分解落实到各个职能部室的预算指标及绩效考核指标中。对本部门、分公司和子公司的责任主体进行闭环的预算管理。"315"预算管理模式的应用如图6-4所示。

徐工液压以公司决策层作为预算管理委员会（是预算决策的最高权力机构和管理机构）。预算管理委员会下设全面预算管理办公室作为预算工作的协调、管理、执行机构，负责全面预算的相关事务。公司财务负责人为预算管理办公室主任，各职能部门负责人为预算管理办公室成员。徐工液压通过加强预算管理办公室职能，将企业中含有预算审核的职能部门归入预算管理办公室，如营销中心、技术中心、生产制造、质量管理、人力资源、财务管理、备件中心、企业文化部门等职能部门，共同创立协同机制，强化预算平衡的审核职能，将年度预算作为企业战略规划的目标。通过"三上三下"的沟通方式有效实现徐工液压和各分公司和子公司、职能部门的协调和沟通工作。

（2）集团统一标准要求徐工液压的"315"预算管理模式建立在"一套预算"的原则上。所谓的"一"，即为"统一"，统一基础，统一标准。徐工液压所属的分公司和子公司、海外平台公司均要在一个预算管理平台，具体反映在：①统一预算信息化平台，以全面预算信息化系统为统一预算管理平台；②统一科目分类，即消除各单位之间的不合理、差异化的科目；③梳理统一的指标及指标口径，统一各类指标的计算标准，统一公式；④推进职能管理与预算的衔接流程标准化，如研发预算、投资预算、人力预算等，以及相关职能管理与预算管理的衔接关系、口径等。

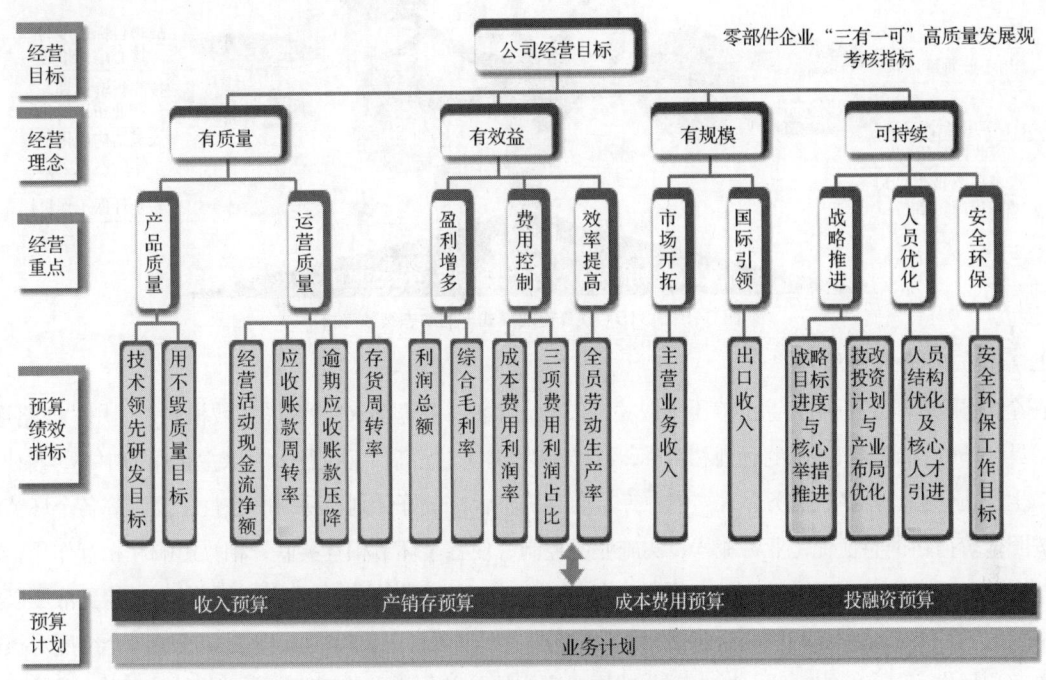

图 6-4 "315"预算管理模式的应用

（3）系统集成主要体现为企业资源计划（Enterprise Resource Planning，ERP）系统、全面预算信息化平台（Budget Planning & Simulation，BPS）、商业智能分析平台（Business Intelligence，BI）的搭建与应用。ERP系统包含财务会计、管理会计、资金管理等财务业务模块以及采购管理、物流库存管理、生产管理、销售管理等经营业务模块，使物流、资金流、信息流三流合一。通过 SAP 徐工液压、ERP 系统的运用，搭建统一的信息平台，实现"研、产、供、销、服、财务"等公司业务的统一管理，加强纵向管控和横向集成能力。SAP、ERP 系统的运用也能够为全面预算管理的系统集成奠定信息化基础。

（4）人员能力要求徐工液压符合全面预算管理模式要求，推动"公司战略—组织目标—员工绩效"之间的层层分解与有效衔接，以工作绩效为导向，强化员工绩效管理，提高员工素质与能力。

（5）制度流程是基于徐工液压多年的管理实践及"制度管人、流程管事"的管理理念，系统梳理、评估基础管理存在的差距和问题，优化业务流程，健全《全面预算管理制度》《全面预算信息化系统运行管理规定》等制度，从制度层面将全面预算管理确立为公司"深化管理行动"的重要管理手段。

六、"315"预算管理模式的应用

徐工液压日益完善的制度流程保障"规划目标—预算编制—执行监控—分析调整—预算考核"的管理闭环顺畅运行，而运行效率高低的关键在于"规划目标—预算编制"的有效转化。因此细化计划、预算与预测管理的重点在于从战略目标到预算计划的有效承接、预算计划到绩效目标的有效转化。

（一）在战略执行过程中实施动态绩效分析

"315"预算管理模式下的动态绩效考核如图6-5所示，预算管理办公室对公司整体绩效达成情况进行定期分析，公司决策层对绩效分析结果进行评审，在制定中短期战略目标时，与标杆、竞争对手的绩效对比。前期的战略目标和规划完成情况、系统的 KPI 绩效数据分析等也是关注的重点内容。

图 6-5 "315" 预算管理模式下的动态绩效考核

1. 建立全价值链管理

在全面预算管理过程中，徐工液压采取关键成功因素法，建立 BSC 战略图绩效模式，运用"战略地图"管理工具，清晰明确组织内部的计划和目标，以结果为导向，提高员工执行力，以主机厂为中心，将研发、供应、生产、销售、营销、财务、人力资源等方面有机整合，做好计划、协调、监督和控制等各个环节的工作，按照全价值链的特征优化业务流程，实施业务控制，使各个环节相互关联，相互影响和相互作用，形成"研、供、产、销"一体化的链条，即全价值链管理。BSC 战略图绩效模式示意图见图 6-6。徐工液压以权益净利率为公司的高质量发展的核心经营目标，从财务、客户方面、内部营运、学习与成长四个维度对核心零部件的客户保供、供应链的管理、"金标准"的质量应用体系以及科研创新等方面进行绩效评价，建立以"技术领先，用不毁"为重点的业态研发环境，打造以预算管理为主线的全价值链管理系统，借助信息化实现"产、供、销、研、服"的全互联网生态信息模式。

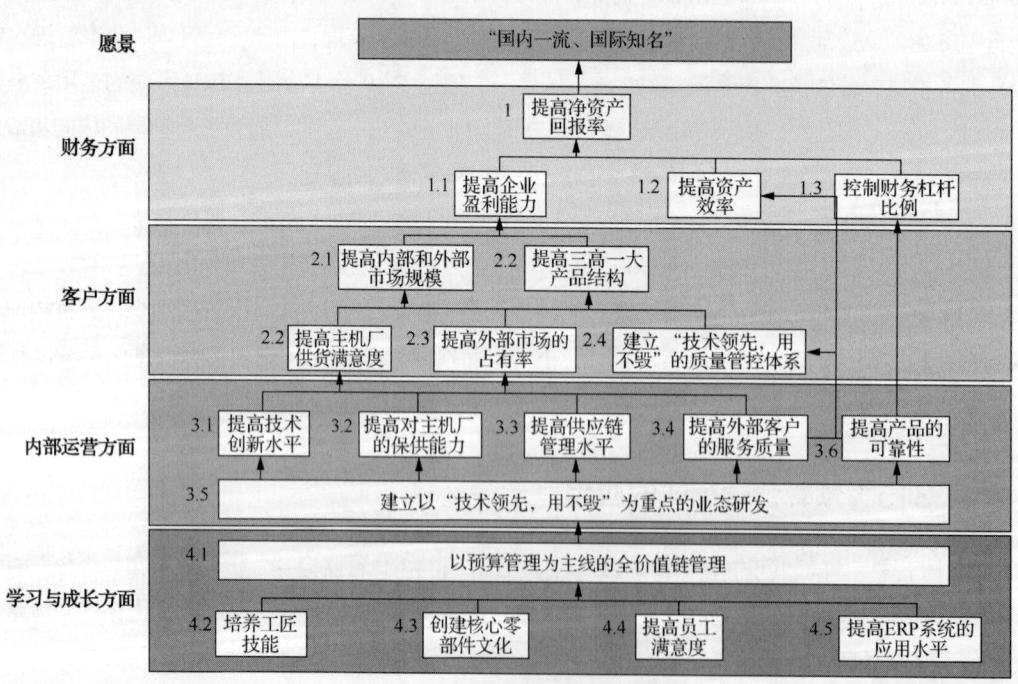

图 6-6 BSC 战略图绩效模式示意图

2. 价值链的深入挖掘

在实际经营管理中，徐工液压突出价值链的管理，也就是内部运营方面的绩效管理。价值链主要根据研发、生产和市场进行具体划分。内部运营价值链示意图如图 6-7 所示。

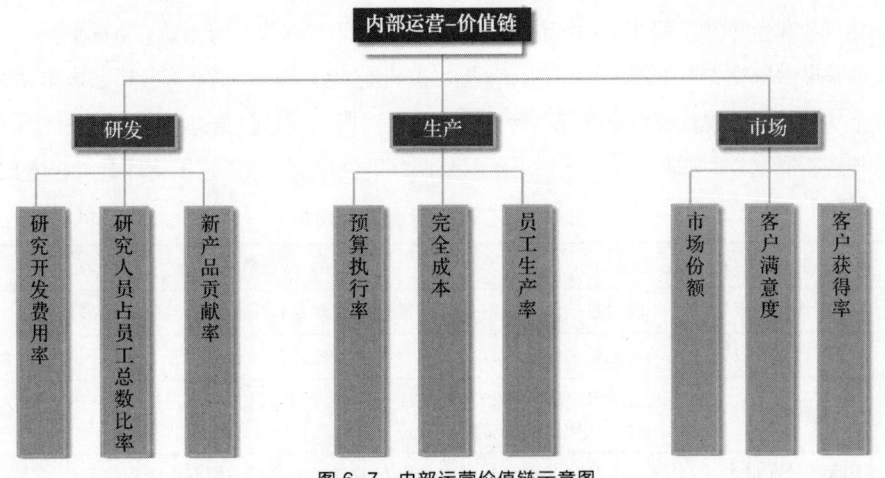

图 6-7　内部运营价值链示意图

在研发方面，鉴于研究开发活动在配置企业竞争优势和核心能力建设方面的重要性，徐工液压有必要对研究开发活动的投入和结果进行全面评价。引入研究开发费用率，研发人员占员工总数比率和新产品贡献率指标。生产是徐工液压将投入转化为最终产品形式相关的各种活动，生产阶段也是徐工液压人力资源与物质资源结合，生产满足社会需求的产品和企业价值增值的重要阶段，主要根据预算执行率、完全成本和员工生产率考核生产过程。市场是企业价值链中最为关键的环节之一，在市场方面，市场份额、客户满意度以及客户获得率是公司最主要的考核指标。在价值链的其他层面，如学习与成长方面，企业通过提高员工的技能水平和员工满意度，让员工有获得感和幸福感，培养工匠技能人才，主要通过对员工满意率和培训费率进行考核，增强徐工液压的竞争力、可持续发展能力。在产品质量方面，质量是企业的生命，企业主要通过产品合格率等指标进行考核。

（二）在预算执行过程中实施定期专项分析，形成闭环管理

每季度各职能部门对其负责的绩效数据进行分析，预算管理办公室每季度对其预算数据形成分析报告，并将报告提交预算管理委员会，预算管理委员会对分析报告进行审阅后，通过经营分析例会、年度管理评审会进行绩效评审，评审结果为战略决策和经营管理的改进与创新提供充分依据。预算闭环管理框架如图 6-8 所示。

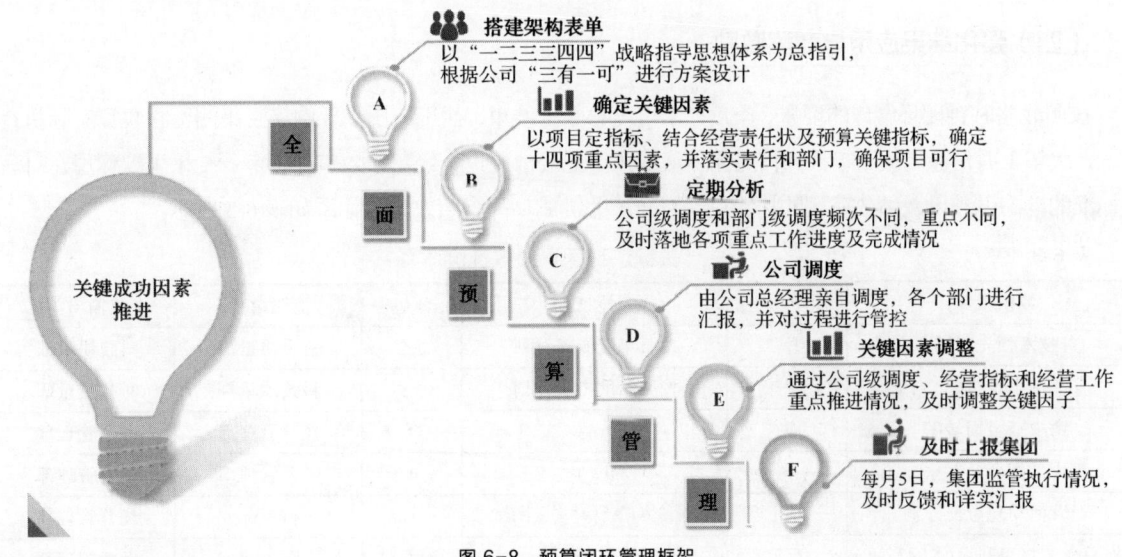

图 6-8　预算闭环管理框架

（三）在预实对比中实施多维度分析，形成管理会计报告

徐工液压定期收集整理预实对比数据和信息，主要为了内部过程改进与创新、资源调整与分配，并为公司战略决策及调整提供依据，着重用于核心指标分析、盈利能力分析、产销平衡分析、成本动态分析、专项业务分析、资金状况分析、效益效率分析等。管理评价部门对岗位绩效数据进行分析，关注岗位以及资源配置绩效的改进与创新情况，并为职能部门计划更新以及调整提供依据。徐工液压管理会计报告如表6-2所示。

表6-2 徐工液压管理会计报告

序号	名称	报告作用
1	月度经营分析报告	以问题导向分析财务经营数据，并对经营中存在的问题进行剖析
2	月度预算分析报告	对主要关键指标以及各项专项业务的运营进行分析，为下月预算提供判断依据
3	月度预算快报	对当月主要经营指标的完成情况进行预计，并对次月指标进行预排，为管理层提供及时、高质量的决策数据支持
4	月度产销存报表	对当月的产量、销量以及库存进行平衡分析，做好产销衔接
5	月度和滚动预算计划	对次月主要经营指标以及近3个月的主要经营指标进行动态的滚动预算，及时把握市场动态趋势和各个主机厂的市场销售情况，以便调整产能和匹配原材料的集中采购
6	资金日报表	对每天的收支进行反馈，重点监控回款进度及回款质量
7	预算执行情况预实分析报告	定期对预算的执行数据差异进行分析，通过数据寻找差异，并且及时找到解决问题的有效路径
8	季度运营分析报告	定期总结经营过程中的亮点、不足以及下一阶段的重点工作，并且明确目标和工作措施
9	关键成功因素项目季度报告	定期对影响公司经营的重大因素进行调度、分析，并形成项目报告，识别问题，进行资源配置和解决问题
10	降本增效项目季度报告	对影响公司利润因素的项目进行调度，并出具分析报告，对降本增效的效果进行验证分析，为市场定价和调整产品结构提供依据
11	边际贡献率提升专题分析报告	针对量大利薄产品，定期出具改善成果分析报告，为利益相关者提供高质量的产品
12	现金流正向增长提升专题报告	定期对现金流进行专题分析，注重提高经营质量，为公司决策层提供动态的经营质量分析报告
13	毛利率提升专题报告	定期总结贡献度稀薄产品的毛利改善情况，并提供专题报告，供决策层判断产品的销售结构以及资源配置
14	质量成本管理分析报告	对内外部损失进行专题分析，分析质量成本产生的原因以及三包领用的配件的结构，对生产和设计中的缺陷进行及时改善

（四）强化结果应用与薪酬激励

按照战略时钟闭环管理的要求，季度、半年度和年度结束，徐工液压需要向徐工集团汇报预算实际执行情况，次年1月份徐工集团审计部门对徐工液压预算完成情况进行经营绩效审计，审计结果主要体现在对薪酬标准的动态调整以及绩效薪酬的挂钩兑现方面。关键成功因素绩效评价体系如表6-3所示。

表6-3 关键成功因素绩效评价体系

考核指标	单位	考核目标	分值	监测单位	考核输出单位
技术领先指标	—	按照年度专项计划	7.5	科技质量部	科技质量部
用不毁指标	—	按照年度专项计划	7.5	科技质量部	科技质量部
两项资金周转率	次	*.63	3	经营管理部	经营管理部
内部配套及时率	%	99.0	4	经营管理部	经营管理部
经营活动现金流净额	万元	**145	3	财务部	经营管理部
利润总额（报表利润/实际利润）	万元	**847/**847	12	财务部	经营管理部

考核指标	单位	考核目标	分值	监测单位	考核输出单位
利润总额——AMCA、FT	万欧元	*.7/14.5	3	财务部	经营管理部
销售净利率	%	**.57	8	经营管理部	经营管理部
综合毛利率	%	*7.44	7	经营管理部	经营管理部
研发投入资本化率	%	**.88	3	科技质量部 财务部	财务部
三项费用占收入比（管理费用、销售费用、财务费用）	%	*.58	2	财务部	经营管理部
主营业务收入（预算完成率、增幅与主要竞争对手对比）	万元	**10*7/不低于主要竞争对手增幅	10	经营管理部	经营管理部
主营业务收入——AMCA、FT	万欧元	**10	5	经营管理部	经营管理部
外部市场收入占比	%	*2.32	5	经营管理部	经营管理部
出口收入	万元	*445/不低于主要竞争对手增幅	5	国际战略部	国际战略部
战略目标进度与核心举措推进、技改投资计划	—	按照"十三五"战略规划及技改投资计划	5	战略规划部	战略规划部
重大项目完成情况	—	按照重大项目年度目标	3	审计督查研究室	审计督查研究室
在册人员优化调整比例	—	在册人员转岗、降级不低于3%，淘汰不低于2%（向下取整）	3	人力资源部	人力资源部
关键核心人才保留	人	核心人才流失率不高于2‰（向下取整），关键岗位竞业限制全覆盖	2	人力资源部	人力资源部
安全环保工作目标	—	见 HSE 责任状	2	安全环保部	安全环保部

七、"315"预算管理模式的管理效益

（一）经济效益

徐工液压通过将"315"方法论在核心零部件企业进行深度推广应用，结合创新的"9+1"结构模式，目标清晰，定位明确，在当年取得了很好的经济效益，与往年相比，各项经营指标有了很大的改善。经济效益增长对比如表6-4所示，可以直观看出，运用"315"全面预算管理模式后企业能够获得十分可观的经济效益。

表 6-4 经济效益增长对比

指标名称	单位	2019 年预算	2019 年实际	2018 年实际	实际同期增幅	进度率
主营业务收入	万元	**1 087	**3 401	**8 526	28.31%	101.15%
外部收入	万元	** 309	** 978	** 628	8.64%	72.84%
利润总额	万元	** 847	** 113	** 551	71.67%	107.51%
综合毛利率	%	*7.44	*9.11	**.24	17.67%	109.58%

（二）经济效率

通过采用"9+1"管理模式，企业效率得到明显提高，企业经营质量呈正向增长。图 6-9 所示为 2019 年企业经营质量预实分析，采用杜邦分析体系，对徐州徐工液压件有限公司 2019 年预算及 2019 年实际的各项主要指标进行对比分析，可直观看出，2019 年营业收入、销售收入、净利润等体现企业盈利能力的数据均高于年初预算（预期）；资产总额和所有者权益也高于预期，亦即企业规模扩张速度高于年初期望值。

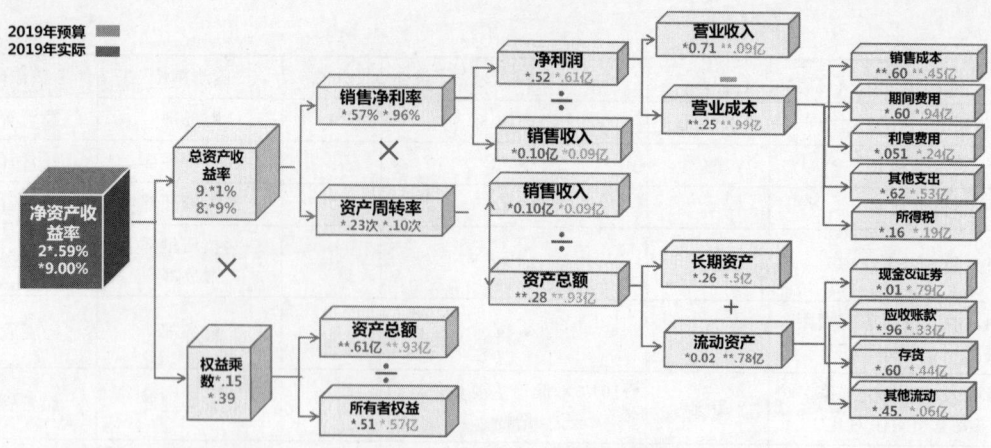

图6-9　2019年企业经营质量预实分析

（三）"315"预算管理模式应用场景

"315"预算管理模式适用于生产制造企业和信息化手段较为集中的企业。在应用时，还需要高层决策者的支持和业务层面的执行，上下结合方能达到理想的效果，如果上下配合不协调，可能出现预算管理形式化、预算博弈过程重复和绩效考核责权不清晰等问题。只有高层参与战略制定、资源配置，业务层面贯彻执行，价值最大化和效率最大化目标方能实现。

（四）推广价值

徐工液压采用"315"预算管理模式能有效解决全面预算管理的落地难、预算和执行两张皮的问题，通过表单式的目标管理、流程图的过程管控、绩效评价的定期考核，真正实现预算绩效管理的全员参与、全过程和全价值的系统性科学管理，通过制度管人、流程管事、战略牵引，实现业财融合的正向管理。

在企业的经营运行过程中，预算管理与绩效考核日益密切，要做到考核有依据，目标可实现，就要做好年初的目标分解和业务的分层分级。在绩效考核方面紧扣业务目标，对高质量发展有非常重要的意义。

八、"315"预算管理模式应用的经验总结

（一）"315"预算管理模式在实际应用中需要注意的问题

"315"预算管理模式下的全面预算管理以企业的经营战略作为发展重点，在企业的各个发展阶段，针对企业内外多种环境因素的影响和变化，不断调整企业发展的经营思路和运行模式，确立各个阶段的经营目标和指导思想，运用相匹配的管控手段、绩效评价、激励管理措施保障企业高质量发展。企业在实际工作中需要注意以下几点。

（1）要以企业战略目标为基准，以预算管理为主线。全面预算管理体系必须与企业的战略目标一致，在战略目标的引导下有效分配整合资源，以财务管理为主，实现企业的价值最大化，确保预算体系的建立和有效运转，以实现企业最终的战略目标。

（2）要以价值链为核心主线，以内部控制、管理创新为协同。预算管理能够有效地将企业战略目标与生产经营活动贯穿起来，通过分散权利和责任、集中监督来优化配置各项资源，将风险预警与控制、业绩考核与评价、内部审计与监督等协同整合到战略财务管理体系中，通过体系的协同效应，实现企业的战略目标。

（3）企业战略的执行相比于战略的制定更为重要，而企业战略实施和落地的基础是业财融合。

（二）"315"预算管理模式的不足

"315"预算管理模式理论性较强，需要决策层和执行层对其内涵以及本企业业务循环和经营战略思路非

常清晰，但是徐工液压在执行过程中，其部分业务模块在经营目标和专项预算方面过于重视程序，套用方法论进行预算管理，缺乏灵活性和对业务执行中出现问题的应对处理方案；按部就班地执行战略时钟，差异分析和问题导向剖析不充分，不能真正解决预算执行不到位的问题。预算管理还要通过管理流程和制度设计来增强主动性，还需要一个不断适应和调整的过程。

 ## 企业自评

徐工液压通过对预算管理创新模式的深度应用，专注于完善全员、全业务、全过程预算绩效管理，盯住绩效目标管理，做好绩效运行监控，强化绩效评估机制，定期开展绩效评价和结果应用，夯实全面预算绩效管理，打通业务和财务的信息化通道，不断推出新技术、新产品、新服务，把握主动权，助推公司高质量发展。

基于"315"预算管理模式的核心内涵，徐工液压构建了基于"315"预算管理模式的全面预算管理新模式，通过正向预算管理，不断瞄准和优化企业经营过程中的各项"短板"和提高对内外部市场环境的快速应变能力，通过落实战略分解目标，实现业财融合与价值协同，提高设备、材料、人力等资源的配置和使用效率，提高公司在预算组织、流程制度、指标体系、信息化等方面的一体化程度，实现"纵向贯通、横向协同"，通过对预算内外事项及重大事项的有效界定和执行监控，控制经营管理风险，建立与主要业务系统、财务系统一体化运作的预算管理信息平台，提高公司整体信息化水平，通过业务循环来寻找管理差距，进行短板补缺，助推公司高质量发展。

 ## 专家点评

作为国内液压元件制造的排头兵，徐工液压专注于研发高端核心零部件，解决国内高端核心零部件的"卡脖子"问题，在提高管理、创新、研发能力的同时，结合徐工集团的"315"经营魔方的方法论，以关键成功因素为抓手，开展全面预算管理。

"315"预算管理模式，促使徐工液压将战略目标层层分解至各职能部门，落实到每一项可量化的收入、成本、费用、利润等关键经营指标中，通过目标管理，制定科学的考核机制，并以预算管理为主线，以战略为导向，与战略经营目标相衔接。同时，通过正向管理，实现对全面预算管理的事前计划、事中监督和事后分析，提高了预算的准确性和管理效果。

"315"预算管理模式具有推广性和可复制性，能更加深入地进行业财融合，深度剖析财务数据，使预算的编制、执行、分析、监督、考核系统化。同时强化战略管理、风险管理，将信息技术与预算管理相融合，使预算管理在企业经营活动中发挥强有力的支撑作用，并以关键成功因素作为预算落地的抓手，在信息化程度较高的生产制造企业中是值得大力推广的。

案例七 数据仓库、商务智能和管理会计模型的结合与实践

重庆宗申动力机械股份有限公司

【摘要】在经济全球化环境下，集团公司业务规模不断向各个地区扩张，国内向国外延伸趋势更加明显，这加大了集团公司对各子、分公司的财务管控难度。同时，国内经济增速放缓，原材料价格持续处于高位；国外市场供求状况出现变化，企业面临的市场环境更加复杂。而民营企业由于自筹资金、自主经营、自负盈亏等特点，更加要求长远的发展战略和稳健的经营策略。为化解这一难题，集团公司需要加快财务转型升级，着力提高财务价值创造能力和业务支持能力。对此，国家陆续出台了《企业会计信息化工作规范》和《财政部关于全面推进管理会计体系建设的指导意见》等相关文件，鼓励集团公司充分利用信息技术资源，加强财务工作的专业化分工，加快核算会计向管理会计的职能转变，实现财务管理的价值创造。

基于国家宏观政策的积极引导及重庆宗申动力机械股份有限公司管理会计活动实施过程中面临的数据提取耗时长、追踪困难，系统间响应速度慢、数据统计依靠人员层层汇总等问题，重庆宗申动力机械股份有限公司决定以搭建数据仓库、实施商务智能（Business Intelligence，BI）的方式，实现跨系统快速取数。层层下钻的数据追踪，自定义财务合并规则，一键输出披露报表，多维度创建资金、预算、投融资、发展能力管理等各类分析模型，为公司各层级管理者、不同业务部门人员提供统一、共享、快速、标准的数据来源。同时将财务人员从日常繁复、低效的工作中解放出来，转而深入参与经营管理的方方面面，落地管理会计模型，为公司的经营发展建言献策，发挥管理会计在公司战略发展中的决策支持作用、经营管理的风险管控作用，真正实现管理会计创造企业价值的功能。

【关键词】数据仓库；商务智能；管理会计模型；经营价值创造

一、企业简介

重庆宗申动力机械股份有限公司（以下简称"宗申动力"）是宗申产业集团的核心子公司。2003 年通过重大资产重组成为国内唯一的小型内燃机上市公司，是重庆摩托车行业的首家民营上市企业。证券代码为001696。

（一）主营业务

宗申动力深入推进"产融网"三位一体发展战略，以产业为本、金融为器、网络为基，跨界融合、共建共享。专业研发、生产和销售摩托车发动机、通用汽油机、农林机械、专用动力、多燃料动力、柴油机、船用动力、汽车零部件等。具备年产摩托车发动机 500 万台、通用汽油机 450 万台、柴油机和农林机械 200 万台、各类铝合金产品 1 000 万件以及铝合金铸件 2 万吨的生产能力，是国内规模最大、品种最齐全的专业化

作者：刘源洪
案例指导与点评专家：邹艳（北京航空航天大学）；赵雪媛（中央财经大学）

热动力机械产品制造基地之一。同时转型升级聚焦三大主线，积极向新能源、通用航空、高端零部件、多元化金融服务等产业拓展和转型，2018 年完成 5kW 燃料电池及空气循环泵项目测试及评审，落地"油转电"战略目标;聚焦航空发动机，2018 年成功实现活塞式航空发动机的自主研发，未来产品将涵盖 2-400HP 航空系列，成为无人机和通航飞机动力系统的顶级服务供应商;此外，为实现向服务型制造企业的战略转型，提升宗申动力主业竞争力，成立小额贷款公司，开展上下游供应链金融活动，掘金产业链，实现产融结合，在上游核心零部件供应商以及下游稳定客户群等方面建立系统性竞争优势，深化构建宗申动力商业模式，逐步形成以"摩托车发动机和通用动力"为核心，同时覆盖"电动动力、航空动力、汽摩核心零部件、产业链金融"等新兴业务领域的多元化小型集团公司。

（二）行业地位

宗申动力在国内摩托车发动机行业中一直保持龙头地位，并连续十二年保持行业第一。在通用动力行业始终处于国内领先水平，2017 年获得全球首张通用发动机欧 V 排放证书，2018 年收购大江动力，获得了通机行业第一的地位。

（三）发展前景

2018 年宗申动力实现营业总收入 60.26 亿元人民币，较上年同期增长 15.95%；实现归属于上市公司股东净利润 3.74 亿元，较上年同期增加 37.31%。"宗申"商标被评为"中国驰名商标"，公司连续多年被评为"中国机械 500 强""重庆工业企业 50 强"。不仅如此，公司还荣获"全国质量管理先进企业""中国上市公司价值百强""最佳主板上市公司""国家级绿色工厂""国家级绿色供应链"等多项殊荣。

二、管理会计活动的应用基础

（一）国家政策、市场环境助推财务转型

2014 年，《财政部关于全面推进管理会计体系建设的指导意见》指出了管理会计体系建设的重要性和紧迫性。文件提到，管理会计是服务于企业内部管理需要，在单位规划、决策、控制和评价等方面发挥重要作用的管理活动，是企业会计工作的重要组成部分。企业可以通过推进管理会计理论体系建设、会计信息系统建设，有机融合财务与业务活动，发挥管理会计职能。

传统企业管理模式在云计算、大数据、人工智能、区块链等信息技术的高速发展背景下受到严重冲击，迫使企业接入信息工具，运用人工智能，创建应用场景，不断重塑商业模式。在此背景下，宗申动力主动迎接挑战，在新时代下引入智能机器人，推进传统制造向绿色制造转型；深化财务信息化建设，实施数字化管理，应用管理会计模型并监督执行，壮大管理会计队伍，发挥财务管理创造经营价值的功能。

（二）管理会计活动实施瓶颈

宗申动力下属共 33 家会计主体，面对境内、境外适用不同会计准则，美元、欧元、英镑、越南盾等多币种核算，资产重组、并购业务频繁发生，财务管理的难度日益剧增。为解决这一难题，宗申动力一方面借用信息化手段：在 2015—2017 年升级旗下发动机、通机、航发等核心子公司的企业资源计划（Enterprise Resource Planning，ERP）系统，上线德国思爱普公司的企业管理解决方案（System Applications and Products，SAP）打通销售、采购、财务核算的所有环节，实现财务对业务全流程的监控；基础信息化升级完成后，和用友合作开发外汇回款管理、资金结算、费用报销等辅助系统，并将辅助系统对接基础系统，实现会计凭证自动记账，提高核算效率。另一方面，2015 年宗申动力全面启动财务共享服务中心建设，通过组织梳理三大财务职能定位、调整组织结构、建设财务共享服务平台等措施，在 2018 年建成财务共享服务中心，实现三

大财务职能分离：共享财务主要完成标准化的日常财务工作处理；业务财务主要负责深入经营活动的各个环节，利用财务专业知识，加强内部控制与监督；战略财务主要负责通过宏观经济运行趋势分析、统筹管理公司层面的资产运行效率、质量等。至此从基础核算工作中脱离出来的业务财务、战略财务则构成了宗申动力的管理会计队伍，这部分财务人员专职负责经营分析、风险控制、投融资分析、财务战略制定、管理层决策支持等工作，并且利用已具备的信息化基础，实施管理会计活动。

但在实际的管理会计活动实施过程中，业务分析需要的大部分有用信息提取耗时长，实际执行性差。例如，在对客户实施信用管理时，管理会计需根据每笔订单的付款条件，逐笔分析，判断账期，再组织业务部门进行开会讨论，落实货款的催收计划。一系列准备工作完成后，已到货款结算日的次月下旬，无形中将货款收回期限延长近 20 天。应收账款周转天数增加只是目前货款管理方式的显性损失，此外还有 20 天资金的时间价值、管理松弛带来的营销人员工作积极性降低等隐形损失；同时对公司管理层而言，它们并不接受因公司规模扩大带来的业务处理效率降低，不仅如此，反而对财务分析效率提出更高要求。

系统间数据追踪、响应速度缓慢，常出现数据来源多、跨系统问题，如管理会计想做客户信用在生产、销售、发货的全链条管理，但客户信用评价、订单下达在客户关系管理（Customer relationship management，CRM）系统中，客户生产发货在 SAP 系统中，例外发货报告等在办公自动化（Office Automation，OA）系统中，如果要观察某个客户的某个订单全链条，可能需要打开三个系统分别查询，系统间的数据关联不够，存在一定程度的信息孤岛现象。如遇紧急情况，数据提取常出现"手忙脚乱"的情况，"乱"则易错，数据质量难以保证。

业务分析时，因各分、子公司、业务管理系统不一，数据统计仍主要依靠人员层层汇总上报，基础数据准备工作耗时耗力。例如，制造业的产品备库情况普遍存在，要实现科学的库存管理，需及时了解存货的出入库、结存、账龄等情况，而从 SAP 系统中导出一个月的出入库信息大约需要 3 小时，涉及物料约 50 万个，物料移动数据约 350 万行，在有限的时间内，数据准备上的长耗时势必导致业务分析的"浅尝辄止"，而更进一步地深入经营，财务反哺业务则无从着手。

面对一系列的管理会计活动实施难题，宗申动力急需寻找一种切实可行的方式来抓取经营过程中的各种数据，同时自动筛选可用信息，减少业务分析前的基础数据准备工作，将人力集中起来应用管理会计模型并监督落地执行，同时在公司的各 ERP 系统之间采用科学的链接方式，打通信息壁垒，实施数字化管理，最终发挥管理会计在企业经营活动中的风险管控、决策支持作用。

三、管理会计活动问题的解决

（一）解决管理会计难题的工具选择

宗申动力经过多年发展，已经认识到信息数据在公司管理、发展中的重要作用，是帮助公司实现科学管理、支持决策分析的重要基础。在业财税信息化全覆盖背景下，企业的信息数据可以较为全面地反映企业经营活动全貌，企业通过分析数据，可以了解经营业绩，洞悉管理问题。但基于宗申动力目前的信息化建设基础：虽实现业财税信息化全覆盖，但信息系统林立，SAP、企业管理电子商务系统（New Century，NC）、CRM、资金结算、费用报销、迅联云财务等系统交叉使用，存在数据提取耗时长、数据追踪困难、系统间链接不够、数据响应速度慢、数据整理效果较差等问题。然而管理会计活动的实施首先需要大量数据分析作为支撑，为达到管理会计对基础数据的要求，基本思路大概有两个方向可以选择。

第一种：推倒现有信息系统，重新寻找方案或信息化手段，保证宗申动力所有分、子公司，业务、财务在同一系统内，相当于在一个系统内实现所有人财物、供产销的流转，这种方式的优点在于：基于同一系统的数据提取、汇总、整理甚至更高一层的建模等相对容易。缺点在于将所有信息系统推翻重建势必导致前期投入浪费，同时还有项目建设周期长，人财物投入巨大等问题。

第二种：不更改现有系统，另寻一种科学的数据连接方式，达到数据提取工作的跨系统执行，确保可追踪性。这种方式的优缺点和第一种恰好相反，此外，这种方式还有一个明显的缺点即只能实现数据的提取整理，涉及财务建模等一系列更高要求则难以满足。

针对两种方式的优缺点，结合管理会计价值创造目标和对数据仓库、商务智能等前沿技术的学习，宗申动力最终决定选择一种综合的方式：搭建数据仓库，实施商务智能，来解决管理会计实施过程中的各种难题。

数据仓库概念由比尔·恩门于 1990 年提出，是为企业所有级别的决策制定过程提供各种类型数据支持的战略集合。出于分析报告和决策支持的目的而创建，为需要业务智能的企业提供指导业务流程改进、监视时间、成本、质量以及控制的功能。商务智能对企业现有的数据进行有效整合，为快速准确地提供报表和商业判断提供决策依据。数据仓库和商务智能的结合被认为是可以解决目前宗申动力管理会计活动实施过程中各种问题的一种有效手段。它能实现前端业务查询，提高数据分析质量，唤醒沉淀在各个系统中的数据，挖掘数据潜在价值，实现数字化管理过渡。

（二）数据仓库、商务智能实施上线

为解决管理会计活动实施过程中的数据提取效率低下、汇总整理耗时耗力、数据追踪困难等问题，宗申动力成立专项小组，制定项目目标、推进机制、计划、项目蓝图设计，搭建数据仓库，实施商务智能并上线运行。利用数据仓库技术（Extract Transform Load，ETL）工具、数据接口及即插即用驱动，直接对接公司 SAP、NC、金蝶、CRM、费用报销、迅联云、Excel 数据源等，不改变公司原有信息软件及主数据。对各系统内数据进行抽取、转换，加载处理到数据平台，在平台上对提取的数据进行清洗、转换、关联，并形成标准的基础数据仓库。搭建财务智能联机分析处理（Financial Intelligence-Online Analytical Processing，FI-OLAP）多维财务分析，BI 自定义业务分析模型，辅以 OLAP 及套表功能、BIWEB 页面、墙面及移动驾驶舱数据展示功能，实现固定+灵活的数据分析场景。图 7-1 所示为宗申动力数据仓库搭建逻辑。

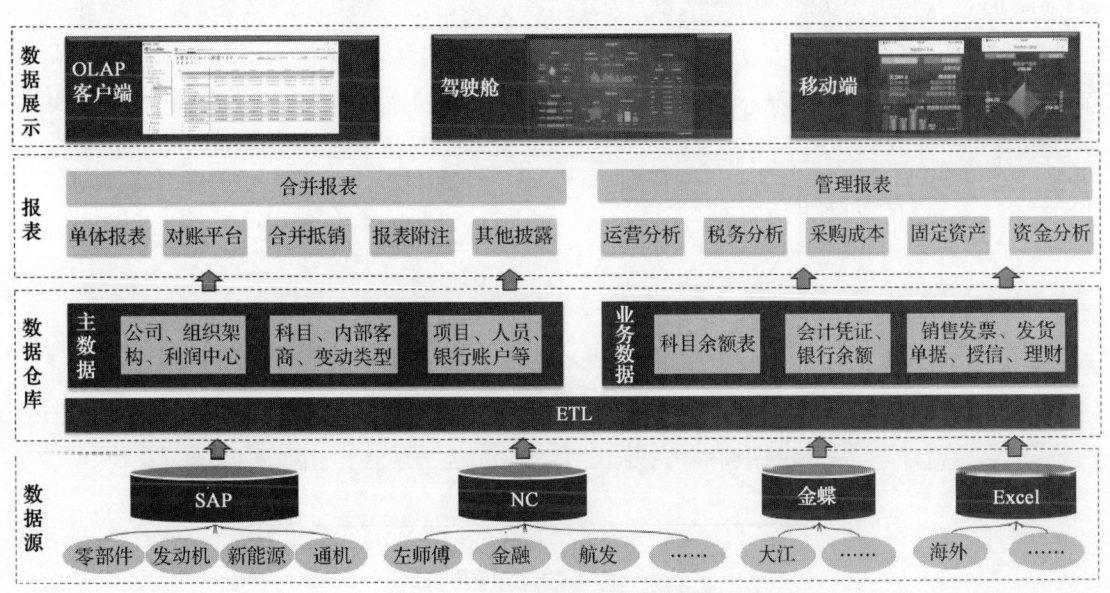

图 7-1　宗申动力数据仓库搭建逻辑

项目历时 7 月余，利用结构化查询语言（Structured Query Language，SQL）、JAVA（计算机编程语言）、ETL 等工具，结合业务需求，开发 30 个数据接口，编制 3 万多代码，为达到预期效果及延展性需要，各模块首先对数据库进行 5 次以上基础数据测试和培训；其次对二层仓库的合并报表、经营分析报表，三层的 OLAP、BI、驾驶舱等进行系统计算和分析测试，解决 200 多个测试问题；系统上线后，坚持 100 多天的后期支持、优化。

（三）数据仓库、商务智能和管理会计活动结合

数据仓库搭建和商务智能实施后，宗申动力实现了业财税信息的"一键集成"，高效的数据提取效率、简洁的数据追踪路径、调整傻瓜式的规则后大大解放劳动力，在这一模式下，财务分析人员从前期繁复、低效的数据统计工作中解放出来，真正深入企业内部管理的各方面，运用管理会计模型，在企业决策、控制和评价等方面发挥管理会计职能职责。

1. 量本利分析法在订单测算中的应用

数据仓库搭建后，宗申动力财务管理中心通过对公司生产线的设计产能和实际产量对比发现，各生产线的实际产能利用率均维持在80%左右，开工不足不仅是人员、生产设备的闲置，也是公司资源的浪费。如何提高产能利用率，创造经济效益是全公司面临的课题。"降本增效"是解决该问题的两大方向。对于已建生产线来说，最主要的设备已全部投入，在"降本"方面还能控制的只有人工和能耗等变动费用，而人工和能耗存在不生产、不发生的特点，继续压缩空间小；"增效"是另一突破口，但从宗申动力的订单管理流程来看，新订单的生产需经过财务管理中心的订单价值测算，为保证企业经营效益，通常情况下宗申动力均遵循"无效益、不接单"的原则。在产能利用不足的背景下，宗申动力财务管理中心决定重新分析现有订单价值管理模型，寻找优化空间。

传统的订单价值管理采用手工测算模式，存在两大缺点：第一，测算依据为年初设定的标准成本或标准系数，该标准成本来源于上年产品实际成本数据，测算模型以产品进销差为毛利，剔除产品分摊的制造、管理成本及其他费用，每个订单都有自己的"利润表"，因其中的订单成本采用年初制定的标准成本，测算结果与实际情况存在一定偏差，且人工填报易出错，决策信息可信度不高；第二，测算工作量大，审批流程复杂，效率低下，待一系列的测算、审核工作完成后，往往已错失市场先机。为解决生产线产能利用不足，提高市场占用率；避免盲目接单，拉低盈利水平；同时提高订单测算效率，抓住市场机遇，宗申动力财务管理中心充分利用系统化、科学化的管理方法，从订单价值测算模型出发，思考将传统的"标准成本利润表"测算模型调整为"量本利"测算模型，以满足公司精细化管理要求，为公司接单决策、优化资源、提高效益提供有力支撑。

量本利分析法通常也称为盈亏分析法。宗申动力利用量本利分析法可以计算出组织的盈亏平衡点，盈亏平衡点又称为保本点、盈亏临界点、损益分歧点、收益转折点等。其分析原理是：当销量增加时，销售收入成正比增加，但固定成本不增加，只是变动成本随产量的增加而增加。图7-2所示为量本利分析模型。

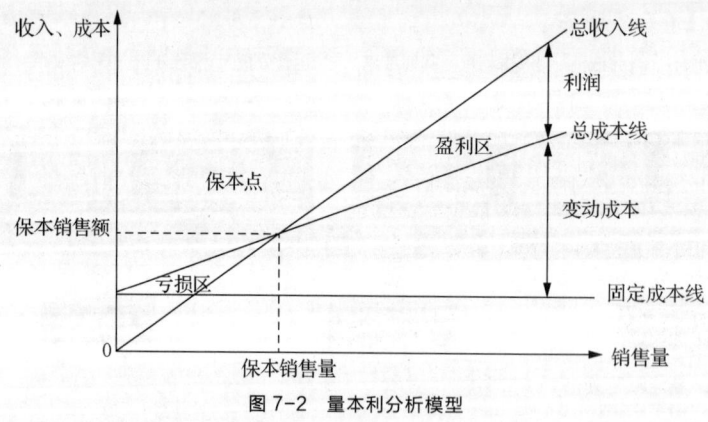

图7-2 量本利分析模型

运用量本利分析法测算订单价值，变动成本的确定是关键因素，依靠传统手工方式测算每个订单的变动成本完全无法实施。为此宗申动力通过运用数据仓库、商务智能的功能，将企业实际发生的所有成本，严格遵循"谁受益、谁负担"的数据仓库成本费用分摊原则，科学合理地分摊到每一个产品上，计算出每种产品实际耗用的材料成本和承担的各项变动费用，作为订单效益测算的依据。同时，利用系统自动化功能实现产品成本、费用实时更新，确保每一笔订单的测算结果更加准确、及时，提高决策参考的可靠性。图7-3所示为数据仓库成本费用分摊规则。

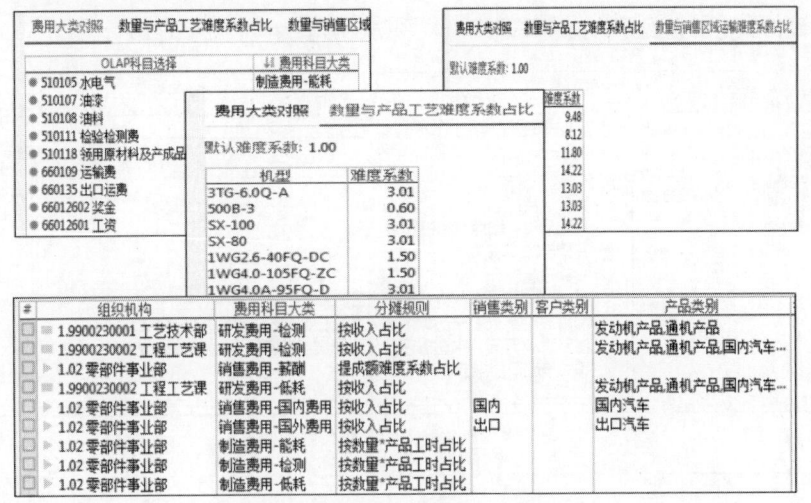

图 7-3 数据仓库成本费用分摊规则

传统的订单测算模式下，若订单出现亏损，企业通常会直接淘汰，从而忽略其为企业带来的潜在价值和效益。根据量本利订单测算模型：

利润=销售收入-变动成本-固定成本=边际贡献-固定成本

其中，固定成本不会因订单量的多少而变化，所以边际贡献是影响企业效益的唯一因素。当订单边际贡献大于固定成本时，额外效益被创造了；而部分亏损订单的边际贡献虽小于固定成本，不能为企业直接创造利润，但仍然消耗了部分固定成本，可降低企业平均生产成本，同样具有可观价值。

宗申动力利用数据仓库、商务智能实时取数的功能，结合量本利订单测算模型，创新营销管理思路，以"增效"为目标，对订单的边际贡献进行自动测评、效益对比、甄选订单，帮助前线营销人员做出最快速的接单决策；同时扩大订单接收范围，增加订单量，"摊薄"固定成本，实现企业利润最大化。该模型在系统上线后使订单总量提升 13%，创造边际贡献约 4 000 万元。

2. 管理会计方法在资产运营管控中的应用

资金是企业运行的血液，是日常生产经营活动赖以进行的基本源泉，但部分企业为抢占市场，盲目扩产，加之缺乏风险意识，导致应收账款、存货规模逐渐增加，使企业资金周转紧张，陷入财务危机。为了提高经济效益和市场竞争力，宗申动力借助商务智能工具健全资产管理制度，增强企业造血功能，提升资产周转效率。

（1）客户信用管理在销售过程控制中的应用

《企业会计准则第 22 号——金融工具确认和计量》规定，企业应当设置"信用减值损失"科目核算各类金融工具减值准备所形成的预期信用损失。对制造业来说，应收账款是企业流动性极强的金融资产之一，而信用减值概念依托会计准则规定在财务核算中的实际应用，体现信用管理在企业经营中的重要作用。

在数据仓库搭建前，宗申动力表面提出对应收账款实行实时监管，但在实际操作中，需根据客户的付款条件，逐笔分析、判断账期，再组织业务部门进行开会讨论，落实货款的催收计划。一系列准备工作完成后，已到货款结算日的次月下旬，无形中将货款收回期限延长近 20 天。

数据仓库搭建后，宗申动力引入信用管理模式，将 2 000 多个客户，70 多种付款条件，按业务实质划归为 8 类能适应多样化付款条件的规则，再借助系统模型搭建器，从客户铺底、信用政策等方面灵活设置需求，取消线下手工推算，缩短账龄分析时间。同时利用系统将货款账龄、回款情况定期推送业务员，以信息手段督促业务人员及时收回货款。此外，还将业绩完成情况和绩效奖金挂钩，系统同时推送业务完成度及奖金影响程度，让企业经营业绩与个人所得结合，提高业务员的工作积极性。图 7-4 所示为应收账款的 8 类付款条件。

系统一键完成应收账款账龄分析，实时推送客户信用状况、应收账款余额、逾期金额、账龄期间、绩效影响和责任人，简化与业务部门的线下沟通流程，利用信息手段督促业务部门跟踪欠款客户的经营状况，控制逾期应收款比例，加快资金回笼，控制坏账风险。图 7-5 所示为应收账款账龄分析。

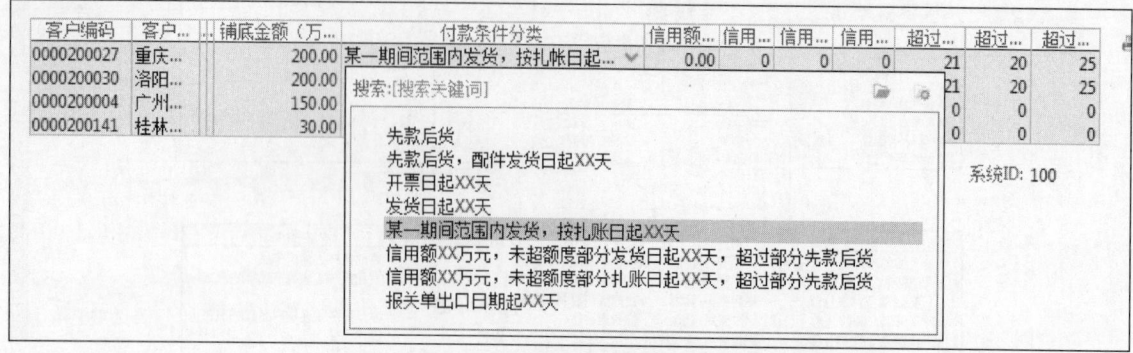

图 7-4 应收账款的 8 类付款条件

序号	客户编码	客户名称	应收账款期末余额	其中:铺底金额	未到期应收账款	逾期应收账款 逾期小计	逾期0-30	逾期31-60	逾期61-90	逾期90天以上	责任人
		应收账款总计	46,751.17	4,470.00	21,052.27	25,698.90	11,195.28	5,902.75	5,616.65	2,984.24	
		摄内合计	44,129.90	4,470.00	19,427.55	24,702.35	10,472.25	5,629.23	5,616.63	2,984.24	
		关联方合计	30,243.28	0.00	9,182.15	21,061.14	7,498.45	5,139.00	5,439.45	2,984.24	
1	0000700003	JIDA	21,806.11	0.00	4,221.67	17,584.45	4,552.00	4,608.76	5,439.45	2,984.24	JIDA
2	0000700015	JICHE	8,437.07	0.00	4,960.38	3,476.69	2,946.45	530.24	0.00	0.00	FENGJUAN
3	0000700026	CHANYEJITUAN	0.10	0.00	0.10	0.00	0.00	0.00	0.00	0.00	JINGYAN
		非关联合计	13,886.62	4,470.00	10,245.40	3,641.21	2,973.80	490.23	177.20	0.00	
1	0000200492	LEIWO	2,924.87	1,350.00	2,213.12	711.75	541.57	170.18	0.00	0.00	LIUXU
2	0000200146	HANGTIAN	2,432.04	1,200.00	1,933.99	498.05	495.39	2.66	0.00	0.00	LIBING
3	0000203048	WUXI	2,402.48	620.00	1,692.67	709.81	709.81	0.00	0.00	0.00	WANGYAN
4	0000200690	TAIXIN	1,272.29	0.00	1,008.74	263.54	257.40	6.15	0.00	0.00	HUANGJIE
5	0000200522	DONGEBN	1,187.97	500.00	775.89	412.08	264.75	147.33	0.00	0.00	MOCHUN
6	0000200363	JIANA	969.46	0.00	663.17	306.29	306.29	0.00	0.00	0.00	SHENFU
7	0000200499	LONGYUAN	787.05	500.00	756.19	30.86	30.86	0.00	0.00	0.00	MAJIAN
8	0000200643	XINMING	723.70	300.00	723.02	0.69	0.69	0.00	0.00	0.00	ZHOULI
9	0000200692	XINSHUAI	625.41	0.00	320.58	304.83	279.87	24.96	0.00	0.00	DULI
10	0000200510	WANGJIANG	561.35	0.00	158.03	403.31	87.17	138.95	177.20	0.00	DULI
		境内合计	2,621.27	0.00	1,624.72	996.55	723.03	273.52	0.00	0.00	
1	0000300347	PIAGGIO	1,506.90	0.00	1,279.75	227.15	193.74	33.41	0.00	0.00	DAOLI
2	0000300494	D.S.MOTORS	720.34	0.00	0.00	720.34	480.23	240.11	0.00	0.00	QINMING
3	0000300377	PAK STAR	394.03	0.00	344.97	49.06	49.06	0.00	0.00	0.00	ZHAOFENG
		预收合计	-626.62	0.00	-626.62	0.00	0.00	0.00	0.00	0.00	
		总计	46,124.55	4,470.00	20,425.65	25,698.90	11,195.28	5,902.75	5,616.65	2,984.24	

图 7-5 应收账款账龄分析

系统自动储存、实时监控客户信用状况，并运用至销售业务的整个流程，在创建销售订单和销售发货审核过程中，系统自动检查客户信用状态，并将信用结论返回至 ERP 系统，作为发货审核依据，实现销售订单创建、销售发货审核的自动监控，及时防范信用风险。图 7-6 所示为信用状态自动监控流程。

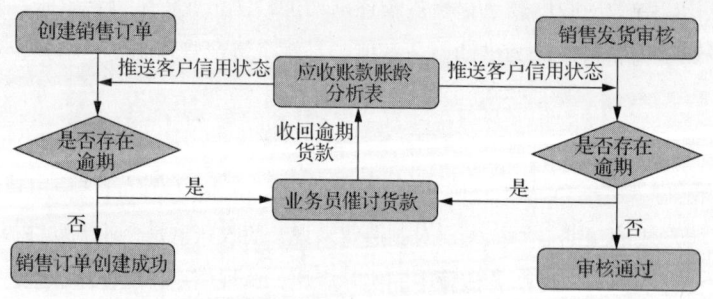

图 7-6 信用状态自动监控流程

（2）安全库存在存货管理中的应用

企业在生产经营中，需精准分析市场走势和订单需求，否则盲目备库，易导致库存规模大，储存周期长，积压严重，大量占用资金。尽管前期财务管理中心也每月进行存货库龄分析，但大部分数据来自业务部门手工统计，难以避免业务部门为了"粉饰太平"而出现虚报、少报等行为。

通过前期调研，宗申动力发现现有 ERP 系统中有严谨的出入库记录，产成品更是经过严格扫码后出入库，这些信息因数据量大，多业务端储存，需跨系统提取，导致大量有效信息未得到充分利用，数据资源浪费。数据仓库将财务系统和业务系统中存货的出入库时间、数量、结存、单价等记录进行提取、整理和计算，过滤无效移动类型，严格按照"先进先出法"对存货结存进行账龄分析，杜绝手工报表的错漏现象，形成对物料数据的全流程管理。图 7-7 所示为物料数据的全流程梳理。

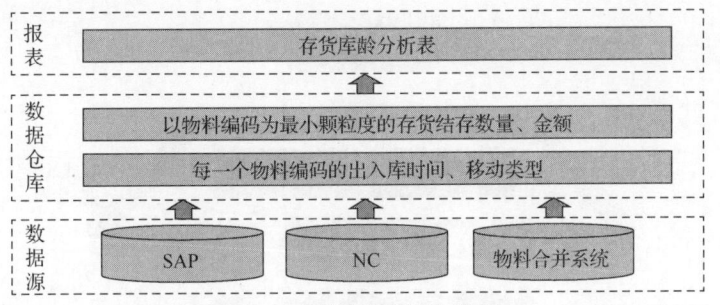

图 7-7 物料数据的全流程梳理

以物料编码作为"存货最小颗粒度",系统自动输出存货库龄分析表（见图 7-8），并按库龄结构和存货类别进行展示，便于生产部门和销售部门随时掌握库存动态，合理安排生产计划，积极清理积压物资，缩减库存总量，盘活占用资金。图 7-9 所示为存货账期结构、存货类别构成。

公司	管理架构$成熟业务$1010		月份	2019年10月			▶ 计算 ▼												
序号	物料编码	物料名称	评估类	产品类别	机型	3个月以内		3-6个月		6个月-1年		1年-2年		2年以上		合计	
						数量	成本金额	数量	成本金额	数量	成本金额	数量	成本金额	数量	成本金额	数量	成本金额
一	成品																
1	1MBZF1A19	捍威250水冷(右	成品	三轮	捍威250水冷	30	31,919.95	0	0.00	0	0.00	0	0.00	0	0.00	30	31,919.95
2	1MBZF1A28	CG200-G海啸	成品	三轮	CG200-G	97	106,494.69	0	0.00	0	0.00	0	0.00	0	0.00	97	106,494.69
3	1MC0D0012	CG125脚-A(宾	成品	两轮	CG125脚-A	0	0.00	2	1,525.79	0	0.00	0	0.00	0	0.00	2	1,525.79
4	1MC0D0018	90(左BS右70-3	成品	两轮	90	1	485.43	0	0.00	0	0.00	0	0.00	0	0.00	1	485.43
5	1MC0D1005	CG200-A新海啸	成品	三轮	CG200-A	0	0.00	1	1,217.72	1	2,435.44	0	0.00	0	0.00	2	3,653.16
6	1MC0H1001	CG200-A水冷(右	成品	三轮	CG200-A水冷	2	2,258.01	1	1,129.01	2	2,258.01	0	0.00	0	0.00	5	5,645.03
7	1MC0H1002	CG150新海啸(右	成品	三轮	CG150新海啸	1	1,075.13	0	0.00	0	0.00	0	0.00	0	0.00	1	1,075.13
8	1MC0M0008	100(鲸_四非_8柱	成品	两轮	100	1	516.60	0	0.00	0	0.00	0	0.00	0	0.00	1	516.60
9	1MC0M0009	S110(左鲸右鲸_	成品	两轮	S110	1	493.80	0	0.00	0	0.00	0	0.00	0	0.00	1	493.80
10	1MC0P0011	100(鲸_四非_8柱	成品	两轮	100	1	536.58	0	0.00	0	0.00	0	0.00	0	0.00	1	536.58

图 7-8 存货库龄分析表

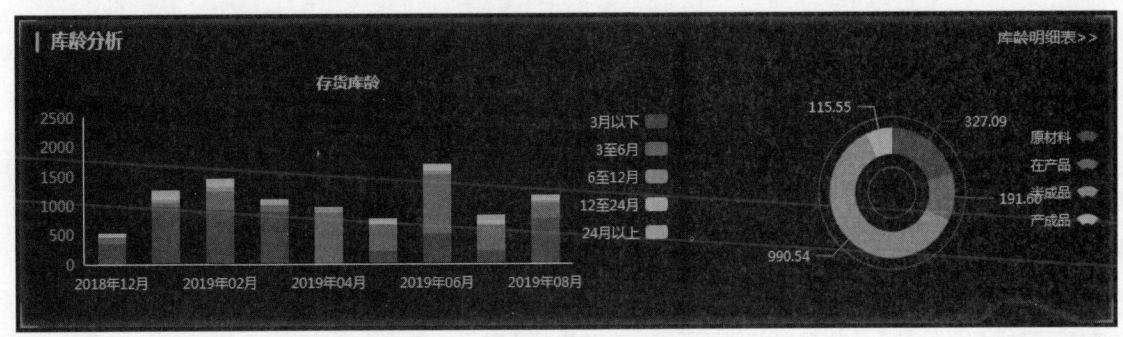

图 7-9 存货账期结构、存货类别构成

为了更精准地判断公司存货总量和存货结构是否处于合理的范围内，宗申动力大量收集客户需求、供应源、交货周期、送货周期，以及产品季节性变化与产能的差距等资料，运用统计学安全库存计算模型，设置不同服务水平下的安全库存相关计算公式如下：

顾客服务水平=1 -年缺货次数/年订货次数

安全库存=日平均消耗量×一定服务水平下的前置期标准差

同时，结合经济订货基本模型：最优存货量=最小存货相关总成本，平衡顾客服务水平、缺货成本和持有成本之间的关系，即顾客服务水平越高，说明缺货发生的情况越少，缺货成本较小，但因增加了安全库存量，库存的持有成本上升；而顾客服务水平较低，说明缺货发生的情况较多，缺货成本较高，安全库存量水平较低，库存持有成本较小。综合考虑三种因素的变动关系，宗申动力确定了最合理的安全库存量，作为管理层决策的可靠依据。

得出安全库存量后，系统自动比对安全库存和销售发货完成进度，一旦结存量超过安全库存红线或销售发货进度低于预设比例，系统将给出预警提示，自动推送至采购、生产、销售部门负责人，督导其依照安全库存预警流程制定并实施安全库存管理方案。图 7-10 所示为安全库存预警流程。

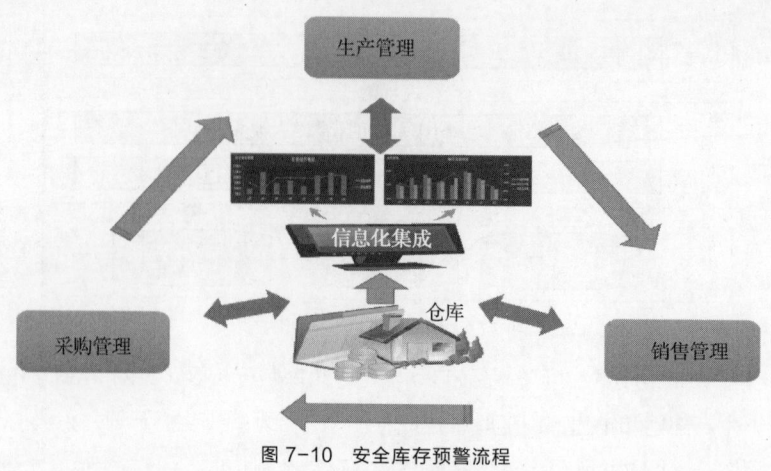

图 7-10　安全库存预警流程

四、数据仓库、商务智能与管理会计实施效果

数据仓库、商务智能打破了宗申动力的信息壁垒，实现指标分析及决策场景落地，将采集的数据形象化、直观化、具体化，实时反映企业的运行状态。同时信息数据在财务端的高效集成，反促财务人员提高处理动态和静态条件下信息数据的分析能力，只有进行高效、简洁、及时、优质的信息资源管理，并将价值数据反馈业务，指导业务，才能防范经营风险，产生财务管理价值。

（一）形成具有宗申动力特色的数据仓库

管理会计活动涉及经营管理的方方面面，基础数据是关键，只有丰富、有效的基础数据配以切实可行的管理模型，才能使经营价值创造活动"事半功倍"，因此具有宗申动力特色的数据仓库是本次管理会计活动的第一个显著成果。

1．信息集成到仓库

宗申动力数据仓库将现有的 SAP、NC、金蝶 K3、CLOUD、CRM、费用报销、资金管理、迅联云财税系统等需要交互的应用软件分别对接到一个平台，同时利用系统可兼容性，实现不同应用系统间的数据共享，即实现数据在不同数据格式和存储方式之间的转换，将来源不同、形态不一、内容不等的信息资源进行系统分析、辨清正误、消除冗余、合并同类，进而输出具有统一格式的数据。宗申动力将海量数据唤醒，消除数据壁垒，完成多系统对应一个数据平台，形成具有宗申动力特色的数据仓库。

2．数据追踪有来源

宗申动力数据仓库支持对所有报表数据层层下钻至最细颗粒度。例如，钻取至会计凭证、销售订单、采购需求申请、资金业务等原始单据，实现数据的一查到底，保持高度可追溯性，随时发现问题、分析问题，实现数据收集零等待。

3．数据展示智能化

数据仓库可实现与各 ERP 系统数据实时更新，并按照标准和统一口径完成数据采集、清洗、转换，全线支持 Windows、Linux、Mac 系统平台，无须担心系统平台间的兼容问题，同时可使用 Mac 品牌客户端访问整合在 Windows 或 Linux 服务器上的数据，数据访问方式灵活多变。

同时数据仓库端结合岗位分工和各层级人员需求分 OLAP 分析、套表输出端、BI 及驾驶舱、移动 App 等设置权限。报表岗位使用 OLAP 分析及套表输出端，在一分钟内能输出固定格式合并报表、附注、披露、分布报告套表，极大地提升了工作效率和工作质量；BI 及驾驶舱为宗申动力各级领导提供指标分析系统；移动 App 上线，帮助信息需求人员不受设备及场地限制，轻松自如地完成数据透视分析、业务数据探查等工作，真正实现信息数据对经营决策的支持。

4．规则调整简单化

数据仓库内置宗申动力各层级分析中常用的维度，并根据岗位需求设置自定义添加权限，支持多维度管理。快捷的建模方式，使人们只需将设定好的分析维度加入模型设计器，无须技术人员手工搭建，便自动生成模型，满足公司针对同一数据进行多角度分析的需求。企业针对会计准则变化、内部管理模式变更等可能需要变动业务规则，数据仓库支持将业务规则前端化处理，岗位人员只需在前端手工更改规则（后台代码不变），即可实现数据处理规则的联动。

（二）建立多维指标价值体系

利用数据仓库、商务智能，宗申动力依据上市公司信息披露义务和管理需求从法定报表、管理报表两方面分别搭建报表体系。法定报表主要是从各 ERP 系统直接提取数据，生成的上市公司披露需要的财务报表、非经常性损益、成本费用构成、所得税费用、附注等报表。在管理报表体系方面，宗申动力则主要建立包含资产运营、盈利能力、偿债能力、过程管理、发展能力等内容健全的财务指标库，形成管理用合并报表、运营分析、税务分析、资产管理、资金管理多维度报表体系。

宗申动力数据仓库集中各应用系统生成的结构化数据，按照基础数据分摊规则（见图 7-11）已建立 5 个维度、6 个层级、100 多个标准指标及上千个基础指标的价值体系，涵盖前端和后端各业务环节。图 7-12 所示为指标价值体系。

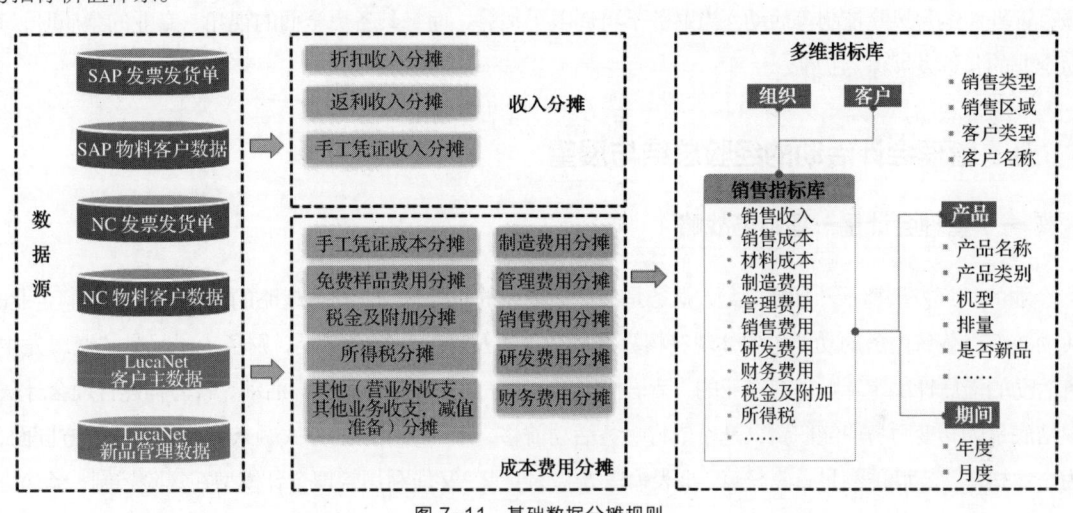

图 7-11　基础数据分摊规则

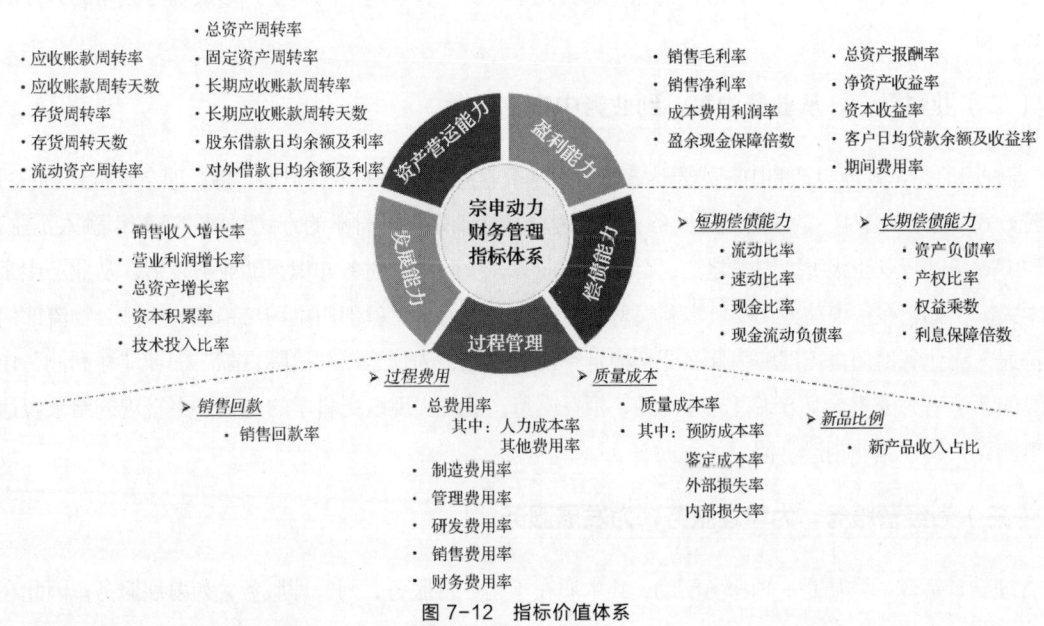

图 7-12　指标价值体系

（三）落地管理会计模型，创造企业价值

搭建特色化数据仓库、商务智能，建立多维指标价值体系的最终目的均是为管理会计活动服务。前文提及的量本利分析法下的订单价值测算、安全库存法下的存货管理、客户信用管理在销售过程的控制等只是宗申动力管理会计模型应用的其中三个，此外还有期望法在标准成本制定和偏差分析中的应用，产品全生命周期管理在新产品管理中的应用等。

例如，期望法下的标准成本制定和偏差分析应用，即通过数据仓库和商务智能在内的指标价值体系提取生产效率、产品质量水平、资产效率、预算、同行业数据、管理层期望等数据，逐步将 ERP 系统的标准成本制定方法由历史成本测算法过渡为期望法，引导公司各环节挖掘内部潜力，加强业务管理，目标明确地控制成本费用。

产品全生命周期管理（Product Lifecycle Management，PLM）应用，即将技术部门的产品数据管理（Product Data Management，PDM）系统和数据仓库对接，实现公司新产品从市场调研、设计研发、原材料供应、生产定型、制造到市场定价、投放的全生命周期价值管理和风险控制，确保产品盈利能力。

制造业所涉及的产品研发、技术维护、生产、销售、采购等环节众多，生产工艺复杂多变，作为串联企业"人、财、物、供、产、销"等一切价值链条的职能管理部门，宗申动力财务管理中心通过搭建数据仓库、商务智能，持续壮大管理会计队伍，落地管理会计模型，深入参与公司发展战略制定、投融资项目选择、全面预算管理、运营风险控制等活动。当财务不再局限于核算，而是具备更全面的视角、专业的素质时，其必能为企业的长远发展保驾护航。

五、管理会计活动的经验总结与展望

（一）管理会计是一项财务战略

企业的长远发展离不开战略规划，财务是经营活动中的重要环节，财务战略的制定将直接影响企业的经营活动效率。传统财务的功能主要体现在核算准确、报表及时、数据统计上，财务人员只是"账房先生"，财务活动的滞后性决定了财务在企业的"话语权"弱；如今大力实施管理会计活动，着力构建管理会计队伍，归根结底是为转变财务职能职责，是希望将财务活动前移，以"触手"的方式融入企业活动的方方面面，最终为企业构建一支既能满足日常核算、报表输出等基本要求，又能利用管理会计模型在风险控制、经营协理、决策支持等方面发挥专业价值的队伍，实现"账房先生"到"智多星"的转变，形成财务战略的人才队伍建设规划。

（二）业财融合，从业务中来，到业务中去

"业财融合"是管理会计的中国式表达，其核心在于业务与财务的融会贯通。将管理会计拆开看："管理"意味着方式科学，"会计"意味着专业财务；而管理会计活动则是以科学的方式利用财务知识融入企业管理。业务理解财务，所以积极听取财务建议；财务支持业务，所以利用财务知识帮助业务发展。从业务中来，到业务中去。例如，在宗申动力切换量本利模型测算销售订单前，财务部门主动与销售、生产、物流部门进行深入沟通，让业务部门真正理解为什么要切换订单测算方式，为什么以"边际贡献"而非"净利润"作为订单测算的第一考虑因素。双方经过充分沟通、相互支持，最终实现以更科学的方式、更直观的结果表达来管理订单测算，助力企业创造价值。

（三）为经营服务，为管理服务，为发展服务

管理会计活动的实质是一项服务活动，其本质在于为经营服务，为管理服务，为发展服务。因此在实施

管理会计活动时，为避免就管理会计论管理会计的情况，企业应坚持"价值创造"的中心思想，将效率、科学、创新作为评价管理会计效益的标准，有"价值"作为标杆，则不担心管理会计活动不能真正落地。同时由于管理会计的活动范围并无明确边界，因此企业在相关措施的功能构建时应拔高视野，如从企业全局、从产业链全局出发。

一是从企业全局出发。例如，宗申动力数据仓库建设的信息来源是企业生产经营活动的"人、财、物、产、供、销"等所有环节，包含所有的财务、非财务数据，这就使得在安全库存模型、客户信用管理模型应用时，有原材料的出、入库时间、客户信用等级等信息可利用。齐全的基础信息是运用管理会计模型的前提，而管理会计模型与企业经营管理的结合并落地执行，才能真正为科学管理服务。

二是从产业链全局出发。例如，宗申动力在建设数据仓库的同时，还大力推进迅联云财税系统建设，实现供应商、企业、客户、税务局的税票管理全网通，该系统的实施实现了自主查询待开发票明细、发票在线检验真伪、自动对接税务系统等功能。在迅联云财税系统实施前，宗申动力因业务量大，发票检验通常为财务人员手工抽检；迅联云财税系统运用后，发票检验方式变为更科学、有效率的全部发票自动在线查验，虽然检查总量增加，但并未增加企业负担，反而促成供应商、企业、客户、税务局之间在税票管理上的良性循环。变企业被动接受税票监管为企业和税务局共同监管税票，且迅联云财税系统在宗申动力的成功运用，已成为上下游企业的范本，客户、供应商直接复制宗申动力的模式建立自身的税管信息平台，可实现产业链的全网信息化，切实提升产业链业务流、票据流、资金流的运转效率。而宗申动力也能在良性、健康的产业环境中提高自身的可持续竞争能力。

人必有痴，而后有成。我们相信宗申动力以"唯一、唯精、唯实、唯新"的企业精神；以"产业互联、资源共享、跨界融合、互利共赢"的发展导向；以"场景数据化、组织生态化、产业智能化、发展全球化"为核心策略；坚持管理落地、务实做事、持续专营，终将实现"科创未来，万物互联"的"宗申梦"。

 企业自评

本文介绍了宗申动力管理会计队伍建设历程，管理会计模型的应用瓶颈、解决思路及建设成果。我们能明显感受到管理会计模型在企业经营管理、决策支持上的积极作用。此外，宗申动力更想分享的是财务共享服务中心在管理会计发展上不断探索的精神。诚如一千个人心中有一千个哈姆雷特；一千家企业也有一千种管理会计方法。其根本在于通过深度的自我剖析，找到真正契合自身发展的管理会计方法，并持续在现有"成果"上不断推陈出新。

宗申动力运用数据仓库、商务智能落地了管理会计模型，依据上市公司信息披露义务和管理需求，分别从法定报表、管理报表两方面建立多维指标价值体系，实现了指标分析及决策场景落地，将采集的数据形象化、直观化、具体化，实时透视财务数据，全面、真实、客观地反映公司运营状态，形成以"预算+资金+核算"的财务管理会计报告和数据分析体系。通过"数据仓库、商务智能和管理会计模型的结合与实践落地管理会计模型"的成功应用，推动财务管理向"数字化管理"转型，聚焦价值创造、管控运营风险，为公司实现战略目标保驾护航。

在数字化时代，财务变革是所有企业面临的共同课题。而在实践中，应用管理会计模型受阻，财务信息化建设水平不高或信息化程度参差不齐的问题具有普遍性，同类公司可从本案例提到的分析方法、解决方案中思考契合自身经营管理特点的管理会计变革思路。

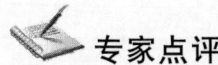 **专家点评**

在企业战略管理需求的推动下，宗申动力打破了只利用财务数据的传统范式，构建财务数据和非财务数据整合的数据仓库，通过商务智能的方式展现在管理者面前，为决策提供支持，创造价值。宗申动力的企业

管理是数字化的企业管理，高效率是其重要特点，将数据收集方式从手工收集变为系统集成，将管理会计模型内嵌于系统当中，直接导出分析报告，节约报告提供者和管理者的时间。

宗申动力的财务部门视管理会计为财务战略，标准自身的服务定位，实现业财深度融合，创造价值。宗申动力的数据仓库具有其自身特点：信息集成到仓库，数据追踪有来源，数据展示智能化，规则调整简单化。宗申动力通过在管理决策过程中充分利用管理会计模型和多维度的管理会计报告，助力企业战略落地。

参考文献

[1]《企业会计信息化工作规范》（财会〔2013〕20号）.

[2]《财政部关于全面推进管理会计体系建设的指导意见》（财会〔2014〕27号）.

[3] 刘霞. 浅析财务共享服务模式下财务人员的转型策略. 企业科技与发展，2019（05）.

[4] 徐秀贞. 大数据时代企业管理会计的有效运用研究. 企业改革与管理，2019（09）.

[5] 张庆龙. 财务转型始于共享服务. 首席财务官. 2017（16）.

[6] 王斌，顾惠忠. 内嵌于组织管理活动的管理会计：边界、信息特征及研究未来. 会计研究. 2014（1）.

案例八 基于作业成本法的标准成本管理体系构建与应用

成都飞机工业（集团）有限责任公司

摘要：成都飞机工业（集团）有限责任公司基于作业成本法理念，以"产品消耗作业，作业消耗资源"为理论基础，依托信息化手段，将业务系统和财务系统有效关联，以产品全流程的工艺路线为主线，以原材料（原材料、成品、外协、外购）采购、下料、车间加工、热处理、喷漆、试飞、铅封等具体业务流程为载体，构建了以工序成本为基本单元的标准成本体系。通过将管理会计工具应用到具体业务中，促进财务与业务、管理与信息化的融合，提高公司财务信息化能力，进一步发挥财务管理业务在公司运营管理体系中的价值贯穿作用，促进公司盈利能力持续提高。

关键词：作业成本法；标准成本；工序

一、成都飞机工业（集团）有限责任公司简介

成都飞机工业（集团）有限责任公司（以下简称"航空工业成飞"），隶属中国航空工业集团公司。原名"成都峨眉机械厂"，代号为"国营 132 厂"，是国家"一五计划"156 个重点建设项目之一。公司创建于 1958 年 10 月 18 日，1979 年以"成都飞机公司"名义对外开放，1998 年组建为成都飞机工业集团，是我国航空武器装备研制生产主要基地、航空武器装备出口主要基地、民机零部件重要制造商，是国家和省市的重点优势企业。公司地处四川省成都市青羊区黄田坝，占地面积 475.6 万平方米，拥有专用的机场和铁路货运线，毗邻成都火车西站，交通便利，物流畅通。

截至 2018 年年末，公司资产总额 380 亿元，职工人数 17 739 人（含所属企业）。

航空工业成飞为国防现代化建设和国民经济建设做出了重要贡献。公司荣获了中共中央、国务院、中央军委授予的"高技术武器装备发展建设工程重大贡献奖"、全国"五一"劳动奖状、全国文明单位、全国"讲理想、比贡献"活动先进集体、全国质量奖、全国实施卓越绩效模式先进企业、全国思想政治工作先进单位、全国企业文化建设优秀单位、全国职工互助保障先进单位、全国妇女创先争优先进集体、全国审计工作先进集体、中国企业自主创新奖、中国制造业十大创新企业、中国全民健身活动优秀组织奖、中央企业先进集体、中央企业先进基层党组织、中央企业思想政治工作先进单位、中央企业抗震救灾先进集体、国防科技工业军工文化建设示范单位、集团优秀领导班子、四川省先进基层党组织等近 500 项省部级以上荣誉，是中国企业形象 AAA 级单位。

二、核心理念及相关定义解释

（一）作业成本法理念

作业成本法（Activity-Based Costing，ABC 法）的产生最早可以追溯到 20 世纪 30 年代末 40 年代初。当时杰出的会计大师埃里克·科勒对怎样正确计算水力发电行业的成本产生了疑问，因为这一行业中的直接

作者：李国祥、王映均、郭洪峰、罗勇

成本很少而管理等活动产生的间接成本比重很大，这与传统成本计算方法的计算基础相悖，可能会产生巨大的误差。经过十年的实践研究，科勒在 20 世纪 50 年代首次提出了他的作业会计思想，把作业、作业中心、作业动因、作业会计等一系列概念引入人们的视线。这就是作业成本法的萌芽。

作业成本法的理论是建立在成本驱动因素论上的，也就是说，企业间接费用与产品的产量等所代表的直接成本无关。它对资源消耗的最终归集以企业生产中的各项作业作为桥梁，每个产品分配的费用应当与其作业耗用的种类和数量直接相关，而每个作业中心成本库所应当承担的资源又由资源动因来决定。

这一理论认为，应当找到产品成本形成的最根本原因，即驱动成本对象消耗资源的原因，或者说资源费用在整个生产过程中的真实流转过程和方式。因此，才有了资源——作业——产品这一过程表述。在作业成本法下，作业是处于资源和产品的中间位置，可以看作连接两者的桥梁。因此作业成本法的核心和难点是对作业的确认以及作业与资源成本之间动因的选择。作业成本法突破了产品自身的界限，扩大了成本计算的空间，着重于将成本的运动过程展现在人们眼前，深入资源和作业层面，以作业对资源的消耗为起点，分析成本运动中的驱动因素，把资源按驱动因素来分配直至将成本归集到最终的成本对象中。这种用动因来进行分配的方式，科学地把每一个过程每一个因素都考虑进去，将成本在企业生产的整个过程中的运动过程进行展示。力争实现成本分配有迹可循，使成本计算和费用归集客观、准确、明朗，从而大大提高成本计算的准确性。

作业成本法流程如图 8-1 所示。

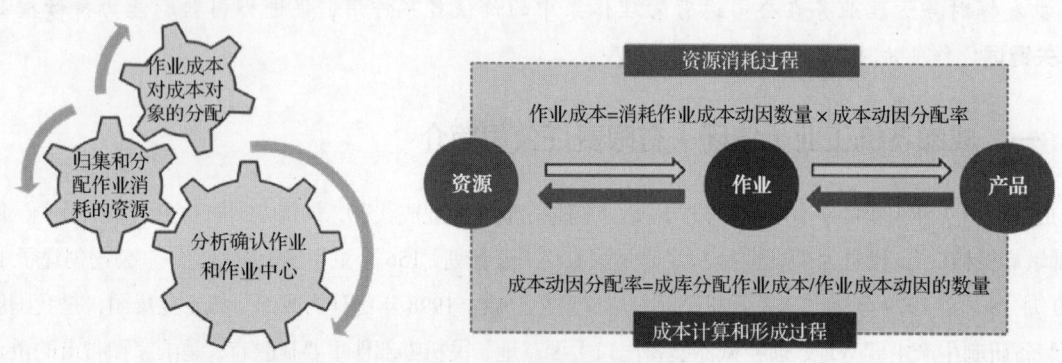

图 8-1　作业成本法流程

（二）标准成本的定义

标准成本是通过准确的调查、分析与技术测定而制定的，用来评价实际成本、衡量工作效率的一种预计成本。标准成本基本上排除了不应该发生的"浪费"，因此被认为是一种"应该成本"。标准成本和估计成本同属于预计成本，但后者不具有衡量工作效率的尺度性，主要体现可能性，供确定产品销售价格使用。标准成本要体现企业的目标和要求，主要用于衡量产品制造的工作效率和控制成本，也可用于存货和销货成本计价。

"标准成本"一词在实际工作中有两种含义。

一种是指单位产品的标准成本，它是根据单位产品的标准消耗量和标准单价计算出来的，准确来说应称为"成本标准"。成本标准的计算公式如下：

$$成本标准=单位产品标准成本=单位产品标准消耗量×标准单价$$

另一种是指实际产量的标准成本，是根据产品实际产量和单位产品标准成本计算出来的。计算公式如下：

$$标准成本=实际产量×单位产品标准成本$$

（三）基于作业成本法构建的标准成本

航空工业成飞结合当前实际成本核算体系，以满足公司内部管理需求为基本目的，构建了基于"作业成本法"的标准成本管理体系。该体系以产品工序为基本单元，通过归集和分析产品生产各个环节对资源的占用及消耗情况，力求真实反映产品成本现状水平。航空工业成飞通过构建标准成本体系，并将试飞标准成本、热表标准成本、装配装配大纲（Assembly Order，AO）标准成本等纳入体系，真正意义上实现了产品成本全生命周期管理。

该标准成本体系依据基准年度实际成本水平，结合"作业成本法"理念确定各项作业成本中心，并划分为"可直接对象化""可间接对象化""不可对象化"三种类型，采用不同的方式计入相应的产品成本，真实反映产品各个环节的成本水平，在特定条件下，实现产品实际成本的真实、显现化反映。

标准成本用公式表示如下。

（1）以工序为基础的，属于本单位发生成本范畴的成本项目标准成本=用量标准×价格标准；

（2）属于本单位发生成本范畴的移交项标准成本=∑各成本项目标准成本=∑各成本项目标准成本（用量标准×价格标准）；

（3）用于结算的移交项标准成本=上一专业厂转入的（标准）成本+本单位发生的（标准）成本。

而传统的成本计算方法就是直接将资源的消耗归集起来并分配到产品（各种、各批、各步骤等）中去。作业成本法的基本模式与逻辑如图8-2所示。

图 8-2 作业成本法的基本模式与逻辑

基于作业成本法构建的标准成本管理体系，以产品工序为基本单元，通过产品生产各个环节对资源的占用及消耗情况，真实反映产品成本现状水平。标准成本核心结构如图8-3所示。

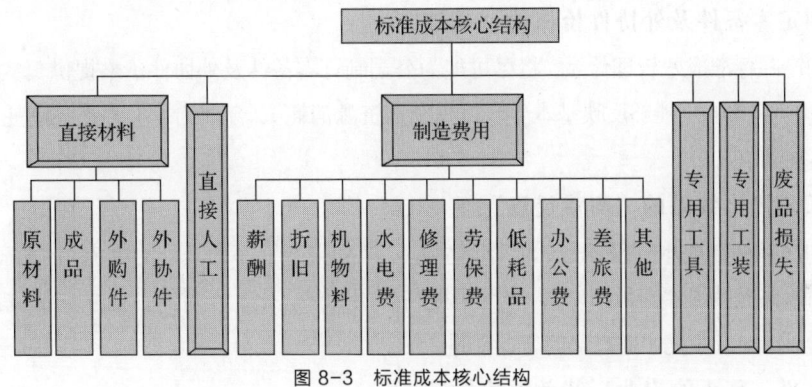

图 8-3 标准成本核心结构

三、标准成本管理体系目标、编制原则及方法

（一）明确标准成本管理体系目标

标准成本管理体系以满足公司内部管理需求为基本目的，即通过构建公司成本管理体系，全面提高公司内部管理水平。

标准成本管理体系着眼于标准成本法基本作用的延伸、扩展和放大，它不仅仅将"标准成本法"作为成本核算的载体，更重要的是该体系结合公司的实际，发挥"标准成本法"可能使公司管理水平提高的作用。

标准成本管理体系力求以全面提高公司内部管理水平为基本目的，实现这一基本目的的基础是所提供的成本信息是真实的（能够反映公司实际成本水平）、完整的（能够反映基本生产过程资源全部消耗）、合理的（主要资源消耗是按直接对象化方式确定的）。

成本核算与管理贯穿于公司运营的全过程，其与公司内部所有的信息系统相关，且关联度非常高。借助信息化手段，实现成本全过程管理的基本工作模式转变，为推进成本管理工作的重心由核算向管控的转移提供了条件。建立以产品制造成本的现状水平为基准、反映产品生产过程实际资源消耗状况为要求、工序成本为基础的标准成本管理体系，为实现成本精准核算奠定了基础。建立产品生产过程与成本形成过程的直接对应关系，实现价值流在物流运行过程的各个环节的动态化和显性化，为公司及相关单位全面、准确、动态地了解价值流运行状况提供了支持。标准成本管理体系目标如图8-4所示。

图8-4 标准成本管理体系目标

1. 将公司各类产品价值显现化

标准成本管理体系采用"作业成本法"理念，实现产品成本全生命周期管理，将公司各类产品生产环节价值显现化，保证公司全面、精准核算，解决公司在制品价值统计。同时，通过标准成本管理体系对生产环节成本进行预测、分析，以便于成本压降工作的开展。

2. 它是制定零备件及外协件价格的"基础"

此次构建的产品标准成本管理体系，将尽可能为公司制订零备件及外协件价格提供真实的（能够反映公司实际成本水平）、完整的（能够反映基本生产过程全部资源消耗）、合理的（主要资源消耗是按直接对象化方式确定）各类基础信息。

3. 评价工艺优化效果的"衡量尺度"

此次构建的产品标准成本管理体系，能够建立起以产品生产工序为基础的物流与价值流的一一对应关系，为工艺优化效果提供了"衡量尺度"，有助于提高公司工艺优化工作对内在需求和优化结果的关注，推进公司工艺优化工作向专业化、常态化的方向前进。

4. 建立公平、公正的专业厂绩效评价机制

航空工业成飞通过构建标准成本管理体系，实时、全面反映在制品、库存资金情况，对生产过程资源占用情况进行预测、分析，找到改进方向，实现专业厂的业绩评价从纯任务型向任务、效益并重模式转变，调动各专业厂成本控制积极性，推动航空制造业发展。

5. 能够全面提高公司基础管理工作水平

航空工业成飞以"作业成本法"理念为牵引，以信息化建设为手段，构建标准成本管理体系，同时将管理会计工具应用到具体业务中，促进财务与业务、管理与信息化的融合，持续完善财务制度体系，全面提高公司信息化整合力、价值洞察力、决策支持力等财务管控核心能力，进一步发挥财务管理业务在公司运营管理体系中的价值贯穿作用，实现财务会计向管理会计平稳转型，促进公司基础管理工作水平的提高。

（二）研究并制定标准成本编制原则

为实现成本精准核算并充分发挥标准成本基础作用，我们确定了标准成本编制的"五原则"：即以代表产品销售价格可接受的成本为约束的原则；各类产品标准成本水平一致性原则；以合理反映生产过程中资源消耗状况为要求的原则；成本归集范围需涵盖完整的基本生产环节的原则；以工序标准成本为基础的原则。标准成本编制原则如图8-5所示。

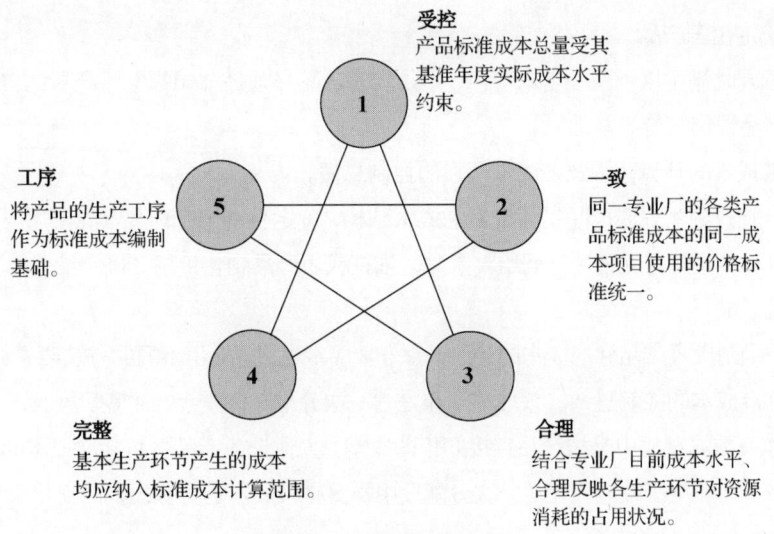

图 8-5 标准成本编制原则

（三）研究并制定标准成本编制方法

标准成本的计算公式如下：

$$标准成本=用量标准\times价格标准$$

用量标准——指单位产品资源消耗标准。

价格标准——指各种资源的计价标准。

用量标准针对不同的成本项目，可以分别表述为材料消耗定额、工时定额等；价格标准表述为原材料计划价格、小时工资率等。

航空工业成飞基于"五原则"的要求，按照"两次分配"和"一下一上"的流程，以产品的工序成本为基础，编制代表产品的标准成本，并将代表产品各成本项目的"价格标准"作为"同一标准"，完成其他各类产品标准成本的编制。图 8-6 所示为产品的两次分配。

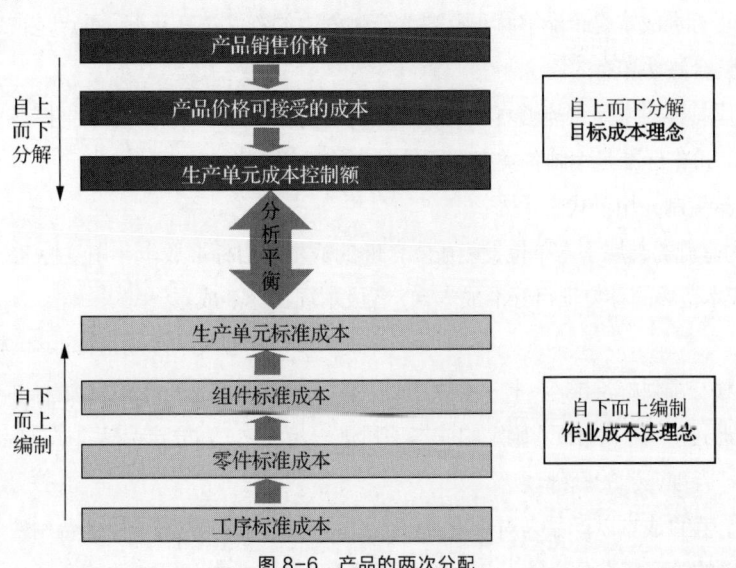

图 8-6 产品的两次分配

1."一次分配"

"一次分配"是指公司层面的分配。即将代表产品中属于基本生产坏节发生的成本作为编制标准成本的控制总额（代表产品可接受的成本），按照一定的要求，采用"自上而下"的方式，分配到各专业厂。"一次分配"形成编制专业厂代表产品标准成本的控制额。

（1）选择、确定代表产品。

代表产品必须同时满足以下两个基本条件，一是代表产品必须是公司的主导产品；二是代表产品的销售价格是相关系列产品销售定价的基础。

（2）确定标准成本的计算范围及各成本项目的控制总额。

航空工业成飞通过分析代表产品销售价格的成本结构，确定基本生产环节资源占用与消耗的范围，重点是解决标准成本计算范围的"完整性"问题。同时，依据代表产品销售价格，确定纳入标准成本计算范围的各成本项目的控制总额。

（3）将确定的编制代表产品标准成本的控制总量，按成本项目，采用不同的方法要素，分配到各专业厂，作为编制专业厂标准成本的控制总额。该环节工作是"一次分配"的重点与难点。

直接材料成本在核算过程中是按产品直接归集的成本。为保证各产品材料标准成本的真实、完整，并更接近目前的市场水平，航空工业成飞在"一次分配"中不对材料成本进行分配，而立足于全面重新编制各产品的材料标准成本。

直接人工属于直接成本，制造费用属于分配性成本。二者在"一次分配"中不应该采用相同的分配方式。我们可以选择"多因素分配法""现状水平分配法"和"目标倒推分配法"三种方法进行测算。

2. "二次分配"

"二次分配"是对"一次分配"结果的再分配。即首先将"一次分配"确定的各专业厂的代表产品标准成本控制额，分配到各移交项（零件，或是组件、部件及整机），以确定标准成本各成本项目的价格标准。再以此价格标准作为统一标准，完成各类产品标准成本的编制工作。"二次分配"也可称为专业厂层面的分配。

"二次分配"的基本方法是：按照真实反映"产品生产过程中资源消耗状况"和"产品成本的现状水平"的要求，借鉴"作业成本法"的原理和方法，采用"自下而上"的流程，以工序成本为基础进行标准成本编制；并按照"逐步结转"的要求，卷积为专业厂产品移交项的标准成本。这个过程的核心是确定各成本项目的用量标准与价格标准。

用量标准决定了标准成本是否能够真正反映生产过程中的资源消耗状况。重点是梳理各成本项目用量标准的信息源，保证其合法性和有效性。

价格标准决定了标准成本是否能够真正反映产品成本的现状水平。难点在于把握各成本项目的特性和基准年度的成本水平。价格标准是编制各类产品标准成本的"标准"。

相对于标准成本编制，用公式表示为：

以工序为基础的，属于本单位发生成本范畴的成本项目标准成本 = 用量标准×价格标准

属于本单位发生成本范畴的移交项目标准成本 = ∑各成本项目标准成本

= ∑各成本项目标准成本（用量标准×价格标准）

用于结算的移交项目标准成本 = 上一专业厂转入的（标准）成本 + 本单位发生的（标准）成本

航空工业成飞通过对"一次分配"确定的成本项目进一步细化，建立产品标准成本的成本项目基础结构，奠定标准成本计算"合理性"的基础。

在成本计算中，直接成本以产品为对象直接计入产品成本；间接成本（也称费用性成本）则先按费用科目归集，再选择适当的分配标准分配计入各相关产品成本。直接成本计算方法的合理性、准确性明显比间接成本的强。因此，通过对"一次分配"确定的成本项目做进一步细化的目的，就是要将费用性成本中能够分配到产品的项目采用直接成本的方式计算成本。以期能够客观反映产品生产过程中资源消耗的真实状况，这是发挥标准成本作用的基础。

四、标准成本管理体系构建

（一）主要架构

标准成本管理体统以产品 M-BOM 为依托，建立体现产品从原材料（原材料、成品、外协、外购）采购、下料、车间加工、热处理、喷漆、试飞、铅封等业务与成本之间的关系，通过 M-BOM 结构树进行整机标准成本的卷积。

产品 M-BOM 结构从上至下分解为：机型、部件、段位、工位、AO、FO 等，较之前采用的 P-BOM 更符合制造企业生产实际，既体现整机安装的物料组成，又反映了飞机制造过程的时序关系。软件支撑按材料、成品、零组件、装配、大部件、段位、工位、AO、FO 等维度进行成本数据的统计与分析。

标准成本体系实现以工序为基本单元，整机成本为卷积结果数据呈现，系统实现产品物流过程中价值的实时体现，包含原材料成本（原材料、成品、外协、外购）、直接人工成本、制造成本、废品损失成本。其中，制造成本包含专业厂水电、折旧、机物料消耗、劳保、差旅、低值易耗品摊销、管辅人员工资等所有成本项目，再根据"可直接对象化""可间接对象化""不可对象化"三类计算方式实现。总体业务构架如图 8-7 所示。

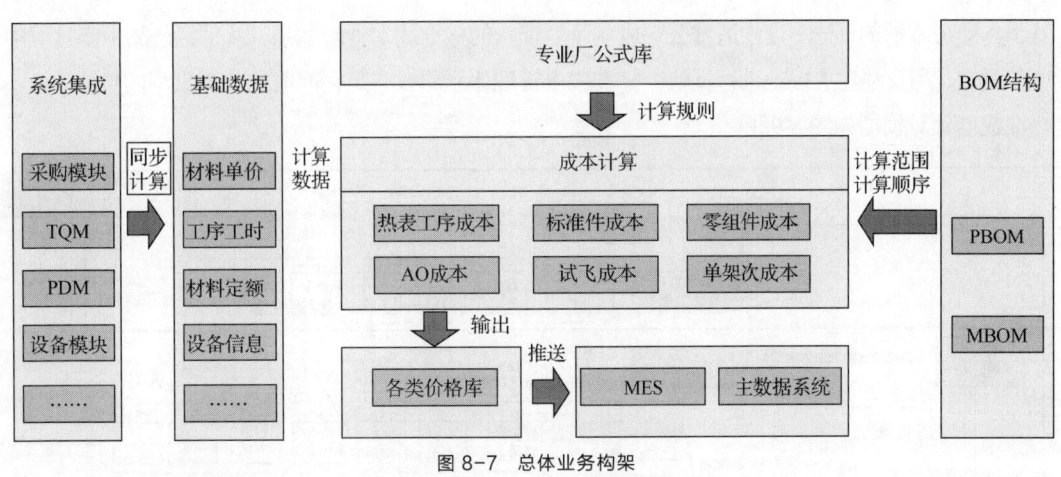

图 8-7　总体业务构架

（二）主要功能模块

基于"作业成本法"构建的标准成本管理体系，以产品工序为基本单元，以"产品消耗作业，作业消耗资源"为理论基础，将耗用的资源成本准确计入作业，然后选择成本动因（工时、加工、工具、重量等），将所有作业成本分配给产品，反映产品成本现状水平。标准成本是实现航空工业成飞各机型从原材料至产品交付全过程信息化管控，实现物流、信息流、价值流三流合一的基础。

航空工业成飞以产品趋近于市场的价格和企业效益预期为约束条件，以产品作业为纽带、以产品生产与资源消耗的因果关系为基础，通过两次分配——自上而下分解、自下而上编制，完成产品标准成本管理体系的建立。通过"精准成本控制"的管理理念和方法，对公司现行成本核算体系进行优化、完善，力求对成本实现全方位、全过程管控，真实、准确、及时展示公司成本状况。

标准成本管理系统将集成公司产品数据管理系统（Product Date Management System，PDM）、企业资源规划（Enterprise Resource Planning，ERP）、MESS、合同管理、外协管理、采购管理、三维 CAPP、浪潮系统等系统的相关数据，主要实现材料标准成本、成品标准成本、零组件、装配标准成本、单机标准成本相关功能。

标准成本管理系统功能构架如图 8-8 所示。

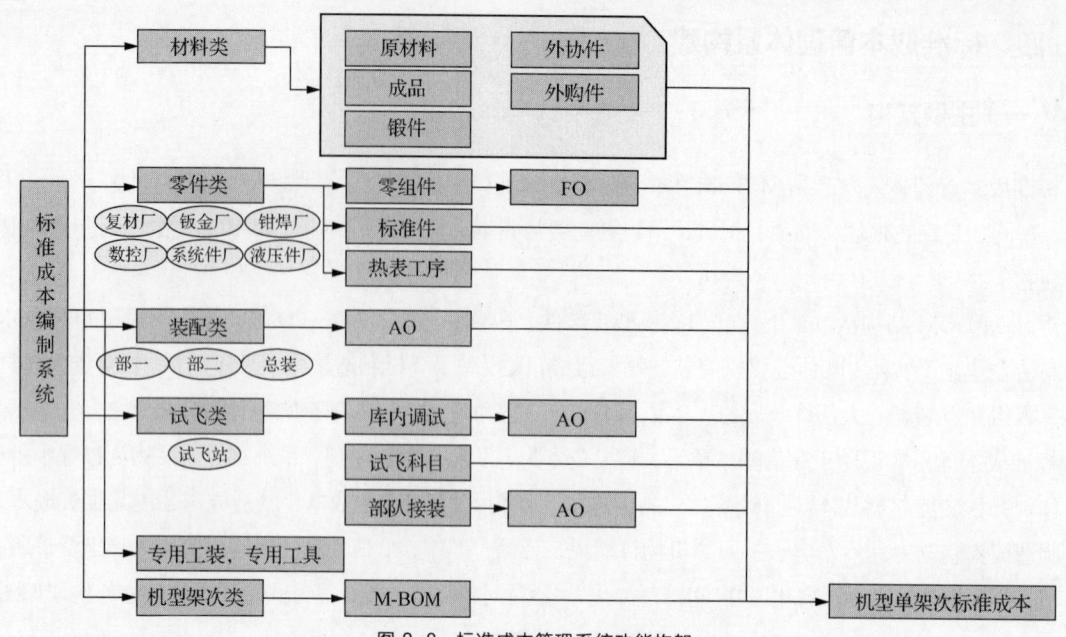

图 8-8　标准成本管理系统功能构架

　　基于作业成本法的理念，建立适合公司成本管理现状的标准成本管理体系，就是将产品生产过程中各个环节对资源的占用及消耗准确地进行反映。标准成本管理体系的核心是标准成本计算模型的构建。

　　标准成本计算模型如图 8-9 所示。

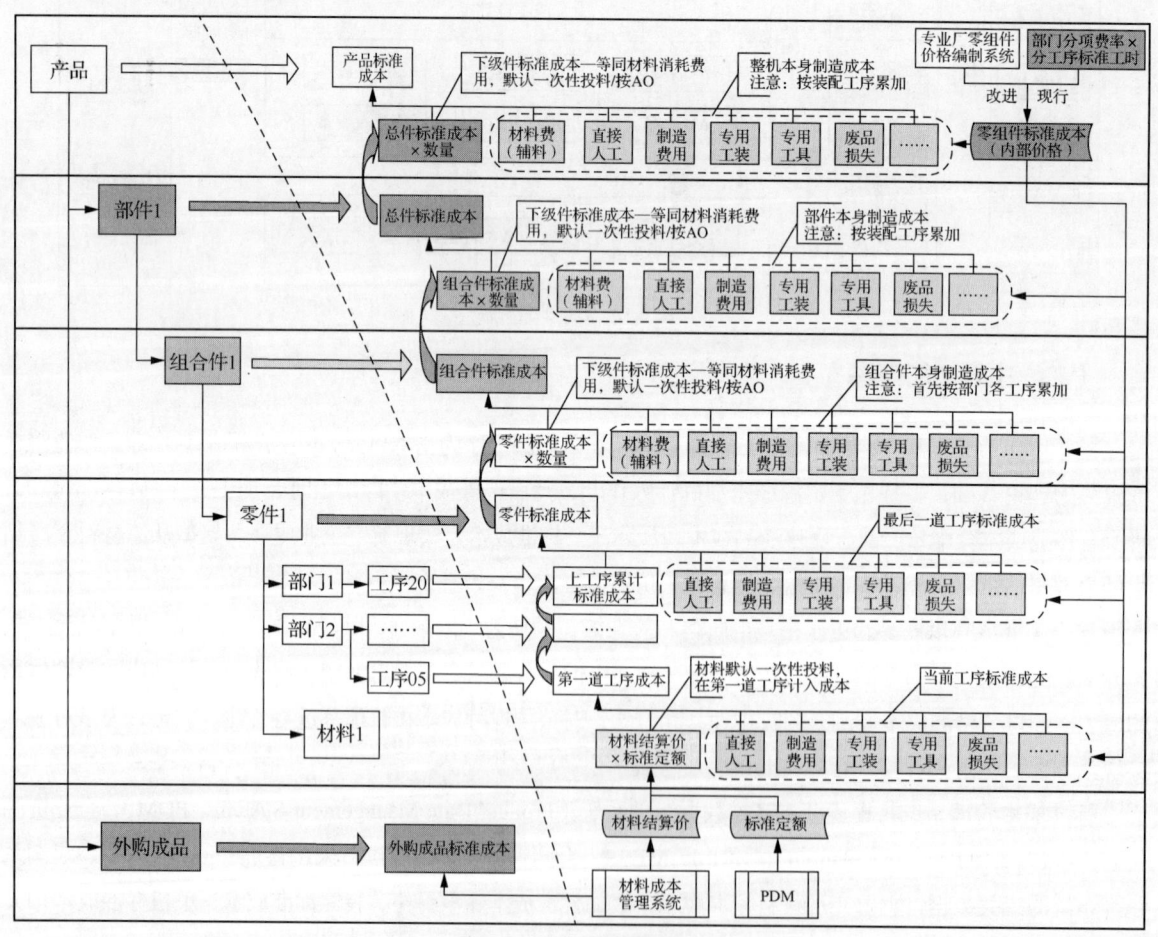

图 8-9　标准成本计算模型

五、标准成本管理体系数据库搭建

（一）材料标准成本数据库建立

直接材料的价格标准是指事先确定的，用于计量材料消耗价值的标准价格，在公司内部被习惯称为"材料计划价格"。材料标准成本数据库涵盖公司采购系统 100%数据，共计 8 万多项。

航空工业成飞基于材料标准成本数据库，通过获取 PDM 系统零件图号定额信息，材料编码、计量单位等信息，材料计划价格流程如图 8-10 所示。公式——零组件材料费=材料计划价×定额信息，即可计算零组件、装配（AO）单件材料费。

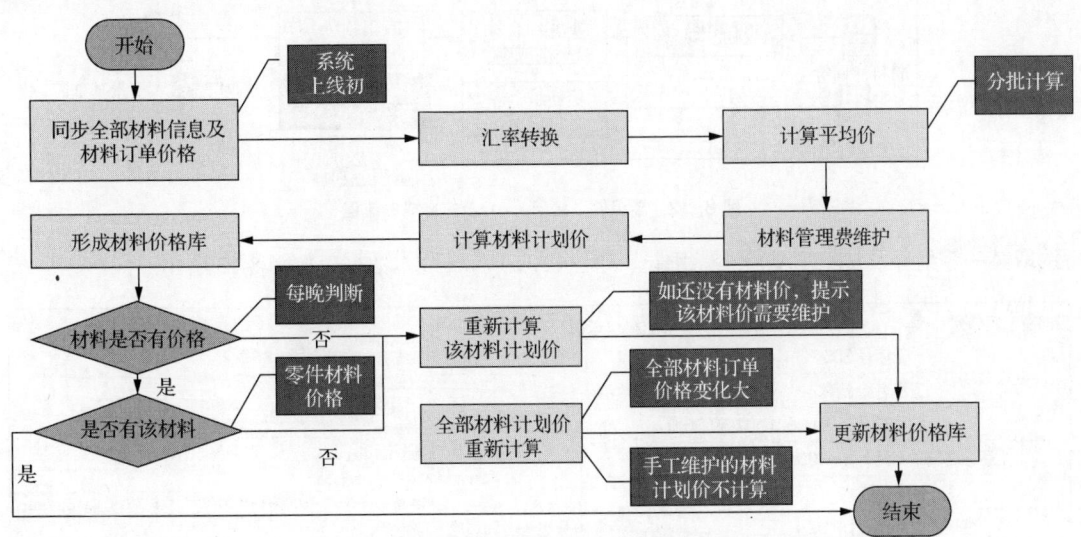

图 8-10　材料计划价格流程

材料标准成本数据库如图 8-11 所示。

材料价格信息【内部】					
物料编码	材料规格	材料牌号	技术条件	材料计划价格	材料计量单位
M376480-40	DN40	CPVC		102.7	付
F124080			GB14866-1993	17.25	pc
AIC577-5-34	AIC577-5-34			540.4	kg
A221151-50*5	50*5	1Cr18Ni9Ti	GB/T14976-2002	26	个
M376490-50	DN50	CPVC		76	M3
M162030-水曲柳	各规格	水曲柳	/	3700	盒
P188410-2015		VIVACE2015		150	M3
M276090				50	kg
Q290840	4kg/件	0-1-182-3051	GB4415-84	1.8	件
F125130			GB/T20097-2006	108.1	条
F125140			GB/T20097-2006	64	pc
NAS561P101-26	NAS561P101-26			15.4	个
M376520-40	DN40	CPVC		100.8	把
R189720				47	m
E113260	外径12mm，50m/卷	TB12-10	LG08AC0612	2.4	颗
R189260				3.63	pc
M18935/4-04K	M18935/4-04K			294	si
057065B-.040	.040"	6061-0	AMS-QQ-A-250/11	.14	si
057061B-.040	.040"	6061-T6	AMS-QQ-A-250/11	.14	件
A249D20 5*85	5*25		GB66	.05	颗
K150G80	50ml/瓶	/	标准物质证书	73	kg
K151M80	/	工业级	HG/T2824-1997	45	p

图 8-11　材料标准成本数据库

（二）零组件、装配（AO）标准成本数据库建立

航空工业成飞基于"作业成本法"理念，根据作业对资源的消耗，将资源成本归集到作业，然后再根据产品对作业的消耗，将作业成本归集到产品上的思路，按系统公式库（可直接对象化、可间接对象化、不可对象化三类计算公式）设置，提取产品 FO、AO 信息，集成 ERP3.0、PDM、TQM、设备系统等基础数据，编制以工序为基本单元的零组件、装配（AO）标准成本，形成零组件、装配（AO）标准成本数据库。

零组件、装配（AO）标准成本流程如图 8-12 所示。

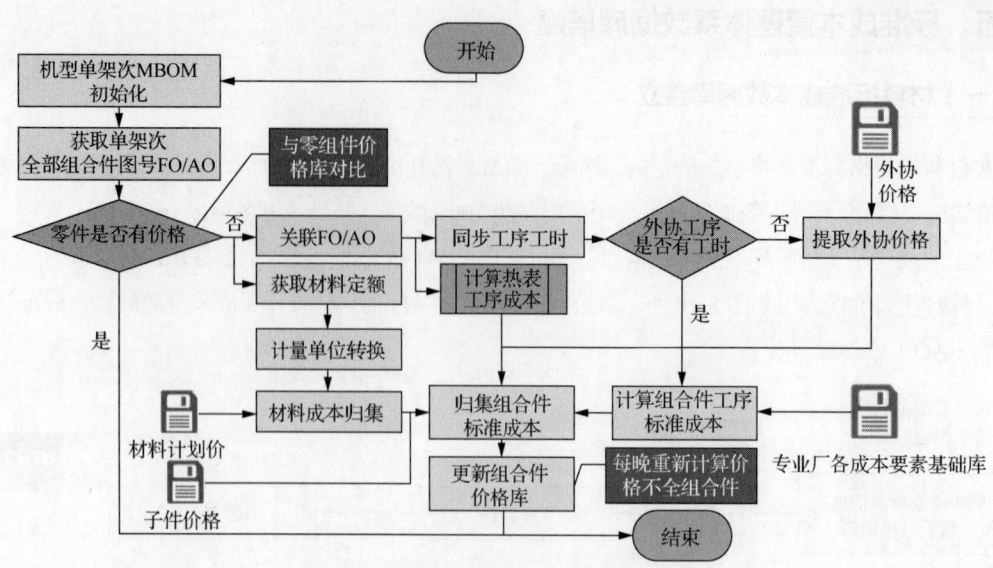

图 8-12　零组件、装配（AO）标准成本流程

选取某一零组件及装配（AO），零组件、装配（AO）标准成本数据库如图 8-13 所示。

纵向展示表格列	最大化 关闭	纵向展示表格列	
工序号	305	机型	
工序名称	铣窝	批次	0
归集时间	2019-06-07 01:59:36.0	架次	57
工序标准成本（元）	229.08	单位	120
成本备注		AO编号	20-229-02350
直接人工（元）	57.32	归集时间	2019-06-07
制造费（元）	171.76	AO标准成本（元）	2586.51
专业工装费（元）	0	成本备注 子件	00041-051-240/ :292350-01),无价格;
专业工具费（元）	0	子件成本（元）	
废品报废费（元）	0	材料成本（元）	0
薪酬（元）	57	直接人工（元）	729.16
机物费（元）	.2	制造费（元）	1857.35
维修费（元）	14.92	专业工装费（元）	0
劳保费（元）	.8	专业工具费（元）	0
低耗品费（元）	.76	废品报废费（元）	0
办公费（元）	.68	总工时	20.01
差旅费（元）	2.2	所有工序成本	2586.51
运输费（元）	2.24	是否热表工序	
折旧费（元）	0	热表工序成本（元）	0
水电费（元）	0	薪酬（元）	535.67
外协费（元）		机物费（元）	21.22
		维修费（元）	24.21
		劳保费（元）	0
		低耗品费（元）	20.62
		办公费（元）	7.4
		差旅费（元）	15.61
		运输费（元）	6.6
		折旧费（元）	0
		水电费（元）	0
		外协费（元）	0
		其他制造费	

图 8-13　零组件、装配（AO）标准成本数据库

航空工业成飞通过构建公司各机型零组件、装配（AO）标准成本数据库，解决公司成本核算与管理的三个难题——公司"在制品"准确、动态核算，价值流在产品成本厂内流转过程中显现化，废品损失准确核算。同时，为公司各专业厂评价提供数据支撑。

（三）单机标准成本数据库建立

航空工业成飞基于材料标准成本数据库（含成品）、零组件、装配（AO）标准成本数据库，集成外协系统外协数据，通过指定机型某架次，按照 MBOM 树形结构自下而上卷积，形成工位、段位、部件、整机标准成本，形成单机标准成本数据库（见图 8-14）。

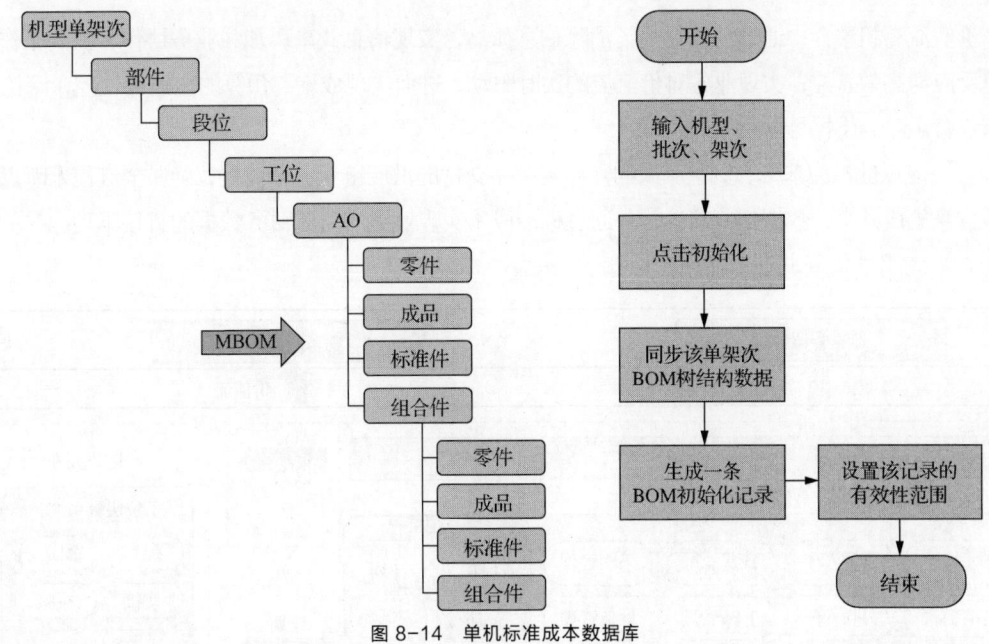

图 8-14 单机标准成本数据库

六、标准成本管理体系应用效果

（一）提高核算准确性、完整性，促进资源合理配置

基于作业成本法构建的标准成本管理体系，实现了产品全生命周期价值链管理，为企业优化资源配置提供了数据支撑，通过对产品全生命周期价值链数据分析，梳理低附加值、高附加值环节，及时调整资源配置、战略布局，将资源配置在价值链高端，专注核心业务，提高公司资源使用效率。

（二）反映产品制造过程价值变动，为全生命周期成本管控奠定基础

基于作业成本法构建的标准成本管理体系，将原材料采购、工艺、生产制造、产品销售等部门成本相互关联，形成完整的价值链条。通过对价值链的分析，剔除无效的作业活动，提高有效的作业效率，以优化组织结构、业务流程，提高公司的价值创造能力。基于作业成本法的标准成本管理体系，实现成本结构的可视化和业务流程的作业化，从而优化作业链，提升公司价值。公司的经营活动由一系列业务流程构成，依据价值链分析识别关键业务流程，而业务流程由许多作业集合而成，以作业成本法"产品消耗作业，作业消耗资源"为指导，公司能够容易地分辨价值增值的作业活动和无效的作业活动，从而为公司优化内部经营流程提供依据，为公司实现产品全生命周期成本管控奠定基础。

（三）建立相应激励机制，促进降本节流

基于作业成本法构建的标准成本管理体系，实现了成本在物流流转过程中的显现，为公司建立评价、激励机制提供具体量化的数据支撑。产品在公司内部按工艺流程在各个专业厂之间进行流转，各个专业厂因具体业务不同相互独立。通过标准成本构建的工序级产品价值信息，为公司实现各专业厂独立财务核算提供支撑，建立公平、公正的评价、激励机制，调动公司各专业厂成本管控积极性，加强本单位成本控制，优化绩效导向，促使本单位每个部门及全体员工以本单位绩效为导向进行全价值链成本管理。

（四）推进公司物流、信息流和价值流"三流合一"

供应链作为航空制造企业的主价值运营流程，直接承接对物流的管控职能。高质量的供应链管理，其显著特征包括网络化、智能化、协同、高效与敏捷。这就要求供应链管理必须依托强大的信息系统，将物流与

信息流、价值流有机整合，通过三流合一，消除信息孤岛，实现信息共享；加强业务协作，提高工作效率，支撑快速反应与高效管控；实现业务对价值流的实时驱动，进而实现成本、预算的全过程管控；深挖过程数据，预测经营风险，支撑科学决策。

三流合一应以物料为基础，贯穿从采购开始到产品交付的供应链业务全流程，确保全流程无断点，系统全支撑，信息集成共享，数据规范准确，并通过标准成本实现业务活动对财务数据的直接驱动。

三流合一应用框架图如图 8-15 所示。

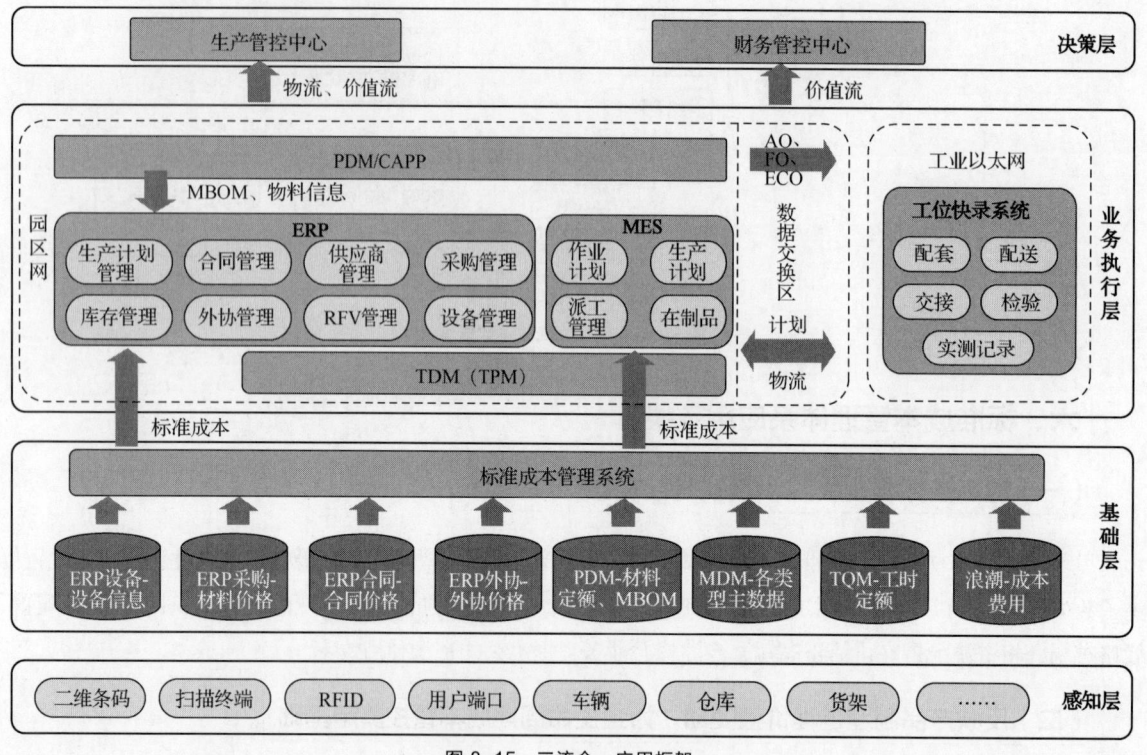

图 8-15　三流合一应用框架

七、基于作业成本法的标准成本管理体系构建与应用的实践总结

基于作业成本法构建的标准成本管理体系，以"产品消耗作业，作业消耗资源"为指导思想，建立以工序成本为基本单元，实现产品成本从原材料采购、制造、流转到销售等的全生命周期管理。借助信息化手段，构建标准成本管理体系，将理论结合实践，构建公司以产品成本全生命周期管理为抓手，加强成本控制，实现节流降本。

基于作业成本法构建的标准成本管理体系，为公司经营决策提供数据依据，促进公司快速向现代化企业转型；通过加速推进信息化建设，满足越来越复杂的企业成本管理需要，在推动企业持续、健康发展等方面具有积极的意义。梳理标准成本管理体系相关系统流程，通过系统设置或集中培训实现规范操作，减少人为原因造成的基础数据缺失、不准确等问题；通过完善相应的规章制度，加强相关单位对该项工作的重视与支持，与相关单位和部门共同推进标准成本管理的实施，促进公司成本管理水平提高。

 企业自评

基于作业成本法的标准成本管理体系的构建与应用在公司产生了良好的实施效果，实现了产品从原材料入厂到整机铅封的全生命周期价值链管理，实现企业成本可视化，将成本管理深入作业层次，进行成本动因分析，识别关键成本动因并进行控制，辨别增值作业和非增值作业，消除非增值作业，优化内部经营流程、资源配置，增加企业成本竞争优势。同时为企业建立内部评价、激励机制提供具体可量化的数据依据，调动公司各专业厂成本管控积极性，加强单位成本控制，优化绩效导向，提高公司整体竞争力。本案例已和行业内部各兄弟单位进行交流推广，并获得广泛认可。

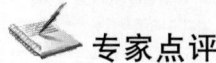 **专家点评**

航空工业成飞在企业产业化升级和供应链重构的背景下，为实现全面预算和成本控制，提高财务能力，构建并实施了基于作业成本法的标准成本管理体系，有效提高了企业的财务能力和盈利水平。

航空工业成飞基于作业成本法，依据"产品消耗作业，作业消耗资源"的指导思想，构建了以工序成本为基本单元的标准成本管理体系，实现了产品成本从原材料采购、制造、流转到销售等的全生命周期管控，有效降低了生产成本。标准成本管理体系在促进业财融合的同时提高了公司财务管理的信息化能力，实现了基于财务管理的价值链管理，促进了公司盈利能力持续提高。

基于作业成本法构建的标准成本管理体系，解决了企业复杂制造系统的成本管控问题，为企业赋能，有效推动了企业的可持续发展，其成功经验可为同类型制造企业提供有益的借鉴。

案例九　汽车制造企业全面预算管理的实践探索

华菱星马汽车（集团）股份有限公司

【摘要】近年来，随着我国经济发展进入新常态，汽车制造企业在经历飞速发展后，进入了增速相对缓慢的瓶颈期。汽车制造企业的发展有着明显的波浪式特点，行业竞争激烈，导致企业在管理上经常处于两难境地，使管理与发展阶段不匹配，甚至阻碍发展。在很难改变外部环境的情况下，重卡企业只能寻求更加先进科学的管理模式来解决矛盾，促进发展。

全面预算管理作为一个成熟的管理理论和成功的现代企业管理模式，被国内外众多企业采用，汽车制造企业可以将全面预算管理作为一种探索，辅以信息化系统，高效管理，从而应对行业竞争和挑战。本案例就是对华菱星马汽车（集团）股份有限公司（以下简称"公司"或"华菱星马"）进行全面预算管理模式实践探索的阐述，旨在推动和促进汽车制造企业管理水平以及综合竞争实力提高。

【关键词】汽车制造企业；全面预算管理；信息化系统

一、华菱星马简介

（一）基本情况

华菱星马是全国重要的重型卡车、专用车生产基地。经中国证券监督管理委员会（证监发行字〔2003〕18号）批准，2003年4月在上海证券交易所上市。

华菱星马主要生产重型汽车底盘及整车、发动机、重型专用车、零部件等系列产品，公司产业链（见图9-1）有重卡发动机等关键零部件。

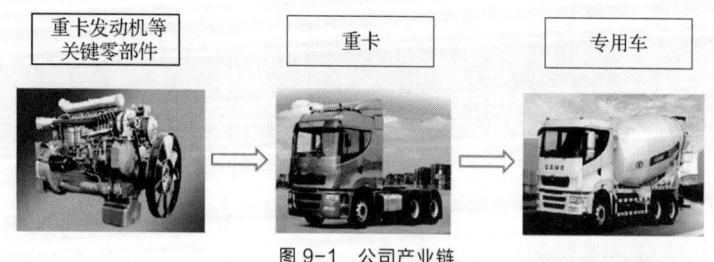

图9-1　公司产业链

（二）组织架构

华菱星马组织架构如图9-2所示。股东大会下设6大委员会，再具体分为集团一级职能部门、二级经营实体单位和三级经营实体单位三部分。一级职能部门按照职能性质分为技术中心、综合管理部、办公室、党群工作部、人力资源部、证券部、财务部、审计部、资金部、信息中心、技改办、安全环保部、武装保卫部等共计23个部门。二级经营实体单位按照经营性质分为销售板块、华菱整车板块、星马专用车板块、福马零部件板块、融资租赁板块共计 5 个分、子公司。三级经营实体单位是二级经营实体单位根据具体业务细分的 10 个分、子公司。

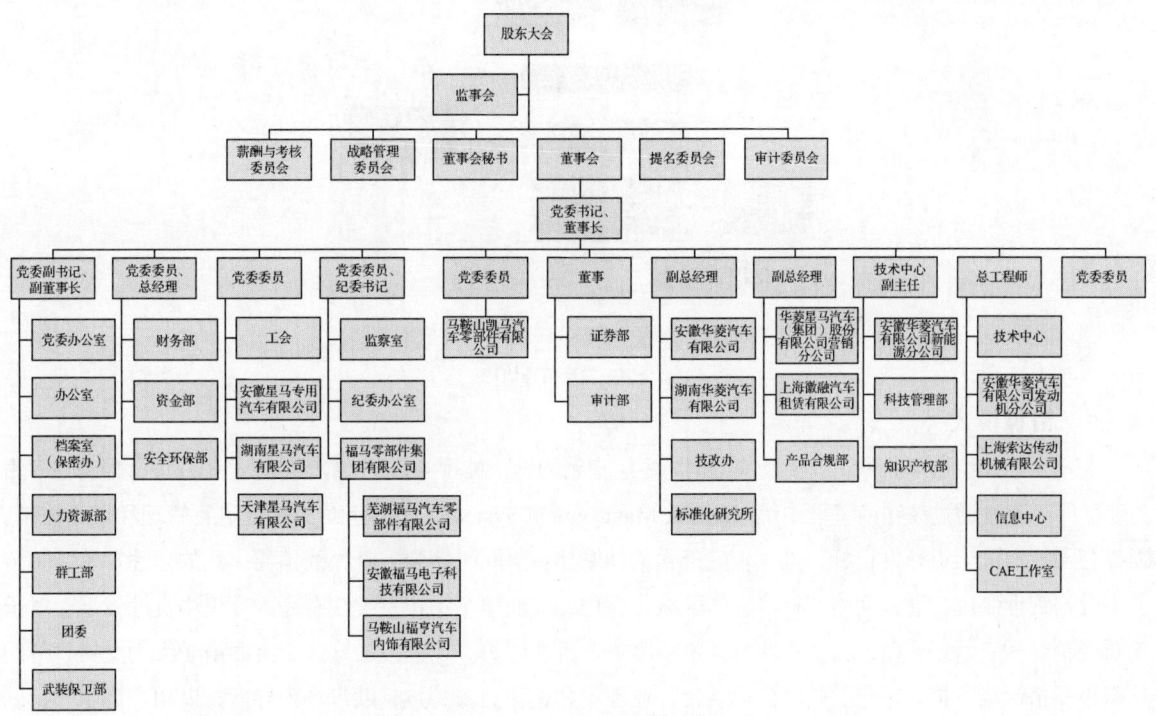

图 9-2 华菱星马组织架构

（三）商业模式

1. 采购模式

公司对采购实行企业资源计划（Enterprise Resource Planning，ERP）管理，将采购、生产、销售紧密结合在一起。生产部门向采购部门下达需求，采购部门负责合同签订、采购订单下达、订单跟进和向财务部门申请付款等工作；在供应商选择上，物资部门牵头负责，技术、质量、审计等部门配合，物资部门根据审核结果，优先选择信用良好、供货及时、长期合作的企业，同时淘汰部分不遵守商业信誉，规模较小的供应商，杜绝独家供货行为；在采购价格方面，公司坚持在同等质量下选择价格最优的材料，推行物资采购信息化，实施第三方物流和准时制采购。采购管理流程如图 9-3 所示。

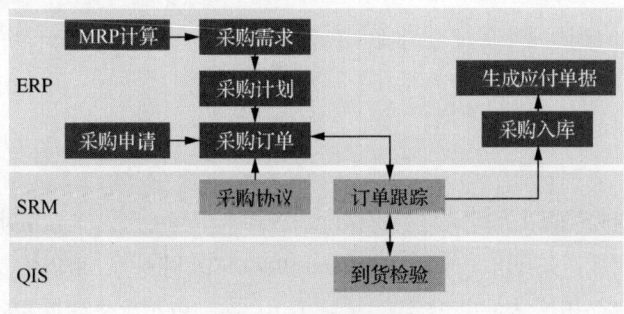

图 9-3 采购管理流程

2. 生产模式

公司采用"以销定产"的生产模式，会在淡季对成熟产品进行战略备货。生产部门利用 ERP 系统和生产过程执行系统（Manufacturing Execution System，MES）提高生产效率，销售订单触发生产订单、生产订单拉动物料需求计划、第三方物流公司根据该计划配送物资上线，完工车辆通过 MES 报工、质检合格后入库，在生产领料方面，通过 MES 进行严格管控，对于生产计划内使用的物资，生产部门领取时凭 ERP 系统打印出的领料单方可办理领取手续。生产管理流程如图 9-4 所示。

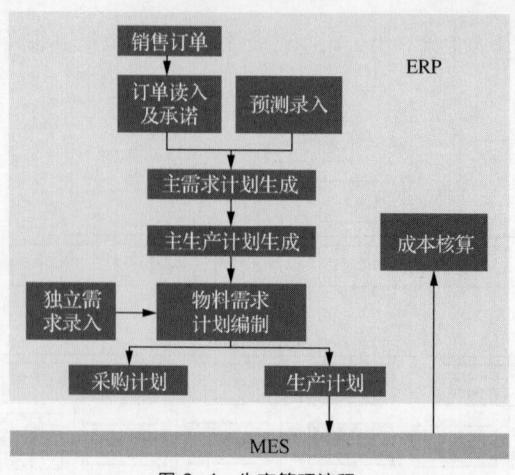

图 9-4　生产管理流程

3．销售模式

公司重卡及专用车业务销售模式以经销为主、直销为辅，推行 4S 店经销，鼓励经销商进行配套售后服务和配件经营，通过经销商管理系统（Dealer Management System，DMS）对经销商进行管理和风险控制。围绕公司既定的渠道开发目标，进一步完善销售体系建设。同时，为了避免经销商之间的恶性竞争，制定了相应的管理制度，通过网络实行严格的区域化管理，促使整个销售系统在有序的环境中良性发展。对于优质经销商和新晋经销商，公司在商务政策、服务及备件政策、金融政策等各个方面给予大力支持，帮助其积极开拓市场、扩大销售。同时公司结合行业现状和企业自身特点，以市场为导向，以用户为中心，以经济效益为目标，实行重点突破、全面推进的差异化营销策略，对重点市场进行细分，制定了不同的销售策略，积极巩固和拓展市场。公司积极运用金融工具促进销售，与银行等金融机构建立合作关系，为信誉良好的客户提供保兑仓和银行按揭服务。以金融手段促进销售，不仅有效解决了公司流动资金的周转问题，还加强了风险控制。

4．财务管理模式

华菱星马财务管理职能定位就是核算与监督，出具真实可靠的财务报告供股东、债权方及其他相关方使用。所有经济活动由公司财务部门集中管理，按二级、三级单位分账独立核算。独立核算的单位纳入预算考核范围。

5．内部控制模式

华菱星马内部控制主要为制度控制，辅助预算控制。制度由公司统一制定，二级单位和三级单位可根据各自公司业务制定相应的实施办法去保证公司制度的落地。预算控制由公司审计部门负责日常管理，各公司财务部门配合。

（四）历史沿革

1970—1980 年，前身为马鞍山市建筑材料机械厂，1980 年开始批量生产散装水泥车。

1981—2000 年，公司从计划经济向市场经济转变，1997 年改制成功，取得独立法人资格。

2001—2015 年，公司经历了高速发展阶段，成功上市，筹建整车生产企业，2010 年首次跨入产销过百亿元汽车企业行列。

2015 年以来，公司进入转型发展阶段，随着国家经济发展进入新常态，发展缓慢，转型发展势在必行。

（五）行业发展前景

我国汽车制造企业集中度较高，进入壁垒高，竞争体现在存量企业之间，与国际先进企业还存在一定的差距，尤其体现在核心零部件的开发上。未来，行业竞争集中于核心零部件的竞争。华菱星马坚持自主创新，是目前国内同时拥有发动机、变速箱、车桥、重卡底盘及专用车完整产业链的企业，在未来的行业竞争中具有较大优势。

二、公司管理现状分析

（一）华菱星马管理现状

华菱星马在发展过程中，学习国内外先进管理经验，总结自身发展中遇到的问题，形成了独特的管理经验。

1. 采购管理现状

采购管理由各公司物资管理部负责，公司审计部参与招标及价格审核工作，各公司财务部负责采购发票价格复核及入账。物资管理部以 ERP 系统、MES 及第三方物流系统保障生产均衡性。年末审计部、物资管理部等通过招标方式确定下一年度的采购价格，实行优胜劣汰管理机制，杜绝独家供货行为，对采购入库产品进行严格检验。

2. 生产管理现状

生产管理由各公司生产计划部负责，日常接单、排产等工作依靠 ERP 系统、DMS 和 MES 进行管理。生产计划部对订单审核、转化生产订单、排产跟踪、产成品报工、质检及入库等全过程进行管理。采用"以销定产"模式进行生产，在整个生产过程中严格推行精益化生产理念，重视现场 6S 管理[整理（Seiri）、整顿（Seiton）、清扫（Seiso）、清洁（Seiketsu）、素养（Shitsuke）、安全（Safety）]，确保产品质量，提高生产效率。

3. 销售管理现状

销售管理统一由公司下设营销分公司负责，根据销售产品性质的不同，具体由星马销售部、华菱营销部、海外营销部及特种车营销部进行日常的销售管理活动。销售模式以经销为主、直销为辅，推行 4S 店[整车销售（Sale）、零配件（Sparepart）、售后服务（Service）、信息反馈（Survey）]经销，鼓励经销商进行配套售后服务和配件经营，通过 DMS 进行管理和风险控制。对于优质和新晋经销商，在商务政策、备件政策、金融政策等各方面给予支持，助其开拓市场。

4. 财务管理现状

财务管理遵循两个统一，即"人员统一"和"制度统一"。人员统一是指公司财务部负责财务人员的管理，尤其对下属公司财务负责人的管理；制度统一是指公司财务部制定统一的财务管理制度，各下属公司按照集团财务编制的财务制度进行日常的财务管理工作，这保证了公司财务部对下属二级、三级单位的统一管理。

5. 内部控制管理现状

华菱星马是上市的国有控股企业，内部控制管理起步早，加强内部控制管理是必然的。华菱星马内部控制主要为制度控制，辅以预算控制、资金控制、物资招标控制等不同层级的控制管理手段，以保证公司各项管理活动顺利进行。

内部控制管理日常由公司审计部负责，审计部统一制定内部控制相关制度并辅以相应检查手段保证制度的有效执行，此外，根据经营情况的变化定期请专业的咨询公司对内部控制流程进行梳理及再造。公司审计部定期到各下属公司进行内部控制审计，出具内审报告并提出整改意见或建议，保证公司内部控制制度的顺利实施。

（二）预算管理组织机构

华菱星马预算管理的组织机构包括公司预算管理机构、公司审计部、各下属公司财务部及预算责任网络。

公司预算管理机构是预算管理的最高管理机构，以预算会议的形式审议各预算事项，公司预算管理机构负责人由公司董事长担任，各下属公司负责人兼任委员。其主要职责如下。

（1）审议通过有关预算管理的政策、规定、制度、预算编制的方针和程序；

（2）审议目标利润并上报公司批准，审查整体预算方案及各部门编制的预算草案；

（3）接受预算与实际比较的定期预算执行报告并予以审查、分析，提出改善措施；

（4）根据需要，就预算的修正进行审议并决定；对预算管理过程中出现的问题进行调解。

预算管理机构日常办公地点设在公司审计部，公司审计部负责传达预算委员会的预算目标，以及预算的执行及最终的考核工作。其主要职责如下。

（1）传达预算的编制方针、程序，对各下属公司编制的预算草案进行初步评审后报预算管理机构审查；

（2）在预算执行过程中，监督、控制各下属公司预算执行情况，出具预算执行报告；

（3）协助预算管理机构处理预算执行过程中出现的一些问题。

公司财务部及下属公司财务部为处理预算管理日常事务的职能部门，积极配合公司审计部的预算管理工作。财务部职责如下。

（1）根据审计部传达的预算编制要求，编制本公司的预算；

（2）解读预算编制要求，参与评审预算草案；

（3）负责监督所在公司预算的执行情况以及定期报送预算报表及预算分析报告。

预算责任网络是以公司的组织机构为基础，根据所承担的责任预算划分的，分为投资中心、利润中心以及成本费用中心。

预算管理组织机构如图9-5所示。

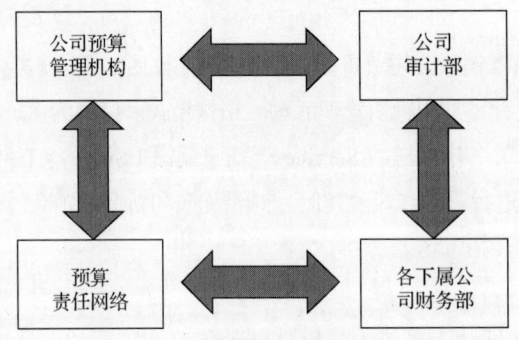

图 9-5　预算管理组织机构

（三）华菱星马管理问题

华菱星马在完善各项制度、加强人才培养、加强内部管理等方面，取得了一定成绩，但随着汽车制造企业外部环境的变化，也暴露了很多管理问题。

（1）在经营目标方面，公司紧跟国家汽车产业结构调整政策，开展自主创新，制定了"十三五"期间计划生产10万辆的目标，具有很大的不确定性。目标的不确定性给公司各方面管理工作带来了不确定性风险，管理难度加大。

（2）在研发管理方面，当前问题在于忙于订单的设计，而在新产品的研发、优化和技术管理方面与行业领跑者存在较大差距。

（3）在营销管理方面，公司主要通过经销商开展销售工作，营销方式单一，力度不够。此外，在销售过程中面临销量和回款相矛盾的问题。

（4）在成本管理方面，公司对于成本核算采用标准成本法，核算方式较为粗放，无法进行准确的成本动因分析，不利于成本监控和效率改进。

（5）经营业务与财务管理脱节。公司对下属单位采用集中管理、独立核算的模式，对资金管控的效果较好，但出现了公司管理与实体经营脱节的现象，对大项目缺少事前筹划，在预算执行方面较被动。

三、全面预算管理应用过程

（一）实施全面预算管理的必要性

全面预算管理作为一个成熟的管理会计工具，是公司进行整体规划和动态控制的管理方法，被国内外众多企业采用。基于重卡企业外部环境变化对管理规范的要求，以及自身战略发展的需求，实行全面预算管理势在必行。

1. 实现企业经营目标的需要

（1）全面预算管理以实现或超额实现目标利润为管理的最终目的。预算管理能够在公司经营目标决策、重大项目落实、奖惩、激励、考核、分配等方面起到科学的管理作用。

（2）全面预算管理有利于公司实现资源的综合配置。华菱星马要发展必须跨公司整合资源，只有通过预算管理的手段，才能整合二级单位和三级单位的各种资源，促进相互协作，实现公司战略目标。

2. 加强内部科学管理的需要

（1）公司全面预算管理根据长期及短期经营目标制定各下属公司年度预算目标，并编制相应预算，提前对人员需求、工作进度、资金需求等进行筹划，对在经营过程中可能遇到的问题进行预判，降低企业经营风险，保证各项管理工作顺利完成。

（2）全面预算管理可实现财务管理活动的全过程监控（包括但不限于事后监督），加快财务会计职能向管理会计职能的转变，有效节约成本，提高经济效益。

（3）全面预算管理是进行考核的依据。年初明确预算考核指标，各公司根据考核指标落实具体经营计划，在预算执行的过程中，以预算考核目标作为标尺，通过实际经营成果与预算考核指标的对比，分析实际偏离预算的程度，明确责任，落实奖惩政策，激发员工积极性。

3. 适应外部环境复杂性的需要

（1）政策环境。国内大气污染严重，排放标准逐步升级，加大新能源车型的开发并予以政策补贴，这些都带来了企业经营的不确定性。

（2）经济环境。中国目前处于工业化和城市化同步发展的阶段，对城市建设所需渣土车、搅拌车、环卫车等专用汽车的需求增加。这意味着市场在扩大，但是由于汽车制造企业竞争激烈，想分"蛋糕"没有想象中容易。

（3）技术环境。客户对于行车安全、出行顺畅、节能环保的要求对于汽车行业技术发展提出了更高的要求。车联网集成了各类先进可靠的传感器技术、数据处理技术，是当前汽车行业发展最为热门和先进的领域。在车联网的大环境下，无处不在的网络连接与信息交互使重卡本身已经成了一个数字化系统。这些技术变革加剧了汽车行业的竞争，也使企业面临更加复杂多变的外部环境。

（4）外部经营环境的改变，迫使公司做出管理的改变，引入全面预算管理是必然的。但是如果不加区别，盲目照搬使用，也会使公司付出巨大代价。华菱星马在引入全面预算管理的过程中，持谨慎态度，采用小步慢走的做法。具体分为三个阶段，即试点阶段（2008—2012年），推广阶段（2013—2016年），全面实施阶段（2017年至今），预算实施阶段如图9-6所示。

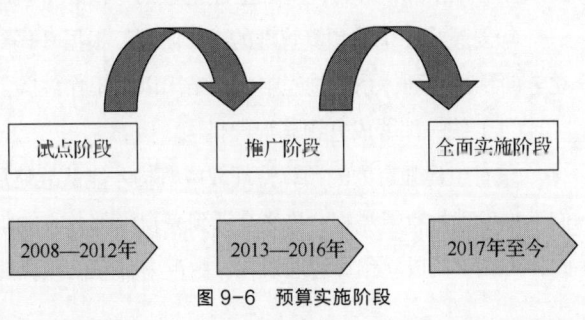

图9-6　预算实施阶段

（二）预算实施阶段

1. 全面预算管理的试点阶段

（1）选择试点公司

2008—2012年，试点阶段的主要任务是找一家具有代表性的试点单位，进行全面预算管理思维的引入，并逐步探寻预算的编制、执行、控制及考核等方法。最终选择公司内的重卡生产公司，即安徽华菱汽车有限公司（以下简称"华菱公司"）为试点公司，进行全面预算管理的尝试。

（2）试点公司预算实施方法

① 试点公司成立"降本增效"领导小组。降本增效领导小组负责制定全面预算管理办法和措施，审议、平衡年度预算方案及预算调整方案，协调解决全面预算编制和执行过程中存在的问题，对全面预算管理进行监督检查，考核、评价预算执行情况和结果。

② 确定试点公司财务部为预算日常管理部门。财务部具体负责组织公司的预算编制、审查、汇总、上报、下达、报告及公司预算总目标的分解落实等工作，落实降本增效领导小组的有关决定，跟踪监督预算执行情况，组织召开预算分析会议，分析预算与实际执行的差异及原因，提出改进管理的措施和建议，督促各部门完成预算指标。

③ 明确各业务部门在全面预算管理中的责任。公司各业务部门作为公司相关业务预算、资本预算、财务预算指标审核和过程监控的实施主体，要积极配合财务部做好公司总预算的综合平衡、协调、分析、监控等工作；业务部门负责人对本部门预算执行结果及预算管理工作承担相应责任。

④ 制定全面预算管理相关制度以及编制相关预算的表格。财务部制定了《安徽华菱汽车有限公司预算管理办法》，明确了预算编制的目的、应遵循的原则、预算管理组织机构、预算的形式及内容、预算的编制程序和方法、预算的执行和控制、预算调整、预算分析、预算考核等相关内容。此外，财务部还编制了一系列预算表格模板，如产销量预算表、主营业务收支预算表、其他业务收支预算表、税款预测表、期间费用预测表、三项费用（分部门）预测表、盈利预测表等一系列表格，并根据实际情况持续改进。

⑤ 加大全面预算管理的宣传及培训力度。财务部组织多次全面预算管理培训，深入车间生产一线，宣传全面预算管理的重要性、以展板或黑板报的形式将预算管理的要点呈现，目的是要全体员工树立降本增效、加强全面预算管理的价值观。

⑥ 以ERP系统为平台，建立全面预算管理的网络信息管理平台。财务部将预算输入ERP系统，进行日常的监控管理，各部门预算专员定期在ERP系统中查看预算执行情况。以企业经营目标为抓手，引入预算编制流程，各部门编制本部门经营计划，并编制年度预算，年终进行考核，平时按照季度进行分析。随着试点公司的预算管理逐步实施，华菱星马的全面预算管理正式迈出第一步。

2. 全面预算管理的推广阶段

2013—2016年，华菱星马总结华菱公司在试点阶段的经验及教训，决定一方面继续推进华菱公司的全面预算管理工作，另一方面将华菱公司全面预算管理的成熟做法推广到其他公司。推广阶段的主要任务是深入推进全面预算管理的实施，使全面预算管理的理念深入各公司，完善全面预算管理制度，逐渐学会运用全面预算管理工具，并在此基础上建立激励考核评价机制，全面提高华菱星马的内部管理水平。

华菱星马在全面预算管理的推广阶段，根据公司经营的内外部环境变化，并结合内部管理的特点，在建立全面预算管理体系的过程中，总结出以下工作经验。

（1）统一部署成立预算管理机构

只有组建强有力的预算管理权威机构才能从战略层面保证全面预算管理的有效实施。在实际工作中，我们不难发现推行新流程，势必会遇到来自内部各方的阻力，而阻力来源于公司对自身既得利益的担心，基于此，公司专门成立预算管理机构，由董事长担任预算管理机构负责人，各下属公司负责人担任预算管理机构成员。预算管理机构负责协调全面预算管理过程中的主要矛盾，从企业战略高度来保证预算制度的顺利实施。

（2）下属公司成立专门的预算管理机构

华菱星马是一家拥有汽车全产业链的公司，光靠公司预算管理机构去推动全面预算管理的实施有点力不从心，必须将公司预算目标层层分解到二级、三级单位去执行，公司做好预算考核工作，方可保证全面预算管理的有效实施。

二级、三级单位根据公司统一要求成立以各单位一把手为负责人的各下属公司预算管理机构，负责下属公司预算的编制、执行、控制和考核工作。

（3）公司审计部为预算日常管理部门

华菱星马审计部是预算管理机构下设的预算管理日常机构，负责传达预算的编制方针、程序，指导各公司、部门预算草案的编制；在预算执行过程中，监督、控制各公司、部门的预算执行情况；协助预算管理机构协调、处理预算执行过程中出现的一些问题，加强预算管理，落实奖惩制度。

编制年度预算时，审计部组织预算草案评审工作。评审完成且经预算管理机构批准后，董事长与各下属公司签署《华菱星马汽车（集团）股份有限公司目标责任书》，按照目标责任书要求进行考核，考核时采取季度与年度结合的考核方式，将岗位绩效工资分季度70%和年度30%考核。考核按照年度进行，分季度兑现。主要考核指标及权重如表9-1所示。

表 9-1　　　　　　　　　　　　　　　主要考核指标及权重

考核时效	考核项目	权重
季度考核指标70%	利润总额完成率（a）	70%
	毛利率（b）	15%
	三项费用占收入比（c）	10%
	经济增加值（d）	5%
	预算偏差率（e）	±10%
合计		100%
年度考核指标30%	存货周转率（f）	20%
	应收账款周转率（g）	20%
	人均劳动生产率（h）	20%
	资产报酬率（i）	20%
	不良资产率（j）	20%
合计		100%

公司委托"考核领导小组"对经营管理责任人进行岗位绩效工资考核，出具考核报告，核算考核系数。

考核系数 T 的计算方法如下：

T（季度）考核系数=a×权重+b×权重+c×权重+d×权重

T（年度）考核系数=f×权重+g×权重+h×权重+i×权重+j×权重

季度考核指标超额完成的，按照100%的封顶比率考核，全部考核指标以年终正式审计报告财务数据为准，对当年前期的季度考核指标予以年终调整。

考核指标预算偏差率不在考核权重内。超过正常预算偏差值的，各分、子公司要呈交书面说明给考核领导小组，考核领导小组将对其预算准确性进行审核，为显公平将扣减不在考核期内的利润，增加在考核期内的利润，以此为基数重新核算考核系数。

公司将对各分、子公司目标责任考核实施安全因素一票否决制。发生重大安全事故等造成重大损失的，扣除当年所有考核系数得分。

考核涉及的主要指标计算公式和考核目的如表9-2所示。

表 9-2　考核涉及的主要指标计算公式和考核目的

指标	考核指标计算方式	考核目的
a	利润总额完成率=实际利润总额/预算考核利润总额	预算利润完成情况
b	毛利率=（销售收入-销售成本）÷销售收入	提高公司盈利能力和控制成本的能力
c	三项费用占收入比=三项费用（制造+管理+销售-折旧）÷营业收入×100%	提高公司控制费用能力，降本增效
d	经济增加值=营业利润+除所得税外所有税+折旧+人工工资	提高公司给社会创造价值的能力
e	预算偏差率=（实际利润总额-预算利润总额）÷预算利润总额	增强预算准确性
f	存货周转率=营业成本÷平均存货	提高公司存货变现能力、存货资金占用水平
g	应收账款周转率=营业收入÷平均应收账款（营业收入和应收账款都不含关联方）	提高公司对外销售回款能力
h	人均劳动生产率=年总产值÷平均职工人数（发工资人数含劳务工）备注：年总产值=主营业务收入+库存商品期末余额-库存商品期初余额	提高公司人员熟练程度，增强对生产过程的组织和管理
i	资产报酬率=（净利润+财务费用+所得税）÷平均资产总额×100%	提高公司资产获利能力
j	不良资产率=坏账准备和减值准备累计余额÷相应资产总额原值（存货+应收账款+其他应收款）×100%	提高公司处置呆滞物资和应收账款的能力

在审计部考核过程中，各公司财务部配合全面预算管理工作，按照审计部要求报送预算草表、评审预算表，定期报送预算分析报告、考核指标等。

（4）完善全面预算管理体系

华菱星马在全面预算管理过程中，总结各业务板块实施预算管理过程中的经验和教训，引进外部公司先进的管理经验，明确了华菱星马全面预算的定义、预算的分类、预算管理的组织体系、预算管理流程、预算监督、预算报告制度以及预算考核等理论性和操作性问题。

（5）利用 ERP 系统对预算进行动态管理

根据预算管理的要求，凡是纳入预算考核范围的单位，年初需将预算导入 ERP 系统，经营单位的部门和项目预算及执行情况，通过 ERP 系统与审计部共享。审计部可以实时对各下属公司的预算执行情况进行在线监控。审计部侧重对预算考核数据的及时性、准确性和完整性进行监督，最终掌握全公司的经营和预算执行情况。

3. 全面预算管理的全面实施阶段

华菱星马从 2017 年开始在全公司范围内实现全面预算管理。华菱星马属于汽车制造企业中的后起之秀，与行业领跑者相比在研发能力、市场占有率等方面均有所见缺，公司只有加强自身健康发展才能在激烈的市场竞争中生存；只有运用科学的管理方法，加强内部管理，提高产品质量，降高产品成本，才能在市场中站稳脚跟。

全面预算管理全面实施阶段的任务是，在全公司范围内实施全面预算管理，制定较完善的预算管理制度，建立全公司的预算信息管理平台和科学的绩效考核体系，实现预算管理的全员、全方位、全过程管理，实现公司有限资源的高效配置、公司战略有效实施、经营方式持续改善、公司价值逐步增加的目标。

四、全面预算管理的信息化建设

（一）华菱星马信息化现状

1. 信息化系统介绍

华菱星马信息化起步于 2003 年，先后建成了覆盖全公司的局域网，建成了以 ERP 为中心的企业经营管理系统，建成了以产品生命周期管理（Product Life cycle Management，PLM）为核心的技术开发管理系统，以薪酬和绩效为核心的人力资源管理系统，以 DMS 为核心的经销商管理系统，以及基于二维码质量追溯管理系统，以 MES 为核心的生产管理系统。信息化应用覆盖了华菱星马的设计、生产、经营、销售、人力资源管理等多个领域。信息化系统如图 9-7 所示。

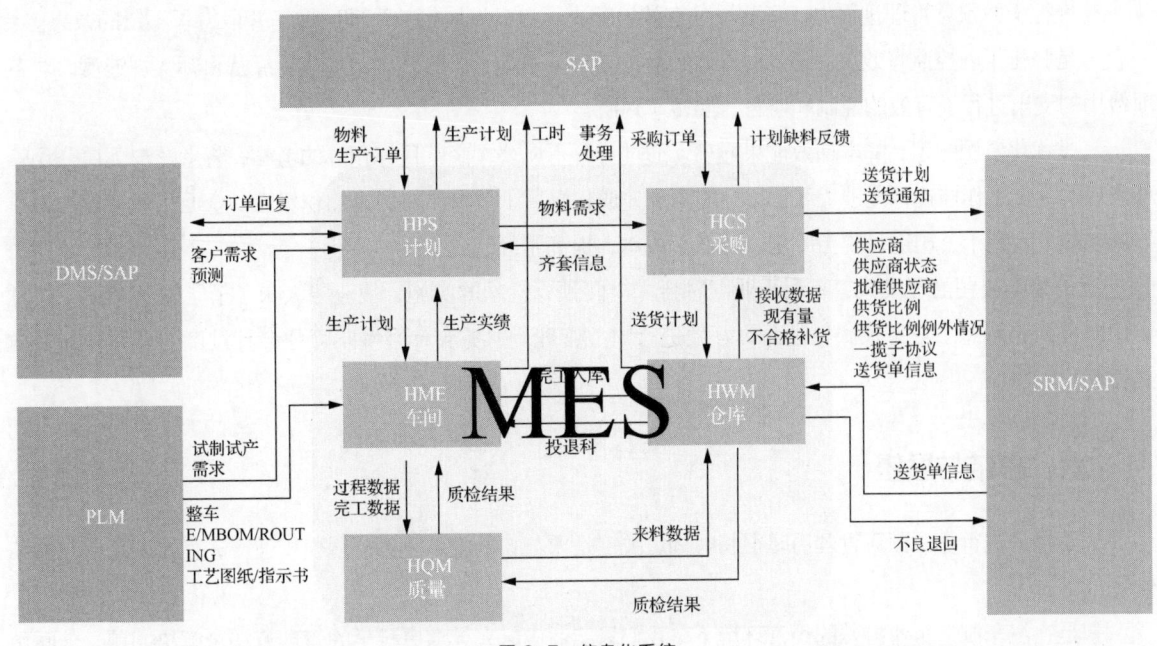

图 9-7 信息化系统

2. 信息化管理机构

公司信息中心负责全公司信息化的管理工作，信息中心以流程优化为核心，运用精益管理的思想，全面梳理业务流程，规范岗位职责和作业规范，细化关键环节标准，加强监督，确保规范和执行的一致性；在此基础上加强信息系统功能优化，实现流程的固化，提高对企业运营管理的支持能力。

（二）ERP 系统与全面预算管理的融合

1. ERP 系统与全面预算管理融合的可行性

全面预算管理是 ERP 系统的基本功能，全面预算管理需要 ERP 系统数据的支持。预算编制的基础数据可以通过 ERP 系统轻松获取。公司在预算执行时将预算数据输入 ERP 系统，在预算执行过程中，可以直观地看到预算是否超标；可以根据 ERP 系统中实际数据的变化决定是否调整预算数据。

2. ERP 系统与全面预算管理融合的优势

（1）利用原有系统，节约成本，提高可操作性。各下属公司利用 ERP 系统进行经营管理和财务核算，在熟悉的系统中去实现全面预算管理，有利于全面预算管理的顺利推广，不用新增预算系统，节约成本。

（2）进一步加强企业内部控制和监督。ERP 系统与全面预算管理的融合，可以起到事前控制的作用，在预算执行过程中，如果预算超标将无法继续，想继续执行必须走预算调整流程，预算调整流程要经过严格的逐级报送和审批。这样的融合会让员工树立严格的内部控制观念，促进各种内部控制活动的有效顺利实施。

（3）有利于业财融合，实现财务会计与管理会计的统一。公司通过全面预算管理与 ERP 系统的融合，使财务了解业务，进而对业务进行指导和监督。财务核算和预算管理相结合，利用先进的信息化手段，实现业务与财务的信息共享，进而实现管理会计与财务会计的统一。

五、全面预算管理的实施效果

华菱星马自 2008 年引入全面预算管理以来，使公司在经营规模、市场拓展、人才培养、规范管理、研发能力等方面取得了不错的成绩。华菱星马始终坚持"以人为本、科技为先、创新为魂、追求卓越"的经营理念，公司先后荣获全国五一劳动奖状、全国文明单位等称号，产品连续多年荣获中国质量协会"全国用户满意产品"称号，得到客户的广泛认可。

在推行全面预算管理过程中，华菱星马有效地解决了自身发展相关管理问题，并取得了不错的效果。

一是强化了内控监督效果。通过对经营目标的事前、事中、事后管理，加快了经营目标实现速度，对各项费用的支出进行了有效的控制和监督，防范了风险。

二是优化资源配置，降本增效成果显著。通过对各下属公司经营目标预算的考核，将考核与下属公司管理人员的岗位工作挂钩，促进了经营目标的顺利完成，提高了全员参与预算的积极性。全面预算管理的事前控制功能，有利于公司进行税务筹划，降低了成本，提高了经济效益。

三是改善公司治理模式，有利于业财融合。全面预算管理的实施，使业务人员了解了财务知识，同时更使财务人员熟悉了业务模式，进而更好地进行财务管理。财务会计慢慢向管理会计过度，有利于加强内部管理。

六、总结与展望

华菱星马进行全面预算管理历时很长时间，关键是要与自身发展速度、规模相适应，有如下几点经验和体会。

一是在汽车制造企业特殊的经营环境下，我们只能适应，去寻求更科学的管理方法来解决问题。全面预算管理是最有效的管理手段。

二是在全面预算管理过程中，公司管理层要高度重视，要将其作为"一把手"工程去抓，必须营造氛围，创造全面预算管理应用的条件。

三是全面预算管理必须依赖信息化。传统的预算编制由于没有 IT 环境的支持，编制难度巨大，无法进行有效的控制和考核。公司只有依赖信息化，才能有效进行全面预算管理。

四是要以各种健全的管理制度为基础。

全面预算管理理论已经很成熟，但是各公司在具体应用时要结合各公司情况和自身发展阶段的要求，逐步推进，最终促进汽车制造企业的可持续发展。

 企业自评

华菱星马实施的全面预算管理，基于公司发展特点，结合汽车产业链长、公司内部管理复杂等因素综合考虑，依次经过试点阶段、推广阶段、全面实施阶段，仍在持续改进中。目前，全面预算管理已经植根于公司管理的各个方面，全员纳入预算考核。全面预算管理将公司的技术开发、采购、生产、销售及售后服务等各个业务模块有机串联，形成了一套科学有效的考核管理机制。

全面预算管理和信息化建设随着公司业务发展同步进行，很好地解决了预算编制、执行、控制及考核过程中遇到的实际问题，提高了公司内部管理水平，增强了公司综合竞争力。

 **专家点评**

全面预算管理是现代企业管理必备的管理工具。企业在运用过程中必须结合自身实际，通过其个性化特征，彰显其应用特色和效果。本案例在以下几个方面具有启示作用。

（1）预算管理的组织特色鲜明。公司将审计部作为预算管理机构，负责传达预算的编制方针、程序，指导各公司、部门预算草案的编制，在预算执行过程中对各公司、部门进行监督、控制，协助预算管理机构协调、处理预算执行过程中出现的问题，落实奖惩制度。公司财务部及下属公司财务部则为处理预算管理日常事务的职能部门，配合公司审计部的预算管理工作，负责编制、解读预算，监督所在公司预算的执行情况以及定期报送预算报表及预算分析报告。

（2）将利润预算执行偏差率纳入季度岗位绩效工资考核中（占10%），提高预算的关注度。

（3）预算管理系统导入ERP系统，通过与ERP系统互动，为预算动态管理和实时控制监督提供有效的平台支撑，并可实现业财融合。

全面预算管理在华菱星马全面应用后，产生了强化内控监督、优化资源配置、降本增效、改善公司治理模式、实现业财融合等管理效果。

原材料

案例十 基于成本控制的信息化体系
建设实践

中国核工业集团兰州铀浓缩有限公司

【摘要】面对全球化、市场化下的激烈竞争，国内各行业产品价格已与国际市场价格接轨。加之在2016—2020年"十三五"规划、供给侧结构性改革以及企业综合改革不断深化的新形势，国内市场经济已要求各产业综合能力全面迈向中高端水平。鉴于此，企业越来越重视自身成本费用的管理控制，而财务部门作为企业的核心支撑部门，更要深刻认识到当前面临的形势和使命。

20世纪80年代以来，企业在生产制造过程中普遍采用信息化的控制技术，并出现了计算机整合制造的趋势。在此制造环境下，作为财务管理信息化手段的管理会计应运而生。管理会计信息化体系充分发挥了移动互联网的优势，使信息传递突破了时间、空间限制的优势，成为企业降本增效、开源节流的途径，助力企业实现精细化管理和价值创造。

本案例以中国核工业集团兰州铀浓缩有限公司（以下简称"中核兰铀公司"）作为案例分析对象，充分结合信息经济学、预算和成本控制中的行为科学，立足成本、预算和资金等方面的信息化实践过程，浅析企业各部门业务特征和整体经营管理需求，并将管理会计工具的运用（全面预算管理、目标绩效考评等）与信息化手段结合起来，根据实际发展情况揭示现阶段中核兰铀公司管理会计体系存在的实际问题，对成本控制环境下的管理会计信息化体系发展进行分析。

【关键词】成本控制；信息化；体系构建

一、中核兰铀公司简介

中核兰铀公司隶属中国核工业集团有限公司，始建于 1958 年，是我国最早建设的核燃料生产基地，是国内核燃料生产的奠基者。在 60 多年的发展历程中，为我国核工业体系建设和国家经济建设做出了突出贡献，曾先后为中国第一颗原子弹、第一颗氢弹、第一艘核潜艇和第一座核电站提供了合格装料。

核电站使用的核燃料要求铀 235 的含量在 2%～5%，但在天然铀中，铀 235 的含量只有 0.7%，其余为铀 238，要满足核电站的需求就要提高铀 235 的含量。当前主流的铀浓缩技术是离心技术，利用高速旋转产生的强离心力场实现二者的分离。这对生产设备的材料、结构设计、加工工艺、装配技术、试验技术等都提出了很苛刻的要求。截至 2013 年，通过中国核工业集团有限公司内部的自主攻关，中核兰铀公司完全可以保障中国正在运行的 17 个核电站的核燃料供应，也能满足到 2020 年五倍核电规模的燃料需求，为中国国防现代化和国民经济建设做出了重大贡献。

在保证核燃料主业稳定生产的同时，中核兰铀公司还先后开发了机械加工、压力容器制造、水力发电、核电子仪器等十余个系列的非核民品项目，形成了"以核为主，多种经营"的产业格局，其在我国的能源保障和可持续发展方面发挥了重要作用。截至 2019 年年底，公司资产总额达 90 亿元，员工为 2 600 人，年营业收入达 24.91 亿元，利润总额达 4.8 亿元。

作者：高维新、杨继来、刘琴
案例指导与点评专家：田高良（西安交通大学）

二、基于成本控制的信息化体系建设实践背景

（一）企业内部控制（组织架构）风险

中核兰铀公司目前的内部组织架构主要以直线职能制为主。以"专业管理部门+一线生产车间"形成生产经营管理的基本组织框架，按照管理层级，实行"公司主要负责人—公司分管业务负责人—专业职能部门负责人——线生产车间负责人"的管理模式。其中，生产经营单位包括主生产单位、辅助生产单位和综合服务单位，作为生产运行和成本控制中心；专业管理部门分为党群工作部门、生产管理部门和综合管理部门三大类。同时，中核兰铀公司还出资成立了相应的全资子公司和控股子公司；其中，全资子公司：甘肃兰核电控有限公司，相对控股子公司，甘肃柴家峡水电有限公司为利润中心。

中核兰铀公司的组织架构如图 10-1 所示。

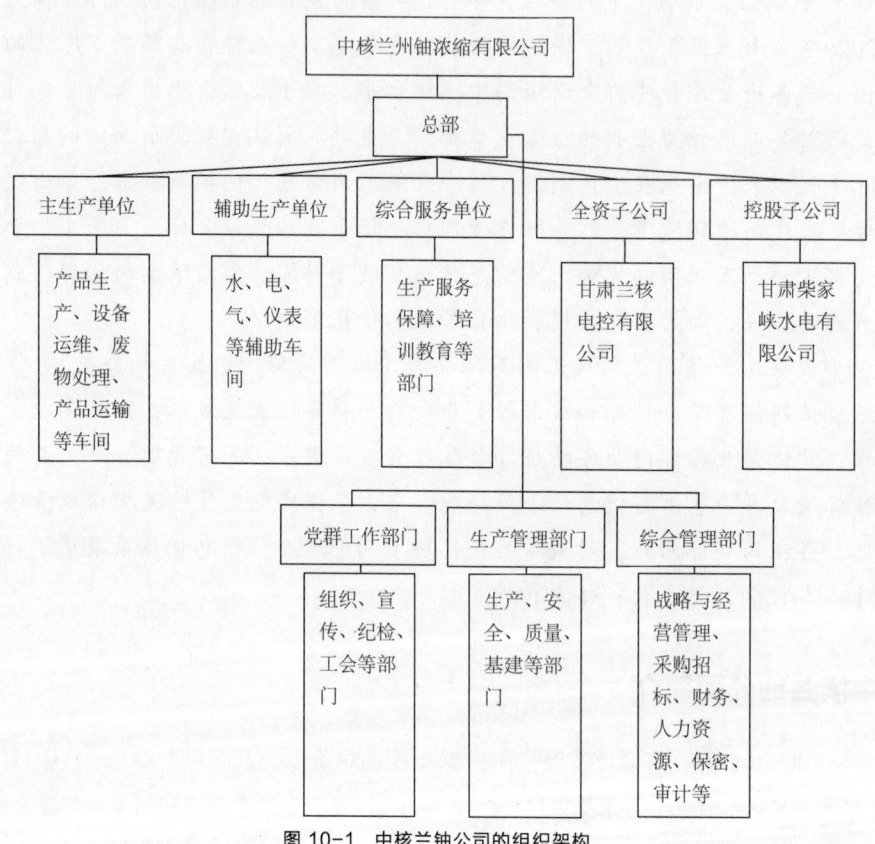

图 10-1　中核兰铀公司的组织架构

在本组织架构下，企业虽然实现了细化分工、专业化管理，并提高了管理工作的效率，但如果采用传统的信息化管理手段，则会存在一些管理上的缺陷：一方面，本组织架构终究建立在"职权分裂"的基础上，加之传统信息管理手段信息传递路线较长、反馈速度较慢，因此若各职能部门与一线生产单位之间目标不统一，则易产生矛盾。特别是对于需要多部门合作的事项，往往难以确定责任的归属。另一方面，由于各职能部门之间的横向联系较差，分工细化也导致机构重叠、职能交叉或缺失、会计信息反映重复等问题。例如，企业原采购招标工作按项目类型（如固定资产更新改造、基建维修等）由不同的管理部门分管，一旦平行部门间联系较差，就会导致供应商应收（预付）、应付账款等相关信息整合难度大，最终成本核算时牵连的核算单位较多，难以集中管理等问题。

（二）财务风险

随着国内经济从"高速发展"向"高质量发展"转型升级，以及铀产品全球化采购造成的竞争压力，国内铀浓缩行业降本增效的压力剧增。如何运用现有资本合理高效地创造更高的企业价值，成为中核兰铀公司

新时期的财务发展目标。而保障企业资产安全且有效地运用于经营活动的前提，就是要防范各种财务风险。

财务风险主要是指融资安排、会计核算、财务报告等财务管理活动中的不确定因素对企业实现经营目标造成的影响。中核兰铀公司目前的财务风险主要包括：财务控制（成本费用管理）风险、盈利能力风险、资产管理风险、税收风险、筹资风险、现金流（资金支付）风险等。

1. 财务控制（成本费用管理）风险

预算是一种数量化的详细计划，它对未来活动的细致、周密安排，是未来经营活动的依据。数量化和可执行性是预算最主要的特征，有助于管理者协调、贯彻计划。企业一旦未能完成年度或季度财务预算指标，又未受到客观因素影响，便存在财务控制工作有效性差的风险。

2. 盈利能力风险

企业收集销售净利率、总资产净利率等盈利能力指标数据，使之与企业本期数据、历史数据及同行业的数据进行比较，分析本企业相关数据与比对数据的差异。若本期或未来盈利能力指标数据较同行业或行业标准明显偏小且未受到客观因素影响，则企业存在盈利能力风险。

3. 资产管理风险

铀浓缩产品生产工艺极其复杂，其生产设备具有特殊性且投入成本高昂。中核兰铀公司设备折旧费用约占总成本费用的43%，需谨慎选择资产折旧方法。此外，为了保持稳定的财务状况，企业对流动资产、流动负债、资产总额、负债总额、所有者权益等财务数据都需定时记录分析。若企业资产负债率明显高于同行业标准值且无客观因素影响，则企业存在资产管理风险。

4. 税收风险

随着"营改增"、个人所得税起征点上涨等税收政策的下达，企业正确、及时地执行相关政策，为降本增效工作提供了助力。企业对税收政策若未能正确、按时地执行，便存在税收风险。

5. 筹资风险

企业应严格把控历史筹资、本期筹资的执行情况及未来筹资计划的预计执行情况，若存在不能按时完成筹资影响企业的生产经营或工程项目建设、不能按时还本付息等问题，则会造成企业经济损失并损害信誉，使企业面临筹资风险。

6. 现金流（资金支付）风险

对现金流入、流出的控制（资金支付管理），将影响企业能否满足在经营活动、投资活动、筹资活动等过程中对现金的需求。若对企业生产经营、项目建设和偿还债务造成较大影响，便存在一定的现金流风险。

企业产生财务危机的根本原因是不能恰当处理财务风险。因此，要防范财务风险，建立和完善财务预警系统尤其必要。信息技术的发展与广泛应用，使各行业的财务工作向信息化、数据化和规范化方向发展，企业进行财务信息的收集、筛选和分析工作时所采用的方式方法不断革新。在此背景下，中核兰铀公司基于高效收集成本信息、强化成本管控的目标，开展了通过信息化体系升级建设实现企业"业财融合"的实践。

三、信息化体系建设的实践

（一）全面预算管理体系

为提高中核兰铀公司生产经营管理水平，建立健全预算管理体系，落实发展规划，实现稳健快速发展，并加强对生产经营的全过程监督与控制，有力防范经营风险和优化资源配置，预算管理部门围绕企业发展规划，对未来的生产经营活动和相应的财务结果进行全面的预测和筹划，并对执行过程进行监控和分析，以将规划目标以数据形式加以量化。

中核兰铀公司通过建立"计划—预算—考核"（以下简称"JYK"）联动体系，以年度预算编制大纲的编制为年度预算工作的起点，并严格以年度预算编制大纲确定的各项业务年度财务控制数作为各专项业务计划编制的依据，保障计划实施和资源控制；同时，通过执行分析反馈修正计划，采取考核评价手段保障计划目标的实现。

1. 全面预算管理体系

中核兰铀公司全面预算管理体系如图10-2所示。

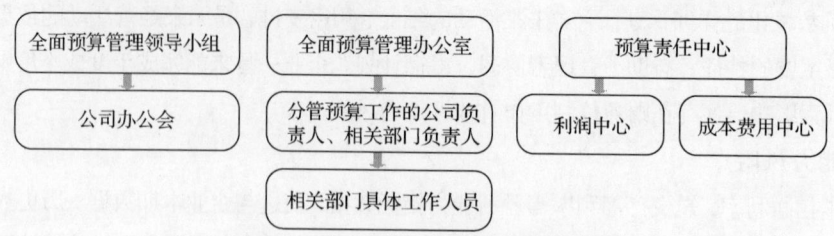

图10-2 中核兰铀公司全面预算管理体系

全面预算管理领导小组是中核兰铀公司全面预算管理的决策机构，履行以下职责：全面预算管理基本制度的审定；年度预算编制大纲审定；年度融资计划审定；重大调整事项审定；等等。

全面预算管理办公室为中核兰铀公司全面预算管理的工作机构，履行以下职责：拟定年度预算编制大纲；编制年度预算目标、年度融资计划；组织下达各基层单位预算指标并实时监督、检查；分析和考核各单位预算完成情况；提出预算工作改进意见和建议。

预算责任中心划分为利润中心和成本费用中心。其中，全资子公司与控股子公司为利润中心；主生产单位、辅助生产单位、综合服务单位、各管理部门为成本费用中心。预算责任中心履行以下职责：建立本单位预算管理相关规定；审核本部门归口管理的专项预算，监督预算执行；组织本单位预算的编制、执行、控制、分析和考核等工作；根据本单位生产经营实际情况，提出相关调整意见。

2. 全面预算

中核兰铀公司全面预算内容详如图10-3所示。

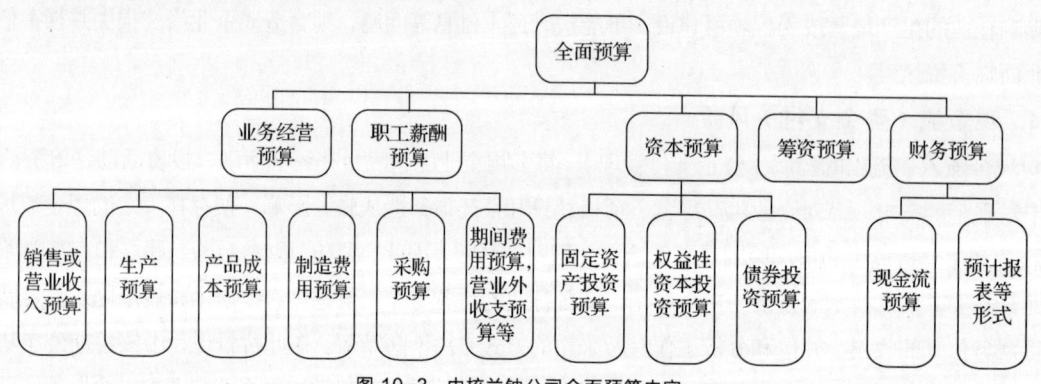

图10-3 中核兰铀公司全面预算内容

3. 预算执行与控制

中核兰铀公司坚持"预算是开支的限额，不等于自动授权"理念，严格按照"立项、预算、承诺、开支"不可逆的管理程序执行预算，严格把控预算外支出项目。同时，中核兰铀公司建立了预算执行情况预警机制，全面预算管理办公室按月对预算执行单位情况进行通报。每季度末召开季度预算执行情况分析会，在授权范围内研究协调预算执行过程中存在的问题；对超越授权范围的，形成审查建议，报公司办公会审批。

除发生影响预算执行的重大事项，预算原则上不做调整。确需调整的，由执行单位向全面预算管理办公室提出预算调整申请，申请报告中需详细列明导致无法实现预算目标的原因，并附相关证明材料。

（二）三级成本核算体系和业务归口管理体系的建设情况

为加强产品成本核算工作，保证产品成本信息真实、完整，防范成本费用管理中的差错和舞弊，降低成本费用开支，提高公司经济效益，中核兰铀公司在总经理的领导下，由总会计师具体负责，实行"公司总部财务部门—二级单位—班组"三级成本核算体系和业务归口管理体系。

1. 三级成本核算体系和业务归口管理体系

中核兰铀公司三级成本核算体系和中核兰铀公司业务归口管理体系如图 10-4、图 10-5 所示。

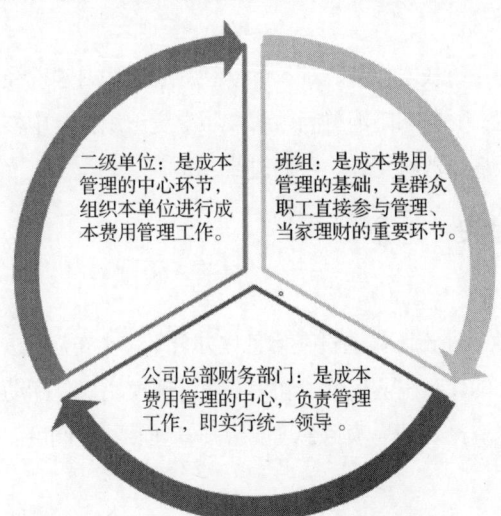

图 10-4　中核兰铀公司三级成本核算体系

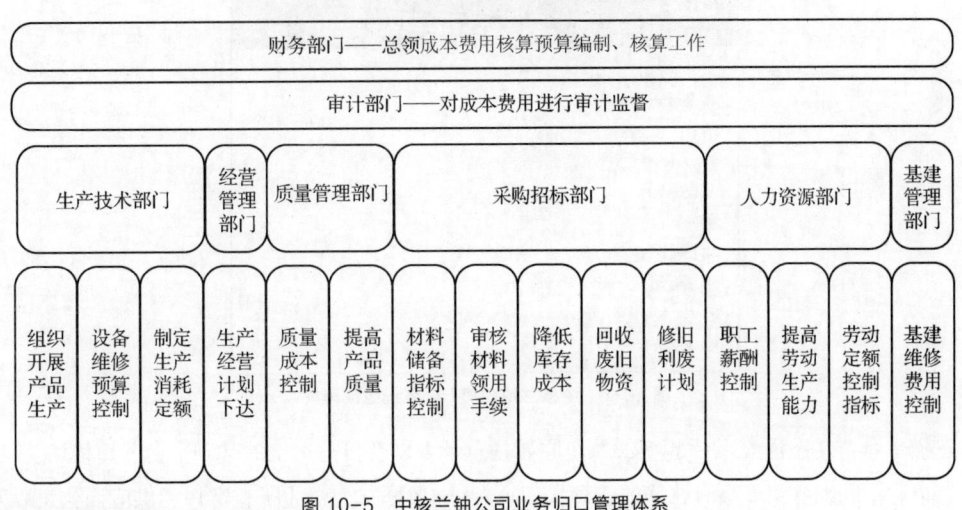

图 10-5　中核兰铀公司业务归口管理体系

二级单位负责编制本单位的成本费用预算，将预算指标层层分解下达，开展本单位成本控制工作。其他部门按部门职能完成本部门成本费用管理工作和归口业务的专项工作。

2. 成本费用构成项目

制造成本：专业原材料、直接材料、燃料和动力、职工薪酬、核专项费用、制造费用。

期间费用：管理费用、财务费用、销售费用。

3. 成本控制方法

成本预算控制：每年编制成本预算，根据成本预算内容，分解成本费用指标，落实成本费用责任主体并制定绩效考核措施。根据成本费用指标的完成情况，实行成本费用责任追究制度。

质量成本控制：根据预定的质量成本目标，从预防成本、检验成本、内外部缺陷成本、外部质量保证成本等方面进行控制。

成本定额控制：每月将实际发生成本与制定的成本定额进行对比，找出差异，明确差异原因，提出改进措施，进而降低成本。

成本精益管理：将制定的成本指标层层分解，落实到各部门和岗位，并与绩效工资考核相挂钩，充分调动部门、职工的积极性和主动性。

4. 费用控制方法

中核兰铀公司对预算全面实行"刚性"控制，采取"无预算一律不得支付"的原则，要求所有成本支出必须纳入年度预算，实行限额控制，且要求所有开支必须经过授权人审批，同时，对年度成本费用预算实行按月滚动考核机制。

此外，各一线生产车间按月进行成本核算，对本单位经营成果按月进行经济运行分析并提出问题改进措施，形成书面报告报送财务部门；财务部门汇总问题后按照季度组织召开中核兰铀公司经济活动分析会，通过分析对比，总结经验、揭露矛盾、改进工作、不断进步。

（三）财务信息化平台建设

1. 平台架构情况

中核兰铀公司财务信息化体系建设工作通过在信息化办公平台上布局用友公司 NC 系统开展。目前中核兰铀公司根据实际业务需求，在 NC 系统上设置了九个专业管理模块，包括动态建模平台、企业绩效管理、财务会计、资金管理、供应链、资产管理、项目管理、合同管理和法规制度。中核兰铀公司 NC 系统组成模块如图 10-6 所示。

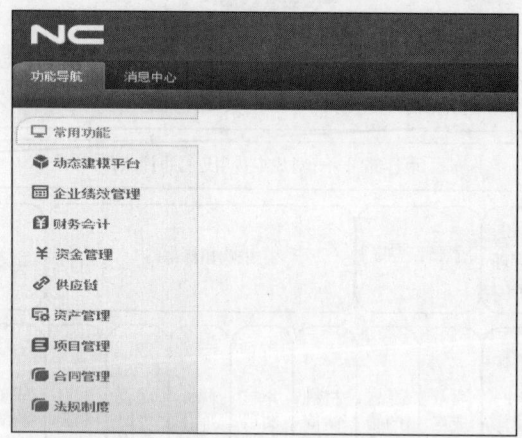

图 10-6　中核兰铀公司 NC 系统组成模块

动态建模平台：动态建模平台是 NC 系统原始信息录入以及日常运维的基础平台入口模块。其中："组织管理"为企业不同财务组织会计账簿的管理接口；"基础数据"为企业所有客户、供应商信息以及年度预算中的项目信息的录入接口；"流程管理"为对信息化财务核销单据的资金审批流程控制接口；"会计平台"为 NC 系统会计科目业务与财务的关联关系对照以及业务单据与会计凭证转换相互关联设定等的接口。中核兰铀公司 NC 系统动态建模平台设置情况如图 10-7 所示。

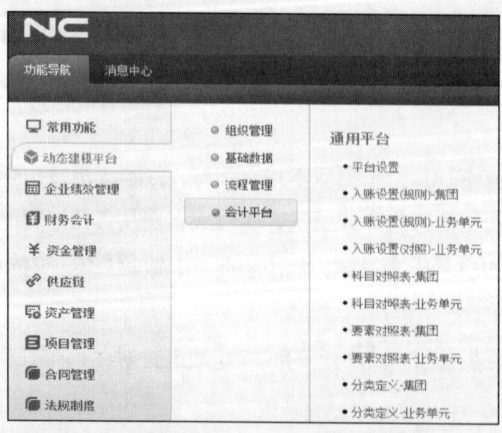

图 10-7　中核兰铀公司 NC 系统动态建模平台设置情况

企业绩效管理模块：该模块是全面预算管理控制的相关报表格式以及数据填制的入口模块。包括预算编制、预算调整以及预算监控等管理接口。中核兰铀公司 NC 系统企业绩效管理模块具体如图 10-8 所示。

图 10-8　中核兰铀公司 NC 系统企业绩效管理模块

财务会计模块：该模块是企业成本费用日常报销的使用模块。包含总账、应收管理、应付管理、费用管理、固定资产、存货核算及费用预算七个控制接口，涵盖了传统财务会计处理的所有功能，并实现了信息共享与相关关联，以此实现企业日常经营的资金收付、资产管理以及财务数据采集等工作。中核兰铀公司 NC 系统财务会计模块如图 10-9 所示。

图 10-9　中核兰铀公司 NC 系统财务会计模块

供应链模块：该模块是汇集全企业"合同管理—采购管理—采购价格—库存管理"于一体的综合管理模块。企业所签订的所有买卖合同、采购订单，原材料以及设备出入库等信息均在此模块汇集。中核兰铀公司 NC 系统供应链模块如图 10-10 所示。

资产管理模块：该模块是企业资产信息登记备案、资产使用情况与运行状态（报废、毁损）、资产维护修理以及易耗品管理等的综合管理模块。中核兰铀公司 NC 系统资产管理模块如图 10-11 所示。

项目管理模块：该模块是根据年度经营计划安排，对拟开展的生产经营项目进行全过程管理的模块。包括对业务计划的下达、执行、合同签订、物资采购、执行结果等工作信息的采集和管理。

合同管理模块：该模块是由物资采购招标部门进行合同信息采集的管理模块，可形成合同台账，进行信息共享。

图 10-10　中核兰铀公司 NC 系统供应链模块

图 10-11　中核兰铀公司 NC 系统资产管理模块

法规制度模块：该模块是企业运用的国家、地方政府的法律法规以及上级部门与企业自身的管理制度的展示模块，便于信息共享。

2．企业成本费用的资金支付流程

为规范企业资金收付，通过将全面预算控制、成本费用控制以及企业"三重一大"事项管理要求等管理规定融合，中核兰铀公司自主开发了资金支付分级授权审批信息化管理线上平台。

（1）电子业务报销单

中核兰铀公司 NC 系统电子业务报销单主要由四部分组成：资金支付业务审批流程图、财务信息采集表、业务信息采集表以及业务信息与财务凭证相互转换信息表。

资金支付业务审批流程图包含业务审批流程、事由、费用产生部门、供应商信息、公司业务主管负责人、审批部门（单位）等。通过严格执行成本费用归口管理体制，各单位对报销的费用依据年度预算计划、公司资金支付分级授权制度进行审批，实现了无预算不能支付以及费用财务控制的目的。

财务信息采集表包含付款财务组织（财务核算账套）、支出类别（资本性、费用性等）、支付范围（日常性支出、营业外支出等）、合同相关信息、供应商相关信息、财务处审核（各专项项目核销会计登记台账）、付款的相关信息。

业务信息采集表包含业务报销经办人员、单据号、单据状态、付款类型等信息，实现了及时对单据信息实施状态查询以及审批流程的层层传递。

业务信息与财务凭证相互转换信息表包含信息简要概述、收支项目、金额、项目名称、供应商名称等信息要素。待报销业务审批流程通过后，财务处理业务人员可直接根据业务单据生成会计凭证，这在减少人为错误的同时，极大地节约了业务处理时间。

中核兰铀公司NC系统电子业务报销单如图10-12所示。

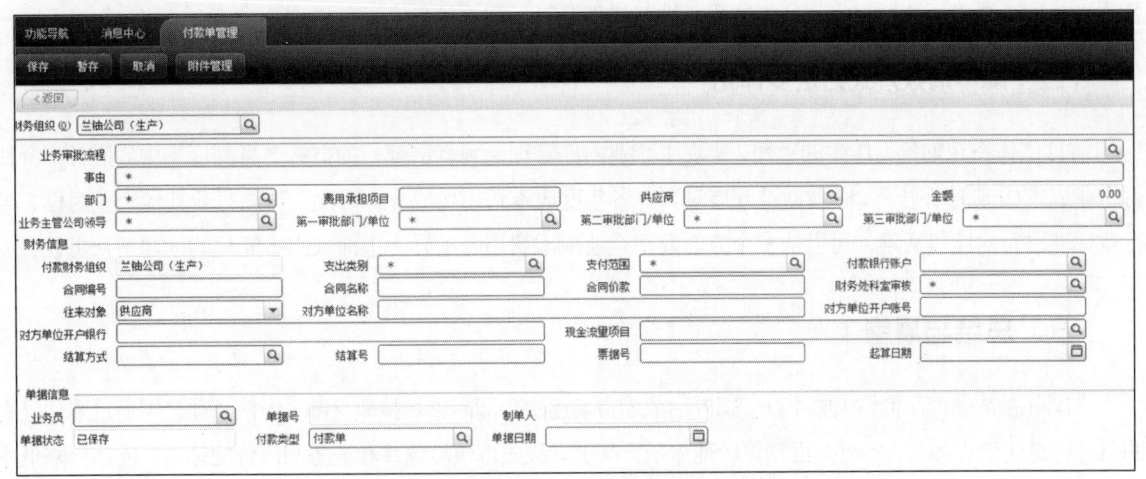

图 10-12　中核兰铀公司 NC 系统电子业务报销单

（2）审批流程

中核兰铀公司财务报销审批流程分为业务审批流程和财务审批流程两部分。

业务审批流程：业务人员填制单据，由业务经办人员单位负责人审核通过后，传递至业务分管部门/使用部门负责人审批，后递交主管公司负责人审批，至此第一阶段业务审批流程结束。此环节中各审批人员需依据年度相关预算安排对业务进行监督检查，确认无误后方可通过。

财务审批流程：财务部门相关业务处理人员需核对预算信息、合同相关付款条款等信息，对报销业务付款金额与要求进行初步审核，后递交财务部门各业务负责人进行复核，并根据资金支付类别（资本类、费用类、金融类、财税类、其他）实施不同的审批程序，待履行完审批流程并通过后，便可凭业务单据直接形成财务会计凭证，并进行资金支付处理。中核兰铀公司电子报销单审批流程如图10-13所示。

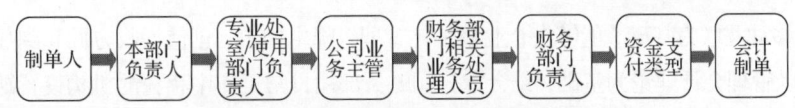

图 10-13　中核兰铀公司电子报销单审批流程

四、成效

（一）各单位间联系更加紧密，内控风险降低

全面预算管理使各平行单位之间关联程度提高。通过"计划—预算—考核"体系的运用，原本同一层级的单位之间不再呈现单纯的平行关系。各单位在全面预算管理中担任不同的角色，有的成为任务的下达、管理监督者，有的则成为任务的执行者、被监督者，它们之间在某一时段内、某一任务执行期间相互制约，对彼此的了解逐渐加深，这将促进跨部门业务信息整合工作顺利完成，最终使企业内部关联关系将更加紧密坚固。

（二）财务风险有所下降

财务信息化体系将各部门与自身生产经营计划、成本费用预算、执行情况紧紧联系在一起，通过年度指标预算的分解下达与日常的监控，使每一位员工与企业成本费用管理联系在一起，通过相应的激励考核机制，员工切身感受到成本费用管理与企业效益、自身岗位职责的关联关系，增强降本增效观念，促进企业成本有效降低。预算得到有效执行后，财务控制风险便会相应降低。

通过 NC 系统各业务模块以及资金支付分级授权审批控制，企业对现金流入、流出的管控更加有效，使预算得到了有效执行，将资金支付严格把控在标准范围内，避免了资金无控制支付对企业生产经营、资产更新以及偿还债务造成的较大影响。同时，信息化平台下企业相关信息的高度整合集中，也极大地激发了企业各层级管理人员进行数据收集与分析的积极性，实现及时、有效的日常经营管理。

（三）降本增效方式方法多样化

信息化体系在财务工作中的运用，实现了企业内部管理层到基层部门的财务信息高度集中。信息整合使得企业成本构成清晰明了。企业通过开展对自身各年度成本费用构成分解对比、与同行业其他企业对标、与行业标准进行对比等活动，可以从多个方面发现企业成本费用的差异，进而找出多元化的问题解决办法。

五、总结与展望

在国际铀浓缩产品价格大幅下跌、国内铀浓缩市场逐步与国际市场接轨之际，中核兰铀公司通过强化已有的财务信息化建设体系，实行全面预算管理体系，制定三级成本核算体系和业务归口管理体系，以达到降低本企业产品成本，创造企业价值的目标。但截至目前，我们实行的成本费用管控基本上是以定额标准进行的控制管理，在现有基础上如何较大幅度地降低企业产品的生产成本仍然是一个难点。同时，企业目前实行的降本增效手段总体来讲较为单一，且这些降本增效的手段均是短期性的，如存量债务优化、人员配置管理优化等。由此可见，企业仍需要不断采用新的降本增效方式，制订长远的降本增效计划来实现自身的长远发展。

此外，就企业在实际生产经营管理中对管理会计的运用而言，企业除了循序渐进地完善现有财务信息系统，快速提取有效的管理会计信息，充分挖掘管理潜力和价值增值因素外，企业仍需在高端人才培养，加强管理会计教育，提高会计人员的素质等方面大力推广和应用各种管理会计的方法。建立一支高素质的管理会计人员队伍，架起一座管理会计理论和实践的桥梁，是促进管理会计在企业中快速发展的基础。

 企业自评

管理会计以移动互联为基础，能够在企业精细化管理、降本增效、创值增收方面起到显著作用。中核兰铀公司财务人员以管理会计理论为基础，结合本公司财务部门日常工作中存在的机构设置缺陷、管理风险等问题，在实践运用过程中初步建立了管理会计系统，并在优化组织架构、降低内控风险、降低财务风险、实现降本增效方式多样化等方面取得初步成效。中核兰铀公司在管理会计方面的探索和经验能够为其他公司提供参考和借鉴。

 专家点评

本案例以中核兰铀公司作为分析对象，主要论述了成本控制环境下管理会计信息化体系的构建。该公司为了解决管理会计体系存在的实际问题，提高企业生产经营管理水平，构建了全面预算管理体系，实行了"计划—预算—考核"（JYK）联动体系、"公司总部财务部门—二级单位—班组"三级成本核算体系和业务归口管理体系，建设了财务信息化平台（NC）。通过全面预算管理，提高了各平行单位之间的关联程度，强化了企业内部的关联关系；通过管理会计信息化体系的建设，打通了信息孤岛，加强了业财融合，降低了财务控制风险。这是一个典型的管理会计信息化体系建设实践案例，值得其他企业学习和借鉴。建议该公司不断总结提升降本增效的方式方法，进一步推动管理会计信息化的发展。

消费品

案例十一　海尔"第四张表"共赢增值表体系构建与实践

海尔集团

【摘要】第四次工业革命吹响了物联网时代的号角。新一代信息技术对全球经济发展、人民生活、商业社会的组织形态、运行逻辑产生了重大而深远的影响，也给管理会计理论与实务带来了前所未有的挑战。

有关组织绩效评价与激励机制的设计是当代管理会计研究与实践的重点。人单合一管理模式，是海尔集团三十多年来不断在商业模式、战略管理、组织结构与人力资源管理等领域进行实践探索的系统化理论成果。共赢增值表作为海尔集团转型的驱动工具是适应时代变革的重要管理工具创新。

本文首先介绍了海尔集团发展的基本情况和共赢增值表构建的时代背景，通过商业模式创新与相匹配的管理工具创新，深入分析共赢增值表在物联网时代背景下，成为企业价值的第四张表具有的理论前瞻性与普适性，为企业向生态型转型提供可参考的范例。

【关键词】物联网转型；人单合一；第四张表；共赢增值表

一、企业简介

从 1984 年创立至今，历经 36 年的发展，海尔集团（以下简称"海尔"）的变革与转型从未止步。在海尔集团董事局主席、首席执行官张瑞敏的企业管理思想和经营哲学的指引下，海尔始终以用户体验为中心，踏准时代的节拍，历经了名牌战略、多元化战略、国际化战略、全球化品牌战略、网络化战略五大战略发展阶段。2019 年 12 月 26 日，在海尔集团创业 35 周年大会上，海尔集团董事局主席、首席执行官张瑞敏发布第六个战略阶段——生态品牌战略阶段，这标志着海尔从资不抵债、濒临倒闭的集体小厂逐步发展成一家全球领先的美好生活解决方案服务商；标志着海尔由全球白色家电第一品牌向全球引领的物联网生态品牌进化。海尔在品牌、技术研发、产品、渠道网络建设、运营模式等方面持续创新，提高不断适应时代变化的企业竞争力，正逐步发展成为物联网时代引领的生态型企业。如今，海尔物联网生态系统已覆盖智慧家庭、工业互联网、大健康等多个产业生态。

在持续创业创新的过程中，海尔集团始终坚持"人的价值第一"的发展主线。海尔集团董事局主席、首席执行官张瑞敏于 2005 年首创"人单合一"模式，人单合一模式如今以其时代性、普适性和社会性实现了跨行业、跨文化的融合与复制。而海尔也从传统制造企业成功转型为共创共赢的物联网社群生态服务商，率先在全球创立物联网生态品牌。2020 年，海尔再次作为全球唯一"物联网生态品牌"，蝉联 BrandZ 最具价值全球品牌 100 强榜单，物联网生态品牌持续引领产业生态发展。

海尔物联网生态平台战略转型的核心理念是从用户使用场景中的痛点或需求点切入，通过与用户持续交互，形成基于用户最佳体验的物联网场景综合解决方案并持续迭代升级。"用场景替代产品，用生态覆盖行

作者：周云杰
案例指导与点评专家：朱武祥（清华大学）

业"成为海尔的物联网场景新体验。

海尔集团战略变革阶段如图 11-1 所示。

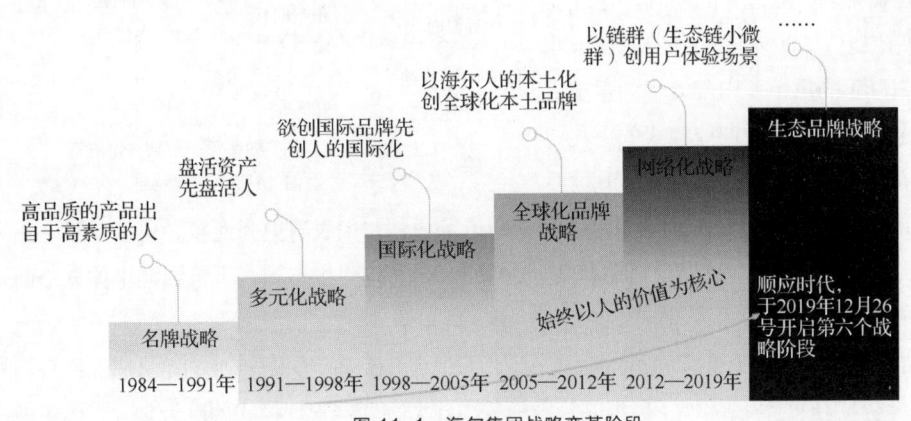

图 11-1　海尔集团战略变革阶段

二、主要创新经验

（一）时代背景

以互联网为核心的新一轮科技和产业革命即将爆发，人工智能、虚拟现实等技术日新月异，虚拟经济与实体经济的结合，将给人们的生产方式和生活带来革命性变化。过去企业创新与发展主要是依靠土地、劳动力和资本等有形投资拉动，而如今更注重以人为本，更多靠数据、无形资本的驱动，更加突出用户、企业内部员工的价值创造。时代的变革从根本上改变了传统的商业逻辑和管理思想，对现有的业务流程、财务管理工具提出了挑战。

过去技术发展注重"创造"，以三次工业革命为代表的技术变革一次次改变人们的生活方式，重塑世界经济竞争格局。为抢占更多的市场份额，企业管理者着重关注产品的标准，将企业视为一个封闭的科层，而当时企业的资产多为土地、设备、厂房等有形资产。为了更好地管理企业资产，财务管理工具的发展催生了三张财务报表。

物联网时代，技术发展偏重于商业模式的驱动创新，同行业之间难以形成巨大的技术差异。物联网技术的升级与创新带来的也绝不仅仅是简单的万物相连，而是通过连接来创造以用户体验为中心，"场景替代产品"的新的生活方式与"生态覆盖行业"的新的商业形态。同时，新时代也对传统战略管理理论提出了新的挑战：过去创造价值与传递价值相互分离；而现如今的经济范式，如果从价值的维度考量，创造价值与传递价值实现合一（即产销合一），用户既是消费者又是产品的定义者，并衍生出终身用户。同时物联网等相关技术也将催生出新的组织创新形式，"金字塔式"科层制企业逐步演变为网络平台化企业，企业被视为一个网络节点，通过并联生态圈的其他攸方，形成生态系统网络。企业所拥有的资产不再限于土地、厂房等有形资产，更多、更重要的是用户、社群、员工等由人构成的无形资产。诚如《没有资本的资本主义：无形经济的崛起》一书中指出的，企业生存和发展的核心竞争力和价值创造能力，不再取决于厂房、存货和固定资产等有形资产，也不再取决于股东和债权人投入的财务资本，而主要取决于嵌入企业组织之中、由利益攸关者（员工、客户、供应商等）合作共生的智慧资本（Haskel and Westlake，2018）。

时代特征如图 11-2 所示。

（二）传统财务工具的局限性

商业土壤孕育出新的管理会计理论与计量方法。传统的财务管理聚焦企业内部，通过财务三张报表对企业经营结果进行静态的报告，是企业纪录价值的重要工具。财务管理的思维关注如何降低成本、增加收益，背后体现一种零和博弈的思维导向。而现在技术变化在拓展产业边界的同时，也改变了商业竞争的底层逻辑。技术变化会带来竞争业态的重塑、组织分工的重组、内部流程的重造、员工角色的重定，最后是企业商业模式的重构，这也是对传统商业关系进行重构的过程。重构后

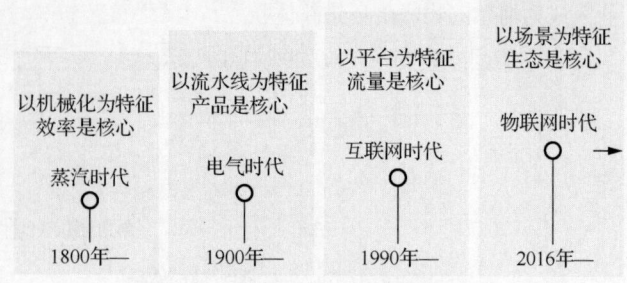

图 11-2 时代特征

的新型商业关系形态将重新定义企业—产品—用户的市场角色，代表着更强连接、更多交互、更多维度的价值创造模式，正成为企业竞争优势（陈冬梅等，2020）。企业构建生态圈，不再强调单体竞争而是向生态圈共生的逻辑转变。

消费革命带来消费者需求与生产过程的融合，即用户既是消费者，又是产品的定义者，终身用户的概念被提及并重视。终身用户的背后体现了传统的管理模式与新型物联网管理模式的巨大差异，传统模式的核心是精益，是零缺陷，生产出的产品无质量问题；而当今时代所生产的产品则是不断迭代的，从某种程度上来讲，是有"缺陷"的，这里的"缺陷"并不是指质量本身的缺陷，而是指产品通常只能满足一部分用户的需求，不可能让每一个用户都满意，用户的需求永远是追求更好的迭代的产品。用户在体验过程中可以参与产品的设计迭代。产品与用户之间，通过体验迭代相关联。未来的价值分享模式一定是借助体验溢价，而不是凭借产品本身溢价。企业想要获得更多盈利，一定不是单纯通过产品本身（硬件）直接获得，而是体验导向，凭借体验溢价获得创新增值。企业实现从销售产品到关注、经营终身用户的转变。用户在平台持续获取体验和服务，在这个动态过程中又形成海量有待挖掘的数据。生态圈中用户价值得到突显，而这些并没有被传统的三张表所记录与反映，更没有合理准确地衡量出生态整体的价值。此外，被传统三张表所忽视的另一部分是员工的价值。传统三张表能显示产生的费用，但不能有效反映人的价值。

同时对于企业外部的投资使用者来说，传统三张表等报告构成了投资决策和信贷决策所依赖的信息来源，但其有用性正在不断弱化。谷丰在其《会计的没落与复兴》一书中也曾提到，"百余年来，技术革命日新月异，商业模式不断创新，但记录企业活动的会计仍一成不变，日渐脱离现实"。投资者得到的财务信息存在很多缺陷。

（三）人单合一管理思想驱动管理会计工具创新

2005 年 9 月，在海尔全球经理人年会上，海尔集团首席执行官张瑞敏系统阐述了海尔的"人单合一"模式，开始了对人单合一模式的持续探索与完善，并于 2013 年起进入"人单合一 2.0"的时代。"人单合一"中所谓的"人"就是员工，"单"则体现了用户价值，"人单合一"的模式就是让员工和用户的价值融合到一起，从而充分激发个体的创新创业活力，最终实现企业、员工和用户的共创共赢。这一模式颠覆了企业、用户、员工三者之间的关系，肯定了员工的价值，实现员工的自我驱动，同时确立了用户至上的服务原则。而随着人单合一模式的持续推进，海尔内部也在持续进行战略转型。从组织上，海尔集团由一个传统的科层式企业转型成一个开放式创业平台，推出了小微创业的社群经济模式，从制造产品的企业转变成了面向孵化创客的加速平台。而海尔财务作为企业战略转型的承接者和驱动者，也在进行自我革新、财务团队组织架构转型，更有效地服务集团、服务小微企业，跳出财务管理的传统模式，以更开阔的视野和更具前瞻性的思维审视财务的价值。

在海尔转型的过程中，传统的财务三张表无法核算和展现小微企业创业、转型的关键表外指标，如用户数、利益攸关方数量、各攸关方的价值分享等，组织管理模式的变化要求管理工具迭代更新。

以图 11-3 中海尔洗衣机的衣联生态为例，最初洗衣机只是一类电器，有用户衣物洗护的功能。财务人

员利用传统财务报表计量销售洗衣机产生的收入和利润即可核算出该产品为企业创造的价值。而进入物联网时代，洗衣机由原来的单一电器转变成为连接网络的网器。企业为用户提供的不再是洗衣机，而是围绕"衣"展开的"洗、护、存、搭、购"全方位智慧解决方案。依托智慧解决方案而建立的衣联网，跨越了电器、服装、洗涤剂等 13 个行业，已经不属于某个行业，不仅打破了企业的边界，也打破了行业边界，逐渐发展成为一种生态，实现与用户、资源方的共创共赢。在这样的交易模式下，财务人员不能仅仅通过计算销售洗衣机产生的收入、利润来衡量产品的价值，还要将洗衣机销售连接的用户数、为相关方带来的价值分享等核心要素也计入销售洗衣机所产生的价值中综合衡量。图 11-3 所示为部分产品生态圈示意图。

■ 衡量价值：企业价值→生态价值

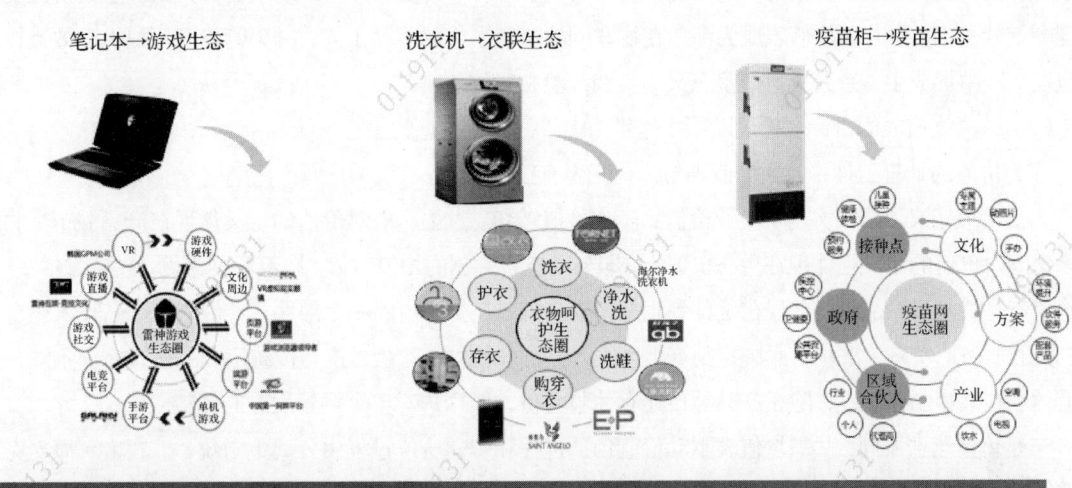

图 11-3　部分产品生态圈示意图

当衡量标的从"电器"，一步步转变成为"网器"和"生态平台"；当聚焦点由以企业为中心到以用户为中心，由封闭到开放；当衡量企业价值的标尺由传统的利润、股东价值等转变为生态系统中的用户价值时，财务管理工具应当如何更有效地衡量生态圈的价值？

海尔财务人员顺应物联网时代潮流，结合"人单合一"商业模式，基于生态平台上随着用户交互而持续产生的产品、服务、生态交易等多边交易价值链，创新创造出以"用户为中心"衡量企业价值的"第四张表"——共赢增值表。共赢增值表是基于人单合一模式，以用户为中心的物联网生态价值衡量工具，由企业、外部资源方以及用户共同参与的新的开放物联网生态系统的驱动体系。它是在海尔将传统损益表创新为战略损益表后，进一步做出的适应"人单合一 2.0"时代的重要管理工具创新。

财务人员思维的转型如图 11-4 所示。

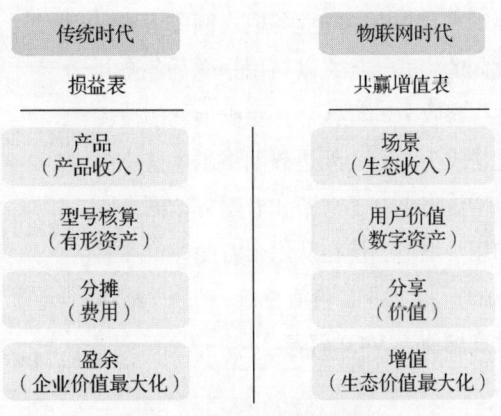

图 11-4　财务人员思维的转型

（四）创新经验及主要原理

（1）人单合一是共赢增值表诞生的基础

共赢增值表的出现，既是时代发展所需，也是管理实践使然。2020 年 6 月 30 日，海尔作为唯一物联网生态品牌再度入选 2020 年 BrandZ 最具价值全球品牌百强榜，这是对海尔人单合一模式创新的最大肯定。海尔集团董事局主席、首席执行官张瑞敏说过，没有成功的企业，只有时代的企业。所谓的成功只不过是踏准了时代的节拍，新技术加速了时代发展，因此要踏准时代节拍必须有与时代相符的商业模式。海尔通过人单合一模式实践创造共赢增值表这一价值计量工具，并构筑了开放的生态，让员工在创造用户价值的同时，实现个人价值，让自组织、自驱动、自增值、自迭代成了政府和市场之外的第三股智力力量。企业转型发展和管理会计紧密相关，共赢增值表成为海尔在物联网战略转型中的驱动工具，并为管理变革提供有效支撑，同时也在实践中形成了一系列具有借鉴意义的实践经验和操作工具。

（2）共赢增值表的目标是构建以用户体验为中心，生生不息的生态系统

作为价值的计量工具，共赢增值表与传统三表有三点不同。

一是价值定义不同，实现从企业价值到生态价值转变。过去企业对价值的定义体现在产品溢价上，而共赢增值表对价值的定义则体现在生态价值上，即与生态方共创的增值价值。以衣联网为例，最初海尔做产品，其价值就是洗衣机产品收入，现在延伸到生态，洗衣机只是生态中的一个部件，其价值除产品收入还有洗涤剂、洗衣服务、洗鞋、洗护、服装定制等生态收入。打破收入天花板，这与传统卖产品模式完全不同，生态价值体现在共赢增值表上，除了产品溢价还有体验溢价，即用户对整个场景生态的体验溢价。

二是价值创造不同，共赢增值表驱动价值创造过程和传递价值过程由分离走向统一。战略大师麦克波特教授提出了价值链理论，对价值创造起到了引领和示范作用。在价值链理论中，从原材料进厂到成品出厂，体现了企业内部价值创造的过程。但随着时代的发展，消费者也开始参与到价值创造之中，所以传统理论下价值创造过程和传递过程不能再被割裂。员工需要知道自己到底创造多少价值，用户需要知道自己能获得什么价值，共赢增值表用于实现创造价值和传递价值的统一，让员工既了解用户的需求，同时又创造用户价值，使员工从一开始就知道创造多少价值就能分享多少价值，真正实现员工和用户价值的有机统一。

三是价值分享不同，打破零和博弈的魔咒，无论是企业利润最大化还是股东价值最大化，企业更专注要赚钱，很少考虑合作方利益，本质是零和博弈。而共赢增值表体现的是共创共享，有竞争但更多是合作。谁创造谁分享。

（3）创新主要原理

共赢增值表是海尔转型成为物联网生态企业的驱动工具，驱动海尔从自上而下的管理控制体系转变为开放的小微价值创造的生态体系。海尔的目标是创建一个包含所有用户、利益攸关方和其他公司资源增值前提下的"共赢"平台。海尔的业务模式颠覆了传统企业和电商以交易获取产品收入的模式，代之以与用户交互各方共创共赢，共享增值，进而产生生态收入的模式。在组织上，颠覆传统的科层制，形成以用户体验迭代为中心的无边界网络生态链小微群（以下简称"链群"）。共赢增值表结合了财务和非财务数据来监控和驱动企业、利益攸关方和用户增值，旨在从六个方面评价和驱动各小微企业：用户资源、资源方、生态平台价值总量、收入、成本和边际收益。图 11-5 所示为共赢增值表 V4.0 简表。

① 用户资源

在物联网时代，用户是企业价值的创造者。用户对于企业的生

共赢增值表V4.0	
项目	
1.用户资源	1.1 交易用户
	1.2 交互用户
	1.3 单用户价值贡献
	1.4 终身用户
2.资源方	2.1 交互资源方
	2.2 活跃资源方
3. 生态平台价值总量	3.1 利润
	3.1.1 传统利润
	3.1.2 生态利润
	3.2 增值分享
	3.2.1 链群分享
	3.2.2 支持平台分享
	3.2.3 共创收益方分享
	3.2.3.1 资源方分享
	3.2.3.2 用户分享
	3.2.3.3 资本分享
4.收入	4.1 传统收入
	4.2 生态收入
	4.3 单用户收入
5.成本	5.1 传统成本
	5.2 生态成本
	5.3 边际成本
6.边际收益	边际收益

图 11-5　共赢增值表 V4.0 简表

存发展起到决定性作用。用户能否愿意主动参与企业构筑的生态圈，与资源方交易、交互乃至最终成为终身用户，直接关系到企业的平台能否长久存续。用户资源不等于用户流量，而是全流程参与设计，用最佳用户体验，参与迭代升级，形成生态圈的用户，用户资源比用户流量更具体。用户资源的演进即体现为用户乘数效应，体现了生态圈的吸聚力。用户资源可以分为三类：交易用户、交互用户和终身用户。交易用户是在平台上有过交易的用户；交互用户是在平台上购买产品或服务后，持续参与交互的用户；终身用户为在平台自演进持续迭代丰富社群生态过程中，能够持续参与产品或服务的体验交互的用户。交互用户向终身用户的演进表现为用户黏性，用户黏性体现了物联网时代社群共创资源的变现效率。物联网经济的目的就是通过社群平台上多样化、个性化的创新应用，来实现能够交互和具有黏性的用户价值。

② 资源方

按照用户资源的逻辑，资源提供方共划分为两个层次——交互资源方与活跃资源方。小微企业在构筑的生态圈内，一方面要维护好用户资源，另一方面要确保有持续不断的优质资源提供方。通过共创共赢生态圈的搭建，企业将持续地吸引更多的资源方到平台上，与小微企业共同聚焦用户的需求，促进用户体验的持续迭代，进而吸引更多的用户到平台上来，实现生态圈的生生不息。在整个生态圈中，资源提供方是确保生态圈良性发展的关键。企业能够掌握多少与平台共创用户体验的资源方，甚至持续迭代更新的资源方，对小微企业的发展至关重要。共赢增值表通过资源方的数量，在一定程度上反映了平台的吸引力。

③ 生态平台价值总量

生态平台价值总量是指聚焦用户体验增值的各方共创共享实现的物联网生态圈的价值总量，包含利润和增值分享两部分。利润分为传统利润和生态利润。传统利润等于传统收入减去传统成本，生态利润等于生态收入减去生态成本。增值分享是指生态圈内的链群，通过创造颠覆传统行业盈利能力的增值额和盈利模式，吸引利益各方持续抢入，然后生态圈利益各方按创造的价值增值共赢共享。只有通过增值分享，才能实现企业财务价值、链群生态价值、链群共创价值以及单用户价值的不断提升。

增值分享包含三大类，分别为链群分享、支持平台分享、共创攸关方分享。增值分享是生态系统三元素"互生、共生、重生"的基础。不断创造更多价值并实现分享就是"互生、共生、重生"的内在含义。增值分享还是开放体系的基础，只有增值分享才可以充分激发人的潜能、吸引一流资源与人才，从而实现真正的开放。所以，增值分享是核心的核心、是引爆物联网的引擎。

各利益攸关方只有实现共赢的目标，才能进一步吸引更多的资源提供方和用户到这个平台上来。共赢增值表增值分享部分为企业管理提供了最直接的依据，报表使用者可以直观地查看和衡量。

④ 收入

收入包括传统收入、生态收入和单用户收入三部分。传统收入是指聚焦用户交互与体验的持续迭代，通过销售电器或网器、提供服务等经营业务所形成的收入。生态收入是指通过聚焦创物联网生态品牌的引领目标，小微与各合作方在社群生态平台上通过价值共创持续迭代所形成的收入。例如，一台冰箱的收入为传统模式下的硬件产品产生的收入，而通过冰箱硬件载体销售的食品收入、饮食搭配推荐等收入为生态收入。这部分收入是在物联网环境下，相对于传统报表因为平台的增加而多出的收入。生态收入的增加体现了企业从传统的以销售硬件为主向共创共赢平台的转型。

生态收入分为三类，一是社群平台收入，指聚焦用户体验迭代形成的新场景的服务实现的收入；二是基于体验交互产生的服务或产品收入，指在平台上，基于用户最佳体验交互产生的、持续迭代的商品或服务的共享经济收入；三是基于高用户体验下迭代的产品或服务收入，是指转型做平台，基于高用户体验下的价值交互，并持续迭代产生的产品或服务的体验经济收入。

生态收入的出现和增加，体现了海尔从以硬件销售为主的传统业务，向共创共赢生态圈转型。物联网时代，企业应更注重为用户和资源方搭建一个可以充分交互的平台，进而获取利益。生态收入与传统收入的比例，也反映了企业营造的生态平台在企业经营过程中的价值力。

⑤ 成本

成本是为实现用户价值所投入的资源成本，包括传统成本、生态成本与边际成本。

传统成本是指聚焦用户交互与体验的持续迭代，通过销售电器或网器、提供服务等经营业务所形成的成本。

生态成本是指社群生态平台持续迭代升级过程中投入的资源成本。同时，对获客成本及服务现有用户成本进行列示。获客成本是指获取新用户投入的成本；服务现有用户成本是指平台为服务现有用户投入的平台建设成本、交互投入成本等。

边际成本是指每个交易用户所产生的成本。在成本一定的条件下，越多的用户共享资源，企业花费的边际成本就会越小。这也是共创共赢理念的一种体现。

⑥ 边际收益

共赢增值表中的边际收益的定义为：每一位交易用户所创造的价值。边际收益也体现了平台的吸引力。平台的吸引力越大，吸引的优质资源提供方就会越多，从而为平台上的各个利益攸关方提供的价值越大。这样，一个良性的物联网价值链就会产生。用户的需求得到满足，资源提供方的收益也得到保证。平台共创共赢的理念也得以实现。

共赢增值表将用户与资源提供方等利益攸关方纳入其中，充分表现出物联网模式下企业与用户、利益攸关方之间共赢的经营目标。收入、成本的多种类区分，以及边际概念的提出，也突出了增值的主旨。相比传统报表，其优势显而易见，其中主要表现在以下三个方面。

第一，共赢增值表顺应时代发展，是物联网时代的产物。海尔一直信奉"没有成功的企业，只有时代的企业"。只有紧跟时代的步伐，顺应时代的发展，企业才能生存发展。新时代下，海尔提出"人单合一"的组织形式，将原有的科层制彻底打破，形成以用户为中心的，将企业、员工、用户的价值融合起来的小微创业的社群经济模式。在这种模式下，传统的财务报表无法体现用户、资源方对于企业运营的贡献。共赢增值表体现的不是企业一方的资产、盈利等状况，而是将用户、利益攸关方也纳入表内，既涵盖了企业自身的运营状况，也反映了用户、利益攸关方对企业的贡献。共赢增值表将物联网上的各个网络节点的作用都清晰地展现了出来。

第二，共赢增值表更关注驱动因素，重视非财务信息的披露，对企业的损益衡量得更加全面。传统的财务报表只对财务信息进行披露，报表使用者无法通过报表了解非财务信息。然而，有些非财务信息对于企业来说是极其重要的。共赢增值表的前两部分为用户资源和资源方。这两项并不是财务指标，但是对于企业乃至整个物联网的生态链来说是必不可少的。物联网模式下，用户成为企业发展的主要驱动因素之一。企业作为平台，为用户和资源方提供交易的场地，在这种情况下，如何吸引更多、更高质量的用户和资源方，是企业应该考虑的问题。共赢增值表不仅列示了用户量和资源量，还将其细分为对平台贡献程度不同的几个种类。对于企业管理者来说，其可以清晰地看到平台的交易状况、企业驱动因素的发展状况，进而及时采取相应的措施，提高平台的运行质量。

第三，硬件、软件收入、成本分开计量，更有利于企业管理。在传统模式下，制造企业以销售硬件产品为主，很少涉及其他业务。在物联网时代下，销售硬件产品仅仅成为企业收入来源的一部分。企业作为一个平台，其收入来源是多方面的，既包括销售电器或网器、提供服务等经营业务所形成的收入，同时也包括小微与各合作方在社群生态平台上，为满足用户最佳体验和需求所产生的收入。传统的财务报表将两类收入合并，如此企业无法清晰区分收入的来源，自然也不便于企业管理。传统收入（成本）、生态收入（成本）的单独列示，同时方便企业测算生态收入（成本）的比重，为企业实时预警，便于企业及时调整战略。

三、共赢增值表的使用效果和价值

（一）从商业生态角度理解共赢增值表

不断进行管理创新的海尔和同时代的优秀企业都逐渐认识到，企业之间的竞争正逐渐从"单打独斗、独创企业价值"变成"集团作战、共创生态价值"。企业不是孤立的存在，而是与上下游合作伙伴、客户、政府、银行等不同利益相关方角色组成的生态系统共同创造和实现价值。因此，企业不应仅将视线停留在企业内部以及同行业的竞争者上，还必须拥有全局观，积极寻求资源能力互补的外部合作方，使企业所在的生态系统更加强大。具体而言，拥有生态模式思维的企业家需要遵从生态价值创造逻辑，设定生态价值衡量标准，应用生态价值分配方式。

生态模式思维下的新价值逻辑如图 11-6 所示。

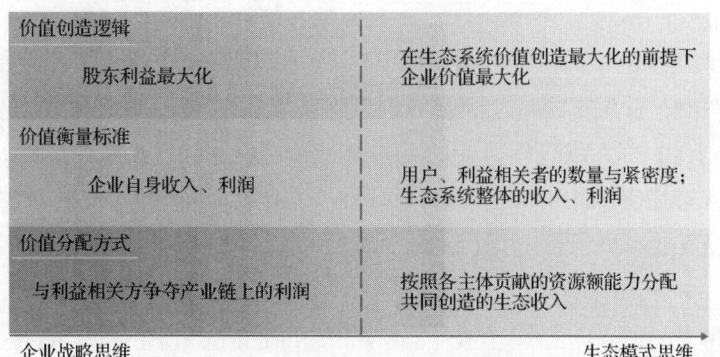

价值创造逻辑	
股东利益最大化	在生态系统价值创造最大化的前提下企业价值最大化
价值衡量标准	
企业自身收入、利润	用户、利益相关者的数量与紧密度；生态系统整体的收入、利润
价值分配方式	
与利益相关方争夺产业链上的利润	按照各主体贡献的资源额能力分配共同创造的生态收入
企业战略思维	生态模式思维

图 11-6　生态模式思维下的新价值逻辑

生态价值创造逻辑：从"股东利益最大化"转变为"在生态系统价值创造最大化的前提下实现企业价值最大化"，焦点企业更多通过重构生态系统，增大生态系统整体的价值空间，并从中获取更多价值。

生态价值衡量标准：从用企业自身的收入、利润衡量企业价值，到以用户、利益相关者的数量与连接紧密度等指标衡量生态系统的状态，用生态系统整体的收入与利润衡量生态系统创造的总价值。

生态价值分配方式：从与利益相关方争夺产业链上有限的利润，到按照各主体贡献的资源能力合理分配共同创造的生态收入。

对应生态模式思维，企业使用的管理工具也需要相应的升级。具体而言，是需要在生态竞争层面，重新探讨价值创造逻辑、价值衡量标准和价值分配方式。"共赢增值表"在生态视角下展现了新的生态价值逻辑，帮助小微企业重构并优化其所在的商业生态系统；也是小微企业提高生态系统价值空间，进而提高企业自身创造的价值的关键。

（二）共赢增值表：生态模式的管理工具范式，帮助企业构建并持续优化生态模式

1. 改变观念

海尔重构企业生态系统的第一要素是改变观念，将价值创造的逻辑从单打独斗提升到打群架的生态层面。基于波特价值链的传统战略理论把目光局限在了价值链内部，研究如何构建自身竞争优势以分到更多的"蛋糕"。生态模式下的价值创造逻辑跳出价值链和企业自身视野，将焦点放在和其他利益相关方一起做大整个蛋糕上，把企业从与上下游的零和博弈中解放出来。张瑞敏在海尔生态化转型实践中也为共赢增值表提出了思想基础：以生态视角切入，强调利益相关方的价值共创、价值共享。其核心逻辑正是从整体出发，通过把整体做大来实现价值空间的放大，进而使焦点企业与利益相关方从中获益，实现股东利益的最大化。

共赢增值表的设计体现了海尔基于生态的价值创造逻辑。其中"用户资源"与"资源方"两项衡量生态系统中节点的数量和紧密程度，体现了生态系统的规模边界与潜在的价值空间大小。"生态平台价值总量"的"用户增值分享"衡量了生态系统中各个利益相关方获取的价值；"收入""成本"与"边际收益"衡量了焦点企业在生态中获取的价值。共赢增值表以"生态"为首要观念，聚焦于生态系统的发展，关心生态中利益相关方获取的价值，着眼焦点企业获取的价值，以此为海尔重构企业生态提供清晰的逻辑支撑。

2. 更换标尺

与传统企业价值不同的是，生态模式下的价值是焦点企业与各个利益相关方共同创造的价值总和，其价

值总和也需要用新的标尺重新测量。共赢增值表通过"用户资源"和"资源方"两个标尺衡量生态价值。

用户是生态系统的重要资源。用户的连接紧密程度越高，企业的价值越大，因此共赢增值表按照小微企业与用户连接的紧密度，将用户资源分级为"交易用户""交互用户""终身用户"。海尔旗下小微企业"雷神"正是遵从着这样的理念，充分利用用户资源实现了生态系统内的价值共创。2013年，雷神发布首批产品之后，通过附赠QQ群卡片的手段建立起一个300多人的种子用户群，使用户全流程交互参与第二批雷神的设计、研发、测试的全过程。如今，借助交互社群、爱好者大会和交互阵地等渠道，雷神已掌握以用户为中心的产品快速迭代方法。

资源方在新的价值创造逻辑下是焦点企业的战友，能直接帮助焦点企业提高生态系统的总价值。共赢增值表将资源方分级为"交互资源方"和"活跃资源方"，前者衡量总数量，后者衡量紧密连接的资源方数量。资源方的数量越多、与海尔的联系越紧密，生态系统能创造的价值总和也就越高。

在生态模式下，共赢增值表利用"用户"和"资源方"这两把标尺衡量了生态系统中的用户和资源方的潜在价值，这些价值无法被直接定价，但却是生态系统的价值空间中不可或缺的一部分。

3．提升格局

在生态模式下，企业的价值获取源于其在生态系统中的价值创造。海尔通过构建生态系统共同创造价值并设置合理的价值分配机制，比在价值链上与相关者争夺利润更有利于维持生态系统的可持续发展。

共赢增值表中的"用户增值分享"起到"分蛋糕"的作用。例如，"链群分享"就是焦点企业的内部主体在创业发展过程中获取的增值分享；"生态攸关方分享"，即与焦点企业共创的各个资源方获得的收益；当用户通过参与产品迭代、担当意见领袖等方式进入生态系统的价值创造中时，一部分价值增值分配到"用户分享"中；"资本分享"代表外部投资者获得的股权收益，表示外部投资方提供的资本、带来的专业资源产生的价值增值。

实际上，在共赢增值表所关注的现金形式的增值分享以外，还应将焦点企业分享给其利益相关方的非现金形式的资源能力纳入评价体系。例如，技术、数据、金融、服务能力等方面的支持等，能够使企业更好地服务核心用户，实现对焦点企业的"赋能"；亦能够帮助利益相关方服务自身用户，实现"使能"，实现双赢。

4．持续优化

重构生态模式只是生态竞争的开始。当企业基于生态系统进行价值创造时，其所处环境变化的可能性会更大。环境的不确定性因素包括用户需求的转变、利益相关方的能力和诉求变化，以及竞争对手的新动向等。这要求企业管理者既要有空间上的格局观，又要有时间上的动态观，持续优化生态系统。共赢增值表及配套运行机制形成了可供遵循的优化路径，帮助生态小微企业灵活应对上述问题，不偏离生态竞争的主赛道。

生态小微企业的共赢增值表投入使用后，海尔的财务共享平台可通过数字报表系统实时显示表中各项数据，定期显示目标值与实际值差距。数据反馈到生态小微企业，由小微企业分析问题、提出解决方案。这种"显差关差"机制帮助生态小微企业捕获生态系统各项指标存在的问题，提出整体优化方案。

5．生态系统模式抉择

就像企业与企业之间存在竞争一样，生态系统与生态系统之间同样存在竞争。而生态系统间的竞争更为残酷，一旦生态系统在竞争中落败，系统内的各利益主体均可能受到不同程度的打击。这使得焦点企业一定要慎重决定其生态系统的边界以及生态系统内的商业模式。由于同一类生态系统内，焦点企业和利益相关方的商业模式可以不同，各生态系统和其中焦点企业的竞争优势是不一样的，故而对生态系统内模式的顶层设计、时时迭代就变得极为重要。

企业从一个商业模式转化为另一个商业模式是要付出转化成本的，基于共赢增值表可以通过"生态成本"一项提前预估这部分转化成本的大小，并综合价值创造和转化成本，为是否向新模式转型提供决策参考。这可以防止企业盲目进行模式升级，而走向错误方向。当然，目前的共赢增值表在这个方面不够完善，未来还有很大的提升空间。

四、总结与展望

共赢增值表对指导企业经营管理具有重要作用。共赢增值表并非是对传统报表的替代，而是对在传统报表上缺失、但对经营管理有重要提示作用的项目的补充。

市场瞬息万变，只有跟紧客户，企业才能得以存活，而用户资源则是最能体现企业是否能得到客户青睐的重要指标。当然，如果没有业务做支撑，数据也仅仅只是个没有意义的数字而已，用户资源背后的逻辑实质上是企业为了应对市场挑战而做出的本质上的变革，将客户被动接受商品或服务变为主动为客户创造需求，将客户交易的价值变为用户体验的价值，将以产品为中心变为以客户最佳体验为中心，一切以客户为先，最终将客户发展为终身用户。

在物联网时代下，为了满足客户多样化、个性化的需求，硬件需要变得更加智能、在机器学习的过程中感知客户的使用习惯、获取客户的喜好，企业在得到用户的需求信息之后，要有快速反应并解决问题的能力，最大限度地把客户的想法变为现实，将产品价值变为生态价值。这时，就需要有海量的供应商资源做支撑，不断加入新元素，无论客户提出何种设想，最终都能通过资源配置得以实现。

在共赢增值表的提示下，企业能够自发地以客户为出发点，采用一切合理手段满足用户需求。一是为客户创造了价值、解决了用户提出的问题，用户满意度提高，有助于企业树立良好形象，吸引新用户、拉拢潜在用户、巩固老用户、获得终身用户，最终实现企业价值的延续；二是为资源方赋能，对社会化资源进行合理配置，既有助于节约企业成本、又能使资源方获得收益，长此以往更对全社会资源优化大有裨益，实现客户、本企业、外部资源方、社会的多赢。

企业自评

共赢增值表有助于企业构建生态系统，与各方共创共赢，更具有普适性，是物联网时代下企业急需的管理会计工具。

2005 年，海尔正式提出人单合一模式。通过人单合一模式的实践，创造了共赢增值表这一价值计量工具，并构筑了开放的生态系统，让员工在创造用户价值的同时，实现个人价值。在战略上，从生产产品到孵化创客；在薪酬上，从企业付薪到用户付薪；在组织上，由传统的科层制组织转型成开放式网络化链群组织。由此，海尔实现了从电器到网器再到场景和生态的迭代升级，让每个员工都直接面对用户，围绕用户体验构建非线性的自驱生态系统，以增值分享驱动共赢进化。

专家点评

共赢增值表能够有效帮助企业向生态模式转型，构建及优化生态模式。建议从三个角度入手进行改造。

（一）重构组织，激活神经末梢

绝大多数大型制造业企业都采用以科层制为主的组织架构，这种自上而下的组织架构能够在静态竞争环境下高效率地调动企业资源进行生产，但在当下的生态竞争中，则缺乏敏锐发掘消费者需求的能力，无法适应迅速变化的市场。因此，企业管理层需要将生产决策权下放给一线生产者，构建自下而上的生产决策反馈机制，从而对消费者需求做出快速响应。

（二）调整流程，加速信号反馈

在生态竞争中，外部市场、技术、模式往往瞬息万变，传统的管理系统容易过于关注企业内部问题，而失去对生态和市场的洞察。

生态企业需要在内部指标考核以外，将生态系统健康度、生态价值等指标纳入定期检查反馈系统，并将这些指标细化到部门、员工的绩效考核中，匹配对应的激励、惩罚机制。对于外部环境、生态模式与生态指标三者的全方位关注有助于企业及时调整策略。

（三）再塑文化，升级认知维度

企业的最终目的是自身利益的最大化，短期的过度追求损益指标只能使得焦点企业价值最大化，但会损害生态系统的整体价值和发展潜力。更优的策略是通过生态系统的共同繁荣来实现企业价值的不断提升。在使用共赢增值表一类工具的过程中，企业若不能对生态价值有所理解和认同，即使勉强执行，长期来看仍会回归自身战略角度的传统思维，无法打通生态模式。要实现生态转型从根本上需要管理者和执行者的思维方式转变。因此，一方面管理者需要坚定决心升级认知维度，另一方面企业需要通过员工培训、试点推广、长期实践来深化生态意识，实现企业整体的认知升级。

参考文献

[1] 巴鲁克·列夫，谷丰. 会计的没落与复兴. 方军雄，译. 北京：北京大学出版社，2018.

[2] 陈冬梅，王俐珍，陈安霓. 数字化与战略管理理论——回顾、挑战与展望. 管理世界，2020（05）.

[3] 海尔集团管理会计创新与探索：第四张表——共赢增值表. 中国总会计师，2018（07）.

[4] 胡国栋. 海尔制（1）："中国时代"的组织管理理论. 清华管理评论，2018（06）.

[5] 胡国栋. 海尔制（2）：组织演化史与中国企业史上的坐标. 清华管理评论，2018（Z2）.

[6] 胡国栋. 海尔制（3）：理论体系与研究路径. 清华管理评论，2018（09）.

[7] 路江涌. 生态创新：企业如何跨越生命周期. 清华管理评论，2019（11）.

[8] 乔纳森·哈斯克尔，斯蒂安·韦斯特莱克. 无形经济的崛起. 谢掀，译. 北京：中信出版社，2019.

[9] 谭丽霞. 未来已来——从海尔生物看新型组织价值创造与衡量. 中国管理会计，2019（04）.

[10] 王子阳，魏炜，朱武祥. 组织激活与基于商业模式创新驱动的管理工具构建——海尔集团董事局主席张瑞敏的管理之道. 管理学报，2019（12）.

[11] 张瑞敏，姜奇平，胡国栋. 基于海尔"人单合一"模式的用户乘数与价值管理研究. 管理学报，2018（09）.

案例十二 推行全面预算管理，助力成本有效控制

昆药集团股份有限公司

【摘要】因药品同质化严重、行业内部竞争激烈、尤其自2016年开始，医药行业的新药审批日益严格、一致性评价、两票制逐步推开、招标价格全国联动、辅助用药呼声高涨、新一轮医保目录出台、药企财税稽查、药品"4+7"带量采购……医药行业层级分化持续加剧。作为医药制造企业，在药品限价、用药范围受限、原材料价格被垄断、获取利润的空间被挤压的情况下，昆药集团股份有限公司（以下简称"昆药集团"）摸索出符合实际情况的管理会计方法，主要是实施从上到下全员共同参与的全面预算管理活动，将企业经营目标具体化，加强内部控制，从控制采购成本到控制生产环节的料、工、费，有力控制成本的上升，完善生产相关人员的考核办法，保障产品的盈利空间，保持并提高产品的市场占有率，企业由此经营业绩持续增长，呈良性发展的态势。

【关键词】全面预算管理；成本管控；企业经济效益提升

一、企业简介

昆药集团成立于 1951 年 3 月，2000 年 12 月在上海证券交易所上市，位于云南省昆明市。公司拥有丰富的专业制药经验，是国家重点高新技术企业、中国医药工业百强企业。自有品牌络泰®、天眩清®、Artemedine®、Artem®、Arco®等享誉国内外。2019 年公司经营业绩迈上新台阶，全年实现营业收入超 81 亿元。

昆药集团集药物研发、生产、销售、商业批发和国际营销为一体，形成了以自主天然植物药为主，涵盖中药、化学药、生物药和医药流通领域的业务格局。旗下拥有昆明中药厂有限公司、昆药集团医药商业有限公司、昆明贝克诺顿制药有限公司等 30 余家参控股公司，并拥有规模化制造中心、血塞通药物研究院和博士后工作站。落地昆明高新区国家生物产业基地的 "昆药生物医药科技园"，建成后将成为世界领先、国内一流的规模化、专业化、国际化生物医药园区。

依托云南丰富的植物资源，昆药集团先后开发了青蒿系列、三七系列、天麻系列及特色中药、特色民族药等 40 多个国内外领先的天然药物新产品，填补了多项国内外空白，在心脑血管、神经系统、疟疾等疾病治疗领域拥有较高的知名度与美誉度。

在未来的发展中，昆药集团将以"绿色昆药、福祉社会"为宗旨，发展成为聚焦心脑血管疾病、专注慢性病治疗领域的创新型国际化药品提供商，着力打造"昆药""昆中药""贝克诺顿"三大品牌，力争成为国内领先、国际先进的创新型制药企业。

二、推行管理会计的背景及意义

从宏观层面来看，我国经济已由高速增长阶段转向高质量发展阶段，正处在转变发展方式、优化经济结

作者：施洋、汪磊、周慧
案例指导与点评专家：李小军（云南财经大学）

构、转换增长动力的攻关期，为推进管理会计体系建设带来重大发展机遇。企业是市场经济的主体，提高企业的发展质量，对于建设现代化经济体系有着重要的意义。

对企业来说，将管理会计运用于企业的实际生产经营活动中，实现资源的优化配置，进而提高企业的生产效率、产生经济效果和经济效益，打造百年企业，是迫在眉睫的事情。

目前，全国有 4 000 余家医药生产制造企业，产品同质化严重，行业内部竞争激烈，尤其自 2016 年开始，医药行业的新药审批日益严格、一致性评价、两票制逐步推开、招标价格全国联动、辅助用药呼声高涨、新一轮医保目录出台、药企财税稽查、药品 "4+7" 带量采购……医药行业层级分化持续加剧，加速洗牌的医药行业已深刻影响医药企业。

基于医药行业的政策及发展情况，医药行业仍处于一个艰难困苦的改革阵痛期。作为医药制造企业，在药品限价、用药范围受限、原材料价格被垄断、获取利润的空间被挤压的情况下，为应对接下来更为残酷的竞争和挑战，保持并提高产品的市场占有率，昆药集团摸索出了符合实际情况的管理会计方法，主要是实施全面预算管理，加强内部控制，采取措施控制成本，保障产品的盈利空间。

三、昆药集团成本管控存在的问题

在实施全面预算管理之前，在成本的控制方面，财务为事后算账、分析、反馈，无法做到事前预警、事中的跟踪。在绩效考核中，没有很强的数据支撑，责任区分不明，考核指标很难落地。

成本管控存在的问题主要有以下几个。

（一）原材料采购成本较高

原辅料、包装材料是药品生产成本的主要成本之一，在成本构成中比重较大，综合占比 70% 以上，而且面临原材料价格逐年上涨、原材料被垄断的局面，昆药集团在采购环节采取的措施相对乏力，难以控制、降低采购成本。

2015—2017 年昆药集团所使用的几个重点物料价格变动趋势如图 12-1 所示，价格涨幅最低为 4%，最高为 202%。

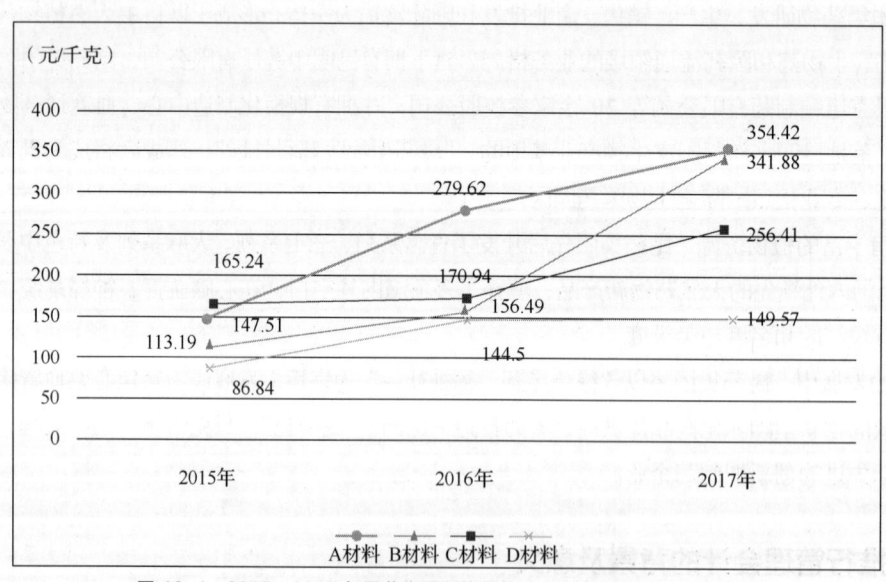

图 12-1　2015—2017 年昆药集团所使用的几个重点物料价格变动趋势

（二）成本预算和成本控制的精细化程度不高

成本资料的收集和整理时效性不强、数据颗粒粗，导致管理层无法找准成本费用浪费的根源。在成本预算与控制时，管理层一般根据成本、费用的构成，如原材料、制造费用、管理费用等分项下达成本、费用预算的消减任务，且该消减任务一般比较笼统，如生产成本下降 3%。昆药集团的成本预算与控制精细化程度不高，各单位、员工对成本控制的积极性不高。

（三）成本控制的考核机制不够健全

成本考核是成本控制过程的重要组成部分，其主体应该是全体职工。昆药集团成本控制绩效考核指标体系不够健全，企业对员工的激励不足，各车间、部门、班组的员工对于成本控制的目标、重点和方式方法不了解，成本控制意识不强，因此昆药集团成本控制效果不理想。

四、全面预算管理体系

昆药集团在 2011 年提出实施全面预算管理，于 2017 年再次完善全面预算管理制度中的预算执行、控制与考核，目的是建立健全昆药集团及子公司全面预算管理体系，运用成熟有效的企业内部控制方法，实现对企业业务流、信息流的整合，为企业规划战略目标、控制日常活动、分散经营风险以及优化资源配置。实施全面预算管理的目的就是企业利益最大化，并解决成本管控中出现的问题。

昆药集团根据未来几年的发展战略规划，分解每年的任务指标到销售、生产、职能部门。销售部门逐级、层层分解具体的指标给销售人员，生产部门负责控制生产过程的成本，职能部门控制本单位发生的各项支出，明确责任，再配以相应的考核指标。

下面是昆药集团全面预算管理的具体内容，包括全面预算组织体系，全面预算管理的周期，全面预算内容体系，全面预算指标，全面预算编制、审核、下达流程，全面预算的调整、全面预算执行情况的反馈及全面预算考核。

（一）全面预算组织体系

1. 预算管理委员会

昆药集团设立预算管理委员会。预算管理委员会一般由经营管理委员会成员组成，预算管理委员会是常设机构，下设预算管理办公室，昆药集团总裁担任昆药集团预算管理委员会主任。

预算管理委员会的主要职责为组织与协调公司的预算管理工作，保障预算工作的顺畅进行，建立并维护公司的全面预算管理体系。具体包括：拟订预算目标、政策；确定预算管理的原则、程序；制定有关的规定及操作办法；审查所属子公司的预算管理是否遵循公司预算管理的有关制度；组织召开预算工作会议；审议、核准子公司的预算；协调各责任中心的预算目标及预算方案；组织审计、考核预算的执行情况。

各子公司根据昆药集团的制度并结合各企业实际情况制定具体的预算管理制度，建立相应的预算组织机构，作为实施各企业预算管理的组织保障。子公司总经理是本企业全面预算管理工作的第一责任人；子公司各职能部门在其总经理领导下具体负责本部门业务涉及的财务预算的编制、执行、分析、控制等工作，各职能部门负责人对本部门财务预算执行结果承担责任。

2. 预算管理办公室

昆药集团财务运营中心管理会计部履行预算管理办公室职责，是预算管理委员会的执行机构，并在预算管理委员会的领导下开展工作。

预算管理办公室的主要职责为：负责及协助编制昆药集团本部的经营预算和投资预算，形成本部的预算草案；负责子公司和本部预算的合并与汇总，形成昆药集团经营预算及投资预算；负责对昆药集团及所属子公司预算草案进行技术审核，提供预算信息；在预算的执行过程中，对各责任中心的预算执行情况进行监督；并在预算管理委员会的领导下，跟踪、分析、反馈各业务单元预算执行情况的报告，定期向经营决策者提供差异分析报告与业绩报告，提供决策支持。

各级子公司设置相关管理部门，结合自身的实际情况设置预算管理机构，全面预算管理组织架构图如图 12-2 所示。

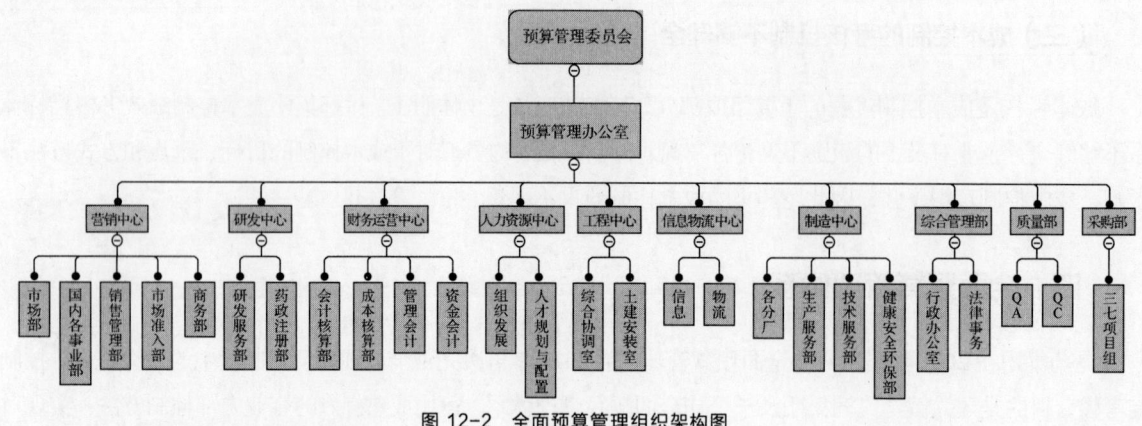

图 12-2　全面预算管理组织架构图

（二）全面预算管理的周期

昆药集团年度预算工作的整体周期是从预算年度的上年九月至次年三月，时间跨度为一年零七个月。

全面预算管理周期在时间上可分为三个阶段：确定预算目标并进行预算编制与汇总阶段、预算执行阶段、预算考核阶段。具体时间如下。

（1）确定预算目标并进行预算编制与汇总阶段：昆药集团于预算年度的上年 11 月中旬向各子公司批复下一年度的预算目标，各子公司据此编制预算，并汇总上报至昆药集团预算管理办公室，最终预算管理办公室于十二月底将审批通过的预算下达至各子公司。

（2）当年一月至十二月为预算执行阶段，各子公司需做好预算的执行控制和差异分析工作。

（3）次年一月至三月为预算考核阶段，集团对各责任中心上一年度的预算执行情况进行考核与业绩评价。

（三）全面预算内容体系

预算包括经营预算与投资预算。其中，经营预算包括：销售预算（销售收入预算、销售回款预算、销售价格预算、销售费用预算）、生产预算（含材料、动力耗用定额及价格、人工成本，预算编制说明）、采购预算（采购数量、价格）、人力成本预算、费用预算（包括制造费用预算、管理费用预算、销售费用预算和财务费用预算）、利润预算、资金预算；投资预算包括：固定资产预算、在建工程预算、无形资产预算、研发支出预算、股权投资预算。

（四）全面预算指标

预算主要财务指标：目标销售收入及增长率，目标销售利润及增长率，目标利润总额及增长率，目标净利润及增长率，目标净资产收益率及增长率，目标现金回笼及回笼率，目标经营性现金净流量。

昆药集团根据各子公司的经营能力与经营计划，通过预算管理委员会在昆药集团与子公司间进行对应，确定各子公司预算目标方案后报董事会批准，继而分解、下达至各子公司，子公司依照此形式逐级向下进行分解。预算目标尽量落实到责任中心和责任人。各责任中心的负责人为预算目标的责任人，对预算目标的完成情况负责。

（五）全面预算编制、审核、下达流程

全面预算编制、审核遵循三上三下原则，自上而下，自下而上，每一轮预算上报，需要经过公司预算管

理委员会审核，指标不达标的、不符合要求的，被审核单位都要重新修订再上报。

年度全面预算编制、审核、下达流程如图 12-3 所示。

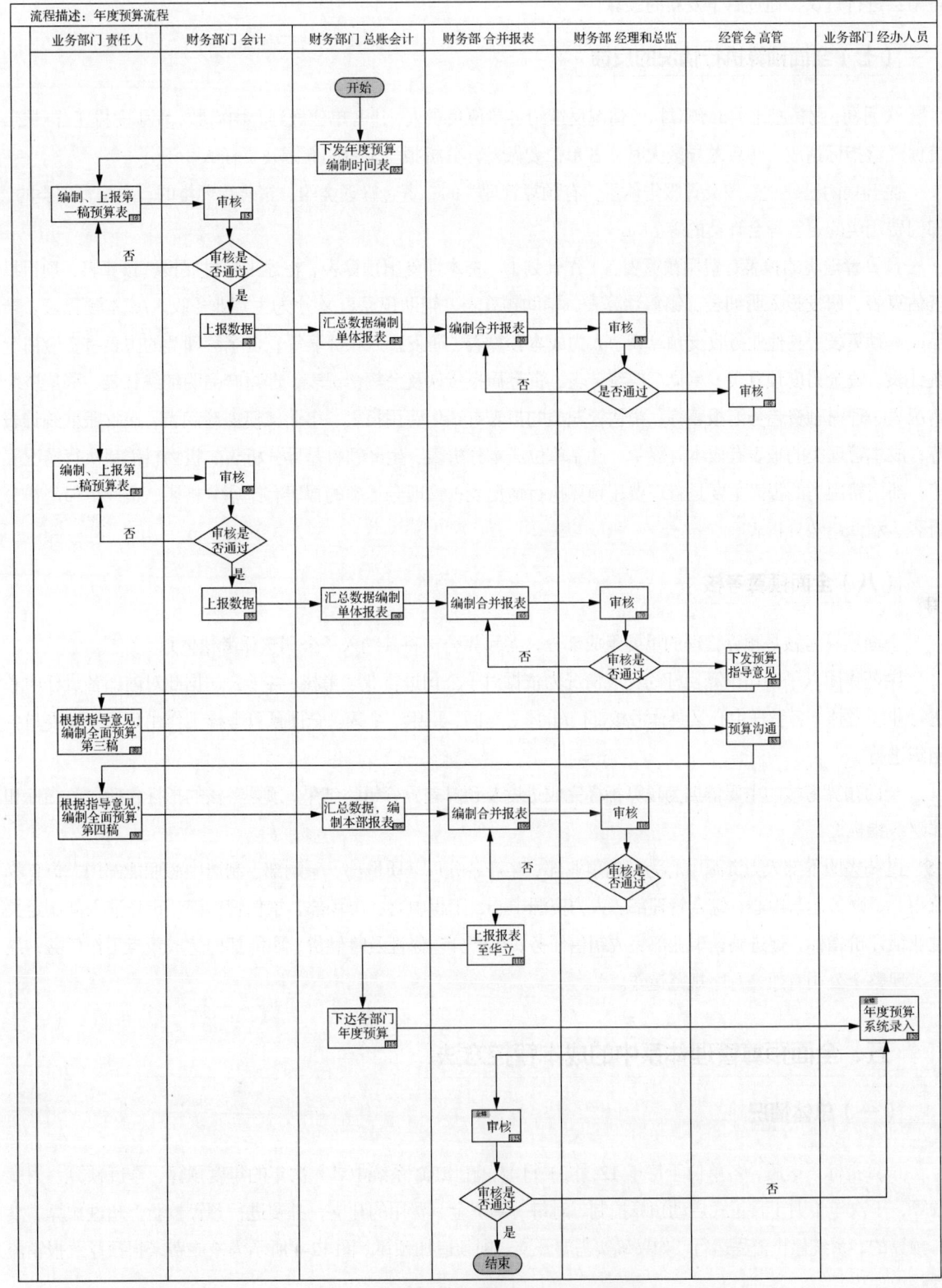

图 12-3 年度全面预算编制、审核、下达流程

（六）全面预算的调整

为防范全面预算调整带来的风险，经过批准的各级预算，原则上不能进行调整，若确因情况特殊需要调整，要求预算调整事项符合企业发展战略和现实生产经营状况，预算调整重点放在预算执行中出现的重要的

或非正常的关键性差异方面，预算调整方案客观、合理，才能进行调整。

预算管理委员会对预算执行单位的预算调整报告进行审核分析，编制企业年度财务预算调整方案，上报董事会进行审议，通过后下发新的预算。

（七）全面预算执行情况的反馈

次月初，财务把上月的预算执行情况反馈给各单位负责人，让各单位做到心中有数，便于安排工作计划，督促经营指标达成。预算差异较大时，各单位要做差异分析报告，查明原因及责任人。

昆药集团已建立管理会计报告体系，有预算管理类的、资金管理类的、销售管理类的、成本管理类的、部门费用类的、管理会计类的等。

预算管理类的报表有费用预算表、工作计划书、资本性支出预算表、在建工程进展投资预算表、项目投资估算表、研发投入明细表、销售预算表、辅助预算表，辅助预算表又分为主营业务收入/成本预算表、产品成本预算表、其他业务收支预算表、人力成本预算表、研发投入预算表等；资金管理类的报表有资金情况统计表、资金月度预算表、承兑汇票统计表、资金周报贷款及余额情况表、理财产品明细统计表、募集资金情况表、理财融资趋势汇报表等；销售管理类的报表有销售费用报表、事业部模拟利润表、应收账款统计表等；成本管理类的报表有成本计算单、产品单位成本分析表、生产领料差异分析表、机物料消耗执行情况表等；部门费用类的报表主要是管理费用预算执行情况表；管理会计类的报表有比率分析表、资产负债趋势分析表、利润趋势分析表等。

（八）全面预算考核

全面预算考核是预算管理的重要组成部分，各预算公司将其纳入了公司整体考核体系。

昆药集团以子公司预算目标的完成情况为依据对子公司进行业绩考核，各子公司据此对内部各责任中心进行业绩考核，各责任中心又具体考核部门/分厂、车间、班组、个人。全面预算考核工作由预算管理委员会组织进行。

全面预算考核的主要依据为预算指标完成进度及预算差异分析的结果，预算考核的指标包括财务指标和非财务指标。

昆药集团本部人力资源中心为销售事业部、生产各分厂、质量部、采购部、制造中心职能部门、信息物流中心、财务运营中心、综合管理部、人力资源中心、工程中心、市场部、销售管理部、市场准入部制定关键业绩评价指标，促进销售事业部完成销售任务、生产分厂保证及时供货、职能部门达成重点工作任务，最终实现整个公司有效、有序规范运作。

五、全面预算管理体系中的成本管控方法

（一）总体情况

预算指标下达后，各单位于每年 12 月 31 日前，在 ERP 系统中录入次年的年度预算、季度预算、月度预算，于次年 1 月 1 日正式启动预算控制，对每一笔资金、费用的开支，都要进行预算校验。超过预算、没有预算的，系统停止流程运行。如果确实需要开支，则须追加预算。图 12-4 所示为差旅费未报预算致报销流程终止。

（二）成本管控方法

财务人员在实际工作中，积极应对变化、企业发展的需要，通过岗位角色的转变，摸索出管理会计的实操办法，如目标成本法、标准成本法、定额成本法。

1. 费用的执行与控制

ERP 系统承担了出差申请、差旅报销、费用申请、报销、付款以及预算编制等费用业务流程审批工作，从源头就提高了预算控制的颗粒度，实现专项费用专项使用，以及费用的上下关联和完整可追溯性。

费用无预算，在报销时被终止流程（见图 12-4）。

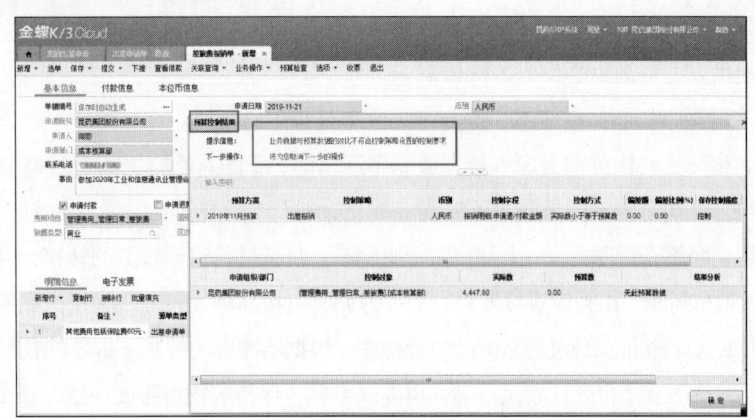

图 12-4　差旅费未报预算致报销流程终止

每月预算执行情况、财务在次月初提供各单位预算执行情况（见表 12-1）。

表 12-1　　　　　　　　　　　　　×××单位 2019 年 1—2 月的费用预算执行情况表

费用类别	费用项目代码	项目名称	行次	年度预算审定数	追加预算	全年可用预算额度	实际发生		可用金额	预算执行率（%）
							本月发生	累计		
管理日常	02.01.01	办公费	1							0.04%
	02.01.02	业务招待费	2							
	02.01.03	差旅费	3							6.89%
	02.01.04	通信费	4							
	02.01.05	修理费	5							
	02.01.07	劳动保护费	6							2.85%
	02.01.08	会议费	7							
	02.01.09	机物料消耗	8							82.06%
交通运输	02.02.01	车辆使用费	9							
	02.02.07	停车费、过路费	10							3.33%
	02.02.08	运费及运杂费	11							
中介机构服务费	02.03.01	试验检验费	12							
	02.03.02	检定测试费	13							
	02.03.03	财产保险费	14							
	02.03.04	咨询费	15							
	02.03.06	行业协会费（中介费）	16							90.71%
土地、能源、环境卫生	02.04.01	辅助费用（水电费）	17							20.32%
	02.04.03	环保费	20							
其他	02.05.04	软件技术改造费_无形资产使用费	21							
	02.09.03	其他	23							
合计										14.02%

2. 直接材料成本的控制与执行

通过预算这根纽带，昆药集团将降本增效的理念贯穿于实际工作中，应用目标成本法进行管控。把直接材料成本的控制职责加以区分，使采购部负责采购成本的控制，生产车间控制直接材料的消耗量。

（1）采购成本的控制

每年编制预算时，锁定直接材料的预算价格即目标价格，采购部围绕目标价格，对包装材料实施招标采购，对原辅料通过第三方网络平台公开招标采购，对于原料垄断供应商，进行协商定价采购，财务部根据协商价格，进行成本测算，提供采购部及相关领导决策使用，将采购成本控制在可承受的范围内。

（2）直接材料消耗量的控制

每年编制预算时，昆药集团锁定生产车间直接材料的单位消耗量即目标单耗，再乘以直接材料的目标单价，得到年度的预算成本即标准成本。每月结算后，财务部门计算直接材料的实际成本，与标准成本进行对比分析，于季度末提供人力资源中心作为考核依据。

生产车间在生产过程中控制材料成本，提高产品收率是重中之重。

之前的做法是，生产物料由公司大库直接发放到生产车间，车间对物料平衡自行调节，产品收率真实数据财务部门无法取得，公司对收率的考核也不容易完成，物料盘点难以准确，存在物料报废现象。

昆药集团在实现全面预算管理后，一方面，实行原辅料、包装材料管理权限的转移，将生产车间的仓库收归公司大库管理，撤销车间库，由大库直接发料。另一方面，将按品种发料细化为按产品的小批次发料，要求生产完毕后，余料退回大库账面。因为药品生产的特殊性，根据洁净度的要求，拆零的物料暂时保存在生产车间，仅做账面的转移，待下一个生产计划执行时，再发放余料，保持实物与账面一致，减少物料的损失浪费。

库管员借助 ERP 系统通过 BOM 控制物料的发放数量，对部分需进行 100%投料的原辅料，必须根据 BOM 进行领料；对存在含量、效价、损耗等问题的物料允许差异领料，对不同类别的材料设置浮动区间，对超出浮动期间的领料必须单独填写差异说明。以此来提高物料领用的准确性，并促进 BOM 管理部门及时更新产品 BOM 数据。

物料领用发放流程如图 12-5 所示。

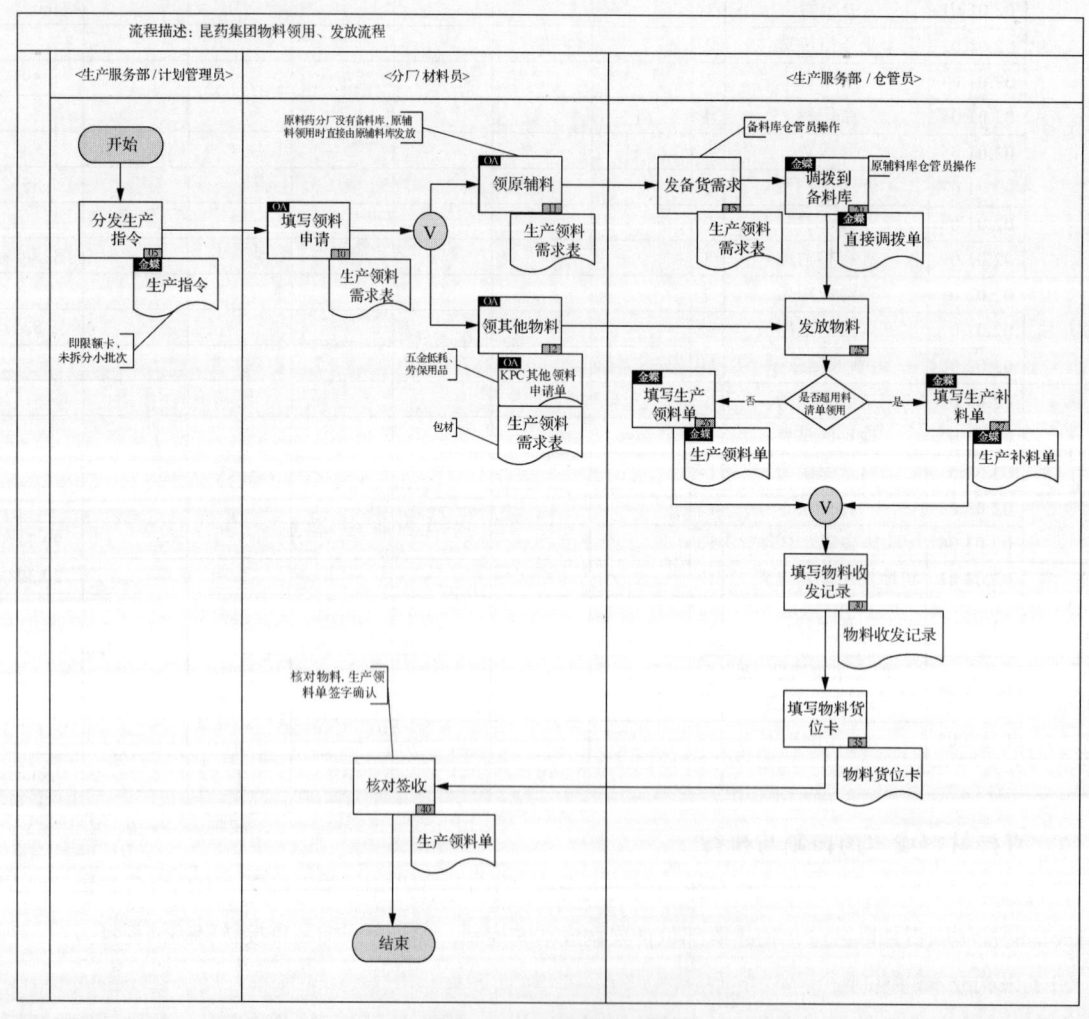

图 12-5　物料领用发放流程

财务人员每月利用 ERP 的数据对产品成本进行对比分析，与预算对比、与上年同期对比，反映生产效率高低，从价差、量差的角度找出影响成本变化的因素，提供给分厂，为合理控制成本提供数据支持。

为保证在制产品成本数据清晰完整，财务人员对在制产品生产情况进行监控，及时了解在制产品的生产时长、进度、在制成本等信息。对已开工、未结算的生产订单进行领料数据统计对比，需包含订单已领物料的物料编码、物料名称、规格型号、应领数量、已领数量、差异数量、差异备注等字段信息。

对于研发试制、受托加工产品，财务部门制定《非常规品种成本归集的规定》，采用在 ERP 系统中下达研发订单的办法，单独归集研发产品、受托加工产品耗用的材料成本、加工成本，避免将材料成本混淆于正常产品成本中，达到产品成本的精细化管控，实现物流、信息流一致。

ERP 生产业务流程如图 12-6 所示。

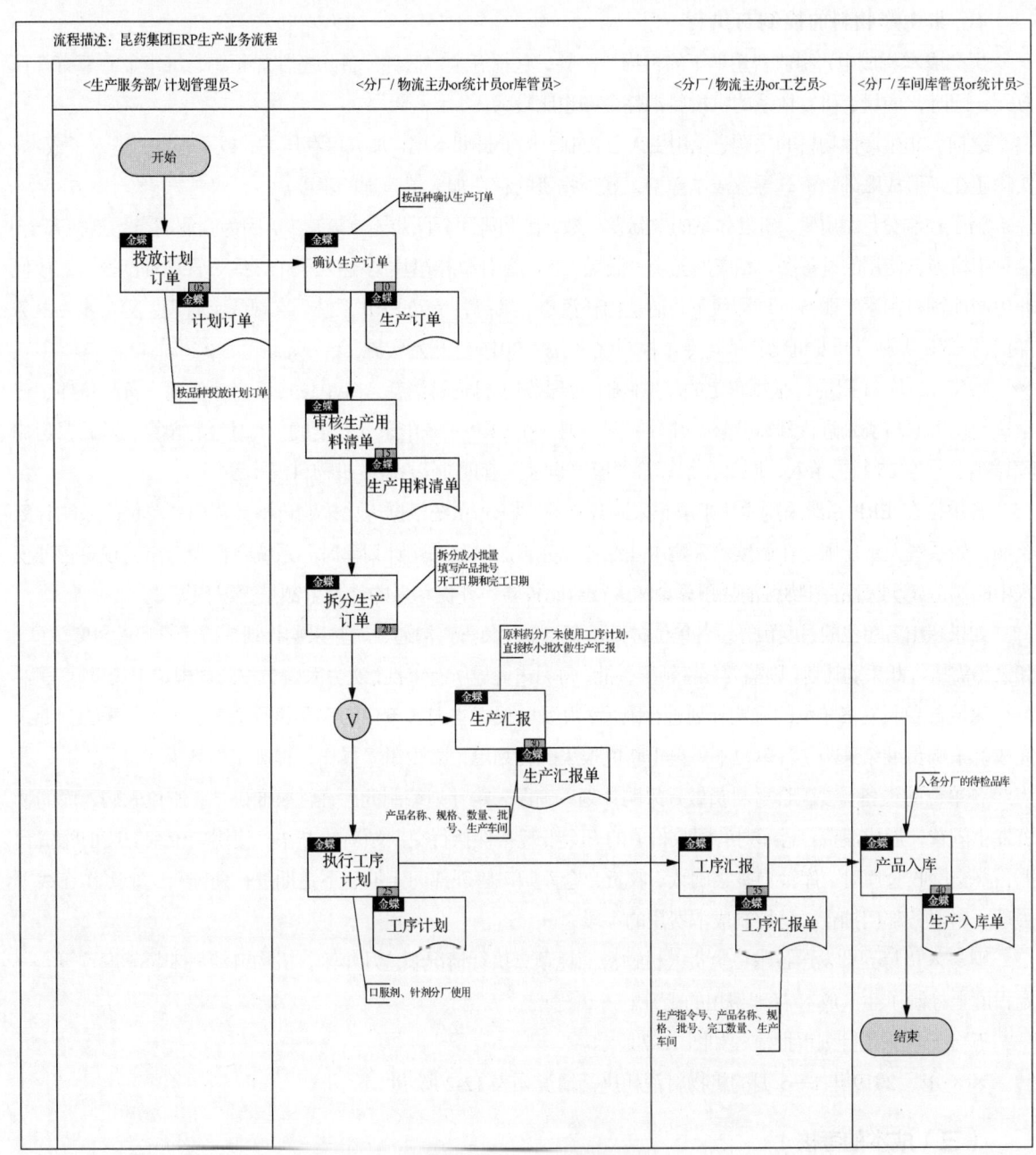

图 12-6　ERP 生产业务流程

3．制定加工成本的分摊方法

之前，昆药集团对生产产品发生的人工成本、动力费、折旧费、制造费用，按人工工时进行分摊，对于包装方式不一样的产品，分摊了同样的加工成本，分摊不合理，影响成本的准确性，对价格的制定也不利。

昆药集团改变以往单一的工时分配方法，根据产品生产耗用的工时、使用的设备对应的折旧额及物料/产品入库、生产过程中产生的质检成本，采用工时系数、折旧系数、动力系数、质量系数分别分摊人工成本、制造费用、折旧费、动力费、质量检测费。

以工时系数和折旧系数为例。对于包装工序，包装方式分为手工和机器两种。手工包装的，不占用包装设备资源，摊销的折旧费要少一些，但手工包装花费的人工工时多，按工时系数需要多分摊人工成本，比传统的成本分摊方式更加合理。

市场变化导致销售计划的不准确，影响生产计划的不均衡，财务人员也从事后算账，逐步向管理型会计转变，深入生产一线，了解产品的工艺路线，跟踪生产进度，对于本月有生产但未完工的产品，采用预提的方式确定加工成本，避免产品成本在月度间波动过大。

4．非生产物料的控制与执行

生产成本构成中，制造费用项下的机物料消耗，包括五金、低耗、备品备件的领用，每年金额都有几百万元，同时，质量、研发体系的机物料消耗金额也比较大。

之前，非生产性物料的采购、领用由人工控制，买了长期不用，加大库存压力；或下了账，进入了成本，实物还在，形成账外物资，导致成本虚增，账外物资的存在加大了管理的难度。

为了控制分厂、质量、研发体系的实际发生数，昆药集团分两步走，第一步，因为企业的产品剂型齐全、品种规格多，使用的设备多，相应的五金、低耗、备品备件规格/型号多达几千个，线下管理难度很大。故使非生产性物料由手工账务管理即线下，通过物料盘点、编码，录入 ERP 系统，实现线上管理，第二步，财务部门请 ERP 实施方开发机物料消耗专项控制程序，从 2016 年开始实施。

每年 12 月 31 日前，根据审定的年度制造/管理费用-机物料消耗，各单位按五金、低耗、备品备件、化学试剂化工原料类别进行预算分解，并分解到各月，在 ERP 系统中录入年度的、1 月份的预算，以后月份的预算在上月的 25 日前录入，同时在预算管理模块也录入管理/制造费用-机物料消耗预算。

各单位在 ERP 系统采购模块中填报采购计划单，ERP 系统根据历史采购价格计算出各单位的采购计划金额，如系统无单价则会在后续的采购中陆续补充完善。保存采购计划单时，系统会自动与当月预算管理模块中的制造/管理费用-机物料消耗预算金额进行对比校验，并提示采购计划金额是否超预算。

如果超出各单位的月度预算，各单位材料员要与单位负责人沟通、调整采购计划，确保不超过月度预算。如果仍需执行此采购计划，则需要分管领导签批，每月末完成所有审批，次月采购员按公司规定正式执行采购。

采购部负责对各单位的采购计划进行跟踪，并及时反馈当月各单位的采购执行情况，若当月采购计划未完成，采购员继续采购，各单位不需再重新填报采购计划单，减少重复操作，提高工作效率。

各单位的设备员要配合材料员做好采购计划，确保采购计划编制的严谨性、准确性，避免采购入库的物资发生闲置，形成浪费。仓库对有回收价值的五金低耗备件执行交旧领新的办法，使用单位编制废旧物资台账，移交回收仓库时，库管员签字确认、收货，仓库归口管理部门定期、不定期进行处理。这个工作在线下管理，由财务部门抽查，是控制成本费用的手段之一。

财务人员每月初发送各单位负责人机物料消耗预算执行情况表。几年来，机物料消耗未超年度预算，一定程度上控制了生产成本/管理费用的上升。

五金低耗采购计划审批流程如图 12-7 所示。

××分厂 2019 年 1—5 月的机物料消耗执行情况如表 12-2 所示。

（三）成本的考核

生产成本考核的层级是人力资源中心考核分厂，分厂考核车间主任，车间主任考核班组长，班组长考核员工。指标是定量与定性相结合，根据岗位性质配比不同的权重。定量指标包括制造成本、质量合格率、生产计划完成率，定性指标包括 GMP 体系、工艺质量、安全生产、环保等。

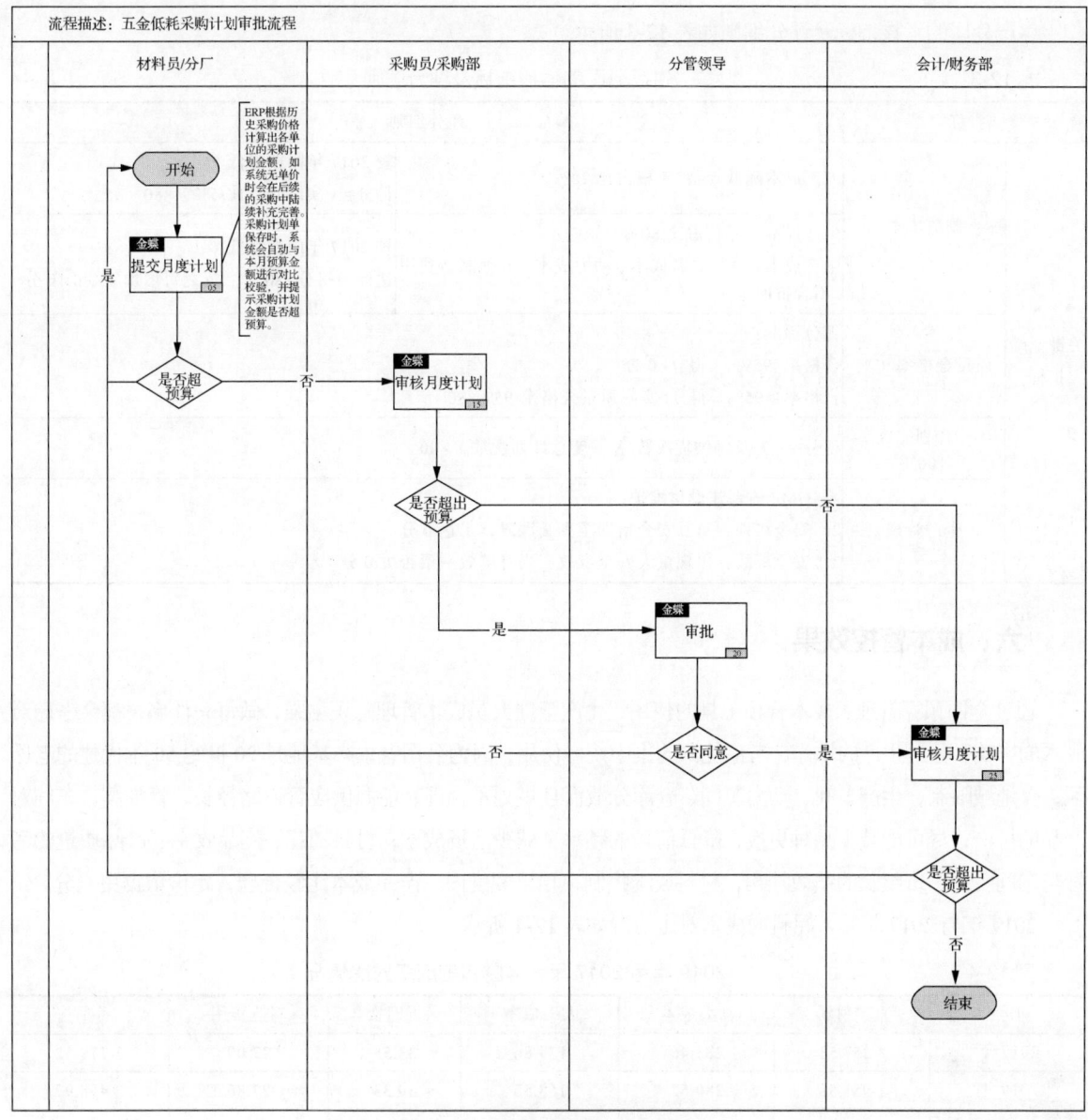

图 12-7 五金低耗采购计划审批流程

表 12-2 ××分厂 2019 年 1—5 月的机物料消耗执行情况

单位	项目	2019 年度预算	年度预算当期分解额	当期预算	年度预算剩余额度	当期采购计划	当期实际发生额	年度预算执行率%
×××车间	五金低耗							54%
	备品备件							7%
	其他物料							61%
×××车间小计								16%
×××车间	五金低耗							22%
	备品备件							15%
	其他物料							5%
×××车间小计								16%
×××分厂	五金低耗							40%
	备品备件							9%
	其他物料							47%
×××合计								16%

生产分厂的考核指标及评分细则如表 12-3 所示。

表 12-3 　　　　　　　　　　　　　生产分厂的考核指标及评分细则

指标		评分细则	
关键业绩指标	制造成本	人工成本降低 5%：考核占比 20%	较 2017 年同期降低 5% 得分=（实际降低比/5%）×80
		生产成本：考核占比 80% 生产成本：直接材料成本、动力成本、其他制造费用（不含折旧）	较 2017 年同期降低 达标，得分=80 分。反之每增加 1% 扣 10 分
	质量合格率 95%	得分标准： 合格率<95% 　　得分=0 分 合格率≥95% 　　得分=实际质量合格率/95%×80	
	生产计划完成率 100%	得分=（∑ 及时供货次数/∑ 季度总计划次数）×80	
	生产管理	1. GMP 体系建设与维护 2. 安全培训：每月安全培训至少 2 课时，未达 0 分 3. 安全事故：出现重大安全事故，当月绩效一票否决 0 分	

六、成本管控效果

通过全面预算管理、成本管控工具的使用，生产管理人员成本管理意识增强，做每一件事，都会考虑对成本的影响，如对生产的排产，考虑能源的集中统一使用，因为公司老生产基地是 20 世纪 50 年代建的老厂区，受地域限制，生产车间、动力车间、仓库分散而且规划不合理，能源供应管道路径长，管损高；车间对产品的排产，尽可能减少品种更换，降低清场的频率，减少清场成本；材料消耗、产品收率、产品质量的考核与车间主任、班组长的绩效挂钩，材料成本控制在预算额度内。产品成本比较合理，定价依据更充分。

2019 年与 2017 年××原料的成本对比情况如表 12-4 所示。

表 12-4 　　　　　　　　　　　　　2019 年与 2017 年××原料的成本对比情况

项目	直接材料	动力成本	人工成本	折旧费	制造费用	小计
2017 年	3 257.53	281.46	179.86	33.58	27.09	3 779.52
2019 年	1 951.58	280.62	168.58	30.33	27.86	2 458.97
增减额	-1 305.95	-0.84	-11.28	-3.25	0.77	-1 320.55
增减比例	-40.1%	-0.3%	-6.3%	-9.7%	2.8%	-34.9%

从表 12-4 中可以看出，直接材料成本得到很好控制，除了制造费用，其他成本项目或多或少在下降。

七、总结与展望

昆药集团通过实施从上到下全员共同参与的全面预算管理，将企业经营目标具体化，起到了在经营过程中对经营活动的度量和纠正偏差的标准作用，实现对资源的合理配置与调配。全面预算管理成为考核工作效率、工作质量、业绩的工具。企业由此经营业绩持续增长，呈良性发展的态势。

（一）需要改进的地方

1. 预算控制模式

目前的预算控制模式为"年度费用+月度资金"，偏重于资金、付现费用的控制，在非付现费用控制方面工具缺乏。

2. 在制品的成本不完整

在制品仅反映直接材料成本，未分摊加工成本。在新的 ERP 系统中企业将实现工序汇报，能够计算在制品的加工成本，使成本的精细化管控力度进一步提高。

3. 预算报表时效性不强

对预算报表和成本管理报表的编制多半采用人工操作，数据量大且工作效率不高，反馈的时效性不强。

4. 成本的考核指标还需要精细化

分厂制造成本的考核指标主要是人工成本、直接材料成本、动力成本、其他制造费用，停留在分厂层面，没有关联到采购部门，考核的颗粒度也不够细。

（二）采取的措施

1. 对 ERP 系统升级换代

昆药集团将启用全面预算管理系统，实现线上精细化预算编制；开发费用管控系统，实现线上全面预算控制；开发预算的实际执行情况分析报表，实现结果的快速反馈。

2. 建立健全的绩效考评机制，促进各项指标达成

（1）制造成本考核指标，在原有基础上增加工时考核，将工时分为正常生产过程工时与辅助工时两部分。针对标准工艺的工序侧重对辅助工时部分进行考核，更多是为了促进生产前后端人员的工作效率优化提升；针对包装类的工序（产品有机器包装和手工包装），需要对生产过程工时及辅助工时部分都进行考核，促进包装线人员对生产过程的优化，进一步提高生产效率。

（2）对采购部门设定材料采购成本节超率进行考核，实行"节约有奖，超支扣罚"，促使采购人员积极寻找质量好、价格合理的供货商，达到控制材料采购成本的目的。

（3）成本考核过程中更多以生产管理部门的介入，使财务数据与生产现场统计的数据相结合，来加强考核指标的有效性和准确性。

3. 实施精益生产，创造经济效益

昆药集团通过文化引领、机制驱动使全部员工充分参与精益 5S 管理与改善提案活动，提高员工技能，激发员工潜能，培育工匠精神，提高精益化管理水平，创造经济效益。

 企业自评

昆药集团在发展过程中，因药品同质化严重，行业内部竞争激烈，药品限价、用药范围受限，原料价格被垄断，获取利润的空间不断被挤压。财务人员学习、摸索出符合实际情况的管理会计方法，主要是实施从上到下全员共同参与的全面预算管理活动，将企业经营目标具体化，加强内部控制，尤其在产品的成本控制方面精耕细作，首先撤销车间仓库，将物料的管理权限由生产车间移交公司仓库统一管理；其次，运用 ERP 系统不断优化管控办法，对产品耗用的直接材料通过系统控制领用数量，将受托加工产品、研发试制的产品成本与常规产品的成本严格区分核算，并制定相对合理的加工成本分摊方法，对非产品直接耗用的五金、低耗、备品备件从申报采购计划开始进行控制，进而控制实际领用的金额。最后对生产车间的制造费用通过预算进行控制，对各级生产人员采用定量与定性相结合的指标进行绩效考核，通过这些管控办法和措施，使企业创造了良好的经济效益和管理效益。

 专家点评

近年来，国家不断推出新的医改政策，导致医药企业竞争不断加剧。特别是新版的基本药物目录和药品招投标集中采购措施的推出，导致药品价格进一步降低，医药企业利润不断被压缩。面对新的市场环境，医药企业通过加强内部管理，降低生产成本，提高企业盈利能力，进而在激烈的市场竞争中取得优势就显得十分必要和迫切。昆药集团立足企业实际，以降本增效为目标，通过内部流程优化，将目标成本法、标准成本

法和定额成本法等管理会计工具和方法融入企业全面预算管理，充分发挥企业现有的 ERP 系统的成本控制功能，初步形成了一套规范合理的成本管控体系，并取得了较好的经济效益。

本案例的启示如下。

（1）推行管理会计，信息化是基础。无论是成本控制还是预算编制、执行、分析和考核都必须依靠强大的信息化系统/平台，昆药集团通过对 ERP 系统的内部流程优化，充分发掘 ERP 系统的成本管控功能，为企业降本增效提供了有力的支撑。

（2）将成本控制融入全面预算管理可以提高企业管理水平。全面预算管理中的很多环节（如生产预算、采购预算、费用预算等）都应该坚持成本控制原则，昆药集团的实践也证明在全面预算管理中融入成本管控的理念不但可以增强预算管理的准确性，而且有助于提高企业精细化管理水平。

案例十三　业务驱动、业财一体下的共享模式应用

欧普照明股份有限公司

【摘要】欧普照明股份有限公司（以下简称"欧普照明"）在发展过程中，在财务管理方面导入了"业务驱动、业财一体"的管理理念，对企业财务管理水平的提高发挥了重要的支撑作用，主要以财务共享中心建设作为管理会计转型的切入点，通过组织重构、流程再造、专业分工、统一规范、系统协同等方式，将业务流程、管理流程、信息流程有机融合。

目前欧普照明已经建立了以供应商、客户和内部客户（员工）三大服务对象为核心的财务共享服务门户。通过流程设计，打通供应商、客户、内部客户（员工）业务的事前、事中、事后流程，最终实现与业务数据串联的全流程精益管理，将管理控制前置，使财务数据和业务融为一体，最大限度地实现数据共享。从用户的角度大幅提高服务体验水平，同时从财务的角度积极推动前端业务流程的标准化、系统化，提升业务系统的数据质量。"业务驱动、业财一体"的财务管理模式在企业资源配置、业务协同、价值创造、风险防范等方面发挥了重要作用。

【关键词】业财一体；服务支撑；流程驱动

一、企业情况简介

欧普照明创立于 1996 年 8 月，是一家集研发、生产和销售于一体的综合型照明企业。现有员工 6 000 多人，产品涵盖光源、灯具、照明控制等领域。公司目前拥有上海总部及中山工业园、吴江工业园等生产基地，国内各类渠道终端销售网点超过 30 000 家，遍布全国。同时，公司积极拓展海外业务，现已在欧洲、中东、东南亚、南非等新兴市场建立了良好的品牌。欧普家居照明灯具产品包括了客厅系列、餐厅系列、卧室系列、儿童房系列、书房系列、厨卫系列、阳台系列等近 13 个系列的 500 多个家用照明产品。商业照明产品包括了筒灯、射灯、灯盘等产品系列，涉及的细分市场涵盖商业连锁、酒店、超市、百货、工业、办公、学校、医院、地铁等领域。公司 2018 年累计营业收入 80.04 亿元，同比增长 15%。图 13-1 所示为 2012—2018 年营业收入。

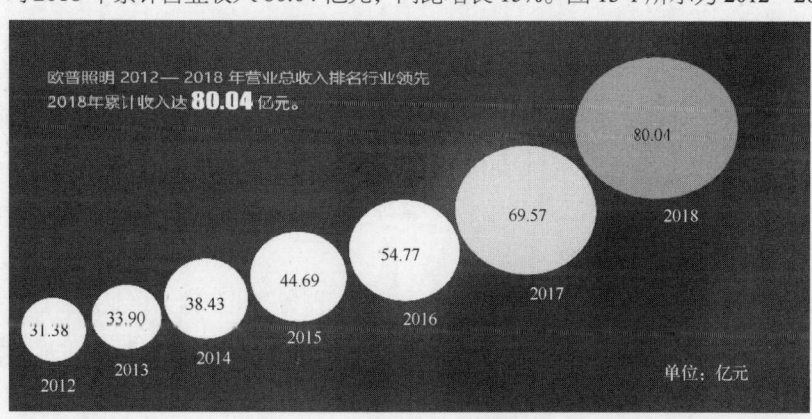

图 13-1　2012—2018 年营业收入

作者：韩宜权、王海燕、陶雷光

二、管理会计的应用活动

（一）业务驱动、业财一体共享模式的总体思路

基于集团战略发展对财务管理转型的要求和实际业务的驱动，欧普照明导入了"业务驱动、业财一体"的管理理念，把财务共享中心建设作为管理会计转型的切入点，通过组织重构、流程再造，专业分工、统一规范、系统协同等方式，将业务流程、管理流程、信息流程有机融合。

1. 业务驱动、业财一体化的共享组织架构设计

组织变革是推动财务共享服务、管理会计体系建设的关键因素。2012 年欧普照明设立财务共享服务中心，细化了财务岗位职责，把标准化、流程化、批量化的交易处理业务，统一到财务共享服务中心，实现集团财务交易处理业务的集中化运作，提高了公司财务模式的扩展和复制能力。通过财务组织结构调整，财务人员分成战略支持、业务支持和共享服务三个模块，将战略财务、业务财务和共享服务中心的职能分离。战略财务围绕公司战略目标，深入推进全面预算管理，通过引入管理会计思想，建立财务考核指标和业务指标之间的关联，将预算指标进行分解，向各业务经营单元落实经营目标。业务财务深度参与价值链的各个环节，负责各业务单元的业务支持、分析、计划、预算和经营管理工作，综合考虑所在单元和集团的经营决策，发挥纽带作用，通过自身的组织协调和沟通能力，使得集团战略财务的政策有效贯彻与落实。欧普财务共享服务中心兼具服务与管控双职能，一方面实现专业化、规范化、标准化的交易业务的集中作业，使战略财务人员、业务财务人员从琐碎的财务数据处理工作中解放出来，并使其专注于企业核心业务的经营目标达成。同时财务共享服务中心搭建了相关业务流程和价值的再造体系，为集团经营决策提供了合规、标准、高效的业务处理和数据平台，为内外部客户提供优质、高效的专业服务，持续提高财务管理效率。另一方面，通过对集团内部会计行为的规范、信息质量的管理控制，加强业务风险防范，成为服务效率提升及内控风险管理的有效执行者。欧普照明在此变革过程中也充分见证了共享服务所带来的服务和管控的协同效应。通过组织结构调整，构建了以价值创造为出发点和归属点的财务管理组织结构，使三类财务职能人员更加专注于自身的核心业务，强化各自的专业标准、风险控制和决策能力，推动财务职能转型，最终促进企业整体价值的提升。

2. 业务驱动、业财一体化下的信息化建设思路

欧普照明的财务共享信息化建设基于业务驱动、业财一体化的方向，建立了以供应商、客户和内部客户（员工）三大服务对象为核心的财务共享服务门户，图 13-2 所示为业财一体化的建设思路。依托信息化技术工具，财务系统向两个方向予以延伸：一是通过财务共享中心服务范围的不断扩展，财务系统不断向业务前端延伸，让流程在业财系统间形成有效的衔接，实现了业财数据的互融互通，从而提升了端到端的流程效率，并大范围提高了流程的自动化程度。二是利用大数据平台数据挖掘工具，使共享服务中心可以对大量颗粒化的数据进行有效整合管理，结合公司经营管理需要，实时进行数据收集、整理、分析及报告，满足企业财务监控及经营决策的需要。

（1）业务协同的门户式管理

业务驱动、业财一体，始终体现在财务共享信息系统建设及应用过程中。欧普照明在满足财务共享业务本身需要的同时，重点考虑与各项业务的无缝衔接，先后构建了与供应商系统、客户系统、市场资源管理系统、商旅系统、资产管理平台等全作业链共享的门户管理模式，实现了事前、事中和事后多段信息的实时动态共享，形成全作业链协同的财务管理体系。

① 通过供应商协同门户的闭环管理，同步订单、发票、账务等供应商全作业链信息，实现采购业务与财务信息的实时转换和数据共享，营造良好的供应商生态圈，进一步提高欧普供应商的管理能力。

② 通过终端客户共享协同门户的闭环管理，同步合同、客户信息、政策、账务等客户全作业链信息，从而实现销售业务与财务信息的实时转换、数据共享，提高工作效率及客户管理能力。

③ 通过市场资源管理系统、商旅系统、资产管理平台的闭环管理，实现对市场活动、员工业务行为、

资产生命周期的计划与执行的全面监管。加强作业管理，灵活配置资源，从而实现企业经营中价值管理过程的可视化与精细化，促进业务信息与财务信息的深度融合。

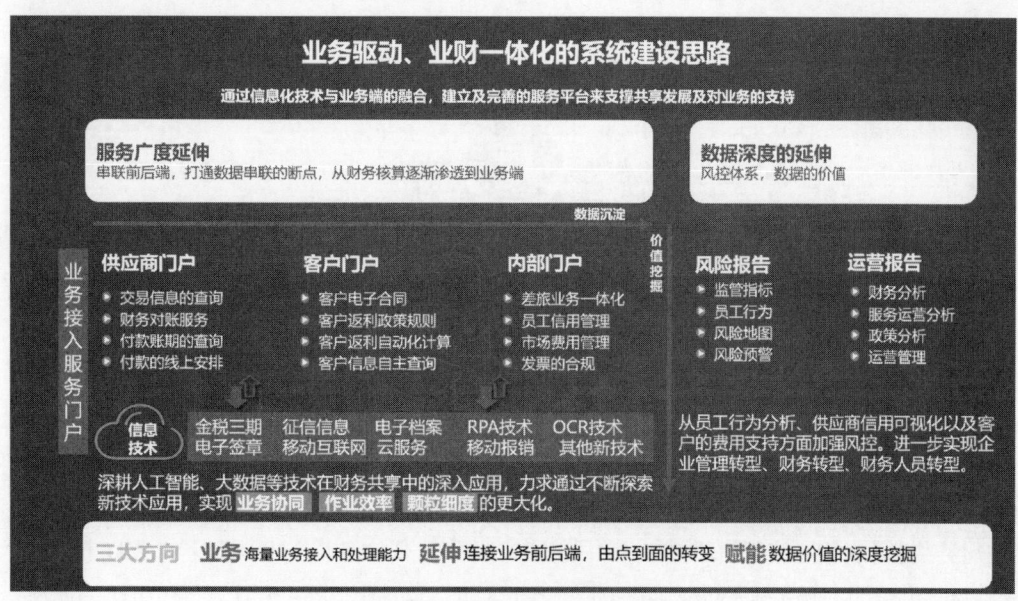

图 13-2　业财一体化的建设思路

（2）新技术应用提升标准业务的处理效率

近几年，新技术飞速发展，如金税三期、OCR 图像识别技术、电子签章、移动报销、云服务等，极大提高了财务共享服务中心的作业效率和服务能力，并推动财务共享服务中心向企业"数据中心"转型。

① RPA 财务机器人的应用。共享服务中心处理的大量标准化、批量化、重复化的财务流程，为财务机器人的应用提供了良好的应用环境。欧普财务共享服务中心积极运用 RPA 技术打破传统工作模式，减少规律性、重复性的作业任务，大大提升了财务人员的作业效率。

② 流程自驱改造。金税三期、企业信息平台、OCR 图像识别技术等多种智能化的应用越来越多地被引用到财务共享服务中心作业中，如发票自动审核。欧普照明通过数据及信息技术手段，将结构化数据进行有效整合，从而改善用户的使用体验，并提升会计作业人员工作效率，助力财务工作的转型升级。

③ 数据的挖掘及应用。通过业务协同的门户管理，标准化的流程处理及财务信息化的深入应用，财务共享服务中心提供了大量标准化的财务会计核算服务，同时也获取了有效、全面、客观的颗粒化数据。欧普照明基于这些数据，运用大数据技术进行多维度的整合分析，从员工行为、供应商信用以及客户的费用支持方面穿透到业务的底层，发现各类业务行为的风险点，从而改善和提高财务共享服务中心的运营服务及风险管理能力，进一步实现企业管理转型、财务转型和财务人员的转型。

（二）业务驱动、业财一体化共享模式的建立过程

1. 分散核算到财务共享流程治理阶段（2012—2014 年）

财务共享建设初期，项目组参加了许多大型机构的财务共享服务中心的交流会、研讨会，如中兴通讯、三一重工、海尔等，并学习了很多共享课程。财务共享服务中心虽然基础框架相似，但是却又不尽相同，许多的细节部分需要根据企业的自身情况进行搭建。欧普财务共享服务中心的第一个三年规划，聚焦于人员集中、系统搭建，重点任务是把共享的整体框架搭建出来，把业务流程打通。一方面，从账务集中处理切入，研究梳理整体的业务逻辑与规则，将前后端的规则捋顺、业务流程打通，然后再接入结算和税务，总的来说就是连通业务流、账务流、资金流、税务流。另一方面，根据欧普照明年度目标的制定与分解，建立企业分级盈利模型，从而生成管理架构下各实体的年度预算与月度预算，结合实际目标完成情况形成月度可执行预算，对于不同的业务进行分流程的费用事前产出承诺、事中效果评价、事后产出分析的全流程管控，从而实

现统一的管理理念、统一的预算模型、统一的管理流程、统一的数据基础、统一的报表输出，进而实现预算范围内费用投入产出的最大化。整个一期共享中心建设过程一共耗时三年有余。至 2014 年年底，随着第一阶段工作的完成，区域财务交易处理型工作转由财务共享服务中心统一处理，区域及其他模块的财务转为决策支持型财务。图 13-3 所示为财务共享 1.0 服务范围。

图 13-3　财务共享 1.0 服务范围

2. 业财融合，协同共享，信息化改造（2015—2018 年）

流程标准化和新兴技术的应用，数据体系和信用体系的应用。

经过财务共享服务中心流程治理的初级阶段摸索实践后，"低价值业务处理过多""泛 IT 技术投入不足"等因素也制约着财务共享服务中心的精益化发展。在此期间，信息化正兴，云计算、移动互联网、人工智能等技术不断涌现并实现突破。同时"营改增"政策的推行及金税三期的搭建，推动了发票电子化的发展。以前断裂的数据通过信息化技术都实现了连接。一系列系统性产品如电子影像、供应商协同系统、客户协同系统、商旅系统、RPA机器人等陆续上线，推动业务和财务数据对接，打破原有系统间的壁垒，实现全业务流程的再造，使财务深入业务链前端，实现了业务、财务信息化的融合，建立了业财一致的制度及流程管理，有效避免了"信息孤岛"的现象。同时其整合业务与财务的数据，将管理的颗粒细化，数据结构化，搭建了不同于传统业务、财务报表的数据结构组合，提高管理了决策效率，增强了风险防控能力。图 13-4 所示为财务共享 2.0 服务范围。

图 13-4　财务共享 2.0 服务范围

三、业财融合的共享模式探索实践

2006 年欧普 SAP 上线，以此为起点，经过多年实践，欧普已经基本构建起了以 SAP 为核心系统，外围业务系统协同的信息化体系。目前信息化工具几乎应用于企业经营全过程、全领域，为信息整合提供了良好的基础支撑。

（一）市场资源的全流程协同管理

欧普照明随着业务的快速发展，市场资源的投放比例越来越大，同时由于业务的多样化和管理维度的细化，流程数量也呈几何式增长，存在投入产出管理薄弱，决策不能得到系统数据支持，业务时效无法保障，核算进度无法把控，提前规划能力弱，数据传送滞后等风险因素，同时管理需求对市场资源投入产出的分析以及各市场资源的事前申请、事中执行确认、事后核销、投入产出效率评估要求越来越高。基于以上业务因素，欧普照明对市场费用进行全流程整合，在预算范围内从申请、评审、执行确认、核销、兑现到内部审计进行全流程流水线式管理。2013 年构建了开放、透明、标准化的费用管理平台，建立了统一的预算管理体系，输入投入产出管理标准，通过与业务系统集成应用，获取相关数据，传递预算到业务系统以指导业务开展，为企业战略决策提供重要的数据基础，提高企业市场的竞争力。图 13-5 所示为市场资源管理平台。

业务环节	事前预算	投入产出评价	活动执行	核销审核	兑现
业务操作	月预算确认 预算数据编制	申请 活动事前申请 评审表	执行确认 活动状态记录	审核 部门专业审批 财务会计审核	兑现 支出业务付款 财务管理
业务事件		合同签订完成	业务进程确认	报账审核完成	资金实际支付
会计处理			清账凭证	应付凭证	款付凭证
管理控制	历史数据参考	业务规则控制 业务例外控制	管理制度控制 活动逻辑控制	核销审批稽核 活动客体稽核	资金额度控制 银行信息控制
经营预算	预算编制管理	事前预算控制	预算执行控制	预算执行分析	
承载系统	市场资源管理系统、门户系统、SAP系统、资金支付系统等				

图 13-5 市场资源管理平台

（1）无预算不列支，通过实施预算管理模式，将全面预算管理贯彻到每个预算单元。预算控制前置，要求每笔业务的申请必须有对应的预算，对于无预算的报销项目无法提交。将各类预算由流于形式变为实际管控，解决预实分离的企业难题，实现事前有计划、事中有控制、事后能评价的管理流程，帮助企业实现财务内控和全面预算管理落地。

（2）以价值管理为驱动，实现专业财务业务化、业务财务一体化。通过将集团成员单位共有的流程合并到统一模块，打通企业内部流程壁垒，实现预算、申请、核销、资金、账务系统的闭环。通过欧普市场资源管理系统强大的平台及技术开发能力，将制度标准、业务流程内嵌至信息系统中，构建开放、透明、可视、标准的业务运营及费用管理平台，实现了信息的集成与共享。有效避免了"信息孤岛"的现象。同时在系统构建之初，欧普照明充分考虑业务未来的变化，系统设计兼具前瞻性和兼容性，在系统工具层面实现了对业务流程变化的快速响应和支持。

（3）通过可视化看板实时展示业务流程的状态，及时发现审批流程存在的问题，提高服务效率；并通过任务分配机制，构建了财务人员的绩效考核体系，让财务人员绩效数据化、透明化。

（4）财务精细化、颗粒化管理，费用按照销售事业部、渠道、区域、终端类型（专卖、流通、商超、项目）、产品（品类、系列、SKU）的顺序逐级分解，并可以按照不同的维度进行组合汇总，以满足公司不同层级的管理经营需要。图 13-6 所示为市场资源管理颗粒维度。

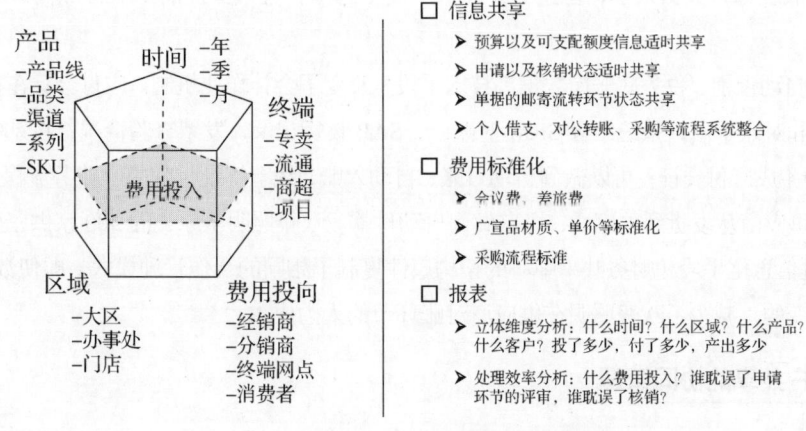

图 13-6 市场资源管理颗粒维度

（二）员工报销生态的全流程管理

随着移动互联网的广泛普及，互联网及移动化终端已经融入我们生活的方方面面，演变为一种新的生活工作习惯。一方面，员工希望费用报销能通过更直接、便捷、智能的方式实现。另一方面，面对集团多样性的业务环境，希望通过智能化手段，结合移动互联透明化的消费方式，对员工报销行为和数据进行更灵活、高效的管理。基于上述需求，通过每刻报销云平台，结合云计算、大数据的应用，通过连接员工、互联平台、内部系统，提供交互式的报销体验，打通消费、记账、报销及支付的全电子化报销通道。这样既保障了消费的真实、有效、透明，节省了员工手工填写费用的工作量，也减少了财务审核工作。

管理增效，在智能时代，随着物联网应用的逐渐展开，在员工行为的时间、地点、交通工具、人、消费、订单记录等的流动数据上都打上数据标签，将行为信息转换为数字信息，管理者可轻松获取全面的结构化数据。多维数据间可互相对比、关联，可实现费用信息的真实性预警，财务共享中心可以简便识别、规避虚假报销。

（三）资产的全流程管理

资产全流程管理是指围绕资产的立项、采购、验收、入库、付款、折旧、盘点、调拨、报废、变卖等业务行为的管理，聚焦资产价值管理和过程管理，实现对资产的全范围、全生命周期的精细化管理。

（1）资产完整：项目系统做资产全范围管理。

（2）管理效率：所有流程节点线上审批，且实现生命周期管理，提高管理效率。

（3）投资决策：逐步把关注重点从简单的资产购买、实物盘点，转移聚焦到资产价值管理和过程管理，通过资产管理平台，引入投入产出财务模型，从运营层面对资产的全局进行数据决策分析提供依据，同时将预算管理与投入产出管理相结合，从而更有效地提高资产管理业务的水平。资产管理全流程报表投入使用后，将项目跟踪可视化，进一步提高了资产管理效率。

（四）供应商的协同管理

随着欧普照明的发展，材料与 OEM 供应商数量日益增多，供应商质量也进一步优化，传统的线下手工下订单、订单核对、三单匹配的供应商合作与对账的模式消耗大量的人力成本，不能满足公司精细化管理的需要，也增加了出错的风险。基于以上因素，欧普照明搭建了供应商协同平台（SRM），实现了欧普照明与上游供应商之间数据的交互。其财务模块设计原理为：通过 SRM 与 SAP 之间的数据交互，将 SAP 系统中供应商订单数据传输至 SRM 中，按照每个供应商对账周期由系统自动发布对账单，供应商在 SRM 系统中完成采购订单等三单匹配、对账单打印及发票上传等工作。此系统的搭建实现从系统端将欧普照明与上游供应商进行互联互通，数据共享，营造良好的供应商生态圈，进一步提高了欧普照明供应商的管理能力。

财务端运用光学自动识别、税务底账库数据等技术手段，改变了会计作业机制。应付会计在整个业务流程中，通过扫描发票和对账单后，系统结合 SRM 对账单、SAP 收货记录、发票查验情况，按系统的内设控制逻辑自动在 SAP 中生成应付凭证，可以做到自动对账、自动入账、线上签批付款的全业务流程共享。只要业务符合初设逻辑，供应商从发货到入库后，可以做到自动付款。欧普照明从原先的 400 家供应商到后来的 1 000 家供应商，通过信息化手段和财务共享中心的架构属性复制了相同的合作管理模式，即使数量增加了，效率和耗时仍然是不变的，减少了欧普照明在供应商对账环节的人力成本。

（五）终端客户共享的协同管理

客户协同平台通过对客户主数据、合同、返利政策、应收对账的管理，对客户进行全生命周期管理。通过电子合同、电子签章和商业奖励自动计算等，让欧普照明与客户之间实现实时透明的交互体验。

欧普照明经销商不仅遍及全国，产品更远销七十多个国家和地区。每年欧普照明都要与经销商签署相应的合作协议，之前是纸质合同，非常耗时耗力。2017 年，欧普照明开始引入电子签约技术，总部与经销商都使用电子印章来签约，通过客户协同平台，在线上向经销商发送电子合同，而经销商使用计算机等网络设备就可以接收到合同，并直接完成签署。与经销商完成签署合同的瞬间，平台同时为每份合同打上电子印章，验证双方的数字签名，在云端对接公证处，完成法律认证。使得签合同一下子进入云时代，几分钟就能与经销商快速签好合同，不但节省了快递费用和打印纸张费用，而且解放了总部和经销商盖实体章的人力，提高了合同签约的效率。随着电子签章的深化应用，月度经销商对账也通过终端客户共享平台实现了一键检索、查看和下载，对账从此变成一项非常简单的事情。

政策规则的内置，根据线上合同条款，设定对应的商业奖励规则，自动计算不同渠道，不同客户，不同品类的商业奖励，各经销商应结算商业奖励及实现兑现信息实时共享。

（六）财税一体化的协同管理

资源整合、应用集中、数据共享、部门协作，归根到底是要一体化。一体化的目标是对内有效资源共享，特别是财税信息资源的共享。2018 年 9 月，欧普照明搭建了财税一体化系统平台（以下简称"税务系统"），图 13-7 所示为税务系统功能框架。

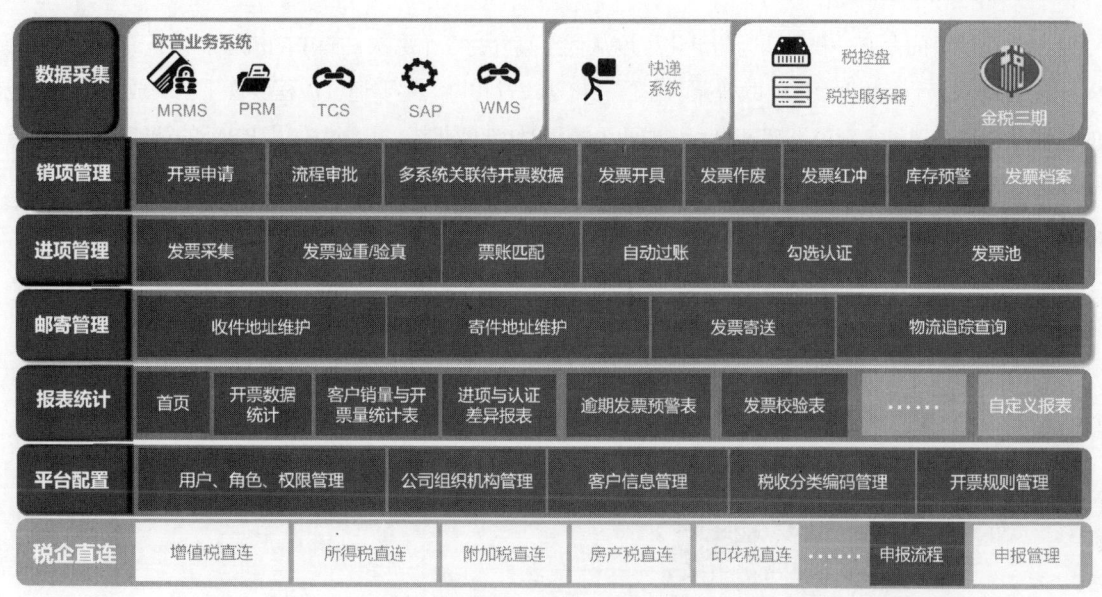

图 13-7　税务系统功能框架

税务系统包含两个部分：进项部分和销项部分。进项部分设计原理为将税务系统与费控系统、供应商协同平台、终端客户协同平台等系统对接，通过数据交互及高速扫描仪等软硬件设备和方式，在发票入账之前进行发票验真、查重，并形成发票数据库，将风险预警前置，在 SAP 入账之后进行发票的自动勾选认证和定期的状态轮询等发票全生命周期管理。销项部分设计原理为将税务系统与外围各销售系统对接，完成待开票数据的交互及开票状态的反写，并同步嵌入快递信息，实现从数据核对到开票，再到邮寄的全过程管控。

该系统特点如下。

（1）风险前置，全面掌握企业费用类型构成，还可以减少和杜绝利用发票造假、舞弊现象，更重要的是可以提前掌握费用发生情况及专票到期的预警，也规避了失控发票的税务局稽核与处罚风险。

（2）通过发票系统，扩大系统应用的广度和业务管理能力。对外，是有效加强征纳双方的发票数据同步互动，对内，通过发票的发票号码、销售方、开票金额、项目等数据媒介，实现了信息系统间的数据串联。例如，通过发票号码可以查询到档案信息电子影像、档案存放信息、报销单各颗粒化信息、发票底账库验证查重状态、SAP 账务信息。图 13-8 所示为增值税进项模块数据串联。

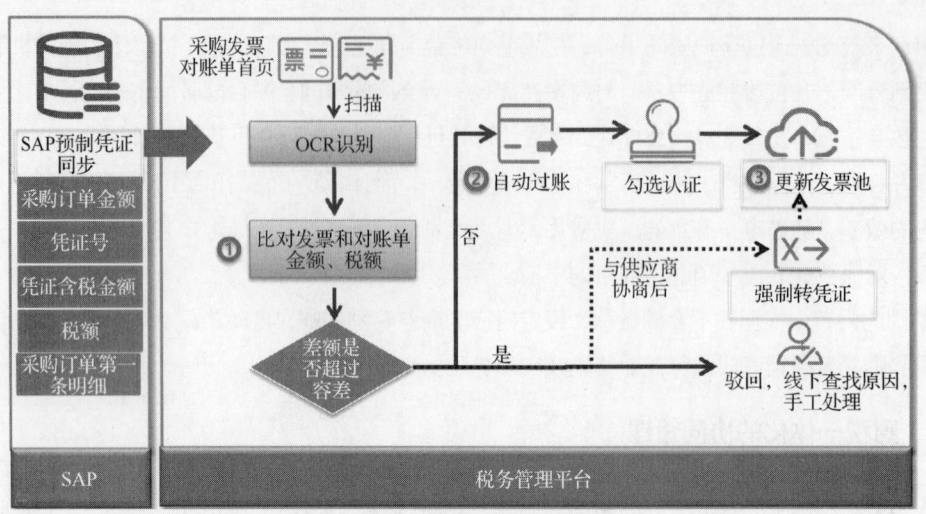

图 13-8　增值税进项模块数据串联

（七）数据互联的其他方案

从信息化建设的角度，我们认为信息化程度从低至高分为三个层次：简单的流程、系统的自驱动改造、RPA 驱动自动化、平台数据互联。欧普照明在信息化建设过程中，主要通过流程实现平台集成，最终实现数据的打通及管理。遇见客观难以解决的系统或业务流程对接问题时，可通过采用 RPA 的智能模式及业务管理手段进行补充管理。将原来用人工进行链接的动作标准化，解决投入及效率冲突的问题，同时也解决了因业务成长与信息系统建设的投入冲突。图 13-9 所示为信息自动化三个层次。

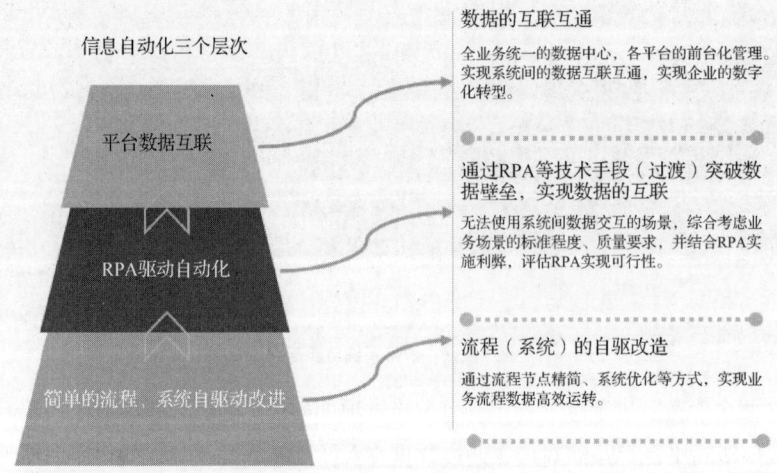

图 13-9　信息自动化三个层次

2018 年以来，RPA 机器人已经应用在退款业务、银行余额调节表、部分手工入账业务等场景中。技术上突破系统间的数据壁垒，弥补了系统或流程集成的不足，实现各系统间的数据互联。

四、实施效果

（一）共享运营效率提升

（1）基于员工、客户、供应商流程设计按事前、事中、事后的全流程精益管理，用户的服务体验也得到了大幅改善，具体如下。

① 通过互联网数据的实时共享，从事后专项抽查转变成数据实时共享（其中阳光透明费用占比 52%），2018 年费用的报销周期也从共享中心成立之初的 30 天缩短至 7 天，报销效率提高 328%。且在收入增长 3 倍以上基础上，财务共享服务中心整体人效提升 61%。

②　通过供应商的订单、对账、请款、核算的闭环管理，生产类供应商线上协同作业率达 100%，在供应商数量及金额增长 50% 的基础上，供应商对账作业环节的人力成本下降了 40%。

③　通过客户协同的"业财"融合，从业务源头进行筹划，让欧普照明与客户之间实现实时透明的交互体验。商业奖励考核维度也从单一的维度增长至多维考核，实现从线下到系统自动计算，效率提高了 100%。

④　通过税务系统查验增值税发票预警管理，从风险事后防范前置事前预警，整体发票量异常率下降至 0.88%。

（2）依托财务共享管理平台，内部管理效率和效用不断提高。财务核算的时效性和准确性得到了极大提升，98% 以上的会计凭证由经营活动进程驱动系统自动生成。

（3）企业内部流程提速，单体公司财务月度结账 24 小时内完成，季度结账 48 小时内完成，全球合并报表及相关报表附注结账后 2 个工作日内全部出具。

（二）推进业财一体化

欧普照明通过业财系统集成及 RPA 等技术手段，打破系统壁垒，实现数据的串联，将控制前置，使财务数据和业务系统融为一体，最大限度地实现数据共享。同时，从财务的角度积极推动前端业务流程的自动化、系统化，提升业务系统的数据质量，从而进一步提高业财一致性水平。

五、欧普照明财务共享的总结与展望

2019 年欧普照明财务共享中心进入全新的转型阶段，以前更侧重于业务协同及处理效率，但单纯的效率提升的边际收益已经很低，财务共享服务中心最终还是要回到服务层面来。

（一）基于数据的预警模型应用

电子发票及外部数据互联的全面推进，企业内部数据串联的应用，使得业务管理步入多维时代。财务的数据一旦加入人的加工和理解，就会变得不客观，所有的数据从源头抓取，打通全链条，把数据"打碎"了再"整合"，更加直观与客观。如果不打通底层数据，财务数据化转型是做不到真正的数据化转型的。通过多年的信息系统应用，欧普照明内部已经有了大量的数据基础，财务共享中心需要将这些底层数据全部打通、整合、再利用。业务行为网络分析等技术将帮助我们颠覆传统的财务管理思维方式及作业模式，结构化的数据与大数据的应用将给我们带来不一样的经营分析理念。在内控合规、财务风险管控等应用领域，将最大限度地发挥内部数据的价值。例如，在万物互联的时代，我们开始思考审核差旅费的意义是什么？花费多少会计人力成本去审核差旅，是否能节省企业差旅费用？员工会满意吗？为何不先制定差旅规则，引导员工正确行为，再进行信用体系管控。这样的差旅政策架构更加人性化，使财务节省审核时间，员工的满意度也可大幅度提高。同时从事后分析角度，针对员工差旅的财务舞弊，员工标准超标、地点不符等财务报销违规信息，再结合员工其他维度，如考勤、会议、业绩、区域等。通过业务行为网络分析等技术组合配置，构建更为复杂和丰富的预警模型。如基于员工舞弊的模型、基于业绩水平的模型、基于行为产出的模型等，将展开大量复杂场景下的敏感性分析，模拟还原与真实业务行为相仿的业务场景。财务人员可以验证业务部门资源投入的真实性，同时能够展开更为立体、多元的资源投入和业绩达成的相关性分析，从而使得财务有能力对业务行为进行评价，更有助于财务管理，真正实现数据价值的挖掘及管理增效。图 13-10 所示为员工行为预警事件。

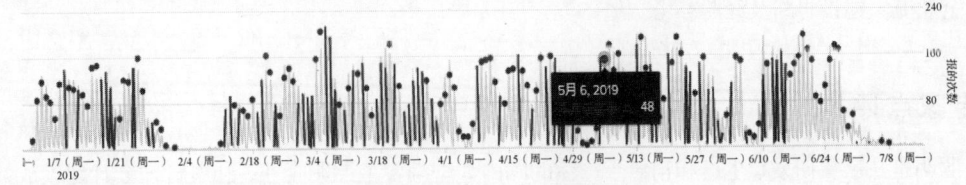

图 13-10　员工行为预警事件

（二）基于数据的智能审核应用

欧普照明通过业务驱动、业财一体的信息化建设，打破了信息化系统数据共享的边界，实现了各项业务数据的衔接，形成了事前、事中和事后多段信息的实时动态共享。高度的业务系统和财务系统的对接，以及财务共享服务中心管理模式的建立，极大提高了作业效率和服务支撑能力，也将影响财务共享的审核作业方式。原先的财务审核是在操作手册、政策等规则基础上进行专业化的作业，同时事后通过员工考核指标、质量检查等方式不断管理审核风险。但在实际执行中，当财务共享服务中心员工面临时效考核等外部压力时，降低审核严格度或忽视审核点的情况时有发生。智能化技术的发展，让基于结构化数据的智能审核应用成了可能。在这财务共享服务最擅长的领域中，欧普照明基于审核的规则，重新梳理还原业务审核逻辑，在原有审核作业标准化的基础上，进行颗粒化的任务分解。一方面，将大量颗粒化的标准规则智能化于系统中。员工报销时，系统能够对一些违规事件进行直接拦截。另一方面，在新技术的影响下，将单据审核节点细化成的各项颗粒化的审核作业任务，通过公司、部门、费用科目等维度与审核任务进行逻辑关联。会计审核作业时，系统根据逻辑关联自动跳出颗粒化的审核作业任务，将会计作业过程细化到最小颗粒。当审核作业任务为系统端对端串联的结构数据确认时，系统将会实现部分审核任务的智能化作业，如发票系统中全票面数据、OCR自动采集的结构化数据等。当然，目前还存在一定的技术瓶颈，外部环境中存在大量的非固定格式的纸质单据，企业无法通过端对端及OCR的技术手段来获取信息化结构的数据。企业还需要财务共享中心员工手工完成颗粒化审核作业任务。未来，随着技术瓶颈或管理手段的突破，审核也将从部分智能化逐渐实现全部智能化。

（三）智能财务的共享生态平台

财务共享是服务的中台，触角延伸到业务的各个层面。之前欧普照明没有门户（财务共享信息化中枢）的概念，而是切开不同的业务模块，主做业务段。但是从未来发展的角度来看，门户的存在还是需要的。门户是指将所有的业务数据，无论是从什么系统进来的，都先同步至共享平台，然后再进行服务结果传输，就像共享门户一样。因为端到端的效率是最高的、时间最快。欧普照明在现有的业务信息系统和财务信息系统的基础上，尝试将财务运营工作自动化、智能化、平台化，构建真正适应大数据时代的财务智能生态平台。

企业自评

为适应企业高速发展的精益管理要求，公司通过"业务驱动、业财一体"的管理理念，构建了以价值创造为出发点和归属点的财务管理组织结构，同时建立了以供应商、客户和内部客户（员工）三大服务对象为核心的财务共享服务体系。在业财融合的财务转型下，围绕企业内外价值活动将企业流程及财务组织由侧重交易处理向重视决策支持转变。同时，对信息的管理和利用能力成为财务的核心能力，将财务管理效率与财务管理的有效性相结合，并与业务紧密结合，使业财融合与价值创造成为最高管理机构的合作伙伴，促进业务的价值创造。

经过多年的实践摸索，财务共享服务中心的业财协同水平及作业处理效率大幅提高。同时通过预警场景的应用实践，为将来数据价值的挖掘及管理增效提供了宝贵的经验。在未来业财融合的管理创新上，欧普照明将持续加强新的信息技术的运用，进而实现价值数据的广度及深度延伸。可供正处于财务组织转型、信息化转型的企业提供建设思路及经验参考。

专家点评

欧普照明是一家集研发、生产和销售于一体的国内大型综合型照明企业，开展管理会计建设成效显著且有特色。通过建设"业务驱动、业财一体下的财务共享模式",将业务流程、管理流程、信息流程有机的融合,扩展财务共享中心的职能,进行业财深度融合,改善企业运营效率,提高企业管理水平和竞争力。本案例启示如下。

(1)扩展财务共享服务中心的职能。财务共享服务中心兼服务与管控双职能,服务职能表现为规范化、标准化交易业务集中作业和为内外部客户提供优质、高效的服务;管控职能表现为加强财务、业务风险防范。

(2)业财融合改善用户体验。员工、客户、供应商流程设计按事前、事中、事后的全流程精益管理,客户协同的"业财"融合,从业务源头进行筹划,让欧普照明与客户之间实现实时透明的交互体验,用户服务体验得到了大幅改善。

(3)通过业财系统集成及 RPA 等技术手段,打破系统壁垒,实现数据的串联,将控制前置,使财务数据和业务系统融为一体,最大限度地实现数据共享。同时,从财务的角度积极推动前端业务流程的自动化、系统化,提升业务系统的数据质量。

案例十四　价值创造型业财四融合管理会计实践

重庆玛格家居有限公司

【摘要】重庆玛格家居有限公司（以下简称"重庆玛格"）在转型和发展的过程中，为了满足客户多样的个性化需求、企业多层级的产品发展战略布局，及广东、天津子公司的现代化管理需要，十多年来一直致力于业财融合实践，运用现代管理会计手段与工具提高公司的管理效能和运营效率。重庆玛格通过推动财务共享中心建设、以数据资源为核心，引领财务转型，引进了企业管理解决方案（System Applications and Products，SAP）作为业财一体化的核心系统，将业务平台自动对接SAP，实现业财融合。重庆玛格基于价值链模型，从几个业务部门分别嵌入与之相对应的管理会计工具，将上述活动嵌入战略地图与平衡计分卡的管理会计工具中，实现价值创造。重庆玛格完善了管理会计报表体系，搭建完成合规性统一财务核算体系，形成三大会计报表和管理报表并行编报的报表体系，总体实现了业财融合信息化管理目标。

【关键词】业财融合；价值创造；家居行业

一、企业简介

重庆玛格成立于 2004 年，致力于为客户提供专业化的全屋定制家居解决方案与服务，是全国定制家居行业十大品牌之一。重庆玛格拥有经典欧美、现代简约和新中式三大产品家族，实木、覆膜（包覆、膜压）、板式三大材质体系，是国内综合型的现代整体家居一体化服务供应商。

重庆玛格秉承"专业专注，持之以恒，谦卑勤奋，开拓创新"的企业精神，以"成就客户价值，铸就团队幸福"为核心价值观，以"打造中国实木定制家居领导品牌"为企业愿景，致力为中国高端住宅用户提供专业化的全屋定制家居解决方案与服务。

重庆玛格在全国范围内已开设 800 余家连锁专卖店，营销网络布局全国绝大多数省市。重庆玛格目前在广东、重庆和天津建成三大智造基地，并引进德国先进智能化数控制造设备、技术工艺与管理体制，是国内定制家居行业设备先进、技术力量雄厚、厂区面积较大的现代化生产基地群之一。

重庆玛格以 C2B2C（消费者对商家对工厂）、工厂化、大规模、个性化柔性智造为主要运营服务模式，每年为全国各地数十万用户提供个性化的定制家居解决方案及服务。重庆玛格是我国较早进入家居定制行业的企业，持有重庆市著名商标，见证并推动着中国定制家居行业的发展。

秉承卓越创新理念，致力自主研发产品创新，重庆玛格产品研发设计中心已拥有由 150 多人组成的独立研发及设计团队，持续为全国加盟商提供符合市场需求且有竞争力的产品，重庆玛格软件及信息化系统同步升级，极大提高了重庆玛格在行业内的核心竞争力。目前，重庆玛格已获得国家专利 252 项，知识产权 280 项，在产品的创新、提高维护自主知识产权方面获得了较好的成绩。

作者：张智、任芸、黄娟、王朝霞
案例指导与点评专家：王伟（首都经济贸易大学）

二、重庆玛格实施管理会计的背景

（一）财务职能转向价值创造

目前，我国正处于从高增长转向"稳增长，调结构"新常态的经济转型重要时期。新的经济增长模式对企业财务管理的角色及职能提出了新的需求。

随着市场化改革的不断深入，财务管理在空间、时间和效率上都发生了变化，这对财务信息的及时性、准确性和有效性提出了更高的要求，财务转型已迫在眉睫。财务转型，从根本上来说是两方面的转变：一是财务部门须提供更及时有用的信息；二是财务工作从脱离业务的事后会计核算转变为直接走到业务前端参与企业经营。财务人员从对外信息披露者转变为内部经营管理者，而这两方面能否有效实现，取决于管理会计体系和信息系统的建设和应用。

在这种环境下，重庆玛格大力推动管理会计信息化，将管理会计与财务共享中心紧密结合，以提高企业管理会计的工作效率。

（二）财务工作转向业财融合

在财务转型的需求基础之上，企业对于财务部门的要求不是停留在部门内，而是要求财务人员深入业务，实施管理会计。业财融合是财务向业务环节纵深延伸的一种方式，通过信息化，财务工作的内涵得到拓宽。财务转型要求财务人员要更懂业务，能将财务管理与整个业务流程紧密地衔接，实现端到端的管理，真正实现财务向业务全过程渗透，使财务变为管理优化的推动者、资金与风险的管控者、资源调配的运营者，为企业的经营决策提供有力支撑。

具体来讲，业财融合是将财务体系与整个业务流程紧密地结合起来，将企业的管控工作植入业务过程，使企业的管控需求落实到业务层面，落到实处。财务部门应向业务部门提供财务服务，让业务部门及时了解销售产品的盈利情况，协助销售人员清楚地计算出每一份订单的成本和利润，真正成为前端业务的合作伙伴。

（三）信息技术发展助力企业财务转型

由于互联网革命和财务信息化，管理会计的技术和方法不断革新，财务共享中心应运而生。财务共享中心通过将会计基础核算等低附加值的作业集中处理，释放财务管理人员的精力，将财务工作的重点转移到计划、预测、决策、控制、分析等方面。在财务共享中心的服务基础之下，企业财务部门可以着重关注高附加值的作业，充分发挥财务在决策支撑、资源保障、价值创造、风险内控防范等方面的作用，引领企业资源配置，带动企业管理变革，进而为创造企业价值服务。

（四）定制家居行业发展的现实需求

我国定制家居行业的迅速发展与互联网经济、人民日益增长的购买力水平密切相关，近年来我国城镇化工业化也带动着定制家居行业的发展。"营改增"政策全面推进，"二孩"政策普遍放开产生的协同效应也成为定制家居业发展的助力器。结合市场分析预测，定制家居行业内部的竞争与日俱增，如何升级完善企业横纵向价值链、密切与消费者的关系，制定行业标准并提高市场准入门槛、寻求长期稳定发展，仍是定制家居企业面临的重大问题。新的市场环境对企业财务管理的需求也发生了转变。

与传统的家居生产商不同的是，定制家居企业实现了线上接单线下生产的模式，将企业的生产与消费者紧密联系起来，实现供求平衡。同时定制家居企业线上线下生产销售模式需要不断升级扩充，对技术和管理都提出了更高的要求。定制家居企业内部的管理与生产技术要求不断改进，外部原材料价格持续上升，企业"扎堆"于广州，竞争激烈。为了有效提高家居行业管理水平，增强核心竞争力，促进企业在行业中的可持续发展，家居行业推广应用管理会计正合时宜。

三、重庆玛格的业财融合之路

（一）财务组织构架

为了实现业财融合，重庆玛格首先对财务部门的组织架构进行了调整，重庆玛格财务构架如图14-1所示。重庆玛格财务部主要由销售结算管理部、重庆财务部、天津财务部以及广东财务部四部分组成。销售结算管理部下设资金管理室和销售结算管理室（负责销售管理会计）。各地财务分部又划分为总账管理会计、成本管理会计以及应付管理会计，基本实现了"全员管理会计"的布局。

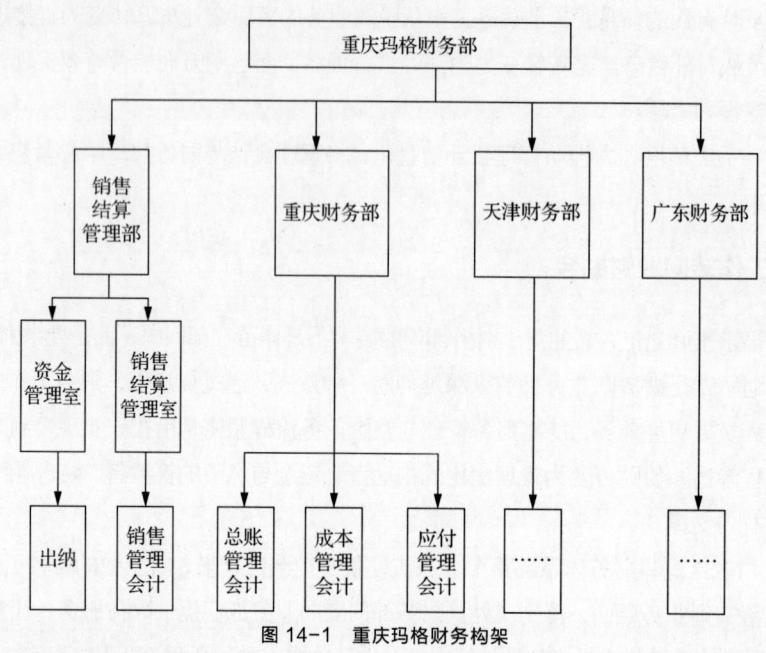

图 14-1　重庆玛格财务构架

（二）业财四融合整体思路

管理会计信息是管理会计的全部意义所在，通过对财务、业务信息的全面采集、分析、沟通及再应用可以维持和创造价值。重庆玛格业务与财务的融合实践，简而言之，就是依托信息化技术工具，实现财务与业务"四融合"。

1. 业财信息的融合

重庆玛格以集团数据信息统一入口为原则，通过加强作业管理和灵活的资源配置手段，实现业财信息的融合。重庆玛格遵循先易后难、循序渐进的原则，以单一系统实现业务财务的初阶融合为起点，逐步扩展至多系统。通过信息技术（Information Technology，IT）信息规划顶层设计，围绕SAP核心系统，梳理公司经营业务线条及流程，进行业务流程融合，孕育基于业务和作业驱动财务—体化信息建设的惯性思维。业财—体化的管理会计思维与公司战略目标实现高度统一。

2. 业财流程的融合

重庆玛格以信息化为载体，借助IT，革新业务和财务流程，破除各自为政、信息相互孤立的现状。通过重构业务流程，明晰关键控制点，映射对应财务节点，实现业财流程的融合。通过业务、财务流程融合重塑，发挥过程控制的牵引功能，使二者在各种领域向管理的深度和广度挖掘潜力。

3. 业财资源的融合

重庆玛格以多年来形成的数据信息资源，借力"互联网+"思维，实现业财资源的有机融合。重庆玛格在坚持以"业务驱动"为基本指导思想，结合信息化系统建设的同时，运用互联网技术整合业务系统和财务系统，打造"IT+财务协同"的模式。这种模式推动了业财深度融合及落地，实现了数据规范、高效采集、自动处理和智能输出的数据处理流程以及随时随地、多种终端进行业务提交、财务处理、数据查询和决策分析等财务功能。

精准有效的业财融合的数据资源，为企业各层级管理者决策和企业外部供应商决策提供了决策支持信息。这种打通了内部和外部，融合了业务和财务的数据资源，通过直接或间接的方式为企业创造价值。

4. 业财管控的融合

重庆玛格以责任会计体系为核心，优化管控模式，进行业财内控循环驱动，实现业财管控的融合。财务深入业务活动一线，通过利润、资金等价值创造维度，改变业务活动逻辑，产生内部高效率运营。业财管控的融合为公司创造价值，为公司实现可持续发展奠定了基础。

重庆玛格秉承构建"业务驱动价值管理"集团化管理会计体系的原则，不断推进业财融合管理会计模式下责任会计系统的创新。管理会计中的责任会计是反映和控制权、责、利、效相统一的内部单位，而公司治理本身就是一种权责利统一的制度安排。因此，重庆玛格在推进管理会计信息化的实践中，上至股东、董事会和管理层，下至子公司和具体部门齐心发力，实现"全员管理会计"。

传统责任中心只单纯划分成本中心和利润中心，这对重庆玛格大规格集团企业要适用多层级、多维度的绩效管理和考核难以适用。因此重庆玛格业财融合模式下的管理会计实践放弃了这种传统责任中心的划分方式，将管理会计融入公司治理，根据可控原则重新设计各责任中心，明确责任归属，建立能够满足各中心责任归属需求的创新管理会计体系，实现权利配置和公司治理统一。创新管理会计体系应用实现的目标是在管理的效率实现"质"的飞跃的同时实现管理成本"量"的降低，为企业创造价值的同时实现了管理水平的现代化提高。

四、管理会计工具运用情况

根据公司业财融合实践的需要，重庆玛格采用了一系列行之有效的管理会计工具，助力公司战略落地、业务高效率运行和价值可持续创造。

（一）战略地图和平衡计分卡

为了加强组织的战略绩效管理，重庆玛格引入战略地图、平衡计分卡和经营会计报表作为重要的管理体系和工具。

1. 分级制定战略地图和平衡计分卡

公司级战略地图、平衡计分卡由战略委员会负责制定并发布。战略委员会先行制定公司未来五年的战略规划、战略地图及平衡计分卡，再据此制定当年的战略地图与平衡计分卡。图14-2所示为重庆玛格战略规划。

图 14-2 重庆玛格战略规划

各部门根据公司五年战略规划、战略地图及平衡计分卡，制定部门级五年战略地图及平衡计分卡，并据此制定部门当年的战略地图及平衡计分卡。

2. 战略地图和平衡计分卡的作用

重庆玛格通过利用战略地图及平衡计分卡，发挥了以下作用。（1）公司高层能借此评估、跟踪战略执行情况，并在此基础上对现有战略做出决策。（2）战略地图和平衡计分卡是公司沟通战略的工具，能帮助公司及时发现执行中出现的问题并加以改进。（3）部门、个人绩效结果可用于员工激励，是派发奖金的依据，重庆玛格绩效考核比重指标和2019年重庆玛格家居绩效考核表-生产管理系统如图14-3和图14-4所示。（4）战略地图和平衡计分卡成为公司战略管理核心平台，公司借此可以将战略执行提升作为公司的核心竞争力。

2019年重庆玛格绩效考核比重指标								
维度	考核比率	供应链管理系统	生产制造系统	研发与设计系统	营销系统	人力与行政系统	财务管理系统	信息管理中心
财务维度	权益净利率						10.00%	
	存货周转率	15.00%						
	存货占产值比	20.00%						
	销售净利率				20.00%			
	研发成本控制率			15.00%				
	新品销售贡献率			15.00%				
	资产负债率						5.00%	
	投资报酬率						15.00%	
	利息保障倍数						10.00%	
	费用预算执行率	15.00%	15.00%	10.00%	10.00%	15.00%	15.00%	15.00%
客户维度	客户获得率				15.00%			
	客户满意度	10.00%	10.00%	15.00%	15.00%	10.00%	10.00%	10.00%
内部业务流程维度	产品合格率		20.00%					
	产品准时交付达成率	10.00%	20.00%					
	采购成本降低率	15.00%						
	销售目标达成率				30.00%			
	新品销售贡献率							
	项目完成率			15.00%			15.00%	35.00%
	生产费用率		15.00%					
	招聘达成率					20.00%		
	人事费用率					15.00%		
学习与成长维度	员工培训费用	10.00%	10.00%	10.00%	10.00%	15.00%	10.00%	20.00%
	信息系统能力	5.00%					10.00%	10.00%
	员工满意度		5.00%			15.00%		10.00%
	工作环境指数		5.00%			10.00%		
	新产品开发周期			20.00%				
合计		100.00%	100.00%	100.00%	100.00%	100.00%	100.00%	100.00%

图14-3 重庆玛格绩效考核比重指标

3. 经营会计报表

将经营会计报表结合公司战略目标，能够及时了解企业经营状况，帮助管理者做出适当决策，其目标是提高企业收益性、完成年度预算计划和长期战略目标。经营会计报表的本质原则是指导经营，不在于理论的专业性，而在于理念的先进性和实用性。公司使用经营会计报表不需要掌握专业的财务管理知识，而是由各核算单位的经营负责人根据年度预算制订年度计划、工作措施，组织经营，事前给予指导，事中给予绩效管理，事后给予绩效分析和评价。

2019 年重庆玛格家居绩效考核表-生产管理系统

维度	考核指标	计算公式	权重	实际达成值
顾客维度	费用预算执行率	1. 费用控制率（即实际达成值）=实际使用费用金额÷计划费用金额（季度费用预算额×销售目标达成率）×100%； 2. 实际达成值≥100%，本项奖金 0	15.00%	
	经销商满意度	1. 经销商按月对产品交付时间及交付产品质量进行满意度评价； 2. 实际达成值<70 分，本项奖金 0； 3. 实际达成值≥70 分，本项奖金=奖金基数×（实际达成值÷目标值）	10.00%	
内部业务流程维度	产品合格率	1. 生产抽检合格率=总抽检订单合格数÷总抽检订单数×100%； 2. 达成值÷门槛值<90%，奖金=0； 3. 达成值÷门槛值≥90%，奖金=奖金基数×（达成值÷门槛值）	20.00%	
	生产费用率	1. 生产费用率=实际生产制造成本÷实际生产产值×100%； 2. 实际达成值≥100%，本项奖金 0	15.00%	
	产品准时交付达成率	1. 订单按时完成率=总按期完成订单数÷总生产订单数×100%； 2. 达成值÷门槛值<90%，奖金=0； 3. 达成值÷门槛值≥90%，奖金=奖金基数×（达成值÷门槛值）； 4. 如某季度该项指标达成值≥99.95%时，则该季度门槛、目标、挑战奖金全部发放； 5. 如该项指标年终核算≥99.95%时，则该项指标奖金拉通核算，如有差异则在 2020 年初工资内补差	20.00%	
学习与成长维度	员工培训费用率	1. 员工培训费用占产值比=每季度员工培训费÷每季度实际生产产值； 2. 门槛值÷达成值<90%，奖金=0； 3. 门槛值÷达成值≥90%，奖金=奖金基数×（门槛值÷达成值）	10.00%	
	员工满意度	1. 员工按季对工资薪酬及绩效福利等进行满意度评价； 2. 实际达成值<70 分，本项奖金 0； 3. 实际达成值≥70 分，本项奖金=奖金基数×（实际达成值÷目标值）	5.00%	
	工作环境指数	1. 员工按季对公司工作环境进行满意度评价； 2. 实际达成值<70 分，本项奖金 0； 3. 实际达成值≥70 分，本项奖金=奖金基数×（实际达成值÷目标值）	5.00%	
合计			100.00%	

图 14-4　重庆玛格绩效考核表

重庆玛格通过该机制引导生产环节经营会计报表，引导各生产线和销售部门由被动的成本费用管理向主动经营转型；根据精益管理思想，挖掘成本和费用管理价值，以提升成本费用竞争优势；引导销售、供应链部门由关注费用拨付转型到关注利润达成，有效支撑公司战略目标达成。

（二）全面预算管理

重庆玛格于 2016 年引入全面预算管理，经过三年的实践，至今已经形成良好的精细化预算管控体系。通过预算管理系统，实现了业务预算的编制、执行与预算管控的协同，增强了公司对各层级部门的精细化预算管理，使得公司战略地图、平衡计分卡能够在各个层级落地执行。

1. 业财预算的协同

重庆玛格的预算编制秉承"自下而上，自上而下、上下结合"的理念。每年 10 月中旬，各业务部门根据董事会审定的年度策略模板拟定新一年的经营策略，并上报归口部门审核。归口部门审核通过后，形成业务资金预算，报送财务部门进行综合平衡。财务部门根据平衡状况，与业务部门对业务预算进行沟通与调整，确定后上报董事会预算管理委员会，通过后报公司审批。审批后，公司将经营目标按制定的规则分解至各业务部门。各部门据此调整业务预算，调整后的业务预算经公司批准后严格执行。

从上述业务财务编制到执行的整个过程中，财务部门派驻销售部的财务预算专员需要在技术上积极支持销售部开展业务预算，使业务和财务在预算前端就实现融合。这种预算编制方法有助于提高业务预算的科学性、及时性和准确性，有利于促进业财预算的协同。全面预算指标分析表如图 14-5 所示。

一级部门	部门	部门	年全面预算情况	2019 年玛格公司 6 月份全面预算指标分析表						备注
				6 月全面预算情况			1-6 月累计预算情况			
				6 月预算额	6 月实际额	预算差额	累计预算额	累计实际额	预算差额	
营销系统	销售中心	销售中心	年销售目标							
		全屋配套商品部	年销售目标							
		销售中心	部门费用金额							
		销售中心	政策返利金额							
		销售中心	税后费用率							
	招商中心	招商中心	招商目标数（个）							
		招商中心	部门费用金额							
		招商中心	税后费用率							
	商学院	商学院	部门费用金额							
		商学院	税后费用率							
	品牌管理中心	品牌管理中心	部门费用金额							
		品牌管理中心	税后费用率							
	新零售中心	新零售中心	部门费用金额							
		新零售中心	税后费用率							
	客服中心	客户管理中心	部门费用金额							
		客户管理中心	税后费用率							
		订单管理中心	部门费用金额							
		订单管理中心	税后费用率							
	建店中心	建店中心	部门费用金额							
		建店中心	税后费用率							
	研发设计与技术系统	产品研发中心	部门费用金额							
		产品研发中心	税后费用率							
		产品设计中心	部门费用金额							
		产品设计中心	税后费用率							
		工艺技术中心	部门费用金额							
		工艺技术中心	税后费用率							
	重庆界石工厂	重庆界石工厂	生产产值							
		重庆界石工厂—材料	材料成本金额							
		重庆界石工厂—人工	人工成本金额							
		重庆界石工厂—制造	部门费用金额							
		重庆界石工厂—管理	部门费用金额							
		重庆界石工厂	成本费用率							
		广东大塘工厂	生产产值							
		广东大塘工厂—材料	材料成本金额							

图 14-5　全面预算指标分析表

2. 精细化预算管控的协同

业务预算获批后录入预算管控系统，业务的发生需受到预算管控系统的监控。高度的信息化方案，使得所有业务的数据经由协同管理平台、SAP 系统完成集成，并能够自动输出预算执行报告，精细化全面预算控制如图 14-6 所示。深入的分析报告由专业的财务人员根据高度集成数据分析完成，实现对业务预算的综合评价。由于数据采集的智能化，财务人员能够将预算管控至所需的最小颗粒度，实现对多层级、多维度的预算分析，达到考核最小颗粒度的目的。例如，能够考核业务部门三级组织的预算执行情况，甚至能够直接将预算落至单个销售人员身上，实现对个体销售人员的综合价值评估。

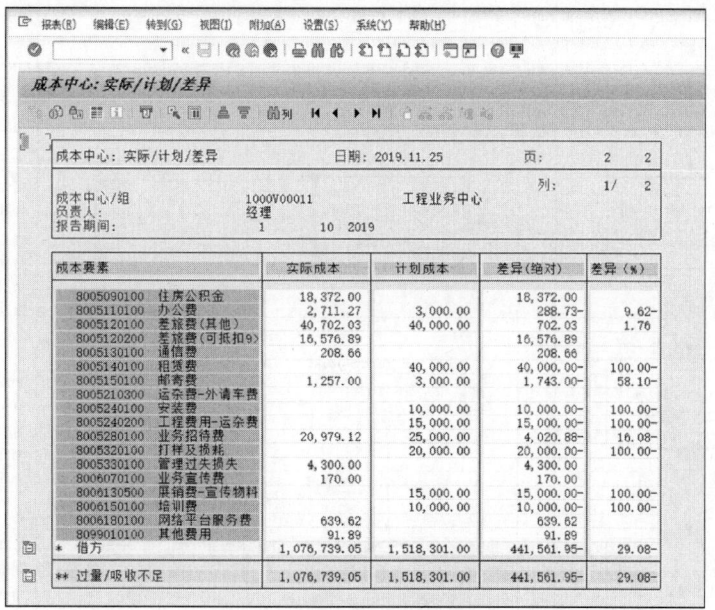

图 14-6　精细化全面预算控制

（三）标准成本管理

重庆玛格的成本管理主要依托 SAP，SAP 的产品成本管理主要包括三个部分：产品标准成本估算（制定作业费率和标准成本）、产品成本控制（基于生产订单的成本核算，包含在成本月结流程中）和实际成本/物料分类账（基于物料的实际成本核算，包含在成本月结流程中）。

1. 产品标准成本估算

重庆玛格运用标准成本进行成本控制，把成本的事前计划、日常控制和最终产品成本的确定有机地结合起来，以加强成本管理，全面提高效益，重庆玛格标准成本估算原理和产品标准成本计划流程如图 14-7 和图 14-8 所示。

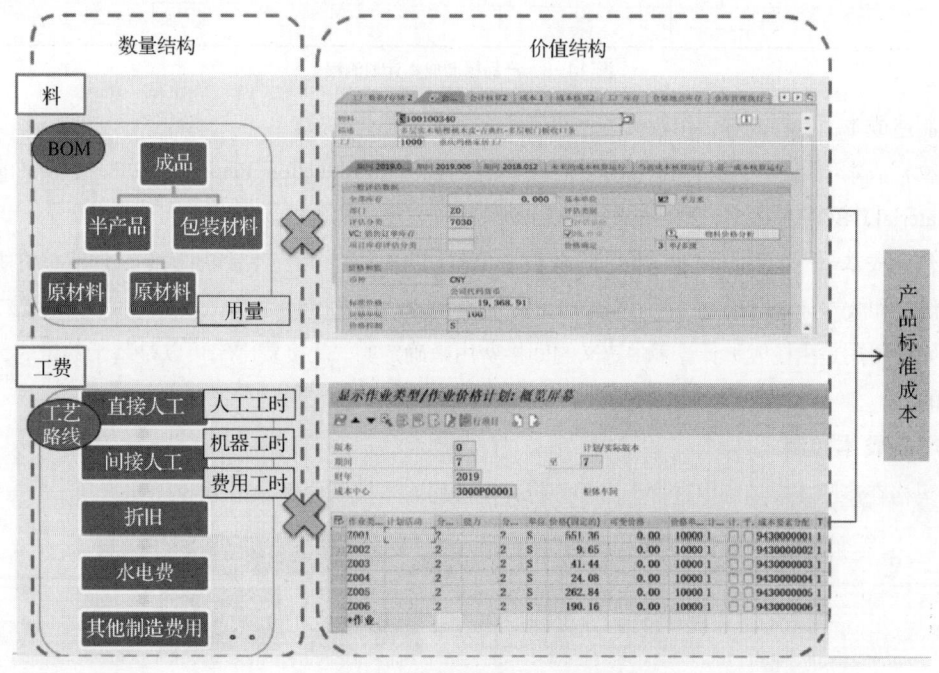

图 14-7　重庆玛格标准成本估算原理

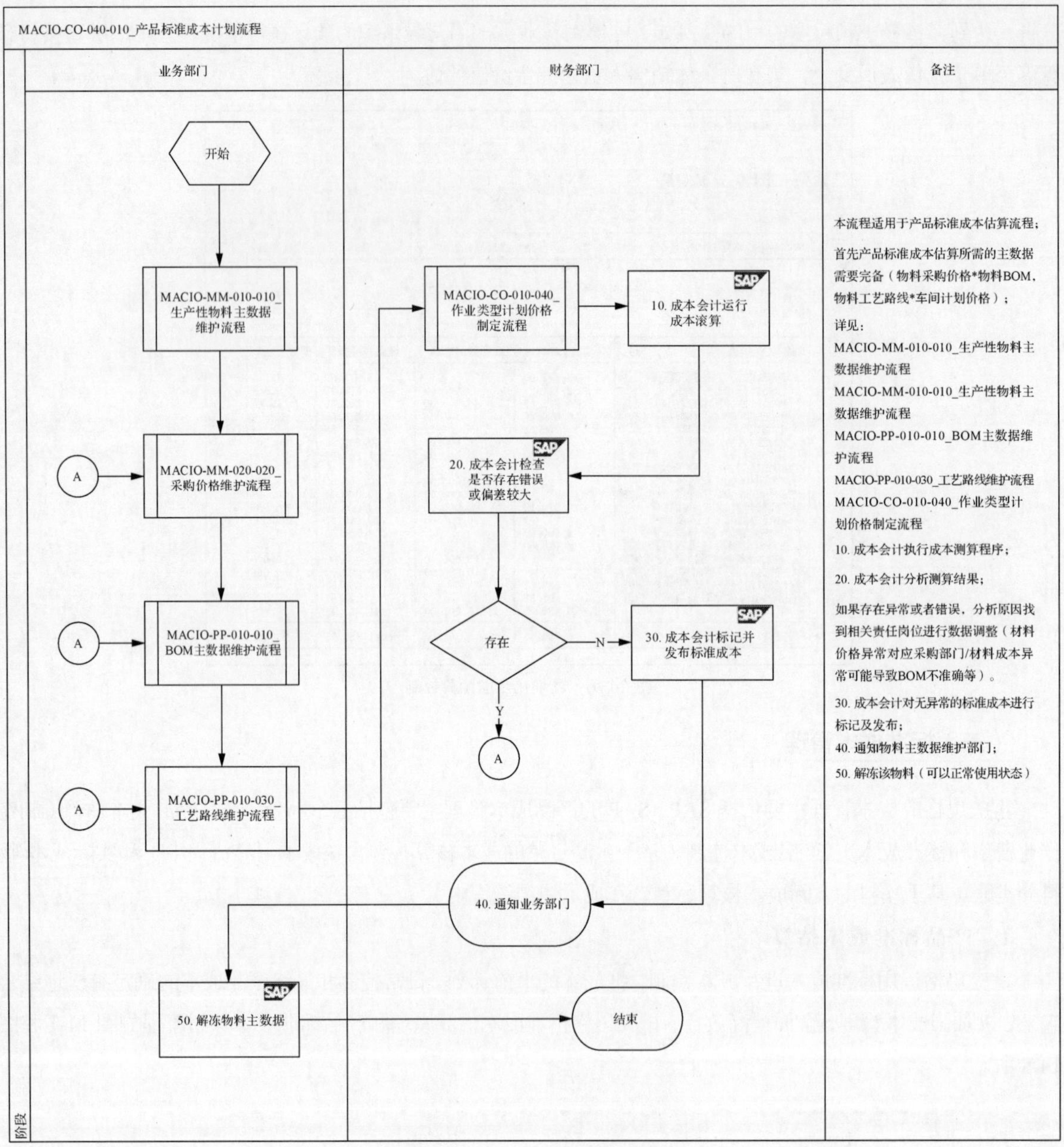

MACIO-CO-040-010_产品标准成本计划流程
业务部门
财务部门
备注
开始
MACIO-MM-010-010_
生产性物料主数据
维护流程
MACIO-CO-010-040_
作业类型计划价格
制定流程
SAP
10. 成本会计运行
成本滚算
A
MACIO-MM-020-020_
采购价格维护流程
SAP
20. 成本会计检查
是否存在错误
或偏差较大
A
MACIO-PP-010-010_
BOM主数据维护流程
存在
N
Y
SAP
30. 成本会计标记并
发布标准成本
A
A
MACIO-PP-010-030_
工艺路线维护流程
40. 通知业务部门
SAP
50. 解冻物料主数据
结束
阶段
本流程适用于产品标准成本估算流程；
首先产品标准成本估算所需的主数据需要完备（物料采购价格*物料BOM，物料工艺路线*车间计划价格）；
详见：
MACIO-MM-010-010_生产性物料主数据维护流程
MACIO-MM-010-010_生产性物料主数据维护流程
MACIO-PP-010-010_BOM主数据维护流程
MACIO-PP-010-030_工艺路线维护流程
MACIO-CO-010-040_作业类型计划价格制定流程
10. 成本会计执行成本测算程序；
20. 成本会计分析测算结果；
如果存在异常或者错误，分析原因找到相关责任岗位进行数据调整（材料价格异常对应采购部门/材料成本异常可能导致BOM不准确等）。
30. 成本会计对无异常的标准成本进行标记及发布；
40. 通知物料主数据维护部门；
50. 解冻该物料（可以正常使用状态）

图 14-8　产品标准成本计划流程

产品制造成本由物料成本、作业成本、间接费用成本三部分构成。

（1）物料成本=数量×物料价格。数量由在生产计划模块（Production Planning，PP）上定义的物料清单（Bill of Material，BOM）确定，物料的单价取自物料库主数据中的价格。

（2）作业成本=作业数量×作业单价。作业数量由在 PP 中定义的工艺路线所确定。作业单价由成本中心会计中的作业和成本计划所确定，并可以区分固定成本和变动成本。

（3）间接费用是由在成本计算表中定义的间接费用来确定的。间接费用率可以是基于数量的，也可以是基于金额的。

2．产品成本控制

重庆玛格在产品成本控制中进行全流程分析，全过程成本控制分析如图 14-9 所示。

成本管理：基于供应链业务过程标准成本核算体系
标准成本
1
实际成本
2
差异分析
及成本还原
3
盈利分析
4

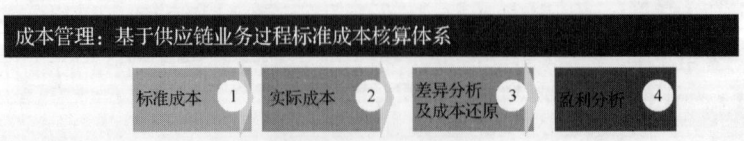

图 14-9　全过程成本控制分析

（1）基于标准 BOM、工艺路线，按照确定的材料价格以及作业费率确定产品目标成本，作为公司成本预算、控制和考核的目标。

（2）对生产订单所消耗的实际材料、制造费用成本进行归集。在生产耗用过程中进行实时的成本监控，及时发现问题，控制成本。

（3）对标准成本与实际成本进行差异分析，倒推生产过程的节约与浪费。对存货流转以及生产环节的差异进行自动还原，让成本核算更加符合实际。

（4）对订单按照多维度（产品系列、产品类型、客户、区域等）进行包括收入和成本的盈利数据分析，为决策层提供有力的数据支撑。

（5）通过维护物料、工艺路线及价格等基础数据批量估算出产品的标准成本，按时分析标准成本的波动和差异。重庆玛格成本管理系统以供应链为成本管理对象，涵盖企业各个业务流程，进一步优化了业务财务流程。形成了"事前控制、事中控制、事后分析"的全过程闭环管理体系。

3. 实际成本/物料分类账

产品成本管理系统提前按库滚算标准成本，一般用于备库的自制产品，如小样、半成品，先滚算再发布，标准成本管理流程如图 14-10 所示。重庆玛格目前的物料 BOM 由造易平台传输到 SAP，工时由工艺技术部收集并录入系统。在 SAP 中建立完整、统一的 BOM，制定和输出以结果为导向的 BOM 标准，支持标准成本核算，有助于加强成本管理，使成本管理更加精细化，提高经营效益。

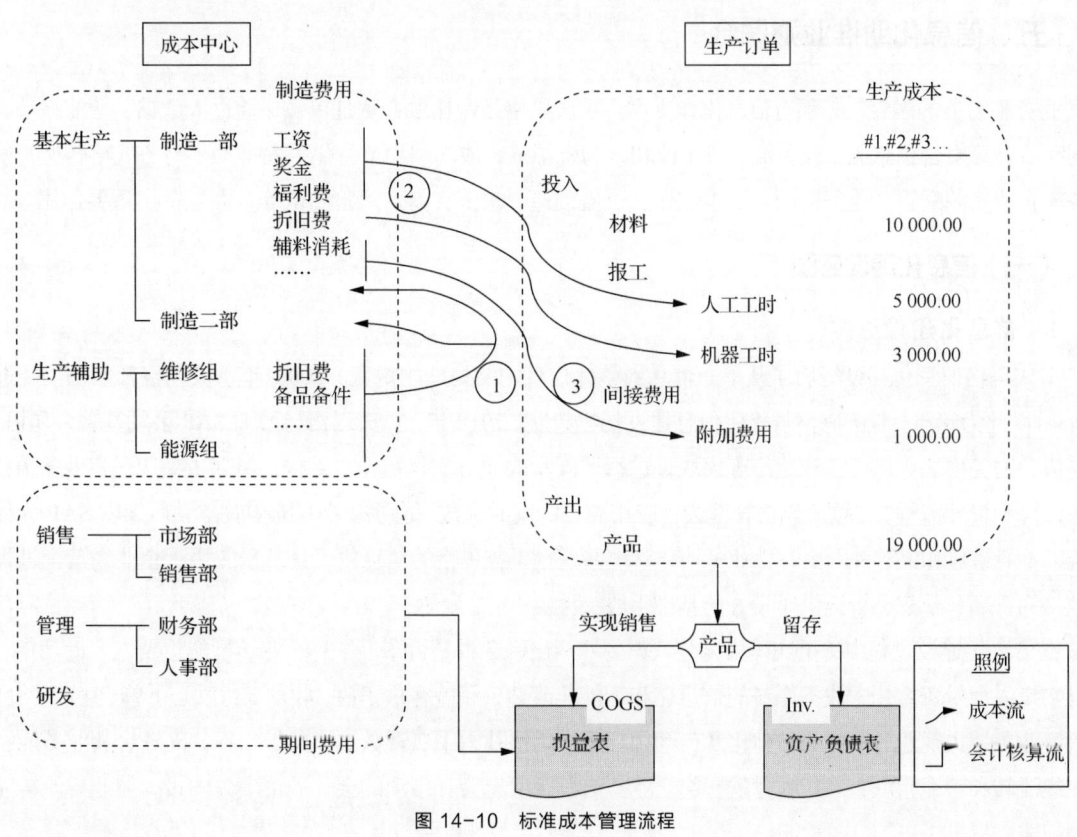

图 14-10　标准成本管理流程

4. 差异分析

作业价格重估。所有当期存在发生额且当期存在报工数量的生产订单均需要在系统中先完成作业价格重估，该部分操作的目的是按成本要素与作业类型的匹配关系，将当期生产性成本中心的余额分摊到每一张当期有发生额的生产订单中，实现生产订单对剩余生产成本的吸收。

在制品结算。成本会计对于当期未完工但存在当期发生额的生产订单手工批量进行在制品计算，将在制品资本化，以体现在资产负债表的存货报表项中。

差异结算。成本会计对于当期完工（完全收货或技术性关闭）的生产订单手工批量进行差异计算，将完工订单余额结转至"生产订单差异"科目，差异分析图如图 14-11 所示。

订单	1001393265 00000000003100049832
订单类型	ZP01 柜体生产订单
工厂	1000 重庆玛格家居工厂
材料	3100049832 E0-18-颗粒板-现代胡桃
计划数量	0.200 M2 平方米
实际数量	0.200 M2 平方米

业务交易	原始	原始（文本）	全部计划成本	总的实际成本	计划/实际差异	P/
发货	1000/1100000098	材料-E0-18-颗粒板-现代胡桃	1.77	1.84	0.07	
	1000/1100001038	现代胡桃-PVC封边条-21*1	1.49	0.00	1.49-	
	1000/1100000861	包装纸-三层-2800*1440	0.19	0.00	0.19-	
发货			3.45	1.84	1.61-	
确认	1000P00001/Z001	柜体车间 / 直接人工	1.64	1.58	0.06-	
	1000P00001/Z002	柜体车间 / 间接人工	0.03	0.04	0.01	
	1000P00001/Z003	柜体车间 / 折旧	0.22	0.24	0.02	
	1000P00001/Z004	柜体车间 / 水电	0.12	0.13	0.01	
	1000P00001/Z005	柜体车间 / 其他材料消耗	1.54	1.41	0.13-	
	1000P00001/Z006	柜体车间 / 其他制造费用	0.81	0.73	0.08-	
确认			4.36	4.13	0.23-	
收货	1000/3100049832	E0-18-颗粒板-现代胡桃	7.20-	7.20-	0.00	
收货			7.20-	7.20-	0.00	
结算		（无源）	0.00	1.23	1.23	
结算			0.00	1.23	1.23	
			0.61	0.00	0.61-	

图 14-11　差异分析图

五、信息化助推业财融合

业务和财务的融合，必须有信息化作支撑。重庆玛格是两化融合认证单位，通过大数据、智能终端、互联网和云计算整合信息流、业务流、资金流和人力资源流，成功利用信息化手段推动了财务战略转型，使得财务在企业资源配置、业务协同、资本运作、价值创造、决策支持、风险防范等方面发挥了重要作用。

（一）信息化建设蓝图

1. 信息化建设历程

重庆玛格信息化建设经历了从单一信息到整体信息网络处理的蜕变。2006 年重庆玛格开始使用"造易平台"，以此为起点，重庆玛格规格化信息建设扬帆起航。2018 年，重庆玛格与德国 SAP 公司签署合作协议，从销售、财务模块、供应链和生产等模块，进行了同步的业务流程梳理、重构，植入了重庆玛格业务流程、财务核算和管理流程，在重庆玛格管理会计应用启蒙的同时完成了业务财务的最初融合。后续以 SAP 为核心系统，不断搭建和完善外围交互性业务协作管理系统。重庆玛格的信息化工具几乎应用于企业经营全过程全领域，为管理和信息整合提供了良好的基础手段支撑。

在信息化建设过程中，重庆玛格充分认识到"两化融合看是否拿证"对企业转型的重要性。近几年，重庆玛格投入大量资金用于业务系统的信息化和智能化改造，涵盖客户销售、收款、付款、下单、生产、仓储、物流等业务，实现业务系统的一体化及自动化。重庆玛格致力于实现数据不落地目标，其资金和业务能够实现在线流转和银企直联，一切收付款皆起于业务流程，所有会计事项的会计凭证事先内设，随业务流转完成自动记账。

2. 信息化建设历程

重庆玛格从 2006 年开始着手进行信息化建设，先后实施了具有家居行业特性的 3D 设计、拆单解料、E平台订单管理系统、MES 生产执行等系统，并于 2018 年实施 SAPS/4 HANA 项目，实现了财务与业务的一体化。重庆玛格信息化总体蓝图如图 14-12 所示，在重庆玛格信息化的实施总体蓝图中，其共建有 4 大体系9 大平台，实施全面的信息化管控。目前已经搭建好 4 大平台，其余平台正在陆续建设过程中。4 大体系包括经营管控、资源管理、专业管理和技术支撑。9 大平台包括：（1）个性化设计展示及料单平台（VR 展示、拆单/解料/出图、CR 开料优化）；（2）ERP 平台（企业资源管理 ERP、工程管理）；（3）客户和营销协同平台（客户关系系统 CRM）；（4）供应商协同平台（供应商关系系统 SRM）；（5）制造管理平台（MES 制造系统、WMS 系统、TMS 系统、APS 系统）；（6）研发平台（研发设计系统）；（7）集中管控平台（全面预算管理系统、资金管理系统、费用控制系统、人力资源系统 HR）；（8）业务分析平台（合并报表系统、商务智能 BI 系统）；（9）公共支撑平台（企业服务总线 ESB、集成身份认证 LDAP、OA/钉钉对接）。

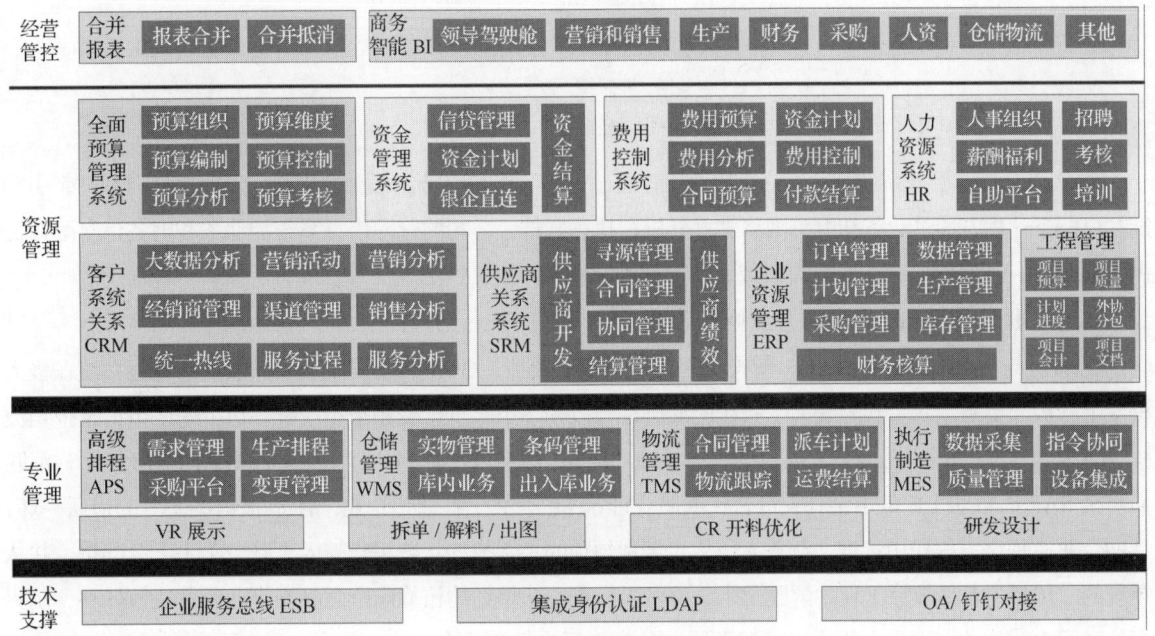

图 14-12　重庆玛格信息化总体蓝图

（二）信息化助力业财四融合

2006 年之前，重庆玛格及其子公司信息系统相对简单，不完善的系统之间是独立割裂存在的，关联性不强。业务与财务之间靠纸质单据传递、人工处理建立联系，这种模式适用于业务简单、业务量小的企业，无法很好地匹配重庆玛格快速增长的业务需求，以及财务管理升级的要求。因此，重庆玛格通过玛格 E 平台和民生银行分销易打通经销商信用授权，从而实现经销商自助下单，实现订单流程自动化。通过"汇联易"费用平台的建设并与 SAP 的融合，建立了重庆玛格总公司、子公司及全国三大智造基地的员工报销自助化、财务凭证智能化、银行支付自动化的财务共享服务中心。

1. E 平台和分销易对接助力业财流程融合

玛格 E 平台和民生银行分销易系统对接，实现经销商多途径充值操作，实时同步到账，免除了烦琐的回单邮件等相关人工环节操作，高效快捷，经销商信用授权流程和经销商自动下单流程如图 14-13 和图 14-14 所示。并通过 SAP 与玛格 E 平台对接自动生成对应账务凭证，实现业务数据自动化和标准化，加快了业务和财务的融合进程，确保了前端数据的准确性，使账务核算、报表生成实现较高程度的自动化。

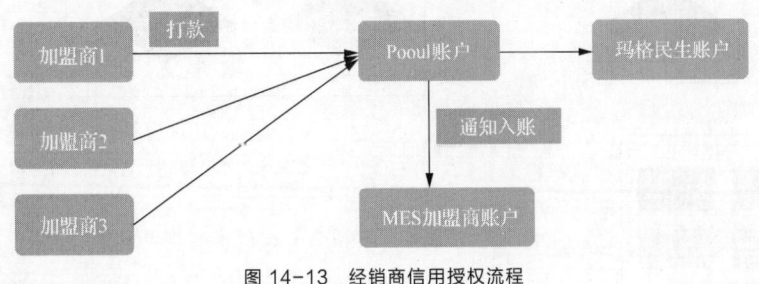

图 14-13　经销商信用授权流程

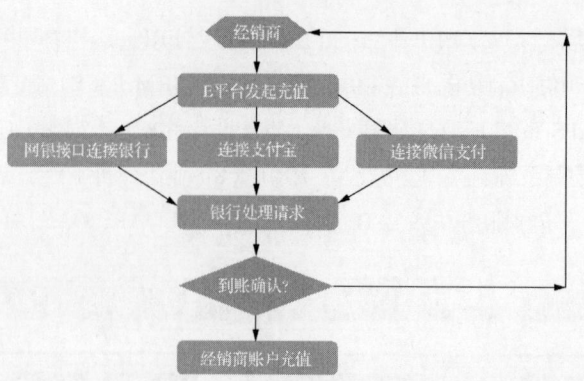

图 14-14　经销商自动下单流程

SAP 产品成本管理系统，运用信息化手段，通过业务流程和财务流程融合重塑，发挥过程控制的牵引功能。目标下达后，通过业务和财务网络进行分析和执行监控，公司的管理信息系统为业务和财务信息融合提供数据支持，从而使二者在各自的领域延伸管理的深度和广度。

2. 汇联易和 SAP 对接助力业财信息融合

汇联易与玛格 SAP 平台对接，使得员工日常报销更便捷，OCR 自动发票识别以及自动查验系统在极大程度上释放了财务人员，同时提高了报账的准确性与效率，员工日常费用报销流程、员工差旅申请及报销流程、OCR 发票自动识别功能和发票自动税务校验功能如图 14-15、图 14-16、图 14-17 和图 14-18 所示。汇联易对接 SAP 后自动生成电子会计凭证替代纸质凭证，真正意义上打通了企业"消费-报销-记账"的最后一环，帮助企业实现全流程费用管理。财务人员从此告别烦琐的手工誊抄记账工作，大大减少了手工劳动量，并从重复的、烦琐的基础核算工作中解脱出来，可将工作重心从单纯的核算向全面参与企业经营决策转移，用更多的时间去为企业创造更大的价值，汇联易对接 SAP 后自动生成会计凭证如图 14-19 所示。

图 14-15　员工日常费用报销流程

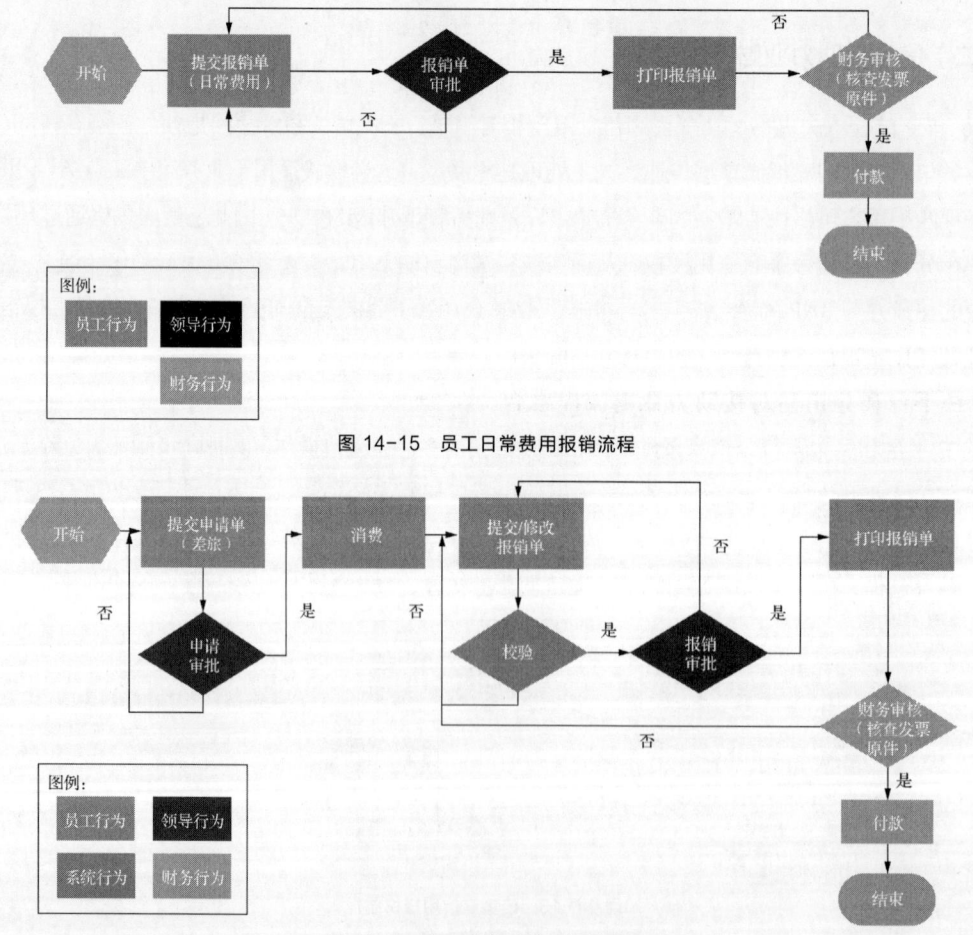

图 14-16　员工差旅申请及报销流程

■ 新功能展示 – 自我发票识别功能　　　　■ 新功能展示 – 自我发票识别功能

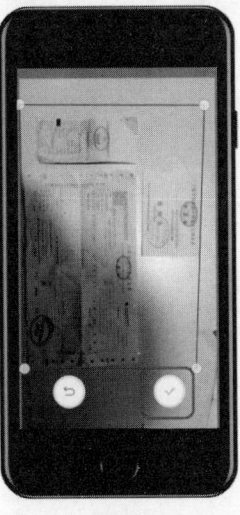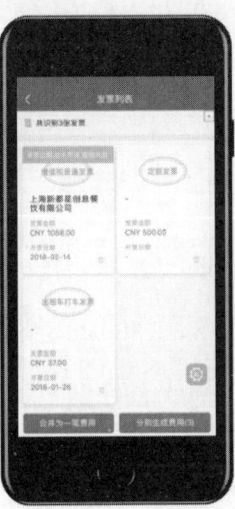

图 14-17　OCR 发票自动识别功能

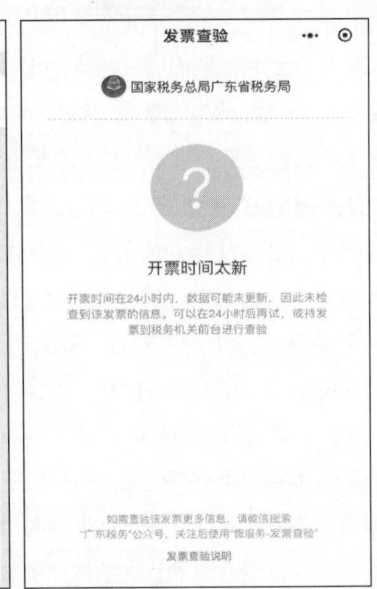

图 14-18　发票自动税务校验功能

会计凭证明细

图 14-19　汇联易对接 SAP 后自动生成会计凭证

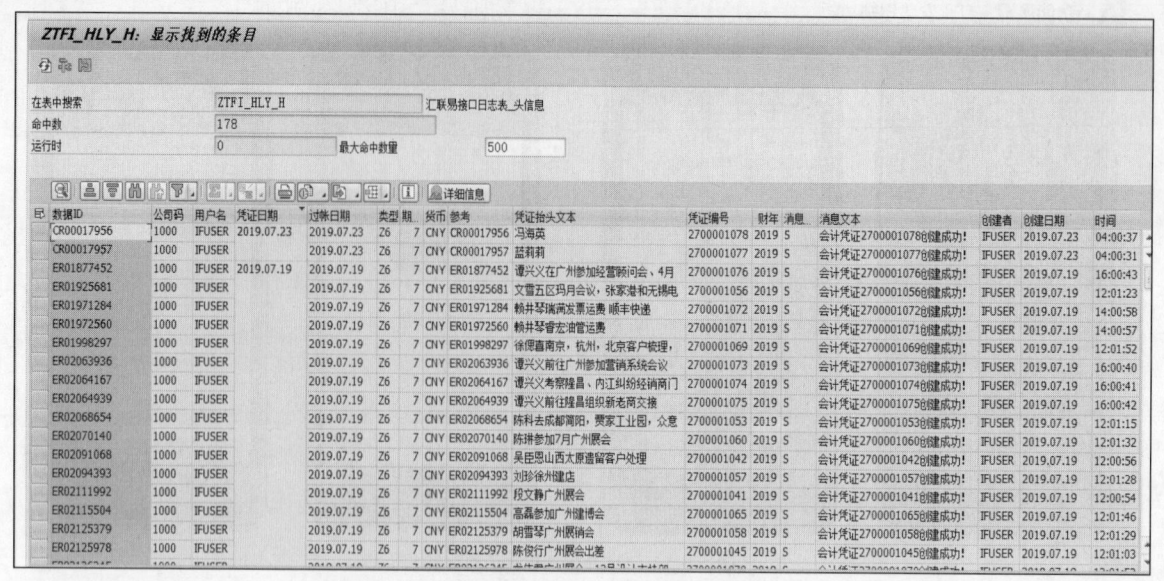

图 14-19　汇联易对接 SAP 后自动生成会计凭证（续）

重庆玛格通过 OCR 自动识别发票内容，极大地提高了财务部门人员的工作效率。将所有发票取景在镜头内之后单击拍摄按钮，可一次摆放多张发票，直接生成多条费用明细。拍照完成后，系统将自动识别发票类型及费用，并在后台上传至税务部门进行发票真伪验证。识别完成后，系统自动生成对应的多条发票信息。

3. 银企直联助力业财管控融合

SAP 银企直联自动支付系统，使企业的财务系统与银行综合业务系统实现对接，利用自身财务系统自主完成对其银行账户包括分（子）公司银行账户的查询、转账、资金归集、信息下载等功能，SAP 银企直联自动支付系统原理、SAP 银企直联自动支付系统和 SAP 银企直联自动支付系统回单如图 14-20、图 14-21 和图 14-22 所示。并在财务系统中自动登记账务信息，免去了以往财务系统、网银系统两次指令录入的过程，不但提高了工作效率，而且杜绝了人为干预数据的情况。实现了对成员企业收付款和内部结算进行全方位控制，使企业能够实时、动态、准确监控所有资金的存量、流量和流向。确保了财务系统与银行综合业务系统账户信息的一致性。其在对资金流向合法性、安全性和效益性进行审查，确保资金合理使用的同时，还可以有效监控成员单位资金运作。并通过资金流动信息掌握财务状况，为及时发现资金异动和防范财务风险提供了系统支持。实现了业务流程的标准化，促进了业务和财务在管理控制方面的融合。

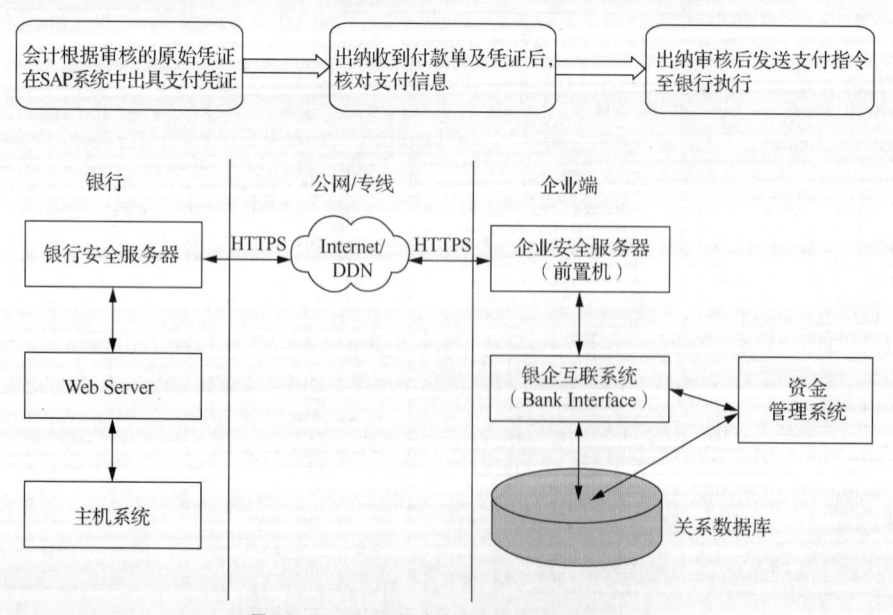

图 14-20　SAP 银企直联自动支付系统原理

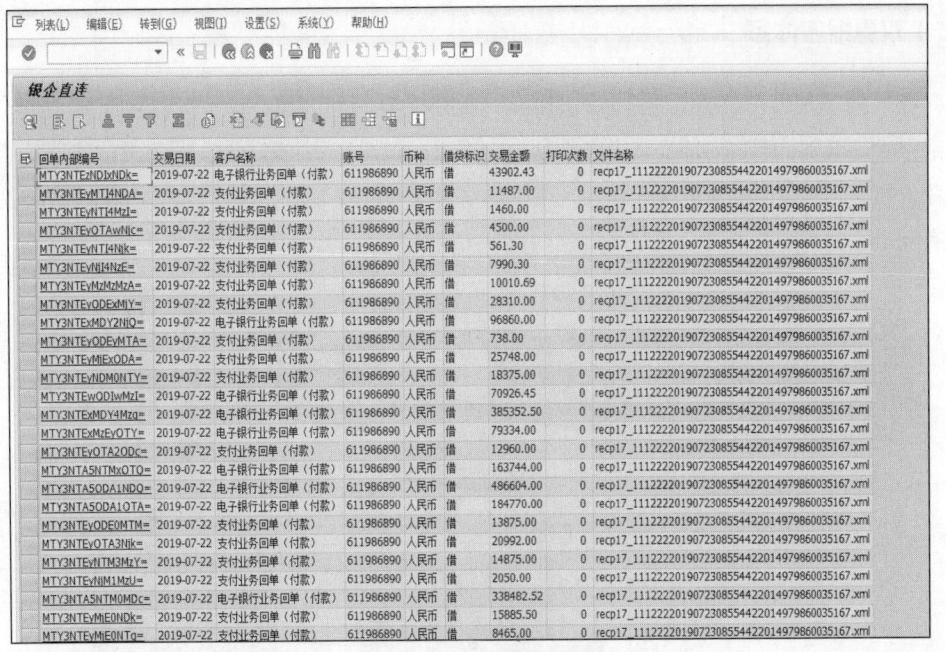

图 14-21　SAP 银企直联自动支付系统

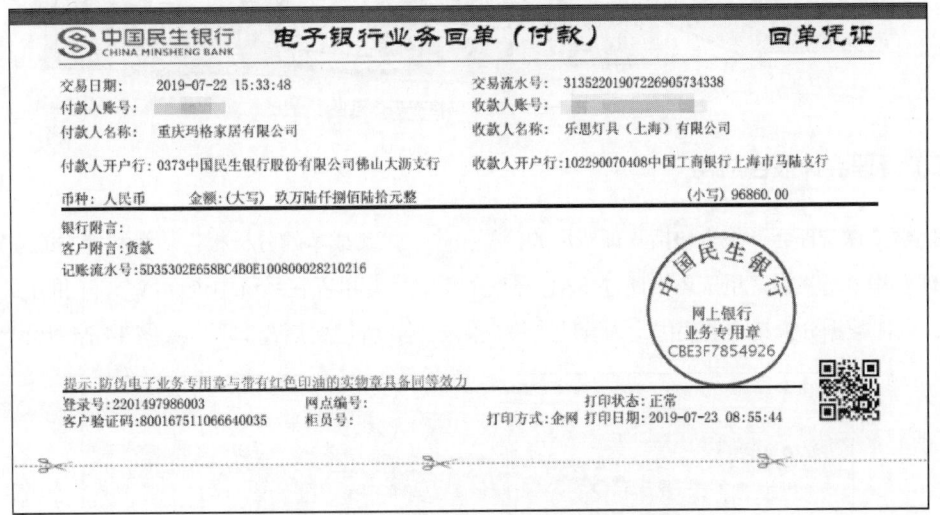

图 14-22　SAP 银企直联自动支付系统回单

六、企业管理会计报告编写与应用情况

（一）多层级管理会计报告体系

重庆玛格的管理会计报告从无到有，从简单到复杂，从点到面，从无规则到成体系，从目标单一报告到分层次多维度报告，最终形成了价值导向型的管理会计报告。在实际编制管理会计报告时，公司根据管理层级的差异，具体汇报不同层面的主题信息。管理会计报告层级主要分为战略层、经营层和作业层。

战略层级主要向总裁、总经理、董事会及其他高级管理者做经营活动、投资活动和筹资活动预测决策报告，内容主要包括公司战略目标制定、战略执行等过程产生的信息。

经营层级主要是向公司各职能部门以及子公司主要负责人做财务三表（资产负债表、利润表、现金流量表）预测报告、销售预算报告、生产预算报告、产品成本预算报告、销售与管理费用报告等，内容主要包括经营决策、资本规划、业务规划、供应商管理、价值管理（客户价格值评估）等相关信息。

作业层级主要是向公司各个成本中心、利润中心做管理会计报告，通过对各责任中心的预算执行情况进行评价，考核管理者。该层级的报告内容主要包括研发、供应链、生产、销售以及辅助业务等信息。

（二）双重报表体系

重庆玛格将财务人员在宏观层面分为外部会计（财务会计）和内部会计（管理会计）。通过外部会计可以实现外部报表的编制；通过内部会计可以编制内部报表，包括产品成本报表、成本中心报表、利润中心报表以及作业价格计划表。通过双重报表体系，重庆玛格管理者可以更加清晰地了解企业经营情况以及未来改进方向，有利于企业价值的提升以及整体战略的落地。图 14-23 所示为重庆玛格报表体系图。

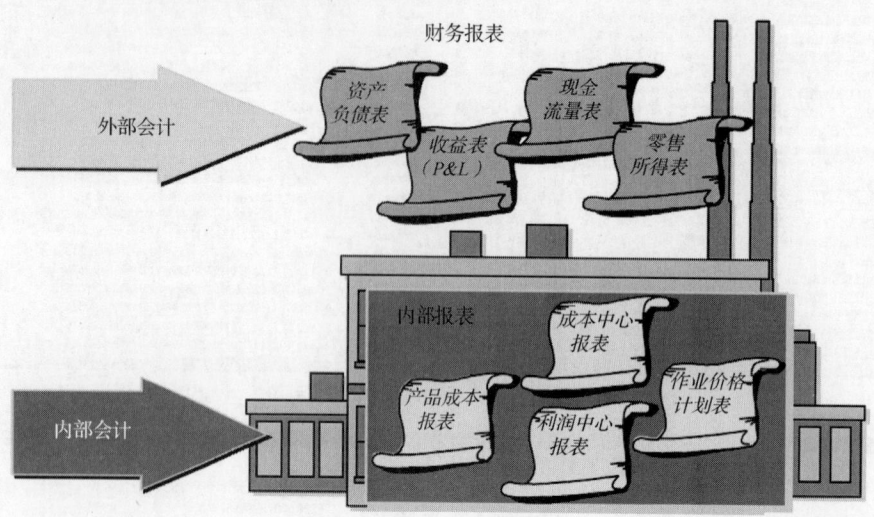

图 14-23　重庆玛格报表体系图

（三）管理会计报告应用

重庆玛格具体管理会计报告包括管理费用的分析报告、产品成本的分析报告和获利能力的分析报告等。

以管理费用分析来说，重庆玛格通过 SAP 系统的精确性，可以在系统中查询每个部门的每一种费用类型的金额，依托数据分析其中的变化，为管理决策提供依据，管理费用查询明细如图 14-24 所示。

玛格家居部门费用明细表
1000G00001-5000L00004

费用项目	合计金额(实际)	重庆10月实际	广东10月实际	天津10月实际	广东科技10月实际
辅材消耗	12,598.02	12,598.02			
包材消耗	1,922.79	1,922.79			
五金消耗					
材料消耗	7,578.69	7,578.69			
福利费-伙食费	-209,366.44	-227,184.50	3,488.76	14,329.30	
福利费-节日福利					
福利费-员工福利	187,357.05	72,252.00	115,105.05		
福利费-交通车费					
福利费-其他费用	108,135.66			108,135.66	
社会保险费	127,252.79	79,599.27	32,921.86	13,805.64	926.02
工会经费	21,450.90	9,081.92	10,083.05	2,285.93	
教育经费					
住房公积金	29,813.00	27,327.00		2,486.00	
办公费	34,211.32	30,957.63	841.74	55.43	2,356.52
差旅费(其他)	42,076.32	28,374.57	11,901.59	1,528.16	272.00
差旅费(可抵扣9%)	45,331.15	25,459.60	15,431.19	4,440.36	
差旅费(可抵扣3%)	135.92	135.92			
通信费	33,602.09	3,031.59	26,752.50	3,818.00	
租赁费	685,341.98	7,281.55	501,052.51	177,007.92	
邮寄费	7,897.52	3,008.49	608.49	486.20	3,794.34
长期待摊费用摊销	298,476.75	37,569.67	225,391.93	35,515.15	
短期待摊费用摊销	550.64			550.64	
刀具费-磨锯片费					

图 14-24　管理费用查询明细

成本趋势分析如图 14-25 所示，可以统计每个公司、管理部门费用当月的数据。分析产品的成本构成、材料投入、人工折旧等费用占比。

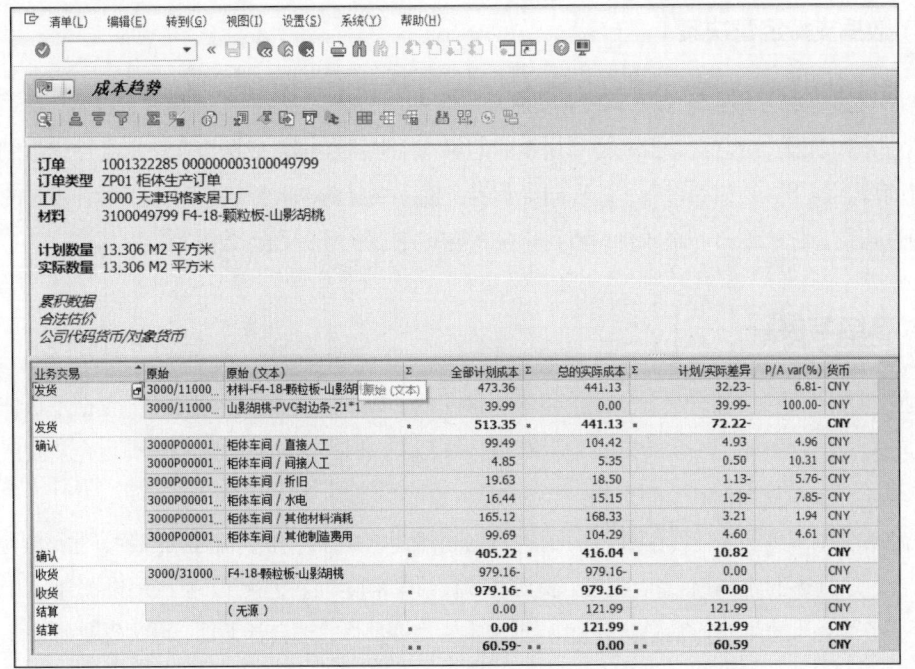

图 14-25　成本趋势分析

各区域客户的收入情况分析如图 14-26 所示。

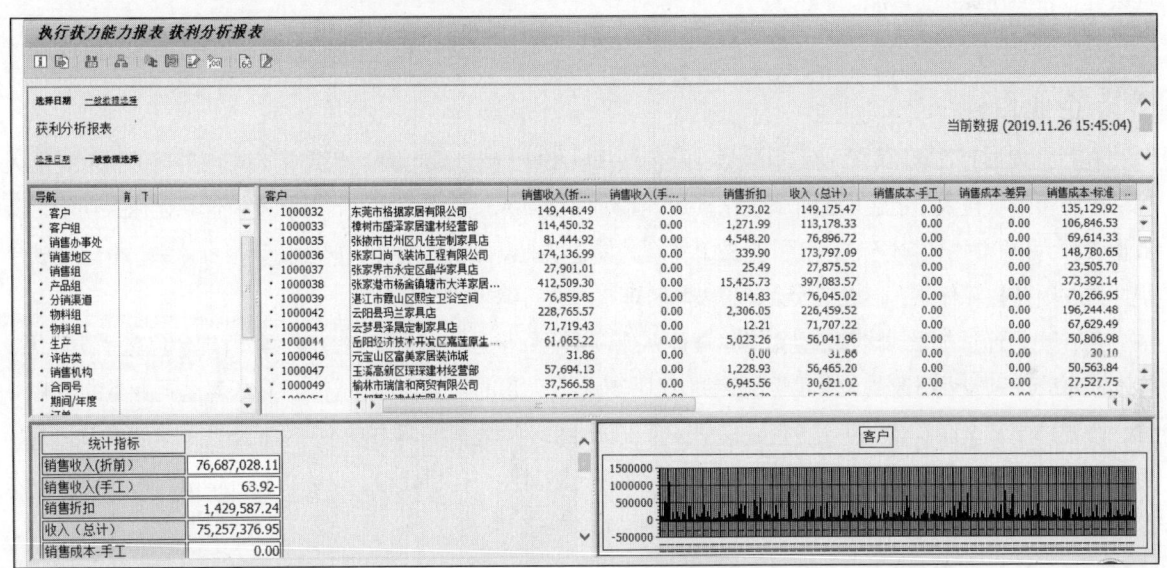

图 14-26　各区域客户的收入情况分析

重庆玛格将管理信息系统作为提高效率和强化管理的重要手段。管理信息系统在采购、生产、仓储、物流、销售等各个环节的管理中起到了非常重要的作用。

七、实施效果

（一）标准成本管理助力成本降低

重庆玛格引入标准成本法体系，对企业的每项产品成本核算和产品的定价产生了较为深远的影响。从标准成本法在重庆玛格的应用来看，在单位人工作业定价格、机械作业价格标准每年测算并更新两次的情况下，每月直接材料对标准成本的影响显得尤为明显，这也意味着在实际差异分析中对直接材料成本差异（材料价格差异、材料数量差异）的分析往往能够在很大程度上解释标准成本的总差异。每月对工资、料差、价差的持续分析，推动了降成本目标的实现。

（二）数据支持经营决策

重庆玛格通过将财务和业务关联，用经营会计的思维把企业实际经营情况看清、看透、看系统，通过数字发现本质业务和动因。经营会计报表是利用企业的第一手业务数据，根据企业特点个性化编制的。经营会计报表具有简单、易用、易懂等特点，能够向经营者全面反映经营的实际状态，为正确、及时的决策提供有效保障。通过与信息化的结合，企业管理者可以随时随地掌握企业的经营数据。

八、总结与展望

价值创造型业财四融合管理会计实践为重庆玛格降低了成本，提高了管理效率，创造了价值。在企业一把手的大力支持下，财务部门主动转换财务职能和财务工作，积极推动业财融合以满足企业发展需要。财务部门基本实现了"全员管理会计"的布局。

重庆玛格的业财融合理念体现在四个方面，包括业财信息的融合、业财流程的融合、业财资源的融合和业财管控的融合，是业务和财务在信息、流程、资源和管控四个维度的深度融合。重庆玛格综合运用了战略地图、平衡计分卡、经营会计报表、全面预算管理和标准成本管理等具体管理会计工具，以实现业财融合。

重庆玛格通过信息化建设助力业财四融合，包括 E 平台和分销易对接，汇联易和 SAP 对接，银企直联等。这些信息化建设为管理会计高效率落地提供了技术基础。多层级管理会计报告体系和双重报表体系为管理会计报告应用提供了产品。

 企业自评

在行业发展存在风险、行业竞争激烈以及公司规模不断扩大的环境下，为迎接公司内外部的挑战，重庆玛格十多年来一直致力于管理会计信息化实践，通过推动财务共享中心建设，充分发挥信息化抓手功能，以数据资源为核心，引领财务转型。引进 SAP 平台，促进了业财融合，完善了管理会计报表体系，搭建完成合规性统一财务核算体系，形成三大会计报表和管理报表并行编报的报表体系。

重庆玛格通过加强战略管控型财务管理体系建设，全面推进公司流程完善与风险管理、信息系统升级、标准成本管理以及薪酬改革与激励机制落实。重庆玛格以先进的财务管理理念，实现了对公司业务的战略引导、全程控制及全面监督。基于价值链模型，重庆玛格在不同业务部门中嵌入与之相对应的管理会计工具，最后将上述活动嵌入战略地图与平衡计分卡的管理会计工具中，构建战略、业务与财务相协同的管理会计体系。本案例对定制家居行业等同类行业具有一定的参考价值。

 专家点评

重庆玛格价值创造型业财四融合管理会计实践具有鲜明的行业特色，为顾客创造了价值，为企业的可持续发展增添了动力。业财四融合具体包括业财信息的融合、业财流程的融合、业财资源的融合和业财管控的融合。

重庆玛格的业财四融合在定制家居行业发展的现实需求下，充分利用信息技术，将财务职能主动转型价值创造，财务工作主动转型业财融合。在公司战略的指引下，通过战略地图、平衡计分卡和经营会计报表的综合运用，助力战略落地。在全面预算管理方面，业财预算协同，精细化预算管控的协同，实现了业财融合。在信息化方面，E 平台和分销易对接助力业财流程融合，汇联易和 SAP 对接助力业财信息融合，银企直联助力业财管控融合。标准成本管理的应用帮助企业降低成本，管理会计报告的应用通过业财融合数据支持企业经营决策，创造价值。

电子

案例十五　海康威视研发领域管理会计应用

杭州海康威视数字技术股份有限公司

【摘要】本文基于海康威视的企业基本情况、管理会计组织及研发业务简介，深入介绍了管理会计在研发领域实践的工作思路及心得。为使管理会计的应用结果能更为直接地呈现出来，文中分别介绍了管理会计的研发业务理论基础（研发IPD的管理思路）、公司财务管理要求（责任中心主体）与管理会计在研发领域的职能、职责，并基于上述理论基础与实际工作情况呈现案例，对应各个案例拆解了管理会计实践的方法、目标、实践的结果。最后对公司管理会计信息化加以简要介绍，明确研发领域管理会计信息化的应用。

【关键词】IPD；管理会计；责任中心；目标成本

一、企业简介

（一）海康威视简介

海康威视数字技术股份有限公司（以下简称"海康威视"）是以视频为核心的智能物联网解决方案和大数据服务提供商。根据 IHS 报告，海康威视 7 年蝉联视频监控行业全球冠军，拥有全球视频监控市场份额的 22.6%。在 A&S《安全自动化》公布的"全球安防 50 强"榜单中，海康威视 3 年蝉联全球冠军。

2018 年，面对国内经济环境变化及海外非市场因素带来的不确定性风险，海康威视坚持以客户需求为引领，以技术创新为驱动，推进效益与风险兼顾的增长策略。2018 年报告期内，实现营业总收入 498 亿元，比上年同期增长 18.9%；实现归属上市公司股东净利润 113.5 亿元，比上年同期增长 20.6%。公司整体毛利率为 44.85%，比上年同期提高 0.85%。

（二）技术及软硬件产品

2016 年，海康威视将深度学习算法和产品结合，推出了全系列深度智能产品家族，将智能分析能力贯穿从信息采集到存储应用的全过程。2017 年，海康威视以云边融合的计算架构引领智能应用发展，开创性提出了 AI Cloud 边缘节点、边缘域、云中心的三级架构，大力推进人工智能在物联网领域的发展和应用。2018 年，海康威视在云边融合的计算架构基础上，深化和整合了 AI Cloud "两池一库四平台"产品线，提出了 AI Cloud 物信融合的数据架构；在业务落地中，公司着重解决人工智能应用场景化、碎片化，用户需求落地困难的问题，对内统一软件架构，对外推行开放融合的策略，同时，为匹配业务变化，对内部组织架构也进行了变革重组，海康威视为迎接智能化时代的到来夯实了基础。

海康威视 AI Cloud 架构可以概括为"云边融合"，由边缘节点、边缘域和云中心构成，其中边缘节点和边缘域位于智能物联网中，充分利用边缘计算能力；云中心位于智能物联网或信息网中，形成跨网云端计算能力。边缘节点侧重多维感知数据采集和前端智能应用；边缘域侧重感知数据汇聚和智能应用；云中心侧重跨网数据融合及宏观综合应用。

海康威视 AI Cloud 的数据架构可以概括为"物信融合"，支持跨智能物联网和信息网的资源治理、数据

作者：梁笑倩、高英明

治理、数据融合、数据服务与数据应用。海康威视 AI Cloud 物信融合数据平台的主要能力可以概括为：横向跨网融合、纵向跨层汇聚、双网三类应用和保障数据安全。

海康威视坚信 AI Cloud 架构是符合智能物联网和信息网融合应用的合理方案。2018 年，海康威视基于 AI Cloud 架构，深刻践行"云边融合"的计算架构，全面发布了"两池一库四平台"软件产品，并在实践中不断深化落实"物信融合"的数据架构，将"两池一库四平台"进一步整合为"物信融合数据平台"，不断夯实在 AI 智能、大数据、应用领域的布局，通过技术创新和产品创新持续引领市场。

围绕 AI Cloud 架构，2018 年，公司继续在边缘节点、边缘域和云中心深化和完善硬件产品布局。

海康威视前端产品在成像、补光、结构、智能等技术上不断突破。从星光到黑光、从白光补光到混合补光、从单目到多目、从单一智能到全结构化、合智能。以业务为驱动，使产品分层、智能分级；以场景为基础，深入理解用户需求，全面升级。逐步形成丰富的面向未来的 AI 产品家族，包括轻智能、泛智能、全结构化、智能黑光、合智能等产品系列。

海康威视后端产品在 AI 智能、大数据、融合存储等领域继续深入发展，从客户需求出发，大幅提高后端智能产品的 AI 精度、性能和融合应用水平，持续引领智能视频监控市场。

海康威视继续扩展中心显示业务领域。通过无缝拼接、透明、曲面、触控、全息等多元化显示方式，实现资讯交互获取、信息智能投放、大数据综合呈现。例如，海康威视小间距 LED 产品，基于"臻视"图像处理技术，实现了超高对比度、超高清无缝拼接显示，在监控中心、指挥中心等场合取得了广泛的应用。在显示控制产品方面，基于视音频处理、多媒体数据融合、超高分辨率、人工智能、集分控制等技术，赋能解码器、拼接控制器、视频综合平台等经典产品，丰富监控中心、指挥中心应用，继续保持业内领先。

海康威视依托在图像捕获、AI 算法等领域坚实的技术积累，完善了"明眸"近景人脸识别系列产品。在门禁考勤、消费、访客、梯控、人员通道等诸多边缘节点应用中，新产品人脸识别响应速度更快、人机交互更加友好、支持更大容量人脸比对及活体检测，极大地拓展了人脸识别技术的应用场景。"明眸"系列产品不仅将传统门禁"一卡通"系统升级带到"一脸通"时代，而且有效提高了系统的安全性、便捷性与准确性。

海康威视智能交通通过持续推进 AI Cloud 的产品和应用方案落地，紧贴客户业务需求，将视频与多维感知技术相结合，打造由"智能交通摄像机+道路智能终端"组成的边缘域融合产品包；围绕"改善交通秩序，缓解交通拥堵，预防交通事故，提升交通安全，方便交通出行"的核心理念，创新业务应用，助力市场持续发展。海康威视"环保抓拍卡口系统"实现技术变革突破，解决了业内十多年来的难题——"白光爆闪光污染"，荣获多项市场殊荣。在对道路交通的综合治理上，"车辆远光灯检测""行人闯红灯""礼让行人""鸣笛抓拍系统""黑烟车检测"等创新业务应用也深度融入城市文明建设。在静态交通领域，海康威视结合多维物联感知技术推出领先的触发和防砸雷达产品，省去地感线圈来简化项目的施工和维护，解决用户停车难的问题，方便交通出行。

海康威视启动智慧消防产品开发。依托公司视频和 AI 技术，结合多维感知、窄带传输等物联网技术，实现了前端传感器采集消防重点数据并实时上传至平台，进行数据分析和远程监管。公司通过安防和消防业务融合，推出安消一体的解决方案，广泛适用于城市重点单位、学校、医院、银行、企业园区、政府大楼等多种场景，提高各行业的消防信息化建设水平，助力其智慧消防建设。

（三）业务组织变革

公司从 2009 年开始推出解决方案，覆盖公安、交通、司法、金融、文教卫、能源和楼宇七大行业和 40 余个子行业的纵向垂直行业布局带动公司业务快速发展，引领安防行业进入以解决方案为核心的时代。为更好地适应用户需求，提高内部运营效率，公司在 2018 年启动业务架构的变革重组，重新组织整合资源，将国内业务分为 PBG、EBG、SMBG 三个业务群，更有针对性地面对不同类型的市场和客户，更有效地协同内部资源。

无论是视频监控、安防，还是智能物联网产业，用户场景化的需求都很零散，这是一个碎片化需求的市场。为了更好地满足这种碎片化市场需求，海康威视自成立以来，就在技术积累、产品开发、方案设计、营销和服务体系建设、供应链交付能力等众多方面，围绕这一目标不断努力，广泛汇聚英才，通过点点滴滴的积累，构筑全球综合竞争优势。其核心竞争力分别体现在：以视频技术为核心，以基于场景化的产品和方案满足用户碎片化需求；持续较高水平的研发投入，为业务发展提前布局；发展柔性生产能力，持续提高供应交付水平；持续优化营销和服务网络，打造与业务适配的组织能力；加强人力资源建设，助力公司持续发展；持续建设质量体系、安全体系、合规体系，为公司发展保驾护航。

二、管理会计的组织及研发业务简介

（一）财务分工及定位

海康威视财务中心区分前台、中台、后台三大组织。其中前台，也就是管理会计，紧密贴近业务部门，作为业务部门的合作伙伴、业务部门与财务部门的桥梁与窗口，承接业务部门的所有财务诉求，为业务运营提供全方位财务支持与服务，为提高运营效率及降低运营风险提供建议，根据业务组织与成熟度分别进行差异化配置。中台是专业财务，包括税务、资金、总账等，从资金管理、税务管理、披露管理等角度提供集团性专业性的支持，确保遵从与合规。后台就是财务共享服务中心，承接集团会计核算职责，将集团的经营业务流及时反馈到会计的信息流。这三个组织相辅相成，是个有机的整合体。前台（管理会计）协同中台、后台，为全方位地做好相关业务工作提供支撑服务。

（二）研发业务简介

作为一家技术型公司，技术创新是海康威视持续发展的主要经营手段，技术创新也是海康威视持续发展的原动力。经过多年努力，公司初步建立了研发投入持续增加，研发成果持续转化的循环。目前，海康威视的硬件体系已经涵盖视频采集、处理、传输、存储、中心解析、大数据服务器、移动交通、报警、显示控制、可视对讲、门禁与通道、会议平板等类别，丰富的硬件产品为构建各类碎片化场景解决方案提供了有力支持。

海康威视研发业务采用 IPD 作为主要的管理思想与业务支撑工具。2019 年，公司研发投入 54.84 亿元，占公司销售额的比例为 9.51%。公司研发和技术服务人员超过 19 000 人，继续保持较大规模的研发投入。

在硬件产品方面，在原有硬件产品研发优势下，公司继续加强感知技术的研究，深化计算存储技术，继续提高产品系统的设计能力；依托 AI、物联网、云计算、大数据等技术，升级产品包解决方案，打造产品综合竞争力。此外，继续加快非视频业务拓展，实现非安防有效突破。

三、研发领域管理会计应用基础

（一）管理会计"责任中心"基础理论

公司经营和管理者不仅关注企业绩效"怎么样"——企业在运营、投资、筹资活动中反映的财务层面全面综合的绩效成果，更重要的是关注"为什么会这样"，以及"以后应该怎样做"，因此以持续改进公司绩效为目的的管理会计，需要深入公司业务活动的方方面面，包括生产、采购、研发、销售等，以公司内部不同业务部门或分、子公司的管理者为服务对象，逐一展示不同环节的绩效表现和内在驱动原因。此时，内部管理会计从业者需要将思维从财务报表层面的"会计主体"转向"责任中心"。

责任中心作为一种管理控制体系，基于企业的组织结构承接组织责任的安排。责任中心依托组织结构将公司经营活动分割成不同的绩效责任单位，是组织的一个部分、分部或子单元，每个责任中心的管理者被公司管理者授权负责一系列特定的业务活动，企业管理者对其实施必要的业绩衡量与奖惩，以期达成设定的经营目标。责任中心主要包含成本中心、费用中心、收入中心、利润中心及投资中心，针对不同责任中心[①]制定的关键业绩指标与其负责的业务活动相匹配，这可保证责任中心的管理者被评价和考核的业绩在其"可控"范围内。

（二）管理会计在研发领域的基础应用

作为高新技术企业，业务经营就是在满足客户需求的基础上实现商业目标，因此有两条主线，即实现公司商业目标和满足客户需求，两者缺一不可，这也就意味着公司需要持续在新产品开发方面投入更多资源，更多地关注新产品开发的资源管理、项目管理、技术管理与产品战略。因此，要把所有的研发项目作为投资对象进行管理，包括产品开发、平台和技术开发，以及研究类项目，从一开始就要考虑产品、服务、解决方案和技术的投资回报率。

对投资收益，尤其是长期投资收益，影响最大的是公司的战略规划（SP）、业务计划（BP）、产品定义、市场规划、各个部门的规划，这些规划决定了公司做什么和不做什么，为研发和生产运营奠定了基础。无论选择市场、选择产品还是选择在何种能力上投入，公司都要考虑投资收益率。财务和盈利分析是所有业务计划的重要内容，所有规划成果都要接受财务和盈利分析的检验。

IPD 则是基于市场和客户需求驱动的规划和开发管理体系，其核心是由来自市场、研发、制造、服务、采购等方面的人员组成的跨部门团队共同管理整个规划和开发过程，即从客户需求、产品规划、任务书开发、概念形成、产品开发、上市，直到生命周期尽头的完整过程。公司通过 IPD 管理体系，使产品开发更加关注客户需求，加快市场响应速度，缩短产品开发周期，减少报废项目，降低开发成本，提高产品的稳定性、可生产性、可服务性等。

IPD 流程中有商业实现和需求实现两条主线，从公司自身角度看，后者为前者提供前置市场需求导入服务。产品和技术开发流程中的决策评审点从商业和投资角度对研发项目进行评审，只有通过决策评审点的项目才能继续，否则将被终止。IPD 流程的关注重点是单个或者组合型的研发项目的投资收益，并纳入上述长期投资决策的组合分析，进行综合分析和评估。

（三）我公司研发领域管理会计的具体应用

以我公司研发中心为例，其组织作为典型的利润中心运作及管理，管理者有责任驱动营运利润业绩目标的持续提高，因此，管理会计的核心目标贯穿在整个业务流程过程中，持续支持业务主体进行经营业绩和运营管理的持续提高和改善。

自 2015 年起，财务中心内搭建起研发业务领域财务 BP 的支撑运作机制，围绕研发 IPD 流程的建设与推广应用、业务部门日常运营持续深化研发管理会计工作。

现阶段研发领域管理会计工作（见图 15-1）以贯穿 IPD 与研发业务运营的财务管理职责为核心，包括研发业务部、产品线的经营及运营效能评价（即投资收益管理与目标成本管理）、辅助支撑评价体系的财务核算牵引机制两大主要模块；同时，辅以风险把控者与运营支持者两个角色，从财税管理及风险把控者视角审视、预判并规避业务活动可能产生的运营风险，作为财务支撑服务提供者搭建业财运营的"桥梁"，统筹对接日常财税问题，跨部门协调与推动问题解决或流程优化等。

---

① 对于不同责任中心的具体定义、特性本文不再赘述。

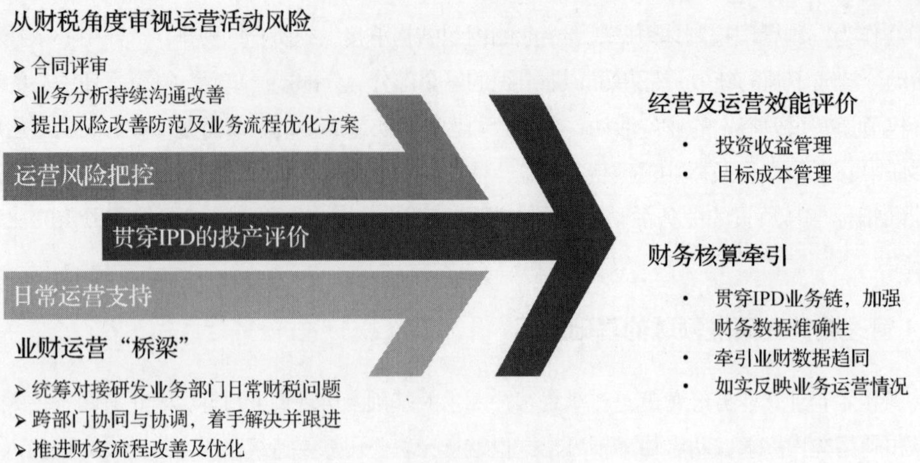

从财税角度审视运营活动风险
➤ 合同评审
➤ 业务分析持续沟通改善
➤ 提出风险改善防范及业务流程优化方案

运营风险把控

贯穿IPD的投产评价

日常运营支持

业财运营"桥梁"
➤ 统筹对接研发业务部门日常财税问题
➤ 跨部门协同与协调，着手解决并跟进
➤ 推进财务流程改善及优化

经营及运营效能评价
• 投资收益管理
• 目标成本管理

财务核算牵引
• 贯穿IPD业务链，加强
  财务数据准确性
• 牵引业财数据趋同
• 如实反映业务运营情况

图 15-1　研发管理会计工作简介

四、研发领域管理会计的应用过程

如上文所述，研发领域管理会计的应用主要围绕 IPD 与业务运营，其中 IPD 是研发产品与项目管理的业务主线，因此下文简要介绍 IPD 的基础理论与其实际应用情况，继而展开管理会计在贯穿 IPD 过程中的应用及作用，辅以管理会计在业务运营上的支持介绍。

（一）IPD 的基础理论及应用介绍

集成产品开发（Integrated Product Development，IPD）分别包含 3 个关键内容，分别是：①开发（development），即创新性活动，目的是在企业有盈余的前提下满足市场和客户需求；②产品（product），即满足客户所有需求的提供物的综合，包括有形和无形两个部分；③集成（integrated），首先，IPD 集成了若干有效的工具、方法和流程；其次，将企业内各资源部门通过跨部门团队的方式集成在一起，共同完成规划和研发工作，满足客户需求；最后，IPD 继承了若干重要的思想，包括研发是投资行为等，这些思想是 IPD 的核心。[①]

海康威视目前推行的 IPD 为宏观定义下的 IPD，即端到端的产品管理体系，不仅包含产品的创新管理体系（产品开发、市场管理及产品规划和需求管理），同时还包括技术和平台规划、技术开发、产品生命周期管理，以及支撑它们的组织体系与绩效激励体系。因此，基于上述 IPD 的贯穿，管理会计作为关键领域角色参与其中，支撑产品开发过程中的投资组合分析以及提供阶段性评审的持续支持。

IPD 上承公司的经营目标，在 SP/BP 制定完成后，以产品规划为起点；下启产品概念、计划、开发、验证及发布上市后的生命周期管理。

由于产品和技术研发都以项目的方式开展，项目选择和项目运作管理水平共同决定了项目的投资收益。因此基于 IPD 的架构需求，公司增加财务管理、目标成本管理两个知识域，不仅要考虑产品目标成本和研发费用，还要预测项目收益，在这些基础工作之上进行综合的财务与盈利分析，为项目的科学决策提供依据。在产品开发项目管理过程中，随着项目的一步步深入与明确，公司应先做好概算和预算，然后做好核算，将管理会计与财务分析工作充分融入整个项目管理过程。

（二）管理会计在贯穿 IPD 过程中的应用及作用

管理会计的价值体现包含对业务的经营效能评价，落地至产品及项目管理过程，因此贯穿 IPD 的投产评价围绕以下三个主要模块展开（见图 15-2）。

---

① 摘自《华为能，你也能——IPD 重构产品开发》。

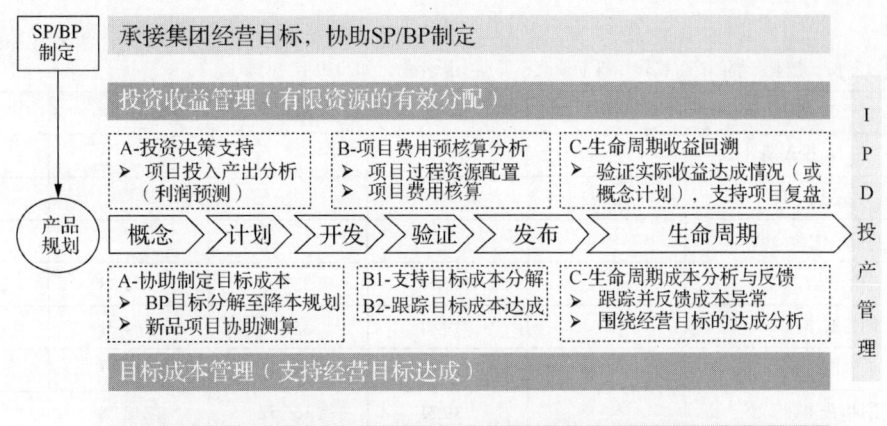

图 15-2 贯穿 IPD 的投产评价

（1）投资收益管理：其主要目标为在产品开发规划及开发过程中支持业务部实现有限资源的有效配置。

概念及计划阶段，以项目的投资决策支持为主，以业务数据为基准，完成项目的投入产出分析（即利润预测）并支持 IPMT 决策。

开发、验证至发布阶段，以项目费用的预核算分析为主，协助业务部门进行在多项目并行情况下资源配置的优先级及取舍判断；发布后进行项目费用核算，找到预实差距及改善建议。

生命周期阶段，以财务数据验证进行收益回溯为主，以 IPMT 月度财务经营分析报告为主要成果物；支持研发管理决策层对其经营及运营效能的评价，以及项目复盘；等等。

（2）目标成本管理：其主要目标为在 IPD 过程中将研发规划与经营目标挂钩，在 IPD 过程中牵引研发结果能够满足经营目标的达成要求。

在概念及计划阶段，财务代表协助业务部门制定目标成本，包括对已有产品结合 BP 目标的降本规划、对新品项目结合市场情况的测算等；在开发、验证及发布过程，持续支持目标成本的分解与达成测算；在生命周期阶段，目标成本管理与投资收益管理相结合，以 IPMT 月度财务经营分析报告为主要成果物，侧重于围绕经营目标的达成分析及成本异常跟踪和反馈等。

（3）财务核算牵引：为了辅助研发产品/IPD 项目的投资决策及评价、全面如实并及时地反映研发过程的投入与产出结果，财务代表需从业务视角牵引财务核算的实现。包括：推动内部流程的优化，细化费用核算的颗粒度；通过业财数据贯穿、管理会计分摊等方式，牵引业财数据的趋同；等等。

（三）管理会计在 IPD 中的实施案例

1. IPD 项目投资决策财务支持

案例 1：进行 IPD 项目概念及计划阶段的财务评估。市场提供项目预期收入结果测算，项目提供预期投入资源说明，财务 BP 综合进行生命周期[①]的利润预测（见图 15-3）。

基于利润预测结果，研发业务人员需要进行投资决策，确认是否开展该产品研发项目；并根据利润预测结果在计划阶段的修正，调整资源配置。

案例 2：项目发布首年综合收益测算。请根据项目实际投入研发费用，结合发布首年收入结果，测算首年综合收益（见图 15-4）。

综合收益主要用于评价资源的投入与产出是否相匹配、产品本身的市场表现、是否需要增加额外的资源投入等。

---

① 生命周期：指产品从研发到退市的全过程。

利润预测表

概念阶段：建议年份，按业务部门产品实际情况而修改；写明实际年份，如2019年，而非1、2、3

序号	项目	0	2019年	2020年	2021年	合计
一	投入期					
	投入合计	−73.72				
二	生命周期					
（1）	净销售收入		196.55	827.59	1 241.38	2 265.52
（2）	销售成本		119.41	537.33	764.21	1 420.95
（3）	毛利润（1）−（2）		77.14	290.26	477.17	844.57
（4）	期间费用		39.31	165.52	248.28	453.10
（5）	毛利率（3）/（1）		39%	35%	38%	37%

计划阶段

序号	项目	0	1	2	3	合计
一	投入期					
	投入合计	−74.16				−74.16
二	生命周期					
（1）	净销售收入		196.55	827.59	1 241.38	2 265.52
（2）	销售成本		130.81	588.62	837.15	1 556.58
（3）	毛利润（1）−（2）		65.74	238.97	404.23	708.94
（4）	期间费用		39.31	165.52	248.28	453.10
（5）	毛利率（3）/（1）		33%	29%	33%	31%

图 15-3　IPD 概念及计划阶段的财务评估（利润预测）

项目定义	本年度销量	本年度收入（万元）	本年度毛利率	项目费用投入（万元）	项目费用率	其中：领料	模具手板等	项目扣费利润率
A 产品开发项目	34 601	14 274	52.9%	238.52	1.7%	1.0%	0.6%	**51.3%**
B 产品开发项目	4 715	234	34.2%	79.42	33.9%	1.5%	32.5%	**0.2%**
C 产品开发项目	1 194	595	76.6%	43.94	7.4%	1.6%	11.1%	**69.2%**
D 产品开发项目	1 866	665	35.4%	75.40	11.3%	−0.1%	9.5%	**24.1%**

图 15-4　项目发布首年收益（含费用投入）

案例 3：项目生命周期收益回溯。请根据项目实际达成收入情况，进行预实达成率评估，支持业务进行项目复盘（见图 15-5）。

项目复盘过程包括收益与投入回溯。在收益方面，通过复盘回溯，可以对支持产品经理的评价、对项目预期收入的判断提供支撑；在投入方面，通过对投入的回溯可以判断项目管理过程中是否存在偏差、执行不力，从而推动项目管理的改善。

产品线	项目名称	实际发布日期	预期 2018 年收入（万元）	2018 年实际收入（万元）	达成率
A	×××项目开发	2019/7/13	1 367.52	315.66	23%
A	×××项目开发	2019/9/27	2 826.67	66.50	2%
A	×××项目开发	2017/12/7	1 880.34	3.45	0%
A	×××项目开发	2019/4/26	1 709.40	83.60	5%
A	×××项目开发	2018/7/25	1 367.52	35.86	3%
A	×××项目开发	2018/6/29	0.48	0.97	201%

图 15-5　项目生命周期收益回溯

2. 目标成本管理

案例 1：由经营目标分解出发，协助业务部门设定降本率及目标成本（见图 15-6）。

此处的目标成本是基于经营目标测算子系列的目标成本，涵盖的范围较广，需要进一步分解至 IPD 降本项目。

产品系列	子系列	2018年销售额	2018年成本	2019年收入BP	2019年毛利额BP	2019年成本目标	预计单价下滑	到算数量增长率	需要降本金额	降本率
A	AA	0.6	0.3	0.8	0.3	0.4	-10%	50%	0.1	10%
	AB	51.1	35.8	52.7	14.6	38.1	-5%	8%	0.8	2%
B	BA	39.3	18.9	32.0	16.6	15.4	-10%	-9%	1.7	10%
	BB	4.5	1.4	2.9	2.0	0.9	-10%	-29%	0.1	11%
C	CA	40.4	38.0	35.0	3.5	31.5	-5%	-9%	3.1	9%
	CB	0.2	0.1	1.0	0.1	0.9	-5%	505%	-0.2	-37%
总计		136.1	94.5	124.4	37.1	87.2			5.6	5%

图 15-6　目标成本设定

案例 2：IPD 项目内目标成本分解及跟踪测算。请在项目过程中结合业务方的性能或结构分解结果，对目标成本进行模块分解，并于项目各阶段跟踪目标成本的达成情况（见图 15-7）。

目标成本的模块分解基于产品本身的构成，通过模块分解更加聚焦于重点材料，支撑整个降本项目更有效的达成目标。

对标整机（单板/方案）			目标成本	新开整机（单板/方案）		评估结果	
物料代码	物料描述	成本	绝对值	物料描述	实际成本	与对标机型（单板/方案）差异	目标是否达成
3036××××	DS-××	5 024	5 024	××	5 252	228	否
3036××××	DS-××	15 147	15 147	××	14 974	-173	是
3036××××	DS-××	4 348	4 348	××	4 104	-243	是

图 15-7　目标成本达成评估

（四）管理会计支持运营改善

公司可通过运营过程中的行为及费用结果分析，及时反馈运营过程中的风险，并推动运营过程的改善。

案例 1：某业务部门模具投入数据分析发现。部分投入的预期产出（即销量）达成较有挑战，同时存在在计划不明确情况下仍持续加大投入的风险（见图 15-8）。

项目名称	模具费用（万元）	已有销量	开模预期销量	原因
×××项目	78	1 200	4 000	绿灯：进展基本顺利
×××项目	76	80	3 500	黄灯：关注产品上市计划
×××项目	71	150	总体情况不明确	红灯：产品的切换计划尚不明确，累计开发投入过大
×××项目	53	400	5 000	黄灯：预期完成有困难，重新评估产品接受度

图 15-8　模具投产分析

结合项目进展，反馈提示预警，业务部门重新评估产品的目标市场发展障碍与瓶颈，审视产品切换方案及市场接受度，考虑对应的解决方案等。

案例 2：结合业务部门差旅目的地、差旅选择交通方式、差旅时间等实际数据情况，并结合实际差旅频度较高的区域往返测算最佳交通方式，以差旅频率较高的员工测算较优的差旅时间。

通过分析，我们发现部分差旅行为存在行程规划不合理、时间和效率浪费等情况，如出差往返地点交通方式选择不合理（差旅成本及时间成本均增加）、差旅交通过程占用较多工作时间（实际差旅工作时间较少）等。

反馈推动后，业务部门给予相应的应对举措及内部管理机制，包括在差旅前综合考虑长途出差成本、非工作时间往返等。

五、管理会计信息化建设

管理会计的诸多实践，需要强有力的信息化系统作为支撑，其中之一就是财务共享服务中心的建设。财务共享服务中心不只是核算的集中，更是一个会计信息工厂，能够及时提供准确的、实用的、符合内外部的企业运营信息。基于上述信息，管理会计可以构建管理会计信息系统，打通业务运营信息、会计核算信息，呈现多维的业务运营分析数据。海康威视目前构建及实施如下会计信息系统：报销系统、银企系统、税务管理系统、BW 系统等。相关系统的功能简要介绍如下。

（一）报销系统

报销系统实现了对公对私线上提单、审批、会计凭证生成，银企的线上付款等一条龙的服务，与 SAP 系统、OA 系统、HR 系统、银企系统等集成，并可以实现灵活的审批策略，可以实现移动端审批。

（二）银企系统

银企系统实现了公司 ERP 系统与银行网银系统直接对接，对银行的流水明细可以定时获取，及时入账核销，将应付款项定时推送至网银，实现在线实时支付。通过银行回单，可以每日关注银行流水，及时进行会计核算反映业务运作。

（三）税务管理系统

税务管理系统通过税务管理平台能实现销项税专用发票、普通发票、电子发票金税开票数据与 SAP 数据的无缝直连，提供发票作废、红冲发票、发票分发等规范化管理。实现进项发票的自动化认证、自动验真等操作。获取所有开具给海康威视的进项发票，提供优化的税务认证建议。

（四）BW 系统

BW 系统为 SAP 数据和非 SAP 数据的采集、存储、分析和管理提供一个集成的、面向商务的平台。它可以智能化地管理海量的业务、财务数据信息并从中挖掘最有价值的信息，从而向业务方提供强有力的决策支持。

（五）研发领域管理会计信息化应用

研发领域的管理会计信息基于上述的会计信息系统平台，以 BW 系统作为关键系统串联财务数据与非财务数据，实现从财务结果到业务实质的直接挖掘。例如，上文中的差旅分析案例，即通过 BW 系统与关联 OA 系统（如机票酒店预订等）的相关数据，获取出差人天数信息、交通工具、实际费用结果，进一步分析判断合理性。

基于 BW 系统集成的应用，管理会计的信息化能够从财务端延伸至业务流程端，并识别业务流程及系统风险，推动业务流程改善，并与数据的获取、应用形成良性循环。

六、管理会计实施效果

海康威视管理会计实践，不是对书面工具的生搬硬套，而是结合业务实质去发现理论工具与业务实质的有机结合点，创造性地对管理会计工具进行针对性地裁剪，灵活运用，以结果为导向最大限度地发挥管理会计理论及工具给业务增值的作用。

公司以日常的业务支持为起点，将常态化的管理会计支持通过 IT 工具去固化管理会计的相关诉求，同时将支持到业务的增值点也通过 IT 工具去提高效率。

通过管理会计理论与实践的充分结合，海康威视业务与财务形成良好的互动关系，也更进一步体现了管理会计的价值。

七、总结与展望

海康威视还在继续成长发展，业务形态、业务运作模式也在不断地优化调整，同时外部环境带来的诸多变化，给管理会计的运用实践带来了诸多新的课题。

管理会计的运用实践更需要不断完善、提升，以匹配业务成长发展的需求，借助数据规范及挖掘、业财数据融合，打破数据的壁垒，充分挖掘数据中包含的价值点，建立数据之间的关联关系，通过数据透视及洞察，为业务运营打造强有力的管理会计中台，实现感性运营到理性运营的转变，更好地发挥承接战略到执行的桥梁作用。

管理会计以理论为基石，最终与企业实务有机地整合，方能发挥管理会计工具给企业增值的作用。海康威视的管理会计人员将根据企业的实际，开拓性地创造评价的工具及方法，这是财务人员永恒的追求。

 企业自评

海康威视作为高新技术企业，贯彻"以客户需求为引领，以技术创新为驱动"，采用集成产品开发（Integrated Product Development，IPD）作为主要的项目管理思想与业务支撑工具，把所有的研发项目作为投资对象进行管理，包括产品开发、平台、技术开发以及研究类项目，将产品研发中心的组织作为典型的利润中心进行运作及管理。

因此，研发领域管理会计以贯穿 IPD 与研发业务运营的财务管理职责为核心，辅助支撑评价体系的财务核算牵引机制两大主要模块；同时，辅以风险把控者与运营支持者两个角色，从财税管理及风险把控者视角审视、预判并规避业务活动可能产生的运营风险，作为财务支撑服务提供者搭建业财运营的"桥梁"。

本案例呈现的研发领域管理会计，基于海康威视管理会计信息化系统，由 2015 年起持续深化应用，既可以支撑公司组织战略层面的承接，也可以落地于研发项目过程的全周期管理（立项前投资评估、项目过程成本管理、产品生命周期回溯评价等）；同时，满足了研发领域内各细分业务的运营管理支撑要求，辅助业务部门提高运营效率等。海康威视还在继续成长发展，业务形态、业务运作也在不断优化调整，管理会计的运用实践需要不断完善、提升，以匹配业务成长发展的需求。

 专家点评

作为全球视频监控行业的领军企业，技术创新是海康威视持续发展的主要经营手段和原动力，以管理会计思维看待 IPD 极具创新意义。海康威视已成功建立了研发投入持续增加，研发成果持续转化的良性循环，IPD 作为研发业务主要的管理思想与业务支撑工具厥功至伟。本案例启示如下。

（1）研发项目需要考虑投资回报率，IPD 是一个适宜的管理工具。IPD 是基于市场和客户需求驱动的规划和开发管理体系，其由来自市场、研发、制造、服务、采购等方面的人员组成的跨部门团队共同管理。通过 IPD 管理体系，公司使产品开发更加关注客户需求，加快市场响应速度，缩短产品开发周期，减少报废项目，降低开发成本，提高产品的稳定性、可生产性、可服务性等。

（2）研发领域管理会计工作以贯穿 IPD 与研发业务运营的财务管理职责为核心，其价值体现包含对业务的经营效能评价，落地至产品及项目管理过程，其贯穿 IPD 的投产评价主要围绕投资收益管理、目标成本管理和财务核算牵引而展开。

（3）研发领域管理会计信息基于企业财务共享服务中心的财务后台系统，以 BW 系统作为关键系统串联财务数据与非财务数据，实现从财务结果到业务实质的直接挖掘。

案例十六　基于阿米巴的成本管理体系构建与应用

东莞市中电爱华电子有限公司

【摘要】本案例紧密结合东莞市中电爱华电子有限公司（以下简称"中电爱华"）将阿米巴经营理念融入成本管理会计工作的实践，总结了中电爱华构建阿米巴经营模式的历史背景和关键环节，展现了中电爱华成本管理改善的全过程。

中电爱华是中国电子信息产业集团有限公司（以下简称"中国电子"）全资控股的三级子公司。受市场环境变化影响，中电爱华一度面临巨大的经营挑战，为稳固行业地位和经营效益，中电爱华开始探索以成本管理优化提升带动企业经营效益改善的管理模式。2016年，为进一步细化成本管理，中电爱华开始系统学习日本企业家稻盛和夫提出的阿米巴管理理念，同时按照中国电子管理会计工作要求，将阿米巴经营模式与标准成本管理、目标成本管理等管理会计工具进行有机结合，促进成本管理优化提升。经过多年实践，中电爱华不断采用理论与实践相结合的方式，探索形成了富有自身特色的阿米巴经营管理模式，实现了经营效益回升，得到了主要客户的高度认可，为企业的发展壮大培养了一批优秀的管理型员工。

【关键词】阿米巴经营；增加值考核；标准成本管理；目标成本管理

一、企业基本情况

中电爱华成立于1998年，主要从事通信设备面板、机箱、机柜、精密模具、电子产品、电子专用设备的精密加工，具有完善的产业链硬件配套设施和扎实的技术积累及丰富的行业经验，其主要客户为华为、中兴等知名通信企业。

中电爱华通过应用阿米巴经营模式，积极应对市场变化，保障市场占有份额，不断调整中标保障策略，持续进行管理提升和提质增效，利润率逐年提高。近三年收入利润情况良好，2019年上半年经营情况同比又创新高，收入8.59亿元，利润总额为5 647万元，同比增长133%。

二、企业成本管理面临的挑战

受3G市场需求逐渐饱和影响，中电爱华利润率持续下降，甚至出现连续多个月亏损的情况。其成本管理面临着巨大的挑战，主要表现在以下三个方面。

（一）市场竞争日趋激烈

随着通信产品更新迭代加速，主要客户通过公开招标方式进行采购的比重加大，导致中电爱华主要产品价格每年降幅达到15%~20%。同时，市场竞争加剧，大量新供应商加入，部分供应商采用低价竞争策略，促使中电爱华必须采取有力的管理举措，确保经营效益，巩固市场地位。

作者：李兆明、刘红斌、曾磊、韩芳、王丽红、刘澍丰、王宏

（二）成本控制空间较大

中电爱华属于典型的制造加工企业。产品成本结构中，外购材料和外协加工费约占产品成本的60%，人工成本和其他制造费用约占产品成本的40%，成本可控空间较大。中电爱华需要加强统筹规划和协同，进行内部挖潜，提高盈利能力。

（三）人员管理难度较高

中电爱华整体员工素质普遍较低，80%的员工为一线工人，年龄结构偏年轻化，学历水平不高，人员流动性较大，这加大了内部管理难度。如何发挥一线生产工人的主观能动性，提高员工的成本管理意识，是企业管理面临的一个重大挑战。

2016年，中电爱华经营班子在考察研究同行业情况并深入研究稻盛和夫的管理思想后，决定在制造部门推行阿米巴经营。在实际管理过程中，中电爱华结合自身实际，对阿米巴经营做了优化和改良，将经营责任逐级分解至作业中心、工序和班组，改变了以往粗放式的管理模式、实现了"人人都是经营者"的观念转变，构建了一套具有自身特点的成本管理模式。

三、阿米巴经营理论基础和应用目标

（一）阿米巴定义

阿米巴经营的理念源于日本企业家稻盛和夫，他所经营管理的京瓷公司在4次全球性经济危机中稳定保持着高收益发展，其原因就在于实施了阿米巴经营管理模式。

"阿米巴"（Amoeba）源于拉丁语，原意是一种形体变化不定的变形虫。变形虫最大的特性是能够随着外界环境的变化而变化，不断地进行自我调整来适应生存环境。阿米巴在企业管理中，可以理解为随着外部环境的变化，不断对企业进行"变形"，最终将其调整到最佳状态，即能快速适应市场变化。

（二）应用目标

关于阿米巴经营模式的应用目标，国内很多企业是把业绩责任分解放在第一位。经过与广大干部员工的沟通讨论，中电爱华明确了阿米巴经营管理模式的目标，不仅要突出企业经营目标的分解落实，更要以人为本，让员工有主人翁意识，实现"当家做主"，这是中电爱华推行阿米巴项目的精神实质和后续工作改善革新的方向。

1. 有效传递市场温度

中电爱华在经营过程中，面临市场价格的实时变化，必须将信息及时传达给制造部门以及各班组，通过传递市场温度，促进各级阿米巴对生产现场进行改善，在保证阿米巴盈利的前提下，进行成本管理优化提升。

2. 培养经营管理人才

随着经营规模的进一步扩大，中电爱华需要更多具有经营管理能力的人才参与到企业运营当中。为充分挖掘员工发展潜力，中电爱华通过创建阿米巴组织，为员工赋能，使各级阿米巴巴长能像企业经营者一样分析盈亏，提高效率，促进企业成长。

3. 实现全员共同参与

如果员工在工作中无法感受到自身对企业的贡献，没有成就感，就会影响员工的工作积极性。通过建立阿米巴组织，中电爱华将经营成果以早会等形式向员工公布，使员工充分感受到自己对组织的贡献，达到全员主动、共同参与经营管理的目的。

（三）阿米巴经营实施要点

1. 组织划分

根据市场需求和企业特点，及时调整阿米巴组织的划分是阿米巴经营的核心环节。经过多年实践，中电爱华按照"结合实际管理，根据产品和工艺工序情况，考虑收入与成本匹配"的细分原则，将生产制造部门划分成不同大小的阿米巴组织，不断通过对一级阿米巴的合并和分解，加强了对各个阿米巴组织成本费用情况的管理，避免出现职能"空白"，保障了整体运营管理的高效率。

2. 系统支持

建立阿米巴组织后，中电爱华需要对阿米巴开展实时管理核算，这对信息系统数据管理的准确性和实时性提出了更高的要求。中电爱华以"明确部门分工，加强数据维护，信息有效汇总"为原则，通过明确各部门信息收集整理的职能以及各类信息处理方式、时间和信息最终的结果呈现，对经营信息进行有效分解整合，最终将收集整理的有效经营信息提供给各级阿米巴领导进行经营决策制定，保障了数据的规范性、准确性和及时性，实现了每日经营报表及时出具、未完成目标及时分析、已有应对措施的问题点及时改善跟踪的闭环式管理。

3. 考核激励

为保障阿米巴经营能充分调动各级员工的积极性，将阿米巴经营管理的作用最大化，中电爱华按照"公司考核部门，部门考核员工，考核与绩效挂钩，考核结果实时公布"的原则，将考核完成情况与薪酬直接挂钩，实施动态奖励。为提高考核激励效果，中电爱华每日对考核数据进行更新，将考核结果实时公布，最大限度地激励员工提高工作效率，降低可控成本。

四、阿米巴经营应用过程

中电爱华通过不断学习阿米巴理论基础，统一思想，结合实践，以绩效考核制度为保障，以信息化基础为支撑，逐步完成了阿米巴经营在生产制造部门的个性化应用。

（一）阿米巴经营思想导入

由于阿米巴经营起源于日本，尽管许多企业花重金聘请咨询机构指导引入阿米巴经营模式，但因为企业文化不同，员工素质有差异，成效并不显著。为此，中电爱华管理层立足实际，结合行业特点和管理要求，制订了四个阶段的导入计划。

1. 思想统一阶段

中电爱华受行业影响，整体员工素质普遍较低，一线操作工人大都为外来务工人员，受教育程度偏低，学历大多为小学或初中、高中水平，空谈阿米巴哲学并不能达到预期成效。因此，自2016年3月份启动阿米巴项目以来，中电爱华投入了近一年时间开展思想统一工作，以循序渐进的方式，逐步渗透阿米巴理念。首先是让员工认识阿米巴，引入新理念，通过组织员工培训，让员工认识到什么是阿米巴，阿米巴经营是什么，进行阿米巴经营能给员工带来什么变化。然后让员工参与经营管理，宣导阿米巴经营模式，鼓励人人参与。

2. 基础准备阶段

（1）阿米巴划分：按工序、产品、资产等多种组合方式，指导各制造部门根据实际情况划分最小核算单位，不断调整优化。

（2）明确核算标准：明确标准工时、工时费率是阿米巴核算的前提条件，要确保工时测量准确、更新及时；同时，还要结合市场价格统计各工序的工时费率。

（3）建立报表体系：中电爱华为便于阿米巴核算，建立了收入统计日报表、成本费用分摊表、阿米巴核算报表等报表体系（见附件）。同时针对报表内容进行核算相关培训，建立分摊基本规则，强调数据传递与维护的及时性和准确性的重要性。

3．测试运行阶段

（1）建立阿米巴经营数据管理平台：中电爱华通过自上而下逐层分解各核算目标，搭建系统平台，为后续项目考核做准备。

（2）落实阿米巴与制程扫描对接：为保障增加值核算分解到工序，中电爱华根据各制造部门实际情况，结合生产工序特点进行了分段划分，将制程扫描应用至主要工序，落实阿米巴核算。

（3）开展项目活动周启动会、分享总结会：分析总结促进改善，各巴互相学习，取长补短，也为一级巴长提供锻炼学习的平台。

（4）优化完善项目考核：中电爱华以考核为牵引，充分发挥激励机制的作用，推动项目实施深度。

4．经营改善阶段

中电爱华每周组织阿米巴对上周计划达成情况进行分析，并从人、机、料、法、环五个方面落实检讨改善。

人：经营意识宣导，提高人员的主动性、积极性；效率提高，人员组合调配。

机：设备日常维护，满足正常生产经营需求。

料：持续加大成本控制力度，力推优化工艺；推动生产用料降价，公开采购、集中采购。

法：针对阿米巴经营管理中存在的问题定期交流，合理改进，优化管理办法。

环：针对生产制造过程所处的环境和设备、工具的布局和整洁，加强6s现场管理。

为保障各阶段工作有效落实，中电爱华按照公司各部门职能成立以总经理为阿米巴项目总指导，财务总监为项目执行组长，各职能部门负责人为成员的阿米巴经营项目团队，并对各自所司事项进行合理分工。

（二）阿米巴经营实施应用

1．建立阿米巴组织管理体系

中电爱华根据产品工艺工序，综合考虑收入与成本的匹配，将生产制造部门划分为三个层级163个不同大小的阿米巴组织（见表16-1）。

表 16-1　　　　　　　　　　中电爱华阿米巴设置情况表

生产制造部门	三级巴	二级巴	一级巴
制造一部	1	3	20
制造二部	1	3	15
制造三部	1	4	23
制造四部	1	5	23
制造五部	1	2	8
制造六部	1	3	6
制造七部（华为）	1	2	7
制造七部（中兴）	1	2	8
表面处理部（华为）	1	2	7
表面处理部（中兴）	1	2	8
合计	10	28	125

其中，10个最高层级三级巴由原有生产制造部门组成，负责人为原部门经理；28个二级巴由原制造部门下设的作业中心组成，负责人为原作业中心主管；基层125个一级巴由原作业中心下设的班组拆分而成，由推选的一级巴巴长负责管理。每一级阿米巴形成独立的业务单元，逐渐淡化班组概念并模拟成"利润"中心，设定目标，从而实现"产值最大化、费用最小化"的管理方式，起到了培养优秀管理人才，员工共同参与经营的管理作用。

为了有效推广阿米巴的经营理念，一方面，中电爱华设置了阿米巴经营看板，各级阿米巴巴长能够像企业经营者一样分析盈亏，提高效率。员工以巴长为核心，通过管理看板上对经营成果的实时展示，充分感受自己对组织的贡献，获得工作成就感，实现全体员工共同参与经营管理的目的（见图16-1）。

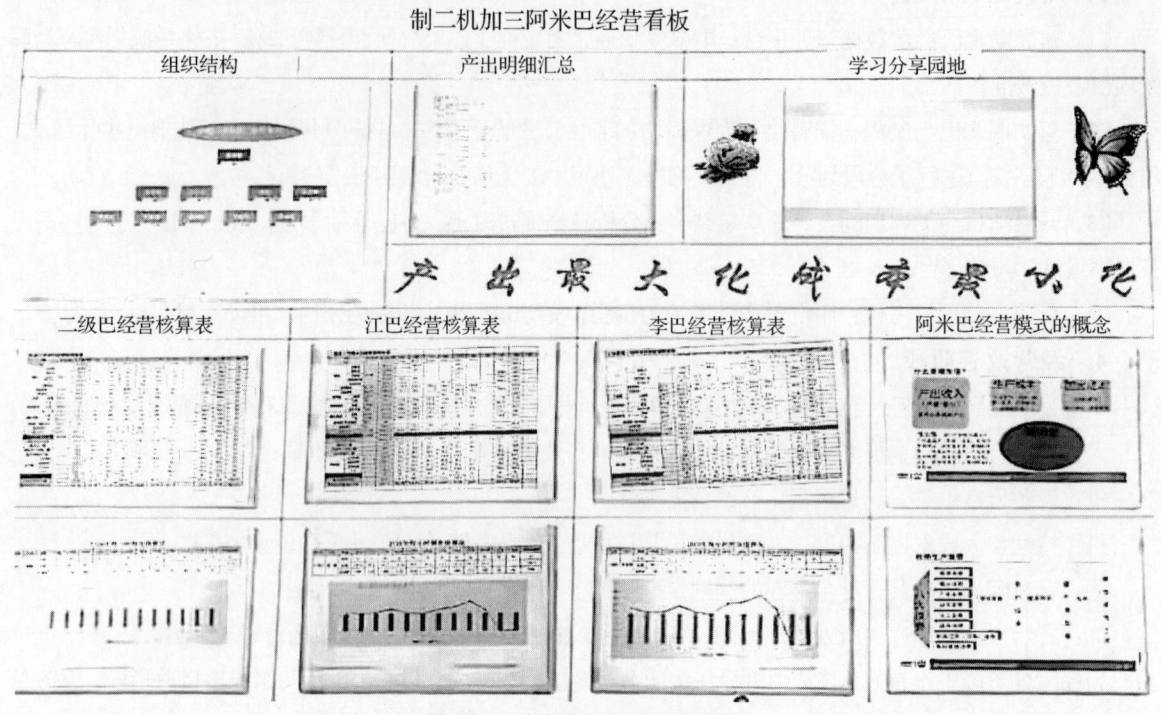

图 16-1　中电爱华阿米巴经营看板

另一方面，中电爱华组建了阿米巴微信平台，营造了分享、学习、共成长的经营氛围；开展以"稻盛哲学"为主题的每日朗读分享活动，提高员工的成本管理意识；定期召开阿米巴启动会和总结会进行分析总结，指导阿米巴实践学习。

2. 加强信息化管理运用

中电爱华从前期的产品设计、原料采购，到中期的生产加工、库存管理，再到后期的物流运输和成本核算，都具备良好的信息化管理基础。为保障阿米巴经营有效开展，中电爱华又进一步提高了信息化管理水平。在物流与订单管理方面，通过和华为深度合作，共同开发了 B2B（Business-to-Business）客户订单管理系统，极大地提高了供应链管理水平。在生产环节，中电爱华在原有企业资源计划系统（Enterprise Resource Planning，ERP）的基础上，结合鼎捷 T100 系统自主开发了增加值管理看板系统（见图 16-2），实现对增加值的变化进行每日更新，为成本管理优化提升打下了良好的信息化基础。

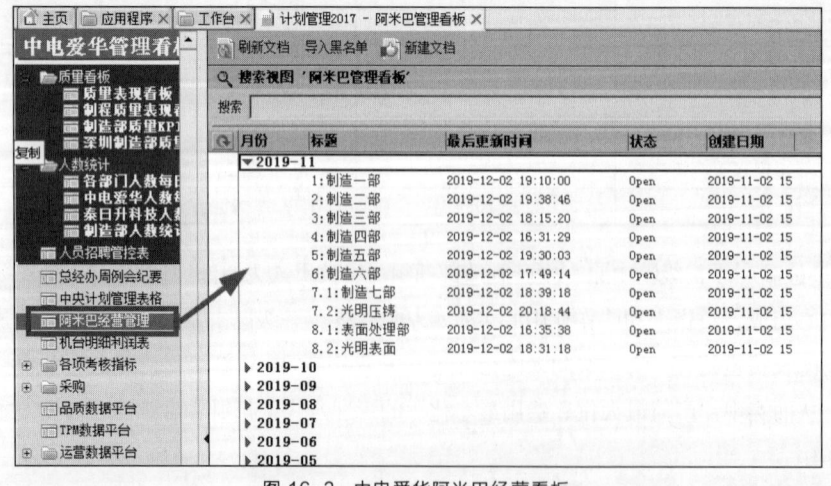

图 16-2　中电爱华阿米巴经营看板

除此之外，中电爱华还通过升级信息化系统，进行物料清单（Bill of Material，BOM）结构的设计、分解以及录入，利用信息系统对产品制程扫描的全部数据进行分析处理，形成管理看板，将生产制造每一个环节进行穿透式的记录。

3. 完善考核激励制度

中电爱华为进一步提高员工对阿米巴经营的认同度和参与感，制定了针对阿米巴巴长和员工的考核办法以及绩效奖励制度，形成了以阿米巴为单位，以增加值为核心的考核激励模式。

（1）引入增加值考核，提高全员成本管理积极性

中电爱华为了推动各级阿米巴有效降低成本，将增加值作为核心考核指标。增加值是指生产过程中创造的价值，即实际产值减去可控成本的结余，也可理解为产成品销售收入减去其制造过程中产生的成本费用（不含人工成本及管理成本）。增加值的计算公式为：

$$增加值 = 销售单价 \times 入库数 - （完工成本 - 制造人员人工成本 - 制造部门管理人员人工成本）$$

相对于产值，增加值能够更好地反映市场价格变化对企业的经营效益的影响。同时，由于增加值中包含成本因素，因此相比考核产值，考核增加值能够更有效地促进阿米巴在生产环节中自主地进行成本控制。

中电爱华根据每个制造部门的实际增加值，按月发放部门绩效工资，计算公式如下：

$$绩效工资总额 = 加班费系数^{①} \times 实际增加值$$

员工个人的绩效工资将根据其工作业绩分配。其中，二级巴和三级巴的巴长效益工资按照部门平均效益工资发放（等于绩效工资总额÷实际人数）。

对于超额完成增加值考核目标的阿米巴，中电爱华还将综合考虑其管理情况，按照其超额程度情况，发放一定比例的超产奖励。中电爱华按月进行考核，对符合要求的阿米巴按照其超产（值）比例发放奖励。例如，完成产值目标超过100%但小于110%的阿米巴，将当月增加值的千分之四作为奖励，由三级巴巴长负责具体分配。

（2）加强巴长考核，全面提高公司管理水平

为加强对阿米巴的管理，有效分解公司生产经营与成本管理的压力，中电爱华以"精益生产、阿米巴经营、计划管理以及质量管理"四大项目为导向，细化落实各个制造部门生产经营、组织规划、优化创新、改善跟踪等系列指标，按月对三级巴和二级巴巴长进行直接考核，并按照考核结果进行额外的工资激励。四大项目权重相同（各占 25%），分别由不同的职能部门负责进行考核评分，评分结果汇总后公司按照项目权重确定巴长每月的绩效奖励。其中精益生产主要考核制造部门的生产效率和效益，阿米巴经营主要考核增加值完成情况和阿米巴培训情况，计划管理主要考核生产计划完成情况，质量管理考核主要针对产品质量和顾客反馈进行考核，同时中电爱华还会对重大质量问题进行监控，作为考核扣分项。

由于二级巴、三级巴主要负责人是由原制造部门的部门经理以及各个作业中心主管组成的，他们的管理水平和管理积极性对阿米巴的经营效益提高有着至关重要的作用。因此，除了每月的四大项目考核外，中电爱华每年还会对三级巴长下达绩效考核总表，就经营目标、重点工作任务以及约束保障事项对其进行考核，其中经营目标权重占70%、工作任务权重占30%、约束保障为扣分项。年终总结时，中电爱华总经理会根据年度绩效得分为三级巴巴长和二级巴巴长发放额外的绩效奖励。部门内部（一级巴）的奖励分配则由三级巴巴长自主决定。

为完成中电爱华下派的工作任务和经营目标，各个三级巴巴长和二级巴巴长会根据自身实际，自发自主地对所属一级巴进行管理和考核。通过这种方式，中电爱华实现了对整个阿米巴组织的间接性管理。

---

① 中电爱华根据各个制造部历史加班数据和增加值完成情况进行设置。

五、阿米巴经营应用成效

（一）取得良好的经济效益：经营改善，提质增效

自 2017 年 5 月开始测试运行后，中电爱华每月组织阿米巴经营启动会和总结会，不断强调和落实基于阿米巴经营的成本管理模式，启动会要求部门内部组织分享学习，所有二级巴巴长汇报本月的项目进展，并对时附加值达成情况、经费支出控制情况、下月改善计划及活动周重点工作等进行分析和规划。公司层面组织活动周总结会，由三级巴巴长进行分享和汇报，从三级巴层面分享部门级阿米巴经营规划和策略，公司所有二级、三级巴巴长都参与分享会议，参照自身巴经营，吸收其他阿米巴的管理经验，取长补短。

通过推动阿米巴经营模式，中电爱华在主要客户招标价格每年下降 20% 的情况下，保持着稳定的增长趋势。其中，产值从 2017 年的 11.3 亿元提高至 2018 年的 14 亿元；年增加值总额从 2017 年的 2.1 亿元上升至 2018 年的 3.44 亿元。

在推行阿米巴经营模式的过程中，中电爱华的运营效率也得到了改善，生产制造周期大幅缩短、主计划达成率从推行前的 65% 提高到 80%、在制品月周转从推行前的 4.8 次提高至 6.6 次。仅 2018 年，中电爱华就通过阿米巴经营节约成本共计 1 164 余万元；70% 的制造部门超额达成时附加值目标，较 2017 年增幅比例平均超 20%，未达成时附加值目标的 3 个部门较上年也有一定幅度的上升。

（二）取得良好的社会效益：思想提升，全员参与

中电爱华阿米巴经营项目推行至今有近 3 年的时间，不仅在经营效益上有所突破，在企业文化和员工自我管理上也取得了巨大改观，尤其是使员工的经营者意识显著提高。

在推行阿米巴经营模式的过程中，中电爱华培养了不少工作热情和吃苦耐劳的基层干部，初步实现了人人参与经营管理的良好局面。在客户招标降价、材料行情价格上涨，人工成本增加的严峻形势下，各级巴长能按计划，朝着提高时附加值的目标不断努力，且整体效益得到有效提高，是非常难能可贵的。阿米巴经营的导入是以稻盛经营哲学为基础，以阿米巴的实学为实践，以最终"提升心性、拓展经营"为目标的一场管理变革。

在这场从思想方式到管理方式的变革中，中电爱华最大的收获是培养了一批优秀的管理人才。从引入阿米巴经营模式开始，中电爱华共培养了一级巴长 125 名，自一级巴长提升至二级巴长的有 8 名，自二级巴长提升至三级巴长的有 2 名，人才培养为公司在市场竞争和未来发展上赋能。在互联网高速发展的今天，为了让个人的价值充分得到市场和公司的认可，阿米巴经营模式把公司大平台划分为很多小平台，提供给有激情、有理想的年轻人，让他们在工业化分工中找到自己展示个人价值的小舞台，并且提供给他们不断上升的成长渠道，很好地契合了新时代党的十九大精神所倡导的"以人为本"的新理念。

阿米巴经营工作只有起点，没有终点，企业经营管理改善永无止境。相信随着市场环境和需求的变化，中电爱华阿米巴经营模式将进一步优化，引导各级巴长持续关注经营数据，深入落实工艺、技术改善，提高生产效率，用经营业绩为公司发展壮大做出贡献。

六、总结与展望

中电爱华以绩效考核为引导，有效减小改革阻力，以信息化基础为支撑，实现精益化的管理。通过推动阿米巴经营模式，在主要客户招标价格逐年下降的情况下，有效提高了产值和年增加值总额，为企业创造价值发挥了积极作用。

此外，通过实施增加值考核方式，培养了"产值最大化、费用最小化"的理念，使员工不仅关注工作效率，更关注生产成本。通过精细化的考核方式和对生产过程的精益控制，降低了产品的生产成本，提

高了员工的工作效率，在日趋激烈的通信市场上，获得了更多了份额，提高了企业的绩效水平，成为打败竞争对手的法宝。同时，员工也随着企业的发展获得了红利，培养了经营管理意识，为职业发展打下了良好的基础。

未来，中电爱华将继续实施阿米巴经营模式，加强对阿米巴的管理，强化成本管控，持续深化对精益生产、阿米巴经营、计划管理以及质量管理的考核管理，最终实现以"提升心性、拓展经营"为目标的管理变革。

 企业自评

通过思想导入，组织分层，考核激励等多重措施，中电爱华成功地将舶来的阿米巴经营模式在企业落地生根。在市场竞争日趋激烈的情况下，通过阿米巴经营模式的有效执行，充分调动员工的积极性和参与感，实现了稳步增长。中电爱华产值从 2017 年的 11.3 亿元提高至 2018 年的 14 亿元；主计划达成率从推行前的 65%提高到 80%、在制品月周转从推行前的 4.8 次提高至 6.6 次，运营效率也得到了改善。通过阿米巴经营模式，中电爱华让员工真正成为企业的"主人"，诠释了"以人为本"的理念，把企业成功改造成为人才成长的平台，发挥价值的舞台。

 **专家点评**

管理演化来自对企业运作的观察，对社会、对环境的感知以及与消费者的同理心。阿米巴经营模式强调人心经营，用最初的心"做正确的事"，通过全员参与型的经营模式实现价值创造。

在通信产品更新迭代加速以及日趋激烈的市场竞争背景下，中电爱华成本管理面临巨大挑战，利润率出现持续下降。2016 年公司以成本管理为突破口，将阿米巴经营模式与标准成本管理、目标成本管理等管理会计工具有机融合，构建了基于组织体系—信息运用—评价考核为一体的富有自身特色的阿米巴经营管理体系，该体系以共同经营为目标，与业务发展相匹配，根据市场需求和企业特点进行组织划分，以绩效考核制度为保障，以信息化基础为支撑，形成了公司独有的阿米巴经营看板、阿米巴微信平台及增加值管理看板系统等个性化应用特色管理工具。几年来，基于阿米巴成本管理体系的引入与实践公司有效解决了成本管理问题，实现了公司从思想方式到管理方式的巨大变革，取得了良好的经济效益和社会效益，相信随着市场环境和需求的变化，中电爱华阿米巴经营模式将进一步优化，最终实现以"提升心性、拓展经营"为目标的管理变革，助推企业价值增值。

附件

阿米巴经营核算报表

中电爱华为了有效考核激励各级员工，引入了增加值和时附加值的概念，将市场压力传导至每个一级巴，通过编制《阿米巴经营核算报表》（见表 16-2）对各级阿米巴经营情况进行核算与展示。《阿米巴经营核算报表》的编制主要分为五个环节，即核算收入、核算公摊费用、核算总工时、考核时附加值以及报表公示。下面以某一级巴×××××为例进行详细说明。

表 16-2 　　　　　　　　　　　　阿米巴经营核算报表

项目		1	……	本月累计数	填列说明
收入		15 000.0		15 000.0	工序增加值×生产合格转件数量
辅料	切削液	599.9		599.9	根据部门费用分摊原则分摊
	导轨油	500.0		500.0	

续表

项目		1	……	本月累计数	填列说明
辅料	清洗剂	300.1		300.1	
	冷脱剂	200.0		200.0	
	抛光类	100.0		100.0	
	劳保类	300.1		300.1	
	……				
	其他辅料类	420.0		420.0	
维修配件		200.0		200.0	
刀具费用		500.0		500.0	
工夹费	工装费	100.0		100.0	根据部门费用分摊原则分摊
	专用量具费	180.1		180.1	
变动费用	水费	106.6		106.6	
	电费	119.9		119.9	
	燃气费	80.0		80.0	
	动力气费	100.0		100.0	
固定费用	设备	0.0		0.0	
	厂房	150.1		150.1	
其他费用		50.0		50.0	
报废损失		0.0		0.0	
费用合计		4 006.8		4 006.8	以上费用合计
附加值		10 993.2		10 993.2	收入-费用合计
总工时	工作时间	92.31		92.3	阿米巴成员人数×8小时
	加班时间	0		0.0	阿米巴成员加班时间合计
	公共时间	0		0.0	（辅助+公共人员）合计工作时间分摊，部门制定规则
	合计	92.31		92.3	工作时间+加班时间+公共时间
目标单位时间附加值		120		120.0	部分统筹规划制定
单位时间附加值		119.1		119.1	附加值/工时合计
单位时间附加值达成率		99%		99%	单位时间附加值/目标单位时间附加值

一、核算收入

由于中电爱华的产品通常由多个一级巴共同参与生产，而各制造工序的生产工艺水平、复杂程度均不相同，中电爱华通过计算一级巴所有工序的增加值以及该阿米巴生产合格的零部件数量核算其收入，具体公式为：

$$收入=\sum 工序增加值×生产合格转件数量$$

因此，为核算一级巴收入，首先需要对增加值进行核定，其次是核算工序增加值，最后统计生产合格转件数量。下面以一个产成品箱体（C01-21×××07）为例，进行说明。

（一）核定增加值

增加值对于一级巴来说，体现的是其生产某一产品的毛利，其计算公式为：

$$增加值=产品销售单价-直接材料成本-其他生产费用$$

其中，产品销售单价根据市场部接收的正式订单确定；直接材料成本由工程部组织各工序工程人员测算，制定 BOM 材料清单后，根据各物料采购成本汇总；其他生产费用根据加工方式和工艺流程测算。

增加值核算表如表 16-3 所示。

表 16-3　　　　　　　　　　　　增加值核算表

成品料号	产值价格	材料费汇总	氧化费汇总	喷涂费汇总	电镀费汇总	点胶费汇总	外协费汇总	内协费汇总	丝印费汇总	增加值	营运据点
C01-21×××07	199.00	94.96	6.22	13.49	0	4.64	1.04	23.17	0	55.48	SITE-01

（二）核算工序增加值

中电爱华以各工序标准价格占产品总标准价格的比例为分配标准，对增加值进行分解，核算工序增加值主要分为确定工时费率、测算标准工时、计算标准价格以及分配工序增加值四步，具体过程如表 16-4 所示。

表 16-4　　　　　　　　　　　　工序增加值核算表

编码	21×××07	增加值		55.48									
				工序1	CNC		工序2	钳工		工序3	装配		
				工时费率	60.00		工时费率	30.00		工时费率	30.00		合计标准价格
序号	子编码	图号	用量	加工时间（S）	工序标准价格	工序增加值	加工时间（S）	工序标准价格	工序增加值	加工时间（S）	工序标准价格	工序增加值	
1	7201××	DKBA××	1	950	15.83	19.53	699	5.83	7.19				
2	7201××	DKBA××	1	555	9.25	11.41	34	0.28	0.35				
3	7201××	DKBA××	1	0	0.00	0.00	55	0.46	0.57				
4	2250××	DKBA××	2	186	6.20	7.65	10	0.17	0.21				
5	2121××	DKBA××	1							834	6.95	8.57	
合计标准价格				31.28			6.74			6.95			44.97

（1）确定工时费率。市场部按工艺技术人员工资的市场行情，设定各工序的工时费率，即每小时人工费用。例如，××巴需要为 C01 箱体加工 5 个部件，需经机加工、钳工、装配三道工序，而三道工序的工时费用率分别被设置为 60 元/小时、30 元/小时、30 元/小时。

（2）测算标准工时。生产部门实测 5 个零部件的加工时间，取平均值得出标准工时。以 C01 箱体某一部件 Y 为例（子编码 7201××），需经过机加工和钳工两道工序，其中机加工工序标准工时为 950 秒，钳工工序标准工时为 699 秒。

（3）计算标准价格。通过计算工时费率与标准工时的乘积，就能够计算得出某个部件在某道工序的标准价格。例如，我们计算得出 Y 部件在机加工工序的标准价格为 15.83 元（60÷3600×950），同时也可以计算出

C01 箱体在××巴的合计标准价格，即 5 个部件在 3 项工序中的标准价格之和。

（4）分配工序增加值。根据各部件标准价格在产品合计标准价格中的占比，将增加值在各工序中进行等比例分配。公式如下：

$$工序增加值 = 增加值 \times 工序标准价格 \div 合计标准价格$$

以 Y 部件为例，在机加工工序的工序增加值为 19.53 元（55.48×15.83÷44.97）。

（三）核算收入

为统计一级巴收入，中电爱华以制程扫描的方式统计各工序、各部件的转件（入库）数量，同时建立了《阿米巴日入库统计表》，根据工序增加值，核算阿米巴的每日具体收入。例如，××巴在 1 日入库 C01 箱体 5 种零部件，各 100 件。经过 3 道工序，转件入库共计 800 次。那么它当日仅生产 C01 箱体，便获得收入 5 548 元，如表 16-5 所示。

表 16-5　　　　　　　　　　　　　收入核算表

工序	子编码	转件数量（入库）	单价增加值（元）	总增加值（元）
CNC	7201××	100	19.535 2	1 953.52
CNC	7201××	100	11.412 7	1 141.27
CNC	2250××	100	7.649 6	764.96
钳工	7201××	100	7.186 9	718.69
钳工	7201××	100	0.349 6	34.96
钳工	7201××	100	0.565 5	56.55
钳工	2250××	100	0.205 6	20.56
装配	2121××	100	8.574 9	857.49
合计		800	55.48	5 548.00

二、核算公摊费用

除收入核算环节中扣除的成本费用外，中电爱华将可控的辅料、维修费、工夹费、水电气费、房租折旧费、报废损失以及部分其他费用作为公摊费用，纳入各级阿米巴进行管理、考核。各费用的核算和分摊原则，从生产一线工人可理解的角度出发，其中辅料费、维修费、工夹费领用时直接计入对应的巴；设备和厂房的折旧费按工序分出后再按机台分摊；其他水电费、报废损失等公摊费用由部门自行分摊。例如，××巴某月 1 日所发生的公摊费用之和为 4 006.80 元。

三、核算总工时

工时数据由制造部考勤文员每天录入系统，经人事部考勤专员审核（与考勤系统关联），公布在公司加班工资管理系统上。总工时是指阿米巴全体员工的 8 小时工作时间、加班时间以及公共时间的汇总，如某阿米巴某月 1 日的总工时为 92.31 小时。

四、核算时附加值

中电爱华通过上述三步，便能对实际发生的时附加值进行核算，其计算公式为：

$$时附加值 = （收入 - 公摊费用）\div 总工时$$

时附加值也可以理解为用来衡量阿米巴班组的工作效率的指标。例如，阿米巴某月 1 日的时附加值为

119.1 元/小时［（15 000-4 006.8）/92.31］，达成目标时附加值的 99%。

中电爱华在参考各三级巴上一年度时附加值的平均值的基础上，经与三级巴巴长沟通后在年初确定年度时附加值目标作为对照指标。［二级巴和一级巴的目标由三级巴（部门）在年初预算时进行分解制定，并督促完成。］

五、经营核算报表公示

为促使各级阿米巴持续改善制造环节的成本控制和提高效率，在增强企业竞争优势的同时，中电爱华加强员工对成本管理的参与感和积极性。中电爱华会将《阿米巴经营核算报表》定期公布于阿米巴经营管理平台，并于生产现场公示。

员工通过管理平台和看板，能清晰地知道，自己一天的工作创造了多少价值，与同车间的其他阿米巴也形成了相互比较和相互竞争的氛围。例如，阿米巴××的时附加值达成率为 99%，距目标有差距，巴长将根据这一结果，带领本巴成员分析产生差异的原因，激励大家后续在生产现场持续进行工艺改善和创新。

案例十七 军工科研单位基于事业部模拟企业化的精益财务管理

中电科技集团重庆声光电有限公司

【摘要】 随着军工科研单位转企改制的不断推进，军工行业正在由长期以来的计划体制向市场竞争体制转变，原事业单位模式下形成的军工单位治理结构和内部运行机制已经不能适应当前的市场变化。为尽快适应军工单位改制的大环境，中电科技集团重庆声光电有限公司自2016年开始构建事业部模拟企业化的管理体系，通过事业部模拟企业化的管理模式在公司内部引入市场化的运行机制，将各事业部模拟作为单独的法人实体，按照企业化的运作模式对事业部进行内部核算，以此加强各科研生产部门的市场化竞争意识，形成压力的层层传递、经营指标的层层分解、责任的层层落实。在此基础上，搭建一套与之匹配的内部财务核算体系，在达到"精益管理、提质增效"目的的同时，为后续优质资产的资本化运作提供了管理基础和平稳过渡条件。

【关键词】 模拟企业化；"一体化"管理；内部核算体系；精益财务管理

一、企业简介

中电科技集团重庆声光电有限公司（以下简称"声光电公司"）是经中国电子科技集团有限公司（以下简称"集团公司"）党组批准，基于模拟集成电路、微声器件、光电器件和磁电子专业，整合集团公司重庆地区二十四所、二十六所、四十四所（以下简称"三所"）和绵阳地区九所而组建的专业型高科技公司，承载着集团公司模拟集成电路、微声电子、惯性、光电子、磁电子等电子元器件及微系统技术事业发展的使命。

声光电公司自组建以来，以四个所主专业为基础，积极探索实现整合技术的发展路径，积极推进科技成果产业化进程，深化内外部资源整合，建立现代企业制度。在确保军工科研自主可控的基础上，聚焦通信/导航电子产业、汽车电子产业、智慧电子产业三大产业方向，大力发展优势产业，建设"科技创新""行业领先"型高科技企业。

声光电公司现有在职职工 7 000 余人，截至 2018 年年底，总资产规模达到 116.89 亿元，实现营业总收入 65.92 亿元，利润总额 5.87 亿元。未来，声光电公司将加快体制机制改革创新、优化管控模式和运行模式、推动资源整合和融合，力争建成一流的创新型公司。

二、管理会计实施背景

（一）加快军工科研单位转企改制和资源整合的有力推手

随着军工科研单位转企改制的不断推进，军工行业正在由长期以来的计划体制向市场竞争体制转变，军工科研院所面临的竞争形势愈发激烈，新形势、新常态对军工科研院所的发展提出了新的要求，要求其向创

作者：倪微、朱兴玲、阮昕宇

业型、能力型、效益型和产业型转变，形成卓越的市场运营能力和科学创新能力。然而，受传统经营模式的影响，原事业单位模式下形成的军工单位治理结构和财务管理模式已经不能适应当前的市场变化，存在着不能真实反映业务开展情况的缺陷，不能满足军工科研单位转型升级的要求。通过建立跨法人实体的"一体化"管理模式，推进企业化经营体系的建设、突破资源整合中的法人壁垒，声光电公司可为后续优质资产的资本化运营提供可能性。

（二）贯彻国资委"精益管理、提质增效"的创新举措

自 2013 年开始，国资委就对中央企业提出了"大力实施精益财务，着力提升经济效益"的要求。近年来，中国电子科技集团有限公司为贯彻党中央、国务院关于中央企业"提质增效"的总体要求，不断深化增收节支工作，通过"财务管理整改提高年""财务精益管理年"等主题年活动，不断提高财务精益管理水平。声光电公司自成立以来也在不断探索提高财务精益管理能力的途径和方法，自 2016 年开始构建事业部模拟企业化的管理体系，将市场机制引入声光电公司内部的各事业部之间，通过内部的模拟企业化，划小核算单元，配套搭建一套以市场化为原则的内部核算体系，实现财务管理的精益化。

（三）提高产品盈利能力和市场竞争力的重要手段

横向产品成本的核算和管理一直是科研院所成本管理中的薄弱环节，传统科研院所普遍存在"重研发、轻效益"的现象，事业部负责人或员工往往将重点放在如何尽快完成科研任务、如何以最容易的方式实现产品技术指标上，而对在此过程中投入的资源和发生的成本极少考虑，自负盈亏意识不强，成本管控意识较差，对横向产品的实际盈利能力无法准确判断，使得产品成本与市场同类产品相比，不具备竞争优势。这样也不利于调动员工的积极性和创造性，无法有效提升核心竞争力。而从财务成本管理及核算方面来讲，为了保证纵向科研项目的顺利验收，企业往往也更关注纵向项目的成本核算及管理，对于横向产品成本的关注度远远不够，这造成财务不能在提高企业经济效益中发挥有效作用。

三、管理会计应用基础

（一）组织基础

为确保事业部模拟企业化的精益财务管理顺利搭建，声光电公司成立了专门的内部核算组织机构，包括内部核算领导小组、内部核算办公室和内部核算结算主体。内部核算领导小组是内部核算管理的最高决策机构，由声光电公司总会计师担任组长，由涉及内部核算的机关职能部门负责人担任小组成员。内部核算领导小组下设内部核算办公室，挂靠财务部，办公室成员包括各基层单位内部核算管理人员和财务部门内部核算员，具体负责各单位内部核算管理工作。内部核算结算主体负责相关内部结算费用的归集、分配、报送及相关事项的沟通与解释。

（二）制度基础

为规范声光电公司下属各事业部内部核算，正确计量各事业部的业务活动或经营成果，声光电公司结合实际情况，制定了《中电科技集团重庆声光电有限公司内部核算管理办法（试行）》。根据内部核算管理的需要，在充分调研市场行情的基础上，声光电公司对下属三个研究所原有的收费价格进行了全面清理，形成了新的内部收费标准，下发了文件《中电科技集团重庆声光电有限公司内部收费标准（暂行）》，健全了价格体系。

（三）人才基础

声光电公司下设 18 个事业部，每个事业部设置一名财务经理，由财务部门内部核算员担任，全方面

负责事业部财务工作。各事业部根据自身情况配置内部核算管理人员，负责与财务经理对接财务工作。为了做好实施工作，企业组织多次培训，制定了《事业部模拟企业化核算工作指南》《事业部模拟企业化核算操作手册》等培训资料，培养了一批精干的既懂业务又懂财务且对使用的信息化系统有深入了解的复合型人员。

四、企业实施管理会计的具体举措

在军工科研单位转制的大背景下，声光电公司通过事业部模拟企业化的管理模式在内部引入市场化的运行机制，以此加强各科研生产部门的市场化竞争意识，实现压力层层传递、经营指标层层分解、责任层层落实。在此基础上，声光电公司通过梳理并统一当前内部价格体系、制定内部核算规则、细化内部核算体系设计、开展产品成本管理等一系列措施，设计了一套与事业部模拟企业化管理相匹配的内部财务核算体系，在达到"精益管理、提质增效"目的的同时，为后续优质资产的资本化运作提供了管理基础和平稳过渡的条件。基于事业部模拟企业化的精益财务管理的实施，统一了不同科研院所的内部核算方式，加强了成本管理，使声光电公司经济效益得到了显著提高。

（一）成立内部核算组织机构，明确建设思路和方案

事业部模拟企业化下的财务管理，是与军工科研单位传统财务管理模式完全不同的财务管理体系，为确保其顺利搭建，声光电公司成立了专门的内部核算组织机构。在内部核算管理组织的规划下，声光电公司明确了内部核算建设的整体思路：划小核算单元，建立与市场行情相匹配的内部收费价格体系和满足声光电公司管理需要的内部核算体系，明确声光电公司法人实体资产、负债的分解方案，以信息化建设为支撑，加强产品成本管理，不断提高声光电公司财务管理的精益化水平。

建设初期，内部核算领导小组和办公室通过调研、座谈等方式，向各事业部宣传贯彻了基于事业部模拟企业化的财务管理体系建设的背景和思路，让各部门初步理解模拟企业化的内涵和意义，同时在调研过程中了解各部门对模拟企业化管理建设的要求。通过机关职能部门和事业部人员的充分协同和配合，声光电公司顺利搭建了基于模拟企业化的内部核算体系建设方案，包括内部核算体系建设的实施计划、内部核算的主要内容、内部报表体系的设计、信息化系统的建设等各方面的内容。

（二）统一内部收费标准，构建内部收费价格体系

根据内部核算管理的需要，在充分调研市场行情的基础上，声光电公司对下属三个研究所原有的收费价格进行了全面清理，形成了新的内部收费标准，下发了《中电科技集团重庆声光电有限公司内部收费标准（暂行）》（见图 17-1），健全了价格体系。

结合声光电公司实际业务的开展情况，内部收费价格体系主要包括固定资产和无形资产收费、设备维修租赁及计量收费、动燃费收费、物业后勤管理收费、外壳及结构件收费、检测费用收费、设计和工艺价格收费、技术支持和知识产权收费、综合管理业务收费及信息化使用收费十个方面的内容，覆盖了从内部协作到内部综合管理的收费标准。

在上述收费体系中，固定资产和无形资产收费是充分考虑了声光电公司模拟企业化管理的实际情况制定的。根据《军工科研单位会计制度》，声光电公司下属科研院所固定资产主要采用 20 年的折旧年限，为深入贯彻企业化管理的思路，在设计内部收费价格体系时，参照了企业的折旧标准进行了收费：技改专项设备仪器 8 年计提折旧，自筹采购的设备仪器按照 5 年计提折旧，电子产品及办公设备按照 3 年计提折旧，已折旧完的固定资产按照原值乘以 5% 计算使用费。这种缩短折旧年限的方式除了让事业部能够提前适应企业化的折旧标准外，还有助于进一步提高资产使用效率。

中电科技集团重庆声光电有限公司文件

公司发〔2016〕273号

中电科技集团重庆声光电有限公司
关于下发内部收费标准（暂行）的通知

公司各部门及所属成员单位：

为了规范声光电公司（以下简称"公司"）内部科研生产经营活动收费管理行为，统一收费标准，健全价格体系，加强成本核算，促进经营实体企业化运行的相关工作，提高市场适应能力和竞争力，在充分调研市场行情的基础上，经济运行部组织相关业务部门对公司内部价格进行了全面清理，形成了新的内部收费标准，并经办公会审议通过，请各部门遵照执行。

图 17-1　声光电公司内部收费标准（暂行）

（三）明确内部核算原则，细化内部核算体系设计

以内部模拟企业化的总体思路为指导，根据前期建设方案，声光电公司细化了内部核算体系建设的具体原则、核算内容以及核算流程等。声光电公司在内部对各事业部实行模拟企业化管理，按照国家相关法律法规的规定和行业惯例，建立内部银行虚拟机构配套利润中心的模拟企业化运行。

1. 内部核算原则

（1）与经营目标和全面预算紧密结合的原则

各事业部内部核算与经营目标责任书和部门预算紧密结合。声光电公司根据利润中心收入、成本、费用、利润的经营目标和内部预算目标进行内部核算与管理，根据成本费用中心成本费用预算明细控制指标进行内部核算与管理，强化内部核算与预算特别是内部预算的衔接。

（2）利润中心全成本核算原则

按照权责匹配的原则，利润中心的资金、资源实行有偿使用，与利润中心经营活动相关的支出均应由利润中心承担。能够直接分解至事业部的收支直接核算至事业部，不能够直接分解的收支由归口管理的职能部门按照声光电公司内部收费标准的要求通过内部结算的方式计入事业部收支。

（3）利润中心模拟企业化管理原则

声光电公司在公司内部对各利润中心实行模拟企业化管理，按照国家相关法律法规的规定和行业惯例，建立内部银行、税务、国有资产投资人等虚拟机构配套利润中心的模拟企业化运行系统。

2. 内部核算的适应性调整

声光电公司根据事业部级内部财务报表项目和核算科目的设置情况对原有会计核算进行了全面适应性调整。在遵循基本会计制度的前提下，统一规范科目的核算内容，根据外部核算管理和内部收费体系相结合的原则，增设了必要的内部核算科目体系，同时对各项内部科目增设了必要的辅助核算项目，包括往来核算、科研项目核算、预算项目核算、现金流核算等。其中预算项目是以业务事项为核心，在年初下发的预算方案的基础上对事业部的各项成本费用进行管控的一种手段，目的在于加强成本控制，进一步提高事业部成本管控意识。

3. 开展内部银行管理，强化资金管控

为了强化资金管控，声光电公司建立了内部银行的管理模式，开展了内部银行管理。内部银行是一个虚拟的银行系统，是声光电公司事业部内部资金筹措、调度、监控和管理的职能机构。声光电公司对事业部的资金采用"统一开户、统存统贷、统一结算、以存定支"的资金营运方式。事业部内外部业务必须通过内部银行每月结算，其中财务报销的外部业务实行权责发生制，内部业务全部实行收付实现制。

内部银行实行最低资金余量控制管理，初始投资日，声光电公司统一向事业部内部银行存款拨入初始投资资金。初始投资日后，以事业部三个月工资总额作为该事业部内部银行存款最低资金余量，低于该控制线时，将由内部银行向事业部提出预警，并暂停所有款项支付业务。事业部需向内部银行提出银行贷款申请、签订贷款合同，并从当月起按银行同期贷款利率计算利息费用，贷款资金到位后再行恢复付款业务。内部银行贷款合同和提前还款通知书如图 17-2 和图 17-3 所示。

内部银行贷款合同

贷款方：

一、贷款金额（大写）：

二、贷款用途：

三、贷款利率：

四、贷款期限：

贷款时间自　年　月　日至　年　月　日止。共计　个月。

本合同一式两份，贷款方、内部核算办公室各执一份。

贷款部门负责人：（审批）

内部核算办公室：（审批）

内部核算领导小组：（审批）

图 17-2　内部银行贷款合同

提前还款通知书

声光电公司内部银行：

我单位拟提前归还合同编号为：_____ 项下的贷款，还款类型为：

1. □提前部分还款，还款金额：人民币___/___万元整（RMB___/___元）。

2. □提前结清。

拟还款日期为　年　月　日，实际还款日期以贷款本息最终扣划日为准，请内部银行协助办理相关手续，特此申请。

贷款部门负责人：

经办人及电话：

年　月　日

图 17-3　提前还款通知书

在日常管理方面，内部银行贷款利息按月计算、按月结算，事业部可根据自身银行存款情况申请提前贷款偿还，对于到期无足够资金偿还贷款的，除继续正常计算结息外，需加收违约金。原则上前债不清后债不

借，直至足额偿还该项贷款。同时从下一笔贷款开始利率在银行同期贷款利率的基础上上浮 10%。

在事业部开展内部银行管理，目的在于实行资金有偿使用，强化事业部资金管控意识，将声光电公司各法人可能出现的资金压力传递到更基层的部门，有效降低声光电公司的资金风险。

（四）建立内部成本核算体系，强化内部成本管理

内部核算体系的搭建为基于事业部模拟企业化的精益财务管理提供了手段，而精益财务管理更需落实到"降本增效"的实际应用上。

为了改变横向产品成本核算和管理薄弱的现状，声光电公司以典型事业部和典型产品为突破口，探索适合市场化机制的内部成本核算模式，结合事业部实际情况建立事业部投入产出成本核算体系，从简单的项目成本核算过渡为以成本控制为核心、提高投入产出为目的的成本管理体系，让事业部更加明确自身的盈利点和出血点，实现经济效益的最大化。

声光电公司选取典型事业部进行走访调研，了解事业部的投入产出现状，听取事业部对于投入产出核算的要求和建议。在此基础上，结合投入产出建设要求和典型事业部的实际情况，对事业部的生产工序进行固化，有针对性地制定各事业部的投入产出基础数据统计规范。该规范主要用于统计事业部各类产品在不同工序上的投入产出情况，为后续的成本核算打下基础。公司还根据事业部内部核算体系的成本构成，搭建事业部投入产出报表体系，明确各项数据来源，以及成本归集和核算的方法，核算各类产品在每一道工序上的投入产出率，分析产品在经济活动过程中的成本消耗情况。

在对典型事业部产品进行投入产出核算的基础上，声光电公司再进一步选取典型产品作为产品定额成本制定和产品盈亏分析的对象，对其进行成本毛利分析，搭建成本结构体系，提出定额成本方案，并制定定额成本工作流程。通过典型产品实际成本与定额成本的差异，发掘成本的关键控制点，为细化产品成本管理、实现降本增效打下坚实基础。

五、管理会计实施成果

事业部内部财务报表是事业部模拟企业化管理的成果体现，声光电公司根据内部管理需要，结合浪潮软件信息化平台，推进了与事业部模拟企业化体系相匹配的信息化建设，为事业部的企业化核算提供了信息化支撑。在浪潮软件利润中心管理会计模块下，财务部及时处理事业部财务数据，编制事业部内部财务报表，事业部在浪潮软件里可实时查询本部门内部财务报表。声光电公司根据内部核算的实际需要，个性化地设计了一套事业部内部财务报表，包括资产负债表、预算执行情况表和现金流量表。

（一）资产负债表

资产负债表主要核算资产、负债和所有者权益项目，资产项目包括内部银行存款、应收票据、应收账款、预付账款、存货、其他应收款、固定资产和无形资产；负债项目主要包括内部银行借款、应付账款、应付职工薪酬、其他应付款和应交税费等。所有者权益项目主要包括实收资本、资本公积和部门发展基金，如表 17-1 所示。

对事业部进行资产负债核算的一个重点和难点是期初数的确认。在这个问题上，声光电公司以 2017 年 1 月 1 日作为事业部资产负债表的初始日，根据资产负债表核算的具体内容，明确了各项资产负债项目的期初数的数据来源和确认规则，根据核算项目的归口管理部门进行了责任划分，充分发动各机关职能部门参与其中，将声光电公司本部和下属三个科研院所各自法人在 2017 年 1 月 1 日时点上的资产和负债按事业部进行分解，确认事业部资产负债表期初数。在分解过程中，为确保事业部在用资产能够完整反映到内部核算中，在内部固定资产核算时，将账销案存资产纳入了事业部的资产核算范围。

表 17-1　　　　　　　　　　　　　　　　资产负债表

事业部：　　　　　　　　　　　　　　日期：　年　月　　　　　　　　　　　　单位：元

资产	行次	期初数	期末数	上年同期数	负债及权益	行次	期初数	期末数	上年同期数
流动资产：	1				流动负债：	19			
内部银行存款	2				内部银行借款	20			
应收票据	3				应付利息	21			
应收账款	4				应付账款	22			
预付账款	5				应付职工薪酬	23			
存货	6				其他应付款	24			
其中：原材料	7				应交股利	25			
产成品	8				应交税费	26			
其他应收款	9				流动负债合计	27			
流动资产合计	10				非流动负债合计	28			
固定资产原价	11				负债合计	29			
减：累计折旧	12					30			
固定资产净值	13				所有者权益：	31			
无形资产原值	14				实收资本	32			
减：累计摊销	15				资本公积	33			
无形资产净值	16				部门发展基金	34			
非流动资产合计	17				所有者权益合计	35			
资产合计	18				负债及权益合计	36			

（二）预算执行情况表

预算执行情况表主要核算事业部的收入、支出、利润及与事业部绩效考核相关的部分重要经济指标。

根据声光电公司内部管理的需要，预算执行情况表采用了与传统利润表不同的格式设计。其中，收入部分根据中国电子科技集团有限公司全力发展"五大业态"的要求，将营业收入进一步细分为"军工收入""民品收入""国际化经营收入""科技创新收入""资产经营与资本运作收入""内协收入""其他收入"七个板块。支出部分则根据内部精益化管理的需要，按照业务内容对成本费用进行了细化，主要包括"材料费""外协费""人工成本""动燃费""固定资产使用费""无形资产摊销""内部结算的生产成本""其他经营费用""所得税""上缴收益"等。重要经济指标则根据内部考核的需要，设置了"经济增加值（EVA）""全员劳动生产率""成本费用总额占营业收入比重""应收账款周转率""存货周转率""盈余现金保障倍数""净资产收益率"和"预算准确率"八个指标，如表 17-2 所示。

表 17-2　　　　　　　　　　　　　　　预算执行情况表

事业部：　　　　　　　　　　　　　期间：　年　月　　　　　　　　　　　　单位：元

类别	项目		目标值	本期数	本年累计数	上年同期累计数
财务指标	一、营业总收入					
	其中：军工收入					
		其中：军品销售收入				
		科研收入				
	民品收入					
	科技创新收入					
	国际化经营收入					
	资产经营与资本运作收入					

类别	项目	目标值	本期数	本年累计数	上年同期累计数
财务指标	内协收入				
	其他收入				
	二、营业总成本				
	其中：营业成本				
	其中：材料费				
	外协费				
	人工成本				
	其中：工资、奖金（计算成本用）				
	人力工资总额（发放工资用）：基础性薪酬				
	竞争性薪酬				
	挑战性薪酬				
	增人增资				
	住房费用				
	其中：公积金				
	住房补贴				
	社会保险费				
	其中：养老保险				
	医疗保险				
	失业保险				
	工伤保险				
	生育保险				
	福利费				
	其中：过节费				
	清凉、烤火费				
	生日费				
	门诊费				
	医疗费				
	中餐费				
	劳保费				
	其他福利费				
	劳务费				
	其中：派遣工人力成本				
	临时工费用				
	计提费用				
	动燃费				
	固定资产使用费				
	无形资产摊销				
	内部结算的生产成本				
	其他经营费用				
	其中：差旅费				
	业务招待费				
	会议费				
	办公费用				
	专项费用				

类别	项目		目标值	本期数	本年累计数	上年同期累计数
财务指标		其他费用				
		内部结算的期间费用				
	财务费用					
		其中：利息收入				
		利息支出				
		三金占用成本				
	三、内部利润					
	减：所得税（税率15%）					
	四、净利润					
	减：上缴收益					
	五、留存收益					
经济指标	经济增加值（EVA）					
	全员劳动生产率					
	其中：增加值					
	从业人员平均数					
	成本费用总额占营业收入比重					
	应收账款周转率					
	存货周转率					
	盈余现金保障倍数					
	净资产收益率					
	预算准确率					

（三）现金流量表

现金流量表主要核算事业部的现金流情况，与传统现金流量表一致，分为"经营活动产生的现金流量""投资活动产生的现金流量""筹资活动产生的现金流量"，如表17-3所示。

表 17-3 现金流量表

事业部： 期间： 年 月 单位：元

项目	行次	本年数	上年数
经营活动产生的现金流量：	1		
经营活动现金流入	2		
拨入事业经费、财政补助收到的现金	3		
上级补助收到的现金	4		
拨入的职工住房补助收到的现金	5		
军工科研项目收到的现金	6		
技术服务收到的现金	7		
其他事业业务收到的现金	8		
销售商品、提供劳务收到的现金	9		
收到的税费返还	10		
收到其他与经营活动有关的现金	11		
经营活动现金流出	12		
对附属单位拨款支出的现金	13		
转出分承包项目所支付的现金	14		
支付给职工住房补助的现金	15		

项目	行次	本年数	上年数
购买商品、接受劳务支付的现金	16		
支付给职工以及为职工支付的现金	17		
支付的各项税费	18		
支付其他与经营活动有关的现金	19		
投资活动产生的现金流量：	20		
投资活动现金流入	21		
收回投资收到的现金	22		
取得投资收益收到的现金	23		
处置固定资产、无形资产和其他长期资产收回的现金净额	24		
处置子公司及其他营业单位收到的现金净额	25		
收到其他与投资活动有关的现金	26		
投资活动现金流出	27		
国家基建、技改自筹资金构建的固定资产	28		
国家基建、技改国拨资金构建的固定资产	29		
其他构建固定资产、无形资产和其他长期资产支付的现金	30		
投资支付的现金	31		
取得子公司及其他营业单位支付的现金净额	32		
支付其他与投资活动有关的现金	33		
筹资活动产生的现金流量：	34		
筹资活动现金流入	35		
国家基建、技改投入收到的现金	36		
吸收其他收入收到的现金	37		
吸收投资收到的现金	38		
取得借款收到的现金	39		
收到其他与筹资活动有关的现金	40		
筹资活动现金流出	41		
上缴结余所支付的现金	42		
偿还债务支付的现金	43		
分配股利、利润或偿付利息支付的现金	44		
支付其他与筹资活动有关的现金	45		
汇率变动对现金及现金等价物的影响	46		
现金及现金等价物净增加额	47		
期初现金及现金等价物余额	48		
期末现金及现金等价物余额	49		

　　财务部除了向事业部提供内部报表，还针对各事业部的财务状况和经营成果，结合生产经营实际情况，对事业部的实际运营状况进行分析，定期编制事业部经济运行分析报告，帮助事业部挖掘财务数据背后的实质性问题，从财务角度找出事业部经营管理过程中存在的问题，并为其提供管理建议，帮助事业部健康发展。

六、管理会计信息化建设

　　以内部核算体系的具体设计为基础，声光电公司依托浪潮软件自主开发了一套公司独有的外部核算和内部核算既独立又互通的"双轨制"利润中心信息系统，信息化建设设计原理如图17-4所示。利润中心信息系统主要从内部管理的视角处理经济活动，在利润中心将事业部设置成独立核算的会计主体，建立核算账簿，独立核算盈亏。其设计原理是：通过外部核算和内部核算的互联互通，实现内部会计主体的数据归集、核算与考核，将核算体系与业务体系保持紧密集成，全面、高效、精确地实现多种模式管理机制下对内部组织以及公司管理的要求。目前，该系统已在声光电公司所有事业部应用，事业部可实时查询本部门的收支情况，及时了解部门经营目标的完成情况，实现内部独立核算数据的实时传递。

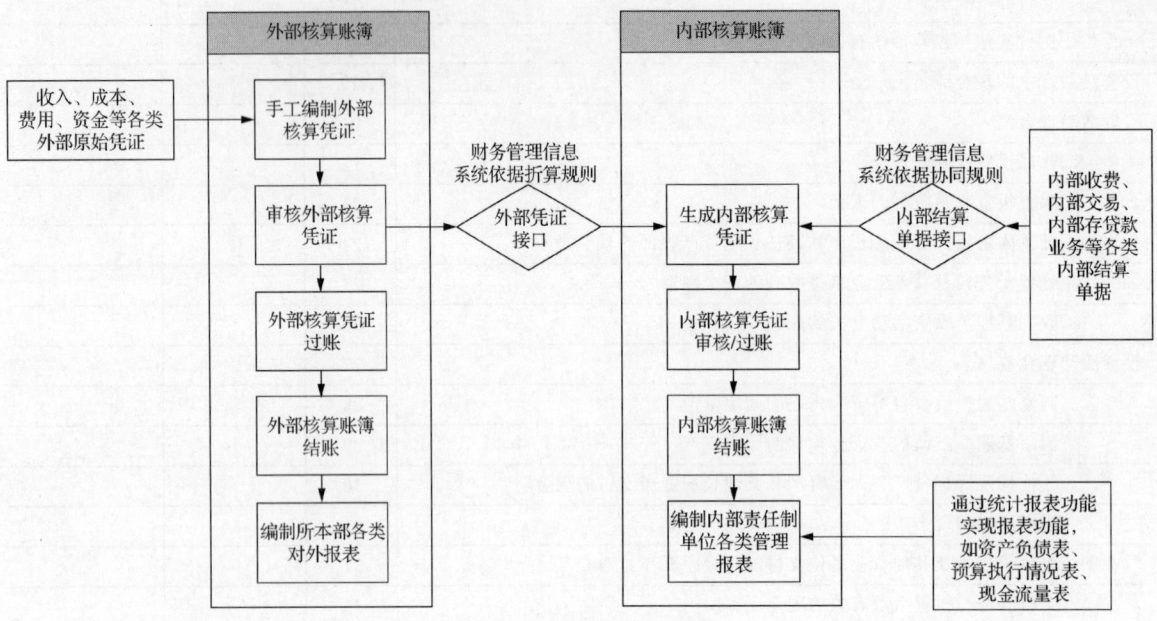

图 17-4　信息化建设设计原理

利润中心数据归集的流程如下。

（一）搭建利润中心组织结构

事业部模拟企业化体系下的内部核算，是将不同的事业部作为独立的模拟法人进行管理。因此，根据内部核算需求，首先要建立以事业部为单位的利润中心组织结构，明确利润中心管控范围。由于内部核算账簿的基础数据来源之一为外部核算数据，因此在确定内部核算组织结构后，需建立外部部门与内部组织结构的映射关系，为核算数据的正确归集提供条件。

（二）设置利润中心科目体系

声光电公司结合外部核算科目体系和内部核算需求，设计一套全面的内部核算科目体系。与财务外部核算科目体系类似，内部核算科目体系按照科目属性分为资产、负债、共同、所有者权益、成本费用和损益六大类。部分内部科目在设计时遵循了简化原则，对于不需要过于明细核算的科目，减少了科目级次。

在科目体系确定好后，进一步定义科目编码，并根据需要确定每一个科目的辅助核算项目，包括预算项目、往来单位、项目管理、个人核算、现金流量等。

（三）内外账科目体系映射

与建立部门映射管理类似，内部核算科目体系确定后，声光电公司需建立内外账科目的映射关系，为外部核算数据与利润中心数据的传输提供桥梁。

（四）设置内部报表取数公式

声光电公司根据内部报表体系和内部核算科目体系，确定各报表项目的数据来源，明确取数规则、设计取数公式，实现各事业部由基础内部核算数据到统计报表的归集。

（五）利润中心信息系统二次开发

在前期基础数据初始化工作完成的基础上，根据内部核算管理的具体要求，声光电公司对利润中心信息系统进行个性化的二次开发，具体包括事业部的权限设置、外部凭证折算的具体处理方式、报表公式的具体设置、利润中心各个模块的具体应用等，使利润中心平台能够完全满足声光电公司内部核算的需求。

在利润中心信息系统中，各事业部在统一的核算规则下有相互独立的核算账簿。与总账账务信息系统类似，事业部在核算账簿下可进行日常凭证的编制和查询，序时账、余额表、明细账等多种账表查询，年度初始及期末结账处理，以及内部统计报表的生成等操作。

七、管理会计实施效果

（一）建立了跨法人实体的"一体化"管理模式，实现业务的深度整合

声光电公司事业部模拟企业化管理体系下的财务管理模式建设，是在公司科研院所改制及声光电磁业务深度整合的双重背景下开展的一项创新性工作。与其他单位的模拟企业化管理不同，声光电公司的内部模拟企业化管理面临的是三个研究所不同的内部财务管理基础，因此，声光电公司对原下属的三个研究所各自的内部核算体系进行了全面梳理，顺利搭建了适应所有事业部管理模式的统一的内部核算规则和内部价格体系，打破了原有的法人概念，实现了跨法人实体的实质性的"一体化"管理，实现了声光电公司业务的深度整合，同时在声光电公司内部树立了企业化管理的主流理念，为优质资产后续的资本化运作提供了良好的管理环境。

（二）加强了成本管理，经济效益得到显著提高

通过事业部模拟企业化管理体系的建设，声光电公司逐渐改变了原科研院所体制下的"重研发、轻效益"的理念，特别是在此基础上建立了"一体化"下的事业部内部绩效考核管理体系，使各事业部在日常管理中更加关注产品或项目的投入产出效益，促进了财务工作与业务工作的高度融合，实现了财务管理和科研生产管理的协同并进。自推行事业部模拟企业化管理以来，声光电公司经济运行质量得到了明显提高，利润总额由 2015 年（基年）的 3.76 亿元提高到了 2018 年的 5.87 亿元，年均增长率为 16.01%；营业利润率从 2015 年的 6.54%提高到了 2018 年的 8.78%，成本费用总额占营业收入比重也由 2015 年的 93.11%降低到 2018 年的 90.96%；国有资本保值增值率从 2015 年的 108.6%提高到 2018 年的 109.82%。

（三）基于事业部模拟企业化的内部核算体系的建设，具有一定推广前景和意义

声光电公司基于事业部模拟企业化的精益财务管理模式建设，从公司实际出发，把市场化机制引入事业部管理中，减少科研院所转制为公司带来的冲击。这种精益财务管理模式可以为同样面临事业单位改制的企业提供一定的借鉴经验，帮助企业实现财务与业务的全面协同，以尽可能低的成本获得最大的收益，为未来事业单位的转制打下基础。

八、总结与展望

在军工科研院所改制的大背景下，声光电公司基于事业部模拟企业化的精益财务管理模式建设，从设计到实施的过程，都将"企业化"的思路贯穿其中，从公司实际出发，把市场化机制引入事业部管理中，以增强事业部自主经营的活力，让作为实现公司经营目标主力军的事业部提前适应企业化运作的管理模式，减少科研院所转制为公司带来的冲击。

自推动事业部模拟企业化建设以来，声光电公司在内部管理和成本管控方面都取得了明显成效，一线科

研人员和业务人员的"财务思维"不断增强，财务人员在实施过程中也不断深入了解业务，有力推动了公司经营管理水平和效益的提高。

　　未来，声光电公司将进一步完善"一对一"的财务经理制，让财务人员与事业部深入对接，通过模拟企业化体系的不断完善实现项目和产品成本的全生命周期管理，将管理会计工具深入公司生产经营活动，为公司经济效益的不断提高提供有力支撑。

 企业自评

　　声光电公司事业部模拟企业化管理体系下的财务管理模式建设，是在公司科研院所改制及声光电磁业务深度整合的双重背景下开展的一项创新性工作。声光电公司对原下属三个研究所各自的内部核算体系进行了全面梳理，顺利搭建了适应所有事业部管理模式的统一的内部核算规则和内部价格体系，打破了原有的法人概念，实现了跨法人实体的实质性的"一体化"管理，实现了声光电公司业务的深度整合。通过事业部模拟企业化管理体系的建设，逐渐改变了原科研院所体制下的"重研发、轻效益"的理念，特别是在此基础上建立了"一体化"下的事业部内部绩效考核管理体系，使各事业部在日常管理中更加关注产品或项目的投入产出效益，促进了财务工作与业务工作的高度融合，实现了财务管理和科研生产管理的协同并进。声光电公司把市场化机制引入事业部管理，让作为实现公司经营目标主力军的事业部提前适应企业化运作的管理模式，减少科研院所转制为公司带来的冲击，这种精益财务管理模式可以为同样面临事业单位改制的企业提供一定的借鉴经验。

 专家点评

　　中电科技集团重庆声光电有限公司是一家从事模拟集成电路、微声器件、光电器件和磁电子专业技术产品研发生产的军工企业。由于军工行业由计划体制向市场竞争体制转变，原事业单位模式下形成的军工单位管理体制和运行机制已经不能适应当前的市场变化。声光电公司构建事业部模拟企业化的管理体系，通过事业部模拟企业化的管理模式在公司内部引入市场化的运行机制，将各事业部模拟作为单独的法人实体，按照企业化的运作模式对事业部进行内部核算，以此加强各科研生产部门的市场化竞争意识，实现压力有效传递、经营指标科学分解、责任层层落实，并搭建一套与之相匹配的内部财务核算体系，达到"精益管理、提质增效"的效果。可见，从国情和实际需求出发，探索不同组织体制下管理会计改革是十分必要和有益的。

案例十八　基于"事前算赢"的产品核价体系构建与实施

中电科仪器仪表有限公司

【摘要】公司针对仪器仪表行业产品升级换代加速、产品研制周期缩短、市场需求多变等问题，及自身存在的科研成果产品转化能力较弱、市场反应不及时和成本管控能力不足等问题，为提高产品利润率，挖掘潜力，控制成本，把控销售合同履约亏损风险，推进精细化管理，争取更多的经济效益，实现企业价值最大化，提出并构建了基于"事前算赢"的产品核价体系。公司以定额为基础并不断优化的标准成本作为产品核价的主要数据来源，增强产品核价的现实指导性和时效性，为成本费用预算管理、差异分析管理、供应链管理和绩效评价提供了良好的基准。公司以本量利分析法为手段，测算保本点，以目标成本为中心，引导方案论证、设计、采购、生产和销售等环节需求降本增效方法，进一步提高了产品利润率，促进基础管理水平提高。通过使用因素分析法和趋势分析法等方法，公司监督、检查成本费用预算执行情况，出现偏差时进行事前预警，克服实际成本计算延后性的弱点。探索使用DFC工具，从设计源头抓起，摒弃科研院所固有的重指标轻成本的观念，选择产品最佳的经济效益方案，不断提高产品竞争力。

【关键词】事前算赢；产品核价；本量利分析法；倒逼机制

一、企业简介

中电科仪器仪表有限公司（以下简称"中电仪器"）隶属中国电子科技集团有限公司（以下简称"中国电科"），长期致力于电子测量仪器和自动测试系统的研制、开发及生产，在微波毫米波、光电、通信、基础测量等领域，处于国内第一、国际先进的行业地位。产品广泛应用于卫星、通信、导航、雷达、科研、教育等领域，在"二代导航""嫦娥系列""神舟系列飞船"等国家重点工程中发挥了重要支撑保障作用。截至目前，累计取得科研成果800多项，其中国家级、省部级奖项近400项，为国防科技工业和国民经济发展做出了重要贡献。公司先后获得国有企业创建"四好"领导班子先进集体荣誉称号、中央企业先进集体称号。

二、基于"事前算赢"的产品核价体系构建与实施的背景

（一）深入落实国家和中国电科全面深化改革的要求

作为电子测试测量领域的国家队，作为中国电科改革的"头雁"，中电仪器要以习近平新时代中国特色社会主义思想为指导，坚决贯彻落实党的十九大精神及国家和中国电科全面深化改革总体部署的要求，不断深化混合所有制改革，建立健全中国特色现代国有企业制度，加快从传统管理模式向企业化管理模式转变，持续以改革激发发展的活力动力，以市场需求和价值创造为指引，着力补短板、强弱项、激活力、抓落实，

作者：余如锋、李会玲、张军

坚定不移地破除利益固化的藩篱、破除妨碍发展的体制机制弊端，做强做优做大仪器仪表产业，打造具有全球竞争力的世界一流创新型领军企业。

（二）应对行业竞争，提高产品竞争力水平的需要

中电仪器作为中国测试测量行业国家队领头羊，高度重视科研成果及专利等指标，截至目前，累计取得科研成果 800 多项，拥有自主知识产权专利 1 000 多项，但在科研成果产品转化能力、企业化管理水平、成本管控能力、业财融合等方面较国外同行企业略显不足。同时我国仪器仪表行业，高端不足，低端过剩，造成供需矛盾突出，国内产品的同质化和国外产品的低价策略造成我国长时期低价恶性竞争的市场环境，优质不能优价造成企业增收不增利现象，严重阻碍了企业健康发展。中电仪器通过建立"事前算赢"的产品核价体系，为管理决策提供完整、多角度、精细化的业务信息支持，从而优化产品结构，淘汰低效产品，培育明星产品，强化品牌提升，增强产品核心竞争力，选择最佳的经济效益发展方案，助力中电仪器经济高质量发展。

（三）解决企业自身短板，带动企业自身发展的现实需求

中电仪器基本形成了既从事军品科研生产，又利用自身资源优势面向市场，直接从事民用产品开发的格局。但由于中电仪器是依托中国电科第四十、四十一研究所成立的专业公司，军工科研院所的传统管理模式已不完全适应激烈的市场环境，逐渐显现产品市场定位不明确，产品开发速度慢，市场响应不及时，资源配置仍是向科研项目倾斜，向市场化的产品投入的人力、物力等资源不足，研发的产品与市场需求存在脱节现象，没能实现"技术与市场双轮驱动"，产品开发中的成本意识还不强等问题。通过建立"事前算赢"的产品核价体系，中电仪器引导研究所拥有的人、财、物、时间和空间等综合资源进行强化整合，盘活用好存量资源，优化配置增量资源，完善公司高质量的产品体系；中电仪器通过将企业财务管理延伸到业务两端，将价值管理观念传递到价值链的每个节点，推进产品在设计源头降低成本，加强管控原材料采购、设计生产成本、销售定价等影响产品效益的全部经济过程，从而提高产品的市场竞争力水平，以点带面推动企业整体水平提高，逐步成长为具有竞争力的世界一流企业。

（四）推进"业财融合"，从传统会计向管理会计转变的需要

2016 年 6 月 22 日，财政部发布了《管理会计基本指引》，进一步明确"单位应用管理会计，应遵循融合性原则。管理会计应嵌入单位相关领域、层次、环节，以业务流程为基础，利用管理会计工具方法，将财务和业务等有机融合"。业财融合以业务活动为标的，围绕企业经营目标和价值管理，通过实现财务部门与业务部门的紧密结合，对业务、资金、信息等流程进行优化，实现数据共享，以价值创造目标为导向，做出预算、决策、控制和评价等管理活动。企业通过将财务管理延伸到业务两端，将价值管理观念传递到价值链的每个节点，以产品价格核定为出发点，建立"倒逼机制"控制成本费用，使用财务绩效手段引导生产，以企业价值为主要导向，获取更多更准确的数据分析支撑并引导企业生产经营业务活动，从而提升企业核心竞争力，实现企业价值最大化。

三、基于"事前算赢"的产品核价体系构建与实施的内涵和主要做法

中电仪器为提高产品利润率，推进精细化管理，提出并构建了基于"事前算赢"的产品核价体系。其主要内涵是：将产品价值最大化的管理理念融入产品的立项、研发、生产、销售和售后全过程业务活动。以实现企业价值最大化为根本，顶层策划，制度先行，强化组织保障，确保核价准确性、及时性；以市场需求和价值创造为指引，事前核价，优化产品结构体系，引导企业选择最佳的经济效益发展方案；

以类比价格为参考，测算保本点，以此建立倒逼机制，细化算赢标准，优化产品方案，引入绩效考核，激发员工创造性，减少不必要开支；以业财融合为管控方向，以事前核价为基准，形成产品成本费用预算，建立执行跟踪机制，加强执行的预警监测和偏差管理，明确责任，防控合同履约风险，实现全过程闭环操作。

主要做法如下。

（一）强化顶层设计，加强组织保障，突出制度建设

1. 强化顶层设计，推动产品核价管理体系建设

中电仪器紧紧围绕经济高质量发展，突出现代国有企业改革。为适应中电仪器的实际经营情况和仪器仪表行业及产品特点，建立科学合理的产品核价管理体系，致力于从核价体系构建、明确职责分工、核价程序与流程、价格调整、成本费用关键控制点、监督及绩效考核等六个方面进行全面策划，坚持遵循全员参与原则、全过程管理原则、成本效益原则、明确责任原则和绩效考评原则，将产品核价与预算管理、成本管控工作紧密结合，互联互动。通过预测、决策、预算、计划、核算、控制、监督、分析和考核等关键环节，提高产品核价的准确性和及时性，提高核算产品的成本准确性，从而全面反映科研生产经营成果，挖掘降低成本的潜力，以最少的耗费，换取最大的经济效益和社会效益。

2. 组建专门核价小组，强化组织保障

中电仪器从各职能部门抽调精干力量，成立专门核价小组（由核心组员和扩展组员组成），涵盖科研计划部、产品开发部、采购部、生产部、财务部和销售部（见图18-1）等，根据业务实际需求，灵活选定组员，充分发挥各职能部门自身专业优势，分工明确，责任到人，可检查，可考核，能问责。

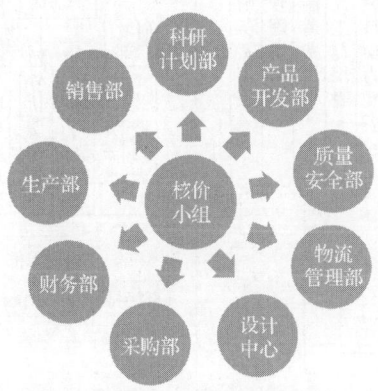

图18-1　核价小组构成

核心组员由各相关部门推荐，核心组员一经确定，保持相对固定，长期有效。核心组员包括：核价组长、销售部代表、财务部代表、研发二部代表、物流管理部代表、生产部代表、质量安全部代表，上述人员代表各自部门承担相应的核价职责。核算任务重时，各部门可临时指定若干人员协助本部门代表（核心组员）参与价格核算工作，以确保本部门职责的如期履行；不同产品核价需要不同的产品组配合，届时需要产品开发部或生产部临时指定熟悉产品情况的人员参与核价（产品组代表），上述临时指定的成员称为扩展组员。

（1）组长接受各部门推荐，组建核价小组，带领核价小组成员消化理解相关文件和标准的内容，统一各数据的来源和统计口径，拟制计算方法。

（2）市场部人员制订年度产品核价计划，给出核价用途、核价工作进度、分摊基数与单批次数量、核算单元等核价条件；提出市场类比价格区间及支撑材料；估算被核算产品全生命周期内的售后服务费用。

（3）财务人员提供核价前三年与核价有关的财务数据，这些数据包括：全年制度总工时、辅助材料费占总材料费的比例、燃料动力费、直接人工费用、制造费用、管理费用、财务费用、销售费用、工时费用率等。

审查核算流程的合理性、合规性。

（4）整机工艺人员负责深入了解产品组成，合理界定原材料、辅助材料、备附件、外协件、外购件、包装用料等，提供外协件汇总、外购件、原材料汇总信息，确保所有与产品生产、发货有关的直接材料已全部纳入核算表格。

（5）采购人员提供所有定额中的原材料、辅助材料、包装材料等采购计划单价，提供的价格包括含税价和不含税价；填写并签署核价表格中专用原材料净损失明细测算表。提供物价上涨系数和采购费系数。

（6）质检人员填写并签署核价表格中检验试验费用和定期试验费用明细测算表。

（7）产品开发人员配合其他部门代表工作，解答产品研发、生产、组成情况问题。

3. 健全产品核价管理制度，规范产品核价流程及方案

为规范产品的价格测算、核算的工作流程，确保产品核价工作有序进行，中电仪器组织制定并发布了《产品价格测算制度》《产品核价设计方案》等多个相关制度，规定了民品产品核价和军方审价的基本流程，规范了新产品上市前的价格核算、对外发布产品的公开报价、投标前的价格摸底、特殊合同产品的价格测算、军供品接受军代表审价、价格调整等不同形式的测算方案，明确了核价小组成员的职责分工，如图18-2所示。

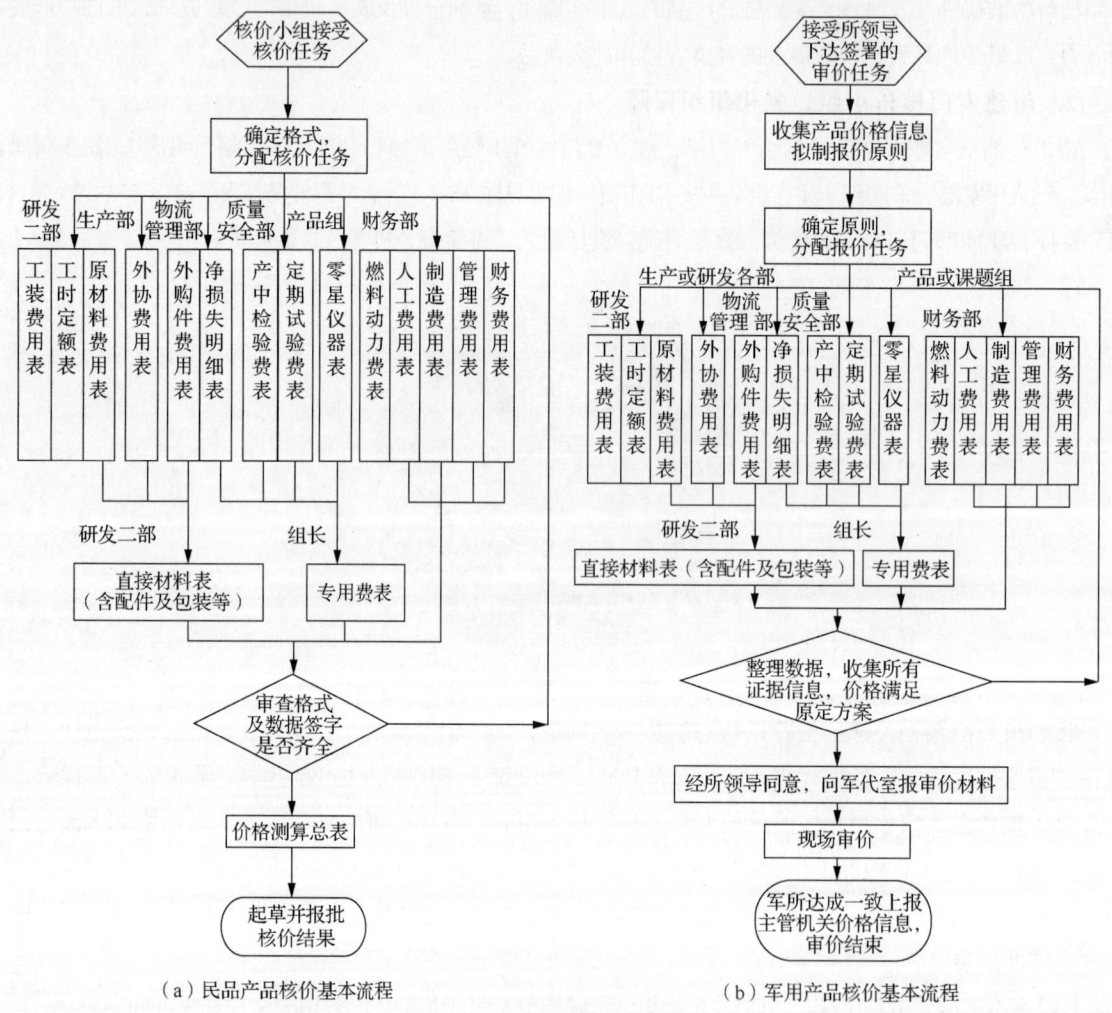

（a）民品产品核价基本流程　　　　　（b）军用产品核价基本流程

图18-2　产品价格测算方案及职责分工

产品核价主要由以定额为基础建立的标准成本、固定成本和目标利润构成，同时综合考虑销售量、供应商、客户信用评级、市场环境（销售策略）和间接成本等因素，使其更能满足使用需求。相关计算公式如下：

$$产品单价（建议）=（单位标准成本+单位固定成本）\times[1+预测销售量因子+供应商因子+$$
$$客户信用评级因子+市场环境（销售策略）因子]\times$$
$$（1+间接成本率+目标利润率）\times（1+税负率）$$

（二）坚持市场导向，事前核价，优化产品组成，有效支撑产品策略、销售策略和发展策略

中电仪器大力推进"四化"进程，紧跟市场需求，坚持市场导向；健全市场与科研的沟通机制，充分发挥技术积累优势，探索新产品开发；通过事前核价，进行成本投入与目标售价分析，测算新产品利润空间，及时指导现有产品目标售价调整；为管理决策提供完整、多角度、精细化的业务信息支持，进而有利于企业盘活用好存量资源，优化配置增量资源，优化产品结构，淘汰低效产品，培育明星产品，强化品牌提升，增强产品核心竞争力，选择最佳的经济效益发展方案，助力中电仪器经济高质量发展，如图 18-3 所示。

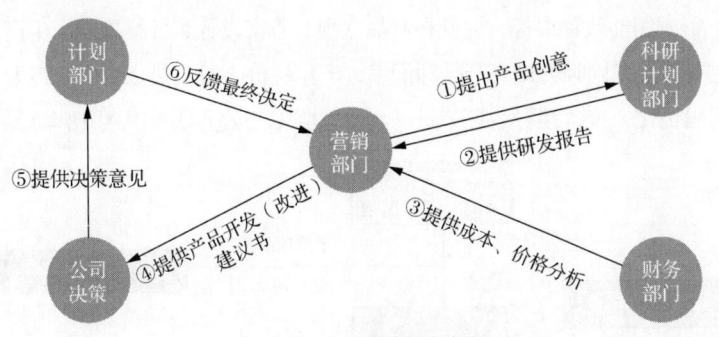

图 18-3　产品策略制定流程

新产品开发（改进）方面：发挥好营销部门"市场之眼"的作用，根据市场需求，通过收集、分析各种需求数据，以及竞争对手产品情况，识别市场机会，提出产品创意，增加销售漏斗，并组织相关人员进行讨论，形成包括目标市场、主要指标、功能在内的产品概念。健全市场与科研的沟通机制，科研计划部门提出产品指标、功能、性能以及系统架构、界面、研发周期等内容，财务部门对新产品进行成本、利润等财务分析。营销部门根据各部门提供的资料，完成新产品开发（改进）建议书的编写，主要内容包括产品市场分析（总体市场情况、技术发展趋势、竞争情况等），新产品定义（性能、指标、外观、成本、市场目标、生命周期预测等），推广策略（针对目标市场的宣传策略、价格策略等）三大部分。新产品开发（改进）建议书经公司领导批准后交科研计划部门，由科研计划部门组织相关人员进行进一步讨论，结合科研实际最终确定项目是否可执行，如进行开发，按科研项目相关规定进行管理，如不进行开发，由科研计划部门形成书面意见反馈营销部门存档。

现有产品方面：营销部门负责总结、分析产品的销售情况，原则上每年按产品类别进行分析，对典型产品的销售数据以及市场竞争情况进行分析、总结，及时调整产品销售策略，具体包括产品价格、渠道、推广和促销等各方面策略。财务部门根据产品市场环境、成本分析状况，采用定期与不定期相结合的方式，及时核定产品价格，从而指导营销部门产品销售策略的调整。

以核价结果作为销售合同售价依据，营销部门有的放矢，明确市场目标，制定符合产品特点的销售策略，从而扩大产品市场，有效把控销售合同签订的亏损风险。

（三）细化算赢标准，建立倒逼机制，挖掘潜力，降本增效

1. 细化核价成本要素和产品单元，提高核价工作的准确性和及时性

细化核价成本因素，做到细分类、科学化、完整性，核价小组成员从每个相关成本因数着手，计算必要成本，去除不必要的开支因素，尽量提高产品价格核算的准确率。

核价小组成员依据自身专业优势，产品单元努力细化，尽量提高核算数据的重复利用性，尽量提高非标定制产品的价格核算的及时性。

核价小组成员结合生产经营实际，把握市场机遇，密切关注原材料和产品价格，实时进行市场分析和设计优化，按照各种优化方案进行效益测算，为决策层提供有力的依据，按照效益最大化原则选择生产方案。

2. 运用本量利分析法，建立倒逼机制，指出成本费用关键控制点，引导各环节进一步寻求降本增效

通过收集和分析市场上相同或相近产品的功能、指标、适应性、品牌、用户口碑、竞争状况、售价等情况，除非某些独创性产品，一般应提供类比价格，并根据需要随时修订。以类比价格为参考，为保证目标利润的实现，运用本量利分析法测算保利变动成本、保利固定成本和保利销量。结合因素分析法通过对核价关键要素进行比对分析，试图通过减少辅助生产工人、控制公用燃料动力费开支、降低非生产用机物料消耗和采用租赁设备等方式实现固定成本的减少，或通过改进工艺降低材料消耗、加强考核减少材料浪费和再利用、提高生产效率降低人工成本、降价损失转嫁到材料供应商等方式实现变动成本的降低。

建立倒逼机制，形成精益改善目标，促使在产品立项、方案设计、材料采购、生产过程及售后服务等环节必须围绕保本点进行展开，同时为提高产品利润率，产品核价小组成员依据自身专业及信息数据优势，形成效益测算报告并提出优化方案，指导各环节进一步寻求降本增效方法（见图18-4）。

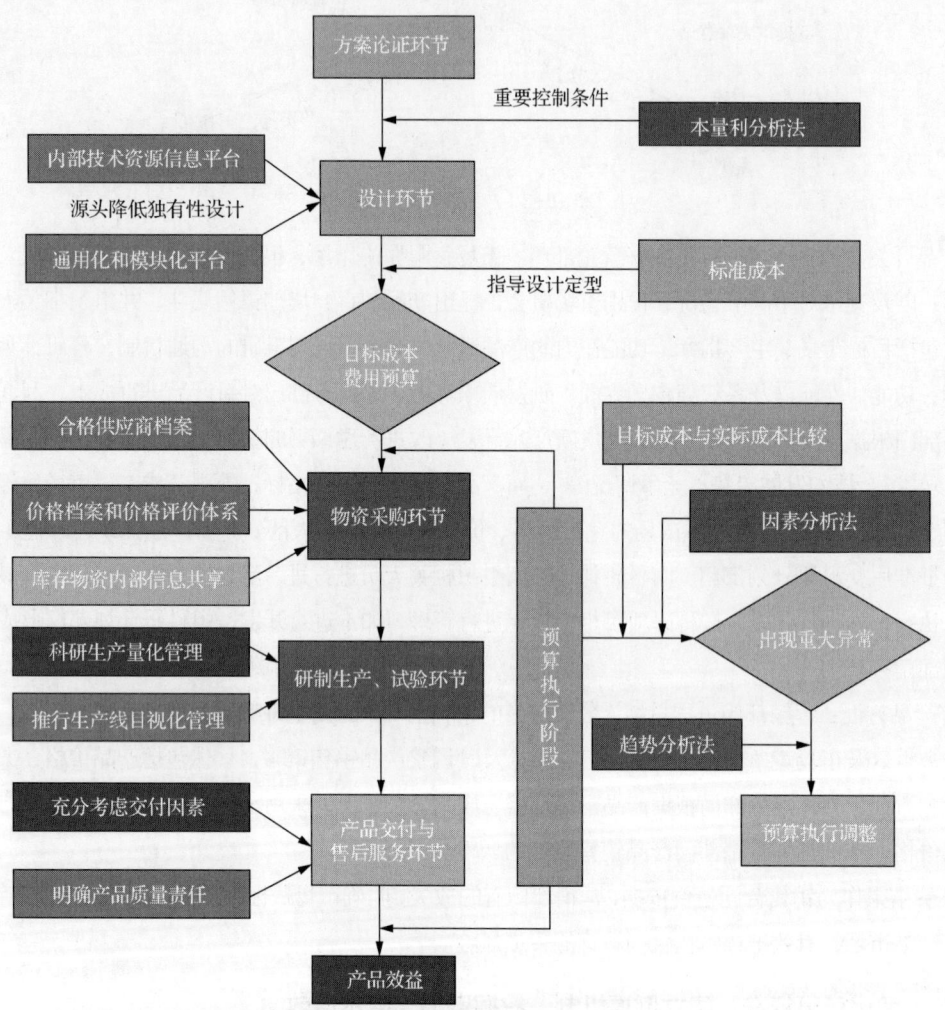

图18-4　管理会计工具运用与降本增效结合

方案论证环节：开展产品目标成本预算管理，进行研发成本投入与目标售价预测分析，将产品目标成本预算控制指标作为方案选择的重要控制条件，选择合理的技术途径，减少无效支出。

设计环节：要遵循标准化、模块化、通用化和系列化的设计原则，尽可能使用成熟技术，优化选材，减少进口器材、新品和非标项目的比重，形成可复用软件资源库，提高软件开发效率、提高软件产品质量，建立了内部技术资源信息平台，最大限度发挥现有技术资源的作用。中电仪器制定了《复用软件模块开发与使用管理办法》和《技术共享管理办法》，在产品通用化、模块化设计方面，进行了电子测量仪器结构平台通用化设计、软件界面标准化设计、软件平台通用化及 CPU 模块、电源模块、按键操作和显示等输入/输出模块及电路模块的模块化设计工作。通用化和模块化平台已经基本覆盖了手持式仪器、便携式仪器、台式仪器、VXI/PXI 模块产品等，完成了标准机柜系列尺寸的设计，基本实现了仪器产品结构尺寸的通用化和系列化，并统一了仪器软件界面，基本实现了统一的仪器软件界面形式和操作风格。通用化和模块化平台设计使主要仪器产品零部件的互换性得到提高，新产品零部件标准化系数比老产品平均提高约 5%；同时，通用零部件数量的增加，减少了专用工装夹具的数量，使新产品可生产性进一步改善，降低了制造成本。

物资采购环节：建立合格供应商档案，制定并完善供应商优选目录，确保新品器件、敏感器件、关键及重要物资（设备）的及时采购，严格控制独家供应。实行样品考核、现场考核和年度考核相结合的方式，提出"控制到家"的考核目标，保证外购外协的产品质量。建立价格档案和价格评价体系，及时分析、评价其价格水平。实现库存物资内部信息共享，制订合理的材料库存限额，减少库存积压，提高库存物资使用效率。实现对物资信息及相关数据进行收集、汇总、统计、分析和利用，实现相关部门之间采购信息的实时交互、信息共享、问题反馈、信息的顺畅流转以及采购信息的及时获取和实时监控。建立多余材料及残废料价值回收考核制度，及时处置残废料。

研制生产环节：合理安排研制生产批次和备品备件投入数量，降低单位生产成本。优化生产资源配置，提高生产效率。开展科研生产量化管理，建立健全定额管理制度。项目研制阶段实行材料消耗明细表管理和临时工时定额管理，产品批量生产阶段实行全面定额管理。实行限额领料制度，确保剩余材料及时退库。

中电仪器制定产品整件、部件、组件的成品率目标，通过提高工艺水平和装配水平等，提高产品成品率和产品质量。生产部门高度重视制度建设的提高和管理形式的创新，以较为成熟的 6S 生产现场管理工作为试点，采用项目化管理的方式，巩固原有管理成果，优化管理制度和提高现场管理水平，进一步提高生产效率，营造身心愉悦的工作氛围。同时尝试在熔接机生产线推行目视化管理工作，设定目视化管理试验点，使生产现场的管理标准一目了然。以客户为中心，聚焦用户需求，通过加强员工质量意识培训、制定部门质量奖惩制度、配合优化生产工艺和改进设计缺陷、规范调试文件、开展 QC 活动、征集质量提高建议等形式，深入开展质量全面提高行动；积极协同设计、工艺、外协采购等相关部门降低熔接机成本，力争单台熔接机硬件成本降低百元以上；想方设法提高生产效率，努力使熔接机生产关键瓶颈环节的调试效率提高 25%以上。

试验环节：优化项目试验方案，创新试验方法，尽量以仿真试验代替实物试验，同类试验尽可能共享试验成果，降低试验成本。根据试验要求，做好试验前的各项准备工作，提高试验一次成功率，避免不必要的重复试验。加强试验成本的预算控制，常规试验实行定额管理，制定科学合理的试验品、陪试品、消耗品、人员补贴等试验标准，严格控制试验规模和费用支出。

产品交付与售后服务环节：做好交付产品的各项工作，保证按时交付产品。充分考虑产品交付的时间、地点、方式、中转的防护、质量复验及环境变化等因素，通过签订合同、保险等方式，进一步明确产品的质量责任，努力降低产品交付成本。

3. 探索 DFC 工具运用

对于订单式定制类的仪器产品生产，虽然每台产品都有独特性，但共性的东西也很多，如生产流程及工艺相近，材料成本较高及部分主要组件依靠进口，由此凸显设计部门在成本控制工作中的重要位置。以 DFC 工具应用为核心，结合运用制造、运输和采购成本等手段，降低产品成本，提高经济效益，通过成本差异分析，进行持续改进。

以事前核价为基础，根据产品技术特点、成本分析、设计对标等进行综合判断，确定产品目标毛利率，倒逼目标成本，引入目标成本管理。从项目投标报价开始，以中标价格为依据，确定产品中标成本。根据目标成本与中标成本的差异，计算出降本目标，分解到各个降本环节，下达各业务部门，并对降本结果进行跟踪、考核。成立 DFC 团队（涵盖设计、财务、工艺、制造、采购、质量等部门人员），组织召开专题讨论会、技术交底会和成本分析会，进行 DFC 设计；在产品设计过程中进行成本优化，在确保质量水平的前提下达到客户的要求。

（四）借助信息化系统平台，实现数据信息及时获取与反馈，促进技术和设备共享

目前，中电仪器已建成办公自动化系统、资产管理系统、标准化管理系统、生产齐套查询系统、物资管理系统、智能产线系统等多套信息化系统（见图 18-5）。办公自动化系统实现了产品核价网上申请、核价小组人员根据业务实际需要自由组合、档案留存等功能。物资管理系统实现了对物资信息及相关数据进行收集、汇总、统计、分析和利用，实现了相关部门之间采购信息的实时交互、信息共享、问题反馈、信息的顺畅流转以及采购信息的及时获取和实时监控。为目标成本、目标成本费用预算、预算执行分析与预警提供了基准数据。

图 18-5　信息化系统平台组成

中电仪器建立了复用模块采用软件工程管理平台，提高软件开发效率、提高软件产品质量。建立了元器件标准化信息数据库，为设计选型起到了有效的参考和控制作用。建立了内部技术资源信息平台，加强了内部信息沟通，共享已有的科技成果和技术信息资源形成了内部资源互动，从而提高产品的技术共享率和研发产品的效率，提高产品研发的管理能力和水平。通过以上通用化和模块化平台建设，为产品核价中工艺定额、生产定额等提供有利帮助。

（五）以业财融合为管控方向，发挥财务对业务的指导、服务作用

1. 基于业财融合实现传统会计向管理会计转型

产品核价小组挂靠在财务部门，在公司签订销售合同前进行可行性评估，组建专门核价小组，收集合同中硬件、软件、工时等成本数据进行测算，出具产品核价报告，核价结果作为销售合同售价依据，指导合同定价，若合同售价低于核价结果，做出警示，有效把控销售合同的亏本签订风险。

财务部门以基于"事前算赢"核定的产品价格为依据，形成产品成本费用预算，突出过程控制，参与材料采购合同、外协合同和销售合同等审核工作，持续跟踪材料采购、产品生产和合同签订等过程中的预算执行情况。

2. 建立预算执行异常监控，实现风险预警管理

建立执行跟踪机制，加强执行的预警监测和偏差管理，明确责任，防控合同履约风险，实现全过程闭环操作（见图 18-6）。建立各级成本费用分析制度，按季度定期开展成本分析工作，采用本期实际数与预算数对比，与上年同期数对比，与同行业先进水平对比，以及因素分析法和趋势分析法等方法，监督、检查成本费用预算执行情况，在预算数与实际执行数出现偏差时进行预警。

根据"80-20"原则，建立三个层次的兼顾效率和效益反馈与改进机制：实际预算差异率在 5%以内，属于一般差异，由责任业务部门在 5 天内自我分析并制定改进措施，及时执行，并进行不定期抽查；实际预算差异率在 5%～10%，为较大差异，财务部门协助核价小组在 10 天内组织分析和制定差异修复措施，并监督责任业务部门落实措施；实际预算差异率超过 10%的属于重大差异，财务部门协助核价小组需在 1 个月内牵头分析差异并落实修复措施、报送业务分管领导审批，同时审计部门对修复措施执行结果进行认定。

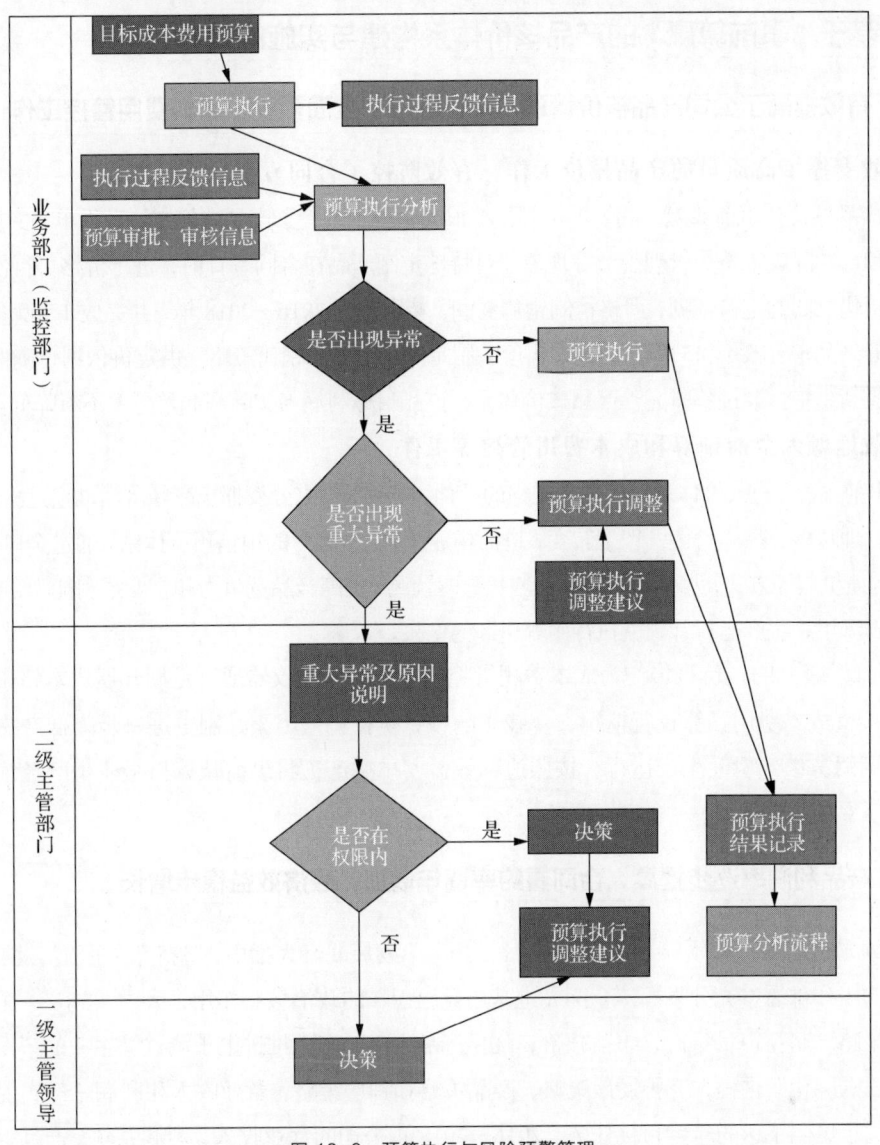

图 18-6 预算执行与风险预警管理

（六）建立效益分析机制和绩效考评机制，激发员工创造性，注重能力提高

为促进"事前算赢"核价体系的价值体现，建立了"分析—通报—考核"的效益分析机制，搭建起"分析—发现—整改—提高"闭环管理的财务分析体系。一是按照"管理部门发现问题，技术部门分析问题，生产部门解决问题"的模式，形成以"财务部门为核心，业务部门参与，分专业、分专题、分重点"的工作方式。二是加强对薄弱环节和突出问题的专项分析，突出与同行的对比分析，找差距，定标杆。三是从发现问题着手，制定进一步降低成本费用的措施，将压力变为动力，将解决问题点变成效益增长点，将问题整改逐一落实到责任部门和个人，定期汇总进展情况，实行跟踪检查考核。

为激发各部门积极采取措施降低产品成本费用，建立成本费用绩效考评机制，以产品核定价格中的成本费用为目标成本，对于在完成目标成本基础上，降低了产品成本费用的部门和个人进行奖励，同时将节约超支与部门负责人的绩效考核挂钩，对超出目标成本的部门，要求提供足够的说明材料并提交改进报告。针对公司自筹科研项目，中电仪器专门制定了《自筹科研项目投入效果考评办法》，对项目完成情况、经费使用情况、经济效益、关键技术的共用性等情况进行分析，形成项目考评报告，作为有关奖惩依据。

四、基于"事前算赢"的产品核价体系构建与实施的效果

（一）有效提高了公司产品核价管理水平，促进了全面预算和成本费用管控工作

1. 有效支撑了高质量的产品核价工作，有效防控了合同亏损风险

建立了产品核价"事前算赢"的管理机制，在很大程度上改善了产品核价方法过于单一、数据不准确、核价不及时和与实际成本费用管理脱节等现象。对特殊定制产品在合同签订前，进行价格可行性评审，将核价结果作为销售合同的定价依据，严格控制销售利润。特别是在2016—2018年，共完成1 300多项非标产品的核价，货架产品定价核价45项，为拟定售价、制定产品策略和销售策略提供定价依据，确保核价产品达到了预期的盈利水平。通过不断完善产品核价体系，产品目标利润与实际利润差异率不断降低。

2. 有效地融入全面预算和成本费用管控等工作

基于"事前算赢"的核价体系向业务全过程的延伸，财务部门充分发挥了在经济活动全过程的监管作用，有助于财务管理从核算型向价值管理型转变，进而构建"事前算赢"的销售预算体系。通过全口径预算管理、价值引导、倒逼机制等方式，加强对企业效益增长点的预测，提高产品竞争力和企业盈利能力，有效促成"效益目标指挥到哪里，生产运行计划就执行到哪里"的结果。

以"事前算赢"的核价报告作为成本费用管控的抓手，中电仪器通过定期开展成本费用分析工作，及时监督、检查成本费用预算执行情况，查找影响预算执行偏差因素，制定进一步降低产品成本费用的措施，同时用财务绩效引动生产运行，按照边际效益安排生产，将事前预算与企业生产经营全过程紧密结合在一起。

（二）产品利润率逐步提高，合同履约率逐年增加，经济效益稳步增长

在公司领导班子的坚强领导下，以集团"一五五三"发展战略为指引，坚持"一三五"发展思路和"六个进一步"的工作部署，充分发挥"全国先进基层党组织"的政治核心作用，大力实施"一个巩固、三个进军"发展策略，坚持市场导向，事前核价，优化产品组成，奋力推进电子测试等主业的"专业化、市场化、产业化、国际化"进程，完善发展策略、产品策略和销售策略。营业收入和利润总额实现双超20%增长，超额完成了集团下达的年度目标任务。2016—2018年公司的营业收入、利润总额、产品毛利率增长情况如图18-7所示。

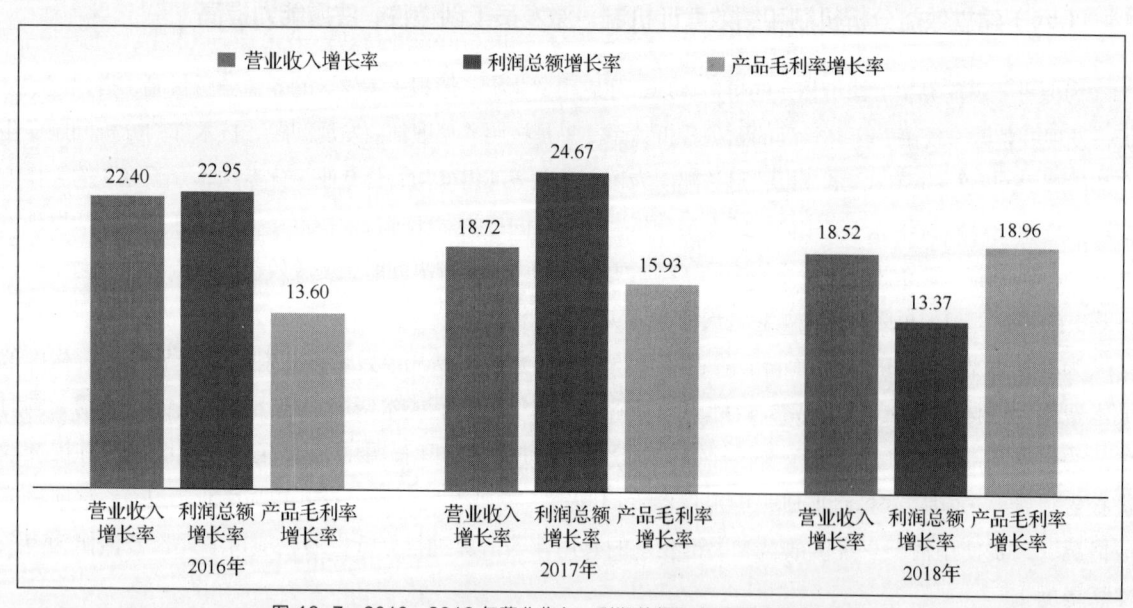

图18-7　2016—2018年营业收入、利润总额和产品毛利率增长情况

中电仪器以"仪器梦、新征程、聚焦新测试"为主题，积极谋划年度营销推广计划，全力打造中电仪器"Ceyear 思仪"品牌。各业务板块通过狠抓重点项目、工程，完善市场经营架构和运行机制，优化市场营销体系，使市场得到了有效开拓。

围绕"以顾客为关注焦点、满足顾客要求、超越顾客期望"的策划各项工作，科研生产任务按计划节点顺利开展，高效完成各类军、民品生产任务，年均入库整机、部件类产品 6.6 万余台套，保障了 2 000 余份合同的按期履约，合同履约率逐年增加。

（三）强化了品牌提升，提高了产品竞争力水平

建立基于"事前算赢"的产品核价体系，提高了公司精细化、规范化管理水平，提高了成本费用管控意识，缩小了与国外对标企业管理水平差距；适当进行"断舍离"，适应市场需求，淘汰低效产品，培育明星产品，强化"思仪"品牌提升，从而提高了产品的市场竞争力水平，完善公司高质量的产品体系，助力中电仪器成为具有竞争力的世界一流企业。

五、总结与展望

中电仪器的核心主业是电子测量仪器，在国内不论是在技术还是市场占有率方面，都处于同行领先地位，竞争对手主要集中在国外，如 Keysight 公司（原 Agilent 公司）和 R&S 公司。

中电仪器由于自身由科研单位转换而来，存在着科研成果产品转化能力较弱、市场反应不及时和成本管控能力不足等问题，为提高产品利润率，挖掘潜力，控制成本，把控销售合同履约亏损风险，推进精细化管理，争取更多的经济效益，实现公司价值最大化，提出并构建了基于"事前算赢"的产品核价体系，以产品核价为主线，以效益为目标，通用管理会计工具指导与监督方案论证、设计、采购、生产和销售等环节工作，从而控制产品成本，提高产品竞争力，实现成本优势，确保目标利润的达成。

以定额为基础并不断优化的标准成本作为产品核价的主要数据来源，可有效增强产品核价的现实指导性和时效性，为成本费用预算管理、差异分析管理、供应链管理和绩效评价提供了良好的基准。以本量利分析法为手段，测算保本点，寻找成本控制关键点，建立产品目标成本费用预算，引导方案论证、设计、采购、生产和销售等环节需求降本增效方法，进一步提高了产品利润率，促进了基础管理水平提高。通过使用因素分析法和趋势分析法等方法，有效监督和检查成本费用预算执行情况，出现偏差时进行事前预警，克服实际成本计算延后性的弱点。探索使用 DFC 工具，从设计源头抓起，摒弃科研院所固有的重指标轻成本的观念，选择产品最佳的经济效益方案，不断提高产品竞争力。

但在实际运用中，一些不足仍然存在。例如，原材料及外协等外在影响因素无法准确预测，标准成本变动较大与调整频率的矛盾无法彻底解决；定制仪器仪表产品较多，产品种类多但量少的现象造成目标成本预算执行阶段监督工作量较大，部分产品无法达到预期目标。

企业自评

中电仪器由科研单位转换而来，存在着科研成果产品转化能力较弱、市场反应不及时和成本管控能力不足等问题，目前建立了产品核价"事前算赢"的管理机制，通过开展产品目标成本预算管理，进行研发成本投入与目标售价预测分析，将产品目标成本预算控制指标作为方案选择的重要控制条件，为管理决策提供完整、多角度、精细化的业务信息支持。通过建立倒逼机制，形成精益改善目标，在产品立项、方案设计、材料采购、生产过程及售后服务等环节植入降本增效意识，确保达成并超出预期收益目标。通过建立执行跟踪机制，加强执行的预警监测和偏差管理，建立"分析—通报—考核"的效益分析机制，搭建起"分析—发现—整改—提高"闭环管理的财务分析体系，为公司后期的 IPD（集成产品开发）改革推进奠定了基础。公

司通过目标预算管理、价值引导、倒逼机制等方式，盘活用好存量资源，优化配置增量资源，优化产品结构，淘汰低效产品，培育明星产品，加强对公司效益增长点的预测，提高产品竞争力和公司盈利能力，有效促成"效益目标指挥到哪里，生产运行计划就执行到哪里"的结果。

 ## 专家点评

产品核价是市场竞争环境下每个企业业绩管理的重要组成部分，也是业财融合的重要体现。对于行业产品升级换代加速、产品研制周期缩短、市场需求多变的仪器仪表行业的企业来说，产品核价的重要性尤为突出，不仅影响企业的市场竞争力，而且对企业的成本费用管控、资源配置优化等都具有重要影响。中电仪器将产品价值最大化的管理理念融入产品的立项、研发、生产、销售和售后全过程业务活动，实现了经营规划、成本管控、风险管理的有机统一，引领了中电仪器的高质量发展，对相关企业具有一定的应用参考价值。

目前，产品单价的确定虽然也考虑了销售量、供应商、客户信用、销售策略等因素，但其体现的主要是成本加成的逻辑。未来可在大数据和人工智能技术的支持下将产品的市场竞争态势、企业的竞争战略选择以及战略联盟构建等外部因素纳入产品核价体系，从而实现企业战略规划、资源整合和经营预算的有机衔接。

参考文献

[1] 胡志明. 管理会计. 北京：北京大学出版社，2006.

[2] 罗伯特·卡普兰. 高级管理会计. 吕长江译. 大连：东北财经大学出版社，2009.

[3] 李守武. 管理会计工具手册. 北京：中国财政经济出版社，2016.

[4] 蒋心鹏. 机械制造类零件核价技巧. 上海企业，2015（8）.

[5] 朱翠. 构建"事前算赢"的预算体系 实现财务价值创造. 财会学习，2016（9）.

[6] 刘向暖. 新春公司运用预算管理推进业财融合的探索. 财务与会计，2019（13）.

[7] 闫树军. 运用管理会计探索推进业财深度融合管理创新实践：2017 年度中国总会计师优秀论文选. 中国总会计师协会，2018.

案例十九 军工科研单位全面预算管理应用与实践

中国电子科技集团公司第二十九研究所

【摘要】预算管理是企业管理过程中核心的控制机制，是企业设定目标、分配资源、控制成本及绩效评估的重要管理基础。中国电子科技集团公司第二十九研究所通过推进基于项目化运作的业务预算管理和基于精细化管理的费用预算管理，使预算管理与业务需求有效结合并加强预算管控，达到提高预算管理水平和降低成本费用的双重目标。

【关键词】全面预算管理；业务预算；费用预算

一、企业简介

中国电子科技集团公司第二十九研究所（以下简称"二十九所"）位于四川成都，是我国最早建立的专业从事电子对抗技术研究、装备型号研制与批量生产的骨干研究所。多年来一直承担着国家重点工程、国家重大基础、国家重大安全等工程任务，能够设计、开发和生产各种平台的电子信息系统与装备，主要装备代表了行业最高水平。

二十九所总占地面积近 2 000 亩。建有军品科研生产基地、民品产业化基地、军品科研生产新所区、测试与培训基地。通过重点工程研制、技术改造、条件建设，逐步形成了"研发创新、核心制造、测试评估、服务保障"四大核心能力。

二十九所荣获"全国精神文明建设先进单位""全国五一劳动奖状"等国家级荣誉，先后取得"国家科学技术进步特等奖"等科技成果千余项。

二十九所建构了合理的研发、生产和管理人才队伍。现有中国工程院院士 1 人，国家"百千万人才工程"人选、创新人才推进计划中青年科技创新领军人才、国务院政府特贴专家、国家及省部级突贡专家等 62 人，四川省杰出人才奖、千人计划、学术和技术带头人及其后备人选等 24 人，国家级工匠、中国质量奖、全国技术能手、全国青年岗位能手 9 人，国家及省部级技能大师工作室 6 个。

二、管理会计应用基础

（一）组织机构

随着业务规模的不断增长，在实施集团化管控的过程中，二十九所面临财务管理标准不统一、财务考核数据口径不一致的问题，对会计核算标准化的需求日益凸显。同时，财务从受托责任向决策有用性转型，财务会计与管理会计的定位相对分离，这就要求整合财务资源，把财务人员从大量重复的基础业务中释放出来，使其投入管理会计活动。在行业发展方面，建立会计共享服务，构建标准化财务信息服务成为一种必然的趋势。

在此背景下，二十九所设立财务部、会计共享中心和业务财务，其中：财务部定位于统筹、规划、政策

作者：丁生川、蓝小飞、胡雷、王胤宇、钟笠文、李莹、刘浪

研究以及共性能力建设，并负责二十九所本部财务工作；业务财务聚焦二十九所本部项目财务管理，加强对内部业务管理活动支持；会计共享中心偏重财务会计，重点是会计处理和按照内外部要求的信息披露。

财务管理按照"突出战略财务、深化业务财务、优化共享财务"思路推进财务建设工作，即战略财务拓展范围，越来越宽；业务财务融入业务过程，越来越深；共享财务推进标准化，越来越多。在此基础上，二十九所构建并优化了战略财务、业务财务和共享财务三角结构。财务组织架构演进示意图如图19-1所示。

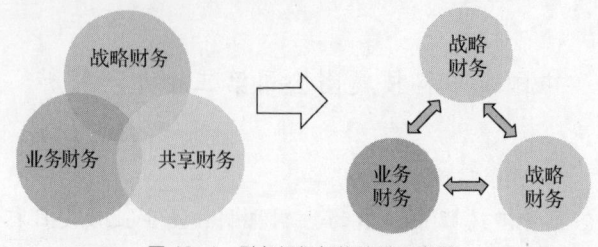

图 19-1 财务组织架构演进示意图

（二）人才配备

财务部侧重统筹、规划、政策研究以及共性能力建设工作，具体承担业务规划、预算管理、资金管理、经营分析、财务决算、财务信息化建设、成本管理、合同管理、资产财务管理、税务管理、内控建设等各项财务职责，拥有财务人员23人，其中：高级会计师2人，注册会计师7人，注册税务师1人，中级会计师13人；硕士16名，本科生3名，平均年龄36岁。

业务财务即项目财务代表，与前端业务深度融合，参与项目前期报价、项目预算管理、项目审计验收等全生命周期财务活动。目前配置业务财务10余人。

会计共享中心侧重财务会计，重点是会计核算、按内外部要求进行信息披露。会计共享中心分为军品组和民品组，分别负责二十九所本部及下属公司的财务报销，共26人，其中高级会计师2人，中级会计师8人；硕士1名，本科生19名，平均年龄35岁。

三、管理会计应用活动

预算管理是企业管理过程中核心的控制机制，是企业设定目标、分配资源、控制成本及绩效评估的重要管理基础。随着二十九所规模不断扩大、成本和资金压力不断增加，粗放型财务管理模式已难以适应当前的管理要求。

因此，二十九所需要构建一套完善的预算管理体系，完善业务预算管理模型，用业务数据支撑年度收入指标和成本指标，建立业务计划与经营计划、KPI指标的关联，作为年度经营计划和项目管理活动开展之间的桥梁，为全所经营目标的制定和管控提供支撑，推动年度计划的落地和实现；同时优化成本费用预算管控机制，通过建立和完善成本费用预算制定、过程监督、考核及分析过程，同时开展成本费用专项压减活动，通过更新制度、规范流程等措施建立成本管控体制，提高全所成本费用精细化管理水平。

（一）全面预算管理体系

全面预算管理围绕战略目标，对未来经营活动及其财务结果进行全面预测和筹划，对各种财务及非财务资源进行配置，并通过对执行过程的监控、分析与评价，有效组织和协调科研生产经营活动，实现责权利相统一，是一种全过程、全方位、全员参与的管理活动。

二十九所全面预算体系包括战略预算、年度预算和项目预算。其中：战略预算是在二十九所战略规划的引导下，对资金、资产等资源进行中长期配置，保持企业良好的财务状况，促使企业持续、均衡发展的预算管理体系，战略预算周期为3~5个年度；年度预算是指二十九所一个公历年度内的预算，包括业务预算、专项预算、费用预算和资金预算等内容；项目预算是指以项目生命周期的收入、成本为对象的预算管理活动，通过对项目进行事前预算、事中控制和事后分析，对项目的资源投入进行配置，支持项目达成预定目标。全面预算中，项目预算为年度预算编制的重要基础，战略预算指导年度预算的编制和实施，三者形成有效支撑，如图 19-2 所示。

战略预算				
经营状况	资产结构	财务指标	资源配置	资金预测

指导

经营计划

分解

2016年度			2017年度			2018年度			2019年度			2020年度		
专项预算	费用预算	业务预算	专项预算	费用预算	业务预算	专项预算	费用预算	业务预算	专项预算	费用预算	业务预算	专项预算	费用预算	业务预算
项目预算1			项目预算2											
项目预算3						项目预算4								

图 19-2　全面预算管理体系

在推进全面预算管理优化的过程中，二十九所在战略预算、年度预算和项目预算三个方面均采取了大量的措施。本案例抽取年度预算中的业务预算和费用预算，重点介绍了二者管理的内容、原业务预算管理不足之处和业务预算管理优化的措施。

（二）基于项目化运作的业务预算

1. 业务预算管理的主要内容

业务预算是用价值量指标反映二十九所在预算年度生产经营活动的预算，是根据年度经营和考核目标的要求，结合业务实际情况，对销售、生产、采购等活动的预测及安排，是保证企业年度目标计划的相关资源落实的有效工具。

二十九所业务预算以项目预算为基础，结合年度经营指标的要求，通过整理和汇总全部科研生产项目年度预算数据，用业务数据支撑年度收入指标和成本指标，建立成本与存货、采购、付款、应付的关联，收入与到款、应收的关联，形成收入数据、到款和应收数据、成本数据、物资采购数据、应付数据五大看板，为全所年度经营状况预测提供支撑数据。业务预算与年度经营计划的关系如图 19-3 所示。

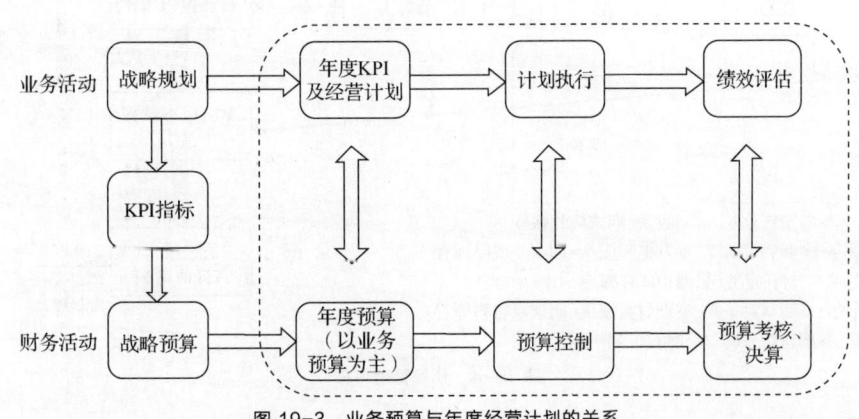

图 19-3　业务预算与年度经营计划的关系

2. 原业务预算管理不足之处

（1）业务预算管理基础较薄弱

业务预算以项目预算为基础，在业务财务未实现一体化之前，项目预算无法完全融入业务过程，项目年度预算与项目总预算、实际成本开支及项目计划未有效关联，不能对业务进行有效指导和控制，因此预算执行及年度目标实现不可控。

（2）业务预算管理职责界面不清晰

业务预算涉及收入、到款、成本、存货、采购、付款等多维度的经营信息，需要市场、计划、采购、财务等多部门协同平衡外部目标和内部资源，业务预算管理当前并未明确相关部门职责，各维度信息相对独立、协同不足。

（3）业务预算重编制，缺乏预算的执行、监控和评估

业务预算主要来源于年度经营目标（KPI）和项目年度预算，主要根据年度经营目标自上而下编制，自下而上进行整体对标，测算和预测完成年度目标的收入缺口、成本压控目标等数据。但业务预算并未将年度经营目标与项目全生命周期预算信息有效关联，无法监控项目预算的执行，也无法基于项目预算调整及时进行动态刷新。

（4）业务预算管理缺乏信息系统支撑，未实现与前端业务的联动

业务预算数据及其支撑的项目预算数据是人为编制的，预算编制数据不够准确，预算执行和调整未与项目计划完全匹配和同步，也无法通过信息系统进行闭环管理。

3．业务预算管理优化

业务预算管理优化即基于业务预算的不足，优化业务预算管理框架，建立项目全生命周期预算、年度计划和业务预算的关联关系，推动业务预算管理基础提升，实现业务预算管理全流程闭环。

（1）业务预算管理框架优化

二十九所将项目全生命周期预算分解到里程碑节点，结合合同签约、项目计划安排情况，形成财务预算、业务预算和资金预算相协同的预算管理框架，如图19-4所示。以项目收入预算为基础，支撑形成收入预算和资金预算；以项目成本预算为基础，支撑形成采购预算及资金支付预算。业务预算控制基于项目预算刚性控制，并通过任务下达和采购进行总额控制。

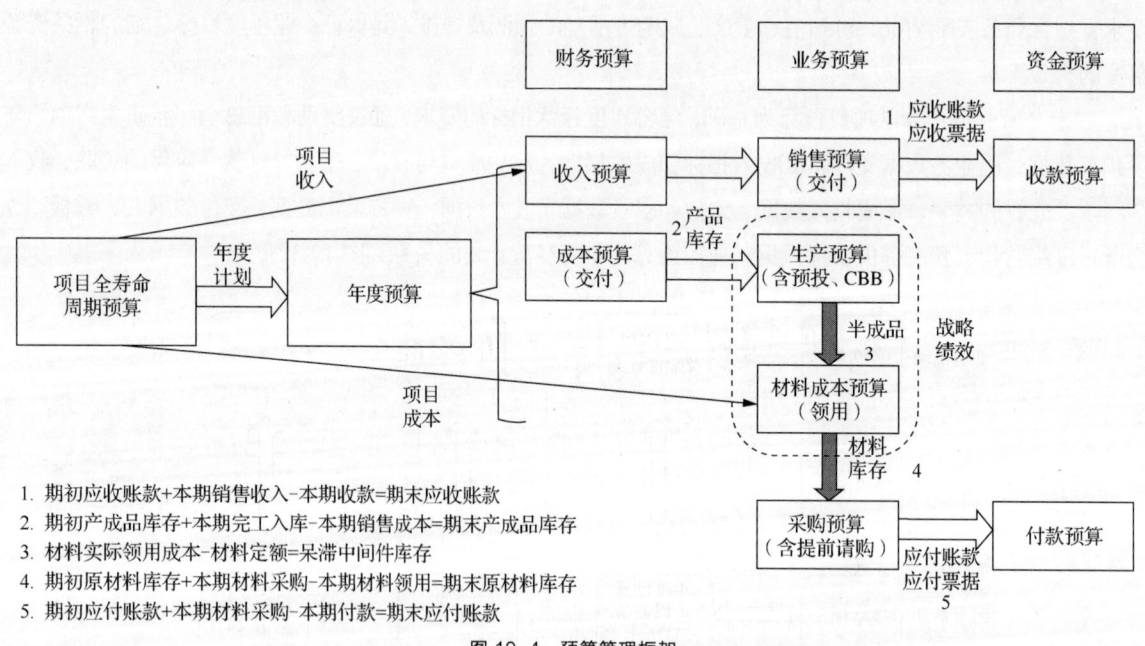

1. 期初应收账款+本期销售收入-本期收款=期末应收账款
2. 期初产成品库存+本期完工入库-本期销售成本=期末产成品库存
3. 材料实际领用成本-材料定额=呆滞中间件库存
4. 期初原材料库存+本期材料采购-本期材料领用=期末原材料库存
5. 期初应付账款+本期材料采购-本期付款=期末应付账款

图 19-4　预算管理框架

（2）业务预算管理基础提升

二十九所以夯实项目全生命周期预算管理为目标，完善项目预算管理流程，制定项目预算编制、执行监控、预算调整、决算与分析的规则。

梳理项目与销售合同对照关系，建立项目与合同对照关系，并在项目全生命周期预算中补充项目经费及来源信息、合同收入节点等信息。对于无经费来源项目进行项目关闭。

制定项目盈利能力控制标准，即制定各类项目材料外协占收入比的标准，在项目总预算编制环节要求将成本控制在标准内，否则需要提升一级审批。

明确任务下达与项目预算的关系，将项目预算编制点纳入项目立项和任务下达流程，需要明确项目有预算才能下达任务。

（3）理清业务预算管理职责界面

二十九所制定业务预算管理办法，明确业务预算管理相关部门的职责，明确客户经理、项目经理和财务经理、销售及采购合同管理人员、财务预算岗等角色的分工和界面，强化部门之间和各角色间的高效协同和信息共享，实现外部经营目标与内部资源配置的平衡。财务部作为预算管理的组织和牵头部门，进行业务预算制度的制定和解读，预算编制、调整的总体目标和工作安排策划，协助业务预算分管部门开展预算编制和调整工作，审核业务预算编制原则、方法和标准，将收入预算、成本预算数据录入预算管理信息系统并提供预算执行数据及预警，支持和配合业务预算分管部门进行业务预算的执行控制和分析。

（4）加强业务预算全流程闭环管理

二十九所完善业务预算管理流程，基于年度预算目标、项目全生命周期预算及年度预算，打通业务预算编制、执行监控、分析和考核流程，制定业务预算管理规则，强化业务预算执行监控和分析考核。

业务预算编制采用自上而下和自下而上相结合的方式，优化业务预算编制的原则和方法，更多运用项目预算的数据支撑，基于项目进行数据预测，减少整体数据预计的偏差，使业务预算更加贴近业务，支撑经营目标的制定。

加强业务预算的执行监控。二十九所基于业务预算数据，强化对开票和到款、任务下达、采购和到货等维度的整体监控，建立业务预算执行预警机制，对业务预算整体执行情况定期预警，对项目预算执行不定期预警，推进预算刚性控制。

开展业务预算的事前、事中及事后分析。事前：编制业务预算后，根据业务预算的编制结果，对资源的盈余或短缺进行预测，供所内科研生产经营决策参考。事中：及时对项目预算的执行数与计划数进行对比分析，若发现存在预算执行偏差的情况，可提前预警并进一步分析原因。事后：每季度末或年末，根据业务预算执行结果的偏差及原因，规范后期预算编制流程和方法，使预算制定趋于合理准确；规范对应的业务执行，规避预算外事项发生。

建立业务预算执行考核制度。二十九所对业务预算执行情况按季度和年度进行考核，保证业务预算的刚性控制。当前阶段主要是建立项目全生命周期预算和年度预算超支的扣分机制，避免项目成本和年度总成本超支。

（5）业务预算信息系统支撑

结合 SAP 系统建设，在业务财务一体化基础上，二十九所为预算基础数据提供整合平台，解决人工处理对数据准确性、及时性的影响，为预算管控奠定基础。业务预算主要依靠 SAP 系统中的数据进行预算编制、分析、调整的管理，主要用于事前策划、事中预警和事后统计分析，实现数据的动态刷新。

财务 NC 系统也已经建立项目全生命周期预算管理模块，实现项目预算数据的系统化管理，支撑业务预算编制和执行的数据准确性。

（三）基于精细化管理的费用预算

1. 费用预算管理的主要内容

费用预算是二十九所在预算年度组织科研生产经营活动过程中发生的科研项目费用和日常运营费用的预算，以及年度固定资产折旧和无形资产摊销的预算。

在原事业部组织架构下，为充分发挥事业部管理自主性，二十九所以前的年度费用预算（不含职工薪酬福利部分）管理方式为：集团总部各部门所有费用纳入预算管理并进行刚性控制；事业部费用按照战略绩效考核办法纳入战略绩效管理，仅重点管控会议费、办公费、业务招待费和培训费，和项目相关的费用则由事业部进行管控。

二十九所根据管理架构的调整和内部加强成本费用管理的需要，在取消事业部管理层级后，将全所各部门所有费用（含项目相关费用）纳入部门费用预算管理，实行线上刚性控制，提高二十九所成本费用精细化管控水平。

2. 原费用预算管理不足之处

（1）费用预算管理范围不全，管控力度弱

原费用预算管理仅包含集团总部各部门费用和事业部重点管控的费用（会议费、办公费、业务招待费和培训费），未实现业务全覆盖；对与项目相关的费用则进行预算大类管理，未进行刚性控制，管控力度较弱。

（2）预算管理信息化水平低

原财务 NC 系统已实现各部门费用预算日常监控和查询的信息化，但在编制、调整和预算执行统计汇总等方面尚未完成信息化管理。在预算编制方面，采用线下 Excel 文档方式，需手动统计各部门申请情况，工作量大，效率低下且易出现错误；在预算执行统计方面，虽实现了部门级预算执行实时统计，但无所级报表，需手动汇总；在预算调整方面，各部门预算进行日常调整需走纸质流程，未实现信息化申请及审批后的自动调整，效率低下。

（3）各部门成本费用节约意识弱

由于项目相关费用未采取刚性控制且原预算评审力度弱，各部门费用预算数较大，各部门对预算关注度不够且成本费用节约意识较弱。

3. 费用预算管理优化

基于费用预算的不足，二十九所采取扩大费用预算管理范围和加强管控力度、建设费用预算信息化管理工具、加强预算评审和考核、开展成本费用专项压减活动等措施，提高二十九所费用预算管理水平和成本节约意识。

（1）扩大预算管理范围，加强管控力度

随着组织机构的调整和管理思路的变化，二十九所扩大预算管理范围，将全所各类费用纳入预算管理，实现预算管理的全覆盖。加强管控力度，采取信息化手段实行刚性控制，使各类费用超支后在报销时均无法提交报销单据，避免超预算报销。

（2）强化预算评审，加大考核力度

各部门结合年度任务编制预算后，需提交至部门主管所请领导初审，审批通过后方可提交至预算管理办公室。预算管理办公室结合年度预算资源和年度任务，按照事权与财权匹配原则，采取与各部门面对面评审方式，在了解业务情况和预算需求的基础上进行预算资源分配，强化预算评审过程。除日常预算监控外，每季度分析预算执行情况，重点分析执行率异常的预算项目，提交办公会知悉。加强预算执行考核，将无预算开展业务纳入防火墙考核，加大考核力度。

（3）加强信息化建设，提高预算管理效率

开展预算管理信息化建设，预算管理平台建立从预算编制、上报审批、预算调整、预算批复的功能，实现预算管理全流程信息化。同时，预算管理平台与报销请付、NC 核算系统和影像管理系统紧密结合，如图19-5 所示，实现预算控制、报销影像调用等功能。

① 预算编制方面

二十九所根据业务开展需求和费用支出类型，将全所费用分成差旅费、会议费、办公费用等 50 多个预算项目。内置预算编制模板。各部门按照统一的预算项目模板，结合部门业务编制费用预算。在编制年初费用预算时，系统自动提取上年预算数和预算执行数，各部门结合部门年度任务编制预算；年中预算调整时，系统提供年初预算数及执行情况，各部门根据年度任务变化情况进行调整。系统可直接汇总各部门提交的各预算项目申请数及预算总数，预算管理部门根据年度任务情况判断总体规模，供评审各部门预算时参考。评审后系统可直接汇总调整后数据，预算汇总高效、快捷，避免人工汇总易出现错误且效率低下的情况。经相应流程审批后的预算数即可生效，作为年度预算数并进行报销控制。

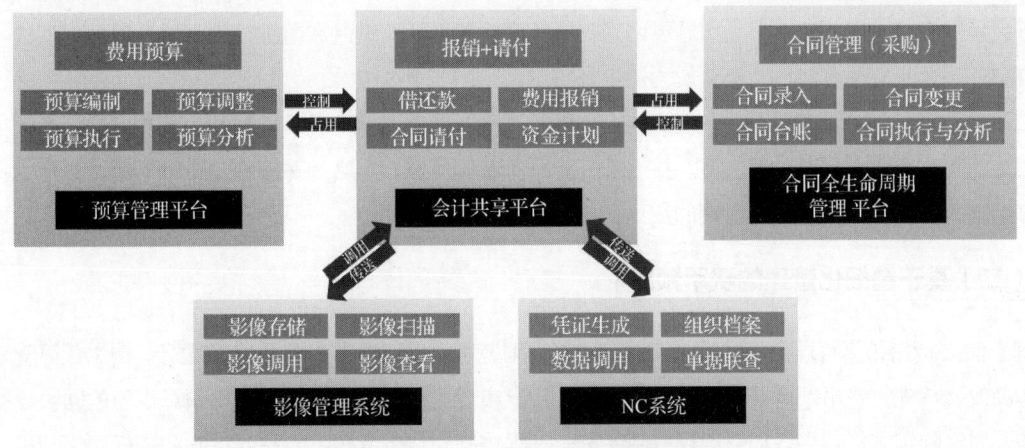

图 19-5　二十九所本部财务信息系统架构

同时，系统配置临时预算调整模板，在发生突发业务需调整预算时，可在线上实现调整。

② 预算监控方面

根据预算管理需求，二十九所在系统建设时配置预算刚性控制与非刚性控制方式，增加预算管控的灵活性。二十九所结合当前管理需求，采取刚性控制方式。费用报销系统和合同管理系统进行报销后，将执行数反写至预算管理模块，一旦超预算报销，则无法提交单据，将预算控制从原来的事后检查前移为事前控制，避免超预算执行。同时建立预算项目与会计科目对照关系，报销后一键生成会计核算分录，实现高效核算。

此外，二十九所采取预算执行预警机制，当预算项目执行率达 80%和 90%的预警比例时，发送邮件至各部门领导和预算管理员，提醒相应人员关注预算执行进度。

二十九所通过上述方式，一是可以根据管理需求选择管控力度，二是可设置预警比例提高预算执行关注度。

③ 预算执行数据查询方面

由于管理需求及管理权限不同，二十九所分别设置单位级、部门级、预算项目级和单据级统计报表，各类报表支持汇总统计并进行穿透，实现从单位预算向下多级穿透到单据，实现预算高效、快键查询。同时不同报表分别配置不同的查询权限，实现预算管理权限的区别化。在预算主管部门方面，二十九所配置单位级、部门级、预算项目级和单据级等所有统计报表查询权限，可方便、快捷查询各类层级预算数及其执行情况；各部门方面，配置部门级、预算项目级和单据级统计报表查询权限，实现预算差别化管理。根据不同报表的特性，选择不同纬度作为图表的展示内容，使查询结果更加直观化、多样化。

在单据级统计方面，二十九所可根据需求选择不同字段为查询对象，满足不同查询需求。同时，单据与影像系统关联，人们通过单据即可调阅影像，实现前端扫描后端使用，无须再查询相关纸质资料即可查看支撑附件，查询高效、快捷。

（4）开展专项活动，增强成本费用节约意识

二十九所由财务部牵头所内成本管控部门、资产管理部门和信息化建设部门，开展成本费用压减措施研究专项活动。成立 4 个专项小组，分别从费用、成本、固定资产管理和信息化建设四个方面制定成本费用压减措施和资产管理优化措施。通过更新制度、规范流程、加强宣传等措施建立成本费用管控体制，提高全所成本费用精细化管理水平和节约意识。2019 年所本部营业收入增长 8.5%，变动费用实际执行数较2018 年下降 0.5%。

四、实施效果

（一）基于项目化运作的业务预算

基于前文业务预算管理措施的推进实施，业务预算随着项目预算管理前移到业务活动各环节，促使业务

与财务更紧密衔接。这一方面将更加显现化的支撑年度经营目标的编制和落地实施；另一方面将使成本增长得到控制，两金指标逐步降低，资金压力逐步缓解。

二十九所在完善业务预算模型的基础上，不断推进业务预算与战略预算、规划编制相结合，编制中长期滚动预算，支撑企业中长期经营决策。并不断沉淀财务基础数据，丰富预算编制及执行的经验数据，据此完善预算编制的依据，加强预算在前期的策划，真正实现资源配置功能。

（二）基于精细化管理的费用预算

基于前文费用预算管理措施的推进实施，随着管理范围全覆盖和信息化手段的配套，费用预算管理更加精细和高效。首先，费用预算结合业务需求编制，初步实现业财融合，在控制费用预算规模的同时，有效支撑业务开展实际需求；其次，加强预算编制评审、过程控制和结果考核，能有效控制和降低费用规模，提高费用管理精细化水平和企业盈利能力；最后，通过信息化建设，将预算控制从原来的事后检查前移为事前控制，避免超预算执行。同时，通过不同权限可高效查询所级、部门级、预算项目级和单据级数据，并且可以调阅报销影像，实现预算管理与报销管理的有效结合。

五、总结与展望

二十九所通过推进实施基于项目化运作的业务预算管理和基于精细化管理的费用预算管理，不断完善预算管理体系，优化资源配置，充分发挥全面预算在设定目标、分配资源、控制成本及绩效评估等方面的作用，有效支撑了企业经营目标的实现，推动了二十九所企业经济效益的持续提高。

同时，二十九所通过对全面预算管理工具应用的不断深入和优化，推动了财务与业务的深度融合，使财务人员成为项目管理活动的重要参与者和企业价值链中不可或缺的一部分，不断提高财务管理水平和价值创造能力。此外，业务部门预算管控和风险防控意识也不断加强，推进了业务活动的规范化开展，促进了企业管理水平的提高。

未来，二十九所将不断优化全面预算管理体系，构建与战略管理和绩效管理充分相关的预算管理控制制度，促进形成以预算管理为基础的企业管理控制系统。通过精细化预算管理，合理配置资源，在开源的同时，控制成本费用，优化流程，全面、有效地降低企业运营成本。

 企业自评

随着企业和社会的不断发展，财务管理面临从受托责任向决策有用性、从财务会计向管理会计的转型。财务管理转型的关键是要融入业务前端，将着力点前移，提前谋划，实现业务融合。全面预算管理是推进管理会计落地和实现业财融合的重要工具和管理活动。全面预算管理应该遵循全业务、全过程、全员参与原则，在此原则下，二十九所构建了包含战略预算、业务预算、专项预算、费用预算、资金预算和项目全生命周期预算的全面预算管理体系。

本案例着重介绍了二十九所在全面预算管理体系下，围绕业务预算和费用预算开展的实践与探索，并取得了初步成效。其中业务预算以项目全生命周期预算为基础。二十九所的业务主要以项目形式开展，因此预算管理也必须融入项目管理主干流程，实现业财深度融合；费用预算也以业务为基础，通过梳理职责、业务、预算、执行的关系，实现根据职责匹配业务，以业务配置预算，有预算才能执行。同时业务预算、费用预算两者都需要强有力的信息化支撑。

通过以上管理实践，二十九所全面预算管理体系日趋完善，财务与业务整合程度不断加深，为财务管理转型和企业的高质量发展奠定了坚实的基础。

 **专家点评**

　　全面预算管理是企业实现发展战略和年度经营目标的有效方法和工具，有利于企业优化资源配置、提高价值创造能力，对于提高企业规范化、精细化和协同化管理水平至关重要。

　　中国电子科技集团第二十九研究所在向建设成为"国内卓越，世界一流"的整体解决方案与系统集成商、产品供应商、运营及服务商的目标迈进的过程中，搭建了包含战略预算、年度预算和项目预算在内的全面预算管理体系。通过推进基于项目化运作的业务预算管理和基于精细化管理的费用预算管理，使预算管理与业务需求有效结合，通过配套的预算管理信息化建设，实现预算管理全流程信息化，进一步加强预算管控，从而达到提高预算管理水平和降低成本费用双重目标。在二十九所的全面预算管理实践中，业务预算以项目预算为基础，将项目全生命周期预算分解到里程碑节点，结合合同签约、项目计划安排情况，形成财务预算、业务预算和资金预算相协同的预算框架，同时通过强化预算执行监控和分析考核，形成预算管理闭环，值得同类企业借鉴。建议二十九所在未来的预算管理实践中，进一步加强战略预算—年度经营计划—年度预算之间的关系，在费用预算编制中尝试零基预算等方法，明确预算调整程序，维护预算刚性，同时进一步加强数据积累，不断提高预算管理的科学性，为企业价值创造和战略实现发挥更大的作用。

参考文献

［1］刘雯萍. 关于国有企业全面预算管理问题的思考. 中国集体经济，2018（31）.

［2］徐颖. 国有企业全面预算管理现状及完善措施的若干思考. 就业与保障，2018（20）.

其他

案例二十　核电企业基于"业务驱动、商务整合、资源共享"的成本管理改革创新

中国核能电力股份有限公司

【摘要】 为落实"三去一降一补"政策及中央过"紧日子"的工作要求，适应电力市场化改革，提高企业核心竞争力，做好核电安全性和经济性的平衡，中国核能电力股份有限公司利用三年时间设计、建立、实施了核电集团成本管控体系，该体系结合核电企业实践并综合运用多种管理会计工具，助力核电企业成本管控业绩提高。中国核能电力股份有限公司基于"业务驱动、商务整合、资源共享"的成本管理改革创新，通过加强全员成本文化建设，实行"全员全过程全要素"的成本管理，建立TOP10成本管理机制，逐步将成本管理由财务属性转变为业务属性，将成本管控延伸到业务前端，真正将成本管控上升为战略管控、决策管控、价值管控，逐步扭转了以往主要由财务人员在后端推动、业务部门"各自为战"的局面。通过该项管理创新的实施，中国核能电力股份有限公司取得了三个年度核电单电成本连续下降、年度降本增效效益达4亿元的良好效果，并进一步促进公司资源优化配置，对公司效益提升及管理提升有良好的促进作用。

【关键词】 成本管理；改革创新；降本增效；"业商财"融合

一、企业简介

中国核能电力股份有限公司（以下简称"中国核电"或"公司"）是中国核工业集团有限公司的控股子公司，是首家A股纯核电上市公司。公司经营范围涵盖核电项目及配套设施的开发、投资、建设、运营与管理；清洁能源项目的投资、开发；输配电项目投资管理；核电运行安全技术研究及相关技术与咨询服务能力；售电等领域。截至2019年年底，中国核电上市公司二级子公司29家，集团委托管理单位4家，全级次子公司127家（见图20-1）；现有员工12 687人；控股在运核电机组21台，装机容量1 909.2万千瓦；控股在建核电机组4台，装机容量513.6万千瓦。公司曾荣获中央企业先进集体和中国证券"金紫荆"最佳上市公司、全国电力行业企业文化建设示范单位等称号。2019年，总资产逾3 476亿元，实现营业收入460.67亿元，利润总额为103.49亿元。

中国核电，曾被国家领导人题词为"国之光荣"，始终秉承"两弹一星"精神和"四个一切"的核工业精神，始终坚持"安全第一、质量第一、预防为主、综合治理"的方针，从打造"国之光荣"逐步走向铸就"国之重器"。中国核电紧紧抓住国家发展核电的战略机遇，积极推进核电事业向"规模化、标准化、国际化"发展，走向更广阔的世界舞台。

中国核电的组织架框如图20-1所示。

作者：张勇、洪猛、吴斌
案例指导与点评专家：李成（上海国家会计学院）

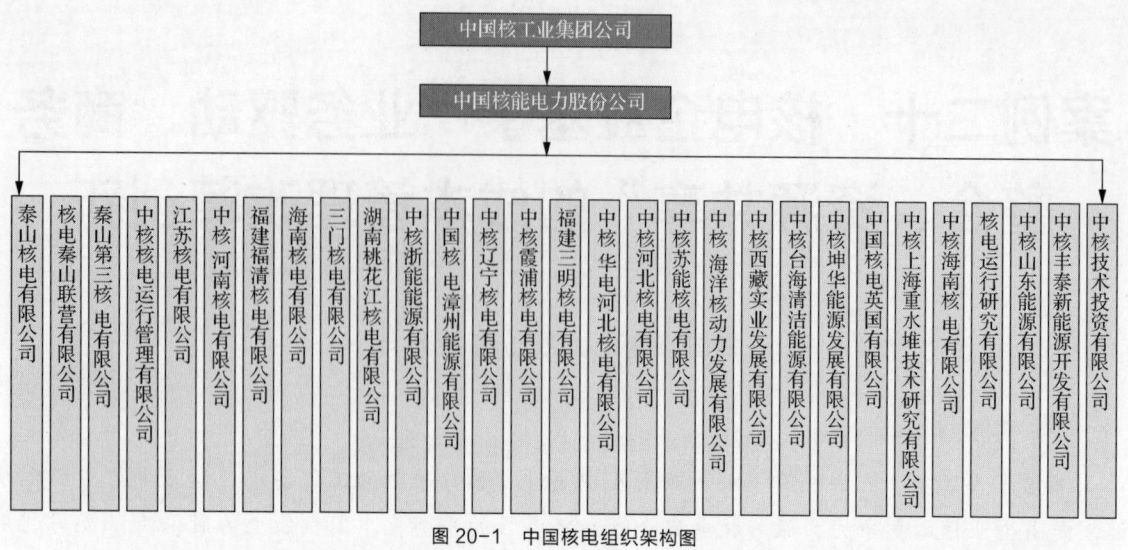

图 20-1　中国核电组织架构图

二、基于"业务驱动、商务整合、资源共享"成本管理改革创新实施背景

（一）注重高质量发展，落实"三去一降一补"

党的十九大提出，我国经济已由高速增长阶段转向高质量发展阶段，正处于转变发展方式、优化经济结构、转换增长动力的攻坚克难时期，必须坚持质量第一、效益优先，以供给侧结构性改革为主线，推动经济发展质量变革、效率变革、动力变革，提高全要素生产率。要坚持"去产能、去库存、去杠杆、降成本、补短板"结构性改革，优化存量资源配置，扩大优质增量供给，实现供需动态平衡。

2018 年是贯彻落实党的十九大精神的开局之年，新时代对核电企业提出了新要求。为了贯彻落实党中央要求，中国核电需积极推动改革创新、转型升级、健康发展，从注重规模发展逐步转变为注重质量发展，探索新动能、新模式、新路径。中国核电作为我国核电建设的领头羊，如何通过规模优势打造以安全为前提的成本领先优势，将成为全面提高核电竞争力的重要方向。要牢固树立"创新、协调、绿色、开放、共享"的新发展理念，紧紧围绕质量第一、效益优先，以供给侧结构性改革为主线，积极顺应技术改革、产业变革、消费升级等趋势，增强企业核心竞争力，实现企业高质量健康发展。

（二）适应市场化改革，提升企业核心竞争力

《中共中央 国务院关于进一步深化电力体制改革的若干意见》（中发〔2015〕9 号）于 2015 年 3 月印发，此次制度改革以电力产品的价格形成机制为切入点，深入推进发电侧、售电侧市场化改革，发电企业直接参与售电市场，从而构建"放开两头、管住中间"的新市场结构，提高电力行业的开放程度和竞争水平。随着新一轮电力体制改革序幕的拉开，电力企业的外部环境发生了根本变革[①]，既有的商业模式和盈利模式遭遇重大挑战。此外，我国经济发展步入了中高速增长的新常态，电力装机容量的增量一直高于发电量的增速，电力市场整体产能过剩的态势不断彰显，核电机组均在压负荷运行，核电消纳形势依旧严峻。在当前电力市场供大于需和电力体制改革的大背景下，交易电价一降再降，核电项目"减量降价"形势异常严峻。

中国核电基于"业务驱动、商务整合、资源共享"的成本管理改革在新一轮电力体制改革的背景下呈现战略价值和重大意义。中国核电是发电企业，其活跃的售电市场为其带来了新的市场机遇和收入增长点。随着企业定价能力越来越弱，以及电力行业终端产品的同质性，成本领先战略成为发电企业的必然选择（林伯强，2006），这使得具有成本优势的发电企业将获得更多市场机会。

中国核电市场化交易电量正大幅提高，从 2016 年占总上网电量的 9%，提高到 2019 年的 33%。为应对

---

① 电力企业，包括发电企业和电网企业。

电价、电量的"双降"挑战，在坚守安全可靠运营的基础上，中国核电一是要顺应电力市场化改革的时代要求，积极开展电力营销，参与市场竞争；二是要建立长效的成本管控机制，不断加强"向成本管理要效益"的能力，打造以安全为前提的成本领先竞争优势。

（三）执行核安全法规，平衡安全性与经济性

切尔诺贝利事故、三哩岛事故、福岛事故等惨痛教训一次又一次敲响核安全的警钟。我国在核安全立法、监管、应急能力建设、安全研发投入等方面做出了巨大努力，陆续出台了《中华人民共和国安全生产法》《中华人民共和国核安全法》《生产安全事故应急条例》等法律条例，牢固树立安全发展理念，建立健全最严格的安全生产责任体系，强化依法治理安全生产，强化安全生产责任追究，加强安全监管干部队伍建设和监管力度。核安全，是核电企业的生命线，必须常抓不懈。在建造设计方面，中国核电修订了《核电厂设计安全规定》，将安全改进项纳入新建核电厂设计标准，对严重事故的预防和缓解措施提出了更加明确的要求，增加了抗大型商用飞机恶意撞击的能力等。新建核电机组正式迈入第三代。在运行维护方面，中国核电通过深入开展各电厂之间建设、运行、概率安全评价（PSA）及严重事故管理同行评估等活动，提高 PSA 技术在核电厂安全运行中的应用水平和严重事故管理水平。由于代际升级、安全升级等外部监管要求的加强，使得核电机组建造成本增加，核电机组运行的经济性面临严重挑战。

由于行业特殊性，核电企业的安全稳定运行是需要永远坚守的底线。那么，在确保安全的前提下，进一步提升核电企业的经济性和竞争力，是当前所必须直面的议题，也将成为核电企业可持续、高质量发展的关键。面对日趋复杂的新形势，核电企业在强化安全生产、积极开展电力营销工作的同时，应深化"业务驱动、商务整合、资源共享"的成本管理改革，打造以安全为前提的成本领先竞争优势，争取为经济效益、社会效益和市场竞争力的提高创造更大空间。

（四）实现管理会计转型，助推财务价值创造

财务会计领域正从传统的核算会计向管理会计转型，财务在推动公司精益管理、实现价值创造等方面将发挥越来越重要的作用。财务队伍除了做好传统的基础核算会计之外，还需要不断转型，适应内外部发展的要求。成本管理是财务发挥管理会计职能、助推财务价值创造的重要突破点。就目前核电成本管理现状来说，在传统的模式盈利逐步下降的情况下，我们需要顺势而为，主动作为，建立长效的成本管控机制，向成本管理要效益，形成综合成本的内生竞争优势。财务作为整体工作的牵头者，必须充分应用各项管理会计工具，做好任务分解，推动整体工作实施，助推成本管控落实落地，助推公司经营业绩提升。

三、基于"业务驱动、商务整合、资源共享"的成本管理改革创新具体应用

中国核电基于"业务驱动、商务整合、资源共享"的成本管理改革创新综合运用目标成本、标准成本、作业成本、质量成本等管理会计工具，从组织体系、文化建设、业商财融合、技术改进、流程优化、资源共享、考核评价等方面全方位构建成本管理体系，逐步实现"以安全为前提的成本领先优势"的管理目标，贯彻"全员、全过程、全要素"的成本理念，建立"业务、商务、财务"深度融合的成本管理体系和控制流程，持续开展各领域降本增效专项行动，深挖成本管控潜能，将成本管控细化为七个阶段、八个重点领域，逐一拆解、逐一应对，从而串点成线、由线及面，让成本管控进一步在中国核电全板块内全面铺开，营造全员降本增效的良好氛围。

（一）组织引领，建立"业商财"深度融合的组织架构

张健梅和潘爱玲（2013）提出了成本管理演化的双动因驱动论，认为内生动因是指成本管理主体的主观能动性，要求企业充分发挥企业自身的主观能动性，改革管理体系，培育成本管理创新文化，外生和内

生双驱动共同推动成本管理的持续演化。为贯彻"以建立核安全为前提的成本领先优势"的成本管理目标，充分发挥主观能动性，中国核电组织本部及各成员单位均成立了以总经理为组长、总会计师为副组长，各业务部门、商务部门、财务部门共同参与的成本管理工作组。按照"业、商、财"融合的成本管理组织架构建设要求，将成本费用管理职责和分工进行划分，让业务端推动业务流程优化、工艺技术创新、设备技术改进、信息技术运用等，以业务精益和技术创新驱动成本控制。与业务驱动财务相配合，中国核电还在商务端发力，推动商务流程和库存管理优化，整合商务资源，推行集中采购；在财务端细化成本核算，组织分析与对标，挖掘降本空间，为成本控制提供方向，最终形成"业务思财务、财务懂业务"的良性循环，将成本管理由财务驱动的"目标管理"转变为业务驱动的"过程管控"。中国核电通过组织架构的创新重塑，促进"业商财"在成本管理中各司其职，分工协作、高效协同，推动成本管理的持续演化。在成本管理工作中借鉴核电机组管理经验，建立 TOP 10 成本专项动态管理机制（见图 20-2），将成本管理聚焦到具体项目，畅通经验反馈机制，推动各单位以定期报告和临时报告等形式进行经验共享，从而有的放矢、协同推进，真正实现成本精益化管理深入到业务层面。

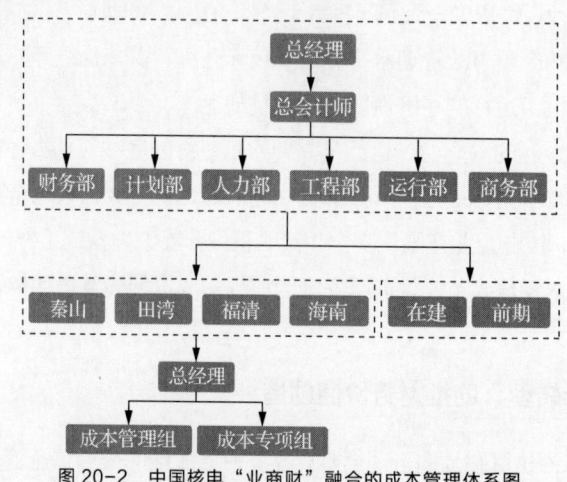

图 20-2 中国核电"业商财"融合的成本管理体系图

为筑牢"业商财"融合的成本管理体系，如图 20-3 所示，中国核电建立定期磋商机制，成立专项工作组对具体成本优化领域进行深入推进，对流程优化和资源整合方面的成本优化工作进行专项评价，"业商财"深入衔接逐步攻破流程中的"老大难"问题；组织成本管理专家深入业务现场开展专项调研，访谈了近 50 名业务部门一线工作者，深入挖掘降本增效突破点，总结降本增效良好实践，寻找成本管控薄弱点，并提出优化建议，促进成本管理水平持续提高。以此为起点，中国核电将成本管控纳入 JYK 考核体系，还设立了专项奖，对在降本增效实践中"见真招，出实效"的单位和个人进行奖励。

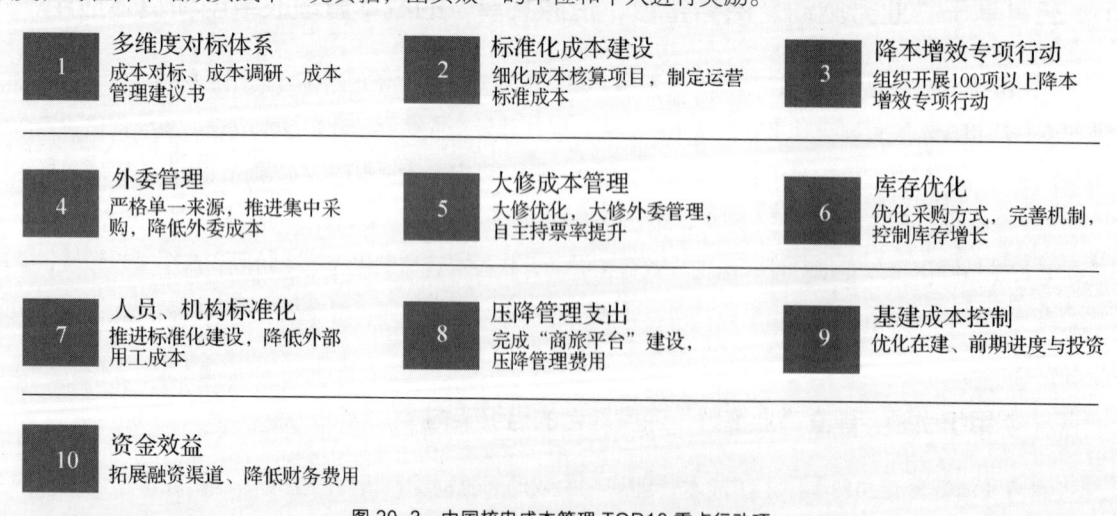

图 20-3 中国核电成本管理 TOP10 重点行动项

（二）文化入心，实行"全员、全过程、全要素"成本管理

中国核电坚持成本管理深入推进，通过建制度、广宣传、强培训、树榜样等手段，加强成本精益管理紧迫性和必要性的宣贯，让员工充分了解当前成本管理的形势与任务，避免出现"上头热、中间温、下面凉"的局面，鼓励全体员工参与到成本管理工作中来。树立"以安全为前提的成本领先优势""成本优势即是经济安全"、成本管理"人人可为，时时可为，处处可为"的成本文化，培育员工在成本管理中的主人翁精神，营造良好的降本增效氛围。

中国核电推进全过程成本管理，改进将成本管控重心放在当年成本指标上的传统做法，加强全生命期过程成本管控。洪晖虹（2015）研究认为，发电企业成本控制应该覆盖生产全过程。由于核电项目投资大，运行阶段50%～60%的成本由建设阶段产生，中国核电从项目选址阶段即开始加强成本管控，按照分段、从严、最小化原则进行投资控制，强化概算管理、投资计划管理、全面预算管理、立项管理、招标管理、合同管理，持续优化设计、采购、建安、商务等流程的进度与成本，严格将工程进度与投资控制在批准的工期和概算范围内。

中国核电倡导全要素成本管理，对人员费用、外委费用、设备费用、物料费用进行全覆盖管理，同时推进"大成本"管理，避免以往的成本管控更注重显性成本控制的误区，建设包括"安全、质量、效率、投资"的"大成本"控制体系。除了显性成本，同时关注隐形成本，关注成本管控全要素。试点设立部分业务先导指标，控制隐性成本，如量化安全生产、管理成本、资金成本等，将大修安全指标、质量指标、进度指标等纳入跟踪指标，如图20-4所示。

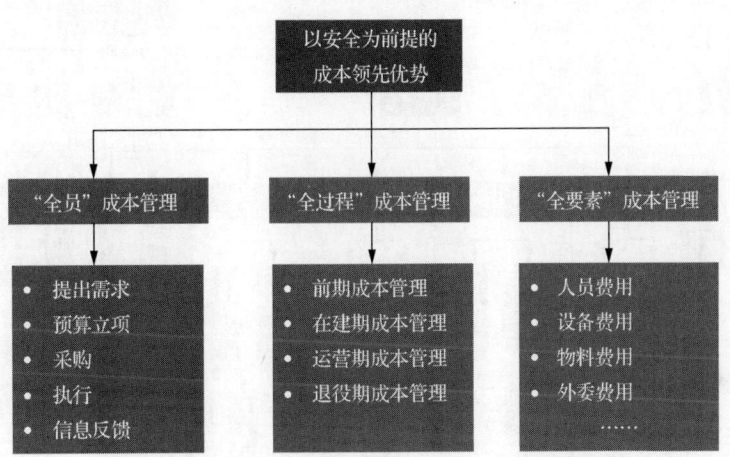

图 20-4 中国核电"全员、全过程、全要素"成本管控分解图

2018年，中国核电发起"降本增效、从我做起"倡议书，强调降本增效是每位员工应尽之责，要求全体员工"从自身做起，从点滴做起"，号召全体员工"增收节支、增效节能"，使成本管理的紧迫性和必要性深入人心。通过会议宣贯、媒体宣传、集中培训、案例推广等活动，使降本增效"人人可为，时时可为，处处可为"的理念得到广泛认同，形成了全面参与的良好局面。通过组织合理化建议活动，号召全体员工打开思路，积极谏言献策，寻找各领域降本增效突破点，有效收集合理化建议，通过组织实施，全年实现降本增效效益约600万元。积极开展"财务人员走出去"活动，由总会计师带队对主要处室进行访谈，以"大成本管理"为理念，与业务处室共同寻找成本管控的切入点、着力点和落脚点。

（三）方法创新，推广"三标三化"成本管理方法

改革开放以来，国内学者陆续对成本管理理论进行了系统性研究，并将研究成果付诸实践，推动中国企业成本管理创新（常建华，1993；狄为和寇小君，2014；李新，2017）。20世纪初，电力企业成本管理这一主题引起国内学者的广泛关注，大批学者将国外较为成熟的成本管理模式引入电力企业成本管理的研究（林咏梅，2004；郭素芳，2015；王伟，2016）。尤其是随着电力市场化改革的推进，成本管理创新一跃成为学

界和业界共同关注的热点问题。

中国核电注重成本管理方法创新，用好用活目标成本管理、作业成本管理（Cooper and Kplan，1989）、价值链成本管理等管理会计工具，并通过分析企业所处的行业特征、自身的战略目标（Kenneth Silnmonds，1988）、管理方式、产品的制造流程等要素，将理论与实践相结合，持续对成本管理工具进行适用性评估，分领域多途径地进行成本分析，逐步提炼适合核电企业的"三标三化"成本管理方法，并指导各成员单位利用各项工具及模型进行成本分析，从"人、机、料、法、环"等主要因素入手，深入分析成本动因，事前算准各项经济行为的价值创造、投资回报，寻找成本提升空间，真正将成本管理细化至最末级，管理在最前端。

"三标三化"即"目标、对标、标准，规范化、精细化、数字化"。目标：针对电力行业特点，中国核电建立以度电成本为核心的目标成本管理指标体系（见图20-5），体现了以市场为导向，综合考虑电价、售电、成本因素的管控思路；对标：建立与国外电站、国内核电集团、集团内各电站的成本对标机制，通过对标查找短板、分享最佳实践，不断提高成本管控能力；标准：推进标准作业、标准成本管控，日常管控重点更加偏向于非标作业和定额外成本；规范化：加强成本核算管理，坚持合法合规、坚持成本费用日清月结，保证成本确认、计量的准确性、及时性；精细化：加强成本项目管理，细化成本项目颗粒度，推进作业、工单、工时管控；数字化：充分利用信息化手段，搭建"料工费""产供销"一体化的综合成本管控信息平台。

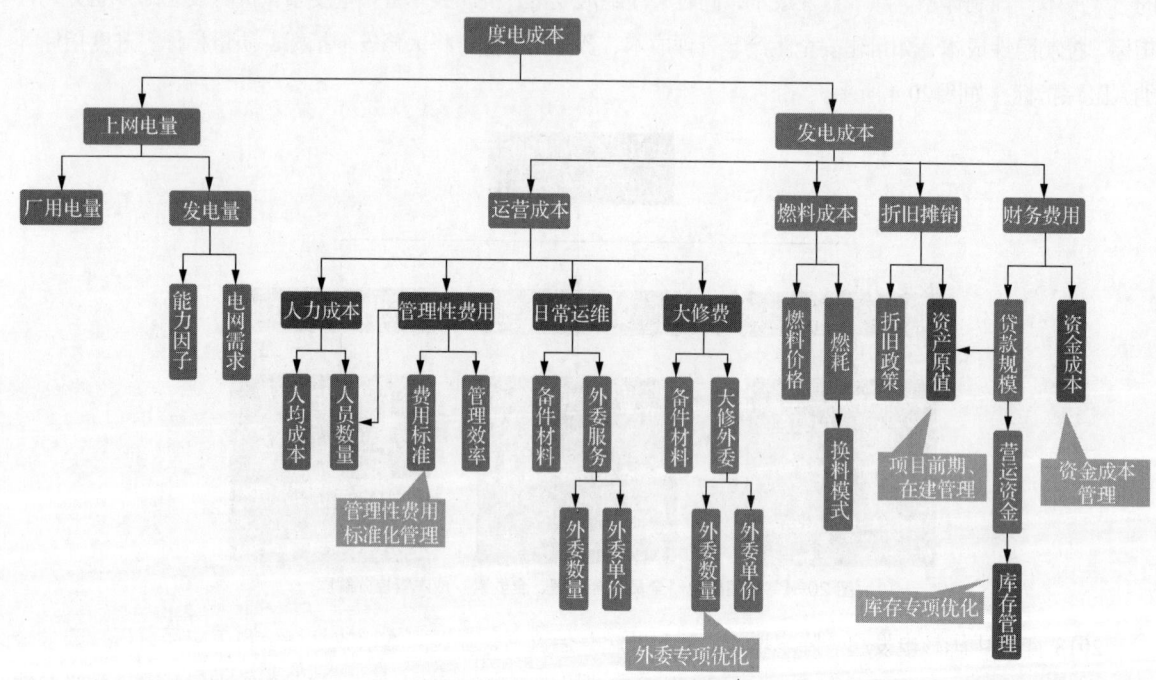

图 20-5 中国核电以度电成本为核心的目标成本管理指标体系

中国核电坚持加强与行业先进单位的成本对标，2011年加入EUCG（美国电力行业成本协会）并定期开展对标活动，多次参与IAEA（国际原子能机构）组织的核电成本交流活动，与Exelon（美国最大的核电公司）、EDF（法国电力集团）等国外核电集团交流；不断完善成本标准体系建设，制定并执行统一的成本核算标准，持续加强成本开支的合规性和规范性；制定标准成本核算项目、标准WBS体系、标准组织机构、维修标准工时、库存定额等各项标准，并将各项标准作为预算编制、过程监控及考核的依据。以ERP为载体，提高成本管控信息化建设，加强成本预算从编制、执行到考核的数字化监控及展示，按照管理驾驶舱设计理念推动3A平台整合，集中信息资源，深入挖掘数据价值。

（四）业务驱动，以业务精益推进管理精益

成本精益的前提是业务精益，中国核电将成本管控的重点领域拓展到以业务为驱动的"质量成本管理"，以业务精益和技术创新驱动成本控制。具体包括：开展全生命周期成本管控，从项目选址、反应堆

设计开始，把好项目入口关，确保项目全生命周期的经济性；开展全产业链成本管控，合理确定自主与外委边界，维护好合格供应商库，加强商务资源整合；加强设备可靠性管理，成立设备可靠性管理委员会，任命设备工程师，对重点设备挂牌监控，通过提高设备可靠性减少运维成本、延长设备寿命；以技术创新提高创效能力，通过技术创新、技术改进、信息化手段运用，持续提高设备可靠性、运维效率和全员劳动生产率；加强作业成本管理，制定维修标准工时编码，将成本作业分解到具体工种及工单，加强维修现场管理并提高成本管理的精度。

典型案例：海南核电在制订年度大修和换料计划时，业务部门与财务部门密切协作，通过测算最优燃耗成本，对机组燃料循环周期进行优化，调整 U2C2（二号机组第二循环）停堆时间，使对应 U2C3（二号机组第三循环）的燃耗需求减少 16EFPD（16 个满功率运行天数），按照换料设计相关计算，相当于少装 4 组燃料组件，全年节省燃料成本约 3 000 万元。

江苏核电将互联网与生产管理深度融合，创新脚手架作业管理模式。以先进的数据通信为依托建立起作业现场与脚手架作业过程管理的数据桥梁，通过施工扫码、WEB 系统、移动应用、智能终端实现对脚手架作业过程的全覆盖管理，建立起一个优化高效的脚手架管理体系。该项创新大幅减少了脚手架施工人数，年节约成本约 120 万元，该施工技术为同行业首次应用，已申请国家专利。

（五）资源整合，推进规模化共享成本管理

中国核电为发挥规模化优势，加强了总部对成员单位的集约化、标准化管控，并通过组织模式、商业模式变革，加强全公司的资源整合能力，有效降低共性成本。具体包括：成立运行服务和维修服务两大专业化公司，开发八大对外服务产品，统一为公司各电站提供服务，同时开拓了国内外核电运维服务市场；成立财务、商务、信息化等六大中心，集中统一开展全公司分领域共性业务；整合集团商务采购需求和商务采购资源，大力推进集中采购，形成采购规模化效应；建立资产共享机制，推进制造商、代理商、同行间备品备件联合储备模式，建立公司冗余物资流转机制，充分利用存量资源。

为加强采购领域资源整合，中国核电逐步建立起统一的集采管理制度体系和流程，实现前端物资采购计划标准化管理，推进采购信息化建设，开发集中采购流程，推进集采合同和采购模块标准化，陆续制定了第一批、第二批集采目录和信息化集采目录，全年签订集采协议 68 份，基本实现了对大宗通用物资及备件、共性服务的有效覆盖，各电厂通过集中采购项目的实施，取得了良好的管理效益和经济效益。

（六）重点突破，多措并举助力降本增效

中国核电根据成本管理的阶段规划，分领域分路径实现重点突破，提前谋划，按照"源头管控与重点领域管控相结合、合理处理存量与严控增量相结合、灵活储备与建立长效机制相结合"的思路，开展降本增效专项行动，将成本管理聚焦到具体项目。

1. 技术改进促运维成本降低

大修和日常运行维护成本是运营核电站成本管控的关键领域，也是评价运营管理水平的重要指标。中国核电积极开展大修方案优化，完善计划管控、项目优化、运行操作等大修管理工作，合理缩短大修工期；开展基于价值的维修，优化预防性维修大纲，将有限的资源配置在更具价值的领域；加强技术提高，以技术改进促进成本节约。

典型案例：中国核电积极推行压水堆机组长燃料循环改进项目，通过对堆芯换料模式、组件数目和富集度等进行合理科学的分析和安全可靠的论证，可以提高燃料循环运行时间即循环长度，从而提高机组的负荷因子，增加燃料的批卸料燃耗，提高燃料利用效率，进而降低单位产能成本，有效提高核电站的经济效益和管理效益。以压水堆百万机组为例，通过该项技术改造项目，单个机组年度增加发电量约 3 亿度，年产生效益约 6 000 万元。

2. 商务整合促外委费用降低

中国核电充分发挥商务端在成本管控流程中承上启下的关键作用，通过商务资源整合加强外委成本管控，梳理存量外委清单，发布外委项目标准；建立外委合同价格数据库，加强采购环节的整合、优化和价格管理；建立新增外委项目专项审查制度，在预算及立项环节加强外委必要性审查，管住入口。

典型案例：秦山核电从公司高层亲自把关开始，进行压力传导，通过商务部门自身审查、积极与项目部门沟通及提交承包商委员会决策、总办会决策等各类形式退回 51 项；同时通过组织大修理综合性外委项目以及部分周期重复性项目的框架协议整合与招标工作，在提高效率、完善标准的同时，有力实现价格管控，从而降低外委采购成本约 2 020 万元。

3. 精简节约促管理费用降低

中国核电积极落实中央过"紧日子"的工作要求，树立节约意识，全面梳理全板块在管理性成本控制中存在的薄弱环节，采用多种措施消除或减少低效无效支出，消除浪费、精简开支。通过计划管理，明确各类会议召开的范围和形式，合并召开内容相近的会议，有效节省会议资源；开展出国项目和人员的资源整合，有效控制出国费用。倡导"资源共享、绿色办公、节能减排"的办公原则，倡导随手关闭电源、黑白打印、双面打印等员工行为规定，减少办公资源耗费。合理改变考核方式，将管理性支出由执行偏差考核调整为鼓励节约考核，充分发挥预算考核的导向作用。

典型案例：秦山核电在全公司范围内开展"挖业务短板，查找浪费源"专项活动，发动各处室结合本职工作进行降本排查，收集办公管理、库存浪费、流程缺陷等各类浪费源，并通过发布《工作推进报告》和《后续工作通知》等组织实施，协调各处室落实改进措施，全年产生经济效益约 990 万元。

4. 源头管控促库存物资减少

核电企业是高库存行业企业，合理降低库存对成本改善有重要意义，中国核电将库存优化作为成本管控的重点领域之一。加强需求前端管控，充分利用数据分析及经验反馈，提高采购计划的精准度；优化采购方式，结合物项特点，制定合理采购方式和策略，持续推进物项集中采购及电商采购；推进备件共享，完善共享平台，积极探索与制造商、同行联储模式，建立物资处置盘活机制；细化内部库存控制考核指标，将库存指标进一步分解到各部门，并建立每次大修备品备件采购与使用情况考核指标，传导库存控制压力。

典型案例：海南核电积极清理 ERP 系统中的往期预留数据，加强物资预留、库存定额管理数据的准确性。通过商务人员及技术人员的有效配合，将 3791 条行项目的库存物资进行释放，合计金额 7 000 多万元。针对清理情况，对 EAM-ERP 工单/非工单数据再次完善，改进设置预留的有效期限，对操作失误、长时间未来办理领用等情况发起的预留超过系统时效时间将自动处理，直接释放被占用的库存量，为库存物资需求的准确提报打下良好的基础。

5. 多管齐下促资本成本节约

中国核电积极利用上市公司平台，拓宽融资渠道，积极引入产业基金或战略投资者，组织发行公司债券，实现资金来源多样化，满足项目建设资金的需求。积极创新资金管理模式，密切跟踪国家金融政策和形势，全力争取最优贷款利率；综合市场环境，推进高利率人民币贷款债务重组工作；适时开展外币债务置换，将外币债务风险头寸降低至可控水平；拓展内部资金统筹使用工作，加强往来款项管理，加快资金周转速度，减少资金沉淀和占用，提高资金使用效率，降低财务费用。

典型案例：为了降低资本成本，中国核电积极通过再融资平台，完成了 78 亿元可转债的发行。公司通过集团化融资、高息负债置换、开展通知存款等资金管理行动，有效降低了资金成本，为公司新项目建设提供资金支持及稳定经营活动现金流做好坚实后盾。

（七）经验反馈，实现成本管控闭环管理

中国核电建立完善成本管理经验反馈机制及报告机制，及时跟进成本管理各项工作最新进展。积极组织

"业商财"领域深入交流，总结反馈各单位在具体成本项目管控、成本管理方法探索等方面的经验得失，通过组织成本管理案例汇编和成本管理现场会，将降本增效领域的优秀案例汇编成册，并在全板块推广，实现成本管理经验共享。

中国核电加强成本管理绩效考核，以 JYK 管理体系为抓手，建议成本预算"管理驾驶舱"（见图 20-6），将预算作为成本管理的第一道关口，创新预算管控模式和预算考核方法，加强双向预算管控，建立滚动预算及全年预测机制，推行"月考核+周监控"相结合落地落实。组织开展成本管理先进集体和个人评选活动，表彰先进，树立榜样。建立激励及约束相结合的机制，对在成本管理工作中做出贡献和成绩的部门、个人给予激励，对疏于成本管理造成无谓浪费的部门、个人给予通报。通过各项管理机制，实现成本管理闭环管控。

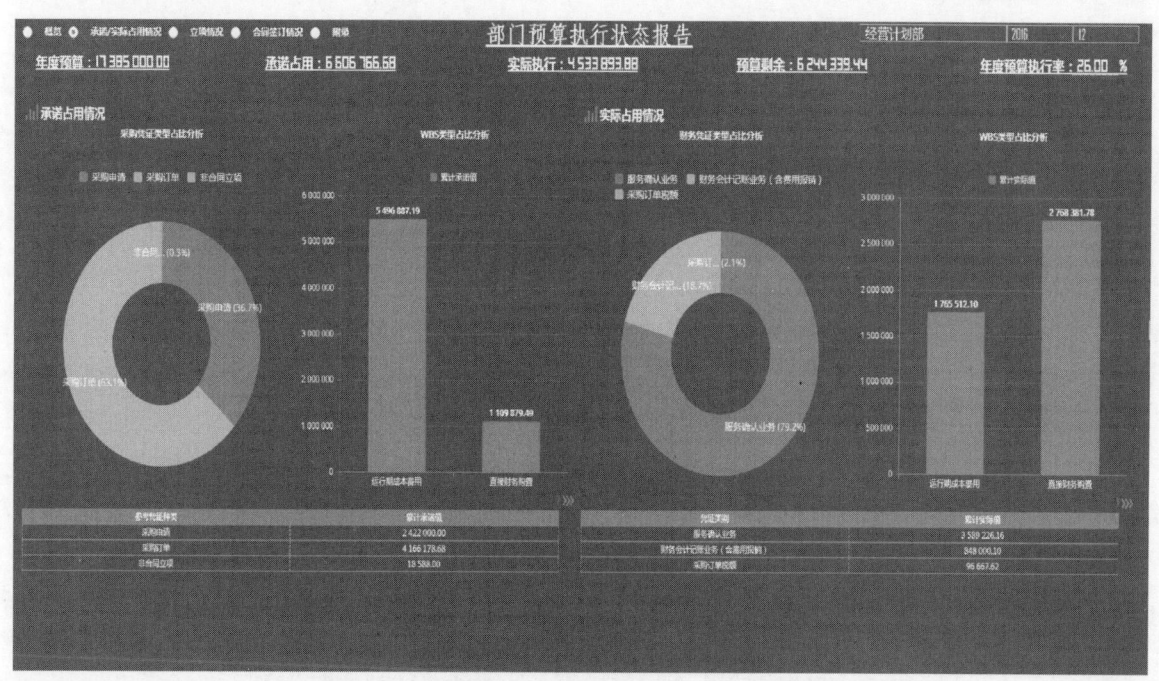

图 20-6　中国核电成本预算执行监控图——"管理驾驶舱"

四、基于"业务驱动、商务整合、资源共享"的成本管理改革创新实施效果

中国核电基于"业务驱动、商务整合、资源共享"的成本管理改革创新，逐步建立了一套适合核电企业的成本精益管理体系。通过该项管理创新的实施，为实现上市公司经营效益打下了坚实的基础，为实现我国核电事业在新时代高质量发展注入了新活力。

一是企业核心竞争力持续增强，经营业绩持续提高。在 CPI 指数持续上涨、核电建造成本增加的不利条件下，中国核电度电成本连续 3 年下降，2018 年度电成本较 2016 年度电成本降低了 5.08%。通过组织各项降本增效专项行动，2018 年全年实现降本增效效益 4.5 亿元。通过对成本资源的优化配置，加强了安全和研发投入，促进了企业可持续高质量发展。

二是降本增效意识深入人心，通过成本精益管理行动，中国核电全板块已对提高成本管控核心竞争力达成共识，全体员工对降本增效的主人翁意识大大增强，过"紧日子"思想深入人心，成本因素成为全体员工开展工作的重要权衡因素，成本管理逐步做到事事可为、处处能为、人人有为。

三是取得良好的管理效益，通过成本精益管理促进了企业业务优化、效率提高和管理提高。通过"浪费源"查找消除、细化措施落实等工作，不断优化工作流程，加强各部门、各环节间的默契协作与配合，消除部门壁垒，提高工作执行效率，追溯管理中存在的问题和弊端，及时改进管理方法，消除管理漏洞。

五、总结与展望

一是成本管理必须坚持"业商财"深度融合，改变以往成本管理仅仅是财务部门工作的误区。成本管理需要各个部门协同参与，从全流程共同促进管理提高，将成本管理端口前移，形成齐抓共管的局面。

二是成本管理理念应以行业特点和公司战略为基础，嵌入公司发展全过程，如核电行业要紧密围绕安全生产和技术引领特点开展成本精益化工作，同时结合集团化运作的规模化、标准化战略开展工作。

三是创新是高质量发展的核心，成本管理必须以创新为突破点，具体包括技术创新，组织模式、商业模式和管理模式创新。公司通过技术创新，占领技术高地、效益高地，实现公司低成本、可持续发展；通过商业模式、组织模式创新，实现资源共享和整合；通过管理创新，优化办事程序，减少隐性成本，切实提高管理效率。

四是坚持文化引领、以人为本，成本精益化管理的前提是形成上下思想统一、全员参与、业财融合的局面，通过文化传承形成可持续的成本领先优势，将成本管理理念和成本价值观念融入各项规章制度，被广大员工所认可并认真遵照执行。

五是结合实际情况，综合运用和改进各种管理会计工具，将目标成本、标准成本、作业成本、质量成本、平衡计分卡等工具用好用活，将成本管理由核算型向管理型转变，解析成本驱动因素，不断深挖降本增效突破点。

 企业自评

中国核电基于"业务驱动、商务整合、资源共享"的成本管理改革创新，通过搭建"业商财"深度融合的组织架构，建立 TOP10 成本管理体系，实行"全员、全过程、全要素"成本管理，构建成本管理"事事可为、处处能为、人人有为"的良好氛围，将成本管理植入公司经营的各个环节，识别、分析、控制产品生产过程中的主要成本驱动因素，通过以目标导向、源头控制、投入产出、整体考量和持续改进等为基本方向，优化资源配置，提高管理效率，改善经营业绩，树立成本领先的决心和信心，明确成本改善的领域及途径，挖掘降本增效的措施及方法。通过近三年的实践，取得了良好的降本增效效益，对核电企业乃至大型国有企业的降本增效工作具有重要的借鉴意义。

 专家点评

中国核电基于"业务驱动、商务整合、资源共享"的成本管理改革创新，综合运用和改进各项管理会计工具，将目标成本管理、作业成本管理、价值链成本管理等工具用好用活，通过分析企业所处的行业特征、自身的战略目标、管理方式、产品的制造流程等要素，将理论与实践相结合，持续对成本管理工具进行适用性评估，分领域多途径地进行成本分析，逐步提炼适合核电企业的"三标三化"成本管理方法，并实现组织创新、体系创新、方法创新等各项管理创新，将成本管理植入公司经营的各个环节，逐步将成本管理由财务属性转变为业务属性，将成本管理延伸到业务前端，对管理会计工具在具体实践中的推广应用具有良好的示范效应，对核电企业乃至大型国有企业的降本增效工作具有重要的借鉴意义。

案例二十一　财务会计向管理会计转型——管理会计视角下的中国核电会计共享服务

中国核能电力股份有限公司

【摘要】财政部先后发布了《关于全面推进管理会计体系建设的指导意见》等有关文件，把全面推进管理会计体系建设作为会计改革与发展的重点方向，并提出要鼓励大型企业和企业集团建立财务共享服务中心的要求。建立财务共享服务中心能充分发挥集团企业在财务管理方面的优势，不仅有利于加强企业会计信息化建设，也有利于促进管理会计的发展。中国核能电力股份有限公司通过对公司发展现状、未来发展趋势及面临的问题进行分析，以习近平新时代中国特色社会主义思想为指导，明确公司"十三五"财务管理的总体思路、发展目标、主要任务和重大举措，推动会计共享服务的上线和复制推广，进而推动中国核电会计核算集约化、标准化、信息化水平提高，促进业务规范统一，降低运营成本，驱动财务全面转型，实现战略财务管理能力跨越式提升。

【关键词】管理会计；会计共享；FSSC；财务信息化

一、中国核电会计共享中心概况

2018 年 9 月，中国核电依托中核核电运行管理公司（以下简称"中核运行"）会计处成立中国核电会计处，并作为中国核电会计共享中心的组织机构。会计处下设费用核算科、合同核算科、资金结算科、财务报告科、业务支持科、综合管理科六个科室，共同开展会计共享相关业务。

中国核电会计共享中心运营服务平台于 2019 年 6 月 28 日正式上线，该平台依托中国核电 N1-ERP 系统，以"一分离、二转移、三集中、四不变"为总体设计原则，搭建了分别面向用户、共享核算、财务记账的前、中、后台系统，实现了业务提报与业务处理独立、财务核算数据的全流程集成与共享、增值税发票自动验真验重、财企直付、会计档案影像电子化、财务标准报表自动出具等功能，财务机器人在系统中也得到了运用。

截至 2019 年 6 月 30 日，秦山核电有限公司、核电秦山联营有限公司、秦山第三核电有限公司、中核核电运行管理有限公司、中核（西藏）实业发展有限公司、中核海洋核动力发展有限公司均已实现会计共享，会计共享中心进入实质化运作阶段。中国核电本部、浙江三门核电有限公司正在进行复制推广工作，将于 2019 年 12 月底完成。到 2020 年，公司实现板块内统建 ERP 系统的全范围会计共享服务。

二、中国核电会计共享中心建设背景

（一）财务管理现状分析

1. 攻坚克难，主要指标持续增长

近年来每年均有新机组投运，产能扩大，主营业务收入实现稳定增长；由于受电力消纳形势波动、部分新机组运行功率较低、平均电价下降等因素影响，利润总额涨幅变缓；2017 年公司搭建了基于业商财融合的

作者：乐雪、宁旭洲、李逸、滕新月、刘哲
案例指导与点评专家：王纪平（上海国家会计学院）

成本管理体系，2018 年成本管理进一步深化，TOP10 管理模式常态化，单位售电成本三年来已下降 1.2 分/千瓦时；在建机组以及新项目、新业务持续投入，资产总额不断增长，投融资一体化管理模式下，资金管理精益化水平提高，在保障资金需求的同时，去杠杆亦取得成效，资产负债率持续下降。

2．强化管控，预算体系日趋成熟

由于预算管控持续强化，以市场和问题为导向，预算体系在实践中持续改进，初步形成以公司战略为指引，与计划、考核体系等充分融合的管理系统；业商财不断融合，广度和深度不断拓展，管控颗粒度细化，资源配置合理性、科学性提高；预算闭环管理不断优化和提高，预算管理在公司经营管理中的核心管控作用、引领作用、激励作用得到充分发挥。

3．注重合规，核算精准及时高效

2015 年 6 月公司上市，对核算质量、信息披露时间均提出更高要求，三年来新公司、新项目设立较多，核算主体增加、合并范围扩大，但核算时间不断缩短，质量不断提高。2018 年公司继续保持信息披露高标准、严要求，助力公司保持上海证券交易所信息披露 A 级。

4．资源集约，信息系统初步整合

公司发展迈入大数据时代，为充分发挥高质量、高标准、高效率的决策支持服务，财务数据收集、积累和整理尤为重要。2015 年本部上线 SAP 系统取代用友 NC，有效整合财务与业务接口，大幅减少线下流程，实现大部分凭证自动生成；成员公司分步接入中国核电 N1-ERP，支持财务数据统一接入、实时跟踪、快速获取；板块报表及合并报表信息化系统上线，报表质量和自动化水平大幅提高；2017 年年底正式成立财务中心——会计共享中心，推动会计标准化、集中化管理，财务人力资源重新整合，财务转型在即。

（二）中国核电财务管理存在的问题

1．运营成本依然较高，降本工作仍有可为

与美国电力公司成本小组（EUCG）、中广核对标发现，公司运营成本仍然处于较高水平。近年来，虽然单电成本降幅明显，但距离标杆值仍有优化空间；在运机组存货水平居高不下，不利于中长期降本增效；外委项目占比高、外委边界不清晰，各在运机组外委费用存在较大差异，具体项目尚未能深入分析。

2．公司面临多重监管，合规风险依然存在

中国核电兼具央企和上市公司双重身份，公司财务合规性备受关注。第一，中央各项财经纪律严格约束，要求公司相关制度、标准等流程相符；第二，国家财经法律、法规一视同仁，对公司财务领域各个方面提出基本要求；第三，上市公司监管配套法规，对公司财务数据及时性、准确性、完备性提出很高要求。这都进一步要求公司时刻铭记法制财务建设，将合规风险降到最低。

3．信息化程度不同步，集约化管控不明显

目前板块以法人为单位的会计统一核算平台已经建立，但距离打破法人界限的集中共享平台信息化需求还有很大差距。作为全球使用最为先进、广泛的 ERP 系统，SAP 兼顾了标准化和个性化开发。由于前期各成员公司信息化开发需求未能完全统一，信息化开发程度不同步。在会计核算领域，虽然大部分成员公司已统一纳入 N1-ERP 系统，但尚有个别单位未能及时接入，数据不能统一接入，为财务信息获取带来一定困难，造成效率降低。

4．队伍结构有待优化，顶尖财务人才缺乏

面对公司快速发展的新局面，财务队伍建设面临人员储备不足、配备不均衡等问题。第一，财务人员总数少，财务在职员工占比 2%，低于同行同类型上市公司财务人员比例；第二，人才队伍分布不均衡，财务骨干、财务干部集中于老单位、基础设施好的单位，新公司、新项目、地理位置较差的单位人员来源匮乏；第三，年龄结构欠佳，年轻干部较为不足；第四，顶尖人才缺乏，无法满足公司资本运作、技术服务、国际化战略等发展要求；第五，转型尚不充分，传统会计业务人员较多，管理会计人员储备不足，管理会计业务刚刚起步。

三、中国核电会计共享中心建设总体方案

（一）中国核电会计共享中心的总体目标

中国核电会计共享中心以公司战略、总体规划为导向，以公司经营管理体系为中心，以资源统筹为突破点，以成本管理为核心，以支持公司业务的高速发展和财务转型为目标，以信息化技术为支撑，以财务人才队伍建设为保障，坚持合法合规，逐步完善质量领先的决策支持型财务管理系统，解决管理会计新时代下精细化财务管控需求与数字化、集约化、智能化充分平衡发展的问题，力争高效益、高集约、高合规，持续开展国内外对标，打造行业内成本领先及杠杆优势，在国际化财务方面取得突破，财务共享全面覆盖，逐步实现财务转型，全面实现财务集中管控。

中国核电会计共享中心通过集中的更集中、分散的更分散的模式实现中国核电财务整体转型，促进财务业务快速复制，实现财务业务协同，提升财务运作效率，加强规范化管理，提高共享运行效率，降低共享运行成本，实现财务人员成本控制及会计信息高质量水平提高，助力公司成为世界一流核能发电企业。

（二）中国核电会计共享中心的总体思路

中国核电会计共享中心兼顾服务与控制的定位模式，同时考虑在建设期和成熟期不同阶段进行服务升级。

建设期通过提供会计核算与结算、标准报表编制服务，确保单据审核与付款的准确高效，在严格执行公司制度规定与标准的前提下，合理控制业务流程中的财务合规风险，推动业财数据的一致与共享。

成熟期则通过会计共享中心的独立化运营，在持续推广流程标准化的同时，迈向以提供预算、成本管理方向为目标的高标准服务前进，进而承载更多中国核电本部层面的控制执行职能，同时从控制财务合规性风险转为控制业务合规性风险。

（三）中国核电会计共享中心的设计原则

1. 坚持战略导向，持续发展

公司将标准化操作业务剥离至会计共享中心，使公司财务向决策式战略财务转变，同时让成员单位财务向融合式业务财务转变，建立本部财务管战略管规划、成员公司财务管经营管效益、会计共享中心财务管核算管信息的三级财务管理体系（见图21-1）。

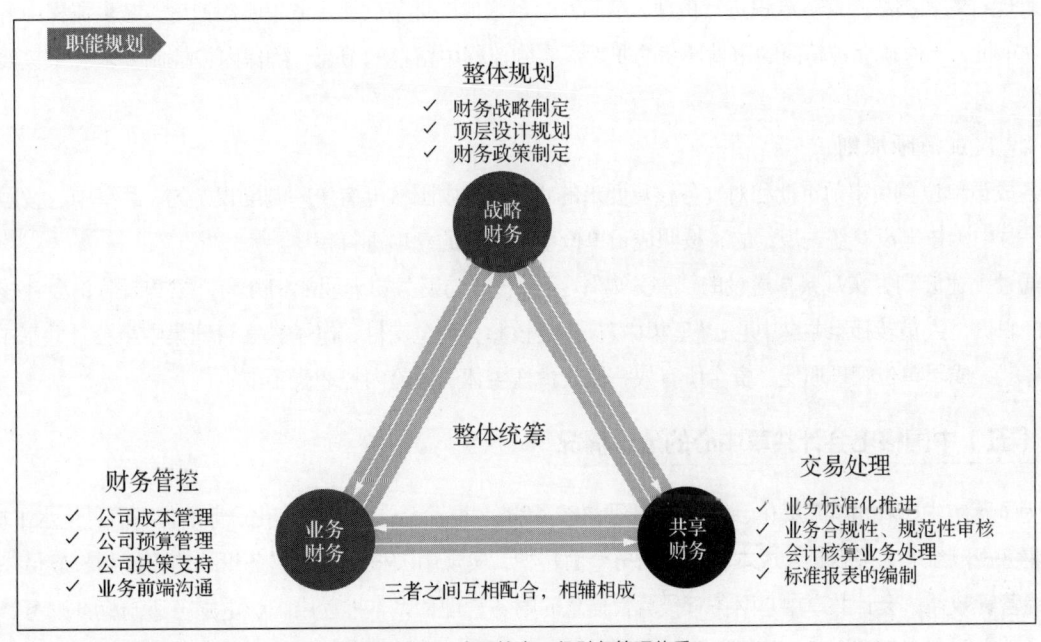

图 21-1　中国核电三级财务管理体系

公司本部财务部门担任财务战略制定者的角色，主要职责为整体财务战略制定、顶层设计规划和财务政策制定；成员单位的财务部门将转型成为财务管控者，主要职责为本公司的成本管理、预算管理、决策支持和与业务前端沟通；会计共享中心财务作为新成立部门将承担业务标准化推进、业务合规性审核、核算业务处理和标准报表编制的职责。

2．坚持创新驱动，整体转型

公司充分认识财务转型在公司转型中发挥的重要作用，立足当前财务现状，以创新引领，做好财务领域整体转型，推动公司向集约化、数字化、智能化发展。

3．坚持资源整合，决策支持

公司坚持业商财联动，将财务规划与公司业务规划、商务规划相结合，将财务指标与业务、商务发展指标联动，公司财务管理举措嵌入相关业务管理领域、层次、环节，围绕公司业务价值链，整合各类资源，推进财务中心建设，加快会计共享服务复制推广速度，促进业务发展，优化资源配置，突出决策支持功能。

4．坚持人才为本，服务大局

公司借助财务转型契机，持续改进和加强板块财务队伍建设，培养一批适应公司发展需要的财务高端人才和业务能手，充实人才队伍，服务公司发展大局。

（四）中国核电会计共享中心的建设原则

1．替代原则

各经济业务的审批仍保留在成员单位，会计共享原则上替代各成员单位原会计核算流程中的财务环节，会计共享按照统一的核算要求对经济业务进行审核。

2．标准化原则

全面梳理中国核电的各类会计核算业务，对每一个业务的会计核算附件表单、核算要求、核算流程进行标准化处理，基本实现所有业务的统一和标准化。明确每一个业务类型核算时需要关注的事项和审核要点，制定标准的审核手册和审核要求，按照岗位编制各类业务核算手册和操作手册，统一核算要求，降低核算风险，实现共享平台之间各类经济业务最终报表的横向、纵向的统一和各期间的可比，为财务大数据分析应用奠定坚实的基础。

3．精简原则

对现有的各类线上业务流程进行梳理，精简冗余不增值的环节，加快流程响应速度，减少流程中各环节的重复审批，同时确保被精简的审批环节的职责落实到流程中留存的节点，确保内控控制要求和审核要求的不降低。

4．权责清晰原则

各成员单位负责事前审批和对财务核算要求的宣贯；对中国核电有统一制度规定的，共享中心按照制度审核，对中国核电没有统一规定的，按照成员单位事前审批的立项进行审核。

通过上述原则，实现共享建设的"一分离"：会计核算与财务管理职能相分离；"二转移"：会计核算相关岗位职责、人员转移至共享中心；"三集中"：会计核算、资金支付、电子档案管理集中至会计共享中心；"四不变"：成员单位管理职能、资金所有权、法人责任主体、风险内控职责不变。

（五）中国核电会计共享中心的建设情况

为了落实中国核电"规模化、标准化、国际化"战略，推动会计核算集约化、标准化、信息化水平提高，促进业务规范统一，降低运营成本，驱动财务全面转型，实现中国核电本部财务管战略管规划、成员公司财务管经营管效益、会计共享中心财务管核算管信息的财务管理体系，推动中国核电财务迈向标准财务、共享财务、数字财务、智慧财务。公司主要进行了以下7个方面的建设。

1. 财务业务切分标准化

会计共享业务包括费用报销、收入类合同、支付类合同、资金结算、代管经费、单据档案、投资筹资、资产存货、薪酬税务、总账报表等十大类标准流程业务，梳理了 48 份业务流程蓝图，涵盖了中国核电全板块的所有经济业务流程。针对这十类业务，会计共享中心与成员单位财务处结合财务职能框架、业务明细类型、业务场景、业务具体工作事项以及后续开展的工作，逐一筛选分析，完成了业务细化和切分。

划分原则是：固定资产、无形资产、在建工程、存货、贷款等业务在 N1-ERP 系统中与核算高度集成，与前端联系紧密，仍保留在成员单位财务处审核并完成账务处理；其余则根据业务审核流程，由会计共享中心负责完成账务处理（见图 21-2）。

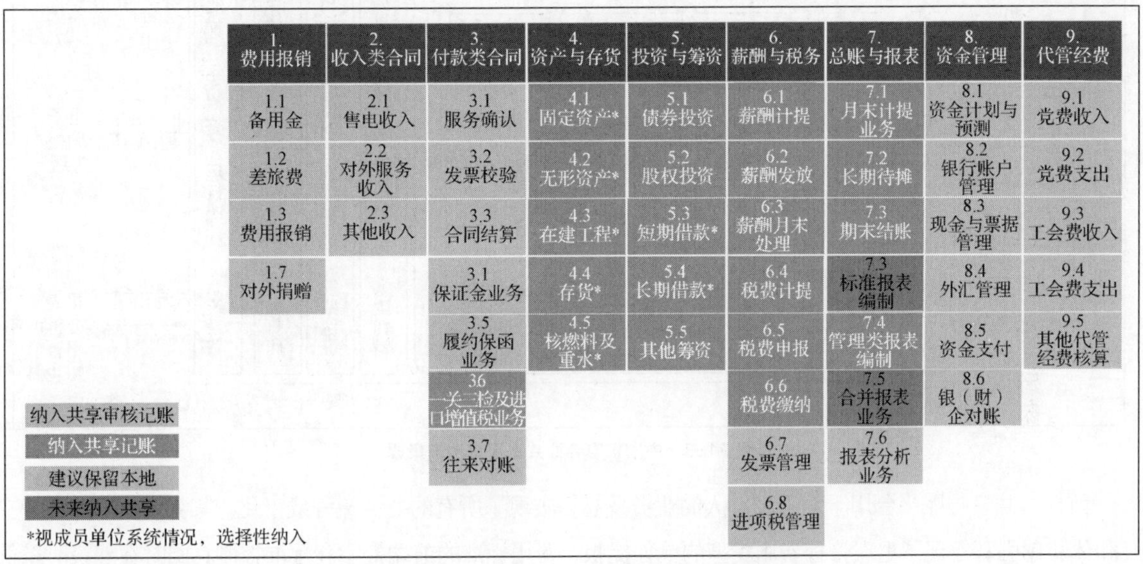

1. 费用报销	2. 收入类合同	3. 付款类合同	4. 资产与存货	5. 投资与筹资	6. 薪酬与税务	7. 总账与报表	8. 资金管理	9. 代管经费
1.1 备用金	2.1 售电收入	3.1 服务确认	4.1 固定资产*	5.1 债券投资	6.1 薪酬计提	7.1 月末计提业务	8.1 资金计划与预测	9.1 党费收入
1.2 差旅费	2.2 对外服务收入	3.2 发票校验	4.2 无形资产*	5.2 股权投资	6.2 薪酬发放	7.2 长期待摊	8.2 银行账户管理	9.2 党费支出
1.3 费用报销	2.3 其他收入	3.3 合同结算	4.3 在建工程*	5.3 短期借款*	6.3 薪酬月末处理	7.3 期末结账	8.3 现金与票据管理	9.3 工会费收入
1.7 对外捐赠		3.4 保证金业务	4.4 存货*	5.4 长期借款*	6.4 税费计提	7.3 标准报表编制	8.4 外汇管理	9.4 工会费支出
		3.5 履约保函业务	4.5 核燃料及重水*	5.5 其他筹资	6.5 税费申报	7.4 管理类报表编制	8.5 资金支付	9.5 其他代管经费核算
		3.6 一关三检及进口增值税业务			6.6 税费缴纳	7.5 合并报表业务	8.6 银（财）企对账	
		3.7 往来对账			6.7 发票管理	7.6 报表分析业务		
					6.8 进项税管理			

纳入共享审核记账　纳入共享记账　建议保留本地　未来纳入共享
*视成员单位系统情况，选择性纳入

图 21-2　中国核电会计共享业务切分示意图

2. 会计核算业务的标准化

针对十大类会计共享标准业务的每一类业务从核算流程、核算标准和核算要求三个方面进行标准化统一，通过内嵌系统 100 多项配置规则，实现复杂的事情简单化，简单的事情标准化，标准的事情智能化。

（1）在核算流程方面，确保流程简洁、高效、内部控制要求落实到位，兼顾统一管控和共享各单位的内部管理要求，同时，在流程中对共享和业务财务之间的职责进行了切分，确保流程各链条职责清晰、明确，在流程信息化落地时，需要考虑通用性、扩展性、灵活性，并建立流程优化机制，及时响应最新业务需求。

（2）在核算标准方面，对需要重点管控的经济业务统一费用的开支标准和开支范围，并固化到前端业务系统中，实现智能机审，对无须重点管控的经济业务，需要明确共享核算时的审核原则，确保业务处理时审核要求一致，同时对核算所需的内部表单按照经济业务类型进行梳理和统一，并予以线上化，最终，实现各类业务提交、处理时具备 RPA 应用的基础。

（3）核算要求方面，明确每一个业务类型核算时需要关注的事项和审核要点，制定标准的审核手册和审核要求，统一核算要求，降低核算风险，实现共享平台之间各类经济业务最终报表的横向、纵向的统一和各期间的可比，为财务大数据分析应用提供数据基础。

3. 搭建"前中后"台信息系统

中国核电以现有的 N1-ERP 系统作为后台数据存储与记账系统，重新搭建了面向用户的前台共享报账平台、面向共享内部使用的中台业务运营系统，同时建设了辅助系统，过程文件管理系统，用于会计档案和发票管理，打通与金税系统、财务公司资金系统、公司内部电子档案系统、经营数据分析平台和合并报表系统的接口，真正实现了数据从前端到后端的贯通、共享，与外部有效交互，为核算数据的利用提供了渠道和平台，保障了财务报表的高质、高效（见图21-3）。

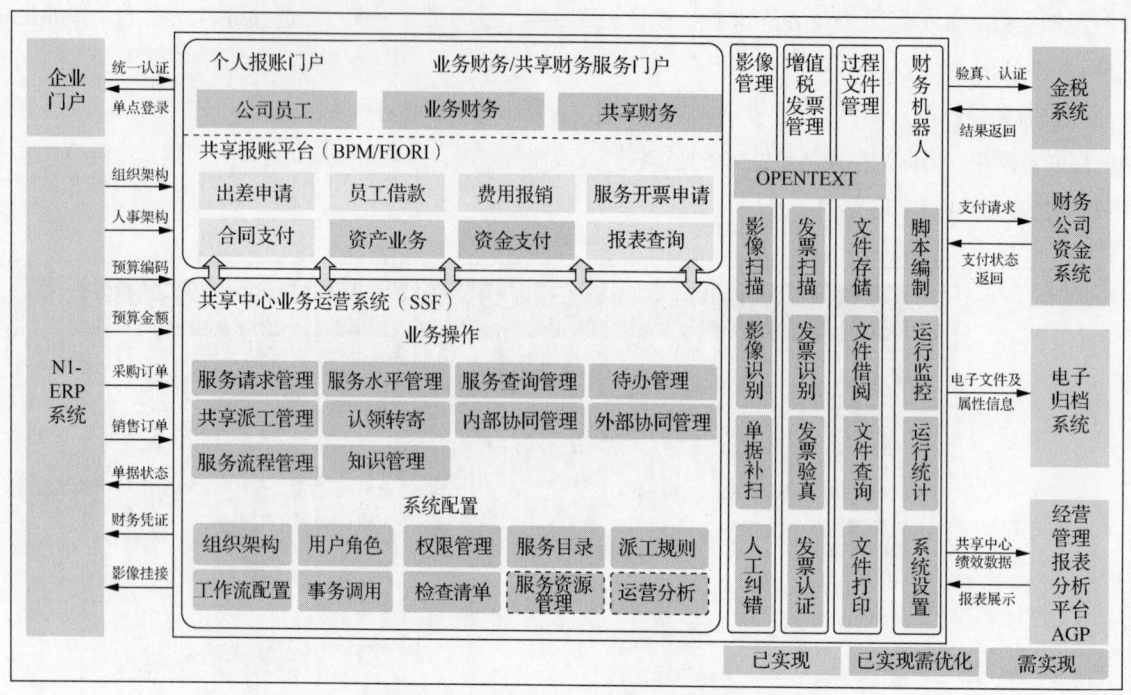

图21-3　中国核电会计共享平台系统集成

前台：共享报账平台用于业务经办人的业务发起，实现了所有的业务流程线上化。其界面友好，用户交互和体验感强；实现了重点管控费用类型的单独提报，费用标准的前端提示和标准控制；同时在建设时精简现有流程，提高流程效率，同时兼顾流程的灵活性。

中台：共享业务运营系统是共享服务平台内部业务处理的系统，从前台提交的业务流程在进入财务环节后全部流转到此系统中。共享中心基于服务水平协议为参与共享单位提供服务，共享运营系统基于服务水平协议进行内部管理的控制，包括灵活的服务请求派单、相关人员工作绩效的统计、内部知识水平的管理和分享、内部单据处理的预警和分析、服务水平的控制和查询等。

后台：即现有的N1-ERP系统，最终财务的记账和核算数据的存储仓库，其查询和分析通过打通与经营分析平台的接口，在经营分析平台上进行分析、加工和展现，同时也打通了合并报表系统，实现报表取数的自动化与自动生成和上报。

通过中台建设，将业务数据转换为财务数据，将业务语言转化为财务能够看懂的语言，通过会计引擎实现自动数据的转换。进一步加强自动化审核、自动化计算和模拟人工操作，推进会计核算智能化、标准化，为财务数据的应用建立数据仓库。

4. 重塑资金支付模式，搭建财企直连系统

财企直连以中核财务公司核心业务系统为基础，由中核财务公司提供标准化的接口数据规范及报文接口程序，实现了中核财务公司网银系统与会计共享中心核算系统直接对接，打通了财务公司与会计共享中心之间的资金结算通道（见图21-4）。中国核电会计共享平台将资金流、结算流、信息流相统一，通过与N1-EPR系统的集成实现支付链条的线上贯通，打破了传统会计记账与网银付款的操作模式，实现了资金支付各角色强制分离，极大提高了资金支付的工作效率，有效防范了资金支付风险。中国核电会计共享平台从内控设计和流程设计两方面保障资金支付安全。

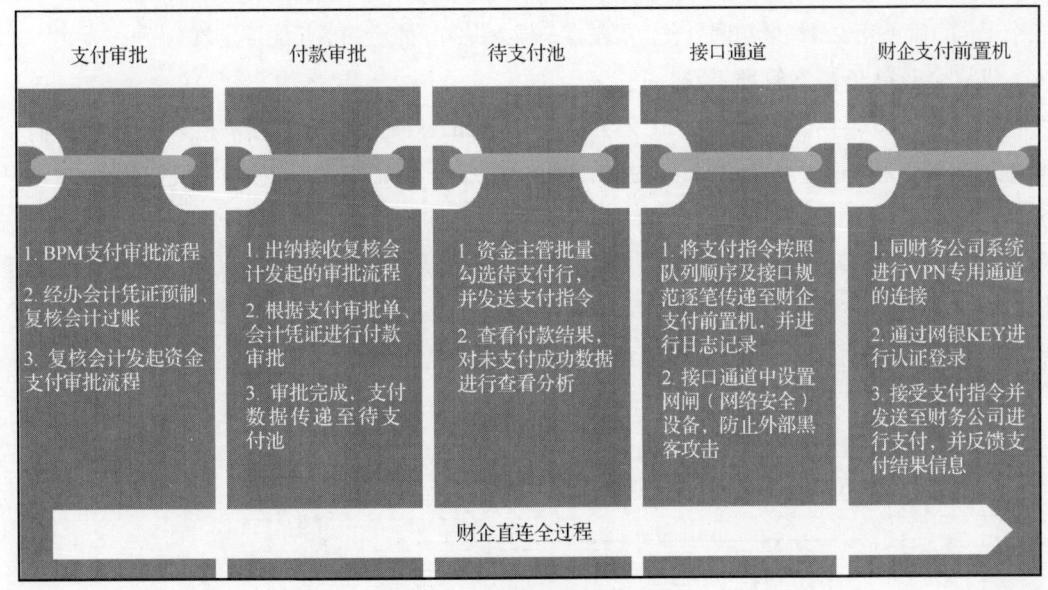

支付审批	付款审批	待支付池	接口通道	财企支付前置机
1. BPM支付审批流程 2. 经办会计凭证预制、复核会计过账 3. 复核会计发起资金支付审批流程	1. 出纳接收复核会计发起的审批流程 2. 根据支付审批单、会计凭证进行付款审批 3. 审批完成，支付数据传递至待支付池	1. 资金主管批量勾选待支付行，并发送支付指令 2. 查看付款结果，对未支付成功数据进行查看分析	1. 将支付指令按照队列顺序及接口规范逐笔传递至财企支付前置机，并进行日志记录 2. 接口通道中设置网闸（网络安全）设备，防止外部黑客攻击	1. 同财务公司系统进行VPN专用通道的连接 2. 通过网银KEY进行认证登录 3. 接受支付指令并发送至财务公司进行支付，并反馈支付结果信息

财企直连全过程

图 21-4　中国核电财企直连示意图

（1）内控设计：共享中心资金支付涉及四个岗位，经办会计、复核会计负责凭证的制单审核，资金初审、资金复核负责资金的支付审核，且四个岗位相互独立、互不兼容。共享内部运营系统对所有单据按业务类型进行随机分配，随机分给不同的人员处理，杜绝四个岗位串通。

（2）流程设计：业务流程发起时，收款方和收款账号由业务前端填写，经办会计、复核会计完成单据审核后自动触发资金支付流程，资金初审、资金复核两个环节无法对任何支付信息进行修改，后台直接通过财企直连系统将支付信息传输到财务公司资金系统中进行支付。月底，财务机器人进行银行对账，编制银行存款余额调节表，由资金主管进行审核，进一步确保了资金支付的安全。

5. 实现财务机器人技术，提升会计共享业务时效

以会计共享中的银行对账为例，银行对账为日常业务中的一项基础工作，根据会计规范的要求，各家成员单位均需要进行该项工作，同时数据量大，工作机械单一的特点符合财务机器人的使用条件，因此便可以建立统一业务流程，使用财务机器人进行业务操作（见图21-5）。

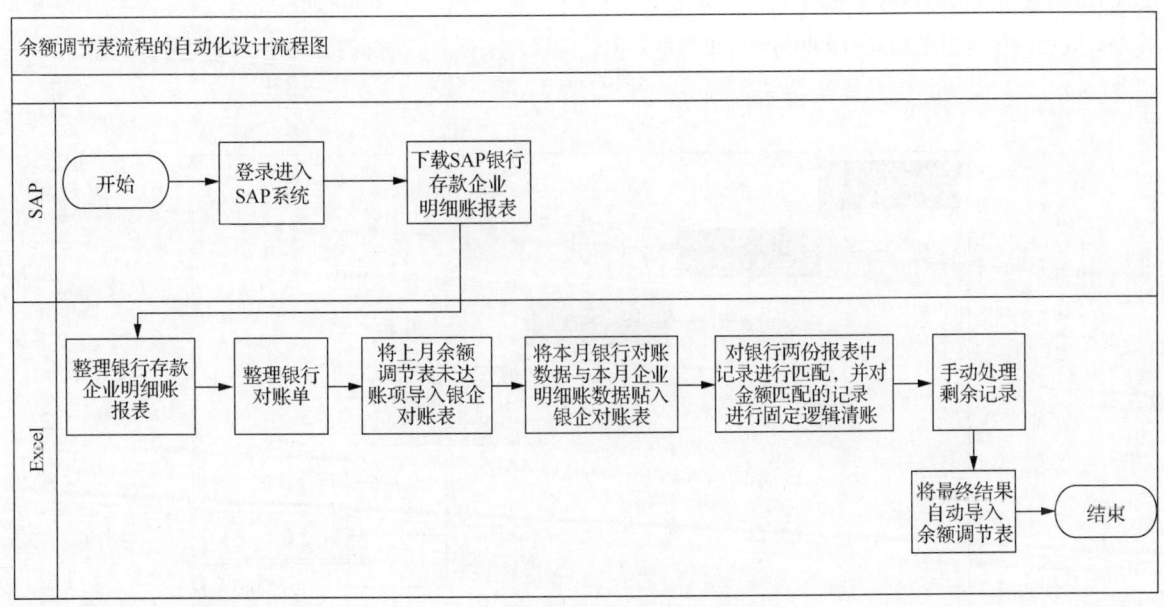

图 21-5　中国核电银行对账机器人流程示意图

通过财务机器人（RPA）技术的实施，原来需要 10 个工作日才能完成的银行对账工作（约 90 个账户），只需 5 个工作日就可完成最终余额调节表生成工作，极大提高了资金岗员工的工作效率。

6. 建立会计电子档案管理系统

中国核电会计共享中心借助国信影像采集软件和 OpenText 软件进行票据信息采集、影像传输和会计电子档案的集中管理，通过与 SAP Fico、SSF、BPM、Fiori、金税等系统的接口集成，借助 OCR 识别技术，实现了前台影像采集、影像传输、后台影像管理、影像审核、电子档案管理、发票验真查重、影像借阅和影像安全设置等功能，有效解决了流程审批及业务核算过程中原始凭证查阅、集中审核问题，实现中国核电"业—影—财"无纸化审批及会计作业，解决了集中核算与原始凭证分散之间的矛盾，有效支撑了会计共享服务作业模式的运转，对会计共享服务业务处理的规模效益形成了有力支撑（见图 21-6）。

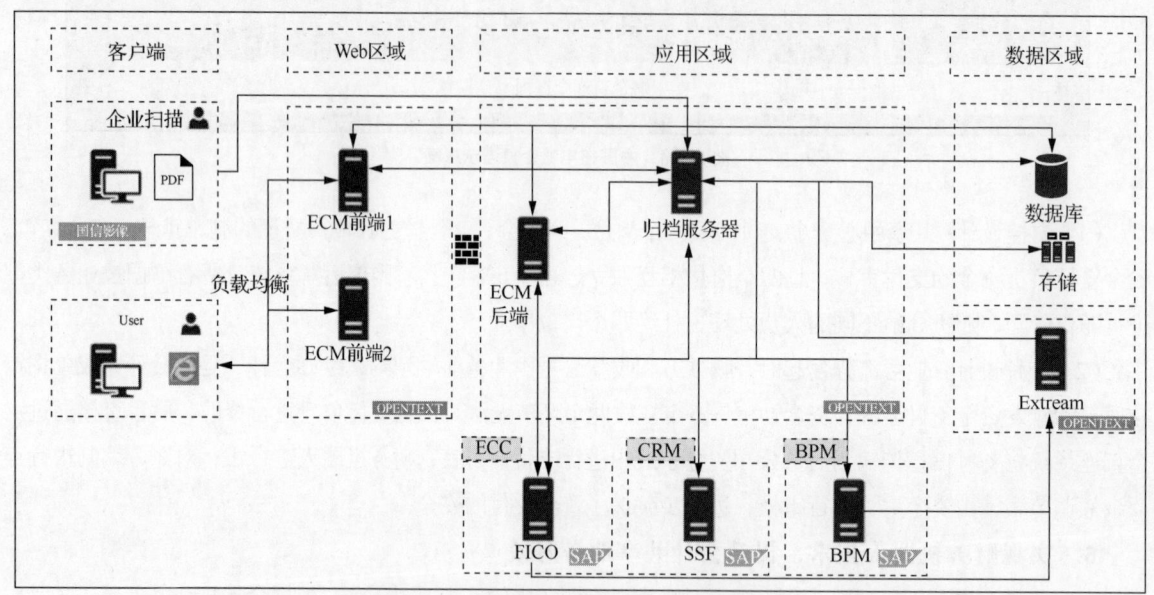

图 21-6　中国核电电子档案管理系统集成示意图

电子档案管理系统与 BPM、SSF、ECC 等系统无缝集成，系统间实现了紧密的交互控制，各系统可通过 URL 链接从 OpenText 归档服务器中获取单据影像文件、电子凭证。同时可通过权限控制，实现会计共享中心、成员单位对电子档案的实时查阅，可满足内部管理以及来自内、外部的各种审计检查需要（见图 21-7、图 21-8）。

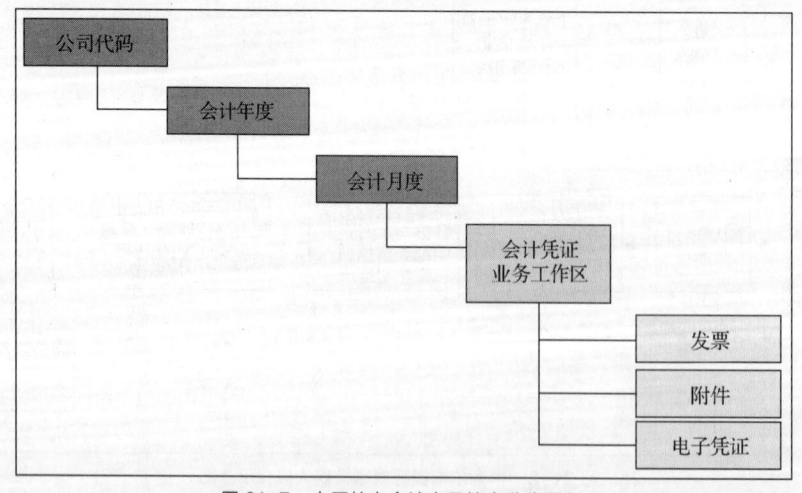

图 21-7　中国核电会计电子档案分类层级

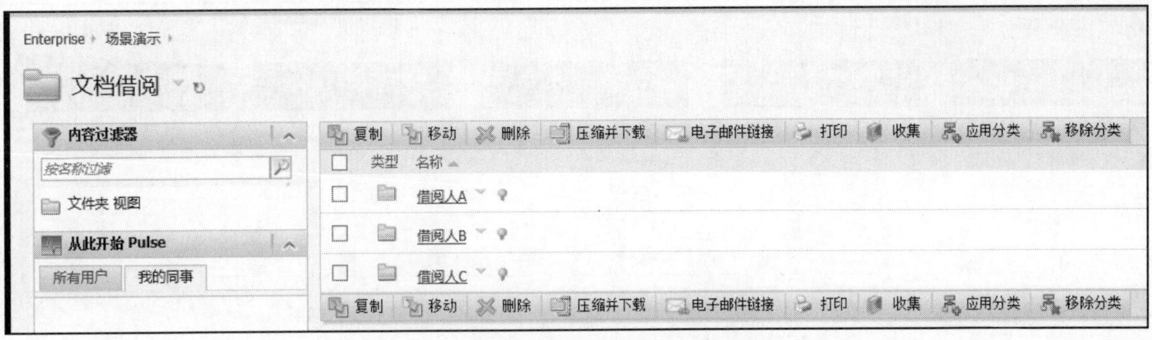

图 21-8　中国核电会计电子档案借阅场景演示

7. 建立财务核算数据应用分析平台

会计共享是专业化、标准化、流程化和信息化在财务领域的落地和结合，财务最终是公司经营活动数据的采集者、加工者和存储者，共享平台通过业务的集中带来数据的标准化和集中化，共享财务的增值在于把数据通过模型转化为信息，转化为知识，把数据可视化呈现给企业各级经营管理者和企业利益相关者，用数据去管理、用数据去决策、用数据去创新。

中国核电会计共享中心打造开放式的数据应用平台，打通前端业务填报、中端业务处理、后端财务记账全流程的全部核算数据，实现数据的端到端由财务到业务的分析全链条，建立会计核算数据分析应用数据池，根据实际业务需要从数据池中进行数据分析。

通过建立固定的、常用的数据展示平台，如仪表盘等方式，进行重要的企业经营数据分析和展示，除方便管理层及时获取其固定关注的常见财务数据，还搭建了面向业务部门、员工个人以及会计共享中心的业务看板（见图21-9至图21-16），以满足日常多角度、多维度的数据分析和应用。

图 21-9　中国核电数据分析中台示例图

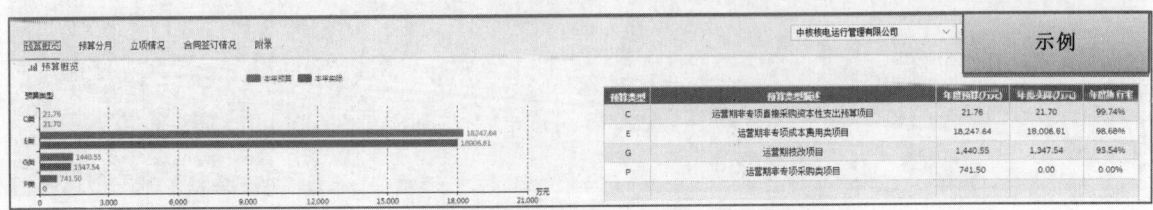

图 21-10　中国核电管理分析看板——公司层预算展示示例图

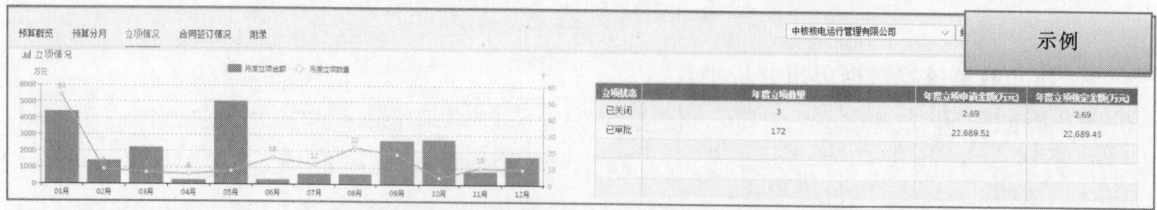

图 21-11　中国核电管理分析看板——部门层分月预算展示示例图

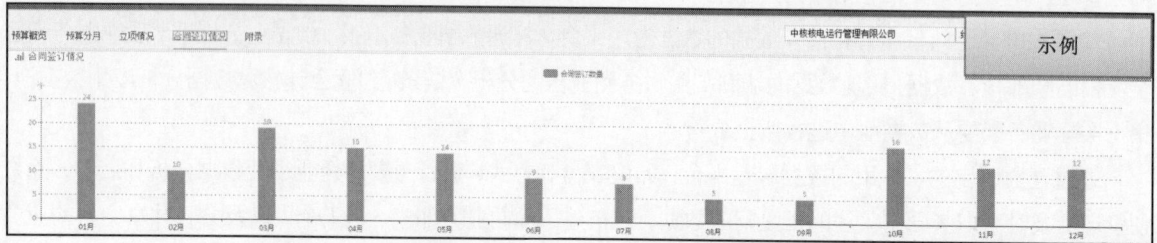

图 21-12　中国核电管理分析看板——部门层立项情况展示示例图

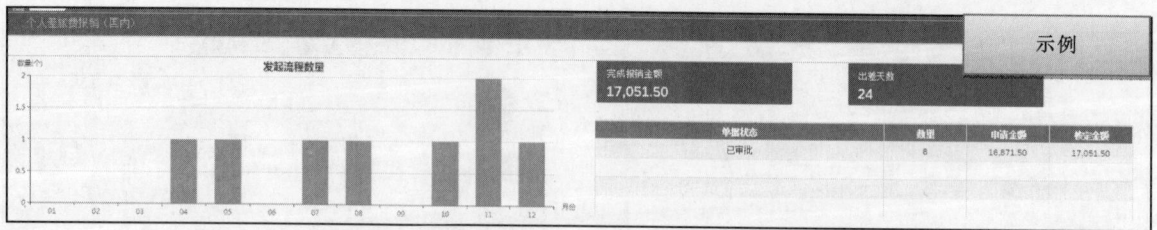

图 21-13　中国核电管理分析看板——部门层合同签订情况展示示例图

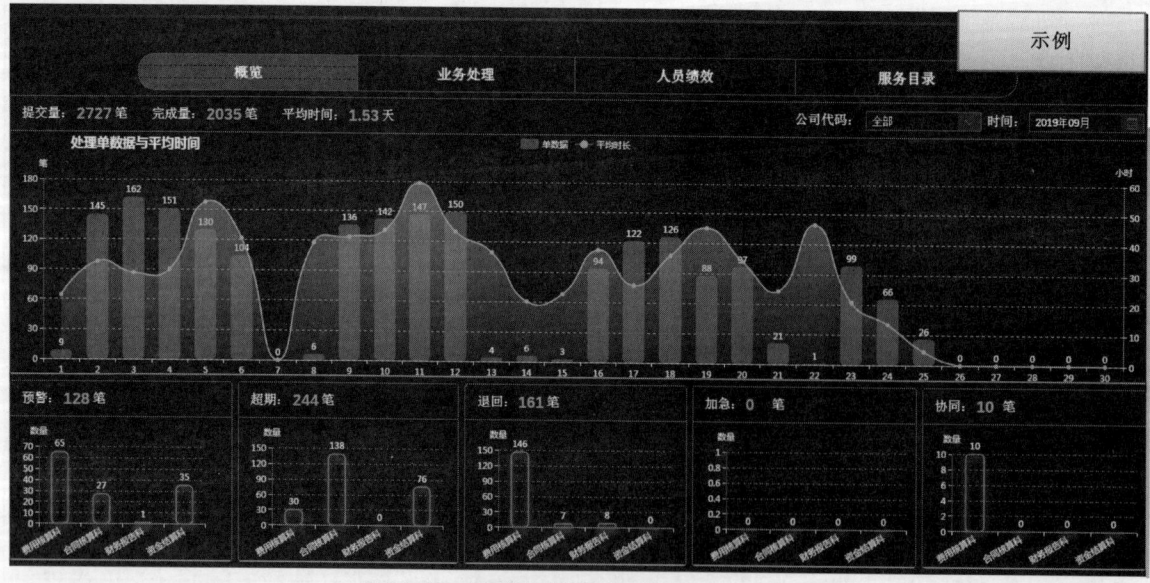

图 21-14　中国核电管理分析看板——个人业务展示示例图

图 21-15　中国核电会计共享运营指标展示示例 1

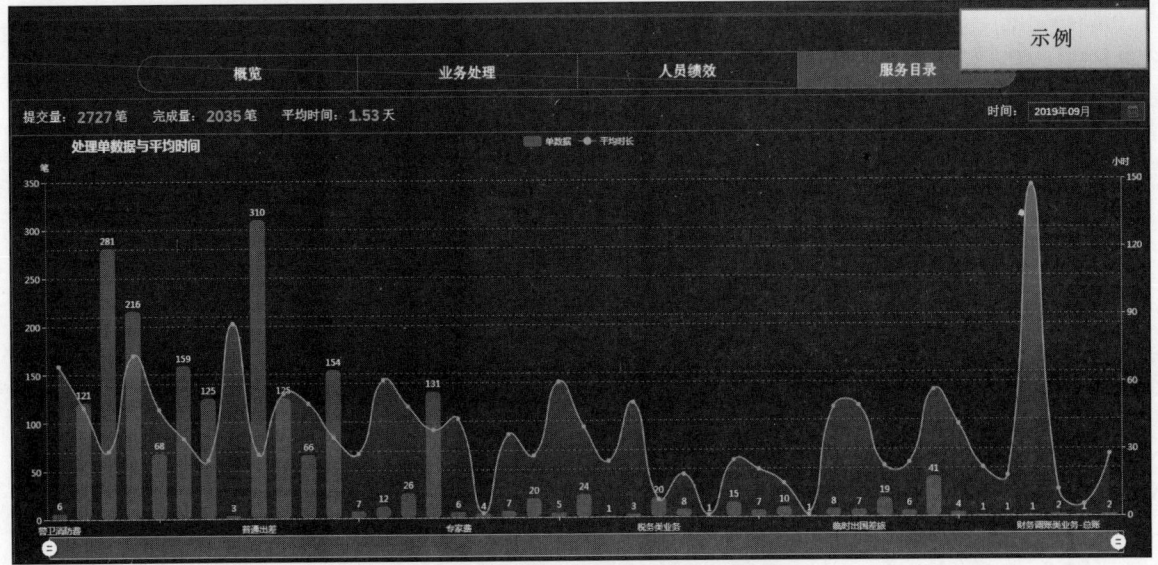

图 21-16　中国核电会计共享运营指标展示示例 2

四、管理会计视角下的中国核电会计共享服务取得成效

（一）推动中国核电财务的精细化管理

通过会计共享平台的搭建，梳理 ERP 系统主数据 61 000 项、配置数据 3 000 余项，有效推进了中国核电业务标准化进程，进一步加强了板块内的核算集中化。在统一财务核算过程中的各类数据和要求过程中，通过将经济授权、财务标准和经验反馈进行数字抽象，并内嵌至业务流程步骤中，在系统中进行在线管控，通过系统自动确定经济授权审批，根据人员信息自动判断差旅费标准、住宿费标准（超标事项红色提醒），对需重点管控的费用标准在板块内进行统一，实现会计核算业务的标准化、智能化，进一步加强对成员单位的管控力度，且通过复制人员优势，实现规模经济，快速响应中国核电业务扩张过程对财务核算的需求。同时，将公司经济业务处理步骤具体到每一个岗位和每一项业务，使流程的每一步都有据可循，杜绝真空化环节，推动中国核电财务的精细化管理，从而提高企业的财务管理效率，保障企业的长远发展。

（二）降低经营风险，加强财务管控

随着电力市场改革和国内经济形势的变化，中国核电发展战略转为追求企业的精益管理和绩效管理。会计共享平台上线后，通过对集中核算的大数据分析，如预算执行分析、全流程监控报表、合同综合管理报表等多维度、多业态报表以及管理分析看板，不仅让各职能处室可以实时跟踪本部门经济业务开展进程，还为管理层提供了更为可靠和翔实的决策信息，并使总部财务能在第一时间掌握各分、子公司的财务信息和运营情况，从实质上强化了财务管控，降低了经营风险，进而帮助公司实现更长远的经营目标。

此外，通过发票管理平台的搭建，公司实现了与金税系统的数据贯通，以此形成会计共享平台发票管理池。对于文件类型为发票的影像文件，借助 OCR 识别技术识别发票文件关键信息，继而从发票管理池中获取全字段的发票信息，并实时进行发票查重、验真。对于发票管理池中的发票，确认在当前纳税所属期抵扣的，可实现接口自动进行发票认证功能。最终，公司在实现了增值税发票从发票入库、查重验真、认证管理全流程数字化管控的同时，还极大地提高了发票流转的效率。

（三）助力会计信息质量提高，有效防范财务风险

会计共享，从三个方面保证财务数据的真实性和规范性，一是统一核算原则，二是统一核算标准，三是

265

集中编制报表，减少了因对政策认知、理解不同而出现的核算差异。同时通过对信息系统的设计来规范操作流程，再加上财务机器人的实施，减少了人为干预，持续巩固会计信息质量，在统一、标准化的脚本操作下，有效防止因人因操作带来的信息错误，有效提高报表的真实性、规范性。同时，固化的核算要求与逻辑关系，能够使得共享内部会计信息按照会计准则、集团公司规定、公司制度等要求进行数据抽取、计算、填写，及时准确诠释会计信息，供数据使用者进行评估与决策。

（四）实现过程管理，推动企业降本增效

会计共享，将各成员单位的会计核算业务集中到共享服务平台处理，不但可以减少财务人员的手工工作时间，还可以利用时时监控的功能，精准判断业务问题点，做到对成本费用的跟踪、观察、控制，使财务人员有更多的时间和精力投入到公司战略的财务保障、财务分析、信息共享等增加值更高的管理工作中，使财务管理与业务管理和公司发展工作更加紧密的结合，发挥财务管理更大的功效，有效实现"绩效财务"，实现从核算控制为主向价值管理为主的战略转变，满足企业发展的战略需要。

中国核电会计共享平台发挥后发优势，关注国际国内财务管理领域的发展与创新，以会计核算集约化、智能化为指引，以财务数据标准化、有用化为追求，建立中国核电的经营数据仓库，除了提供简单低价值的会计核算服务外，更重要的是通过对会计核算大数据的应用，提供经营决策有用信息，实现数字化财务，助力中国核电向新时代一流核能企业迈进。

五、总结与展望

（一）中国核电会计共享服务目前存在的问题

1. 人员配置问题

目前会计共享中心的人力配置，仅能勉强维持现状，人员规模、结构、内部机制均无法满足未来会计共享的需求。加之近几年受外部市场环境影响，财务人员的流动性明显加大，员工流失已对日常核算工作造成严重影响，频繁的劳务用工补充也给业务培训、工作质量、风险管控及人才培养带来了很大压力。

另外，在人员组成结构上，还存在年龄构成不平衡，年轻职工太少，人才梯队不合理；高水平人才欠缺，人才储备不足；劳务用工人员比例高，受用工形式、薪酬政策、业务性质、激励机制等多种因素影响，劳务用工人员不稳定，近三年来离职人数占比 5.2%左右，存在离职率高、培训成本高、管理难度大等特点。

随着会计共享范围的扩大，公司需要逐步增加会计共享中心人员配置，如不适时增加或调整人员配置，人员匮乏问题会更加突出。

2. 公司"两化"融合工作需持续深入发展

会计共享系统平台依托中国核电 N1-ERP 系统建立，但目前中国核电仍有部分成员单位尚未实施该系统，特别是在新能源领域。另外，会计共享系统不是独立存在的，在财务信息化水平大幅提高的同时，其他业务模块（如预算管理、合同管理、资金管理等）的信息化升级换代工作同步开展，才能发挥最优效用。

随着信息化水平的提高，特别是 5G 时代的来临，会计共享系统也需顺应时代潮流的发展。会计档案电子化无纸化、纸质单据自主扫描化、移动端业务提交支付、凭证生成自动化率、与税务系统的更优衔接等，需紧跟时代变化适时往纵深发展；合并报表、财务决算等工作对信息系统要求高，既要保证准确率，又要提高效率，这对财务主数据管理、业务数据规范化和标准化提出了更高要求，也是对后续会计共享平台的系统优化提出的普遍难题。

（二）中国核电会计共享服务后续解决办法

1. 完善财务流程设计，进一步细化工作职能

会计共享中心的工作职能包含会计核算、标准报表、资金支付、税务管理、电子会计档案管理、财务管理六项工作职能。针对这六项工作职能又划分为业务处理、业务支持和运营管理三个方面的关键职能。

所以，在未来会计共享中心的发展过程中，需进一步细化工作职能的范围，调整会计共享中心的组织架构，以满足未来实现对预算和成本的管理，并能提供常规报表数据分析的服务，走向会计共享中心向财务大数据中心的转型道路。

2. 完善内部职能配置，建立会计共享运营管理体系

从人员培训管理、质量监督体系管理、服务模式管理、绩效管理四个方面入手，同时配合共享中心管理要求，搭建中国核电会计共享运营管理体系。

（1）根据共享中心运营目标和财务人员职业发展需求，制定全方位、多维度、符合岗位职级技能需求的会计共享人员培训体系。同时，建立人员知识技能评估体系，将员工对专业知识技能的熟悉、运用和指导能力划分等级，以匹配相关岗位职级对相关专业知识技能的能力要求。

（2）通过流程质量检查，发现问题，进行问题分析和改进。在质量管理中，会计共享中心需要明确质检内容与质检计划，定期按计划执行质量检查，并出具质检报告（见图21-17）。

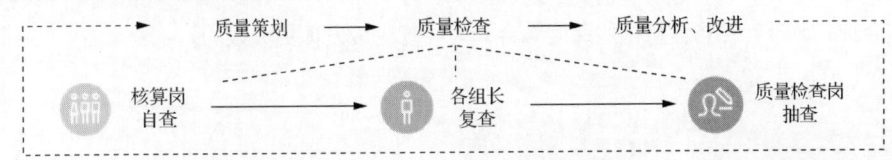

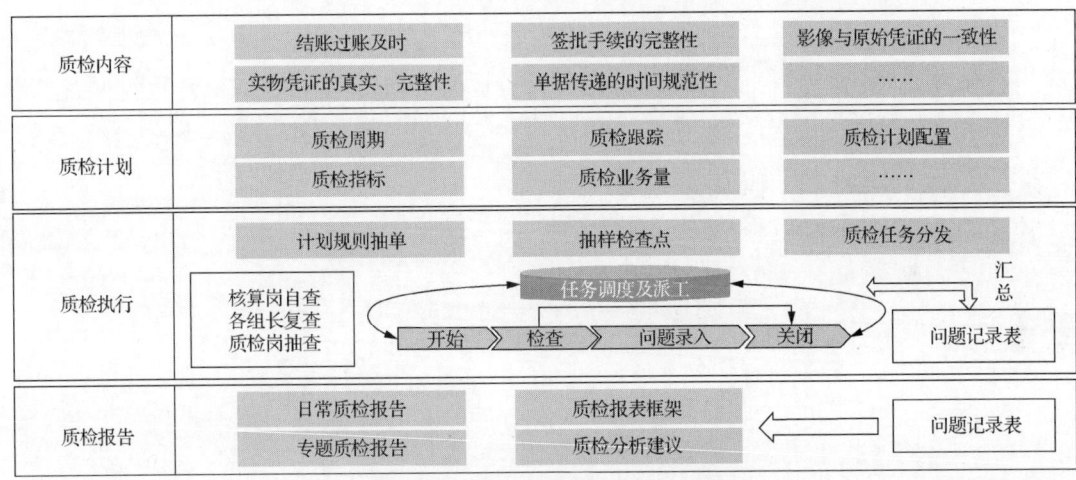

图 21-17　中国核电会计共享质检流程

（3）通过热线响应机制和问题升级机制来保障共享中心对业主单位的服务质量；通过签订服务水平协议，约定服务方式、收费方式、责任限定等内容，明确会计共享中心、本地财务、本地业务三方的"责权利"。

（4）结合会计共享中心管理目标和岗位职责设计共享中心绩效评价体系。按照运营、客户服务、内部流程管理、创新及学习维度设立岗位绩效考核指标。

3. 进一步优化系统功能，扩大财务机器人应用范围

为实现会计共享业务现有流程的持续优化，不断改善流程管理水平，提高工作效率，保证会计共享业务处理的正常、高速运转，会计共享中心需定期收集流程优化建议，组织综合评估，提出流程优化建议和信息化需求，并在会计共享优化实施的过程中进行跟踪及督促。

利用财务机器人全天候工作的特性，进一步梳理会计核算工作，将高重复性、逻辑确定并且对稳定性要求相对较低的业务由财务机器人完成，将财务人员从数据量大且重复性的工作中释放出来，为节约人工成本，实现降本增效打开新局面。

企业自评

中国核电会计共享平台的建立，推动了中国核电全板块会计核算集约化、标准化、信息化水平的提高，促进业务规范统一，降低运营成本，驱动财务全面转型；通过统一集中部署，消除重复建设，使规模化、集中化带来的经济效益显著，信息系统节省重复建设成本约 500 万元人民币。本次创新之处在于通过 ERP+打造会计共享、智慧财务体系，在以 SAP 产品为核心技术支持，以灵活强大中台支撑业务创新和转型，打造服务保障能力，有效保障了中国核电会计共享中心设计业务处理自动化、模块化、数字化在项目实施过程中得到落实，并实现了数据化的管理视角展示，包括多业务关键指标数据在线图形化分析展示，支持中国核电、各成员单位的领导层、部门经理层进行业务决策。

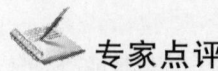 **专家点评**

中国核电会计共享服务牢牢把握数字技术的突破性，兼顾中国核电和成员单位的战略发展和业务发展需求，从解决核电行业痛点出发，结合业务优秀良好实践，聚焦财务自动化、智能化、数字化发展，以合规、价值、效益为导向，切实发挥财务在规划、决策、控制和评价中的作用，突出风险防范和价值创造。建议后续中国核电会计共享服务能全面提高会计信息的及时性、有效性，深化决算成果运用，深入挖掘数据价值，强化战略管理会计、风险管控与信息化的深度融合，为经营决策发挥更大效力。

案例二十二　基于资产组的电网企业价值管理创新实践

国网江苏省电力有限公司

【摘要】国网江苏省电力有限公司紧紧围绕财政部下发的《关于全面推进管理会计体系建设的指导意见》文件精神，在国家电网有限公司的带领和指导下，结合自身生产经营实际，以解决网络状电网资产经济评价难题为初衷，探索建立基于资产组的管理会计体系。基本内涵是把资产组作为管控基本单元，克服目前电网资产由于物理分散存在而难以按价值创造内在规律实施管理的不足，利用信息化平台为实体上分散存在的资产建立同一信息空间，使企业创造价值内在结构，借助信息化平台，通过"资产组"新定义实现"管理信息细胞重组"。平台通过经营数据"一网打尽"，决策标准"一尺度量"，精准投资"一发中的"，以价值场景的数据还原提高电网管理精度；通过物联记录"一举一动"，系统智能"一键审核"，运营报告"一目了然"，以智能化手段助力投资、决策、控制、评价职能发挥，并最终构建适应内外部环境变化、统筹配置电网资源、着眼"安全质量效率效益"、凝聚企业整体价值合力的电网管理会计体系，推动技术与经济、安全与服务、经济效益与社会效益的良性协同发展，最终实现公司国有资产保值增值和服务社会经济发展、履行社会责任的双重目标。

【关键词】管理会计；资产组；信息细胞重组；价值管理

一、企业简介

国网江苏省电力有限公司（以下简称"国网江苏电力"）是国家电网有限公司（以下简称"国网公司"）系统中规模最大的省级电网公司之一，现辖 13 个市、53 个县（市）公司及 10 余个科研、检修、施工等单位，服务全省 4 000 多万电力客户。拥有 35 千伏及以上变电站 2 990 余座、输电线路 8.7 万千米，电网规模超过英国、意大利等国家。电压合格率、电网抵御风险能力达到国际先进水平。2019 年，江苏全社会用电量突破 6 000 亿千瓦时，达到 6 264 亿千瓦时，同比增长 2.22%；公司完成售电量 5 421 亿千瓦时，同比增长 2.34%。全省调度最高用电负荷创历史新高，达到 10 176 亿千瓦。完成固定资产投资 353 亿元，投产 110 千伏及以上线路 3 312 千米、变电容量 2 693 万千伏安；实现营业收入 3 258.55 亿元，利润 61.51 亿元；资产总额为 3 105 亿元。业绩考核连续 8 年保持国网系统 A 级第一名。

二、管理会计应用基础

（一）开展价值管理创新实践的背景

我们对国有企业提质增效提出更高要求。当前国务院国资委深入推进国有企业瘦身健体、提质增效，国网公司作为大型央企，在国民经济发展中肩负着重要使命，全面贯彻执行国务院国资委提质增效发展战略、

作者：王小兵、林汉银、王婷、任腾云、陆晓冬
指导老师：邹艳（北京航空航天大学）

大力提升企业竞争力和抗风险能力、为经济平稳运行提供支撑是当前企业发展的重要任务。鉴于传统专业分割、碎片化的管理现状，国网江苏电力明确现阶段的发展目标是，全面树立整体价值理念，有效整合企业人、财、物资源，以信息技术为依托构建一体化管理平台，实现企业管控全要素信息的有机融合，推动各专业协同发展，助力企业政治、经济、社会目标的全面实现。

财政部管理会计建设指明方向。财政部 2014 年下发的《关于全面推进管理会计体系建设的指导意见》指出，"增强价值创造力已经成为企业的内在需要"，新时期财务专业应当以"解析过去、控制现在、筹划未来相结合"，做好公司决策"参谋"，做好专业部门"顾问"，成为公司价值的创造者和引领者，实现专业转型升级。国网公司是资产密集型企业，电网资产分布具有点多、面广、量大等特征，不同区域评价主体难以同步实现时间、空间、目标、效益之间的协调和最优，亟需寻找一种新的管理路径，增强专业管理间的合力，归集整合不同口径、不同维度的经济、技术要素，实现电网资产技术、效益的一体化协调发展。

现阶段经济发展增速放缓提供原生动力。受宏观经济发展和产业结构调整等因素的影响，国内售电量增速下降，电网企业的主营业务收入保持中低速增长，电量对收入和效益的增长贡献明显减弱，电量增长带来增量效益持续下降，供电企业业绩"保增长"压力加大。与此同时，电力体制改革已经对供电企业运营模式、营收规模、盈利模式、现金流量、投资管理、资源统筹运作方式等诸多方面产生复杂而深刻的影响；2018年一般工商业电价"四连降"，2019 年再降 10%，利润空间进一步压缩。如何利用有限的资源、优化管控决策、可持续地提升公司效益，是急需研究的问题。供电企业的发展必须综合内外部影响因素，统筹内外部资源，积极围绕整体价值目标协同发展。

内外部形势任务要求新时期的财务应当在记录过去、控制现在的基础上进一步强化整体价值管理，做好公司决策层的"参谋"，做好各专业部门的"顾问"，进一步提高规划、决策、控制、评价等各环节能力，成为公司价值的创造者和引领者，实现财务专业的转型升级。

（二）选择电网企业实施价值管理的着力点

从宏观环境看，完善的电网系统从来都是国家基础设施建设的重点，伴随中国经济进入新常态，电力体制改革催生出新形势下电网结构的转型和调整。经济新常态要求去产能、去库存，电力企业要实现这些必然与电网营运直接相关。而提高电网的运营效率，最直观的就是提高电网资产的利用效率，以满足改革要求。

从企业使命来看，国网公司的企业使命是"人民电业为人民"，而实现这一使命的核心和基础就是电网，电网资产分布具有点多、面广、量大的特征，是公司运营的物理基础，是生产经营的主要管理对象，是企业价值创造的实现载体，同时也是运营效率效益的主要体现。因此我们选择企业核心电网资产作为建设管理会计、开展价值管理实践的落脚点。

（三）围绕电网资产开展价值管理面临困境

电网作为典型的网络状经济体，具有系统化和整体性运作的特点，其中单个节点或局部对整个网络的贡献度难以准确衡量，同时电网为提高供电可靠性和资源利用效率，对电网网架越来越多地采用同杆架设、共用管廊的架设方式和"手拉手""花瓣式"等环网供电方式，复杂程度进一步加大，造成企业管理中对单个点的经济效益评价困难。电网的网络状分布具有连续性、整体性、系统性运作的特征，对其进行效益评价的难点就在于如何衡量其中单个节点或局部单元的价值贡献，除了个别电网线路，绝大多数电网的收入是在其最末端实现的。以电网为落脚点开展管理会计研究，我们迫切需要找到电网从整体到局部的效益评价有效抓手，并建立起一套科学合理的价值管理体系，实现管理会计落地。

（四）创新资产组概念，突破价值管理瓶颈

电网资产组概念：针对局部电网资产经济评价难题，国网江苏电力结合电网运行的实际，运用资产组理念，遵循会计准则中对于资产的定义，同时结合生产经营实际和当前管理模式及公司组织架构，以"能够产生未来经济利益流入"为标准（对于电网企业即能够实现售电），以收入、资产、成本能够直接归集为基本要素，将凡是包含售电功能的网络单元，均作为资产组。

电网资产组体系：资产组概念保留了电网"网络化运行"的特征，将能够产生收益的独立功能单元作为最小资产组，为电网经济效益评价提供了理论基础和操作依据。同时对电网企业的资产组认定，遵循"上带下、下不带上"的原则，根据电网运行拓扑关系，对全部电网资产实行分级分类资产组划分，构建"台区资产组—中压线路资产组—变电站资产组"这一电网资产组体系，用不同口径的资产组涵盖区域电网资产。

电网"资产组"技术结构图如图 22-1 所示。

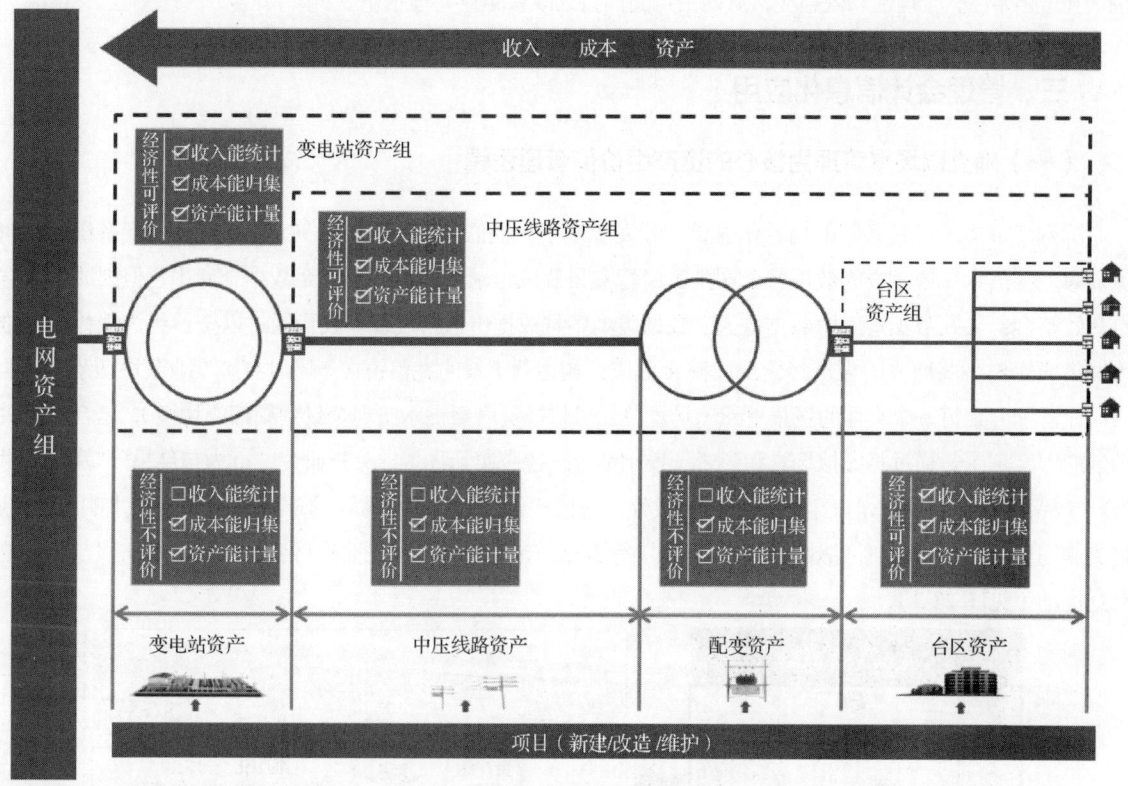

图 22-1　电网"资产组"技术结构图

电网资产组特征：一是从归集计量角度看，资产组具备收入可统计、资产可计量、成本可归集的特点。二是从管理对象角度看，资产组是财务和业务管理的共同对象，使得管理颗粒度大幅细化。三是从信息反映角度看，资产组整合了多种财务和业务信息，是业财活动共同的信息载体。

运用电网资产组体系开展价值管理探索的优势：会计的基本职能为反映和控制，资产组的概念通过提供更准确的会计综合信息，为企业管理决策服务，分层级的资产组体系为精细化管理提供了平台，能够从以下几个方面大力促进企业管理持续改进，提高企业的竞争力。一是提高会计的反映与控制能力。资产组的划分与企业生产流程和价值流动高度一致，资产组的概念与资产的理论定义更为吻合。会计最重要的职能便是反映与控制，这也决定了其他职能发挥的效率和效果。本次创新的一大目标便是通过资产组获取更准确、全面、详细的信息，让财务部门处于企业信息的高地。二是提高管理的颗粒度，有利于精细化管控。资产组的分级概念为管理向企业内部透视、控制提供了有力的工具。资产组管理维度从原先的 6 个利润中心、31 个成本中心细化到 53 102 个台区资产组、2 637 个线路资产组和 251 个变电站资产组，管理对象从原先的组织维度细化到电网每一个价值创造单元。按组织维度和技术维度分级的结果为目标的落实、责任的考核提供落地的平

台，两种维度资产组的结合，使管控更精细化和具有可操作性。三是提高投资效率，优化企业资源配置。传统的决策缺乏财务足够的有效支持，更多的信息将会提高决策的科学性和准确性。要利用资产组带来的信息，这需要更多地依赖思维转变和数据分析方法，这也是管理会计体系的实践重点。四是流程改进，不断提高企业的基础管理水平。资产组的划分和分类过程必然涉及对业务流程的分析和控制，在梳理的过程中，我们应消除非增值作业，合并同质作业，实现对流程的再造；同时在资产组的框架内，原来一些模糊的问题变得清晰，管理者可以更加清晰地判断流程的必要性和合理性，从而改善企业的基础管理水平。

由上可知，资产组的内在特征，能够支持管理会计体系针对企业价值管理升级转型目标的实现。资产组从管理流和业务流角度出发。业务流是价值创造的直接载体，而管理流为价值创造提供了保障作用，两者相互融合形成一个完整的价值创造实现的闭环并循环往复。以资产组为对象，公司重新梳理电网资产布局，让管理者站在新的视角发现问题、分析问题、解决问题。管理者可以更加清晰地判断各类生产经营作业在不同资产组的必要性、合理性和效益性，从而由点到面持续改善企业管理水平。

三、管理会计信息化应用

（一）确立以场景管理为核心的资产组价值管理逻辑

国网江苏电力经过多年的信息化建设，开发应用了一批信息化工具，如 ERP 系统、生产系统、营销系统等，各信息系统生成的数据将公司生产经营实景片段记录下来，并保存至数据仓库中，但因缺乏数据的有效整合，导致数据仓库中数据量大、数据类型多且数据价值密度低。我们通过以资产组为载体将多维数据集成比对，将原先的生产经营片段整合形成公司运营实景的完整镜像。同时打破专业条块切割，按照公司运营细分至每一个具体的场景单元（场景单元可依托资产组提示实现全景到局部的切换），结合对相关场景的影音记录，通过将虚拟场景和影音场景相结合，还原实际场景，分析研究"行为与结果""需求与供给""决策与执行""投入与产出"之间的相关性，得出"科学高效的行为""不同用户群体的需求响应""战略实施的保障""兼顾内外部效益的合理投入"等数据结论，进一步修正生产经营实景，实现实景与镜像的交互推动（见图22-2）。

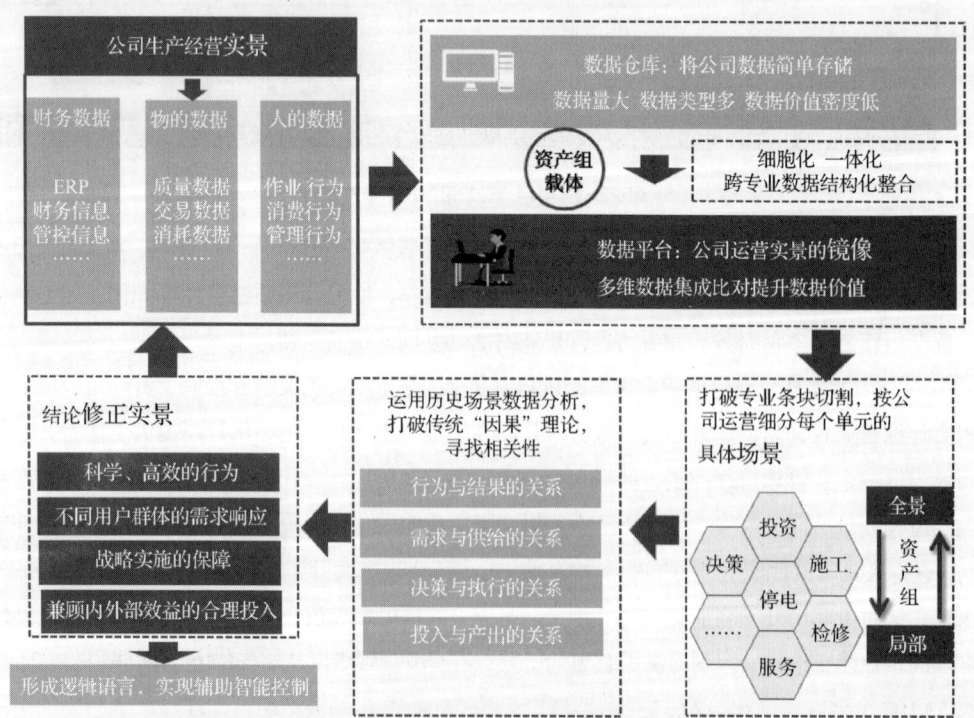

图 22-2　价值创造场景还原，实景与镜像交互推动

（二）围绕效率效益目标构建资产组价值管理体系架构

1. 塑造全局视野，数据"一网打尽"

电网运营过程呈现组合化、协同化、系统化的特点，价值创造链条的完成是通过各类生产要素的组合形成整体价值管理系统，囊括了客户、供应商、资产、管理、作业行为等因素。如图 22-3 所示，公司通过以电网细胞单元作为数据集成载体，将原先各专业分散的信息数据进行结构化整合，形成全业务数据中心。应用全业务数据在计算机网络中客观地呈现每个资产组单元内在结构及要素作用过程、结果，将原先的生产经营片段整合形成公司运营实景的数字化展示。以资产组为载体集成安全、技术、经济、服务等 151 类数据，通过建立科学有效的管理方法，通过对线上管理对象的分析控制实现对线下各要素的科学管控信息，为一体化管控提供数据"原材料"。

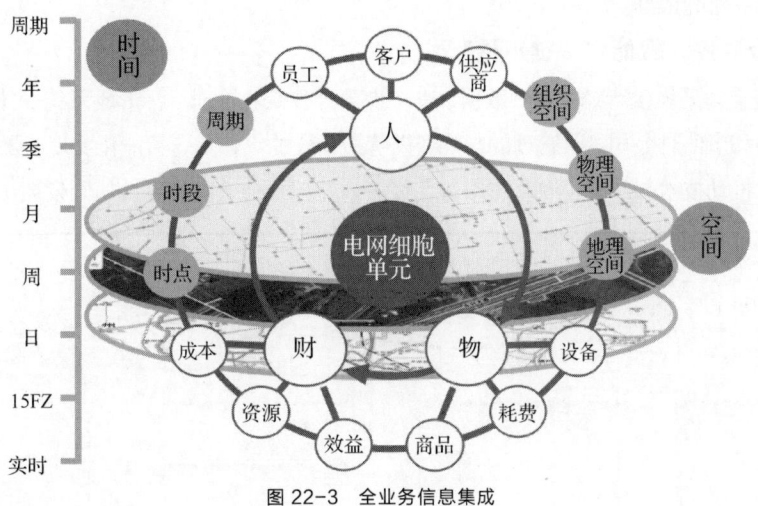

图 22-3　全业务信息集成

2. 树立整体思维，决策"一尺度量"

经过多年的发展，公司内部形成了精细化的专业分工，各专业普遍着眼于自身专业目标（自身投入产出），而忽略了在公司整体角度的考量，导致各专业发展不均衡，缺乏对公司整体资源的有效配置决策，导致形成单专业"一刀切"，形成投资资源浪费。在建立全业务数据中心基础上，公司围绕发展战略，从"设备""发展""结构""效益"的角度出发，建立覆盖公司全业务的综合决策指标体系，设置指标 83 项。在此基础上，借鉴存货 ABC 分类管理方法，将不同类型的电网资产组进行分类管理，设立 A、B、C、D 四类地区（服务用户对象不同）和 Ⅰ、Ⅱ、Ⅲ 三类问题（问题严重程度不同），分别设置阈值。系统根据指标阈值自动从基础数据库中筛查电网综合问题 11 618 个，建立覆盖全业务信息、标准化、全类型的电网问题库。公司通过将电网运行状况、电网发展目标和电网运行问题的指标体系综合量化，大大提升了电网投资决策的标准化程度和集中度，提高了电网资源的一体化配置水平，综合设备、结构、发展、效益问题，寻找技术与经济的最佳契合点。同时采取不同指标体系和管理策略，增强对不同区域、不同类型电网的控制能力，为直观、科学地开展电网规划决策提供有力抓手，通过短板管理，分析局部电网最薄弱的电网层级或供申区域着力并加强改进，从而提高电网整体运行水平。

3. 开展精准定位，投资"一发中的"

公司在建立覆盖公司全业务的综合决策指标体系基础上，针对生产经营需要开展的专项投资，实施精准定位。以 2018 年公司开展的压降触电人身伤害案件专项行动为例，为保障人身安全，公司每年要投入大量资金用于线路的绝缘化改造，但缺乏时间、空间针对性的"大雨漫灌"式投资投入产出效益差、见效慢。国网江苏电力围绕触电人身伤害案件压降目标，利用全业务数据中心开展保险案件及投入历史数据分析，将历史触电人身伤害案件在网架空间地图定位，分析整体案件高发区域和局部周边人文环境特征；进一步将案件对应到电网资产组发现，案件主要集中在鱼塘、河道等聚集区，因此划分重点管控区域并确定优先治理投资方向；进一步开展近5年绝缘化改造、警示牌安装等防触电投资的投入产出分析，研究历史投资行为与案件发生的相关性，提炼有效压降触电人身伤害案件的核心投资要素，进一步优化投资策略，科学配置安全隐患治理投资，从投资方向、速率和数量上科学配置全年预算资源。

4. 信息实时采集，记录"一举一动"

为不断丰富全业务数据中心信息，为历史数据分析和实时经营管控提供依据，公司针对生产经营的关键要素及员工行为开展自动采集，记录企业生产经营中的"一举一动"。公司运用物联网技术，将电能信息通过智能电表每15分钟自动采集发送；通过开发电网作业终端，实现现场作业行为视屏影像和生产人员现场运行轨迹实时传递；"工作票""操作票"信息将电网作业实时存档；电网故障、停电等特殊事件实时反馈；项目预算执行实时分析；资金流量变动实时监控。通过生产经营实时数据自动采集，为开展系统智能管控提供数据基础和逻辑判断的依据。

5. 系统综合管控，智能"一键审核"

公司通过系统自动采集生产经营实时数据，进一步融合各专业管理目标形成系统一体化管理逻辑，通过分析各项业务行为和事件对公司经营管理的影响，以管控手段的一体化、智能化实现机器智能管控，显著提高管理效率，同时推动技术与经济、安全与服务、经济效益与社会效益的良性协同发展（见图22-4）。

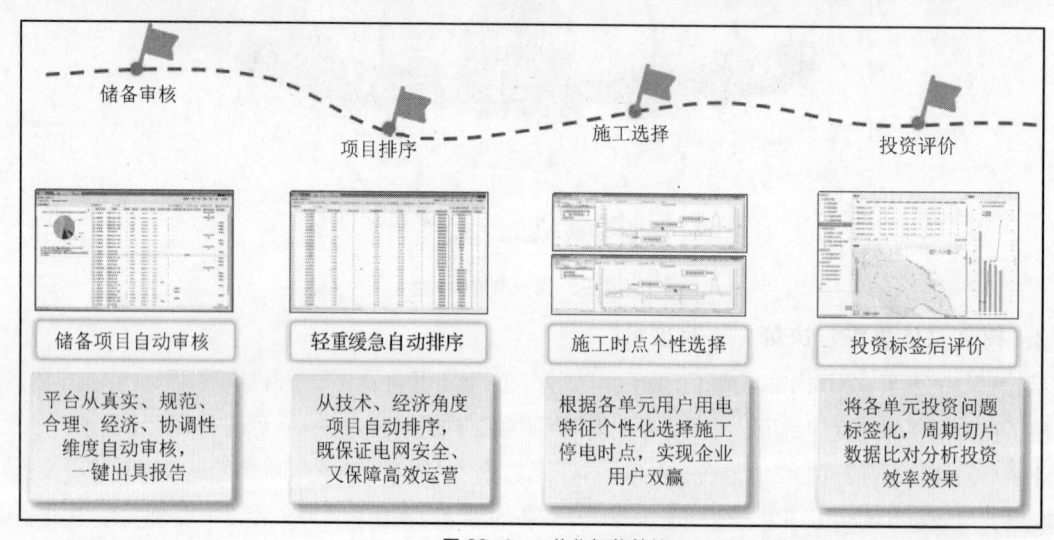

图22-4 一体化智能管控

储备项目自动审核：公司将储备项目对应到资产组，将评价标准划分为规范性、经济性、合理性、协调性、针对性五类，部署稽核逻辑规则。将原先人工审核几周的工作量，由系统一键式审核，并自动出具审核报告。

项目投资自动排序：公司针对已通过审核待实施的项目，根据项目对应资产组的技术问题及经济效益指标进行"轻重缓急"综合排序，合理确定拟实施项目的优先级，确保项目实施时序的科学性和效益性。

施工时点个性化选择：不同电网资产组服务的客户（群）每年甚至每一日的用电高峰和低谷并不完全相同。公司通过对每个资产组售电量波动曲线的历史数据分析，研判区域用户的用电行为，通过检修停电损失最小的原则，针对不同区域开展个性化检修时点选择，实现停电损失最小、客户满意度最高。

投资标签自动评价：公司针对电网投资项目进行投资解决问题标签化管理，并将相关标签与电网技术、经济效益指标挂钩，通过项目实施前后相关技术、经济指标的变化情况系统自动对比，分析投资实施效能效果。

6. 提供全息报告，运营"一目了然"

公司通过管理颗粒度细化至资产组单元，使全年数据量达到千亿条次，一次打印每个资产组的分析报告累叠达近百米高。面对海量的数据信息，为充分提高数据和报告的使用效率，国网江苏电力开发电网空间全息报告体系，改变传统以 Excel 为主的报告模式，通过将资产组所有量化指标转换为定性评价，通过地理位置、温场图的运用（见图 22-5），将单个指标区域电网运行状况直观展现在空间地图上，以不同颜色的温长图效应展示供电区域运营特征。在此基础上，进一步开发了电网分层分级指标比对、多指标组合分析比对、地图穿透点供电半径分析等多样报告形式。公司通过建立电网地图全息报告模式，满足了管理者阅读数据的效率要求，同时可针对不同专业、不同管理需要开展个性化的报告推送。

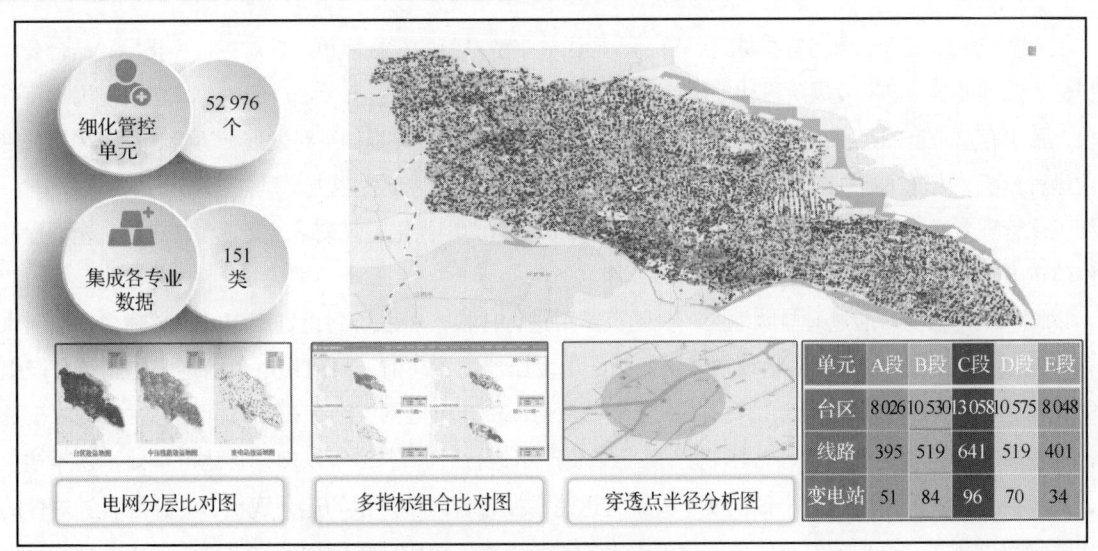

单元	A段	B段	C段	D段	E段
台区	8 026	10 530	13 058	10 575	8 048
线路	395	519	641	519	401
变电站	51	84	96	70	34

图 22-5 电网全息报告

（三）基于资产组的价值管理信息化应用场景

公司以资产组为载体，应用经营管理"大数据"，在电网投资全过程中研究开发了 12 个场景应用（见图 22-6）。

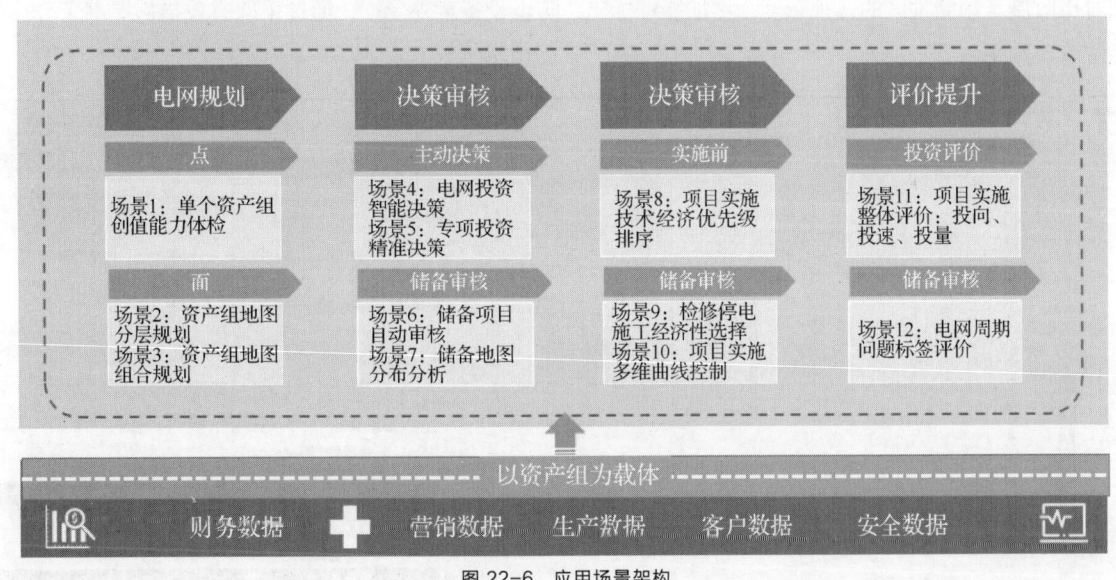

图 22-6 应用场景架构

场景 1：单个资产组体检，评估价值创造能力（见表 22-1）

表 22-1 资产组体检体系

业务环节	1-构建指标清单	2-设立各指标阈值	3-开展资产组体检	4-动态改进管理
涉及部门	生产部门	生产部门	财务部	生产部门
职责	提供各个专业指标清单	为每一类指标结合设定合理的阈值	运用平台定期对资产组进行扫描体检，并将体检报告发送至指标管理部门和设备主人	根据体检结果组织相关部门分析管理薄弱环节，提出改进措施

续表

关注内容	指标选择的科学性和合理性	需考虑公司战略目标、管理要求、电网发展阶段以及地域特征等因素	存量资产的运行效率和价值贡献	重点分析短板指标和运行存在的问题
相关指标	技术、经济、安全、服务等指标	阈值的适用性	存在问题、短板指标	问题解决率以及指标提高率

公司将营销、安全、服务等指标进行整合，形成单个资产组的指标清单。针对每一类指标，结合公司战略目标、管理要求、电网发展阶段和地域特征设定合理的阈值，定期对每个资产组的价值创造能力进行综合体检，评价存量资产的运行效率和价值贡献，查找分项指标短板，并延伸至对发展、运检、营销等相关管理专业进行分析，从管理源头查找指标薄弱本因，从管理入手提出指标改进措施，动态指导公司各项价值管理，持续优化管理方式方法，通过以价值为导向持续挖掘价值潜力、优化运营策略、完善考核评价，全面提高公司价值创造水平。

以图 22-7 为例，通过对盐城地区一台区资产组进行体检，可以得到该资产组处于"轻载、亚健康以及青年期"的结论："轻载"表示该台区资产组配电变压器配置超前，目前用电负荷远未达到该资产组设备的正常运行区间，短期内无须投资；"亚健康"表示该资产组电网资产存在细微问题，暂不需要投资解决，但需要加强日常运行维护；"青年期"表示该资产组运行时间在 3 年以内，且售电量处于逐年增长阶段，属于上升期资产组。这三个词汇便于决策者迅速掌握该台区资产组的运营现状，为开展有针对性的个性化管理提供支撑，以形成对价值创造贡献最大的投资方案。组织业务部门通过进一步分析发现，该资产组存在如下问题，一是电网规划超出实际用电需求，导致资产实际利用效率低；二是电力设施保护措施不到位，导致线路意外受损。为了有效解决体检发现的问题，一方面发展部门建立投入产出分析制度，加强投资审核，确保投资规模与预期的电量增长、负荷需求相匹配；另一方面运检部门强化巡视运维管理，增加对市政施工频繁地区的巡视频度，增加警示标志，防止设备意外受损，通过采取有效措施提高了公司的经营管理水平。

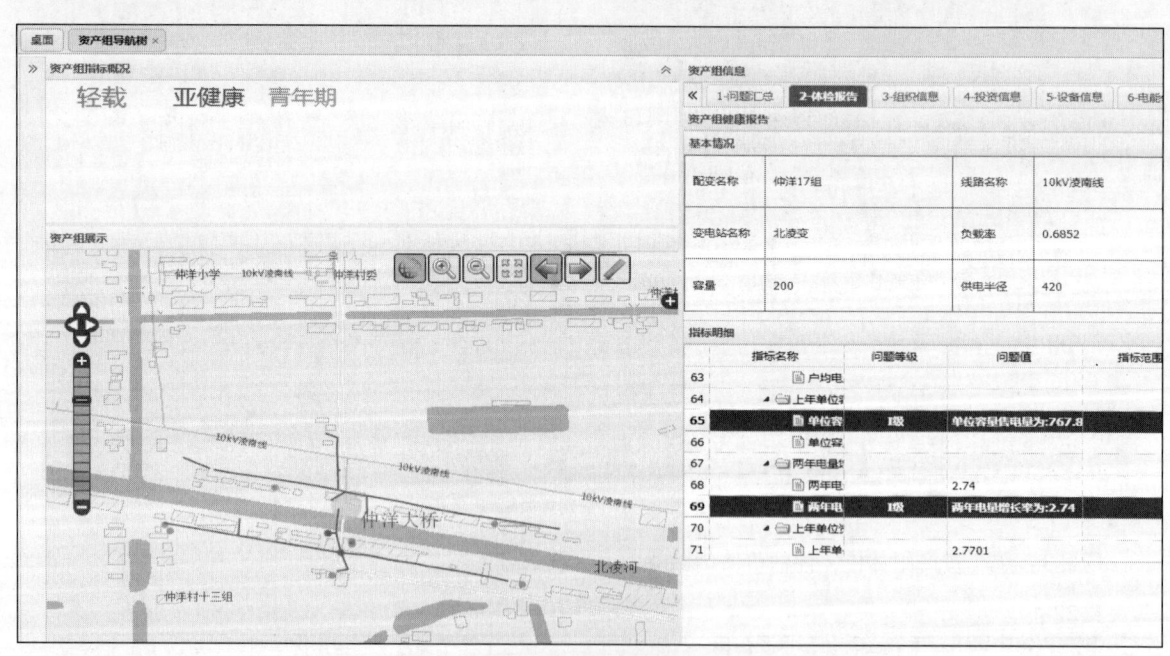

图 22-7　资产组体检

场景 2：资产组地图分层规划，提高资源配置的协调性

在资产组模式下，企业各职能部门在投资决策时不再以自身的专业思维和考核指标来筛选投资项目，而是从每一个资产组的实际出发，根据投资目标进行资产组的排序。所有的岗位和部门处于同一个框架下，为

企业价值创造的努力方向也变得一致。根据电网拓扑运行关系，电网划分为"台区—中压线路—变电站"三个资产组层级。宏观资产组分级效益比对，查找短板，结合"电压合格率""供电可靠率"等技术服务指标，以及"电量增长率"等发展趋势，合理确定投资方向，避免单个层级过度投资或简单的平均分配资源，确保"好钢用在刀刃上"，同时通过内在套娃式结构促进整体与局部的协调。

图 22-8 所示为南通地区台区、中压线路、变电站三个资产组层级"单位资产售电量"效益指标的空间展示，绿色表示高效、红色表示低效。以南通如东地区为例（图中亮色部分），如东地区台区资产组分布较分散，相较除南通市区外的其他县区更多；而中压线路资产组和变电站资产组与其他县区基本相同。从效益指标和技术指标相对矛盾角度出发，同样的售电量下，电网设备越薄弱，相应"单位资产售电量"指标越高，因此，公司在开展如东地区电网规划投资时，应把投资重心放在台区资产组层级。这样通过不同层级资产组经济、技术指标评价比对功能，解决不同电压等级、不同资产投资评价的协调性问题。

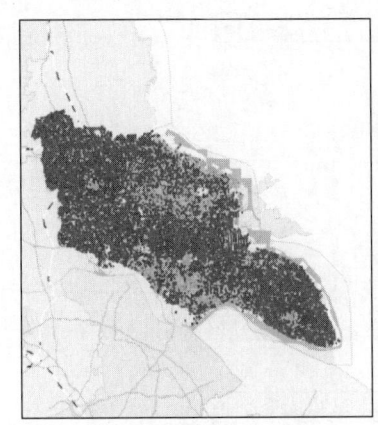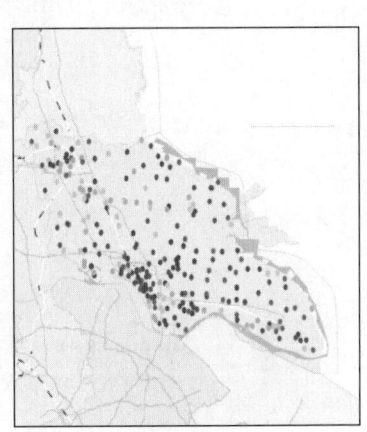

台区资产组效益分布图　　　　　　中压线路资产组效益分布图　　　　　　变电站资产组效益分布图

图 22-8　不同资产组层级间规划

场景 3：资产组地图组合规划，提高资源配置的合理性

公司通过将技术指标和经济指标组合在空间地图上分屏展示，改善传统投资决策单个技术指标"一刀切"模式，引导精准投资，从决策源头确保国有资产保值增值和服务地方社会经济发展双重责任的履行。

图 22-9 将南通地区户均电量和户均容量指标组合分析。户均容量（户均容量=变压器容量/用户数）指标反映区域用户平均容量大小，是反映电网资源保障的重要指标。但如只从该指标出发，直接上大容量变压器，可能导致电力资源过度超前，与地区用户需求脱节，不符合投资精益化管理需求。因此在此基础上增加户均电量指标（户均电量=周期售电量/用户数，该指标反应局部供电区域的价值贡献）。（1）户均电量大，户均容量也大：该类台区资产组电力资源保障已满足当前区域用户需求，公司仅需要适当关注电量高增长地区的电力持续保障；（2）户均电量小，户均容量大：该类台区资产组电力资源提前布局，远远满足当前用户需求，因此此类台区中、短期内无须追加投资；（3）户均电量大，户均容量小：该类台区资产组电网资源已无法满足区域用户需求，公司应迅速加大投资（全南通仅涉及 13 个台区资产组）；（4）户均电量小，户均容量也小：电网资源和用户需求基本平衡，且均处于较低水平，公司应根据用户需求变化和现场运行状况选择性合理投资。通过将技术指标和经济指标组合分析并在四分屏地图上展示分析，改变原先依靠单一指标判断的片面性，为精益投资决策提供综合支撑。

场景 4：电网投资智能决策，提高资源配置的针对性

在运用资产组进行投资方案提报之前，电网投资主要靠分散在供电各区域的基层技术员通过人工现场勘察上报投资需求，经过层次审批批复后才可进入下一年度投资项目储备库。区域特征以及人员责任心、执行力的因素将直接影响电网投资决策，导致电网资源配置缺乏"一盘棋"考虑。

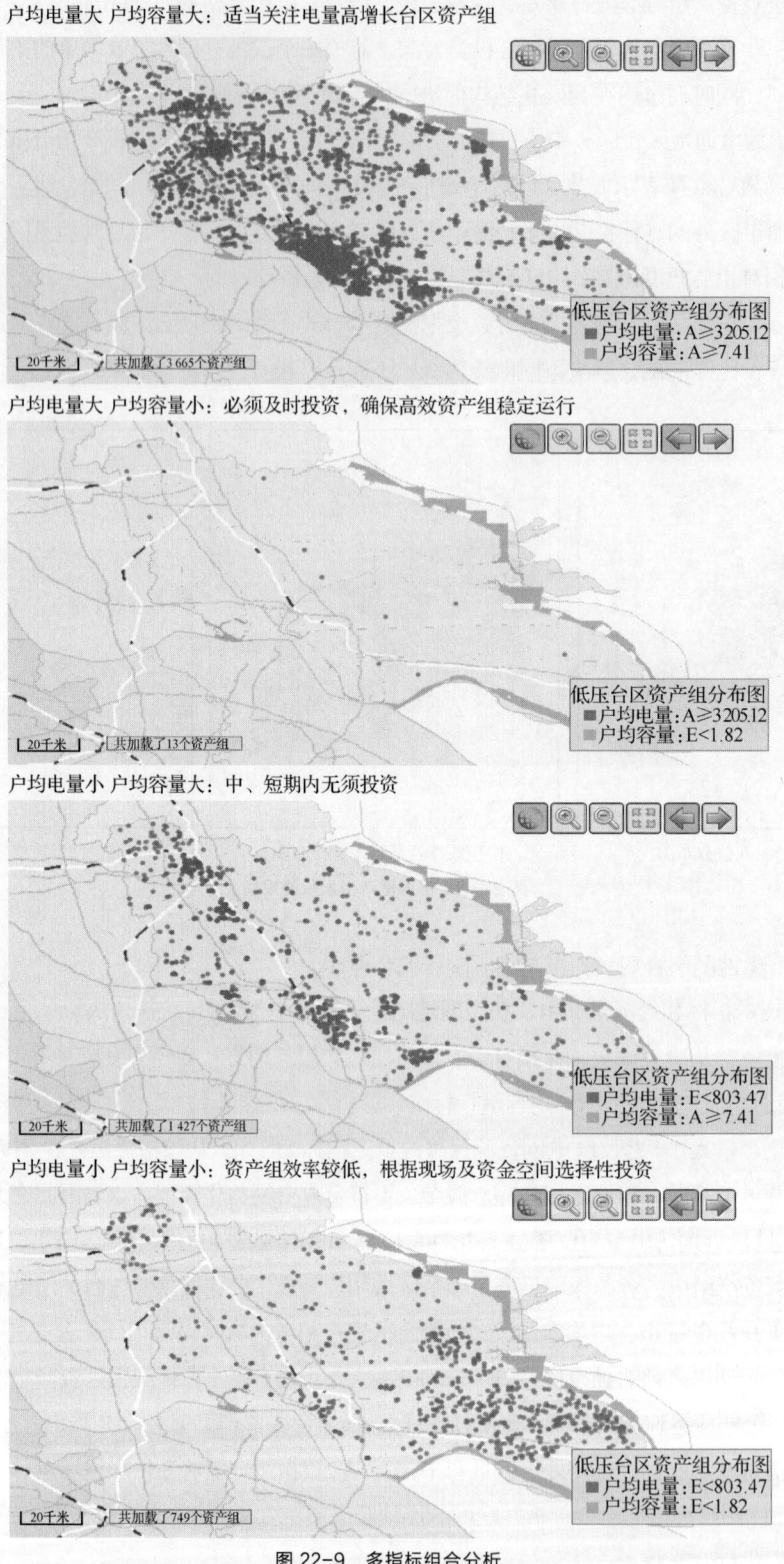

图 22-9　多指标组合分析

　　现在公司通过以资产组为载体采集生产、营销、调度、财务等多维信息，构建投资智能辅助决策系统（见图 22-10），将跨专业数据进行结构化整合，建立基础数据库；根据电网安全、技术、经济、服务目标建立指标体系并合理设置阈值，形成电网标准库；根据指标阈值自动从基础数据库中筛选查找电网存在的设备性、结构性、发展性问题，以问题为导向形成"电网问题库"；同时针对问题通过地理位置、周边情况等自动提出智能辅助决策方案，支撑现场勘查。通过将电网运行状况、电网发展目标和电网运行问题的指标体系量化，构建投资智能辅助决策功能，大大提高电网投资决策的标准化和集中度，增强电网资源的一体化配置水平，协调大供电区域内整体投资布局。

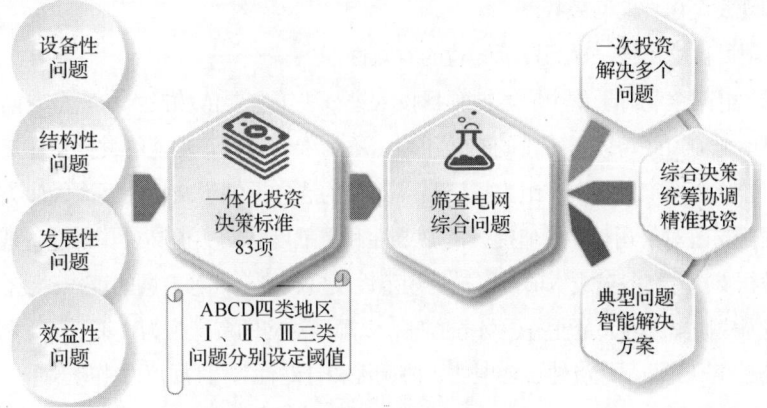

图 22-10 投资智能辅助决策系统

场景 5：专项投资精准决策，科学配置隐患治理投资

为压降触电人身伤害案件，保障人身安全，供电企业每年要投入大量资金用于线路的绝缘化改造，但缺乏时间、空间针对性的"大雨漫灌"式投资投入产出效益差、见效慢。公司通过将触电人身伤害案件以及安全投入项目对应到资产组，围绕触电人身伤害案件压降目标，利用资产组价值管理平台开展保险案件及投入历史数据分析，研究历史投资行为与案件发生的相关性，提炼有效压降触电人身伤害案件的核心投资要素，进一步优化投资策略，科学配置安全隐患治理投资，从投资方向、速率和数量上科学配置全年预算资源。

如图 22-11 保险案件大数据分析所示，公司将历史触电人身伤害案件对应到资产组，在资产组地图定位，分析整体案件高发区域和局部周边人文环境特征。从地区看，触电主要发生在通洋运河等运河沿线；进一步将案件对应到资产组发现，案件主要集中在鱼塘、河道等聚集区，由此划分出安全管控区域和优先治理投资方向。

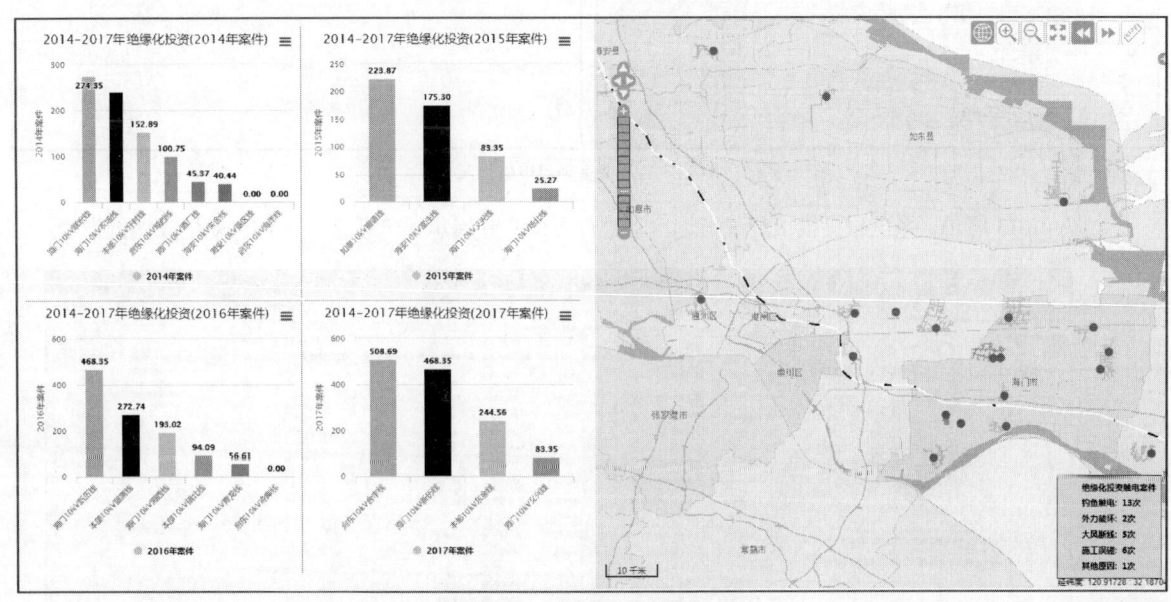

图 22-11 保险案件大数据分析

公司进一步开展近 4 年绝缘化改造、警示牌安装等防触电投资的投入产出分析，发现个别资产组在绝缘化水平提高的同时，仍时有发生触电案件，进一步结合现场勘查发现，个别设备在开展绝缘化改造时，优先实施了陆地部分，而河岸边绝缘化改造难度较大的区域未开展实施，或警示牌未安装在案件高发区域，导致单个资产组整体绝缘化指标提高了，但关键部位隐患未能解决，依然发生了触电人身伤害事件。

2018 年，公司通过保险大数据分析，重点加强运河、河道、鱼塘等电网关键区域的绝缘化改造和警示牌安装力度，减少陆地绝缘化投资，优化绝缘化改造投资 7 亿多元，实现触电人身伤害案件显著压降，以更少更精准的投资实现安全事件的有效控制。

场景 6：储备项目自动审核，提高资源配置的有效性

在传统模式下，电网企业对于单个成本性项目投入进行决策主要依赖技术和安全方面的必要性和可行性论证，财务缺乏对单个项目经济效益审查的有效手段，不利于价值提升功能的发挥。在资产组模式下，决策对象从原先的项目转换为资产组，资产组为投资具体对象的选择提供了共识性标准，使决策从原先的财务支出规范性拓展至项目支出对公司整体价值提升的必要性和贡献度，切实提高公司创造价值决策能力。

原来因缺乏数据支撑，财务对成本项目仅进行规范性及资料齐全性等方面的审核，现在，基于资产组管理会计平台以资产组为载体集成的大量业务、财务信息，以项目对应的资产组为决策对象，将相关项目评价标准从"规范性"拓展至"规范性、经济性、合理性、协调性和针对性"，且规范性由原来单一项目评审转换为对应资产组的当年所有储备项目汇总评审，有效提高了成本性储备项目的审核力度，优化了大量成本资金。

以南通地区 2016 年配网成本性储备项目评价为例：根据业务部门提交的 2016 年配网成本性储备项目需求，导入系统（见图 22-12）。

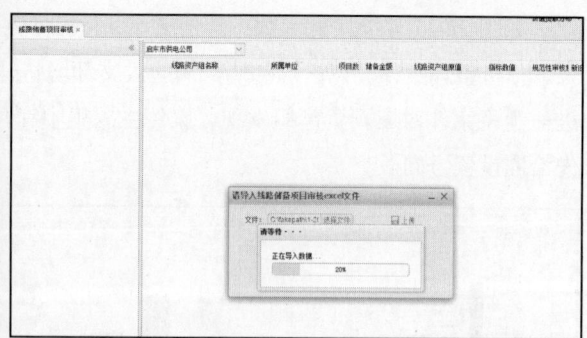

图 22-12　储备项目审核导入

如图 22-13 所示，系统根据模块内设指标自动进行评价，并展示评价结果，同时自动生成评价报告。

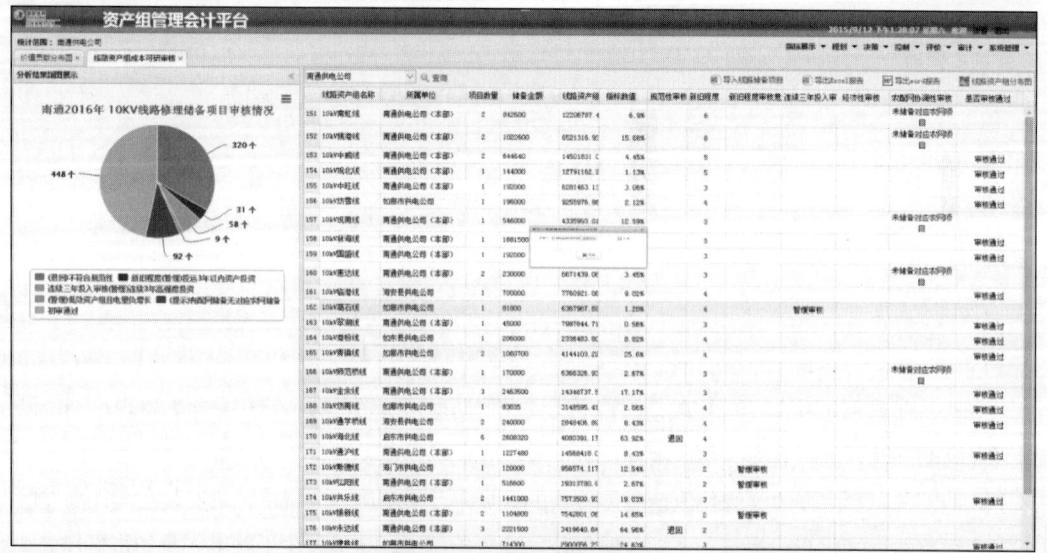

图 22-13　自动储备项目审核

审核规则：

规范性（否决性指标）：同一批次（年度）成本性储备项目可研金额超过对应资产组原值的 50%的，列示问题。

合理性（疑点性指标）：一是资产组投运三年以内（按 PMS 系统投运时间）即投入维修资金的项目提示复核；二是资产组连续三年高强度（此处高强度，是指每年投资占原值比重五分位法 A 段）仍在储备项目的，提示疑点。

经济性（疑点性指标）：项目对应的资产组上年单位资产售电量指标全地区五分位法为 E 段，且两年电量增长率出现负增长的，提示疑点。

协调性（疑点性指标）：以配电线路资产组为例，如线路主体有储备项目、下挂台区无储备项目，或线路主体无储备项目、下挂台区有储备项目，提示疑点，提示运检、农电部门进行电网协调性复核。

场景 7：储备地图分布分析，提高资源配置的科学性

原来储备项目管理主要针对项目个体，以单个项目为管理对象。现在公司通过将储备项目对应到资产组，并在电网价值地图上进行展示，可以从区域电网角度分析预计未来投资的分布情况，从而实现对区域电网未来投资的宏观掌控。

图 22-14 所示为 2018 年南通地区中压线路修理储备项目价值分布示意图，展示预计投资和已有投资的区域性分布特征，结合资产组效率效益、停电负载等指标评价投资针对性。从图中可以看出，2018 年南通地区投资项目基本覆盖全区域，通过对空白区域分析发现，空白区域在 2016 年、2017 年已完成相应超前投资。公司通过将原先"储备项目表格清单"转换成空间分布方式，能够有效判断项目的针对性，排查是否存在项目储备缺陷；通过企业价值地图进行分析，发现投资的空白点从而实现"储备一批→择优实施一批→再储备一批"的良性循环。

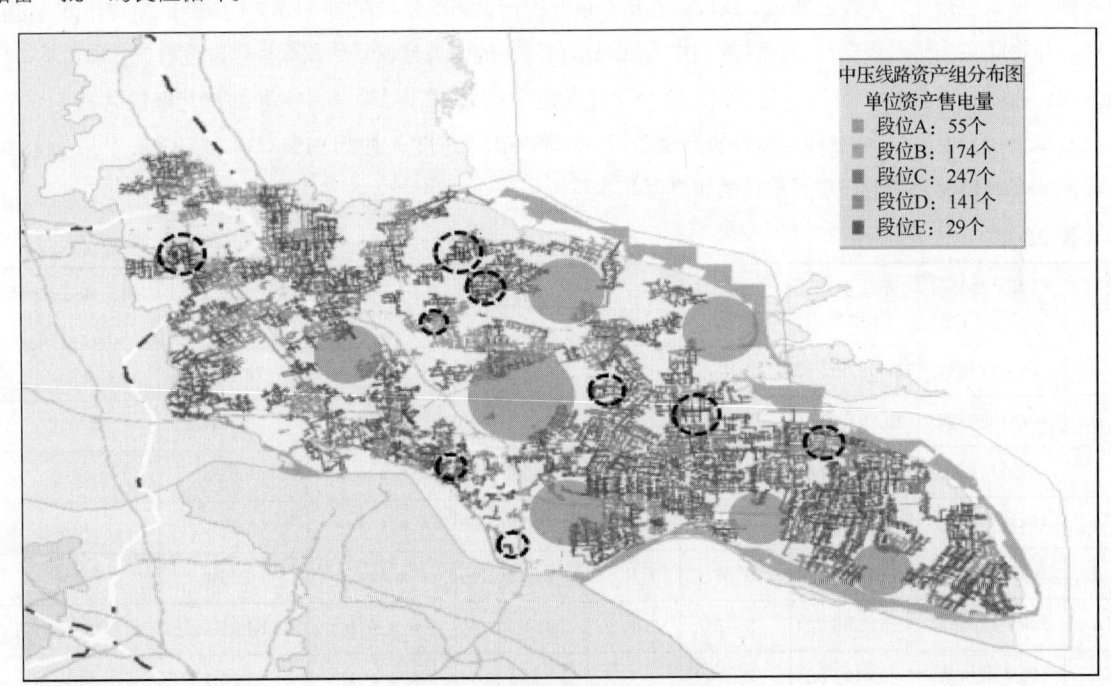

图 22-14 储备项目价值分布示意图

场景 8：项目实施优先级排序，智能安排轻重缓急项目

公司利用项目储备与资产组的对应关系，按照资产效率、客户需求、设备承载进行分类排序和综合排序（见图 22-15），为项目施工的轻重缓急安排提供决策支撑。

以泰州供电公司 2018 年配网修理项目为例。公司从经济性角度出发安排实施项目，确保创值能力强的资产组优先实施项目。

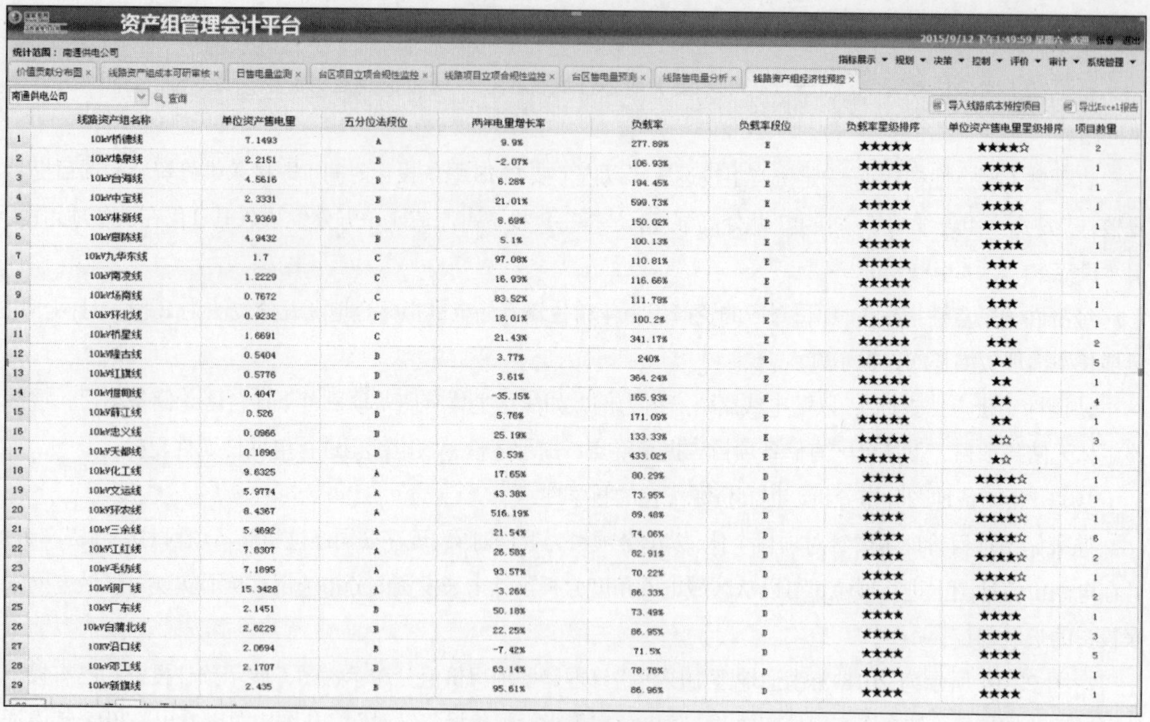

资产组管理会计平台

统计范围：南通供电公司

2015/9/12 下午1:49:59 星期六

	线路资产组名称	单位资产售电量	五分位法段位	两年电量增长率	负载率	负载率段位	负载率星级排序	单位资产售电量星级排序	项目数量
1	10kV桥德线	7.1493	A	9.9%	277.89%	E	★★★★★	★★★★☆	2
2	10kV埭泉线	2.2151	B	-2.07%	106.93%	E	★★★★★	★★★★	1
3	10kV台海线	4.5616	B	6.28%	194.45%	E	★★★★★	★★★★	1
4	10kV中宝线	2.3331	B	21.01%	599.73%	E	★★★★★	★★★★	1
5	10kV林新线	3.9369	B	8.69%	150.02%	E	★★★★★	★★★★	1
6	10kV图陈线	4.9432	B	5.1%	100.13%	E	★★★★★	★★★★	1
7	10kV九华东线	1.7	C	97.08%	110.81%	E	★★★★★	★★★	1
8	10kV南凌线	1.2229	C	16.93%	116.66%	E	★★★★★	★★★	1
9	10kV场南线	0.7672	C	83.52%	111.79%	E	★★★★★	★★★	1
10	10kV环北线	0.9232	C	18.01%	100.2%	E	★★★★★	★★★	1
11	10kV桥星线	1.6691	C	21.43%	341.17%	E	★★★★★	★★★	2
12	10kV隆古线	0.5404	D	3.77%	240%	E	★★★★★	★★	5
13	10kV红旗线	0.5776	D	3.61%	364.24%	E	★★★★★	★★	1
14	10kV掘朝线	0.4047	D	-35.15%	165.93%	E	★★★★★	★★	4
15	10kV薛江线	0.526	D	5.76%	171.09%	E	★★★★★	★★	1
16	10kV忠义线	0.0966	D	25.19%	133.33%	E	★★★★★	★☆	3
17	10kV天都线	0.1896	D	8.53%	433.02%	E	★★★★★	★☆	1
18	10kV化工线	9.6325	A	17.65%	80.29%	D	★★★★	★★★★☆	1
19	10kV文运线	5.9774	A	43.38%	73.95%	D	★★★★	★★★★☆	1
20	10kV环农线	8.4367	A	516.19%	89.48%	D	★★★★	★★★★☆	1
21	10kV三余线	5.4692	A	21.54%	74.06%	D	★★★★	★★★★☆	6
22	10kV江红线	7.6307	A	26.58%	82.91%	D	★★★★	★★★★☆	2
23	10kV毛纺线	7.1895	A	93.57%	70.22%	D	★★★★	★★★★☆	1
24	10kV铜厂线	15.3428	A	-3.26%	86.33%	D	★★★★	★★★★☆	2
25	10kV广东线	2.1451	B	50.18%	73.49%	D	★★★★	★★★★	1
26	10kV白蒲北线	2.6229	B	22.25%	86.95%	D	★★★★	★★★★	3
27	10KV沿口线	2.0694	B	-7.42%	71.5%	D	★★★★	★★★★	5
28	10kV邓工线	2.1707	B	63.14%	78.76%	D	★★★★	★★★★	1
29	10kV新旗线	2.435	B	95.61%	86.96%	D	★★★★	★★★★	1

图 22-15　储备项目实施排序

从表 22-2 中可知，公司按经济型实施轻重缓急排序下达 53 个项目，对应到 26 个低压线路资产组。项目下达后，根据项目对应的资产组编制上述表格，按照单位资产售电量指标进行排序。从指标驱动因素角度出发，指标 A 段的应当优先实施，保证可靠供电及迎峰度夏有序用电，故按照单位资产售电量指标进行经济性实施轻重缓急排序，A 段五颗星、B 段四颗星，以此类推。同时公司在同一段位中根据指标的分布再进行排序。并将此实施排序表交项目管理部门作为现场项目安排的财务建议。从预算执行进度看，各项目基本保持一致；从现场形象进度看，已投运项目 12 个，对应到五个线路资产组，其中单位资产售电量 A 段为 6 个，B 段为 2 个，C 段为 4 个。各段位线路资产组项目平均现场形象进度 A 段为 91%，B 段为 93%，C 段为 88%，D 段为 83%，E 段为 75%；项目整体实施进度基本符合经济性排序建议。

表 22-2　　　　　　　　　　配网项目实施排序

序号	10kV 线路资产组名称	单位资产售电量	五分位法段位	项目个数	概算数	经济性实施轻重缓急顺序	截至 4 月 13 日预算执行进度	截至 4 月 13 日现场形象进度
1	10kV 青化线	18.668 062 12	A 段	2	1 748 247.00	★★★★★	70.72%	85%
2	10kV 龙发线	13.894 956 6	A 段	6	4 225 819.00	★★★★★	70.99%	已完工
3	10kV 斯德线	10.464 069 45	A 段	1	280 513.00	★★★★★	68.03%	95%
4	10kV 钢绳线	10.258 676 87	A 段	2	1 390 863.00	★★★★★	71.37%	90%
5	10kV 标牌线	5.180 349 721	A 段	1	892 865.00	★★★★☆	76.70%	85%
6	10kV 公园线	4.162 286 724	B 段	1	464 727.00	★★★★	64.31%	85%
7	10kV 洪桥线	3.495 193 805	B 段	3	3 792 520.00	★★★★	55.29%	90%
8	10kV 春华线	3.432 139 587	B 段	2	289 379.00	★★★★	66.12%	95%
9	10kV 海西线	3.041 174 681	B 段	1	1 122 786.00	★★★★	71.65%	90%
10	10kV 海景线	2.904 043 211	B 段	1	76 194.00	★★★☆	74.62%	95%
11	10kV 东风线	2.782 861 28	B 段	1	224 292.00	★★★☆	68.74%	已完工
12	10kV 常乐线	2.641 341 111	B 段	3	2 139 924.00	★★★☆	64.96%	90%

续表

序号	10kV 线路资产组名称	单位资产售电量	五分位法段位	项目个数	概算数	经济性实施轻重缓急顺序	截至 4 月 13 日预算执行进度	截至 4 月 13 日现场形象进度
13	10kV 冠东线	2.439 977 127	B 段	2	463 836.00	★★★☆	74.77%	90%
14	10kV 八桥线	2.218 038 336	B 段	1	870 279.00	★★★☆	76.19%	95%
15	10kV 布厂线	2.159 729 348	B 段	1	82 986.00	★★★☆	68.13%	已完工
16	10kV 绣品线	2.046 456 056	C 段	3	3 211 779.00	★★★	61.59%	90%
17	10kV 镇南线	2.042 185 857	C 段	1	470 791.00	★★★	68.68%	75%
18	10kV 滨中线	1.975 179 392	C 段	1	868 745.00	★★★	60.73%	已完工
19	10kV 西郊线	1.403 885 584	C 段	1	950 100.00	★★☆	69.31%	75%
20	10kV 滨北线	1.306 243 078	C 段	3	2 688 887.00	★★☆	55.36%	已完工
21	10kV 江海线	1.173 363 507	C 段	5	5 202 272.00	★★☆	69.99%	90%
22	10kV 永顺线	1.159 067 592	C 段	6	6 365 697.00	★★☆	61.83%	85%
23	10kV 名人苑线	0.678 152 898	D 段	1	941 000.00	★★	74.65%	90%
24	10kV 城中线	0.653 229 195	D 段	1	968 584.00	★★	67.94%	85%
25	10kV 东南线	0.587 590 402	D 段	1	1 644 134.00	★☆	69.07%	75%
26	10kV 富江线	0.242 782 085	E 段	1	367 388.00	★	76.61%	75%
合计				53	41 744 607.00			75%

场景 9：检修停电施工经济性选择，减少停电损失电量

用户是公司创造价值的核心资源，目前对需求侧的观念正在发生改变，用户不再是单纯的用电方，将用户的用电行为及未来用电需求带到电网建设中，将进一步提高电网投资的针对性。原来我们对用户用电行为的分析主要是针对整个大市供电范围的用户平均用电特征分析，缺乏对区域用户（群）的个性化分析。现在依托电网资产组结构（每个资产组均服务于一个区域的用户群），公司通过对资产组售电量波动曲线的分析，分析区域用户的用电行为，通过检修停电保障及时且损失最小的原则，针对不同区域开展个性化检修时点选择。

以图 22-16 所示的两个台区资产组为例，上图台区资产组位于南通叠石桥，是全国家纺制造集中地，用电客户以作坊、小动力企业为主，从 2017 年售电量可以看出，全年用电高峰出现在 7 月、8 月。2 月春节期间因作坊停产、工人回乡，全年的用电低谷出现，因此建议电力检修停电施工时点放在春节期间和用电高峰到来前的 5 月、6 月；下图台区资产组是典型的农村地区，全年用电高峰也出现在 7 月、8 月，但 2 月外出务工人员返乡，形成春节的用电小高峰，因此建议电力检修停电施工时点放在用电高峰出现之前的 1 月和 5 月、6 月。公司通过不同资产组用电负荷特征的比较，判断全年用电高峰和低谷，指导项目实施部门针对性地选择在用电高峰出现之前的负荷低谷区间展开停电施工，压降停电损失，减少停电影响，保障高峰用电。

场景 10：项目实施多维曲线，实现财务远程管控

原来财务专业对项目结算的管理，因为信息不对称，导致财务结算与项目现场实施过程脱节，财务仅能在口头上、文件上要求项目管理部门及时结算、序时结算、真实结算。但是结算是否超期、项目实施是否真实无法实时控制，仅能事后监督。现在我们通过把项目对应到资产组，实时集成资产组的售电量信息、停电事件以及项目的现场开工、完工时点和结算进度，实现项目实施场景的数据还原。

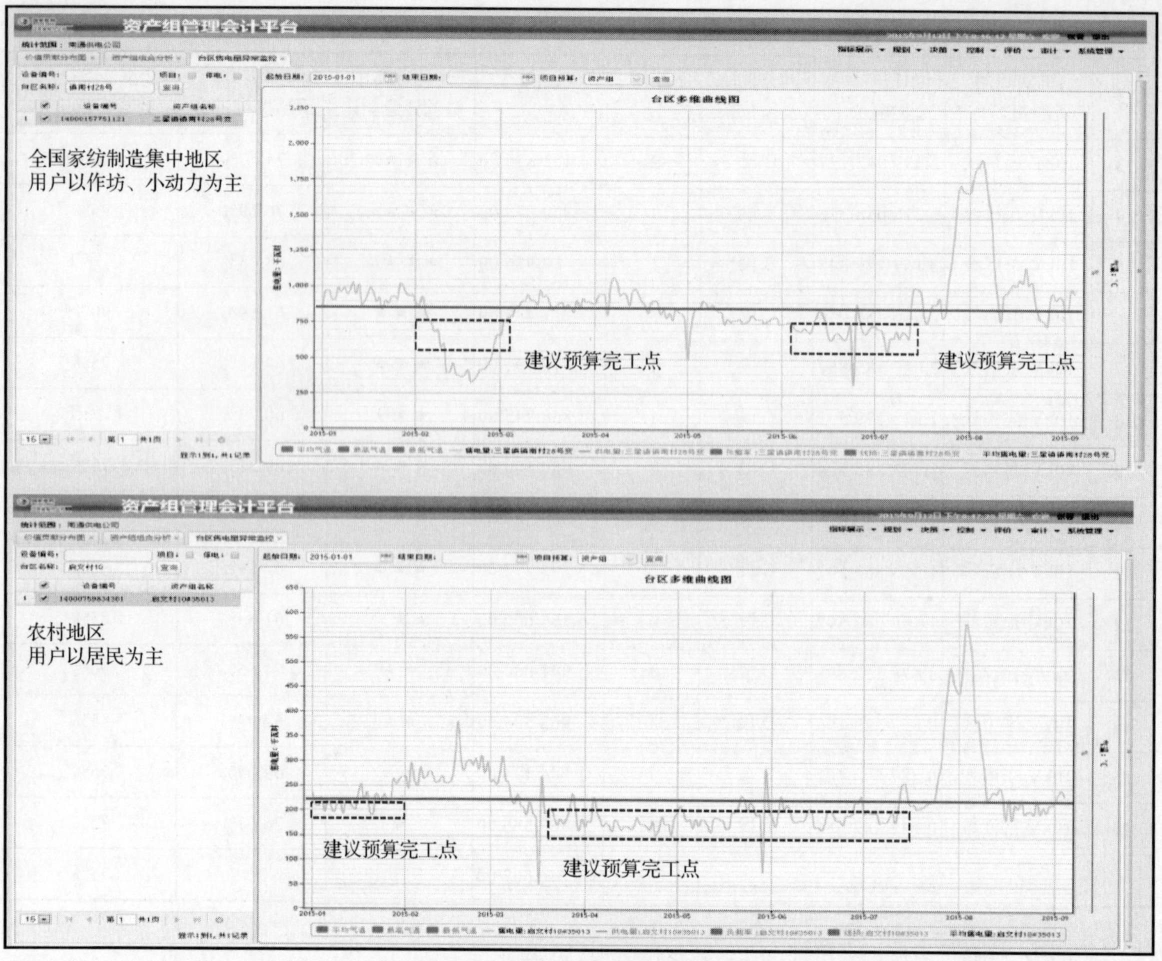

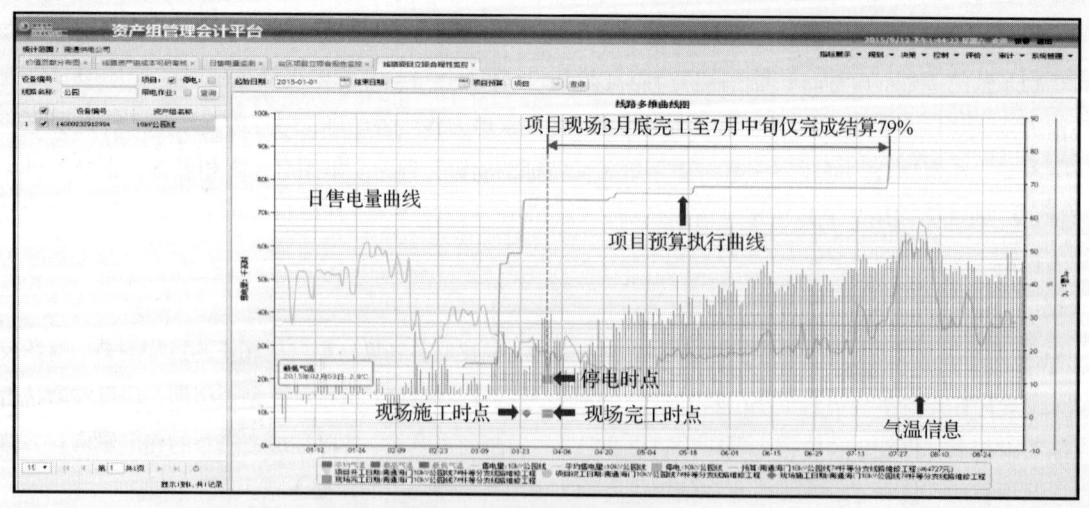

图 22-16　预算完工时间经济性曲线图

图 22-17 所示为 10kV 运河线资产组的维修项目实施场景，从场景中通过数据比对可以得出三个方面的信息：一是项目现场施工时点位于全年用电低谷（全年售电量平均线以下），施工时点选择考虑经济性；二是项目现场完工时点与系统采集的停电时点吻合，表示项目现场真实完成（绝大部分中压线路维修项目实施均需要进行局部停电）；三是项目 3 月底已完成现场施工，但从预算执行曲线看，截至 7 月中旬项目仅结算 79%，项目结算进度严重滞后。公司通过以资产组为载体实现多维数据集成，将业务流、信息流与现场实际进行衔接，还原项目实施场景，运用数据组合查找发现问题，提升财务对现场的管控力度和时效性。

图 22-17　资产组多维曲线控制

场景 11：项目实施整体评价，持续提高规划决策能力

1. 投向评价

从经济性出发，单位资产售电量指标越大，资产组的创收能力越强，则公司越应该加大投入保证其供电可靠性。从表 22-3 中可知，E 段位投资资产组数占段位总资产组比重最小（36.11%），占三年总投资的比重也最小（4.17%），符合经济性原则，但 A 段投资比重明显偏小。

表 22-3　　　　　　　　　　　　　　　单位资产售电量与投资

段位	单位资产售电量范围	10kV 线路资产组个数	设计配网修理项目资产组	设计配网项目占段位数量比重	2016—2018 年累计配网投资（万元）	各段位投资额占总投资比重	2016—2018 年台区累计投资额（万元）（配网+农网）	各段位投资额占总投资比重
A 段	4.38 以上	36	23	63.89%	1 639.23	6.97%	2 432.03	4.78%
B 段	2.15～4.38	47	35	74.47%	5 104.32	21.70%	8 235.11	16.19%
C 段	0.98～2.15	59	49	83.05%	8 679.22	36.89%	20 135.11	39.57%
D 段	0.46～0.98	47	32	68.09%	7 123.52	30.28%	17 654.55	34.70%
E 段	0.46 以下	36	13	36.11%	980.69	4.16%	2 421.82	4.76%
合计		225	152	67.56%	23 526.98	100.00%	50 878.62	100.00%

从表 22-4 中可知，单位容量售电量的分段投入与单位资产售电量表基本趋势相同，大量投资集中在 B 段、C 段、D 段，E 段项目投入更少，仅占三年总投资的 2.59%（单位资产售电量 E 段位为 4.17%），A 段项目投入更多，占三年总投资的 12.22%（单位资产售电量 A 段位为 6.97%）。

表 22-4　　　　　　　　　　　　　　　单位容量售电量与投资

段位	单位容量售电量	10kV 线路资产组个数	涉及配网修理项目资产组	涉及配网项目占段位数量比重	2016—2018 年累计配网投资（万元）	各段位投资额占总投资比重	2016—2018 年台区累计投资额（万元）（配网+农网）	各段位投资额占总投资比重
A 段	1 658.42 以上	36	24	66.67%	2 874.66	12.22%	4 103.98	8.07%
B 段	998.18～1 658.42	47	33	70.21%	7 669.44	32.60%	15 238.64	29.95%
C 段	658.69～998.18	59	48	81.36%	8 512.36	36.18%	19 532.62	38.38%
D 段	272.72～658.69	47	36	76.60%	3 861.42	16.41%	11 394.28	22.40%
E 段	272.72 以下	36	11	30.56%	609.1	2.59%	609.1	1.20%
合计		225	152	67.56%	23 526.98	100.00%	50 878.62	100.00%

2. 投速评价

从经济性出发，电量增长快，整个资产组的收入呈上升趋势，则公司应该加大投资，保证电量高增长地区的供电可靠性，从表 22-5 中可知，三年配网投资基本集中在 A 段、B 段、C 段，电量增长率为负数的 35 个线路资产组投入仅占三年总投入的 5.63%，可以看出电量的增长情况与线路的技术运营指标压力也呈同向趋势，电量呈下降趋势的地区，其技术、运营指标也基本能满足需要，无须加大投入。

表 22-5　　　　　　　　　　　　　　　两年售电量增长率与投资

段位	两年电量增长率变动范围	10kV 线路资产组个数	涉及配网修理项目资产组	涉及配网项目占段位数量比重	2016—2018 年累计配网投资（万元）	各段位投资额占总投资比重	2016—2018 年台区累计投资额（万元）（配网+农网）	各段位投资额占总投资比重
A 段	53.49%以上	37	26	70.27%	5 863.22	24.92%	11 462.32	22.53%
D 段	22.12%～53.49%	52	43	82.69%	6 655.61	28.29%	17 241.22	33.89%
C 段	6.52%～22.12%	63	50	79.37%	8 051.32	34.22%	16 780.65	32.98%
D 段	0～6.52%	38	17	44.74%	1 631.42	6.93%	2 964.32	5.83%
E 段	负增长	35	16	45.71%	1 325.41	5.64%	2 430.11	4.77%
合计		225	152	67.56%	23 526.98	100.00%	50 878.62	100.00%

根据 2016—2018 年 10kV 线路报修次数统计，理论上报修次数多的应当立即通过修理项目对线路整体缺陷进行化解，从表 22-6 中可知，三年配网投资基本集中在 A 段、B 段、C 段，表明项目的投入与报修量成正比，基本保证了项目投资的及时性。

表 22-6　　　　　　　　　　　　报修次数与投资

段位	2016—2018 年报修次数	10kV 线路资产组个数	涉及配网修理项目资产组	涉及配网项目占段位数量比重	2016—2018 年累计配网投资（万元）	各段位投资额占总投资比重	2016—2018 年台区累计投资额（万元）（配网+农网）	各段位投资额占总投资比重
A 段	11 次以上	36	33	91.67%	7 806.89	33.18%	21 767.84	42.78%
B 段	4～11 次	62	47	75.81%	8 135.62	34.58%	16 806.31	33.03%
C 段	2～4 次	43	34	79.07%	3 053.52	12.98%	5 783.21	11.37%
D 段	1 次	28	12	42.86%	1 876.64	7.98%	3 540.95	6.96%
E 段	未发生报修	56	26	46.43%	2 654.31	11.28%	2 980.31	5.86%
合计		225	152	67.56%	23 526.98	100.00%	50 878.62	100.00%

3．投量评价

理论上资产使用时间越长，后续投入越大。从表 22-7 中可知，三年配网投资基本集中在 A 段、B 段、C 段，但 E 段投运 3 年以下项目在投运后 1～2 年内仍投入 164.3 万元，修理了 5 个项目，需对 5 个项目原先项目的设计准确性和技术先进性进行分析。

表 22-7　　　　　　　　　　　　资产组新旧程度与投资

段位	新旧程度范围	10kV 线路资产组个数	涉及配网修理项目资产组	涉及配网项目占段位数量比重	2016—2018 年累计配网投资（万元）	各段位投资额占总投资比重	2016—2018 年台区累计投资额（万元）（配网+农网）	各段位投资额占总投资比重
A 段	投运 12 年以上	30	27	90.00%	5 798.32	24.64%	15 908.23	31.27%
B 段	投运 11～12 年	60	56	93.33%	8 619.76	36.64%	16 654.01	32.73%
C 段	投运 6～11 年	61	40	65.57%	6 806.18	28.93%	11 890.17	23.37%
D 段	投运 3～6 年	46	24	52.17%	2 138.42	9.09%	4 105.32	8.07%
E 段	投运 3 年以下	28	5	17.86%	164.3	0.70%	2 320.89	4.56%
合计		225	152	67.56%	23 526.98	100.00%	50 878.62	100.00%

理论上，单位造价容量越低，其一次投入越少，则公司势必在同等运营要求下后续要投入更多资金，但从表 22-8 中可知，单位容量造价最少的项目组（A 段）三年投资仅占总投资的 2.60%，而 C 段、D 段、E 段的投资额约占总投资的 86%，可以看出，后续投资比重与一次投入量没有必然联系。

表 22-8　　　　　　　　　　　　单位容量造价与投资

段位	单位容量造价	10kV 线路资产组个数	涉及配网修理项目资产组	涉及配网项目占段位数量比重	2016—2018 年累计配网投资（万元）	各段位投资额占总投资比重	2016—2018 年台区累计投资额（万元）（配网+农网）	各段位投资额占总投资比重
A 段	297.89 以下	36	16	44.44%	612.64	2.60%	710.32	1.40%
B 段	297.89～692.87	47	28	59.57%	2 696.66	11.46%	3 236.15	6.36%
C 段	692.87～1 340.71	59	48	81.36%	6 906.14	29.35%	12 520.64	24.61%
D 段	1 340.71～3 390.2	47	34	72.34%	8 403.21	35.72%	19 090.62	37.52%
E 段	3 390.2 以上	36	26	72.22%	4 908.33	20.87%	15 320.89	30.11%
合计		225	152	67.56%	23 526.98	100.00%	50 878.62	100.00%

4. 综合评价

综合评价分析 10kV 线路资产组 7 个指标，从指标的数值与投入大小的理论趋势分析，新旧程度（已使用年限）、单位资产售电量、两年售电量增长率、2016—2018 年抢修数量、单位容量售电量、供电半径等指标数据越大，理论上投入应越大（成正比）；单位容量造价数值越小，理论上投入应越大（成反比）。

将 7 个单项指标段位进行综合，每个指标满分 8 分（A 段 8 分、B 段 6 分、C 段 4 分、D 段 2 分、E 段不得分），7 个指标满分 56 分，综合得分最高 44 分，最低 4 分，对所有 10kV 线路资产组的综合得分进行五分位法排序。

从表 22-9 中可知，A 段、B 段、C 段投资约占总投入的 89%，整体符合上述分析，但排名 E 段的资产组中近三年仍有 24 个项目投入 760.43 万元，属于低效无效投资。

表 22-9 　　　　　　　　　　　　　　　　投资综合评价分析

段位	综合指标得分范围	10kV 线路资产组个数	涉及配网修理项目资产组	涉及配网项目占段位数量比重	2016—2018 年累计配网投资（万元）	各段位投资额占总投资比重	2016—2018 年台区累计投资额（万元）（配网+农网）	各段位投资额占总投资比重
A 段	36 分以上	53	46	86.79%	8 582.94	36.48%	20 367.12	40.03%
B 段	32～36 分	48	5	10.42%	6 986.12	29.69%	15 087.41	29.65%
C 段	26～32 分	53	48	90.57%	5 321.06	22.62%	11 034.98	21.69%
D 段	20～26 分	35	29	82.86%	1 876.43	7.98%	3 280.46	6.45%
E 段	20 分以下	36	24	66.67%	760.43	3.23%	1 108.65	2.18%
合计		225	152	67.56%	23 526.98	100.00%	50 878.62	100.00%

场景 12：电网周期问题标签评价，以问题销号反映投资效能

公司将资产组近三年的投资情况分类别在地图上予以展示，可视直观展现是否存在重复投资的现象；同时分别将资产组的投诉、跳闸、低电压等情况进行叠加展示，可以清晰展现电网投资对于投诉、跳闸、低电压等指标的针对性情况，方便管理层对于投资的成效展开评价，全面提高评价的科学性与合理性。

公司针对电网投资项目进行标签化管理，并将相关标签与电网技术、经济效益指标挂钩，通过项目实施前后相关技术、经济指标的变化情况对比分析开展项目投资后评价。如图 22-18 所示，地图与列表中展示的是，公司在 2016—2018 年均有提升设备可靠相关投资，但同时均有发生跳闸的线路资产组，这表明相关投资针对性不强，未能充分消除电网的安全隐患。

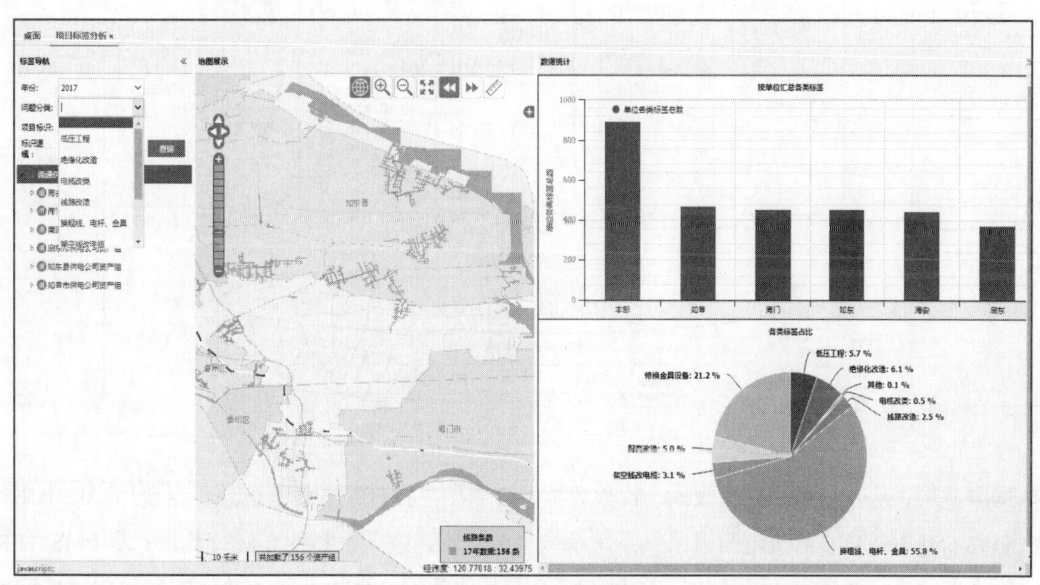

图 22-18 标签化投资分析

四、管理会计信息化相关情况

（一）以信息化手段推动企业管理一体化

工业化背景下"人、财、物"现实中的分立作为和相应各自信息流的时滞，使企业价值整体目标在现实中被肢解而碎片化。这种碎片化，随着企业规模扩大，组织复杂，创造价值活动过程必然产生越来越严重的功能内耗，如物资部门强调储备最大化，设备部门强调技术最先进，质量部门追求品质最好，市场部门看中销量最大化，生产部门希望产出效率最高，人事部门追求高学历，而财务部门一旦使出占用最少、成本最低、利润最高的"杀手锏"，上述所有部门的目标都将失去必要的资源保障，从而使企业价值最大化目标事实上被彻底肢解。

而信息化时代带来了企业管理思维框架和方法的革命，信息化与工业化的单一实体最大区别就在于存在本质性或契约性联系，在实体世界自然分隔的要素活动，在信息世界获得了具象化的一体化存在形式，从而首次直观地把要素关系及其活动真实完整地展现在管理人员面前，从整体上为全面正确地感知、认识进而管理客观经济过程提供了极大的便利。这种计算机平台上的价值创造过程，与"线下"人财物行为相比，不再是分隔活动，而是一体化行动，它使现实生活中人财物自然物理相分隔的现象不复存在。这样的计算机平台上的价值创造图景（"在线"），比"线下"人财物协调行动创造价值的实际存在，更真实准确地反映了企业价值创造的内在结构和基本特征。

（二）以大数据技术搭建企业管理会计平台

为应对管理颗粒度和管理信息数据的爆发式增长，国网江苏电力充分应用大量管理技术和信息化手段，实现"资产组"管理会计平台搭建，如图 22-19 所示。

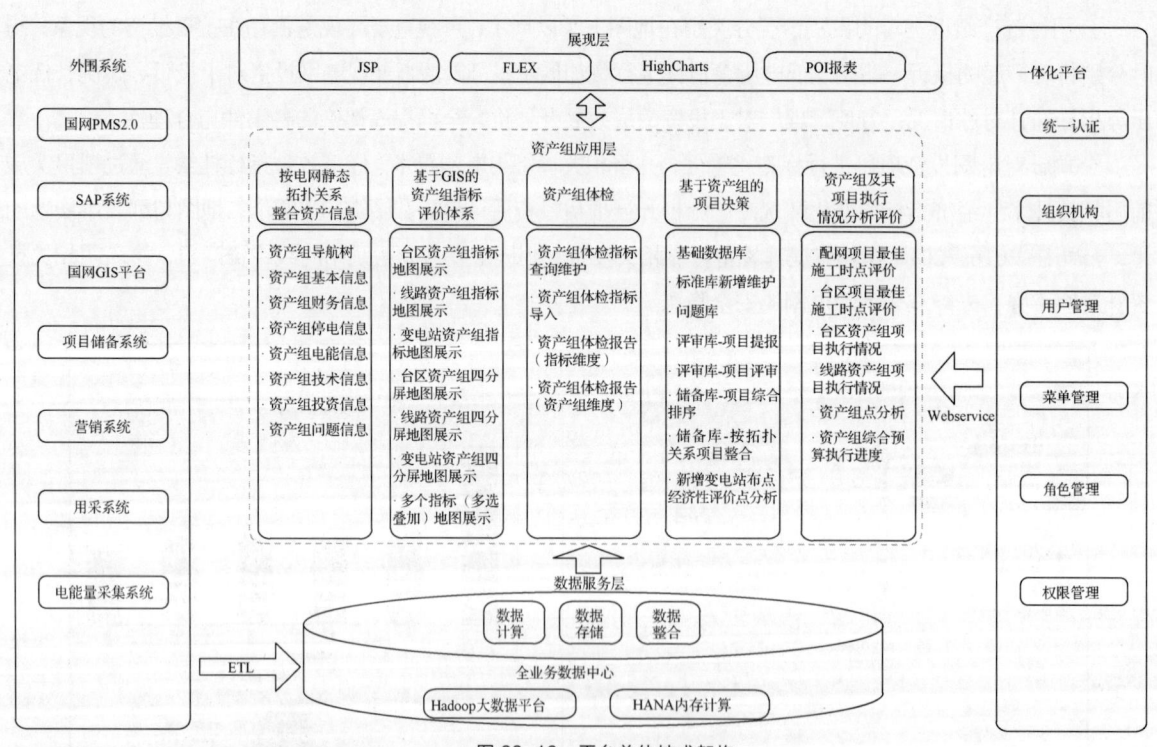

图 22-19　平台总体技术架构

数据服务层，从营销系统获取收入、收款数据，公变用户按台区、月份汇总，专变用户按中压线路、月份汇总约 650 万数据；从用电信息采集系统获取电量数据，按天汇总约 2 亿行数据；从 PMS、ERP 等系统采集设备动态信息约 1 亿行数据，项目与资金及其他数据 3 000 万行，整体的年数据增长约为 3.5

亿行次。为了建设一个能够自动集成前端业务系统数据，对业务数据深度分析、在线统计计算时效性更高的平台，国网江苏电力构建全业务数据中心：基于 Hadoop 大数据平台和 HANA 内存计算，集成前端多维度信息数据，建立统一的数据模型，实现大数据的及时存储、查询、分析及预测，实现会计与业务数据的有机融合。

应用层，通过构建资产组导航树，将原来单纯按设备类别和建卡先后顺序排列的财务资产卡片通过电网（静态）拓扑关系进行整合，方便资产信息的整合和使用，不仅包含财务信息，还包括对应的设备信息、电能信息、财务指标、业务指标等，不仅包含结果数据，还包括行为数据；通过对同级资产组指标数据比对，提供管理便捷条件。

展现层，通过 GIS 地图，把地理位置和资产组多维指标信息有机地结合起来，实现电网价值空间可视化；通过温场图功能实现区域电网指标特征的可视化展示，将资产组不同段位在 GIS 地图上通过不同颜色渲染集中展示，以便于公司分析指标的空间分布特征，从宏观角度对各单位资产现状进行评价，为投资切块提供支撑；运用柱状图、折线图以及气泡图等形式组合成多维数据图表，将日售电量、停电事件等资产组运行数据与停开工时点、预算执行进度等项目运行数据集中进行展示与分析，通过对全业务多维信息的比较，实现业务财务信息深度融合，以资产组为视角，实现对生产经营的实时监控和运营结果的分析评价，实现资源优化配置与价值创造的战略目标。

（三）"迭代"模式提高系统开发效率

传统的信息系统开发过程漫长，需要经历数据源分析、需求撰写、功能描述等一系列环节后才进入开发阶段，一旦出现需求变更则重复工作量巨大。而管理会计信息系统不同于传统的以流程为导向的系统，其中涉及大量的数据应用、模型建立、整合展示和报告推送，很难做到一下子完成所有的系统需求撰写工作。针对此特点，国网江苏电力财务信息系统采取"迭代模式"，统筹规划整体建设思路，在功能模块逐个建立"数据线下建模演算分析实用性—手工描绘功能界面—短时间内系统功能开发—分析研究提出修改意见—根据反馈进行系统功能完善"的开发流程，通过线下手工演算，分析功能开发的实用性，避免无效开发；通过逐个功能的开发上线，避免整体系统同步建设的臃肿拖沓，提高需求变动执行效率；通过短时间内的"开发—评审—完善"流程，迅速形成一批成熟功能模块，实现系统使用与开发的同步推进。

五、实施效果

自管理会计实践创新平台建立以来，国网江苏电力不断总结提炼，构建了一套实用性强、可推广的管理会计新模式，为新时代国有企业财务管理提质转型提供了样板。

（一）理论成果

公司与南京大学通力协作，完成《企业价值创造单元（VCU）与价值导航系统（VCPS）理论》初稿；创新实践获得 2017 年 CGMA 中国管理会计最佳实践奖；2017 年和 2018 年连续两年获得中电联中国电力创新奖，同时荣获第二十四届国家级企业管理创新成果奖；获得 2018 年度电力企业管理创新论文大赛一等奖，2018 年度江苏省电力科学技术进步奖等；项目研究过程中累计申报国家发明专利 17 项，软件著作权 1 项；在《会计研究》《财务与会计》《中国管理会计》《会计之友》等核心期刊发表多篇论文。创新成果总结提炼形成案例，并成功入选财政部管理会计案例索引库（见图 22-20）、《2018 电力行业大数据优秀应用创新成果（论文）集》。

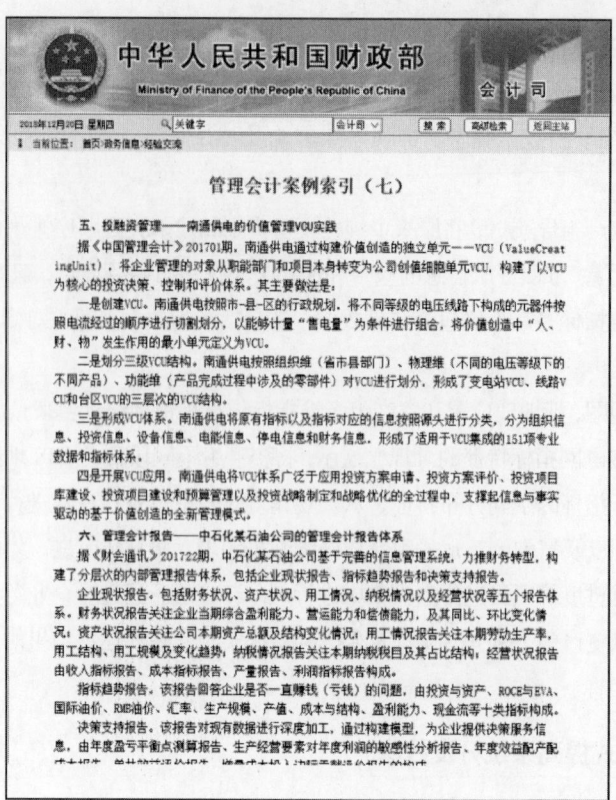

图 22-20　案例入选财务部网站管理会计案例索引库

（二）实践成效

平台通过将价值创造的过程透视到公司创值细胞单元，围绕整体价值目标，有效整合数据资源，催生了良好的经济效益。全省四家试点单位运用平台的规划决策场景，开展储备项目决策，累计优化投资 61.2 亿元。

坚持以"建好网、供好电"为己任，试点单位国网南通供电公司运用创新平台的电网价值地图和大客户体检功能，分析地方经济发展和客户用电需求，探索开展客户需求的订单式服务，2018 年对全市 9 629 家企业开展"5A 级电力客户"评价，协助整改用电安全隐患 1.56 万条，为客户节约成本 1.04 亿元。在提高存量资产优化管控和增量资源高效配置的同时，平衡了电力消费与电网投资之间的关系，促进了客户用电安全经济，为供电企业服务保障地方经济社会发展提供了有效支撑。

（三）财务转型

规划方面：我们由记录过去，通过市场预测，实现规划未来；由传统电网技术主动，通过价值主线和各专业协同融合，实现对电网的经济配置；通过资产组载体发挥数据价值，通过资产组平台功能开发进一步推动公司卓越运营。

决策方面：在宏观层面，由原来的缺乏抓手、整体粗放，决策"一刀切"到现在的分层分级决策、分析区域特征、多维度决策；在微观层面，决策由原来的人工干预、地区切块、专业分割，到现在以问题为导向，系统实现智能辅助，各专业协同高效。

控制方面：控制目标由原来的规范性、时序性拓展至经济性、协调性；控制手段由原来的人工比对拓展至系统自动控制；控制失效由原来的事后控制到实时控制；控制范围由抽样控制拓展至全样本控制，控制效能不断提升。

评价方面：评价载体由原来的公司整体到整体与电网细胞的统一；评价对象由原来的运营结果到结果与过程的统一；评价视角由单一财务视角到人财物一体化评价；评价维度由静态的事后评价到动态的实时评价；评价手段由人工评价到智能辅助。

（四）行业交流

2017 年 6 月 12 日，通过前期调研考察，国网江苏电力被中国总会计师协会确定成立全国首家"中国管理会计实践创新平台"。国网江苏电力通过"试点探索先行、整体稳步推进"的递进模式，并在全省各地市供电公司分批试点推广。平台成立后，公司先后接受上海国家会计学院、财政专员办、巴西 CPFL 电力公司以及地方高校、银行、财政、医院等专业调研交流，并逐步探索研究创新理念跨行业推广应用。

六、总结与展望

国网江苏电力通过开展基于资产组的价值管理创新实践，在价值管理的对象、时间维度和评价标准等方面进一步深化推进业财融合，在电网精益管控、精准投资等领域创造了很高的经济效益。通过发挥资产组体系功能，财务部门更多地承担预算管控、经营分析、资源配置、异常监控等管理决策支撑工作，定位从后端转向前端支持，更多地发挥引领价值创造的作用。在体系建设过程中，充分融合财务活动与业务活动，提高财务人员的业务认知，丰富知识结构，实现财务人员专业知识与前端业务对接，培养一支视野开阔、思路广阔、创新力强的管理会计队伍。

下一步，国网江苏电力将持续总结提炼资产组价值管理创新实践成果，加大创新实践推广力度，深化创新案例实用化部署，同时重点围绕企业价值增值和数字化运营目标，在基于资产组的价值创造评价单元体系基础上，进一步探索企业价值贡献的最小管理单元，即每一名员工、每一台设备、每一项作业和每一个客户，加强企业级端到端的精益管理，不断拓展创新实践应用的广度和深度，深入挖掘价值洼地和管理提升领域，以自动化和智能化为主线，实现对业务经营的快速感知，实现由业务赋能向价值赋能转变，推动公司新时代战略目标落地。

 企业自评

本案例紧扣国企改革主线，结合内外部形势变化和信息化技术升级特点，联系企业生产经营实际，创新提出资产组管理会计模式，解决网络状电网资产经济评价难题，并在此基础上以资产组作为企业价值管理的基本单元，搭建了基于资产组的价值管理体系。

公司基于资产组的价值管理体系运用信息技术手段为物理分散存在的资产建立同一信息空间，通过生产经营数据以资产组为载体结构化整合，实现"信息细胞重组"，通过分析基于资产组的价值创造"行为与结果""需求与供给""决策与执行""投入与产出"内在逻辑，使企业创造价值内在结构、实现路径和核心能力得到完整反映，应用智能化手段在价值能力体检、电网规划、投资决策、实施行为控制和投资结果评价等管理领域实现精准控制，在质与量方面显著提高了公司价值管理能力。通过对案例进行总结提炼形成了利用信息化背景创新价值管理具有普遍借鉴意义的适用模式，对企业管理会计信息化实务创新方面具有较强的示范和指导意义。

 专家点评

如何利用有限的资源，优化管控决策，开展价值管理，可持续地提升企业价值，是资产密集型企业经营发展中关注的重点与难点。电网资产分布具有点多、面广、量大等特征，由于资产物理分散存在，不同区域评价主体难以同步实现时间、空间、目标、效益之间的协调和最优。为有效破解这一难题，国网江苏省电力把资产组作为管控基本单元，利用信息化平台为实体上分散存在的资产建立同一信息空间，实现"管理信息细胞重组"。以资产组为载体将多维数据集成比对，以价值场景的数据还原提高电网管理精度，围绕效率效益目标构建资产组价值管理体系，并有效运用于电网规划、决策审核、投资评价等多个场景中，催生了良好的经济效益。其创新"资产组"概念突破价值管理瓶颈，以信息技术为依托构建一体化管理平台，有效整合数据资源，实现企业管控全要素信息的有机融合，有效开展价值管理与价值创造的做法，极具特色，值得学习和借鉴。

参考文献

［1］孔红. 供配电系统应用. 北京：化学工业出版社，2011.

［2］刘振亚. 企业资产全生命周期管理. 北京：中国电力出版社，2015.

［3］凌卫家. 数说电网运营——电网企业运营大数据分析案例集萃. 北京：中国电力出版社，2016.

［4］维克托·迈尔-舍恩伯格，肯尼思·库克耶. 大数据时代. 盛杨燕，等译. 杭州：浙江人民出版社，2013.

案例二十三 基于大数据的日现金流预算管控体系探索与实践

国网浙江省电力有限公司

【摘要】现金是维持公司生命的血脉，直接决定了一个公司的生死！尤其是在危机时期，现金管理更加彰显其重要性，2020年新冠肺炎疫情期间由于现金流管理不善，大量公司纷纷倒闭。国网浙江省电力有限公司（以下简称"国网浙江电力"）承担着建设、运营、发展浙江电网，为浙江经济社会发展和2 800万用户提供可靠优质电力保障的责任。2015年，公司资金日均存量达到100亿元，经营现金流出达到2 257亿元，融资规模达到900亿元，庞大密集的资金规模迫公司对资金管理提出更高效更精细的要求。作为资金精益化管理的先行者，为进一步挖掘资金管理潜力，国网浙江电力于2016年开展了基于大数据的日现金流预算管控体系探索与实践项目，依托大数据技术，应用机器学习算法，搭建日售电收入预测模型，整合业财系统，引入全生命周期付款订单，形成全省统一的收入池和应付池；以收定支，智能排程，将收入和支出进行全面拟合，科学精准融资，平滑现金流曲线。通过项目的实践运用，公司实现了年度资金周转率提高0.2倍，月末资金存量下降12%，平均资金备付压降25亿元，累计降低融资成本2.45亿元。

【关键词】资金管理；大数据；智能排程；收付池

一、企业简介

国网浙江电力是国家电网有限公司的全资子公司，以建设和运营电网为核心业务，是浙江省能源领域的核心企业。截至2018年年底，公司下辖11家地市供电公司和67家县级供电公司；拥有110千伏及以上输电线路5.1万千米，变电容量4.23万千伏安；资产、负债、所有者权益分别为2 225亿元、1 406亿元和819亿元。公司业绩和对标水平位列国网系统第一，近年来高质量完成G20杭州峰会、世界互联网大会等保电任务，在推动地方发展中不断彰显央企脊梁作用，先后获评中国一流电力公司、全国五一劳动奖状、全国文明单位等称号，六次荣登"浙江省最具社会责任感企业"榜首。

二、公司资金管理面临的困境

（一）外部挑战

公司经营面临着日益严峻的改革和发展压力，一是电力体制改革加速落地，电网公司盈利模式向过网费模式转变，终端电价面临售电侧改革和输配电价改革双重挤压；二是社会经济增速放缓，导致售电量增速出现下滑；三是宏观货币政策转向稳健中性，金融结构性去杠杆，公司获取低成本融资的难度加大。

（二）内部需求

经过多年的集约化及信息化建设积累，国网浙江电力已初步形成适应改革发展要求的新型资金管理体

作者：陈树国、王冬法、丁伟斌、蓝飞、金翔、王麦静、戴黎、刘明辉、陈嘉英、金绍君、周伟
案例指导与点评专家：李涛（华北电力大学）

系，在提高资金安全管控水平和集约管理效益方面发挥了积极作用。但仍然面临严峻挑战：一是资金保障任务重。近几年国网浙江电力年度资金缺口均在 300 亿元左右，资金保障压力较大，急需通过精准预测收入、有序安排支出等手段来实现资金的合理配置，提高资金使用效率和效益，确保日常生产经营运转。二是资金曲线波动幅度大。电网公司的行业特性决定了公司年内月间和月内日间资金峰谷差较大，公司需要通过管理手段来统筹调度资金余缺，使收支更加匹配、曲线更加平滑。三是资金融资成本大。公司年度带息负债规模达到 850 亿元，年度财务费用将近 40 亿元，还本付息压力巨大。

三、公司资金管理现状

作为资金精益化管理的先行者，经过几年的努力，国网浙江电力在资金管理及信息化实践方面积累了丰富的经验，主要包括以下几个方面：一是搭建完成资金集中运作体系，实现全省资金实时归集；二是在 2015 年期间建设了现金流量管控平台，并在全省范围内推广应用，实行预约付款制度，根据业务部门提报的项目资金支付预约信息，自动生成现金流量预算，实现"无预算不付款，有预算不超支"以及资金支付"按日排程"，基本实现资金日现金流量管理；三是完善融资管理功能，基本实现省内"统借统还"；四是成熟应用资金全方位监控系统，实现银企直连，实时监控账户收支余等；五是于 2016 年部署搭建了企业云平台，并完成了包括 ERP 系统、营销业务应用系统、财务管控等 17 套信息系统的数据接入，为日排程项目中基于大数据的分析预测及模型搭建提供了强有力的技术支撑。

四、公司资金管理创新实践路径

面对上述挑战和需求，国网浙江电力秉承与时俱进的心态，在发展中不断探索和创新，以降低资金备付、提高资金使用效率为目标，以优化资金收支业务流程、整合财务业务信息系统为手段，从以往侧重于月度现金流量预算管理转变为以日为颗粒度的现金流量预算管理，通过在资金管理中引入大数据技术开展现金流入日预测和"以收定支"的动态日排程，细化资金收支的时间维度和业务颗粒度，按日预测资金收入，有序安排每日资金支出预算，使资金收入和支出更加匹配，降低资金缺口出现的规模和频率，平滑资金收支曲线，建立包含现金流收支预测、支付融合、动态排程、融资管理的精益化日现金流量运营管理体系。具体做法如下。

（一）统筹规划，确定日现金流量管控思路

1. 国内外相关案例研究成果

在思路做法方面，国网浙江电力研究了国内外大型企业成功的资金管理案例：（1）法国电网公司（简称"法电"）在财务金融方面实行高度的集中管理，对资金集中管理、统一运作并根据需求统一安排融资，由于法电的现金流有较强的季节性周期，因此为了保证资金运作和正常经营的顺利进行，法电在内部采取了滚动预算管理的方法，即在将各部门相关信息汇总后，根据内部资金需求提前进行安排。上报的计划到每一天，每一天的数据都根据实际发生额刷新，再与上报数据进行比较。（2）吉利公司在公司内部由财务部牵头组成现金流预算管控小组，该小组由涉及现金收支的各个部门接口人组成，形成相对固定的工作开展模式。现金流预算的内容包括销售收入预测，物料及资产采购付款，大宗费用如工资、福利、研发、产品、市场推广等预测及单笔支付高于（含）10 万元的资金支付计划。现金流预算的编制方法是采用滚动式的表格编制方法，基于公司实际现金流进入情况，采用四周滚动的方式进行，以周为单位进行定期调整。

这些案例充分表明资金的集中管理和账户的零余额是资金管理的发展趋势，同时也进一步证实了日现金流量预算具备可行性，为国网浙江电力实现日现金流预算管控提供了良好借鉴。

2. 项目总体思路

国网浙江电力以资金"两个池"（应收池、应付池）、融资"一本账"（融资台账）为基础，以全面提高"资金三性"（安全性、效率性和效益性）为目标，以强化"业财三项能力"（信息融合能力、职责明晰能力、管控协同能力）为导向，以信息化系统支撑为手段，构建资金精益管理体系。

国网浙江电力建立资金预算应收池、应付池，与业务处理过程高度融合，建设一套权责清晰、管理精益、运行高效、广泛适用、安全先进的资金业务收支流程，实现所有收、付款业务由前端发起、信息全流程在线反映、应收池和应付池自动形成、现金流预算按日排程、资金安全可控在控。

日现金流预算管理总体思路如图 23-1 所示。

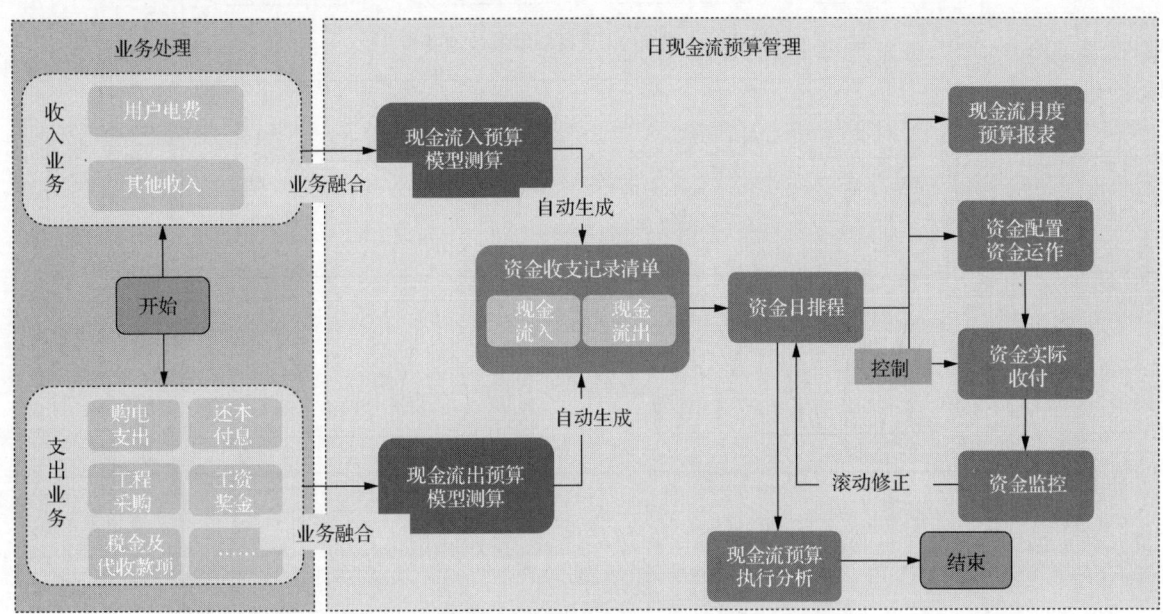

图 23-1　日现金流预算管理总体思路

（二）科学建模，日售电收入精准预测

国网浙江电力利用时间序列、回归、随机森林、XGBOOST 等大数据算法对 2 800 万用户的历史用电行为、交费行为、资金到账规律进行分析、建模、预测，改变以往根据简单的统计分析和经验判断的粗线条管理模式，提高预测数据的精准度，有效支撑日现金流量预算和融资计划安排。

构建售电收入日现金流预测模型的整体工作分为三个阶段。

第一个阶段，提取与售电收入资金到账相关的各类基础数据，包括用户档案信息，电费发行信息，电费到账信息以及节假日信息。

第二个阶段，预测月售电收入资金到账额，通过 ARIMA 时间序列模型、回归模型滚动预测当月及下月的月售电收入资金到账额。

第三个阶段，通过大数据聚类分析，提取资金日到账规律特征，将月售电收入资金到账额预测结果分拆到每日，预测当日到下月月末全省的日售电收入资金到账额。

售电收入日现金流预测总体思路如图 23-2 所示。

1. 月售电收入资金预测

国网浙江电力通过分析高、低压用户近 5 年的月售电收入资金时序图，发现受季节性用电需求变化的影响，高、低压用户月售电收入资金呈现周期规律变化。选用基于季节性时序拆分的 ARIMA 时间序列模型开展月售电收入资金的预测。

月售电收入资金时序分析图如图 23-3 所示。

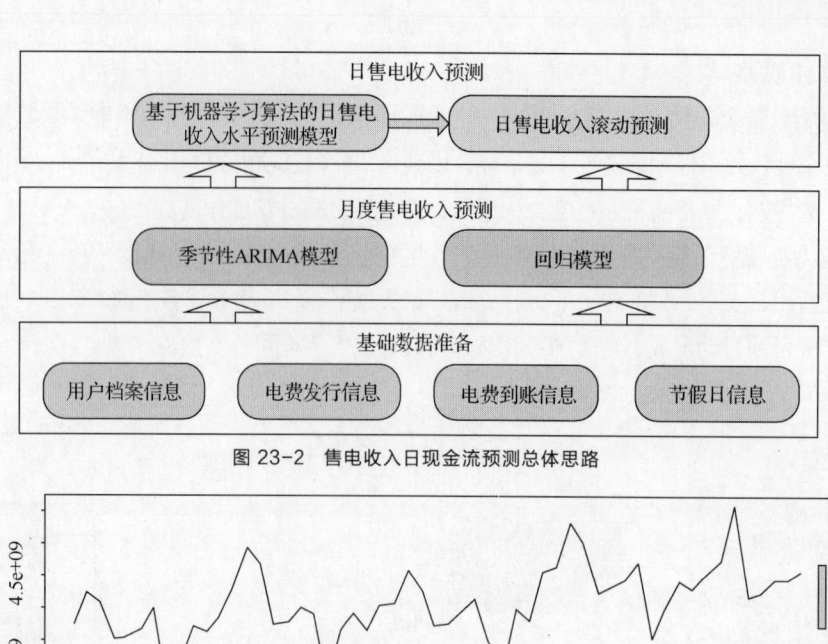

图 23-2　售电收入日现金流预测总体思路

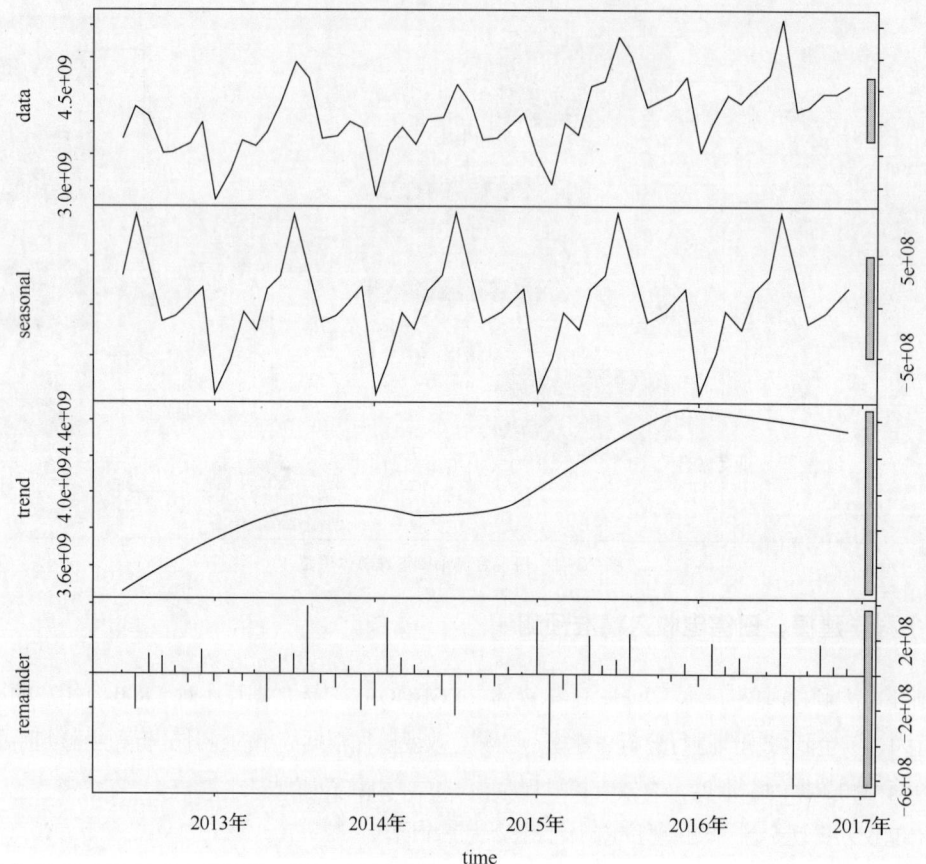

图 23-3　月售电收入资金时序分析图

模型将高、低压用户月售电收入资金分解成不同的序列，针对每个序列构建 ARIMA 时间序列和加法模型结合的预测模型，将月售电收入资金序列分解为趋势分量序列、季节周期分量序列和随机分量序列，其中对趋势分量序列采用 ARIMA 模型进行预测，对季节周期分量序列按"近大远小"原则采用基于历史同期同类分量的加权法进行预测，对随机分量序列采用历史同期同类的平均值进行预测。对这三个序列分别进行预测，最后将预测得到的三个序列值合计得出月售电收入资金。

模型以 2012 年 8 月至 2017 年 4 月数据训练，输出的 2017 年 5 月至 2017 年 7 月的月售电收入资金预测结果如表 23-1 所示。

表 23-1　　　　　　　　　　　　　2017 年 5 月至 7 月售电收入资金预测结果表

预测年月	偏差率	绝对偏差率
2017—05	0.4%	0.4%
2017—06	-1.6%	1.6%
2017—07	-1.7%	1.7%

随着每日应收电费的陆续发行，已发行电费和月售电收入之间存在关联性，为进一步提高月售电收入的预测准确性，国网浙江电力利用已发行应收电费进一步回归预测更新当月售电收入。2017 年 5 月至 7 月每月 25 日预测的月售电收入现金流预测结果如表 23-2 所示。

表 23-2　　　　　　　　　　　　2017 年 5 月至 7 月修正后售电收入资金预测结果表

预测月份	偏差率	绝对偏差率
2017—05	-1.13%	1.13%
2017—06	2.20%	2.20%
2017—07	-1.03%	1.03%

从目前预测的结果来看，偏差率可以控制在 0.7%以内。

2．日售电收入资金预测

日售电收入资金预测将月售电收入资金预测结果拆分到每日。

首先，结合电力营销及账务有关的业务经验，分析影响不同日期的售电收入资金到账金额水平，得出用电类别、应收电费发行、节假日分布等较强关联因素。

其次，基于售电收入资金到账金额水平分析结果，按照不同到账日期的特征进行聚类分析，其中高压用户的到账日期分为 14 类，具体包括：8 类与应收电费集中发行有关的到账日期，5 类与工作日有关的到账日期，1 类与节假日有关的到账日期。低压居民及低压非居民分为 11 类，具体包括：4 类与每月上旬有关的到账日期，4 类与每月中旬有关的到账日期，3 类与每月下旬有关的到账日期。带入最近两年售电收入资金数据计算、验证，得出不同分类日期的日到账金额权重系数。

最后，基于日到账金额权重系数，结合月度售电收入资金到账预测结果，预测每日售电收入资金到账金额，并进行滚动调整，日售电收入资金预测算法如下：

$$\text{PDAY}j = \left(P - \sum\nolimits_{k<i} \text{PDAY}k \right) \times Wj / \left(\sum\nolimits_{k<i} Wh \right)$$

公式表示某月第 i 日预测第 j 日售电收入资金 PDAYj，该月第 j 日的日权重系数为 Wj。$\left(P - \sum\nolimits_{k<i} \text{PDAY}k \right)$ 表示预测的该月售电收入资金预测值减去该月第 i 日前已知累计售电收入资金。例如，当月 12 日预测 15 日售电收入资金 PDAY15=（月售电收入资金预测值-1 日到 11 日已知累计售电收入资金金额累加）×15 日的日权重系数/当月 12 日后日权重系数的累加。

根据以上做法，模型以 2012 年 8 月至 2017 年 4 月数据训练，2017 年 5 月到 7 月滚动预测日售电收入结果如图 23-4 所示。

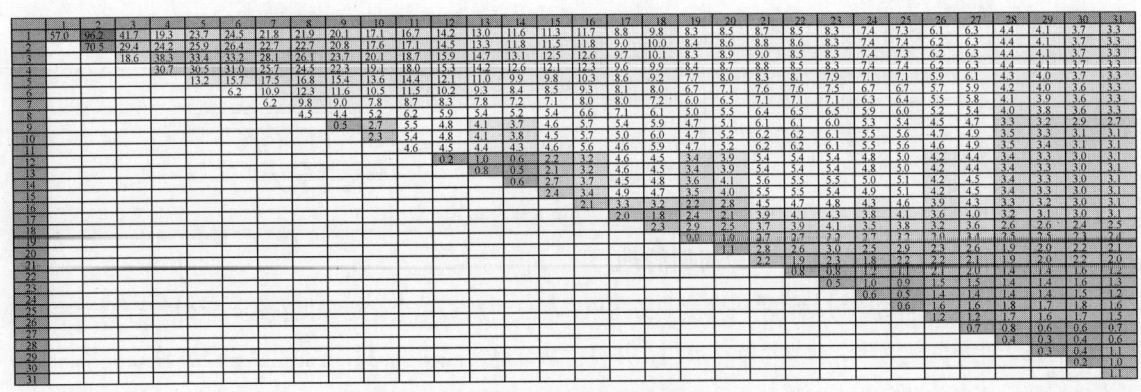

图 23-4　2017 年 5 月到 7 月滚动预测日售电收入结果

从图 23-4 中可以得出以下信息。

（1）月初预测结果偏差较大，如每月的 1 日到 15 日的平均偏差达到 14.5%。导致偏差结果较大的原因在于，日到账金额随机性很强，前半月累计到账金额占全月到账金额比例较低，受日到账金额随机性的影响较大，预测难度高。

（2）下半月预测结果偏差较小，如每月15日到月末最后一天的平均偏差为2.2%。模型预测结果比较准确的原因在于：第一，基于ARIMA时间序列模型的月度到账金额预测结果准确度高；第二，下半月累计到账金额占全月到账金额比例高，受日到账金额随机性的影响较小，预测难度低。

对于上半月预测偏差较大的问题，国网浙江电力持续跟踪，利用机器学习的方法对模型进行持续优化。

（三）业财融合，信息链路高度贯通

国网浙江电力整合业财系统，引入付款订单全生命周期管理，以付款订单为载体，推动业财流程协同、信息链路贯通；梳理业务流程，规范业务标准，构建全省统一的应付池，实现业务入池全口径、全流程、全覆盖。

1. 全业务覆盖，构建全省统一的应付池

国网浙江电力以业务发起为源头，分析不同业务发生频率、支付要求等特点，自动获取付款时间等信息，统一入口，合理设置业务流程，实现业务申请、财务预算、资金支付的一体化操作，推动财务与业务流程协同、信息贯通。最终实现从业务执行到资金支付的资金全链条信息全面贯通，应付池数据实现支付全口径、业务全流程的全面覆盖。

一是界定入池资金范围。国网浙江电力全面梳理资金支付底层业务数据，根据业务性质将资金流出划分为工程服务、物资采购、购（输）电费、股权投资、还本付息、工资发放、员工报销、其他报销八大类型，使资金支付申请全部进入付款结算池；二是明确资金支付属性。国网浙江电力根据各类资金支付业务结算特点，将入池资金划分为三类，即大额集成类业务，包括工程服务、物资采购、购（输）电费、融资类业务；大额非集成类业务，包括工资发放、税金；小额零星业务，包括员工报销、其他报销。三是确定资金入池方式。国网浙江电力根据资金支付属性，明确支付数据入池方式，对大额集成业务，以前端系统集成推送方式入池，对大额非集成业务，依据历史数据测算入池，对员工报销、其他报销等小额零星报销业务，采用总额控制方式入池。

业务预约规范如图23-5所示。

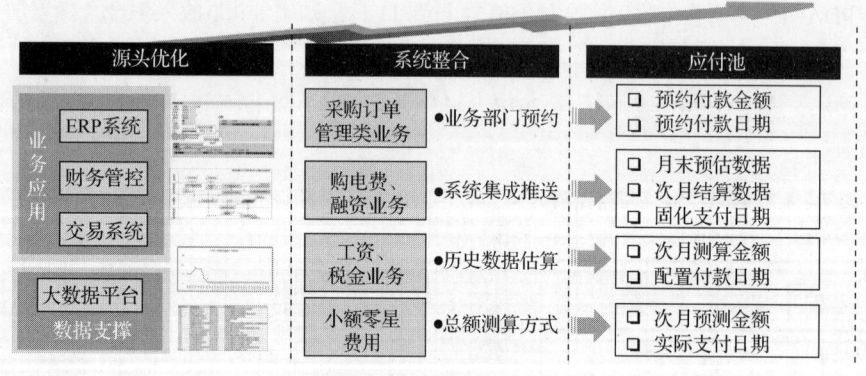

图23-5　明确入池标准

2. 引入付款订单，深化全生命周期管理

国网浙江电力创新引入付款订单将资金业务串联，深化付款订单全生命周期管理，以付款订单为根，费用类型为枝，业务作业为叶，建立付款订单树；并将付款订单树同项目树、设备树、资产树建立关系，形成覆盖公司核心业务的业务数据勾连体系，主要体现在：一是拓展订单服务范围，在工程服务、物资采购、日常运营费用等付款订单管理基础上，将业务范围扩展到购电费、还本付息、工资发放、税金缴纳等；二是深化订单全过程管控，实现月度预算申请、业务报销和付款申请的订单一体化管理。同时强化前端业务的过程管控职责，全面提高业务办理效率和管理水平；三是提高订单信息共享水平，通过提高业务系统间的集成和信息共享水平，实现付款订单业务信息穿透查询和全量展示。

3. 统一业务标准，夯实管理基础

（1）规范预约标准，保证支付单据高质量

为更好服务业务部门和财务部门自身的资金支付决策，国网浙江电力实行了预约付款机制。同时为统一预约付款管理，制定了相应的预约付款标准。一是明确预约付款的时间标准。业务部门需提前一个自然月提报预约付款单据，月末根据实际配置的预算锁定时间，只能进行下下个月的预约工作。二是固化预约付款的业务条件标准。通过在单据提报系统中增加预约付款前置条件校验，固化经济审核事项，如校验预约付款业务是否有保函（合同金额达 50 万元以上）、到货验收单、投运单和质保单等。通过标准的设定，公司有效保证了预约付款单据的质量，规范了预约付款的要求，如图 23-6 所示。

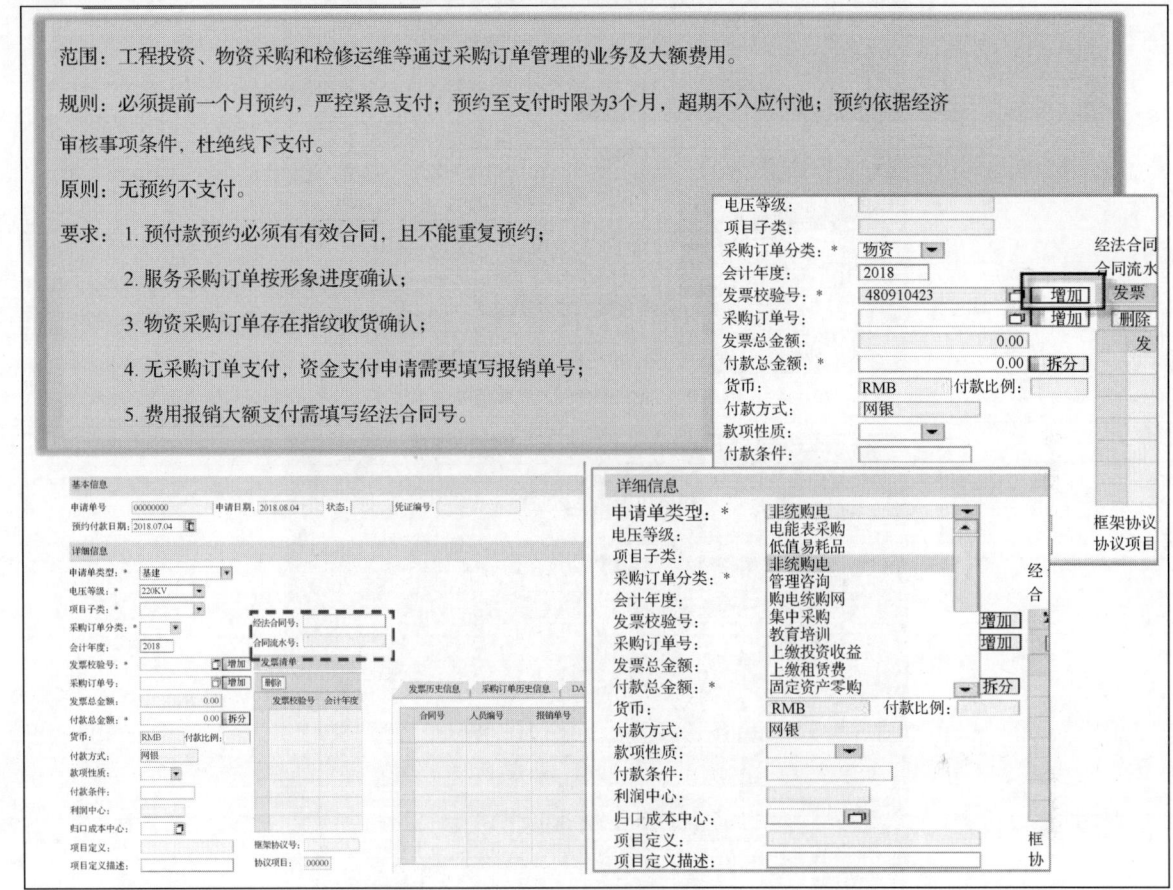

图 23-6　规范预约标准

（2）完善审核标准，坚持资金风险零容忍

为更好地体现财务对经济业务的服务支撑，国网浙江电力制定《浙江省电力有限公司经济业务审核手册》。从基本审核原则、通用审核要点、具体审核标准三个方面构建经济业务审核模型和操作指南，建立省市县纵向联动、业财横向协同的审核机制。将财务服务化于审核规范，将审核规范融于业务过程，将业务过程固于信息系统，全方位、全链条地进行规范性服务支撑工作。基本审核原则从经济业务规范和财务本质安全角度出发，梳理归纳审核环节要重点把握的四项总体指导原则（经济业务合规性、合理性，原始凭证完整性、有效性）。通用审核要点立足实际业务，对业务过程中涉及的发票、合同、内部审批表、收发货单据、业务明细表或清单六类原始单据进行梳理，明确要重点关注的、通用的审核标准。具体审核标准从电网企业收入、成本费用、资产、负债、所有者权益及其他业务六大类经济业务维度，针对 554 项详细的经济业务，梳理出每项经济业务所需的原始单据及明细的审核要点；并结合专业特点，从基建、营销、运检、人力资源、发展策划、财务六个专业维度，将具体的审核标准分别编制成册，列明该业务部门要关注的审核要点。为业务部门提供精准服务的同时，在业务前端筑起风险防范的第一道"防火墙"。

国网浙江电力根据国家政策规定，结合公司的具体业务，梳理总结近年来所发现问题的特性与原因，建立一组合法性"负面清单"。对差旅费、会议费、办公费、业务招待费等费用列支 15 项 84 条，职责及岗位分工、银行账户管理、资金收支管理等 6 项 65 条，税务管理 10 项 102 条限制事项，列明表现形式和制度依据，作为各级财务审核人员的口袋工具书。要求各单位、各专业遇到清单内事项严格退回，强化财务安全边界管控。

财务费用列支负面清单和资金管理负面清单如图 23-7 和图 23-8 所示。

图 23-7　财务费用列支负面清单

图 23-8　资金管理负面清单

（3）细化审批标准，实现授权事项分层级

国网浙江电力根据国网公司资金分级授权事项池和授权标准测算模型，依据系统历史数据统一测算，充分考虑各授权事项风险及审批业务量，搭建涵盖全省 85 项业务的统一授权事项池（见表 23-3）。下发《国网浙江省电力有限公司关于开展资金分级授权标准推广应用的通知》（浙电财〔2018〕252 号）（见图 23-9）文件，统一省市县资金分级授权七套标准，明确各层级分级授权审批标准（见表 23-4）。实现各单位部门领导审批标准的统一、科学，对单位主要负责人、财务分管领导、财务负责人审批工作量进行优化配置。在系统中固化资金分级授权标准，并在全省范围内应用。

表 23-3　　　　　　　　　　　　　　　　统一授权事项池（节选）

序号	授权事项池	省公司	市公司	县公司
1	短期借款偿还审批		不涉及	
2	长期借款偿还审批		不涉及	
3	股利上缴审批		不涉及	

序号	授权事项池	省公司	市公司	县公司
4	委托贷款发放审批		不涉及	
5	委托贷款偿还审批		不涉及	
6	融资租赁资产购入审批			
7	会议费报销审批			
8	业务招待费用报销审批			
9	公务用车费用报销审批			
10	差旅费报销审批			
11	职工福利发放审批			
12	职工教育经费发放审批			
13	办公费报销审批			
14	低值易耗品报销审批			
15	业务费报销审批			
16	租赁费报销审批			
17	广告宣传费报销审批			
18	中介费报销审批			
19	生产用车费用报销审批	不涉及		
20	利息支出审批		不涉及	
21	临时接电费退费审批	不涉及		
22	滞纳金支付审批			

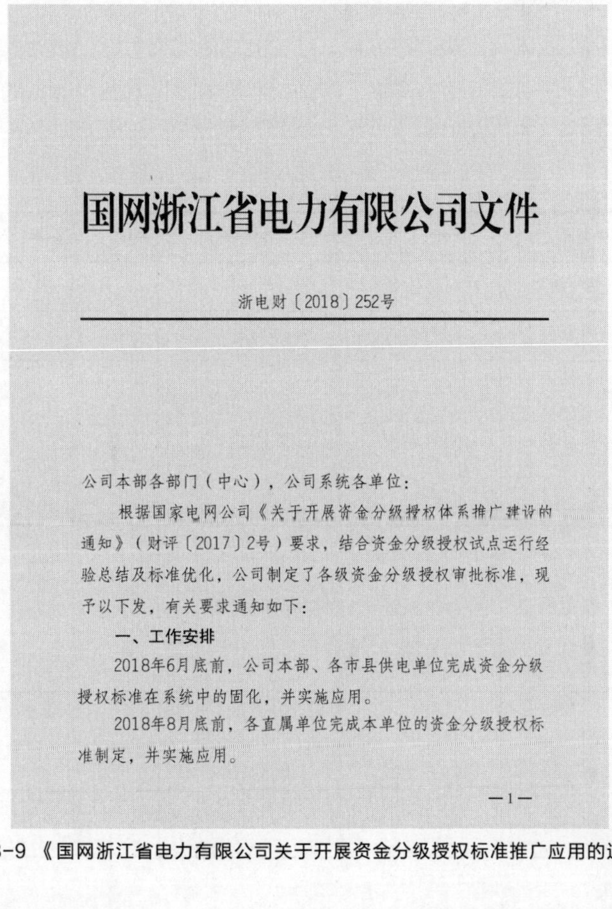

国网浙江省电力有限公司文件

浙电财〔2018〕252号

公司本部各部门（中心），公司系统各单位：

根据国家电网公司《关于开展资金分级授权体系推广建设的通知》（财评〔2017〕2号）要求，结合资金分级授权试点运行经验总结及标准优化，公司制定了各级资金分级授权审批标准，现予以下发，有关要求通知如下：

一、工作安排

2018年6月底前，公司本部、各市县供电单位完成资金分级授权标准在系统中的固化，并实施应用。

2018年8月底前，各直属单位完成本单位的资金分级授权标准制定，并实施应用。

— 1 —

图 23-9 《国网浙江省电力有限公司关于开展资金分级授权标准推广应用的通知》

表 23-4 市公司第一组授权标准

单位层级	授权事项数量	标准档数		
		总经理	财务分管领导	财务部门负责人
市公司第一组（67个事项13档标准）	1	5 000 000.00	1 000 000.00	100 000.00
	3	3 000 000.00	500 000.00	50 000.00
	1	200 000.00	100 000.00	10 000.00
	2	1 000 000.00	300 000.00	全批
	2	20 000.00	10 000.00	
	2	200 000.00	100 000.00	
	1	全批	全批	
	6	10 000 000.00	300 000.00	
	7	不批	1 000 000.00	
	1	10 000 000.00	500 000.00	
	7	3 000 000.00	1 000 000.00	
	25	1 000 000.00	500 000.00	
	9	50 000.00	30 000.00	

（四）动态排程，业务决策智能高效

国网浙江电力以融资成本和资金存量最低为目标，以优化支付时序为手段，动态匹配资金收、支业务，考虑刚性支出优先、柔性支出排队、小额支出集中等支付规则，通过模型自动安排每日支付计划，同时根据融资到账情况和每日资金流入实际情况动态修正支付计划。

1. 以收定支，智能确定支付排程

（1）按业务类型梳理支付策略

国网浙江电力根据对历史收入支出规律的分析，对各类业务的支付时间进行初步的规定，并根据不同月份的收支规律对下个月的支付规则进行动态调整，在信息系统中固化对各类业务的支付时间区间约束，实现对支付业务的预排程，如表 23-5 所示。

表 23-5 业务特征分析表

预算来源	业务类型	信息系统	支付时间	支付时点	支付刚性
业务关联推送	• 购电费（统购）	财务管控	固定支付日期	月中、月末两次	是
	• 融资还本付息	财务管控	合同约定日期		是
业务部门预约	• 物资采购	ERP系统	预约日期		预付款：是 到货款：否 质保金：否 国网电商采购：是
	• 工程支出	ERP系统	预约日期		预付款：是 进度款：否 结算款：否 质保金：否
	• 检修运维	ERP系统	预约日期		预付款：是 进度款：否 结算款：否 质保金：否

预算来源	业务类型	信息系统	支付时间	支付时点	支付刚性
业务部门预约	• 上缴投资收益	ERP 系统	固定支付日期	每季度末 25 日、26 日	是
	• 上缴租赁费	ERP 系统	固定支付日期	每季度初 5 日、6 日	是
	• 大额费用	ERP 系统	预约日期		否
系统预测	• 工资奖金	大数据平台	固定支付日期	每月中	是
	• 税金	大数据平台	固定支付日期	每月中	是
	• 代收款	大数据平台	固定支付日期	每月底	是
	• 零星支出	大数据平台	固定支付日期	每周三支付	否

（2）确定业务优先级

国网浙江电力选取业务支出类型、供应商类型、金额、是否紧急支付、单据审批状态以及顺延支付次数等关键指标，对具体每笔支付业务的重要性进行评价，主要是从及时支付或延迟支付所带来的显性经济损益（如价格折扣的得失等）和隐性经济损益（潜在的信用等级评级、潜在的违约风险和未来支付条件的设定等）这两个方面进行权衡和量化。

国网浙江电力考虑某项业务类型占比和延迟支付的收益和损失的影响大小，通过历史数据分析，采用熵权法、层次分析法和专家打分等方式，确定具体的业务类型得分和权重，根据单笔资金支出得分高低进行优先级排序。

日排安排优先级评价指标体系如图 23-10 所示。

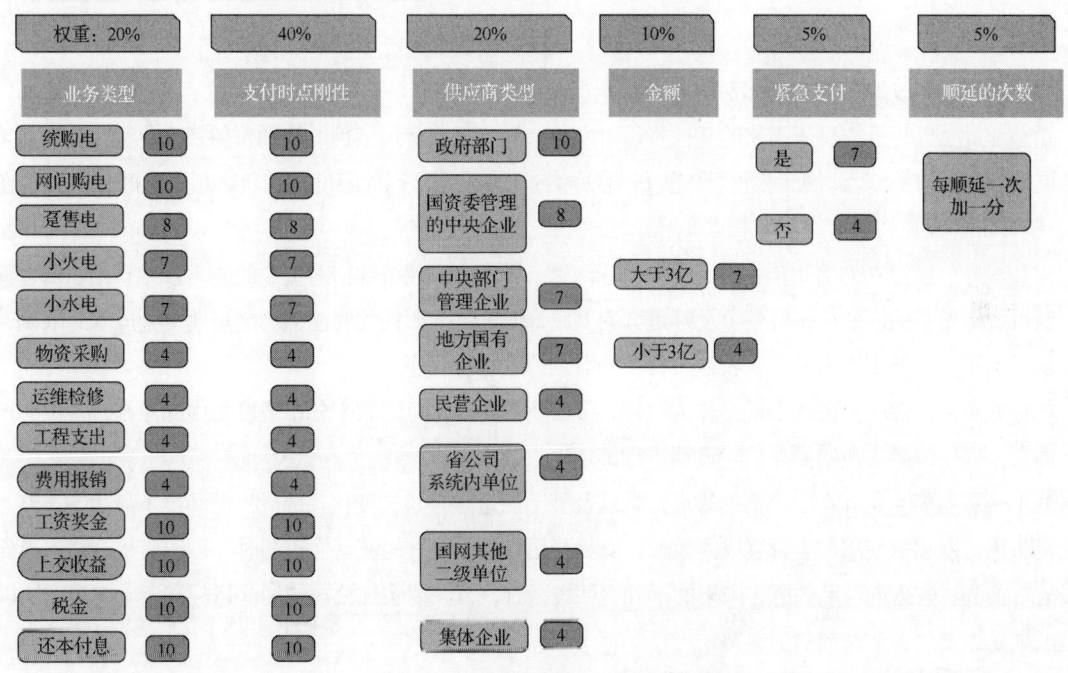

图 23-10 日排程优先级评价指标体系

（3）系统滚动排程

国网浙江电力以月度融资费用最低、安全备付额度最低为目标，对资金支付业务在预约的基础上进行调整，匹配现金流入情况。如果当日的支出大于当日的流入加存量，则优先级从低到高截取，超出现金流入的部分，往后顺延，优先级大于阈值的，原则上支付日期不能调整。由此产生的资金缺口生成相应的融资计划，国网浙江电力将模拟的融资计划产生的现金流的数据添加到排程的算法中，重新迭代计算，同时结合每日现金流入实际情况来动态修正支付排程计划。

日排程模型原理如图 23-11 所示。

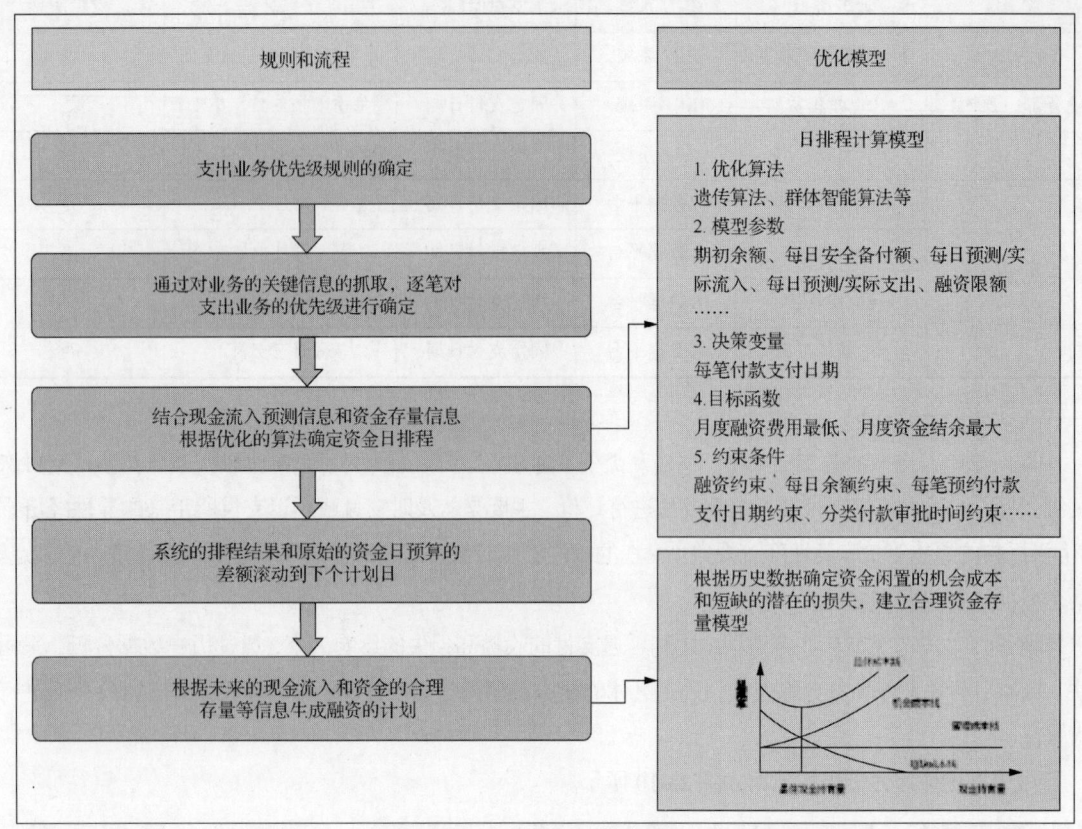

图 23-11　日排程模型原理

在排程算法的实现过程中有多种策略可供选择。

价值策略：以延迟支付所带来的显性货币时间价值和资金支付灵活性的权利价值最大化为目标函数（期权价值），尽量延后支付，同时根据特定支付事项的特性来确定延迟的限度（随着事项的延时，优先级在提升），制订日排程计划。

信用策略：以潜在的信用损失最小化为目标函数，尽量满足业务部门对资金的需求预约日期。资金管理部门侧重资金服务的职能，保证资金及时足额的供应，弱化资金调控的职能，弱化短期资金成本的限制，更侧重长期信用的提升所带来的潜在收益（折扣和账期的延长等优惠）。

集中策略：以简化财务人员的操作为目标，将按业务的支付时间频率分布适度集中的原则，将预约日期进行调整，简化财务人员的操作，对日期进行确定。

我们应根据资金的状况、公司的管理目标以及外部的金融环境的变化，选择当前环境下最优的策略。不同的策略也可以组合使用。当融资成本较低，交易费用较低，收入的波动性较弱时，首选信用策略；当外部融资成本偏高，收入的波动性强，未来的不确定性较强时，首先要实现公司的利润目标和资金安全，所以要尽可能地延迟支付，应选择价值策略。

2. 严格执行排程方案，按期支付资金

资金日排程对各业务类型的应付池数据进行排程后，根据资金日排程设置的支付申请条件规则，在满足支付申请的条件时自动推送资金支付记录并关联资金预算，形成资金支付单据签名审批待办，集中签名审批后，系统根据排程日期，定时将指令自动发送给中电财实行支付，将日现金流量预算管理的效益效果落到实处，以收定支，平抑资金曲线，有效提高资金利用效率。同时国网浙江电力将所有的流程，从事权的审批到财权的审批，均保持原有的支付流程，只在把支付指令发送给中电财时，根据日排程的支付时间进行控制，操作更便捷、过程更规范。

（五）严格考核，建设目标全面落地

国网浙江电力以工作实际为导向，全面落实为目标，建立横向到各业务部门，纵向到各层级单位的差异化考核评价机制，从三个方面建立考核指标体系。一是在排程执行方面，关注各单位是否严格按照排程指导执行支付，监控考核每日支付计划完成情况；二是在预算执行方面，关注各单位是否严格执行预算消耗，监控考核全月应付未付情况；三是在紧急支付方面，关注各单位紧急支付使用频率，分析紧急支付的必要性，监控考核全月预算调整支付情况。相关公式如下：

排程执行偏差率=未按排程日期执行笔数/应付池应付总笔数

预算执行比率=实际支付金额/当月提报预算金额

紧急支付占比1=紧急支付总金额/应付池应付总金额

紧急支付占比2=紧急支付总笔数/应付池应付总笔数

国网浙江电力充分利用数据平台优势，实现指标信息"日测算，周通报，月考核"的自动推送，督导各单位严格执行业务规范；将考核结果纳入执行单位的绩效与对标考评体系，保障各项业务措施落到实处，如图 23-12 所示。

选择公司 ▾	业务类型 ▾	偏差率：5.21%	导出					
				排程执行情况				
业务经办人	原始单据号	单据状态	金额（元）	预约付款日期	排程支付日期	实际支付日期	供应商名称	合同编号
P75293057	30007113	已审核	26 167.37	2018/08/16	2018/09/06		浙江华云电力工程设计咨询有限公司	SGZJ0000DDGC1800035
P71450343	30007110	已过账	1 020 000.00	2018/09/15	2018/09/13	2018/09/10	中国电力科学研究院有限公司武汉分院	SGZJ0000JJJS1700075
P31174310	30007271	已过账	45 000.00	2018/09/27	2018/09/27	2018/09/15	中国电力工程顾问集团东北电力设计院有限公司	SGZJ0000KXJS1700476
P71450343	30007118	已过账	49 150 831.00	2018/09/14	2018/09/20	2018/09/19	江苏省送变电有限公司	SGZJ0000JJGC1700212
P31174310	30006810	已过账	285 000.00	2018/09/01	2018/09/10	2018/09/07	华中科技大学	SGZJ0000KXJS1700519
P31174310	30006790	已过账	246 000.00	2018/09/13	2018/09/13	2018/09/10	中国电力科学研究院有限公司南京分院	SGZJ0000KJJS1600591
P31174310	30007190	已过账	40 000.00	2018/09/25	2018/09/27	2018/09/07	南瑞集团有限公司	SGZJ0000KJJS1600473
P31174310	30007192	已过账	860 000.00	2018/09/25	2018/09/27	2018/09/10	国网信息通信产业集团有限公司	SGZJ0000BGJS1500460
P31174310	30007268	已过账	225 000.00	2018/09/27	2018/09/27	2018/09/10	国网信息通信产业集团有限公司	SGZJ0000KXJS1700342
P31174824	30007073	已过账	400 066.00	2018/09/06	2018/09/21	2018/09/19	国网经济技术研究院有限公司	SGZJ0000JJJGC1700449
P71450343	30007109	已过账	821 400.00	2018/09/14	2018/09/20	2018/09/10	浙江大学	SGZJ0000JJJS1700069
P52170316	30007111	已过账	9 205 210.00	2018/08/06	2018/09/13	2018/09/10	中国能源建设集团浙江省电力设计院有限公司	SGZJ0000JJGC1500042
P31174310	30007191	已过账	865 000.00	2018/09/25	2018/09/27	2018/09/07	杭州天丽科技有限公司	SGZJ0000BGJS1500460

图 23-12　实时查询各单位执行偏差率

五、项目建设难点及创新

在日现金流预算管控体系项目建设过程中，国网浙江电力采用创新手段克服了多个难点。

一是创新应用大数据手段开展日售电收入预测，解决了售电收入预测难的问题。改变以往根据整体平均数据和大致趋势进行售电收入预测的粗线条管理模式，不断提高电费资金流入预测水平，支撑融资缺口预测和资金动态排程，辅助营销电费收入风险防控。

二是创新采用了预约付款制度，解决了获取付款时间难的问题。业务部门在提报付款申请时根据合同、与供应商的协商结果及业务惯例等，提出付款建议时间；以业务发起为源头，分析不同业务发生频率、支付要求等特点，自动获取付款时间等信息形成应付池。实现业务申请、现金流量预算、资金支付的高度融合。

三是创新开发了智能化的资金日排程模型，解决了确定支付时序难的问题。制定了 110 条规则，采用动态规划技术，综合考虑资金存量，资金收入日预测结果，资金支出的业务类型、供应商类别、金额大小、是否紧急支付等业务特性，按天滚动修正每日支付计划，提供价值优先、信用优先、工作量优先等多种排程策略，站在全公司视角统一排程，选择最优排程方案。

四是全面宣贯，解决了刚性执行理念难的问题。最大限度保持现有整体流程不产生根本变化，针对排程执行和控制对流程的影响，提出解决方案：不在事权审批和财权审批环节对排程日期进行控制，只在发送中电财支付指令时控制。通过持续深入地开展排程工作，国网浙江电力逐步建立资金支付"先排程再支付"理念。

六、项目实施成效

国网浙江电力构建日现金流量精益化管控体系，并在实践中得到了有效验证，取得了良好效果。

（一）管理效益

国网浙江电力实现资金管理视角从操作层面向决策支持层面过渡，具体体现为以下六个转变。

1. 资金管控从"被动接受"向"主动调整"转变

一是国网浙江电力通过资金日排程，将资金支付时点与业务需求时间相结合，按轻重缓急及时调整支付时序，变被动接受业务数据进行支付处理，为主动按资金情况调整业务支付时间。形成业务前端填报付款日期与系统自动排程相结合的形式，更加科学地调配财务资源，强化日常工作的细节管控。

二是开发日排程看板（见图 23-13），实时反映资金收支余状况，科学主动安排资金支付时序。

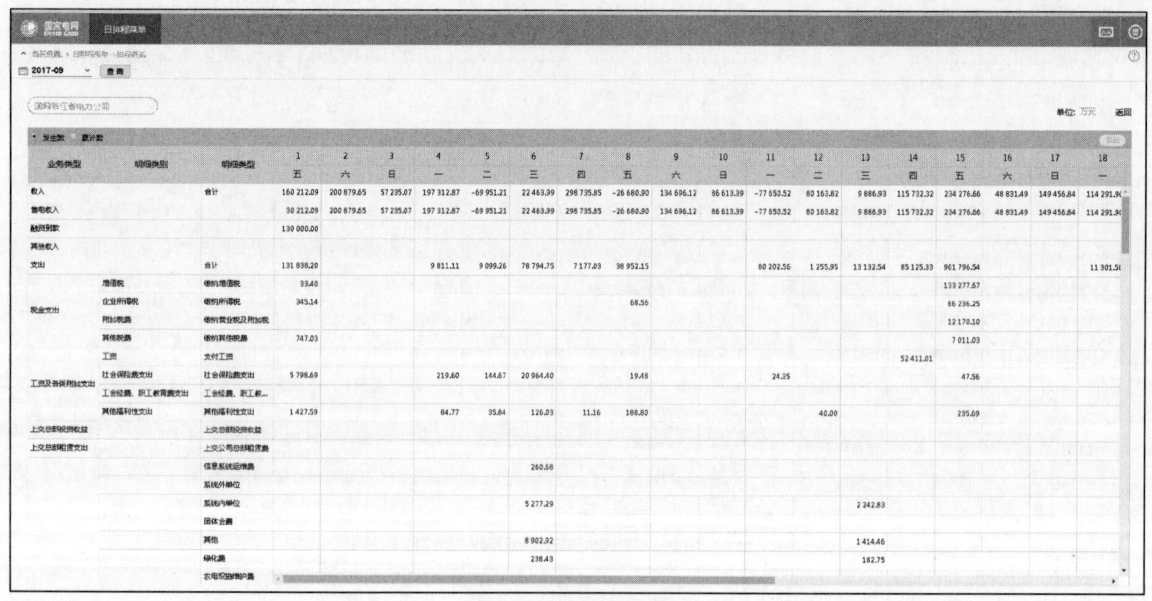

图 23-13　日排程看板

2. 资金管理从"结算末端"向"业务源头"转变

在资金管理上，国网浙江电力从业务结算环节进行资金流转的末端管理，通过付款预约审核平台，深入业务的过程和前端，穿透到业务源头，实现资金管理与业务发展的紧密融合，突破在资金管理上只知结算事项、不知业务流程的壁垒。

财务支付申清单贯通合同管理系统源头如图 23-14 所示。

3. 资金收支从"分散运作"向"集中管控"转变

一是将分散在母、子公司的资金收支动作集中到省公司层面进行集中管控，有利于母、子公司全面收支平衡，提高资金的周转效率，减少资金沉淀，监控现金收支，降低资金成本，有效实现了资金流动性和效益性的有机平衡。

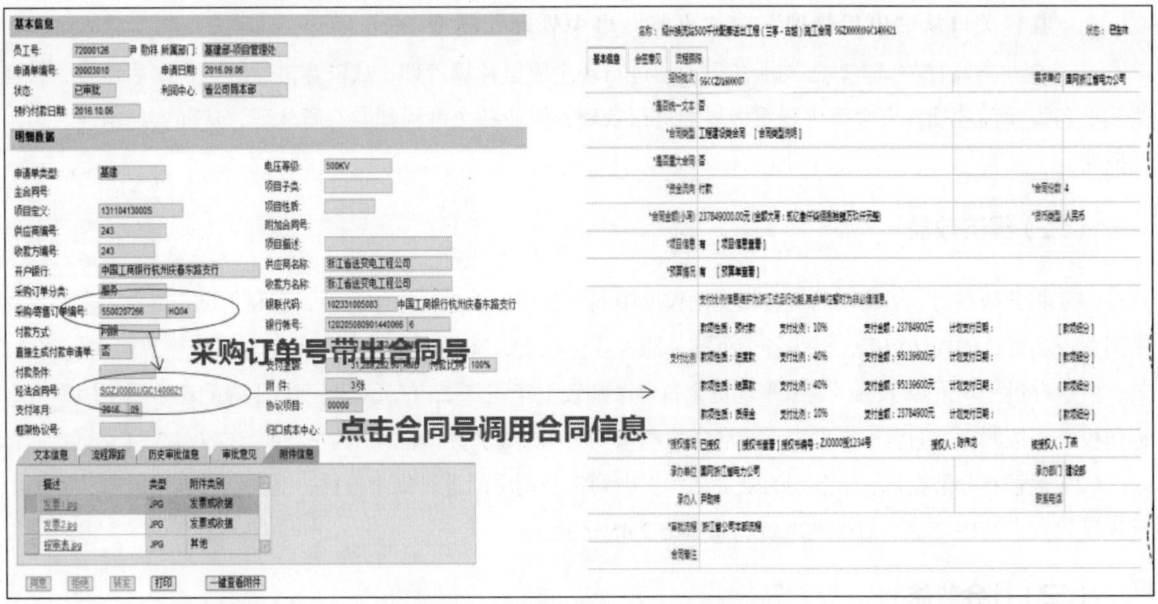

图 23-14 付款预约审核穿透原始业务信息

二是通过实现对所有市县公司统一融资，有效节约融资利息支出。

4. 信息流通从"单向传递"向"双向反馈"转变

一是通过资金日排程看板同时为业务部门提供实时信息，反映排程进度、预算安排情况、支付状态等信息，有利于业务部门掌控业务进度，并及时反馈供应商咨询，打破沟通瓶颈，提高服务效率。

二是通过分析资金的运行规律，向业务部门提供有效的数据：根据现金流量规律研究收支配比的抄表时间；积极协同业务部门建立客户与供应商信用评价机制，为信用评级提供参考，争取最佳结算条件。实现了从业务到财务的单向信息传递，到财务分析数据，将价值信息提供给业务部门的双向反馈，做到财务与业务的有效协同，共同创造价值。

三是排程结果定时发送电财。2019 年提报电财资金计划准确率为 90.39%，相比 2018 年上升 3.58%；资金备付率为 15.90%，相比 2018 年下降 4.46%。此外，国网浙江电力在线及时获取支付执行情况、电财银行头寸信息（见图 23-15）等，与内部金融机构间信息共享更加顺畅。

资金日报

| | | 2017年9月20日 | | | | 2017年9月21日 资金调度 | | 头寸调度 | 省公司资金流出 | | | | | | 市县公司支出 | 物资公司支出 | 省公司内转 | 省公司资金流入 | | | | | 市县公司收入 |
		年均	月均	日时点	当日预计	上午	下午		购电费	工程款	内部融资	外部融资	跨机构	其他				电费收入	内部融资	外部融资	利息收入	其他	
头寸情况	总头寸	13.60	13.75	10.48	12.68	8	-6				-10			-0.3	-2			2.5					10
	工行头寸	7.38	7.59	7.57	5.57	8	-6				-2				-10								10
	建行头寸	4.28	4.19	1.64	3.64			2															
	中行头寸	1.04	1.51	0.65	2.85									-0.3				2.5					
	农行头寸	0.70	0.34	0.01	0.01																		
	交行头寸	0.04	0.03	0.50	0.50																		
	邮储头寸	0.15	0.09	0.11	0.11																		
存款情况 目标值87.37亿元 完成率100.18%	总存款	87.53	112.58	110.86	111.06						-10			-0.3	-2			2.5					10
	工行活期	27.33	38.42	46.42											-2								10
	工行定期	16.20	16.20	16.20																			
	建行存款	6.00	6.95	6.95																			
	中行行存款	3.52	3.67	5.87										-0.3				2.5					
	内部户存款	69.53	45.61	53.01							-10												
	0101	39.08	31.28	21.28											-2								
	0470	25.72	37.30	45.30																			10

□ 手工填报
□ 自动取数

图 23-15 电财在各银行头寸信息

5. 资金预测从"历史分析"向"动态学习"转变

在收入预测模型上，国网浙江电力通过采集营销系统近几年的电费现金流入数据，在分析历史数据规律的基础上，引入机器学习技术，建立了动态优化的现金流收入预测模型，采用组合预测的方式，使单个预测模型权重的设定随着系统数据的逐渐积累自动调整，实现了模型自适应，让静态的电费数据变为动态的排列组合，改变了以往根据整体平均数据和大致趋势进行售电收入预测的粗线条管理模式。

6. 监督关口从"事后管理"向"事前、事中管理"转变

在资金业务监督关口上，国网浙江电力通过日现金流量预算管理，从资金付款时进行事后监督，转变为到业务发生前便能在资金日排程看板界面进行管理，使业务全过程都能有所体现，从而实现事前、事中的监督。

（二）经济效益

（1）将分散在母、子公司的资金收支动作集中到省公司层面进行集中管控，有利于母、子公司全面收支平衡，提高资金的周转效率，减少资金沉淀，监控现金收支，降低资金成本。2019年，资金周转率提高0.2倍，资金存量平均下降12%，月末平均资金备付余额较上年压降25亿元，假设将压降的资金用于短期资金运作投资，按照六个月至一年期央行基准贷款利率均值4.55%测算，合计产生资金运作效益2.84亿元。

（2）通过将分散在母、子公司的融资动作集中到省公司层面进行集中管控，提高资金调度效率，发挥融资规模效应，2019年，合计节约融资利息支出2.45亿元。

（三）社会效益

国网浙江电力承担着建设、运营、发展浙江电网，为浙江经济社会发展和人民生活提供可靠优质的电力保障，促进全省电力资源优化配置的重要责任。而资金管理作为渗透到公司各个经营组织层面和各项生产经营活动始末的"血液"，为公司营运顺畅和高质量发展提供充足养分，是帮助公司落实战略目标、优化资源配置、提高发展质量和价值创造能力的最直接有效工具。公司以构建基于大数据的日现金流预算管控体系为契机，通过推迟融资"去杠杆"支撑电力行业供给侧结构性改革，推动公司战略落地，有效提高了公司管控能力，在保障资金安全的前提下提高资金使用效率和效益，促进资金管理转型，进而支持社会经济增长，满足了2 800万用户的电力需求，用实际行动诠释了"诚信、责任、创新、奉献、服务电力客户、服务经济社会发展"的核心价值观！

七、总结与展望

国网浙江电力在前期实现月度资金需求动态预测率不断提高的基础上，下阶段进一步拓展资金预测时间、空间维度。一是在目前系统根据日排程实现日预测和月预算的基础上，探索更长期预算（季度、年度）的测算。结合项目全生命周期管理理念，实现以年度或项目起讫为周期编制汇总资金需求，并逐步滚动细化形成日常现金流量需求。二是将实现把需求动态预测推广至技改项目等其他类型项目以及大额成本费用资金需求中，进一步细化资金收支预测粒度，提高现金流量预算的完整性和准确性。

 企业自评

资金是企业流动的血液，资金安全是企业本质安全的重要组成部分，国网浙江电力积极践行"向管理要效益"，提高资金管理效率、确保资金安全，探索研究现金流"按日排程"，实现全省收、付款业务前端发起、信息全流程在线反映、付款订单全口径入池、现金流预算按日排程、资金安全可控在控，为企业经营决策、战略发展提供有力的支撑。

一是搭建全省统一的应收池，运用大数据技术，使用机器学习算法，实现了月度电费到账金额的精准预测和每日电费收入的滚动修正，并通过数据积累，不断完善机器学习功能，使月度电费收入预测偏差率均保持在3%以下。

二是搭建全省统一的应付池，实现全付款业务入池，使付款业务均由前端发起。以付款订单为载体，实现信息全流程在线反映，通过拓展订单覆盖范围、深化订单过程管控、提高信息共享水平，实现月度预算申

请、业务报销和付款申请的订单一体化管理，使财务与业务高度融合。

三是搭建智能排程模型，以融资成本和资金存量最低为目标，以优化支付时序为手段，动态匹配资金业务收支，通过模型自动生成日资金支付计划，并根据融资到账情况和资金实际流入动态调整支付时序，实现资金排程的智能应用。

通过日现金流预算管控体系建设，公司将分散在全省母、子公司的资金集中至省公司层面进行集中管控，提高资金的周转效率，减少资金沉淀，降低资金成本。资金周转率提高 0.2 倍，资金存量平均下降 12%，累计节约融资利息支出 2.45 亿元。在保障资金安全的前提下，公司提高资金使用效率和效益，促进资金管理转型，有效提高了公司管控能力，进而支持社会经济增长。

 **专家点评**

电网企业是资金密集型企业，固定资产所占比重较大，由于电网企业存货较少，流动资产主要是现金占用。该公司现金日均存量在 100 亿元左右，年经营现金流量在 2 000 亿元以上，融资规模达到 900 亿元，庞大密集的资金规模决定了现金管理的重要地位，现金管控效率是影响公司效益的重要因素。

国网浙江电力从资金精益化管理入手，开展了基于大数据的日现金流预算管控体系探索与实践项目，依托大数据技术，应用机器学习算法，搭建日售电收入预测模型，整合业财系统，引入全生命周期付款订单，形成全省统一的收入池和应付池；以收定支，智能排程，将收入和支出进行全面拟合，科学精准融资，平滑现金流曲线。

从该项目的应用情况来看，公司取得了年度资金周转率提高 0.2 倍，月末资金存量下降 12%，平均资金备付压降 25 亿元，累计降低融资成本 2.45 亿元的好成绩。

案例二十四　基于数字化运营的智慧财务共享体系建设

国网吉林省电力有限公司

【摘要】国网吉林省电力有限公司（以下简称"吉林公司"）作为国家电网公司全资子公司，主动适应、积极响应国家电网公司战略指引，以全业务价值链管理为理念、全流程风险管理为导向、全方位合规管理监督为重点，通过建设智慧财务共享平台，逐步实现集团企业的资金智慧共享、核算智慧共享、税务智慧共享，打通内外部数据连接，实现上、下游供应商、客户管理等全链条、全业务、全流程资源共享，促进业财深度融合和大数据价值化应用，完成业务智能化处理，破解企业管理痛点，形成了全过程智慧会计管理雏形，开启高质量发展新篇章。

【关键词】集约管控；银企直连；智慧共享；数字化运营

一、企业简介

国网吉林省电力有限公司是国家电网公司的全资子公司，以经营、管理、建设电网为主营业务。吉林公司位于东北电网的中部，公司供电营业面积 16.2 万平方千米，供电服务人口 2 649 万人。截至 2019 年年末，公司资产总额 483.54 亿元，用工总量 34 551 人，公司售电量 618.85 亿千瓦时。

截至 2019 年年末，吉林公司共有财会人员 540 人，其中公司本部 43 人，本部财务资产部内设 7 个处，分别为会计核算处、预算管理处、电价管理处、工程资产处、资金管理处、稽核财税处、机关财务处；归属本部门的资金集约管控中心内设 5 个处，分别为收入业务管理处、支出业务管理处、会计信息管理处、现金流量管理处、综合系统管理处。管理会计职责分解到各处室，根据公司总体目标和经营方针，通过全面预算管理、过程管控考核体系，保证公司经营活动正常开展，支撑公司实现长期战略目标。

吉林公司牢牢把握多维精益管理体系变革和提质增效专项行动工作主线，深刻聚焦风险防控与价值创造，以全价值链管理为理念，以全流程风险控制为手段，以全方位合规监督为重点，主动适应、大胆探索与实践，形成了以集团智慧资金共享平台、集团智慧核算共享平台、集团智慧内控管理平台等为主要内容的集团智慧财务管理体系，有效重塑业财税流程路径，打通内外部数据，破解了管理难题，开启高质量转型发展新篇章。在资金管理方面，吉林公司成功建立了公司资金省级直付、电费省级直收、现金流"按日排程"模式。在税务管理方面，吉林公司成功搭建智慧税务管理平台，实现税企 e 网通、发票一个池、税企一本账、监控一张网、管理一平台。相关管理模式得到国家电网公司和各网省公司、吉林省政府及外部业务单位的高度认同。《高度集约的新型资金省级集中收支管控体系建设》项目获得 2019 年度电机协会管理创新成果一等奖，新型资金集约管控模式已经在国网公司获得全面推广应用，新型税务集约管控体系成为国网公司典型业务设计方案，将在国网公司系统内推广应用，为国资国企资金、税务管理转型树立了新的标杆。

作者：董天仁、牛殿峰、张明辉、刘文发、陈雪莹
案例指导与点评专家：邹艳（北京航空航天大学）

二、集团智慧财务共享管理体系建设背景

吉林公司的财务转型与财务变革的脚步从未停止，在财务自动化、智能化、数字化发展的推动下以及国网公司资金管理、税务管理、多维管理的工作要求下，吉林公司为解决如何提高生产经营效率，如何完成会计财务转型，如何发挥财务部门关键领导作用等问题，急需管理会计实施内涵式改革，挖掘资源和资金价值空间，帮助吉林公司彻底走出经营困局。吉林公司亟待解决管理会计的问题，主要表现在以下几个方面。

（一）高效服务是公司数字转型的必由之路

随着"大云物移智链"技术不断发展，社会向数字经济时代迈进已成为必然。公司要求财务管理加速向"网络化、数字化、共享化、智能化"全面转型，那么如何对内贯通"业财税"数据，对外链接"税企银"信息，搭建好数字财务管理基础设施，打造内部贯通业财信息路径、外接上下游利益相关方的智慧能源生态圈，成为公司在企业数字转型过程中必须思考的核心问题。吉林公司以税务、资金、内控、核算这四个核心板块，以发票、收支流水信息为财务管理最底层数据支撑，创新智慧税务、资金、核算、内控共享管理新体系，打造集团级财务共享服务新模式，将海量进、销项发票、电子底账库银行流水信息与财务中台中的业务数据融合对接，实现"业财信息融合、票证账表联动"，推动传统会计基础管理出现革命性变革，促使会计信息质量实现代际提升，为智慧财务共享管理体系建设提供基础支撑。

（二）释放智慧是财务管理价值的必然选择

资金管理方面：集团型企业账户管理体系庞大，存量资金分散于不同商业银行，存在资金严重冗余现象，且分散支付方式效率低、效益差、安全性不高，无法充分发挥资金的规模优势和聚合效应。**税务管理方面**：集团型企业涉税种类多，税务管理复杂度高，不建立起高度信息化、智能化税务集中管控平台，难以解决业税联动难、税务管理标准统一难、计税合规难、纳税分析体系筹划难、发票集中实时管控难、税险防控难等难点、痛点问题。**核算管理方面**：集团型企业财务管理水平不均衡，财务风险防控能力、会计信息质量、时效性难以达到集团公司精益化财务管理的要求，成为集团公司财务管理上的短板。

（三）适应国家监管是政策变革的重要布局

2018 年国家对电网企业的监管发生了变化，国家发改委、财政部电网企业电价和成本监管不断升级，要求电网企业按期披露投资、运行、成本和电价执行等方面的信息，电网企业按照原有财务管理模式，无法准确细致核定输配电价成本，不能完全满足信息披露的要求。随着"金税三期"全面升级、"互联网+税务"日趋完善，增值税专用发票电子化改革加速推进，国家办税系统信息化、集约化进程加快也驱动企业税务管理架构及系统适应性提升，这都预示着企业财务管理必须从被动接受期进入主动实践期。吉林公司只有超前谋划新型企业财务管理体系，才能主动适应国家体制改革的新形势。

（四）破解财务难题是集团管控关键手段

1. 资金管理集约度不高

公司原有 86 个会计主体、448 个银行账户，账户管理呈现离散状态，难以实时监控资金运动，存在较大资金安全隐患；部分领域资金沉淀问题突出，银行存款与银行贷款呈现存、贷双高现象，资金闲置与短缺没有充分调剂，增加了贷款利息支出。

2. 基础管理精益度不深

所属各单位资金业务涉及预算管理、收支管理、账户管理、票据管理、业务合规性管理等工作，需要多专业间配合密切、相互协同。缺乏统一管理标准、资金监控手段单一和不及时、管理措施不到位、沟通协调

不顺畅，容易形成管理的"发热点"和"出血点"。

3. 档案管理智能化不足

实现资金、税务及核算集约管控后，全省资金收付款业务及银行回单整理工作由省公司共享管理，大量的记账凭证、原始单据及银行回单的整理工作给公司的档案管理工作带来了难题。如果继续按传统方式进行整理会计凭证档案，需大量人员支撑银行收支回单线下取单、线下分拣、线下匹配、手工粘贴、手工打印、手工盖章、手工装订等基础业务，为省级集中模式带来新的挑战。

4. 预算管理参与度不强

在资金集约管控模式下，仍存在预算管理业务部门参与度不高、编制不准、执行不到位、资金管控监督手段单一、考评缺乏抓手等问题，直接影响公司融资计划的科学性、合理性及可执行性，不利于公司本部开展资金运作相关事宜，且不利于资金规模效应及集中运作优势发挥，容易造成公司利益流失。

三、集团智慧财务共享管理体系建设实践

吉林公司为提高公司经营水平，发挥资金集约管控和创效能力，依托与外部商业银行建立的银企直连通道，创建智慧资金共享体系，实现资金收支高度集约共享；合理利用大数据技术，统一规范公司税收管理，提高税务风险防控意识，与国家税务总局及吉林省税务局共同打造智慧税务共享体系，实现税务业务全过程线上智能办理；为打破业务和财务的壁垒，将价值量赋能业务活动，服务业务精益管理和投入产出评价，构建多维精益管理体系，逐步建成吉林公司全过程智慧会计管理体系。

（一）数字贯通，打造智慧档案共享管理体系

集团智慧档案数字化管理就是要将会计信息系统、银企直联系统、电子影像系统、资金管理系统、发票池等实现系统集成、信息共享，通过原始凭证电子化管理，解决内部原始凭证数字化问题，通过银企直连及税企直连通道，在线上获取银行电子回单、完税凭证、外部原始凭证，全口径收集原始凭证信息，按照固化的核算规则，以原始凭证信息辅助财务核心系统完成财务凭证自动核算、在线银企自动对账、记账凭证与原始凭证电子文件自动关联；最后通过建立电子档案系统，应用先进硬件设施，实现自动打印、一体装订并归档管理，同时将电子档案系统坐标与实物档案有效链接，完成会计档案智能定位及档案借阅全智能管控，进而打造会计档案数字化全过程管理体系。

智慧档案共享管理体系如图 24-1 所示。

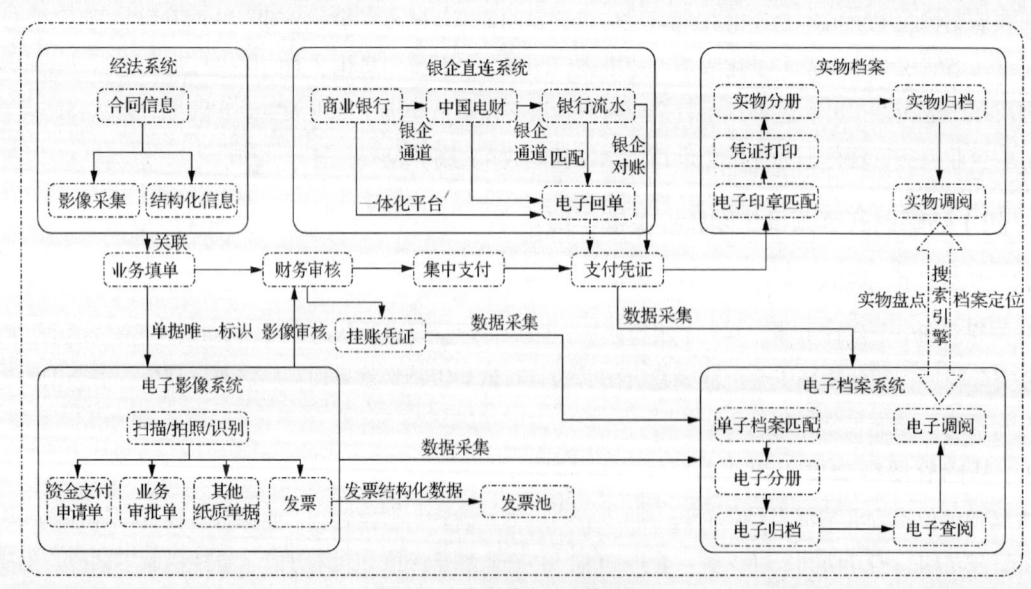

图 24-1　智慧档案共享管理体系

1．搭建银企直连通道

吉林公司依托中国电力财务公司建立的新一代资金结算系统平台，完成各项收支业务、委托贷款、票据承兑与贴现等资金类业务，在智慧资金共享体系建设基础上，与7家商业银行共同开发内部资金管理系统与银行网银系统之间的数据接口，实现系统数据集成，与7家商业银行成功搭建银企直连通道，同时应用信息化手段，优化改造会计信息系统，打破了公司核算与银行交易数据连接的内外网壁垒，实现银行数据与会计信息系统的数据传输畅通。自动获取每日银行账户交易流水信息及支付成功状态，实现自动生成收付款会计凭证，目前会计凭证自动生成率达到99%以上。此外通过银企直连通道，实现银行电子回单线上集成，并通过财务管控系统的银企对账功能实现会计凭证和银行流水的匹配，系统根据银行交易流水，按照固定模板组装银行电子回单，最终实现银行电子回单和会计凭证匹配关联。吉林公司通过财务管控系统设置，在银行回单和会计凭证匹配的基础上，实现了智能签章功能。

2．实现原始凭证电子化管理

吉林公司以智慧资金共享和智慧税务共享建设为基础，实现付款业务原始凭证可视化在线审核功能及建立全票种发票池，根据现阶段资金集约管控模式和可视化在线审核业务需求以及电子发票的发展趋势，吉林公司全力开发原始凭证电子化功能，对各信息系统进行优化改造，提高系统对原始凭证采集的支撑力度，通过原始凭证与信息系统的有机融合，将禁锢在传统纸质载体中的信息释放出来，实现经济业务的电子会计档案全过程流转。

3．建立集团级全票种发票池

吉林公司建立全票种发票池，优化票据识别技术，将所属纳税主体的全部发票信息实行"入池"管理，应用票据识别系统，开展全票种（包括增值税专用发票、增值税普通发票、增值税电子发票、增值税定额发票、冠名发票、通用机打发票、卷式发票、火车票等）发票识别，并结构化处理票面要素，为发票在线验真、查重、过账奠定基础，解决发票流转过程中一票多报、虚报虚抵、真假难验等难题，由传统手工方式向智能化处理方式转变，吉林公司实现发票处理全过程在控，强化了原始凭证记载经济事项的真实性、合法性，同时统一发票采集入口，保证了会计档案数字化数据集成质量。

4．建立电子档案管理系统

吉林公司电子档案系统是会计档案采集、生成、匹配、归档、借阅、销毁全流程的数字化管理系统，通过与电子影像系统、会计核算系统互联互通，实现原始凭证、会计凭证等各类档案资料的全覆盖，并获取电子影像系统采集的影像文件与会计核算系统生成的记账凭证，自动进行分册和归档，实现凭证的电子化管理。

电子档案流程如图24-2所示。

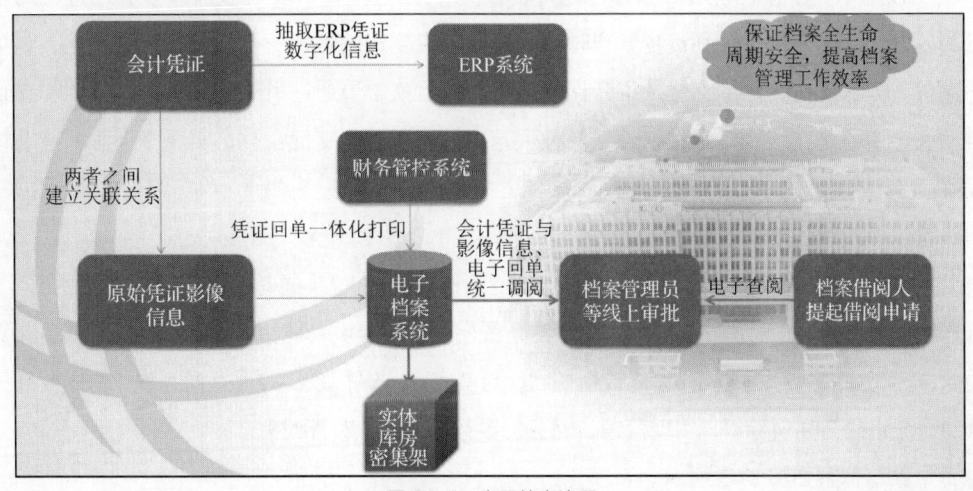

图 24-2　电子档案流程

电子档案系统可以对实物与电子凭证档案进行检索查询、借阅等工作提供良好的支撑，实现借阅、接收、归还、变更存放地点等全业务流程档案管理。

（二）内抓收支，建立智慧资金共享管理体系

2018 年，吉林公司推动业务流、资金流、信息流的转换利用，率先在国家电网公司开展集团资金智慧共享建设工作，设立资金集约管控中心，作为全省资金收支基础业务处理中心、收支业务办理中心、价值信息集成中心、资金运营管理调度中心；设计开发 259 个数据接口，集成贯通 22 个内外部信息系统，优化改造 13 类 38 项收支业务流程，实现系统智慧联控，将原来分散的收支业务在省级有效整合与统一运作；有效精简银行账户 202 个，企业带息负债规模大幅下降，实现年创效超 3 亿元。

1. 收入方面

在智能交费信息系统的基础上，吉林公司进一步构建以"电费一省一行一户"为核心的高度集约化、智能化电费管理体系，着力解决三个根本问题：一是电费如何由原来的县、市、省三级逐级交费变为由用户直接交到省公司一级账户；二是电费到省级账户后，如何在市县公司的财务、营销、用户之间实现自动清分来源、自动到账确认、自动记账；三是如何实现省级营销、财务、银行三方与市县级营销、财务两方之间自动对账。具体实现方式：重新设立省级一级账户，撤销省市县原有的所有电费账户，建立"零距离"收费渠道，实施电费省级直收；落实国网公司产融结合"嵌入式"发展要求，与国网电商公司合作，对"电费网银"和"电 e 宝"实施升级改造；与中国电财及工商银行联合开发"工行 e 融达"新型交费产品，实现电费业务全线集约化、智能化处理。

2. 支出方面

吉林公司以财务共享理念为基础，建立"省级集中支付"体系。着力解决三个根本问题：一是资金如何由省、市、县三级支付变为省公司一级支付，实现付款路径最优；二是如何从根本上消除市县两级公司的资金风险，保证资金流转更安全；三是如何实现产融高度协同，确保资金综合效益最大化。具体实现方式：设立资金集中管控中心，与财务部合署办公；在中国电财开立唯一一省级付款账户，撤销市县两级公司支出账户（保留基本账户）；改造、整合资金支付系统，将内控规则部署植入系统，进行合规性强控；依托中国电财资金支付平台，制定统一支付策略，优化付款业务排序，获取支付策略最大收益。

3. 现金流"按日排程"

吉林公司按照财务精益化管理的原则，施行现金流"按日排程"。将现金流量预算由过去的以"月"为周期变为以"日"为周期，提高资金管理时效及精益化程度；制定统一省级智慧支付策略，包括合并支付、配票支付、分次支付、延期支付及组合支付策略，将付款申请通过系统进行排程，做到收支预算按日排程，自动确定策略优先级，优化付款时序及付款方式，获取最大支付收益，实现资金资源统筹管理和效益同步提高。

4. 系统集成协同

吉林公司深化业财协同，从系统到业务规范实现业务信息全方位集成对接，从业务端到财务端、申请侧到支付侧全线贯通；深化法财协同，升级改造经法系统合同管理模块功能，建立经法合同与财务预算之间的强关联关系，实现合同合规性强控；深化银企协同，与 7 家商业银行系统实现互通互联，协同开展三方对账攻坚，以到账流水码为唯一标识，实现营销、财务、银行三方线上智能对账。

智慧资金共享体系如图 24-3 所示。

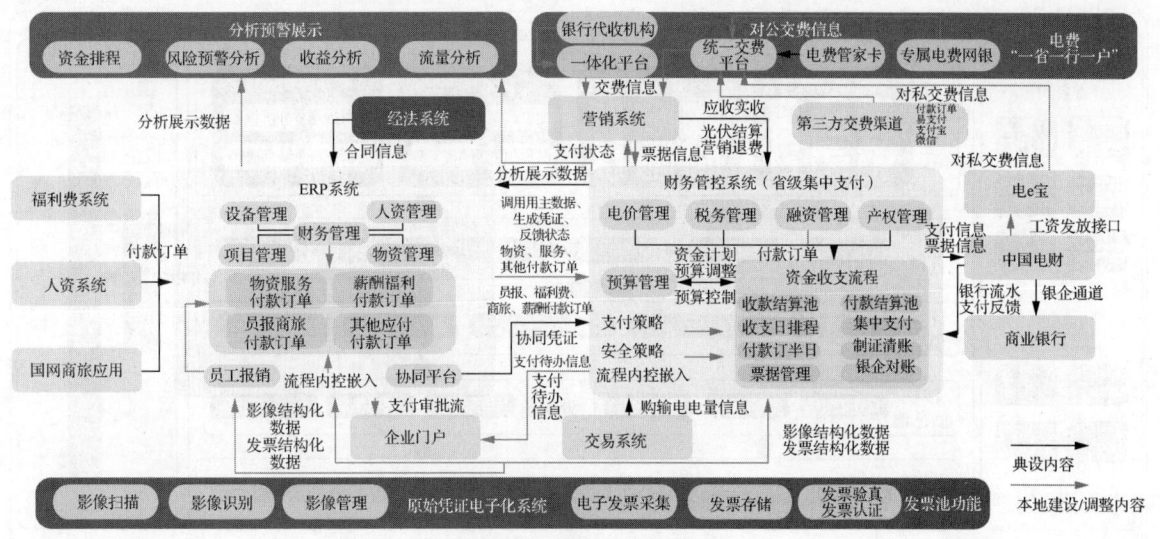

图 24-3 智慧资金共享体系

（三）外联财税，构建智慧税务共享管理体系

2019 年，吉林公司基于"互联网+税务"理念，研究内外部数据信息贯通，在央企率先实现税企直联、银企直联、业财融合。

1. 税务管控新模式

新型税务管控模式围绕提高集团企业四大能力（业税联动能力、税务风险防控能力、企业价值创造能力、集团业务引领能力），探索构建"集团税务管控、智慧税企互联、风险全面防控、辅助决策分析"的集团智慧税务管理体系，涵盖 6 个税种，58 条涉税业务流程，涉税风险全流程内嵌 301 条内控规则，对内贯通"业、财、税"数据，对外联通"税、企、银"信息，达到税企 e 网通、发票管理"一个池"、税企"一本账"、监控"一张网"、管理"一平台"的工作目标。

2. 税务体系建设

吉林公司在建设过程中，注重资源整合，做到"四个协同"。一是推动业财协同。各部门通力合作，贯通 13 个内部业务系统，使涉税业务信息全过程线上流转、智能处理，从系统到业务规范全方位集成对接。二是推动税企协同。建立企业级"发票池"，与税务局精准对接，通过电子税务局，打通征管系统及发票 2.0 系统直连通道，T+0 获取电子抵账库上下游发票信息。三是推动银企协同。通过银企直连通道、"税企银"信息互联互通，实现税款统一扣划、完税证明自动回传。四是推动产业链协同。以发票为载体，通过供应商结算平台，打通上下游企业互联路径，实现"合同—收发货—发票—结算"全供应链智能，充分发挥产融协同效应。

3. 税务全生命周期

吉林公司实现从"法规遵从—智慧筹划—智能纳税—发票集约—风险治理—征管协同"集团税务全生命周期智能管控。与税务、供应商、客户、银行等利益相关方广泛链接，做到税企智慧互联、"业—财 税 银"高效协同、"五池"（法规库、电子抵账库、发票池、涉税信息池、结算池）智能联动；集团税务办理全程智能、涉税数据自动采集、自动计税、自动申报、自动扣划，发票智能申领、智能识别、智能认证、智能开具，涉税风险全流程内嵌、智能监控，实现了集团税务、发票信息、税务风险、税务筹划、税企银信息、上下游信息管理"六个集约"。

以 2020 年 3 月份数据为例，吉林公司已实现集团 82 个纳税主体覆盖应用，通过税企直连通道获取 234 994 条电子抵账库信息，完成 234 994 张发票入池管理，辅助 145 笔核算业务凭证自动生成，自动生成报表 471 张，成功实现 5 个申报周期自动申报、扣缴及核算业务办理。

智慧税务共享管理体系如图 24-4 所示。

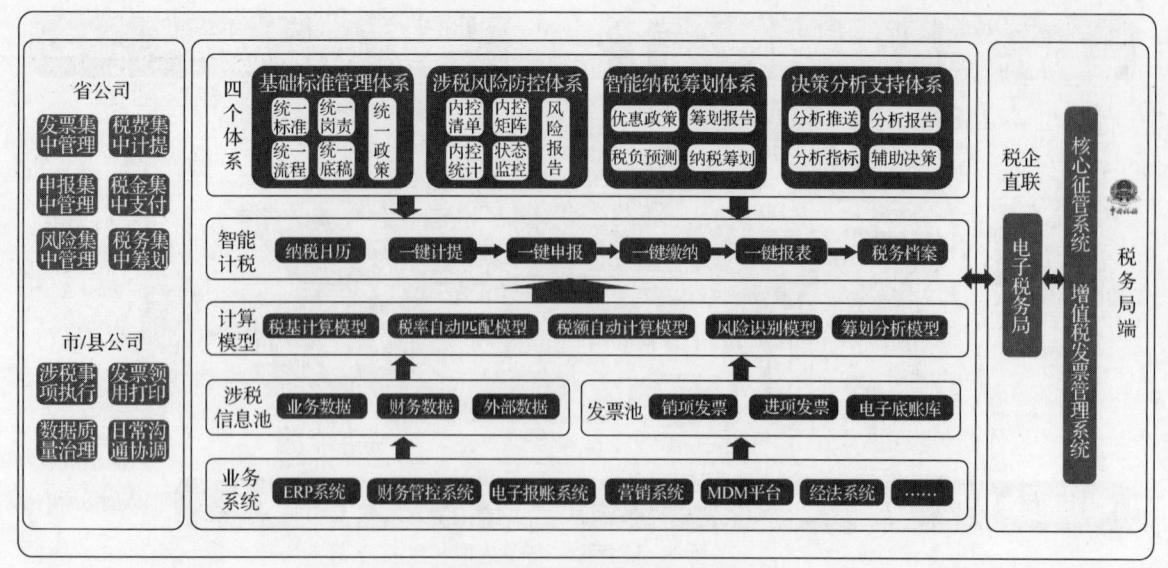

图 24-4 智慧税务共享管理体系

（四）价值孪生，全面搭建多维精益管理体系

1. 业务精益化

2019 年，吉林公司全面完成电网企业多维精益管理体系搭建，为建设运营好泛在电力物联网提供强有力的数据支持。对接内部模拟市场建设，进行资产全生命周期管理，从"信息反映精益"向"经营管理精益"迈进。

吉林公司结合实际、务求实效、大胆探索，以 12 个多维精益管理体系构架成功搭建 9 类管理维度标签体系，开展 12 个系统调整改造，建设 159 大类 494 项系统功能和 75 个集成接口。

2. 精益价值化

2020 年，吉林公司完成资产负债类会计科目切换，全面应用"会计科目+管理维度+业务枚举值"的多维价值反映体系，通过多维精益管理及智能核算，将每张会计凭证核算维度细化到每个项目、每台设备、每名员工、每个用户，同时承载了大量的业务信息，实现了价值信息和业务信息基于核算单元的业财信息融合。公司可及时、快速地进行多维度的数据展示，有的放矢地进行数据分析，辅助企业管理活动，推动公司向"经营管理精益"迈进。

多维精益管理体系流程如图 24-5 所示。

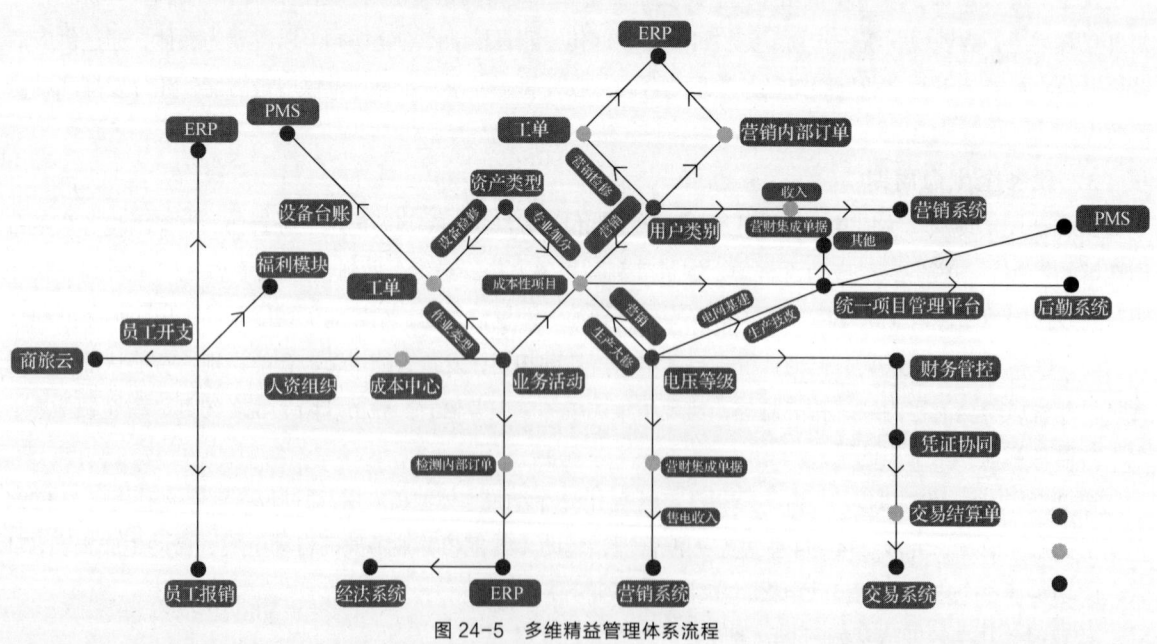

图 24-5 多维精益管理体系流程

四、集团智慧财务共享管理体系建设成效

吉林公司多措并举，助力吉林公司实现高质量转型发展不断创新管理理念，努力探索建立切合公司实际的责任驱动、布局全面、智能感知、敏捷反应、规范高效的智慧内控体系，初步形成法财融合、业财融合、银企直联、税企直联的相互衔接、相互制衡、相互监督的企业内控机制，确保企业经营活动在规则清晰、责任明确、流转顺畅、系统稳定的制度框架内平稳有活力的运行，为公司高质量内涵式转型发展奠定坚实基础。

（一）开创管理会计新格局

1. 主动产融结合，开辟共赢路径

吉林公司以试点为载体，建立以省公司、国网电商、中国电财为利益共同体的新的利益体系。电商公司借助资金试点契机，拓宽了电 e 宝和电费网银的合作银行范围，大大提高了其交费产品市场覆盖率和用户活跃度；电费省级直收扩大了中国电财存量资金规模，为其开展产业链金融业务、优化资源配置提供了充盈的流量保障，推动了实体资本与金融资本的深度融合。

2. 突出价值创造，释放税收红利

吉林公司在遵循合法、事先筹划、诚实守信和成本效益等原则的基础上，依靠系统规则，实现从税务政策快速传导、精准解读到敏捷反应，确保各项法规、减税降费政策及最新惠企措施及时有效落地，从而有效引导企业调整经营战略，优化配置企业资源，提高税收管理价值创造能力。

3. 注重过程管理，建立多维体系

吉林公司关注经营形势，寻求彻底走出盈利空间收窄、增长动能不足的经营困境，改写公司的生存状态、发展状态、管理状态。高度集约的收支管控体系，线上智能的税务管理体系，自动精准的多维精益管理体系，使公司发生效率质变、管理水平质变，实现全过程智慧会计管理，把更能创造价值的活动从原来的财务部门分离出来，增强集团管控能力，明确财务在公司价值创造中的定位，为创造公司价值服务，在夯实原来财务会计工作的同时，将重点转移至决策支持、预算预测、资金统筹、财务筹划、税务筹划、控制评价等管理会计方面来。

4. 倡导提质增效，提升管理价值

吉林公司通过智慧会计管理的建设和使用，节省人力资源，优化资源配置：在电费业务智能化处理后，资金到账确认由人工手动转为线上自动，工作量减少 90% 以上，营销电费账务及核算人员预计可减少 40%；省级集中支付后，只需 30 人即可完成原模式下 80 人的付款工作量，节约的 50 人将由出纳岗向资金管理岗转变。吉林公司让公司在高效管理与成本节约之间找到最佳平衡，使会计基础管理精益化水平再上新台阶，财务运营管理模式真正向枢纽型、平台型、共享型转变。

5. 顺应政策要求，发力数字转型

最新修订的《会计档案管理办法》（财政部、国家档案局令第 79 号文）肯定了电子档案的法律效力，使得电子档案的获取、报销、入账、归档等均可以实现电子化管理，2020 年 3 月 31 日，财政部、国家档案局联合发布《关于规范电子会计凭证报销入账归档的通知》，重点围绕电子会计凭证报销入账归档的合法性、规范性提出了具体要求，吉林公司通过电子档案系统，实现会计凭证报销入账归档全流程电子化。电子档案系统的应用不仅顺应了政策要求，并且将大大推动电子凭证的在线和线上使用，助力企业会计管理迈入无纸化时代。吉林公司通过备份机制，全程数据加密，保证信息不可篡改，最大限度保障了档案的安全性，确保了财务信息档案完整性、易查询、安全性、长期性的优势。

（二）增强资金管控能力

1. 银行账户大幅压缩

银行账户大规模压缩。收入类账户将由 119 个精简到 7 个，账户压减 94%。支出类账户将由 226 个精简

到 143 个，账户压减 37%。账户精简后，收支分散、资金沉淀、监控不到位等突出问题将得到根本性解决。

2．银企直连更加高效

吉林公司的交易款项的收付、委托贷款、票据承兑与贴现等业务均由中国电力财务有限公司协助完成。吉林公司建立打通了从"中、农、工、建、交"等 7 家商业银行建立银企直连通道，自动获取每日银行账户交易流水信息，并将相关信息自动上传至财务管控系统，打破了公司核算与银行交易数据连接的内外网壁垒，实现了银行数据与公司账务核算系统的直连。

3．资金安全更加稳固

电费省级直收后，市县两级电费账户全部撤销，收款级次由三级精简到一级，银企之间利益关系更加清晰、简单；线上缴费率由原来的 70% 提高到 98% 以上，电费业务处理人为干预因素将大大减少，处理差错率大幅下降。

省级集中支付后，吉林公司通过实施原始凭证电子化和结构化、系统植入内控规则、经法合同集约控制、多元数据表单化校验、供应商和客户信息同源管理等措施，有效防控了误操作、虚假发票报销，超越权限审批，一人全程办理资金支付等廉洁风险，大大提高了资金收支安全防护等级。

（三）提高税务管理能力

1．依靠技术引领，税务管理效率大幅提升

吉林公司成功完成税务平台运营，使税务管理更集约，业务办理更智能。发票省级集约，直联电子底账库，验真、认证自动化率达 100%，节约人力 85%；全省年约 22 万张销项发票由人工手动变为省级统一开具、属地扫码自助打印，节约人力 62.5%。纳税业务由分散处理变为省级集中智能处理，只需 1 人预计 5 分钟内即可完成原 93 个纳税主体申报的工作量。

2．强化法规遵从，税务风险防控日趋完善

将税务管理安全高效作为试点唯一出发点和落脚点，将涉税风险由事后监控变为事前、事中防控。吉林公司统一工作流程、工作标准及工作底稿，确保全税种信息线上流转，减少人工干预，在 53 项流程中设定 480 项内控要点，对风险实施流程强控，实施发票识别、验真、查重、认证，杜绝假票入企、一票多报、应抵未抵、虚报虚抵问题。

（四）提高信息价值化水平

1．实现会计凭证智慧化核算

通过资金、税务及多维智慧核算体系建设，公司依托资金收支流程、内部封闭结算、跨系统凭证接口以及供应商结算等功能手段，全面覆盖财务核算业务，打通业财壁垒，会计凭证自动生成率达到 99% 以上，在国家电网公司范围内率先实现了会计凭证的智能化。

2．实现原始凭证电子化管理

吉林公司基于智慧资金共享和智慧税务共享建设，实现付款业务原始凭证可视化在线审核功能及建立全票种发票池，根据现阶段资金集约管控模式和可视化在线审核业务需求，以及电子发票的发展趋势，吉林公司全力开发原始凭证电子化功能，对各信息系统进行优化改造，提高系统对原始凭证采集的支撑力度，通过原始凭证与信息系统的有机融合，将禁锢在传统纸质载体中的信息释放出来，实现经济业务的电子会计档案全过程流转。

3．实现银行回单智能化获取

通过与中国电力财务有限公司、外部商业银行合作，吉林公司在全国范围内率先实现银行电子回单集成，同时应用信息化手段进行接口及功能建设，实现了电子回单与核算凭证、审批单关联查阅以及批量打印，为全面实现会计档案自动归档奠定了坚实的基础。

4．记账与原始凭证智能关联

吉林公司通过引入最新 OCR 影像识别技术，对会计核算原始凭证进行归档识别，同时建设影像与会计凭证关联关系，在各业务处理环节做到可查询、可追述，切实满足会计凭证全过程管理需要。

5．凭证审核全程线上流转

吉林公司在财务管控系统研发了凭证审核自动签章功能。将核算业务分为收款、付款、票据和冲销四大类别，分别按照各类别的制证人在系统中配置其对应的审核人、出纳及财务主管，将其人名的印章电子化，按业务核算类型配置，在进行凭证打印时各印章信息都已系统集成。同时对于电子单据与银行回单，也设置了相应的收付讫及转讫印章。解决公司年约 300 万手动盖章大量基础性手工劳动问题，同时提高了归档凭证信息的准确性，大幅度提高了会计档案基础工作管理水平。

6．电子与实物档案智能管控

吉林公司通过电子档案系统可实现线上的会计凭证与实物凭证一一对应，电子流与实物流无缝对接，基于档案借阅线上审批流程，实现内部用户在内网系统多地域、多人员同时在线调阅电子档案，实现电子档案系统授权管理、实时响应、协同共享的泛在特征，满足公司智能档案管理需求。

五、总结与展望

（一）进一步完善智慧财务共享，促进两化融合发展

按照"两化融合"发展规划，吉林公司将持续改进智慧财务共享平台，未来将通过打造财务共享数据中台，用于收集经济业务的全口径业财数据信息，并利用大数据分析手段和分析方式、数据模型等，充分发挥数据内在价值，根据管理会计数据分析的角度，挖掘、分析数据内在含义，分析公司运营情况、上下游供应商客户情况，为公司经营决策提供数据支撑，促进信息化、工业化水平双升，提高公司管理效益。

（二）进一步优化多维管理体系，促进业财深度融合

吉林公司将继续深化业财融合，持续优化多维精益管理体系，不断优化、丰富管理维度，深化业财数据标准统一、管理规范，将精准投入、精益管理、精细作业的理念贯穿全业务、全流程，挖掘企业内部潜力，将有限的资金投入能产生效益的生产环节和重点项目，实现公司更高质量、更有效益、更可持续的发展。

（三）进一步完善人员培养体系，促进人企和谐发展

吉林公司将加大管理会计人员的培养力度，转变财务人员思想，由财务专业思维向管理思维、业务思维转变；基于公司智慧财务共享平台，调整财务人员工作职责，由核算会计向管理会计转型，努力培养优秀高端的管理会计人才。促进财务人员从事更具创造性和价值意义的管理工作，实现财务人员从核算反映型向价值创造型和决策支持型转变。

 **企业自评**

当前，能源革命与数字革命融合发展，国资国企改革加速推进，国家电网公司党组提出"具有中国特色国际领先的能源互联网企业"战略目标，要求公司整体经营模式具备中国特色，各专业管理水平向国际领先看齐，有效驱动传统财务管理体系加快向网络化、数字化、共享化、智能化转型发展，吉林公司党委牢牢把握坚持改革与创新发展的工作主线，深刻聚焦风险防控与价值创造，以全价值链管理为理念，以全流程风险控制为手段，以全方位合规监督为重点，主动适应、大胆探索与实践，逐步形成了以集团智慧资金共享平台、集团智慧核算共享平台、集团智慧内控管理平台等为主要内容的集团智慧财务管理体系建设，有效重塑企业

财税流程路径，打通内外部数据连接，破解了现代企业管理难题，开启高质量转型发展新篇章。

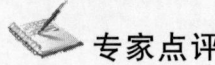 **专家点评**

　　企业必须根据环境和经营发展需要，有效开展管理会计创新实践。吉林公司直面集团型电网企业产权级次过多、资金账户分散、管控难度的难题，深抓数据电子化，从会计数据的起点——原始凭证电子化着手，打造智慧会计档案，进而内抓收支、外联税务，打通内外部数据，实现上下游供应商、客户管理等全链条、全业务、全流程资源共享，将价值量赋能业务活动，完成业务智能化处理，形成了全过程智慧会计管理雏形，有效助力了企业经营绩效的改善。其做法极具特色，值得同类企业学习和借鉴。建议在今后的实践中，继续探索数据赋能的价值管理，由多维精益核算体系向多维精益价值管理体系深化，以发挥更大效力。

参考文献

[1] 张育强. 财务共享模式下的会计档案管理工作探究. 会计之友，2010（12）.

[2] 李顺凤. 财务共享模式下大型企业电子会计档案管理系统探讨. 中国乡镇企业会计，2019（3）.

[3] 韩海文，范靓靓，张旭辉. 电网企业推行原始凭证电子化创新与实践. 会计信息化，2015（9）.

[4] 陈强. 基于原始凭证影像化的烟草行业电子会计档案工作探究. 中国管理信息化，2018（3）.

[5] 邵佳乐. 会计信息化发展趋势——原始凭证电子化. 纳税，2018（2）.

[6] 罗茜文. 管理会计在企业中的应用探析. 中集体经济，2020（3）.

[7] 郭语. 管理会计在企业中的应用探析. 中集体经济，2020（3）.

[8] 李晓琳. 智慧时代的电子档案管理系统. 中集体经济，2020（1）.

[9] 王冰. 企业智慧档案室的思考与探索. 机电兵船档案，2018（4）.

案例二十五　基于多业态的混合所有制企业财务集中管理探索与实践

中国葛洲坝集团易普力股份有限公司

【摘要】 本文主要介绍了A公司在国企混合所有制改革背景下实行的财务集中管理信息化情况，围绕防范国有资产流失、财务集中信息规划方面进行阐述，展示公司在财务集中管理探索中所做出的努力及取得的效益。

【关键词】 国企；混合制改革；多业态；财务；集中管理；信息化；案例

一、企业简介

A公司是国务院国资委所属企业——B集团的下属单位，是中国首屈一指的集科研、生产、销售、工程服务完整产业链于一体的大型工程企业。

公司沿着以工程业务为主业的道路前行，秉承"创造客户价值、引领行业进步"的使命，通过多年发展，目前公司旗下拥有国内外多家法人企业及直管分支机构。

在主营业务方面，公司拥有多项全国领先的专利技术，并先后为近20个省（自治区、直辖市）的大型水利水电、核电、火电等国家重点能源工程和矿山开采施工、基础设施建设等方面提供工程服务，在工艺技术、装备技术、施工管理、经营模式等方面为用户提供系统化、个性化服务，积累了丰富经验，形成了强有力的核心竞争力。

二、实施背景

在国家经济体制改革取得新进展的背景下，国有企业混合所有制改革应运而生，配套文件基本形成。其中《中央全面深化改革领导小组2015年工作要点》和《国务院批转发展改革委关于2015年深化经济体制改革重点工作意见的通知》部署的各项经济体制改革重点任务落实情况良好，改革在激发市场主体活力、促进经济平稳增长和提质增效升级方面发挥了重要作用。

其中电力产业更是我国国民经济发展的基础所在，电力体制改革也同样是新时期全局改革的重中之重。尽管从改革实践来看，电力企业的混合所有制改革是比较顺利的，但在实际中，其在电力体制改革过程中的推进仍然存在着较大的困难。目前电力企业的混合所有制改革尚处于尝试阶段，并未触及电力体制改革的核心，很多电力企业虽然引入社会资本，但仍然希望保持对自身的绝对控制权，同时也存在着对国有资产流失的担忧。

对于目前的经济形势来说，发展混合所有制经济能够更好地促进公有经济的发展。通过混合所有制改革，国有企业可以利用少量的资本来撬动更大的资本体量，增加活力。同时有利于改变国有企业体制机制过于僵化、行政化色彩较浓等普遍存在的问题，这些问题的改善能够使国有企业迸发活力，在市场经济环境下得到快速的发展。因此混合所有制改革也能完善公司的治理体系，有效解决国有企业面临的内部治理结构不完善、

作者：朱笑杨、黄显杭

案例指导与点评专家：赵雪媛（中央财经大学）

经营主体地位缺失、运营监督失效、缺乏有效的激励机制等问题。

公司按照中共中央、国务院印发的《关于深化国有企业改革的指导意见》的要求，在改革道路上不断进行探索，采用员工持股、企业合作等方式，将企业发展与员工利益及民间资本紧密联系起来，提高经济效益，充分汲取公有制经济和非公有制经济的优势，有效解决现阶段国有企业经营发展遇到的瓶颈。

但在发展混合所有制经济的探索道路中，多元化产权混杂问题突出。主要是因为混合所有制改革内涵和外延不清晰、国有资产监督机制及国有资产管理体制不健全，国家暂未能对每一家混合所有制改革企业进行严格监管。

因此改革方案的合规性、合理性、效益提高备受国家及社会关注。如何同时强化监督、防止国有资产流失、加强和改进国家对国有企业的领导及控制、加强混合所有制改革的管控是根本问题。

基于以上要点，公司为深化财务战略、创新管理体制，充分发挥财务管理监督和约束作用、确保在改革探索道路中防止出现资产流失的情况，决定通过财务集中管理模式进行深层次财务信息化探索。

三、实施模式确立及总体规划

（一）实施模式确立

为有效防止国有资产流失、加强国有资产监控，同时需要减少引入的民间资本对财务集中管控模式的抵触心理，公司草拟出了以下两种模式进行研讨。

1. 区域集中模式

该模式将财务人员集中至各区域公司总部，成立财务核算组。总部针对区域公司财务进行监控，其余工作机制保持不变。依旧使用原会计核算系统，核算会计定期出差至各公司完成各项经济业务。

2. 总部集中模式

该模式将基础财务人员集中至重庆总部机关，成立专职机构，各区域公司保留管理会计人员，将基础财务工作移交至专职机构，管理会计主要负责日常财务管理事务。全公司使用同一会计核算软件，实现网上报账、预算控制、资金计划控制、固定资产统一审批等功能，确保预算、资金计划使用具有计划性、合理性，资产购置、处置得到统一审批。

公司经多次研讨，认为总部集中模式更加具有管控意义，有利于实现远程资产监控，确保高财务集中度，同时实现数据标准化、核算流程规范化、提高基础财务效率。

（二）建设总体规划

1. 建立专职机构，确立集中模式

公司以不注册分公司的形式成立财务服务中心（即公司财务集中专职机构），以财务集中目标架构为基础确定财务服务中心"三定"方案。财务服务中心采取收取一定费用基本涵盖运营成本的模式运营，按照业务量及企业规模相结合的方式确定收费机制，并且建立以服务质量、工作量、服务态度为导向的激励约束与薪酬机制，充分调动专职机构的积极性，促进管控模式落地。

2. 重建职能体系，划分层级职责

公司在体系重构前实行公司总部财务产权部—区域公司财务产权部—分公司项目部财务科的三级管控模式。成立后将财务管理层级划分为新三层级，分别为公司战略财务（财务产权部）—管理财务（所属各单位管理会计）—基础财务（财务服务中心）。其中战略财务主要负责公司顶层设计财务制度、管理机制和流程，进行整体财税筹划和研究，制定财务战略和规划，提供战略决策支持等方面的工作。管理财务主要负责各单位资金管理、预算管理、财务分析及其他属地化财务工作，主要为提高各单位财务管控力度，规范各单位的资金流及预算、管理并服务于各单位。基础财务主要负责公司基础会计业务核算、资金收付工作，实施财务会计监督，负责公司会计信息化管理及基础税务指导工作。财务产权部的组织架构如图25-1所示。

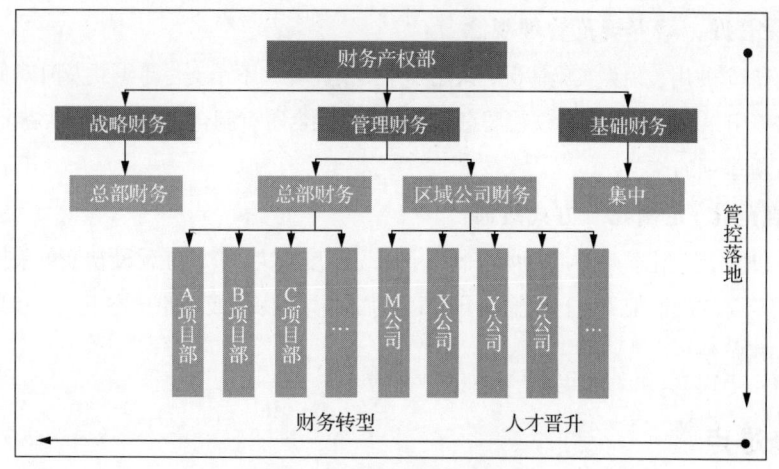

图 25-1　财务产权部的组织架构

公司通过财务集中管控，重建职能体系，使公司财务人员编制特别是基础财务人员编制大幅减少，并适当增加管理财务编制，辅以财务信息化程度的提高，大幅提高基础工作效率、财务管理质量和专业化能力水平。

3．加强资产管理，避免国有资产流失

在混合所有制改革背景下，公司以财务信息化系统为依托，将人力资源管理、固定资产管理、物资管理、税务管理集合在系统中统一管理，使人力、资产数据可查可控，加强对国有资产管理，避免在混合所有制改革的进程中出现流失风险。

4．以合同为主线，实现数据穿透分析

公司将合同管理贯穿至业务全过程，以合同为主线，将收入、成本、应收、应付、资金、核算、信息、分析同时集成于财务系统中，确保实时获取各所属单位数据，实现数据穿透分析，加强所属单位管控，防控风险。

5．划分责任中心，分解核算单元

公司针对工程施工业务，统一项目管理的组织结构、管理模式、人员配置、工作职责等标准。再通过信息化系统将成本等财务数据统一、有序分解至各班组、工程队等最小作业单元，区分成本类型，以合同为主线进行财务核算，清晰呈现统一、规范的成本、收入等数据，实现项目指标横纵向可比、穿透性分析。同时通过财务集中管理信息化建设，实现远程数据传输，提高财务数据处理速度，逐步将财务事中处理的惯性变为事前渗透、事中处理、事后完善的统一标准体系。责任中心划分如图 25-2 所示。

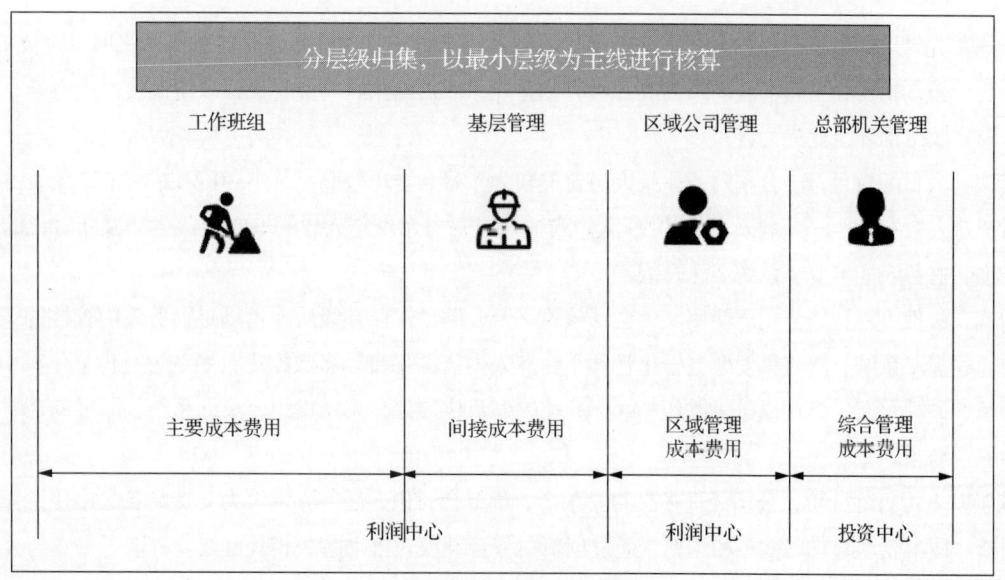

图 25-2　责任中心划分

6. 加强过程管理，培养规范管理观念

公司实时监控资金使用、预算实施情况，采用不予提交单据、不予支付等形式及时对偏离或不合规情形采取措施，逐步培养引入的民间资本合规管理意识，加强对混合所有制企业财务状况、资金流向、经营成果、融资、担保、分红等事项的监控。

7. 采用"规范化+定制化"方式过渡

直接采用财务集中规范化管理对混合所有制企业来说跨度较大，公司在建设初期可采用定制化方式进行阶段性过渡，在规范化的大框架下进行个性化开发，在后期模式探索成功的状态下，逐步取消个性化部分，完成公司财务全部规范统一。

四、实施难点

（一）公司属于混合所有制企业，由多元产权组成，部分小股东针对财务集中的必要性、收益性抱有迟疑态度，并有排斥情绪。

（二）公司下辖混合所有制企业10家，所辖混合所有制企业部分股东为维护自身利益，认为财务集中管理变相将财务管理权进行上收，自主经营权受到制约，故针对财务集中有排斥情绪。

（三）民间资本普遍财务管理水平低下、风险管控意识弱，一味单纯追求销量和市场份额，而忽视了财务管理及相关风险管控的重要性。对于传统模式与信息化财务管理模式的转变难以立即接受，严重拖延财务集中过程。

（四）业务前端人员存在年龄大、文化素质不高的情况，针对计算机、财务信息化系统上手操作难度大、排斥心理强。

（五）财务集中管理打破了原有传统财务管理组织架构，重构了财务管理体系，使原有财务人员有较大的不稳定思想，且前期工作量大，容易导致原有财务队伍产生畏难及抵触情绪。

（六）财务集中后基础财务与管理财务之间距离较远，容易造成沟通障碍，如何搭建好沟通桥梁是解决沟通障碍的关键。

（七）公司拥有多业态化的上下游产业链，财务核算、业务流程、成本控制等多方面差异较大，集中管理规范实施前期部署工作量大，实施过程较为困难。

五、实施过程

公司首先针对财务、科技信息、人力等多个职能系统进行充分调研，确保财务信息化项目建设可行性。

首先，公司执行力可行。公司虽为混合所有制企业，但内部聚合力强，执行政策制度反应迅速，实现创新改革较分散化管理企业更为容易。

其次，人员配置可行。公司财务系统人员普遍较为年轻、学历较高。其中30岁以下的77人，占比超过财务系统总人数的50%；本科及以上的99人，占比超过财务系统总人数的64%。高学历及年轻化的财务队伍更能接受财务职能转变、系统更迭升级。

再次，软件上可行。公司已使用统一会计核算平台，推动软件升级后即可满足财务集中管控的需求，同时连接远程报账系统、增值税发票电子化管理平台、人力资源平台等多数据平台系统进行信息化集中升级。

最后，硬件可行。公司通过采购统一、标准化的信息化硬件，采用集团云桌面系统，即可满足财务信息化硬件配置要求。

基于以上可行性分析，公司经过多次的股东会、董事会讨论，最终决定大力支持财务集中化探索，进行技术创新、技术驱动的管理变革和创新，通过创新财务管理模式推动解决相关问题。打造了一套与公司实际相适应的"信息化+管理"财务体系。

2018 年 10 月，公司借助信息化技术，建立起财务数据体系和信息联通机制，按照战略会计、管理会计、财务会计实施分层财务管理，并按照"总体规划、逐步推进、有序集中"的思路、"基础财务绝对集中、管理财务相对集中"的规划开展财务集中管理信息化建设。成立以"高质服务"为基础的财务服务中心，建立以财务信息化系统为平台，同时将人力资源、资产管理、物资管理、税务管理集合其中，推动国有资产管理，加强风险管控。

财务集中管理是公司探索管理变革、财务职能转型的一项重要举措，其核心目的是通过财务信息化的手段，推动公司管理提升，切实提高公司运营效率。公司通过多次实地考察、网络问卷调研的形式确定专职机构工作机制、工作方式及工作内容。

公司在搭建组织架构方面，充分考虑公司地域分布较广、偏远地区离职率较高的情况，利用"财务信息化+服务"模式进行集中运营，建立财务服务中心，并将财务服务中心设立在重庆市，办公地点为公司总部机关大楼，主要负责公司整体基础财务业务。

在员工来源方面，主要通过内部优选业务骨干参与前期调研及框架设计工作，结合个人意愿、基本情况等通过调入、社会招聘等方式吸纳优秀人才，保证中心正常运营。

公司推进财务集中管理信息化建设的具体操作：首先，公司组织专班人员对公司财务人员基本情况、财务组织架构、财务职能、财务业务流程及信息系统几大模块进行了详细调研，并对调研信息进行分析总结；其次，依照统一建设的要求，建立统一标准的财务信息化标准；再次，收集管控需要的数据集成要求、业务管控要求及人力战略要求，以备后期将需求与软件融合，开发个性化需求与各公司自身业务管理特点相关性比较强的财务管理系统，如管理报表模块、固定资产模块、人力资源模块；最后，打通不同系统间的接口，实现针对不同的财务模块业务的融合。

六、其他相关实施情况

（一）桌面云平台系统搭建

建设财务信息化平台，需同时搭建高安全、高效率、高实用性的终端。但针对公司办公计算机运行过程中存在的运维难、不安全、灵活性差等问题，公司决定通过引入桌面云对公司信息化应用进行优化，通过桌面数据与终端分离的形式提高公司数据安全、简化运维管理，同时实现节能减排、降本增效。具体表现在以下几个方面。

1. 提高财务信息化运行效率

通过桌面云系统，财务人员可通过桌面云实时登录云端数据，充分利用云系统，快速、灵活、实时获取自有桌面数据，保障财务业务连续性。

2. 降低运维成本

桌面云的应用将最大化地减少后期运维成本，采用模板化的部署方式后，一个新桌面用户可在 10 分钟内完成交付使用，而故障的排查和修复时间更是大幅度提升，原来只能管理百台计算机的运维人员现在可以轻松管理上千台虚拟桌面。保守估计，算上设备更替和运维成本，5 年的运维总成本可以节省 40%以上。

3. 实现节能减排

传统办公计算机主机每小时耗电量大概在 220 瓦左右，而桌面云的能耗只有 10 瓦。以 300 台传统计算机与桌面云部署规模为例，按一天开机 8 小时、每年 240 个工作日、每度电按 0.75 元的工商业用电价格来折算，即使算上数据中心新增服务器的电力成本，把 300 台计算机换成桌面云每年至少可节省 5 万元电费。

4. 维护信息安全

桌面云将所有的数据集中存储在数据中心，使显示器和终端盒只接收图像，整个业务处理过程中数据不落地，同时集中化的部署方式也利于公司对信息资产进行统一管理。

5．实现移动办公

用户可在任何时间、任何地点通过智能终端上的 App 访问自己的个人桌面，真正做到桌面随身行。在任一终端上的桌面操作可以在另一个终端中继续开展，且工作不会因为场所变化而中断，这可提高员工的工作效率。

（二）专职信息维护人员设立

公司设立专职信息化系统维护人员，主要负责信息化平台及财务相关信息化系统日常运维，日常问题通过信息维护人员进行流转，上下分别对接系统开发商及日常用户，确保系统发生相关问题时能够得到及时、有效解决。

（三）多平台对接

公司打通与国家税务增值税平台、集团资金平台等系统接口，实现系统对接。可直接引用、传递各系统间数据，确保数据实时传输，减少人工工作量及人工错误。

（四）资产统一审批

公司通过软件实现资产变动统一审批。资产购置、内部转移等流程，由各公司经办人发起至总部物资管理部门进行审批后进行；资产变卖、处置等流程，由各公司经办人发起至总部物资管理部门汇总审批后报送集团公司进行审批。公司通过多级审批模式确保资产合理、合规、正常处置，防止出现资产流失情况。

七、实施效果

（一）有效防范国有资产流失风险

公司完成财务集中管理后，采用统一财务信息化系统平台，集合资产管理相关功能并进行统一管理，实现账务处理人员与管理单位之间互相独立，加强对国有资产及财务状况的有效监督，有效杜绝资产流失。

公司通过财务集中管理，加强针对所属单位的成本、费用、物资进行适度管控。提高公司机关化程度，增强关键节点控制，倒逼业务人员业务合规，满足公司发展需求。

（二）满足多业态化发展

公司通过财务集中管理，统一工程施工、工业生产、运输业务等业务类型的标准化管理，满足公司向多业态方向发展的需求，确保在发展同时实现合规管理、标准化建设及管理。

（三）有效推动业财融合

财务集中管理信息化打通了公司上下沟通渠道，横向联系各业务部门，构成完整财务体系，在事前、事中、事后均能满足业务管理需求。将财务业务前移，让业务了解财务，同时让财务更了解业务。

公司通过财务集中管理信息化既可将公司分散、复杂的信息整合，亦可将整合信息及时抓取传输至管理决策者，能够大大提高企业管理水平和企业经济效益。这对提高企业整体竞争力、发展水平具有重要意义。

（四）实现穿透动态分析

公司将合同管理贯穿至业务全过程。通过信息化手段将合同总额、合同结算金额、合同预收付金额、合同发票金额、合同收付款金额、合同应收应付金额等信息自动嵌入单据和台账，一是实现系统自动控制，防止单项合同超结算；二是将收入与分包成本相关联，并将管理会计嵌入审核节点，确保控制分包成本结算和付款时间，防止出现成本先于收入结算付款的情况；三是实现以合同为主线的全过程、全周期应收账款管理。

公司将信息采集点转至线上，通过报账系统将业务语言自动转换为财务语言，实现了核算方法、口径统一、核算流程、操作规范、岗位职能、信息采集标准化。减少了财务核算政策的执行层级，实现账户集中管理，压缩了资金归集环节，实现资金集中支付，规范资金支付行为，提高了资金使用效率，强化了资金管控力度，资金风险大大降低，创新财务管控方式，使财务核算工作与预算、项目、采购、合同等业务流程充分融合。财务管理与业务部门的管理协同作用得到充分发挥，会计处理规范性、信息透明度提高，信息更加丰富翔实，贴近业务前端，各类经营数据的真实性、准确性、完整性、及时性以及数据的明细程度得到大大提高，财务分析更加灵敏，决策支撑更加有力。

（五）有效推动管理提升

在信息化数据方面，公司采用统一审核标准并通过统一财务信息化平台进行核算处理，实现基础财务数据到财务管理系统标准化落实。建立了以预算管理为抓手的战略支撑体系及支撑公司财务集中化管控的财务信息化平台，使财务数据可抓取、可获取，为建立个性化管理报表体系、进行公司运营数据分析建立基础，提高公司运行分析能力。

在业务前端方面，公司针对全部工程项目单位进行标准化的项目管理。首先，统一了项目管理的组织机构、管理模式、人员配置、工作职责等标准；其次，将成本分解至各班组、工程队等最小作业单元，区分变动成本、固定成本和可控成本、不可控成本；最后，以项目为主线进行收入和成本核算，使每个项目对应的合同、收入、成本、毛利率均清晰呈现，实现各项目指标横向可比、穿透分析。

在风险防控方面，公司通过借助财务集中管理信息化平台，建立公司和所属单位完善的财务集中管理体系和数据共享，从而在公司层面实行集中管控，整合财务内部资源，防范决策风险，提高工作效率。将公司内控体系嵌套至财务信息化平台，确保公司风险防控实现闭环管理，突破风险防控第一道关卡，提高公司的风险防控管理能力。

在闭环管理方面，公司通过软件进行全面预算管理，有效设定经营目标和配置资源，并能够及时通过实时数据对业务决策纠偏，形成闭环式管理体系，根据分级授权（按类型/金额授权）对全过程进行决策、分析。

在内部协同方面，公司通过利用财务信息化平台中的数据共享、传输及协同功能，加强公司内部之间的协同联动，提高资源配置效率、发挥整体集约化优势。

（六）促进财务职能转型

公司应用"信息化+管理"的财务服务模式开展财务集中管控工作，借助信息化进行财务集中管控，重建职能体系，借助核算、流程标准化提高工作效率，通过信息集成实现信息共享和互换，有效降低了信息传递成本，并不断挖掘、优化和改进价值创造工作。通过财务信息化建设，公司财务人员编制特别是基础财务人员编制大幅减少，解放出更多管理会计从事附加值更高的工作，从而促进了财务职能转型，提升了财务职能体系价值。基础财务工作效率提高后，公司将更多的人力和时间资源投入到财务专业化能力建设中，如财务分析、预算管理、税务筹划、国际财税策划、投融资管理等，再辅以集中培训、经验分享，使专业化能力水平不断提高，把制度制定、财务战略规划、政策研究、财务分析等战略性财务工作在公司总部进行集中，提供战略决策支持公司实现战略发展目标，促进财务职能转型。公司通过适当增加管理财务编制，辅以财务信息化程度的提高，使基础工作效率、财务管理质量和专业化能力水平均大幅提高。公司通过对财务人员集中培训、统一学习使财务人员能够提供规范化、统一化、专业化的财务服务，同时使财务人员的职业生涯规划方向更加明确，人员的稳定性将得到显著提高。公司形成了一套科学的财务人才和领导力发展规划，为财务人员提供清晰的职业发展路径，确保财务人员发展途径通畅。

财务集中管理能够有效解决公司财务基础工作效率不高、财务管控力度不够、信息传递不及时、工作地点偏僻、人员培训与交流不足等问题。实施财务集中管理后，基础性财务工作处理所需的人力和时间大幅减少，准确性提高，工作效率提高。效益突显，使平均每笔账务处理时间由原来手工处理的 1～5 分钟下降至15～30 秒，通过报账系统人均每日可处理 100～200 张单据，远高于手工处理水平。为收付款、成本、收入、工程核算节约大量人力，关账所需时间由 6 天左右下降至 4 天。

（七）深化财务战略管理

纵向协同以预算、资金计划为抓手统筹资源配置全过程协同实现，实现集团管控可视化，重大事项风险预警，标准化数据流程标准化，横向协同打通各部门、内部各单位间的联系，共享协同，构建财务信息化平台。

业务人员通过报账单据了解所经办业务、所在部门的费用、资金状况等信息，有助于进一步指导业务开展；管理会计深入业务前端参与合同签订、投标报价、商业模式设计、投资并购等，提出财务专业化意见和建议，防范风险、创造价值。

公司通过财务信息化建设，实现财务业务标准化。并且通过标准化财务信息系统，支持项目快速履约，快速支持项目上马各类业务系统，实现实时传输数据，确保数据的完整性、时效性、安全性。

系统建立后，能够明确公司财务整体发展方向，引领公司及所属单位整体资金、预算、分析、税务筹划职能的发挥。更好地让管理会计负责公司层面重大财务事项决策、过程监控及事后分析考核。将公司财务打造成为价值创造的引领者、财务风险的管控者、业务的紧密赋能者、财务标准的制定者。

八、总结与展望

公司通过推进财务集中管控及信息化建设，加强了国有资产监督，提高了财务管理效率，激发了混合所有制企业的创新活力，实现了经济效益和管理效益的同步提升，进一步筑牢了公司合规管理防线。虽然在财务集中管理实践过程中遇到多重阻碍，但在公司领导强力支持、财务人员建言献策以及基层工作人员的积极配合下，最终完成了财务集中管控体系的建立。财务团队也以此为契机，不断提高基础财务人员业务知识水平，提升财务人员管理理念，确保财务管理要求与业务相结合，理论联系实际，不断推动公司业务发展和财务人员管理理念的提升。公司通过信息化桥梁将物资管理、成本管控、风险控制、运营保障等各项业务与财务管理相结合，将企业文化、管理理念、管理要求传递至新并购的混合所有制企业，实现财务管理的快速融合、过程管控和闭环管理。

在未来的发展中，公司将进一步加大对财务信息化的投入，探索运用新的信息化工具，如财务智能机器人、财务预测分析系统、全价值链的业财融合体系等，打造具有独特性、竞争力的财务集中模式，助推公司在复杂的国际竞争态势中实现"国内领先，国际一流"的愿景。

 企业自评

近年来，我国会计信息化发展迅速，财务共享中心应运而生，但各企业因规模、经济效益、行业类别等相关情况导致建设标准与实施方案各异。本文主要根据中国能源建设集团下属的中国葛洲坝集团易普力股份有限公司的财务集中实施情况，展开描述在存在生产、销售、运输、工程施工等多业态化下的企业同时在混合所有制改革背景下进行的财务集中暨管理财务信息化改革。

一、本文创新点

（一）在混合所有制背景下进行财务集中

因混合所有制企业中存在多元产权、企业合作等情况，中小股东或企业联营方认为财务集中会导致大股东集权，可能会损害小股东的利益。本文通过建立财务服务的模式向各单位提供包含但不仅限于单据审核、凭证生成、资金收付等高质量、有偿财务基础服务，既满足混合所有制企业需要以合规管理为主线发展的需求，又满足小股东全面了解企业经营、资金状况的需求，同时财务集中在一定程度上节约了企业人工成本。

（二）统一多业态化标准

公司存在生产、工程施工、运输、销售等多类业务，针对各类型业务的核算方式大不相同。公司建立统一的核算标准后，便于公司内外部横向、纵向比较，利于进行穿透分析，有效促进财务管理提升。

（三）信息化模式转变

公司转变了业务前端人员对于报销、结算办理"甩手掌柜"的观念，将业务前移至各经办人员，让业务人员更加了解财务工作，同时减轻财务人员非财务工作量。

二、本文的主要不足

（1）本案例未展开描述基于混合所有制企业管控要求和选择财务集中管理模式的原因，也未对集中后各层级的权责分配进行具体描述。

（2）本案例未完全列举财务集中过程中的全部难点及阻力。例如，如何改变前端业务人员对于传统财务的思维模式及观念等情况。

三、成果自我评价

本案例是在混合所有制改革的国家经济背景下，对多业态化发展的公司进行财务集中进行探索与研究，对涉及混合所有制企业改革及财务集中探索的企业有一定的研究意义与价值，有利于相关企业进行参考与探究财务集中路径。

 **专家点评**

《中共中央 国务院关于新时代加快完善社会主义市场经济体制的意见》中进一步提到了"积极稳妥推进国有企业混合所有制改革"，要求规范有序地发展混合所有制。混合所有制不仅能够深化国有企业改革，同时会带来一些管理问题。本案例探讨在混合所有制背景下出现的问题，并结合企业信息化，讲述如何推进财务集中管理模式的实现。提出企业迫切需要解决的问题，并描述了解决方案和推进过程，总结了经验，为其他企业解决类似问题提供了很好的思路。需要注意的是，本案例不是某种具体管理会计方法的运用，而是企业综合财务管理模式的改革，其中理念、手段和求真务实解决问题的态度对管理目标的实现都很重要。

案例二十六　集团保险索赔管理新模式

广东省能源集团有限公司

【摘要】随着我国经济发展进入"新常态"，如何深化供给侧结构性改革，推动电力发展转型升级和提质增效，是当前电力行业面临的新挑战。在企业财务管理中做好管理会计的探索与运用，不仅能有效提高企业的经济效益，更能在推动企业可持续发展上发挥重要的作用，特别是在当前电力市场化改革不断深化的新环境下，可为企业保持可持续的竞争优势提供新动能。保险管理是电力企业财务管理工作的重要组成部分，是企业防范和分散自身经营风险非常重要的财务安排，不断加强企业保险管理也是有效推进企业"产融结合"的有效手段。在保险管理中，保险索赔是保险风险补偿作用的最直接体现，也是保险管理中最重要的环节。提高保险索赔工作的效率和效益，是真正发挥并体现保险风险损失补偿功能的关键。也正因如此，广东省能源集团有限公司高度重视保险索赔管理工作，创新构建集团保险索赔管理系统，对进一步提高集团财务管理水平和风险保障能力都具有重大意义。

【关键词】集团保险管控；索赔管理系统；管理效能提升

一、企业介绍

广东省能源集团有限公司成立于 2001 年 8 月 8 日，其前身广东省粤电资产经营有限公司是全国第一家因"厂网分开"电力体制改革而组建的发电企业，2003 年更名为广东省粤电集团有限公司。2019 年 2 月 18 日，由广东省粤电集团有限公司正式更名为广东省能源集团有限公司（以下简称"广东能源集团公司"或"公司"）。公司注册资本 230 亿元，由广东省人民政府和华能集团分别持有 76% 和 24% 股权。

截至 2019 年年底，公司资产总额超 1 400 亿元，在职员工 14 000 多人，可控装机容量超 3 300 万千瓦，在运天然气管线 619 千米，可控航运运力 239 万载重吨；全年实现营业收入超 490 亿元，上网电量超 1 150 亿千瓦时，年代输天然气量超 56 亿立方米，煤炭供应量超 4 100 万吨；拥有全资、控股、参股单位 203 家，控股 1 家 A 股上市公司（广东电力发展股份有限公司）。广东能源集团公司产业划分为火电、水电、风电、新能源、综合能源服务、天然气、燃料、航运、金融、贵州区域、境外投资 11 个业务板块，遍布广东全境，并延伸至省外和海外。在 2019 年中国企业 500 强和广东企业 500 强中分别位列第 373 位和第 50 位。

二、项目实施背景

电力企业在国民经济发展和人民社会生活中发挥着重要作用，随着社会不断发展，电力企业运行往往处于满负荷高负荷的状态，如果电力企业运行出现风险问题，就会导致电力供应和社会发展出现问题，而且电力企业风险往往较大，风险带来的危害也很大。因此保险管理是企业财务管理工作的重要组成部分，是企业防范和分散自身经营风险最重要的财务安排。近年来，广东能源集团公司持续注重发挥企业财产保险在防御资产风险和企业经营发展中的重要作用，在实际企业经营管理中愈发重视资产保险保障，全面提高集团资

作者：徐平、李葆冰、邓东伟、马良、梁郁飞
案例指导与点评专家：赵雪媛（中央财经大学）

产风险管理意识。电力企业的资产范围较广，资产规模大，因此在实际企业经营管理工作中，风险出现的频率要远远大于一般企业，很多电力企业一旦发生事故，损失往往十分巨大，不仅影响企业的资产效益，同时对社会经济运行也产生重要影响。由此也可以看出保险保障特别是高效的保险索赔对于电力企业很重要，所获得的保险赔付款可以帮助电力企业进行全面恢复重建，有效缓解财产风险对电力企业运行带来的巨大危害，所以为有效规避和尽可能减少风险危害，电力企业必须对资产进行全面的保险统筹保障，并不断做好保险索赔管理，确保企业在不断变化的外部环境中，有效保障企业的生产经营。

然而，在保险索赔实际工作过程中，由于没有有效建立统一的索赔管理标准和可靠高效的保险索赔管理手段，公司层面缺乏强有力的保险索赔管控工具，公司索赔管理存在以下问题。

（一）保险索赔周期长

广东能源集团公司保险索赔案件以往的平均结案周期在 18 个月左右（指从出险报案至赔付结案），部分索赔金额超过 500 万元的重大案件，结案周期更长达 24 个月甚至更长。如此长时间的索赔周期，不能高效支持出险企业快速恢复生产经营，也无法真正发挥保险对出险企业的及时损失补偿功能。

（二）保险索赔管理缺乏一定的系统性和规划性

公司财务部集中管控各单位保险管理工作，但对保险索赔工作主要采取各单位的属地管理，该方式的优势是充分发挥各单位的主动性，同时各单位也最了解出险状况。但该模式属于分散式的索赔管理方式，在具体实施中可能出现缺乏统一的系统性管理要求与标准，索赔推进的外部动力不足，索赔案件推进的计划性较差，导致保险索赔效率普遍不高。

（三）保险索赔过程信息交互效率低、信息不透明

在保险索赔过程中，事故原因和损失标情况的及时交互，对提高索赔的效率尤为重要。保险公司需要掌握事故和损失现场的第一手资料信息，才能快速做出核定并避免后续的争议。但在以往保险出险后，被保险人（电厂）的首要任务是抢险减损，同时又缺乏便捷的手段来及时交互出险信息，造成了出险信息不能第一时间进行交互，有可能对后续赔案的处理造成一定影响。

（四）保险索赔资料管理存在缺漏

合理、准确、及时的提交索赔资料，对索赔案件的快速处理也起着非常重要的作用。正如上面所提到的问题，由于缺乏系统性的管理和资料信息快速及时交互的手段，索赔资料的提交往往会存在提交口径不一、资料信息不准确的情况，给赔案的处理造成一定的障碍。

（五）专业技术人才、技术力量相对不足

企业财产保险的索赔，往往涉及多种不同标的和专业，是一项复杂且专业性很强的工作。广东能源集团公司下属单位一般都是由财务人员兼职负责保险的索赔工作，其他领域特别是生产一线的专业人员未能较好参与保险索赔。因此，公司在保险索赔管理中配备的专业技术力量相对不足，不能很好发挥专业技术人员在解决赔案处理过程中的疑问和争议的作用。

（六）全过程回溯存在困难

在保险索赔的过程中，保险双方均负有相应的应尽义务。在基于此前的保险管理中，集团没有有效的技术手段完整记录整个索赔过程，使得保险赔案处理过程无法进行全过程回溯，事后容易产生彼此的互相推诿和扯皮，也不利于赔案高效快速地处理。

（七）缺乏历史风险数据分析，难以持续改进

出险索赔数据的持续积累和系统分析，对投保企业改进风险有着重要的意义。以往分散式的索赔管理，缺乏风险索赔数据的有效积累和分析的平台，使公司及所属的企业无法系统科学地利用这些数据进行风险的量化分析，无法有针对性地采取有效措施持续降低风险，不利于公司科学合理地防范和分散风险。

三、管理会计工具及方法

2018 年 8 月，财政部发布了 7 项管理会计应用指引，其中包括风险管理应用指引，为企业做好风险管理相关的管理会计工作提供了新的理念和方法。

风险管理，是指企业为实现风险管理目标，对企业风险进行有效识别、评估、预警和应对等管理活动的过程。进一步说，就是企业管理层根据战略决策的要求，将风险损失、可能性、发生频率降到尽可能低水平的系统管理过程。

企业面临的风险影响着企业目标的实现。企业可根据风险的来源、影响、性质、责任主体等不同标准，建立符合风险管理需要的，满足系统性、完整性、层次性、可操作性、可扩展性等要求的风险分类框架，并建立有针对性的风险管理方案。

作为企业经营管理活动的基础方式，风险管理将对实现企业目标和资源的优化配置起到重要的指导作用。因此企业需要充分重视企业风险管理，并对风险分类、风险辨识评估等进行全面研究，提高企业的风险防控能力。

公司保险管理特别是做好保险索赔管理工作就是对公司内资产可能面临的各项风险进行有效管控并运用大数据分析、流程管理等技术手段，及时发现潜在的风险点，在成本与收益平衡的原则下，进一步促进各项资产风险的高效管控，不断提高管理效益，达到风险管理和价值创造的双提升、共促进。

四、创新性地构建保险索赔管理体系

考虑到目前公司在保险索赔管理方面存在的不足及问题，广东能源集团公司在现代管理会计思想的启发和指导下，通过创新性地构建公司保险索赔管理体系，进一步提高公司保险索赔管理水平，更好地发挥保险风险补偿功效。

（一）构建完善集团保险管理整体架构

广东能源集团公司以"风险保障，价值提升"为总原则，以降低集团风险管理总成本为目标，整合集团内部保险资源，构建起"集团公司统筹、二级平台管理、成员单位投保、自保公司承保、天鑫经纪服务"的保险管理架构，与集团的安健环管理体系、内控管理体系等共同构筑集团全面风险管理体系。

公司通过重新梳理优化保险索赔业务流程并出台相关制度、创新设立自保公司、组建标准化的集团保险索赔人才网络、开发集团保险索赔信息化系统等具体举措，不断优化完善集团保险管理整体架构。特别是注重发挥自保公司作为集团自己的保险公司的独特作用，提出构建具有个性化特点的集团保险索赔人才网络，使能源相关专业技术、保险技术和信息化技术三者有机结合，全面提高保险索赔工作的效率和质量，从而为集团的新产业、新业态的不断发展提供更全面且精准的风险保障。

集团保险风险管理体系及落地机制图如图 26-1 所示。

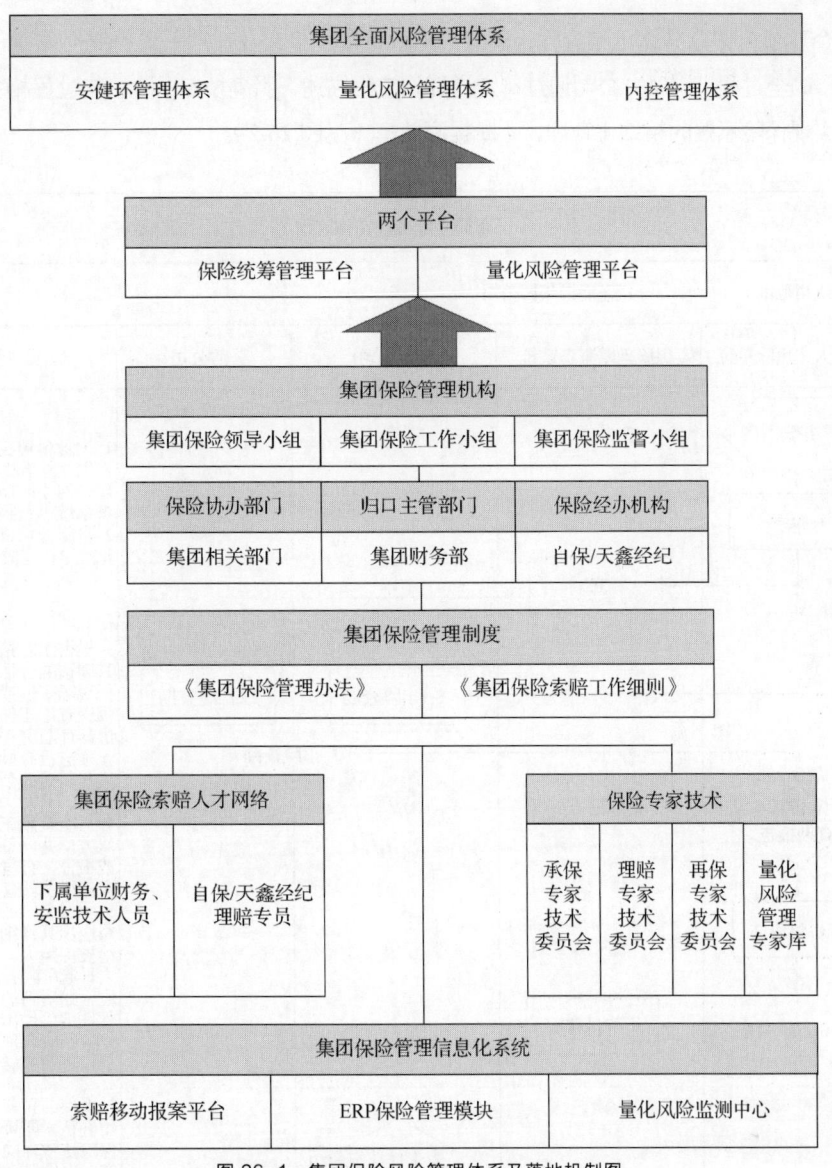

图 26-1　集团保险风险管理体系及落地机制图

（二）构建标准化的保险索赔人才网络

保险索赔人才网络是由公司财务部牵头开展，由自保公司、各二级平台企业和三级业务单位分别派出相关保险工作人员共同组成的。保险索赔人才网络能够将集团各管理单位的专业技术人员统筹集合起来，充分发挥公司各管理单位专业技术人员的技术力量和技术优势。同时推进公司对保险索赔工作的统一标准化管理，使公司资产风险管理通过保险渠道实现标准化、集约化。此外，公司通过人才网络可以实现人员专业培训、业务交流、及时沟通和交叉管理等功能，为公司培养了风险管理复合型人才，实现了管理模式创新。

保险索赔人才网络已于 2019 年 12 月份正式启动运行，目前网络共由 146 名来自公司各级管理单位、拥有多种专业技术背景的人员组成。其中，高级职称人员 20 人，中级职称人员 68 人，为集团的保险索赔管理工作提供了较好的技术人才支持。

（三）优化保险索赔管理业务流程

在原保险索赔流程基础上，公司结合工作实际，优化调整公司保险索赔管理业务流程，以保险索赔的信息化系统为载体，实现了全流程和相关参与方动态实时交互和管理。管理流程分为立案、查勘、核定、结案

案例二十六　集团保险索赔管理新模式

四大环节，每个环节再细分具体工作流程，涵盖"出险报案—接案及查勘—资料提交—责任核定—损失核定—赔款确认"的全过程。同时，公司通过制定详细的流程描述，明确规定保险索赔过程相关参与方的操作和职责，从而实现保险索赔的精细化管理，不断提高效率（见图26-2）。

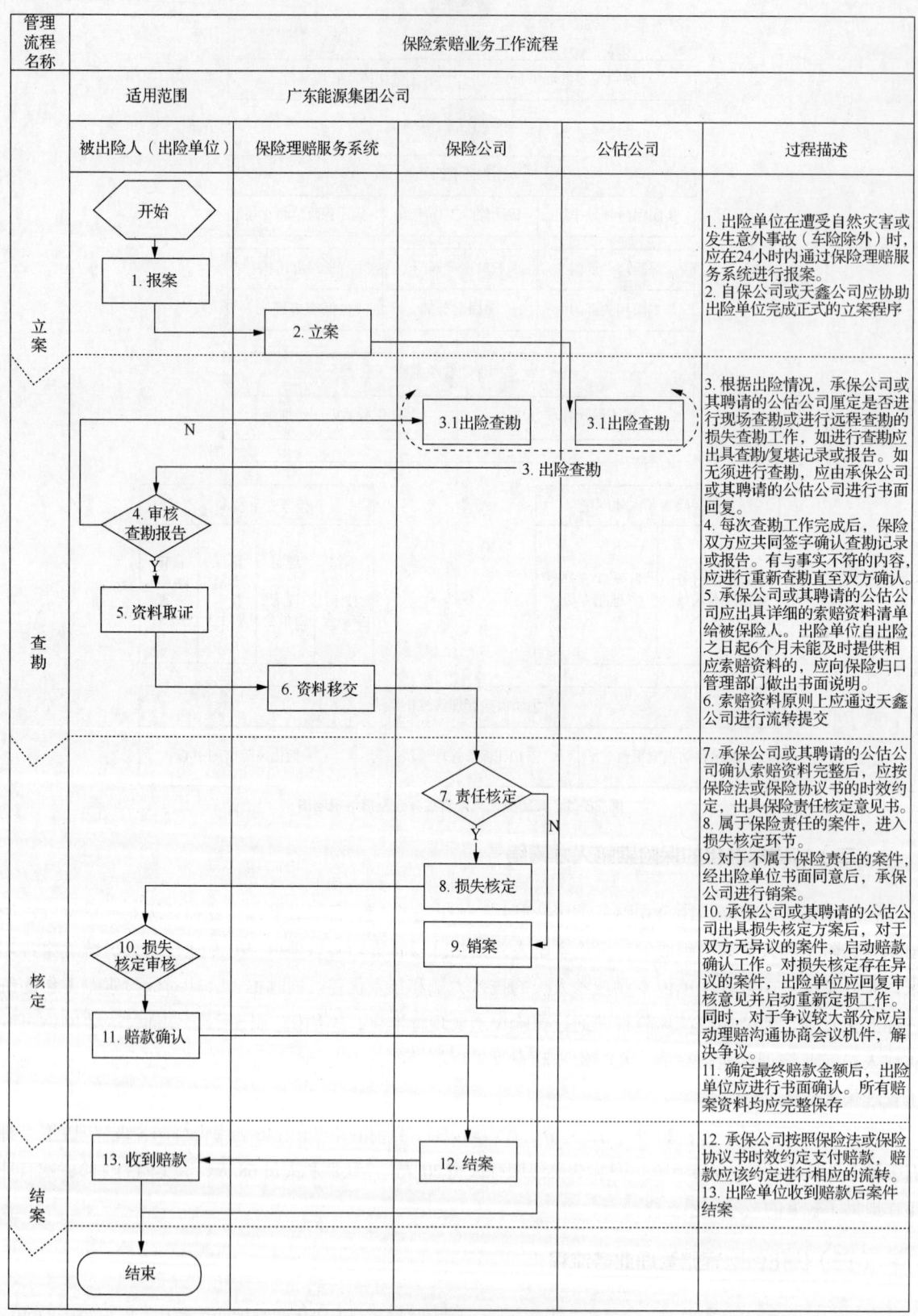

图 26-2　广东能源集团保险索赔管理流程图

（四）开发保险索赔管理信息化系统

在构建保险索赔人才网络的同时，公司同步开发了保险索赔管理信息化系统和移动处理平台，从而为保险索赔管理网络的运行提供了有效的载体和抓手，全面提高了公司保险工作的效率和质量。

公司进行保险索赔管理信息化经历了以下三个发展阶段。

1. 电子化阶段

从 2010 年开始，公司开启了第一阶段保险报案系统建设，实现了保险报案、索赔案件台账记录、状态跟踪等功能，在公司专署广域网运行，借助使用计算机和网络技术，实现了索赔业务从纸质到电子化的转变，提高了资料提交时效。

2. 信息化阶段

2012 年，伴随着保险统筹的不断提高，案件数量的增多，公司启动了保险报案系统第二阶段升级。系统从流程梳理着手，立足全公司，梳理优化保险索赔全流程，明确保险索赔关键节点。

2017 年年底，公司成立自保公司后，通过对系统进行梳理和再评估，发现原有系统主要存在以下不足，需要对系统进一步升级优化。

（1）业务流程设计过于复杂，操作环节多，交互过程过于繁复，运行效率有待改善。

（2）从流程管理上，最大的问题是跨组织协同。基于传统企业 BPR 建立的信息系统，缺乏单一行政执行力做背书，执行力难以保证，系统涉及的外部合作方参与积极性不高，系统信息的及时性较难保证。

（3）系统基于 PC 系统，在报案、查勘、资料上传等环节，必须回到办公室才能开展工作，导致用户体验度评价不高。

3. 移动化阶段

为更好解决第二阶段系统存在的问题，2018 年下半年，公司统筹制定了集团保险管理平台规划，并正式启动第三阶段保险索赔管理移动平台建设项目。项目在客观梳理现有系统的基础上，结合公司财产保险标的大、出险场景复杂、索赔周期长的业务特点，探索保险索赔业务在具体场景下的信息化实现，及时收集第一现场资料，提高案件交互速度，减少信息的不对称，减少争议，提高赔案的处理效率。

保险索赔管理系统和移动平台实现的主要功能如下。

（1）投保单位在线上快速报案、查勘、提交索赔资料，主要索赔流程的移动端线上操作便捷；

（2）实现远程查勘、资料提交、案件索赔沟通环节的线上实时交互；

（3）实现集团总部、投保单位、保险公司、保险经纪人和公估人的多方全程交互参与；

（4）实现索赔案件进度各方的实时管控；

（5）自动保存案件交互过程和相关资料，实现案件全过程的可回溯。

截至目前，公司保险索赔移动平台建设已完成以下几个版本的迭代开发。

（1）第一代迭代（已完成）

第一代保险报案微信小程序具有技术平台验证，实现照片、短视频报案、接案、查看调度、查勘资料上传等功能，采用类聊天用户接口，以时间线方式跟踪索赔过程，有效处理快速报案及远程查勘等时效性要求较高的理赔流程。

（2）第二代迭代（已完成）

第二代小程序解决了远程查勘、定损、保险公司报案接口、集团风险地图系统数据接口实现，索赔管理网络人员基本信息管理等问题，同时集成了互联网视频流服务，以手机为前端设备，开发远程实时查勘功能，并实验无人机视频流接入等技术，在 2019 年 12 月公司保险索赔管理网络启动会上获得与会领导及专家的一致好评。

（3）第三代迭代（2020 年 5 月启动）

针对在第二代小程序的实际应用中，存在远程现场查勘人员的设备与现场安全管理符合性较低的情况，本期迭代的主要技术环节是在远程查勘一线装备优化和支持，以进一步提高客户实际运用的效率和体验。同时，与保险公司理赔业务系统的数据对接，实现在线定责定损和赔款确认结案环节。最后对所有赔案相关的数据进行自动储存，并与集团风险量化监测中心系统融合，为量化风险提供数据素材，从而实现保险索赔全流程的线上管理。

（4）第四代迭代（规划中）

系统在实现全流程索赔管理的基础上，通过功能的再升级，深入承载索赔服务网络的日常管理。系统功能将实现跨组织虚拟团队的在线化管理、培训学习、交流互动、考试鉴定、任务安排、绩效跟踪等业务场景，充分发挥好系统作为管理载体和抓手的重要作用。

综上，目前公司保险索赔管理系统利用了移动通信技术（4G）与现有成熟的微信移动应用平台，采用敏捷软件开发模式，采用实时交互模型，建设移动保险报案索赔平台。充分利用多方音视频实时通信等技术，实现移动线上快速报案、远程实时查勘、案件处理多方线上实时交互、案件进度查询管理等主要功能，有效支撑了索赔业务的运转，极大地提高了索赔工作的效率。

4. 保险索赔管理信息化系统架构设计

保险索赔信息系统创新地采用了前后端分离的开发模式。前端静态化有且仅有静态内容，内容来自完全静态的资源而不需要任何后台技术进行动态化组装。而后端数据化可以用任何语言、技术和平台实现，提供的数据可以用于任何其他客户端（如 ios、安卓、PC、微信小程序等），提高效率。前端三大技术（HTML、CSS、JS）实现了平台无关化，更加简单快捷。具体系统架构设计如图 26-3 所示。

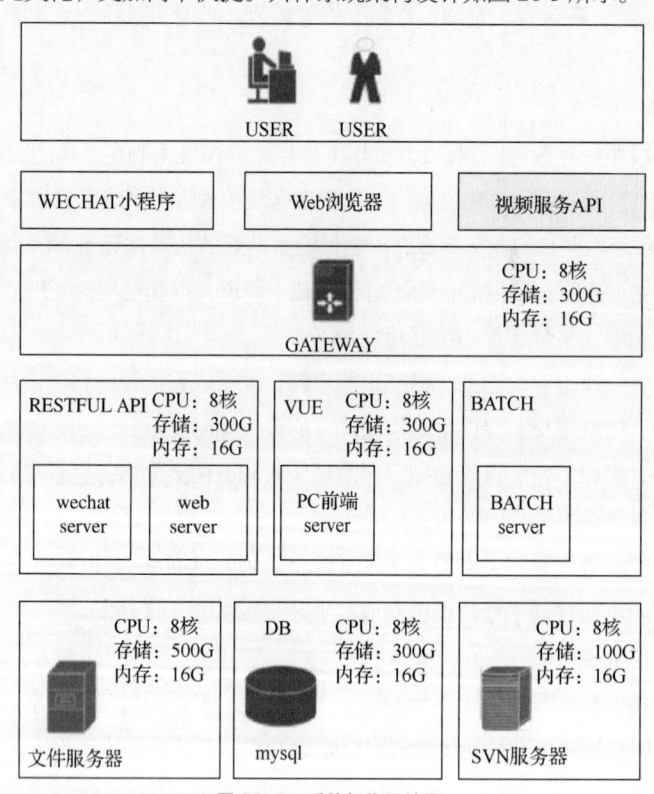

图 26-3 系统架构设计图

5. 保险索赔管理信息系统界面展示

公司保险索赔管理信息系统涵盖了保险索赔"出险报案—接案及查勘—资料提交—责任核定—损失核定—赔付确认"的全流程，每一流程均可通过系统实现公司管理人员、投保单位、保险公司、保险经纪人和公估人的多方全程线上实时交互参与。在有效提高索赔管理工作效率的同时，做到保险索赔全过程的动态实时管控，以及全程的可回溯。

保险索赔信息系统界面图如图 26-4 所示。

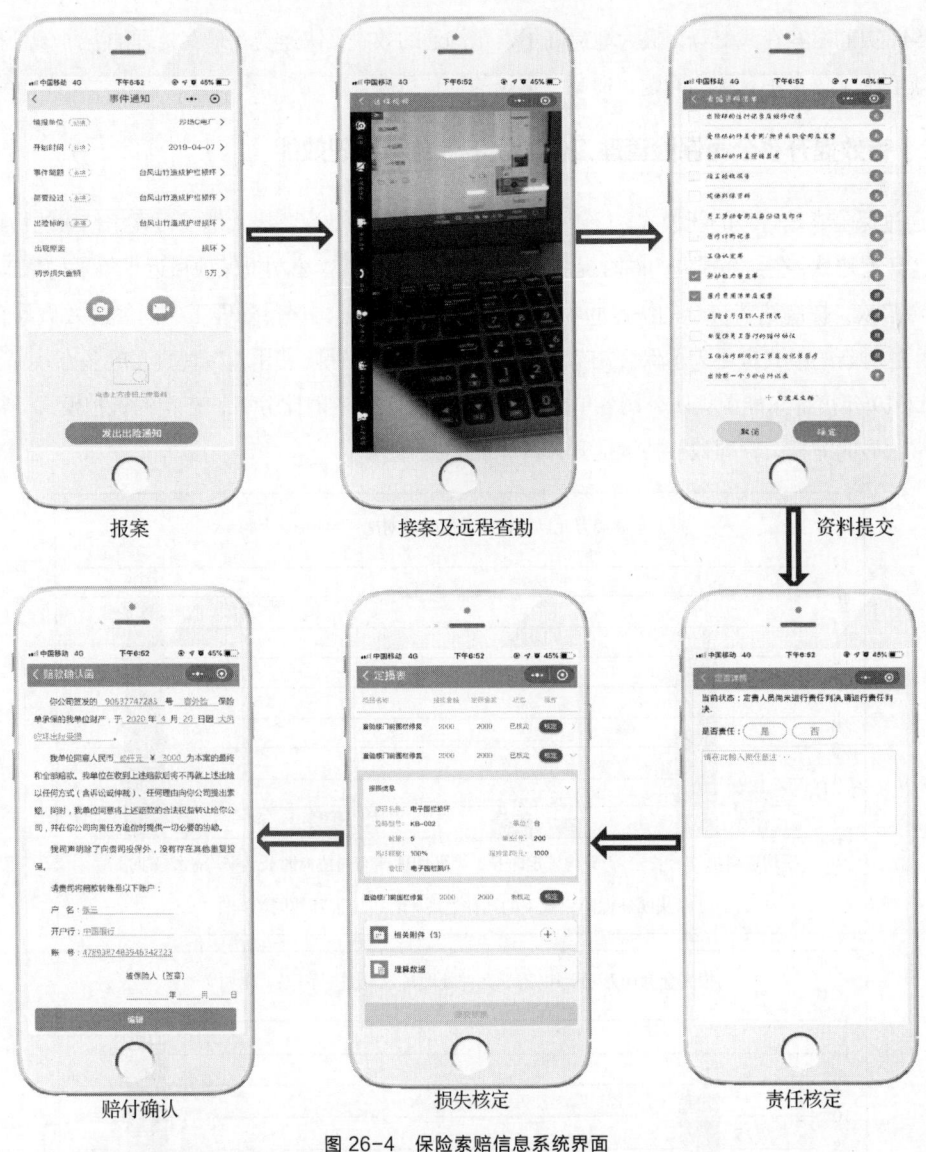

图 26-4　保险索赔信息系统界面

五、公司保险索赔管理新模式的实施成效及创新

（一）成功实现了集团保险索赔管理方式创新

公司通过打造保险索赔管理的移动端平台，顺利实现保险索赔管理由过去线下操作向通过移动端远程线上操作转变的索赔管理手段创新。公司各单位均可以通过图片、视频等方式进行实时的移动端快速报案，并通过系统实现索赔资料的实时交互，有效提高信息沟通效率。同时，保险涉及的各方均能通过系统实现查勘、定责定损等主要索赔流程多方的线上全程参与，提高保险索赔各环节的推进速度。通过保险索赔信息系统进行远程查勘实时视频交互、线上快速意见反馈等赔案处理过程动态交互管理的移动化操作。从而实现了索赔案件索赔处理过程进度的实时控制，提高了对整个保险索赔的管理控制。同时，各相关方的全程线上实时参与，增加了保险索赔管理的透明度，彻底解决了保险人和被保险人信息不对称问题，使保险索赔信息透明化，从而确保保险索赔工作能够公平、公正、及时、有效。

目前，通过移动端平台的运行，保险索赔工作前端的现场查勘和资料提交环节时效已得到明显的提高。现场查勘时间从原来平均需要 2 天变为可在接报案当天实现损失现场的查勘，及时掌握损失现场的第一手信息。现场初步索赔资料的提交时间也有所缩短，由原来最快需要一个星期的时间变为实时提交，并且资料被自动保存在云端可随时查阅。系统自 2019 年 11 月上线以来，累计线上交互传递各种索赔资料 154 份。同时，保险各方 541 次的赔案在线交互，极大地提高了索赔沟通的效率，快速交互赔案处理的各种信息和解答各种疑问，有效解决了信息不对称的问题，提高了索赔的整体效率。

（二）有效提升了公司保险管理工作的经济效益与管理效能

公司通过保险索赔管理的新模式，能够不断提升保险索赔的效率，极大地缩短索赔结案的周期，帮助出险企业快速获得赔款，在弥补损失的同时提高自有资金的使用效率。公司投保项目近十年平均每年有近 7 000 万元的保险赔款，提高这些资金的快速回收和使用效率对提升公司保险管理工作的经济效益具有重要的意义。同时，这种新的模式也可为承保公司节省查勘费、差旅费等保险费用，实现真正的多方共赢。

经对 2019 年度广东能源集团公司各单位保险索赔结案案件的对比分析，在新的管控模式下，赔案办理时效有非常明显的缩减，管理效能持续提升，具体如图 26-5 所示。

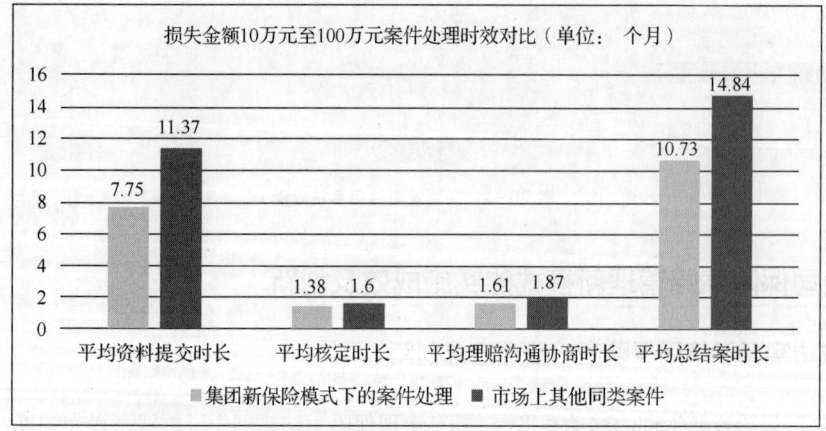

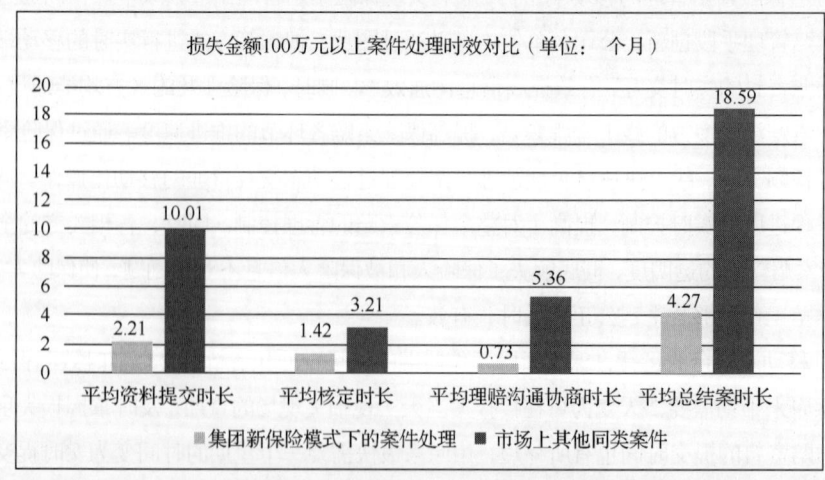

图 26-5　不同情形的案件处理时效对比图

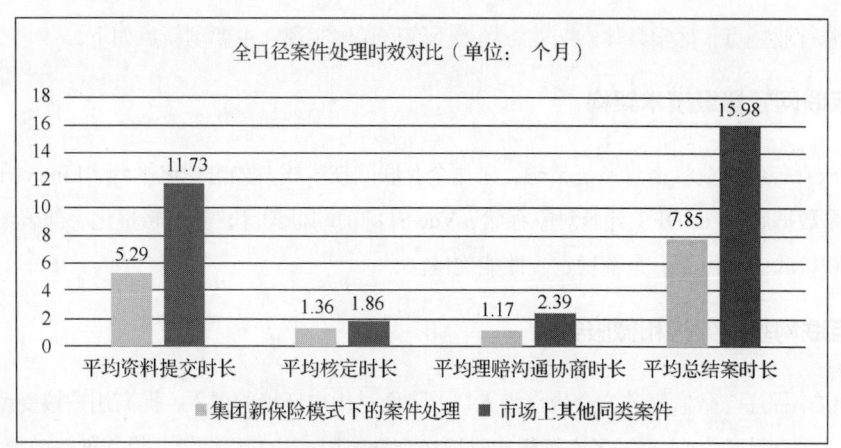

图 26-5　不同情形的案件处理时效对比图（续）

（三）创新开发了公司保险管理信息化工具

公司保险索赔管理信息系统已成为公司保险索赔管理的有效技术平台载体，有效增强了保险索赔管理网络的运作效率。信息系统一方面突破了目前商业保险市场上移动端以车险索赔为主的情况，率先在财产保险领域开发了移动端技术平台；另一方面也从市场上保险索赔以流程进度查询功能为主向保险人和被保险人实时动态交互进行突破，实现了保险管理的技术手段创新。

（四）新增了风险管理的保险视角

公司通过构建保险索赔管理网络和运用索赔信息化系统，可以使各投保单位的技术人员充分参与不同项目和类型的出险案件索赔处理，能使他们从保险索赔处理这一新的角度去看待风险。一方面增加了被保险人保险索赔全过程的参与度，另一方面通过集约化和标准化管理也为集团化企业风险管理工作培养了风险复合型管理人才，全面提高了公司的风险管理水平。

（五）进一步强化了保险信息的共享互通

索赔管理网络和索赔信息化系统的建立，有利于公司加强资产风险管理信息的共享互通和统筹管理工作。全面建立统一标准化的保险索赔管理体系，是公司运用自保公司平台下的创新保险管理运作的新模式，它是切合集团化风险管理的有效手段，是现有其他大型企业运用商业保险公司模式无法实现的运作机制。充分发挥了保险风险管理功效，推动提高公司保险和资产风险管理工作效率和质量，是保险和企业产融结合的具体体现。

（六）有效激活了集团技术人才的专业作用

公司通过对索赔管理网络和索赔信息化系统的充分运用，使专业技术、保险技术和信息化技术能够充分有机的结合。能够打通保险索赔过程中各环节可能存在的阻碍，使保险索赔过程中所需的各种资源高效配置和串联起来，从而推动保险索赔的高效率高质量处理。这种极具特点的管理模式，是大型集团化企业保险管理工作可以借鉴的模式。同时，在这种模式下，公司可以在提高效率的基础上不断强化自身综合型人才的培养和储备，向市场提供保险索赔的综合型高素质人才，创造人才服务收益，不断扩大保险管理工作的外延。

六、总结与展望

公司建设保险索赔管理平台，积极响应了"互联网+能源企业""互联网+金融发展"理念，拥抱互联网技术，结合能源行业特点，探索具体索赔业务场景下的信息化实现，主要创新点如下。

（一）互联网轻量级技术架构

公司大胆放弃传统企业级信息系统架构，采用全互联网技术栈，如虚拟化平台、Linux 开源操作系统、Mysql 开源关系数据库、FastDFS 开源对象存储、Vue 开源前端框架等，具有轻量化、部署灵活、性价比高的特点。经实践检验安全可靠、系统稳定、性能优良。

（二）互联网基础架构和微服务

公司以微信小程序与微服务公众号作为入口，降低对用户环境的侵入，提高用户接受度。系统集成互联网视频方案（小鱼易联），实现了多方远程实时现场查勘应用，开发周期短，投入低，效果可控。

（三）敏捷软件开发

由于企财险索赔管理领域，尚未有成熟的 IT 解决方案，不确定性较高，项目采用互联网项目成熟的敏捷软件开发模型，通过快速迭代模型，加速系统发布，及时收集用户反馈，并适时调整方向。2019 年公司完成了保险索赔报案和远程实时查勘两个版本发布，基本达到预期目标。目前公司正结合新开发的保险索赔信息系统，与应急指挥系统开展对接，开发第三代迭代技术。

（四）场景化系统功能设计

项目没有采用传统企业应用瀑布式开发模式，而是采用更加灵活方便的场景驱动设计，针对不同的出险场景、赔案规模、参与人，设计对应的流程和服务场景，提供个性化交互界面，完整记录案件交互的完整时间线。

综上，广东能源集团公司通过构建集团保险管理体系，探索保险索赔管理新模式并有效推进落地运作，为集团化风险管理开创了新的有效手段，极大提高了保险管理效能，较好提高了公司风险防控能力，取得了管理效益、经济效益、社会效益，对国内其他企业的保险集团化运作，尤其是拥有自保公司的大型企业具有可以借鉴的现实意义。

 企业自评

公司原有保险索赔管理模式面临着保险索赔周期长、索赔管理缺乏系统性和规划性、保险索赔过程信息交互效率低、信息不透明、专业技术人才不足、历史风险缺乏数据分析等问题。为了有效解决上述问题，广东能源集团公司通过创新构建保险索赔管理体系，重新梳理优化保险索赔业务流程、组建标准化的保险索赔人才网络、开发保险索赔信息化系统等具体举措，构建集团保险管理新模式。通过探索保险索赔管理新模式并有效推进落地运作，为集团化风险管理开创了新的有效手段，极大提高了保险管理效能，较好提高了公司风险防控能力，取得了管理效益、经济效益、社会效益。

 **专家点评**

由于电力行业具有资产分布地域广、出险风险高、保险理赔交互多、理赔耗费时间长等特点，广东能源集团公司意识到必须加强企业保险索赔管理模式，提高保险索赔工作的效率和效益。广东能源集团公司在风险管理理论的基础上，结合实际工作和管理需求，不断研究和优化业务流程，利用新的技术手段，将保险理赔的全过程标准化、流程化、线上化，优化操作流程，提高业务各方的实时交互，不仅大大缩短了理赔时间，加快了理赔资金的回收，提高了企业效益，同时锻炼了人才，形成了专项数据库，加强数据分

析，形成了一整套的措施，真正发挥了保险风险损失补偿功能。本案例仅涉及保险索赔管理问题，看似是个小问题，但是解决问题却并不简单，解决方案体现了公司应用新思路和新手段开展管理会计、提升企业价值的能力。

参考文献

[1] 胡琴. 国企"混改"背景下的电力体制改革. 科学与财富，2019（01）.

[2] 孙明帅. 浅谈云架构下的瘦终端应用. 科学与财富，2016（005）.

绩效管理

管理会计信息化

风险管理

后　记

为贯彻习近平新时代中国特色社会主义思想和党的十九大精神，按照两个强国建设的总体部署，以及财政部管理会计相关文件要求，切实推进工业和信息通信业管理会计推广应用工作，工业和信息化部连续三年开展工业和信息通信业管理会计案例征集工作，面向地方工信主管部门、行业协会和重点企业征集管理会计应用案例。其中，2017年下发《关于征集业务与财务融合先进管理案例的通知》（工财函〔2017〕18号），编辑出版了《工业和信息通信业管理会计案例集（2018）》。2018年下发《关于开展工业和信息通信业管理会计案例征集工作的通知》（工信厅财函〔2018〕204号），编辑出版了《工业和信息通信业管理会计案例集（2019）》。2019年继续下发了《关于开展工业和信息通信业管理会计案例征集工作的通知》（工信厅财函〔2019〕451号）。

为推进案例工作顺利开展，以2017年和2018年工业和信息通信业管理会计案例工作为基础，2019年工业和信息化部工业文化发展中心开展了工业和信息通信业管理会计推广应用工作，赴河南、山东、湖南等地调研企业管理会计情况，与浙江省经信厅、安徽省经信厅、湖北省经信厅、重庆市经信委、云南省工信厅等地方工信主管部门交流推进管理会计工作。同时，围绕上报案例多次开展汇报交流，邀请部分案例企业及多位领导专家出席评审。

案例工作开展以来，得到各个方面的积极响应，企业积极上报案例。通过组织专家开展专业研讨和实地调研等活动，经反复比较和筛选，并经与企业高层和高校专家的共同商议，我们最终精选出本书入选案例，涵盖管理会计应用的预算管理、成本管理、营运管理等各个方面。

管理会计是工业转型升级、制造业互联网有效融合的重要基础，是支撑价值优先、协同发展、充满活力的高质量产业体系的重要保障，是提升企业资源配置力、持续创新力和价值创造力的有效途径。今后要分行业分地区持续开展案例征集活动。充分利用信息化手段，为企业提供案例统计、查询和其他服务。加强相关案例宣传工作，组织企业典型实践的展示推广。

本案例集的编写得到来自清华大学、北京大学、南京理工大学、北京航空航天大学、中央财经大学、厦门大学、西安交通大学、首都经济贸易大学、北京工商大学、北京国家会计学院、南开大学、天津财经大学等高校专家的大力支持，在此对相关高校及专家表示感谢，同时感谢人民邮电出版社、联盟各成员单位及其他社会团体对本书出版工作的大力支持。

本书因内容浩繁，加上编辑时间较为仓促，难免会有疏漏之处，恳请广大读者批评指正。

工业和信息通信业管理会计案例集编委会

2020年11月